株洲年鉴

ZHUZHOU ALMANAC

2016

株洲市地方志编纂委员会办公室编

方志出版社
Publishing House of Local Records

图书在版编目（CIP）数据

株洲年鉴.2016 / 株洲市地方志编纂委员会办公室编.
—北京：方志出版社，2016.9
ISBN 978-7-5144-2074-6

Ⅰ. ①株… Ⅱ. ①株… Ⅲ. ①株洲—2016—年鉴
Ⅳ. ①Z526.43

中国版本图书馆CIP数据核字（2016）第222298号

株洲年鉴（2016）

编　　者：株洲市地方志编纂委员会办公室
责任编辑：齐　笑

出 版 人：冀祥德
出 版 者：方志出版社
地址　北京市朝阳区潘家园东里9号（国家方志馆4层）
邮编　100021
网址　http://www.fzph.org
发　　行：方志出版社发行中心
电话　（010）67110500
经　　销：各地新华书店
印　　刷：湖南株洲美彩印务中心

开　　本：889×1194　1/16
印　　张：32.5
字　　数：1100千字
版　　次：2016年9月第1版　2016年9月第1次印刷
印　　数：0001~3800册

ISBN 978-7-5144-2074-6　定价：280.00元

株洲年鉴编辑委员会

章文才	市环保局局长
蒋开建	市住房和城乡建设局局长
边　宁	市规划局局长
刘正平	市交通运输局局长
费水牛	市农业委员会主任
尹朝晖	市水务局局长
陈　诚	市林业局局长
袁生华	市商务和粮食局局长
杨小幼	市文体广电新闻出版局局长
张纯良	市卫生和计划生育委员会主任
刘　方	市审计局局长
吉振君	市工商行政管理局局长
王艳雁	市质量技术监督局局长
殷顺堂	市安全生产监督管理局局长
晏首先	市食品药品监督管理局局长
陈玉明	市统计局局长
黄上峰	市旅游外事侨务局局长
唐　琪	市人民政府经济研究和金融工作办公室主任
朱剑波	市人民防空办公室主任
吴佳辉	市人民政府国有资产监督管理委员会主任
莫大德	市档案局局长
李一平	市地方志编纂委员会办公室主任
金祖远	市地方志编纂委员会办公室副主任
陈北宏	市地方志编纂委员会办公室副主任
吴　娜	市地方志编纂委员会办公室纪检组长
傅淼河	市国税局局长
陈友谊	市地税局局长
董　巍	天元区人民政府区长
文专文	炎陵县人民政府县长
江小忠	茶陵县人民政府县长
苏　涛	攸县人民政府代理县长
康月林	醴陵市人民政府市长
刘克胤	株洲县人民政府县长
杨晓江	芦淞区人民政府代理区长
王利波	荷塘区人民政府代理区长
邓元连	石峰区人民政府代理区长
付访华	云龙示范区管委会主任

株洲年鉴编辑部

编 辑 说 明

一、《株洲年鉴》是株洲市人民政府主办，株洲市地方志编纂委员会承办，株洲市年鉴编辑部编纂出版的一部综合性、权威性、资料性年刊，面向国内外公开发行。

二、《株洲年鉴》（2016）卷为创刊以来的第28卷。本卷全面、系统、真实地记述了2015年株洲市政治、经济、文化、社会和生态建设等方面的新情况、新进展、新变化、新成绩、新经验以及存在的新问题。为增加年鉴的可读性、史料性、可视性，在卷首开辟了“株洲荣誉 株洲数字”“央视看株洲”“十二五回眸”“重大事件”“‘非遗’文化”“株洲风光”等图片专栏。

三、《株洲年鉴》（2016）卷采用条目式记事体，分类编纂，基本结构为类目、分目、条目三个层次。全书共设34个类目，主要设有特载、大事记、株洲概述、工业、农村和农村工作、商贸服务业等类目。本卷对框架结构进行了适当调整，将“交通”“邮电”类目合并为“交通·邮电”“金融”“保险”类目合并为“金融”类目，“城市管理”“城市建设”类目合并成“城市建设”类目，增设了“园区建设”“文件选登”类目，删减了“民政·计划生育”类目，将相关内容分别并入“卫生”“株洲市人民政府”类目。

四、《株洲年鉴》（2016）卷资料由各单位负责提供，并经各单位领导审核，年鉴编辑部编纂，年鉴编委会审定。反映全市国民经济和社会发展总体情况的统计数据由市统计局提供，各行业中具体数字由各部门提供，因统计口径不同而有差异，读者在引用时请加以注意。

五、《株洲年鉴》（2016）卷的“组织机构及负责人名单”，以2015年12月31日任职为准；卷中所刊登的照片除极少数由株洲年鉴编辑部摄影外，其余均由各刊登单位和有关摄影爱好者提供，照片一律不署作者姓名。

六、《株洲年鉴》（2016）卷的编辑出版工作，得到全市各级党委、政府的高度重视，得到各有关单位的大力支持，在此一并表示诚挚的谢意。由于编辑水平有限，书中难免存在疏漏之处，恳请读者批评指正。

目　录

特　载

大 事 记

株洲概述

中国共产党株洲市委员会

株洲市人民代表大会常务委员会

株洲市人民政府

中国人民政治协商会议株洲市委员会

民 主 党 派

群众团体

国 防

法 治

综合经济与管理

工　业

园区建设

农业和农村工作

商贸服务业

民营经济

旅游·外事侨务

交 通·邮 电

财政·税务

金 融

城乡建设

住宅与房地产业

国土·环保

科学技术

教 育

文化·体育

大众传媒

医疗卫生

县 市 区

示　范　区

人　物

文件选登

市党、政、军及各部门、单位负责人

索　引

Catalogues

Important Notes

Chronicle of Events

Summary of Zhuzhou

Zhuzhou Municipal Committee of the Communist Party of China

Standing Committee of the People's Congress of Zhuzhou Municipality

Zhuzhou Municipal People's Government

Zhuzhou Municipal Committee of the Chinese people's Political Consultative Conference

Democratic Parties

Mass Organizations

National Defense

Rule of Law

Integrated Economy and Management

Industry

Park Construction

Agriculture and Rural Work

Trade and Service Industry

Private Economy

Tourism · Foreign Affairs

Transportation · Post and Telecommunications

Finance · Tax

Finance

Urban and Rural Construction

Residential and Real Estate Industry

Land · Environmental Protection

Science and Technology

Education

Culture · Sports

Mass Media

Medical and Health Work

Counties and Districts

Demonstration Area

Celebrity

Files Selected

The Head of City Party, Government, Army and Various Departments and units

图片专辑

2015年2月28日，株洲荣获“全国文明城市”称号，

时任市委书记贺安杰代表株洲领奖

株洲数字

常住人口400.05万人

地区生产总值2335.1亿元

第一产业增加值179.5亿元

第二产业增加值1337.1亿元

第三产业增加值818.5亿元

三次产业结构7.6∶57.3∶35.1

公共财政预算总收入290.4亿元

高新技术产业增加值525.9亿元

固定资产投资2181.4亿元

社会消费品零售总额839.7亿元

进出口总额24.9亿美元

旅游总收入233.3亿元

城镇居民人均可支配收入33977元

农民人均纯收入15637元

——摘自《株洲市2015年国民经济和社会发展统计公报》

株 洲 荣 誉

- 全国文明城市
- 国家森林城市
- 国家园林城市
- 国家卫生城市
- 国家交通管理模范城市
- 国家首个电动公交城
- 中国优秀旅游城市
- 中国十大最具投资价值城市
- 全国科技进步先进城市
- 国家科教进步先进城市
- 全国双拥模范城市
- 全国社会管理综合治理先进市州
- 国家金融生态城市
- 全国人民防空先进城市

央视看株洲

1.轨道交通

2015年3月，央视综合频道“经济半小时”《经济一年间》专题报道，开篇介绍了总理李克强到访株机公司，李克强总理说：“你们的机车车辆是代表作，我每次出访，都要向国外介绍你们的产品。”

2015年4月6日，央视财经频道报道《中国品牌故事——中国南车：可以每天造一列高速列车》。

2015年8月17日，央视综合频道“新闻联播”以《自主创新锻造中国标准，中国高铁：打造“走出去”亮丽名片》为题，用了近3分钟报道中国首列出口欧洲动车组发运。

2015年12月3日，央视财经频道“经济半小时”栏目播出节目《再造中国“芯”》重点推介中车株洲电力机车研究所有限公司研发的第三代轨道交通牵引技术，即永磁同步电机牵引系统。

中车株洲电力机车有限公司生产的马来西亚轻轨列车

中车株洲电力机车研究所有限公司研制的永磁车辆

醴陵·世界陶瓷艺术城

株洲神农城

2.美丽株洲

2015年4月8日，央视中文国际频道“江河万里行”系列节目播出株洲专集《株洲：湘江边的商都》。整个节目时长45分钟，先后呈现了湘江风光带、神农城、航空城“阿若拉”直升机、醴陵烟花、陶瓷制作工艺等株洲元素，为国内外观众展现出了一个色彩斑斓、活力迸发的新株洲。

3.社会风尚

2015年9月28日，央视综合频道“焦点访谈”播出《推动性别平等，促进妇女发展》节目，节目通过展现中车株洲电力机车有限公司工业设计室女工程师的风采，来展现中国妇女的事业发展。

2015年12月4日，央视综合频道推出大型专题晚会《法治的力量——年度法治人物揭晓暨颁奖典礼》，株洲县公安消防大队入选。

中车株洲电力机车有限公司技术中心工业设计室主任高楠

4.新能源车

2015年9月27日，央视体育频道报道了《中车助力，男篮亚锦赛享受“高铁级”服务》

100%低地板超级电容蓄电池有轨电车

中车株洲电力机车研究所为男篮亚锦赛专门研制的纯电动客车

5.电商农业

2015年11月8日，央视军事农业频道“聚焦三农”栏目播出《湖南株洲：农产品电商通，农民收入增》，“点赞”株洲市借电商发展农业，促进农民增收的做法。

互联网农业

促进农业需求

6. 养老生态

2015年10月20日，央视综合频道“经济半小时”栏目播出“养老生态调查”特别策划之《变闲为宝的银发经济》，全方位向全国观众推介株洲发展银发经济、完善社区养老和农村养老等相关做法。

集教育、观光、娱乐、休闲于一体的株洲铁路史展示长廊

草青水碧天蓝的株洲城区

“十二五”回眸

“十二五”以来，面对错综复杂的经济发展环境，株洲市委、市政府牢牢把握“稳中求进、好中求快”的工作总基调，围绕“转型升级”总战略，提出“三个率先”总目标，集中力量打好产业振兴、县域崛起、城镇扩容提质、“两型社会”建设“四大攻坚战”，积极抢抓中部地区崛起、长江经济带建设等一系列重大战略发展机遇，积极应对经济下行的巨大压力，全市经济社会呈现“稳定发展、结构优化、民生改善、协调推进”的运行态势。

一、宏观经济稳定发展

1. 经济总量实现跨越

2009年，株洲GDP突破千亿大关，成为全省第五个经济总量突破千亿的市州。2014年，全市GDP突破2000亿元，达到2161亿元。2015年，全市实现GDP2335.1亿元，增长9.5%，成为国务院“稳增长”督查全国表彰20个先进市州之一。“十二五”期间GDP年均增长11.5%，保持中高速增长。

2. 经济结构加快调整

2015年，全市三次产业结构由2010年的9.7：58.5：31.8调整为7.6:57.3:35.1，第一产业和第二产业占比分别减低2.1和1.2个百分点，第三产业占比提高3.3个百分点，第三产业比重稳步回升，拉动经济作用逐步增强。同时，工业优势产业取得突破，全市轨道交通产业收入突破1000亿元，成为全市首个、全省第五个过千亿的产业。

3. 经济质量稳步提高

2015年，全市公共财政预算收入290.4亿元，增长10%，为2010年的2.2倍，占GDP比重为12.4%。“十二五”期间年均增长19.2%。地方收入191.4亿元，为2010年的2.5倍，“十二五”期间年均增长19.7%。地方可用财力逐年提高，“十二五”期间年均增长10.9%。财政收支的较快增长，株洲经济质量显著提高，地方政府提供公共服务和改善民生的财力得到有力保障。

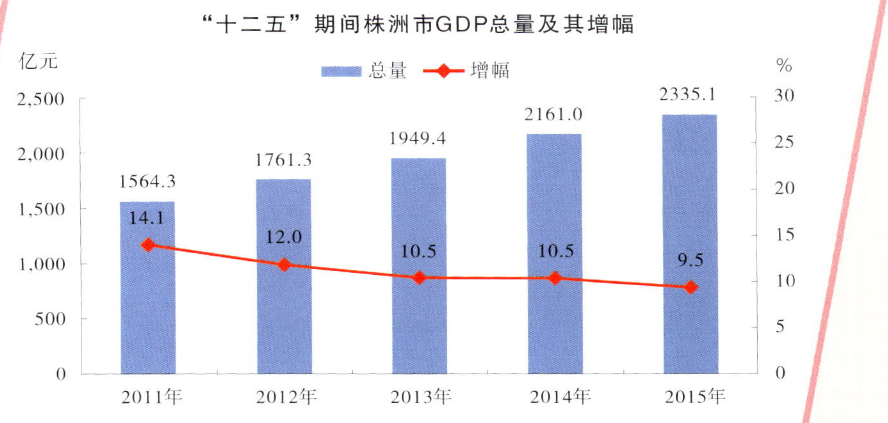

2015年株洲市三次产业结构图

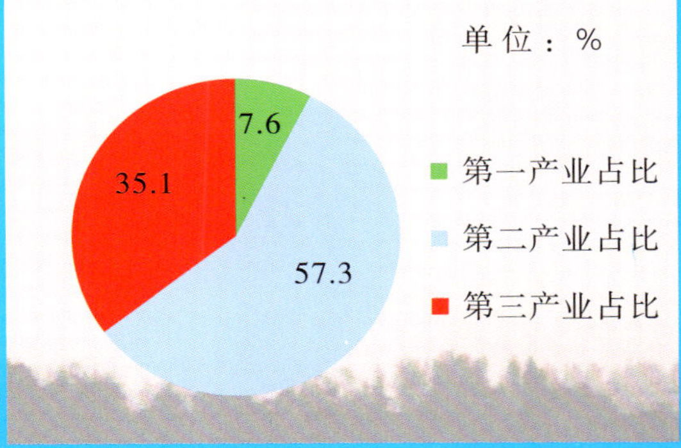

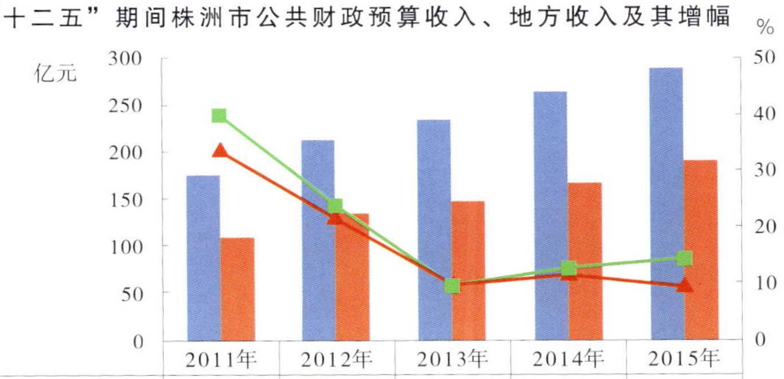

	2011年	2012年	2013年	2014年	2015年
公共财政预算收入	175.4	213.8	235.6	264.0	290.4
地方收入	109.2	135.4	148.6	167.4	191.4
公共财政预算收入增幅	33.9	21.9	10.2	12.1	10.0
地方收入增幅	39.9	24.0	9.8	12.6	14.3

1. 农业现代化逐步形成

2015年，全市实现第一产业增加值179.5亿元，增长3.8%，为2010年的1.5倍，年均增长3.8%。耕地流转规模化经营比率达到39.6%，水稻生产综合机械化率达到71%。“十二五”期间，株洲市传统农业和现代农业得到全面发展，新农村建设成效明显，农业现代化逐步形成。

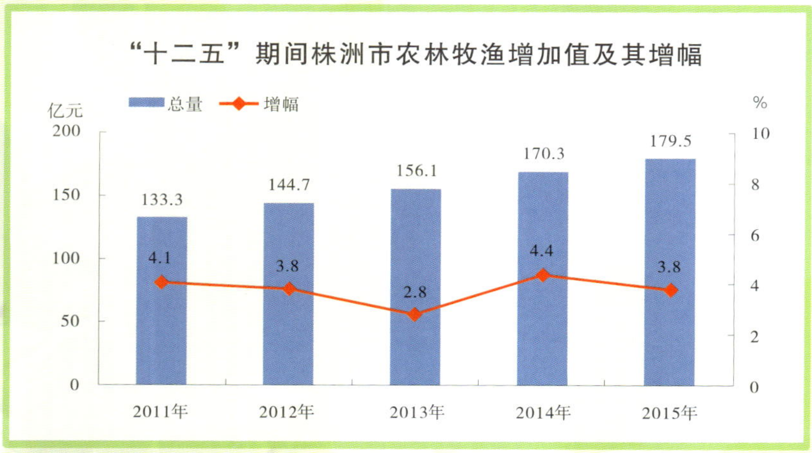

3. 服务业蓬勃发展

株洲以加快服务业集聚区建设为重点，大力发展现代物流、文化旅游、职业教育和研发设计等生产性服务业。株洲职业教育科技园、方特欢乐世界、南车物流等一大批服务业建设项目加速推进，2015年，全市实现服务业增加值818.5亿元，增长13.6%，占 GDP的 比 重 为 35.1%， 较2010年提高3.3个百分点，“十二五”时期年均增长11.5%。

二、产业经济快速发展

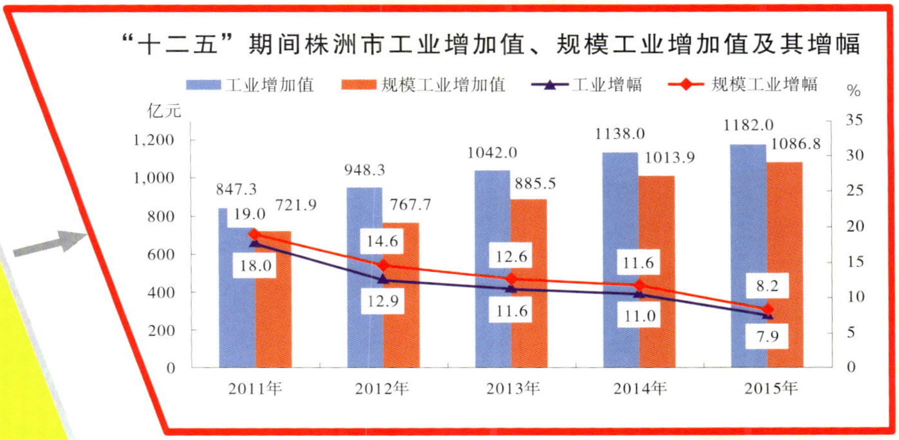

2. 新型工业化快速发展

"十二五"期间，株洲在推动有色、化工、建材等传统产业改造升级的同时，大力推进轨道交通、航空、汽车整车及零部件、服饰、陶瓷五大千亿产业集群发展。全市实现工业增加值从2010年的656.4亿元增加2015年的1182亿元，占GDP的比重达到50.6%，"十二五"时期年均增长12.3%。

2015年，全市实现规模工业增加值1086.8亿元，增长8.2%，"十二五"时期年均增13.1%。全市新型工业化快速推进，具有规模以上工业企业达到1473家，大中型工业企业538家。

三、需求经济协调发展

1. 投资规模快速扩张

“十二五”期间，株洲芦淞服饰物流中心项目、中国五矿精密工具园等相继落户株洲；新旗滨玻璃搬迁等项目建设进展顺利；神龙城、湘江风光带、大功率半导体IGBT产业化、中航动力航空工业零部件、北汽株洲分公司二期等一批重大项目相继竣工投产。2010—2015年，全市固定资产投资连续跨越1000亿元、1500亿元、2000亿元大关。“十二五”期间年均增长22%。

2. 消费市场持续活跃

2011—2015年，全市消费品零售总额连续跨越500亿、600亿和800亿元大关。2015年，全市社会消费品零售总额达到839.7亿元，为2010年的2倍；“十二五”期间年均增长14.5 %。“互联网+”催

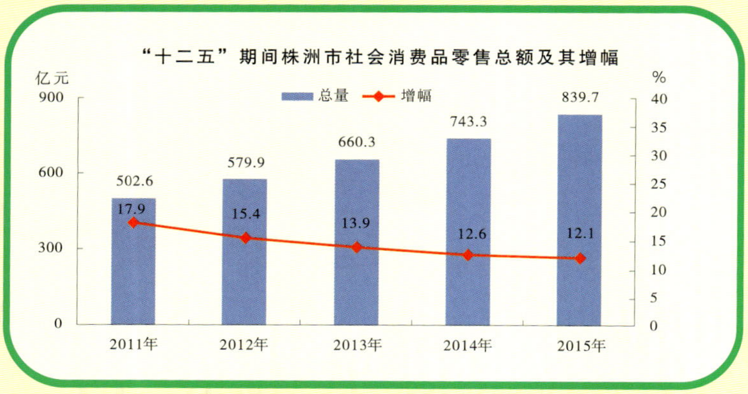

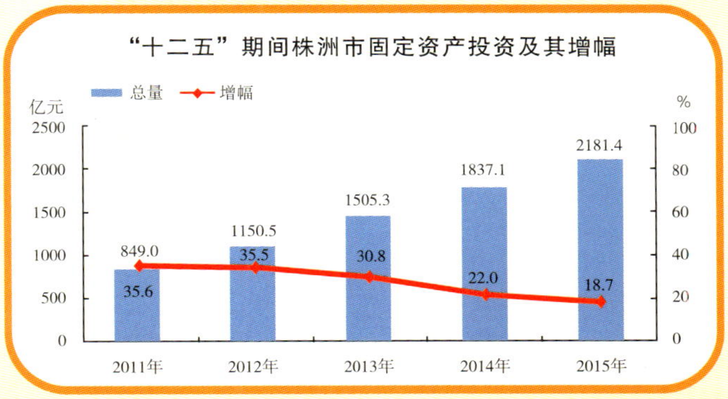

生阿里巴巴株洲产业带年销售收入突破20亿元，"互联网+黄桃"电商模式在全省得到推广，株洲成为全国首批信息消费示范城市。

3. 外贸市场相对活跃

"十二五"以来，株洲对外贸易活力不断增强，外贸出口经济日渐发展。2015年，全市进出口总额为24.9亿美元，为2010年的1.7倍，"十二五"时期年均增长11.1%。全市出口连续跨越10亿、15亿美元大关，2015年，出口总量达到17亿美元，进口总量达7.9亿美元。

四、民生事业全面发展

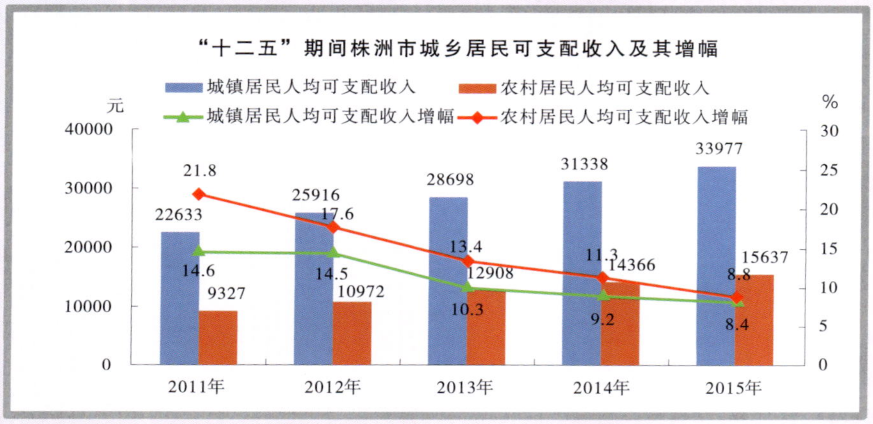

1 居民收入不断提高

2015年，全市城镇居民人均可支配收入达到33977万元，增长8.4%，总量为2010年的1.7倍，年均增长11.6%；全市农村居民人均可支配收入达到15637元，增长8.8%，总量为2010年的2倍，年均增长15.4%。城乡居民收入比由2010年的2.57:1缩小至2015年的2.17:1，城乡收入差距进一步缩小。

3 全面小康扎实推进

全市全面建成小康社会总体实现程度由2010年的86.3%提高到2015年的93.3%，居全省第二位。2015年，天元区、石峰区率先实现全面小康，醴陵市、攸县连续保持全省十强县，炎陵县、株洲县荣获全省十快县。

2

社会事业不断发展

一是社会保障不断加强。全市城乡居民社会养老保险制度已实现全覆盖；五年里共完成城镇保障性住房建设10.8万套，城镇保障性住房覆盖率从2010年的5.6%提高到2015年的21.9%；五年累计新增城镇就业30万人，新增农村劳动力转移就业22万人，减少贫困人口18.7万人。

二是科教事业逐步发展。全市九年义务教育巩固率和高中阶段教育毛入学率分别由2010年的94.8%、94.8%提高到2015年的98%和95%；长株潭国家自主创新示范区成功获批，五年中新增国家工程研究中心1家，国家（企业）重点实验室2家，国家级企业技术中心2家，新增省级重点实验室5家，省级工程技术研究中心16家；科技创新对经济增长的贡献率达到55%，每年提高1个百分点。

三是卫生事业稳步发展。五年里城乡基本医疗保险参保率稳定在95%以上；每千人医生数由2010年的2人提高到2015年的2.8人。

四是环境保护成效明显。五年里全市关停污染企业473家，淘汰落后生产线195条，拆除烟囱452根，极大减少了工业污染，湘江株洲段、洣水、渌江水质持续保持国家Ⅲ类水质标准。

五是新型城镇化快速推进。全市城镇化率由“十一五”末的55.5%提高到62%，建成面积由112平方公里扩大到138平方公里，城镇建成面积由255平方公里扩大到337平方公里，全市“四纵三横”交通新格局已经形成，成功创建全国文明城市、全国卫生城市、全国交通管理模范城市和国家森林城市。

2015 年

1月9日，中共株洲市委十一届八次全体会议暨市委经济工作会议召开

3月26日，中国陶瓷艺术大展暨首届湖南（醴陵）陶瓷博览会在醴陵•世界陶瓷艺术城开幕

1月	2月	3月	4月	5月	6月

8月31日，中国动力谷自主创新园盛大开园

10月27日，《人民日报》、新华社、《光明日报》《经济日报》《香港文汇报》《湖南日报》、湖南卫视等中央、香港、湖南省10余家主流媒体组成联合采访团到株洲，深入开展“转型升级看株洲”大型采访活动

12月24日，100余辆全新的电动出租车驶上株洲街道，株洲成为全省首个纯电动出租车的城市

重大事件

4月28日，中国首台高速永磁变频电机系统在中车株洲电机有限公司成功下线

7月7日，中国首台出口欧洲（马其顿）动车组在中车株洲电力机车有限公司下线

7月 8月 9月 10月 11月 12月

10月30日，株洲市第五届大众体育运动会在市体育中心举行

10月30日—11月1日，第五届全国职工职业技能大赛“中国•株洲动力谷杯”焊工决赛在株洲职教科技园举行

12月25日，在株洲市中心医院举行中南大学与株洲市人民政府合作签约暨中南大学湘雅医学院附属株洲医院揭牌仪式

12月29日，北京汽车株洲基地二工厂正式启动建设

"非遗"文化

炎帝陵祭典(国家级)

醴陵釉下五彩瓷烧制技(国家级)

攸县槚山皮影戏（省级）

株洲，历史悠久，文化底蕴深厚，有着丰富的文物遗存和非物质文化遗产。近年来，国家、省、市非物质文化遗产保护政策相继出台，株洲市非物质文化遗产挖掘、整理工作有序开展。

至2015年底，株洲市有炎帝陵祭典、醴陵釉下五彩瓷烧制技艺等国家级非遗保护项目2项，“长沙花鼓戏—湘东路子”等省级非遗保护项目13项，“思情鬼歌”等市级非遗保护项目58项。有国家级代表性传承人1人，省级代表性传承人4人，市级代表性传承人54人。通过对全市非遗项目的调查整理，发现株洲市的非物质文化遗产星罗棋布、传承久远、内涵丰富，形成十分宝贵的资源。多年来，非遗项目的传承人或是团队型、或是家族型、或是民间型，坚持不懈、持之以恒地传承技艺工艺，使这些民间文化瑰宝得以长期保存和传承，没有断档流失，保持着顽强的生命力，展现出株洲市特有的文化底蕴和风采。

2016年“文化遗产日”，株洲市成功举办“非遗传承·魅力湘东”非物质文化遗产系列活动。近几年，株洲市每年都举办相关活动，集中反映全市非物质文化遗产项目的历史和现状，展示非遗项目的技艺和产品，取得了良好的宣传效果，扩大了全市文化的影响力。“醴陵釉下五彩瓷烧制技艺”及作品多次参加国内外层次较高的文化节庆活动并在非物质文化遗产保护性开发成果邀请展上精彩亮相，得到各界人士高度评价，呈现出良好的发展潜力和前景。

攸县打铁水（省级）

茶陵客家火龙（省级）

醴陵星子灯（省级）

鎏金贴金工艺（市级）

醴陵鞭炮制作（市级）

湖南炎帝陵

海峡两岸神农文化祭

炎帝陵碑

炎帝祀像

世界旅游文化小姐推荐炎陵文化

炎帝陵是中华民族人文始祖炎帝神农氏安寝圣地，位于湖南省炎陵县城西鹿原陂，景区总体规划面积111.86平方公里。炎帝陵核心景区面积5平方公里，由陵殿、神农大殿、御碑园、天使馆、圣火台、咏丰台、午门、阙门、圣德林、福林、神农园、朝圣大道、炎帝陵牌坊、摩崖石刻、龙脑石、龙爪石等50多处自然和人文景观组成，是海内外炎黄子孙寻根祭祖、接受爱国主义与中华民族传统教育、旅游观光及文化研究交流的胜地。

据史料记载，炎帝神农氏是上古时代姜姓部落的首领，产生于新石器时期，即其上限在1万年左右，其下限距今4800年左右。炎帝神农氏是中华农耕文化的创始者，为中华民族的始兴和繁衍做出了开创性的伟大贡献。他始作耒耜，教民耕种；遍尝百草，发明医药；织麻为布，制作衣裳；日中为市，首倡交易；耕而作陶，始造明堂；削桐为琴，始作蜡祭；弦木为弧，剡木为矢，以威天下。炎帝坚忍不拔的开拓精神、百折不挠的创新精神、自强不息的进取精神、大公无私的奉献精神是中华民族精神的重要组成部分，同时也是中华民族长盛不衰的力量源泉。炎帝晚年为民治病，采药来到湖南，日遇七十毒而不缀，最终因误尝“断肠草”而崩葬“长沙茶乡之尾”，即今湖南省株洲市炎陵县鹿原镇鹿原陂。

炎帝陵“西汉有陵，唐有奉祀，宋建陵庙，清定形制，当代整修”，现系全国重点文物保护单位、国家级风景名胜区、国家AAAA级旅游景区、全国爱国主义教育示范基地、中华全国归国华侨爱国主义教育基地、海峡两岸交流基地、中国十大古典陵墓园林、中国井冈山干部学院社会实践教学基地、湖南省“十大文化遗产”之首、“新潇湘人文八景”之一、湖南省两型景区、湖南省“廉政文化进景区”示范基地、湖南省优秀涉外参观点、广东省国民旅游休闲示范单位，被列入《中国国家自然遗产、自然与文化双遗产预备名录》，连续9年荣获“湖南省最佳旅游景区”称号。炎帝陵祭典入选国家首批非物质文化遗产名录和“全球最具影响力的十大根亲文化盛事”。

炎帝陵自1988年整修并正式对外开放以来，共接待海内外游客1200多万人次，湖南省人民政府先后9次举行炎帝陵公祭大典，世界华人华侨祭典，海内外佛教界、道教界祭典，连续三届“海峡两岸神农文化祭”等一系列大型祭祖祈福活动先后在炎帝陵隆重举行。

墓碑亭

炎帝陵咏丰台

百龙祭祖

祭祖大典

远眺炎帝陵

炎帝陵殿

神农大殿

炎陵神农谷

神农谷国家森林公园位于株洲炎陵县东北部，地处罗霄山脉中段，东连井冈山，南接桂东八面山，北抵武功山，是湘赣两大水系的分界线和发源地，也是罗霄山脉中段井冈山革命根据地的核心区域。这片土地拥有四个第一：它是中国南方地区保存最完好的一块原始森林(7733.33公顷)；拥有负氧离子含量高达每立方厘米13万个的珠帘瀑布是亚洲第一天然氧吧；落差为235.2米的神农飞瀑是湖南第一高瀑；海拔为2115.2米的神农峰是湖南第一高峰。1992年成立桃源洞国家森林公园，2005年更名为神农谷国家森林公园。境内历史文化底蕴深厚，自然风光秀美，人文景观丰富，群山绵延，层峦叠嶂，林木葱茏，四季竟翠。主要景点有：落水源瀑布、珠帘瀑布、树抱石、黑龙潭、桃花桥、石板滩、镜花溪原始森林大峡谷、神农飞瀑等。

神农谷国家森林公园是一个天然的动植物宝库，各种名贵植物、珍稀动物随处可见。园内已查明的维管束植物有215科896属2019种，其中有种子植物176科808属1804种，木本植物有95科283属755种。其中，国家Ⅰ级保护植物有8种：银杉、资源冷杉（大院冷杉）、银杏、伯乐树、南方红豆杉、莼菜；国家Ⅱ级保护植物88种。有陆生脊椎动物28目86科351种，其中属国家Ⅰ级保护动物4种：云豹、金钱豹、华南虎、黄腹角雉；国家Ⅱ级保护动物有25种。

神农谷国家森林公园分为6个景区，即甲水景区、桃花溪景区、横泥山景区、九曲水景区、平坑景区和田心里景区。这里是一个天然氧吧，环境舒适，年平均气温12.3℃，气温最高的7—8月也只有20.7℃，全年使人感到舒适的时间长达196天，是中南地区舒适期最长的旅游区，尤其是夏季，凉爽宜人，最宜于避暑度假。它集自然景观、人文景观、森林生态环境和森林保健于一体，是十分理想的旅游避暑、保健休闲和生态科考的森林公园。

黑龙潭

珠帘瀑布

高山草甸

仙女观瀑

树抱石

神农飞瀑

溯　溪

溯溪之钢丝木板桥

石板滩

茶陵云阳山

云阳山

云阳山风景名胜区位于茶陵县城西，山城一体，总面积8941.4公顷，是湖南省乃至全国少见的国家级城市森林公园。云阳山是国家AAAA级旅游景区、国家级城市森林公园、省级风景名胜区、省级自然保护区、省级地质公园。

神农故邑 据《汉学堂丛书》和《皇甫记》等古籍所载，云阳山因黄帝之子少昊云阳氏始封于此而得名，又是第八代神农炎帝的封地。中华民族的始祖炎帝神农氏在云阳山兴农事、种五谷、采茶茗、尝百草，开启了农耕文化，开创了中华医药之先河，至今留下了祈丰台、洗药池、晒药坪、碾药槽、炼丹灶等灵迹。

国饮之源 茶圣陆羽在《茶经》卷八茶之出中记载“云阳山即茶山，因陵谷多生茶茗而得名”。因而有“千年国饮，始于茶陵”之说。茶陵县是中国唯一一个以茶命名的行政县。

道佛圣池 早在南北朝时期，云阳山就有宗教活动。唐初，云阳山曾封为南岳，素有“古南岳”之称。1500多年来，云阳山先后建有云阳仙、赤松仙、紫云仙。优越的地理环境和兴盛的道、佛文化，使得云阳山常年祥云绕绕，钟声悠悠，香火绵绵。特别是每年的农历六、七月，南岳圣帝在云阳仙避暑办公，也因此在民间形成了“六月七月朝云阳，八月朝衡山”的习俗。

祈丰台

白云寺

儒家灵山 云阳山钟灵毓秀，是士子读书悟道的佳地，古代在云阳山上兴办了紫薇、西崖、寻乐、西畴、范乐、幼学、龙湖等书院。正因为如此，茶陵历史上127名进士中的2名状元、1名榜眼均出自云阳山下。历代文人墨客在云阳山留下了大量诗文词翰，使得云阳山飘盈着浓浓的书卷气。

人间仙境 云阳山景色迷人，七十二峰，峰峰耸立；十大灵岩，岩岩显灵；十大峡谷，谷谷风光；数十溶洞，洞洞奇观。秀美的自然环境吸引了如宋代诗人黄庭坚、明代“茶陵诗派”领袖李东阳、著名旅行家徐霞客、曾任国民政府主席的谭延闿等历史名人探幽揽胜，吟诗作赋。徐霞客游览云阳山麻叶洞后发出了“其中美胜，予所见洞俱莫及”的感叹。

天然氧吧 云阳山生态环境优美，风光秀丽，空气清新，大气、地表水等环境质量均达一级标准。各类林木构成一道道清翠葱茏的森林景观，负氧离子含量高达4.6万个/立方厘米，是颐养天年、修身养性的理想之地。

红色摇篮 茶陵县工农兵政府是新中国第一个县级红色政权，其旧址是国家AAA级景区、湖南省爱国主义教育基地、湖南省国防教育基地。

交通便捷 境内衡炎、醴茶、泉南、岳汝四条高速，衡茶吉、醴茶两条铁路，106国道、320省道交通框架的构建，为云阳山旅游业发展提供了地理之利。

2008年以来，云阳国家森林公园加大对公园开发建设的投资力度，先后修复扩建了南岳宫大庙及配殿、紫云寺大庙及天王殿、白云寺天王殿和南岳宫放生池配套景观广场、神龟谷吊桥瀑布景观、老君崖神像道德经、祈丰台等景点，高标准新建了东门游客中心和核心景区蓬莱阁服务场所，功能设施完备，旅游发展颇具规模。同时加强了景区员工服务技能培训力度和服务功能的规范管理。随着景区服务形象的整体提升，大量游客慕名而来，旅游发展前景看好。

云阳山紫薇峰

神龟谷

一线天

汲秀园

老君神像

云阳山南岳宫

株 洲 方 特

卡通城堡+恐龙危机

株洲方特由华强方特文化科技集团精心打造，旗下主题乐园品牌完全由中国人自主知识产权建造而成，包含国内首屈一指的两大国内高科技主题乐园。株洲方特欢乐世界以科幻体验为最大特色，采用当今国际一流的理念和技术精心打造，由恐龙危机、海螺湾、聊斋、生命之光等20多个主题项目区组成。方特梦幻王国属于方特二期工程，毗邻方特欢乐世界，它以高科技手段演绎中国传统故事为特色，园区由水漫金山、秦陵历险、大闹天宫、哪吒闹海等20多个大型主题项目区组成。株洲方特梦幻王国已于2016年8月18日开业。

大型悬挂式过山车项目——火流星

逃出恐龙岛

太空飞梭+极地快车

丛林飞龙

丛林的故事

水漫金山

宇宙博览会

360° 环幕影院项目——华夏五千年

2015年8月31日，中国动力谷自主创新园开园

2015年12月18日，新马学校奠基开工

天元区

2015年7月30日，天元区文化馆开馆揭牌

竣工后的神农大剧院

2015年10月16日，天元区在全省率先启动特困人员特殊救助制度

①2015年10月15日，湖南天易公司与香港高德置地控股有限公司举行神农太阳城商圈整体招商签约仪式

②2015年7月，滨江广场进行升级改造

③2015年5月6日，天元区首届中小学生校园足球赛开赛

④万丰湖生态水系景观工程

芦淞区

①2015年4月2日，省委书记徐守盛调研株洲通用航空城

②市领导阳卫国等一行调研株洲通用航空城

③新芦淞（龙泉）国际服饰博览交易中心总部创意基地

山河科技公司生产的阿若拉“曙光女神”

2015年6月，株洲千亿服饰产业集群重点配套项目——“株洲小巨蛋”一期竣工

芦淞服饰创业园

汉唐·周庄一期项目(四季花海)

荷塘区

2015年12月18日，省委常委、常务副省长陈向群实地考察调研南岳岭、上月塘片区棚改项目

一门式大厅：可以由单个窗口办理11部门的104项行政事项

金龙西路

区委书记
顾峰检查车站
违禁物品登记
情况

区委副书记、区长邬凌云调度重点项目

荷塘工业集中区内的嘉德工业园标准厂房项目

株洲市建市以来最大的国有土地上房屋征收项目——南岳岭、上月塘棚户区改造项目征地拆迁现场

石峰区

2015年5月13日，副省长黄兰香到区调研轨道科技城

2015年8月18日，时任市委书记贺安杰考察轨道交通城征地拆迁工作

2015年9月16日，召开石峰区“身边好党员”座谈表彰会

2015年3月31日，召开2014年度全区文明建设总结表彰暨2015千亿攻坚年动员大会

2015年6月29日，联诚集团轨道交通牵引装备部件配套产品产业化项目竣工

2015年12月18日，株洲轨道智谷二期暨智谷一期科研中心正式开工

2015年7月15日，秋瑾故居正式开馆

修缮后的秋瑾故居

株洲县

2015年4月，省委副书记、省长杜家毫到株洲县指导教育实践活动

2015年6月16日，县政府与时代新材战略合作签约仪式举行

中央时代广场——株洲县首个吃喝玩乐购一站式消费的商业MALL于2015年底建成

湖南省新农村建设示范村——株洲县松西子社区

湖南省“三个一”重点项目、长株潭十大“两型”项目、长株潭地区首个风电项目——株洲龙亭龙凤风电场于2016年元月投入使用

株洲县第一人民医院整体搬迁项目是株洲市重点建设工程之一，于2015年12月30日投入使用

在建中的湘江七桥

美丽的渌口

醴陵市

醴陵市委书记胡湘之到陶瓷企业调研

“百亿”工程——瓷城古韵

“百亿”工程——渌江新区

“百亿”工程——陶瓷博览园

“百亿”工程 ——“醴北人家”

醴陵市委副书记、市长康月林到花炮企业检查工作

醴陵烟花在首届瓷博会璀璨绽放

中国陶瓷艺术大展暨首届湖南（醴陵）陶瓷博览会开幕式盛况

醴陵全景

2015年3月26—27日，省委常委、宣传部部长许又声到攸县视察

2015年1月9日，副省长张硕辅在时任市委常委、副市长蔡典维，攸县县委书记胡湘之，县委副书记、县长龚红果等陪同下，到攸县视察水利项目建设情况

攸县

2015年7月28日，贺安杰、毛腾飞等市领导带领各县市(区)党政负责人、相关市直部门负责人到攸县开展市委十一届九次全会流动现场会项目建设观摩和考察

湖南旭日陶瓷公司

丽水山庄示范住宅小区

酒仙湖

2015年竣工的文化公园二期工程

2015年5月31日，首届全球走钢丝大赛总决赛在攸县酒仙湖举行

2015年3月20日，举办首届“大美攸县·柏市油菜花节”暨“省、市、县百名文艺家系列采风活动”

除险加固施工中的苏洲水闸

洣江风光带

茶陵县

2015年11月20日，朝阳房地产公司与步步高集团签约仪式举行

2015年12月3日，茶陵县第四届祖庵美食文化节在犀城广场开幕

2015年10月9日，八团乡卧龙村入选“全国最美休闲乡村”

2015年9月，新建成的茶陵县思源中学正式对外招生

新落成的茶陵县中医医院

2015年7月2日，在深圳港洽会上茶陵县政府与中华茶祖文化园签约

2015年2月9日，茶陵县政府与北京东方园林股份有限公司签约，携手开发建设茶陵南宋古城、云阳山等旅游景点

2015年12月26日，中华茶祖文化园开园

茶陵县城新貌

炎陵县

2015年6月19—22日，炎陵县首届房地产交易展示会举行

2015年10月14日，全省首家县级海关工作站——炎陵县海关工作站揭牌成立

2015年11月27日，炎陵县原龙渣瑶族乡举行建乡30周年庆典

2015年4月24日，湘赣边界神农文化暨区域文化研究联系会在炎陵召开

2015年9月25日，炎陵县红星二桥建成通车

2015年12月18日，炎陵欧科亿硬质合金有限公司高性能合金制品项目开工建设

2015年7月20日，炎陵黄桃大会暨“游人间仙境品炎陵黄桃”活动举行

2015年12月18日，炎陵（东莞）易普达数码电子科技产业园项目签约仪式在炎陵举行

2015年10月16日，炎陵县神农谷旅游服务区项目开工建设

云龙示范区

2015年12月，省委常委、省政府常务副省长陈向群在贺安杰、毛腾飞等市领导的陪同下到职教科技园调研

2015年11月，示范区党工委书记蔡周良到企业调研

2015年12月，示范区党工委副书记、管委会主任付访华到项目现场办公

云峰湖

2015年7月，组织全区400名干部开展集中培训

2015年12月，云龙大道二期建成通车，成为与长沙对接又一重要通道

中南智慧产业城

2015年6月，云龙水上乐园开园营业

中车株洲电力机车有限公司
CRRC ZHUZHOU LOCOMOTIVE CO., LTD.

2015年3月24日，省委副书记、省长杜家毫到公司考察

2015年7月7日，出口马其顿的动车组在公司下线

2015年10月14日，智能硬岩掘进机在公司义马基地下线

2015年7月9日，公司转向架智能制造项目（国家首批智能制造示范项目）启动仪式举行

2015年公司生产的出口马其顿动车组

2015年公司生产的出口南非22E电力机车

2015年公司生产的出口埃塞俄比亚电力机车

2015年公司生产的江苏淮安有轨电车

2015年公司生产的新型八轴交流传动快速客运电力机车

2015年公司生产的长株潭城际动车组

2015年公司生产的长沙中低速磁浮列车

中车株洲电力机车研究所有限公司

2015年1月30日，庆祝公司销售收入过两百亿

时代电气成功并购英国SMD公司，并于2015年4月16日在英国纽卡斯尔召开新一届董事会第一次会议

全液压车载钻机

深海装备产品

全年热销的风电叶片

2015年6月8日，庆祝中国中车沪港两地同步上市

2015年7月，船舶电力推进器成功下线

2015年9月下旬，时代电动举行亚洲男篮交车仪式

2015年10月26日，时代电气拉美论坛开幕，七国洋专家组团取经中国高铁

2015年10月19日，公司承建的浙江最大光伏农业科技项目实现并网发电

增程插电式12米车

8米纯电动客车

动车

仰天湖风电场

株洲硬质合金集团有限公司

2015年3月24日，省委副书记、省长杜家毫一行到公司调研

2015年3月20日，中国钨业协会六届五次主席团会议在株洲召开

2015年6月1日，全国盾构刀具行业最高规格盛会——盾构刀具集成制造及标准化技术研讨会在公司召开

2015年3月19日，硬质合金国家重点实验室通过国家科技部验收

享受国务院政府特殊津贴专家 徐涛

徐涛，女，汉族，1967年6月生，湖南长沙人，大学本科学历，研究员级高级工程师，中共党员，党的十八大代表、“第十二届中国青年科技奖”获得者、全国妇女“巾帼建功”标兵、享受国务院政府特殊津贴专家，现任株洲硬质合金集团有限公司科技部部长、国家认定企业技术中心主任、硬质合金国家重点实验室副主任。

2011年荣获“中国青年科技奖”；2012年当选党的十八大代表；2013年被授予全国妇女“巾帼建功”标兵；2015年获批享受国务院政府特殊津贴专家；2015年被授予湖南省劳动模范称号；2016年被授予“全国三八红旗手”称号。

湖南省科学技术进步奖

证 书

为表彰湖南省科学技术进步奖获得者，特颁发此证书。

获奖项目：超细晶粒整体硬质合金纳米涂层系列精密铣刀

奖励等级：一等奖

获奖单位：株洲钻石切削刀具股份有限公司（第1完成单位）

二〇一五年一月二十一日

证书号：20144289-J1-200-D01

湖南省科学技术进步奖

证 书

为表彰湖南省科学技术进步奖获得者，特颁发此证书。

获奖项目：抗热裂预应力结构组合轧辊的技术及应用

奖励等级：二等奖

获奖单位：株洲硬质合金集团有限公司（第1完成单位）

二〇一五年一月二十一日

证书号：20144288-J1-200-001

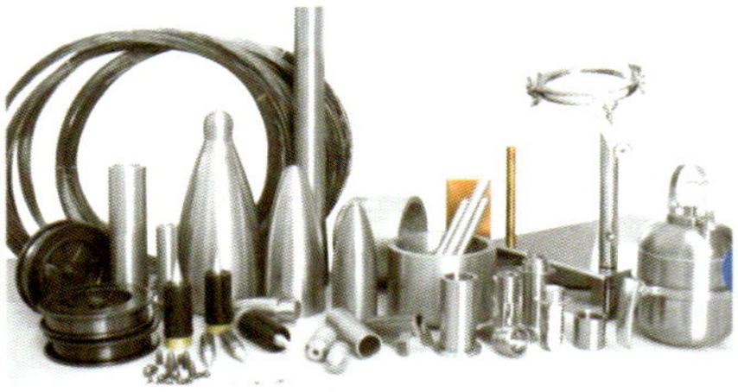

公司“钻石牌”系列产品

株硬集团切削刀具研发中心

株洲钻石切削刀具股份有限公司

2015年4月28日，湖北省委书记、省人大常委会主任李鸿忠，湖北省委副书记、省长王国生等一行，在湖南省委书记、省人大常委会主任徐守盛，省委副书记孙金龙陪同下到公司考察

2015年11月13日，时任市委副书记阳卫国调研株硬精密工具产业园建设情况

2015年3月24日，省委副书记、省长杜家毫在副省长黄兰香、张剑飞陪同下，到公司调研先进装备制造业发展情况

园区新貌

2015年6月22日，公司获得2015年度德国“北威州投资奖”，这是中国第三家获得此荣誉的企业

2015年4月25日，公司参加第十四届中国国际机床展览会

公司产品

株洲市特种链条有限责任公司

公司正门

公司生产车间

公司职工

株洲市特种链条有限责任公司创办于1987年，是全国链传动标准化技术委员会成员单位，国内链传动专业生产厂家之一。

公司位于株洲市天元区高科汽配工业园内，拥有现代化的标准厂房，先进的生产设备设施，以及训练有素、经验丰富的职工队伍，各类专业人员齐全。2002年6月通过ISO9001:2000质量管理体系认证。

公司主要生产各种规格型号的链条、链轮、输送机、总装线及自动流水生产线，拥有自营进出口权，产品远销欧美等10多个国家。

公司新厂房

数控加工

工程机械链条

50T压力机

输送机装配

造纸行业链条

数控等离子切割

国网株洲供电公司

2015年2月17日，时任市委副书记、市长毛腾飞一行到公司看望慰问电力干部员工

2015年5月4日，《光明日报》头版头条报道《“因为有了我们，世界才如此精彩”——湖南茶陵输电线路巡检站90后站长杨凌云和他的“四观”》，杨凌云获评2015年《光明日报》十大典型

2015年10月16日，公司企业文化展厅落成

2015年7月6日，公司获得“全国文明单位”荣誉称号

2015年12月30—31日，110千伏君山变电站和220千伏杉树变电站两座智能化变电站先后投运

2015年11月13日，炎陵公司国有产权整体无偿划转国网直管

中国电信株洲分公司

①2015年4月15日，全国人大代表、中国电信股份有限公司湖南分公司党组书记、总经理廖仁斌到公司调研

②2015年3月25日，中国共产党中国电信株洲分公司第三届代表大会召开

③2015年10月30日，中国电信湖南省公司副总经理褚格林一行到株洲县白关支局实地调研

④2015年4月，召开信息安全论坛会议

员工踊跃参加株洲小区营销大会战

召开“517重点门店促销竞赛”总结表彰大会

开展“517重点门店促销竞赛”

株洲市自来水有限责任公司

2015年12月，公司总经理谢锦辉接听市长热线，听民意、办实事

公司为国企“三供一业”水改分离进行管道更换

2015年12月，公司党委书记兼纪委书记王洪安到施工现场检查工作

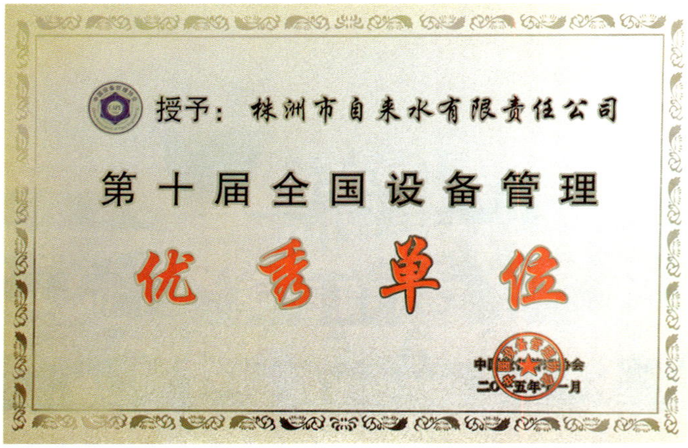

技术先进的水厂中控室

水厂开放日，非洲友人到二水厂参观交流

2015年6月，公司新设立的天元服务厅对外营业，至此全市供水服务厅已达3家，收费网点及代收点160多处

至2015年年底，公司下属国家级水质监测站已达到22类不重复224项水质检测能力

株洲高科集团有限公司

2015年12月11日，省委常委林武考察万丰湖

2015年12月29日，北汽株洲基地二工厂建设启动

▼2015年12月18日，新马学校奠基开工

栗雨新城全景

中国动力谷自主创新园全景

"五四"青年节知识抢答赛

生态"两型"栗雨休闲谷

株洲市直属机关工作委员会

①2015年8月，省直工委书记徐晨光一行到株洲调研机关党建工作

②2015年12月，市直机关在市委大院举办“两个法规”板报展，市委常委、纪委书记刘光跃参观指导

③2015年5月，市直机关工委召开“三严三实”专题教育工作座谈会

④机关工委干部职工参加义务植树

2015年12月，举办全市“两个法规”知识电视抢答赛，工委书记颜国庆为获奖选手颁奖

◀ 2015年1月，市直机关“环保杯”诗词赛作品在市委大院展示

▼ 召开2015年度市直机关精神文明建设指导小组评审推荐会

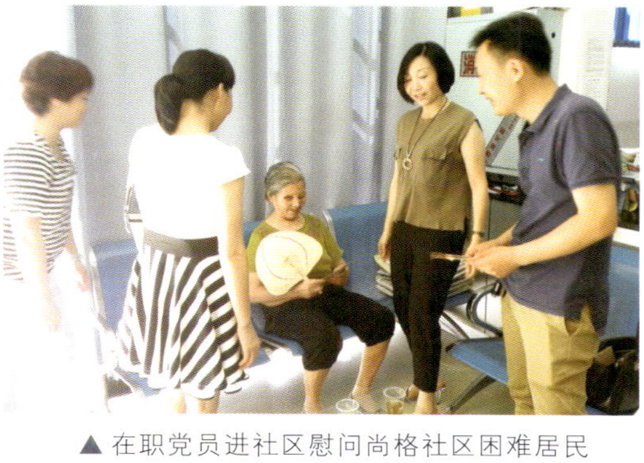

▲ 在职党员进社区慰问尚格社区困难居民

▶ 2015年9月，株洲市县市区机关党建工作座谈交流会在炎陵县召开

株洲市委台湾工作办公室

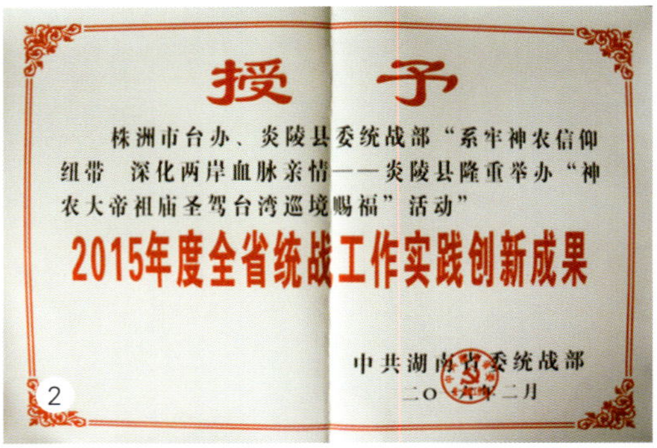
授 予

株洲市台办、炎陵县委统战部"系牢神农信仰纽带 深化两岸血脉亲情——炎陵县隆重举办"神农大帝祖庙圣驾台湾巡境赐福"活动"

2015年度全省统战工作实践创新成果

中共湖南省委统战部

二〇一六年二月

①2015年6月，海协会副会长叶克冬，时任省委常委、统战部部长李微微参加"神农大帝祖庙圣驾台湾巡境赐福活动"起驾仪式

②"神农大帝祖庙圣驾台湾巡境赐福"活动荣获全省统战工作实践创新成果奖

③2015年6月，台湾民众自发恭迎神农圣驾

④2015年6月，台湾神农宫庙护送祖庙神农神尊巡境赐福

2015年8月27日，时任市委书记贺安杰接受《台湾联合报》记者专访

2015年8月28日，时任市委副书记、市长毛腾飞接受《台湾联合报》记者专访

2015年9月12日，株洲市召开2015年中秋台商代表座谈会

2015年10月20日，台湾青商总会考察团到株洲访问

株洲市委党校

2015年10月29日，中组部干教局副局长李刚率调研督查组到党校对《2013—2017年全国干部教育培训规划》实施情况进行调研督查

2015年10月15日，由省委统战部主办，省社会主义学院、市委统战部、市委党校承办的“同心讲堂·株洲分场”活动在党校综合楼大礼堂举行

①2015年10月22日，时任市委副书记阳卫国到学校调研，深入了解党校建设及运行情况

②2015年4月9日，常务副校（院）长聂方红到荷塘区月塘街道办事处东环社区党代表工作室接待党员群众

③2015年5月21日，举行全市党校系统第十一次教学比赛

④2015年11月19日，在学校综合楼大礼堂举办以“井冈山精神，代代相传——与红军后代面对面”为主题的报告会

⑤2015年暑假，党校专兼职教师到上海复旦大学学习培训

株洲市发展和改革委员会

▲ 2015年10月12日，国家发改委副主任何立峰到株洲调研

▶ 2015年5月22日，省发改委党组书记、主任谢建辉到株洲轨通交通科技城调研

市领导视察指导项目建设

党组书记、主任周建光率队调研石峰区重点建设项目进展情况

2015年3月6日，全市2014年“项目建设年”活动总结暨2015年“项目攻坚年”活动动员大会召开

发展谋划——全市发展和改革会议

改革攻坚——清水塘老工业区搬迁改造实施方案评估论证

产业升级——中国动力谷一期工程

价格监管——高考期间开展酒店宾馆行业价格行为专项巡查

株洲市司法局

2015年9月，省委验收组深入市国税局石峰分局等单位实地检查株洲市“六五”普法工作开展情况，株洲市“六五”普法顺利通过验收

2015年12月，株洲市开展“法润三湘”公共法律服务志愿者系列活动，免费为群众提供法律咨询、法律援助

2015年2月，株洲市基层司法所人民调解员在司法所开展医疗纠纷矛盾调解

2015年5月，株洲市运用传统文化进行普法宣传，创作的法治宣传精品花鼓小戏“‘辣俐婆 搬迁’”在市委礼堂演出

2015年8月，株洲市组织公证员、律师等法律服务工作者深入天元区多个社区开展公证法律服务知识讲座

2015年12月，株洲市在炎帝广场开展2015年“12·4”国家宪法日活动，开展法治宣传，营造学法氛围

新建成的茶陵县社区矫正中心宣告室

2015年9月，株洲市举办2015年度司法考试

2015年10月，株洲市首个公共法律服务实体平台——炎陵县公共法律服务中心正式对外服务

2015年10月，株洲市改革试点后选任的首批人民监督员参加宣誓仪式暨初任培训会议，人民监督员选任管理方式改革试点取得初步实效

株洲市人力资源和社会保障局

①2015年9月9日，人社部副部长游钧、全国政协社会和法制委员会驻会副主任吕忠梅率国家联合督查组到株洲督查建筑业工伤保险工作，省委组织部副部长、省人社厅厅长胡伯俊，市委常委、常务副市长赵文彬等陪同

②2015年7月2日，副省长蔡振红和省委组织部常务副部长、省人社厅厅长胡伯俊察株洲人力资源市场

③局党组书记、局长蒋湘晖开展“一进二访”扶贫帮扶，听取群众意见

④第二届“技能天下”电视大赛数冷作工比赛现场

⑤第二届“技能天下”电视大赛茶艺师比赛现场

①2015年5月29日，全市创新创业暨促进非公有制经济发展大会召开，市领导贺安杰、毛腾飞、阳卫国、刘力量、黄曙光、刘光跃、赵文彬、杨玉芳、何剑波、谭可敏等出席

② 7月2日，湖南省2015年技能人才培养校企合作对接活动在株洲市职教园举行，副省长蔡振红出席

③2015年9月25日，第三届“医保惠民进社区”公益活动在天元区滨江社区启动，市领导阳卫国、汤少云、毛朝晖、贺夏盛等出席启动仪式

④12月24日，2015年技能大师三湘行系列活动开幕式暨专题报告会在湖南化工职业技术学院举办

株洲市国土资源局

2015年11月20日，国土资源部党组成员、国家土地专职副总督察、总规划师严之尧一行到株洲进行永久基本农田划定工作督导调研

2015年6月29日，时任省委常委、常务副省长陈肇雄在省国土资源厅党组副书记、副厅长颜学毛及市领导的陪同下，到局调研“三严三实”专题教育工作

局党组书记、局长何安国到炎陵县检查易地扶贫搬迁情况

2015年5月12日，局举办“我是演说家”演讲活动

2015年，局再次荣获“全国国土资源管理系统先进集体”

在荷塘区开展行政审批进乡镇活动

2015年12月8日，在芦淞区枫溪苑小区开展“服务进社区”活动，为百姓送证上门、答疑解难

2015年6月25日，局举办『全国土地日』系列宣传活动

株洲市交通运输局

①2015年4月9日，株洲在全省率先开通“掌上公交”，智能交通走在全省前列

②2015年9月，神农城公交首末站建成投入使用，公交基础设施更完善

③大力开展车辆超限超载治理工作，实现站点零超载率，排名全省第一

④2015年10月，株洲海事执法趸船投入使用，“三基三化”试点通过交通运输部检查验收，株洲凿石海事处获交通运输部行政执法评议满分

①2015年12月24日，120台纯电动公交车投入使用，交通运输装备更加绿色环保

②2015年，天元区三谭路“白改黑”改造完成，农村公路等级不断提升

③2015年12月30日，云龙大道、武广高铁株洲站至沪昆高铁韶山站连接线、铜霞路三期三条城际干线主体贯通，长株潭一体化进程加快

株洲市文体广电新闻出版局

2015年8月，株洲市文化体育公共服务平台——“韵动株洲”建立，并对外实行免费场馆预订

2015年9月，组织“欢乐潇湘·欢乐株洲”群众美术、书法、摄影作品展

2015年11月，原创音乐剧《天使合唱团》获“田汉大奖”

2015年10月，株洲市举办第二届“全民健身节”活动

2015年7月25日，贺龙中国业余篮球公开赛在河西四桥灯光球场举行

2015年9月2日，开展抗战烈士纪念活动

10月30日，株洲市第五届大众体育运动会在市体育中心举行

开展“送戏下乡·演艺惠民”活动

2015年12月12日，举办株洲市12小时超级马拉松赛

2015年9月，举办“全民电影 影动株洲”第二届公益电影展映月活动

2015年度体育总会年会

株洲市卫生和计划生育委员会

2015年3月25日，国家卫计委综合监督局监察专员赵延配一行到株洲调研

2015年4月1日，省卫生计生委主任张健一行到株洲县调研公立医院综合改革情况

2015年，全市公立医院改革、计划生育管理、公共卫生服务、医疗水平提升等各项工作走在全省前列。公立医院改革工作得到国务院医改专家组充分肯定，分级诊疗工作在全国进行经验介绍，第7次获评全国无偿献血先进城市。在全省计划生育考核中，株洲市获评“全省计划生育工作优秀单位”、“两非”案件查处先进单位。

2015年8月6日，时任市委书记贺安杰调研天元区嵩山社区卫生服务中心

2015年8月19日，时任市委副书记、市长毛腾飞督查计生工作

2015年11月20日，株洲市卫生和计划生育委员会揭牌仪式在市卫生计生委大楼举行，省卫生计生委党组书记詹鸣，时任市委副书记、市长毛腾飞为市卫生计生委揭牌

2015年9月30日，党组书记、主任张纯良到市长热线办公室现场接听市民电话，为市民答疑解惑

2015年8月25日，株洲市召开计生工作调度会落实省专项督查会议精神

结核病日为群众义诊

免费发放避孕药具

株洲市人民防空办公室

2015年11月26日，省人防办副巡视员罗国辉等一行调研攸县人防工作

2015年10月22日，市委常委、常务副市长赵文彬调研市人防疏散基地建设情况

2015年12月1—4日，举行“株防-2015”机动指挥通信系统跨区联合演练（与桂林联演）

组织党员赴井冈山接受革命传统教育

2015年12月1—4日，举行“株防-2015”机动指挥通信系统跨区联合演练（向目的地开进）

▼2015年11月20日，召开株洲市城市人民防空工程规划审查会议

株洲市房产管理局

2015年7月6日，省住建厅厅长蒋益民到株洲调研部署棚户区改造工作

2015年6月19日，时任市委副书记、市长毛腾飞实地考察棚户区，与住户亲切交谈

2015年4月26日，局组织开展全民健身徒步活动

2015年10月29日，2015株洲房地产交易展示会在市体育中心开幕

2015年3月30日，市政府在天台山庄召开全市房地产开发工作会议

2015年6月15日，党委书记、局长刘希山走访慰问社区困难群众

天泰小区业主喜领房产证，喜圆“房产梦”

建设中的荷花家园廉租房项目

保障对象喜迁保障房

株洲市住房公积金管理中心

2015年9月16日，时任市委副书记阳卫国督查市住房公积金管理中心“三严三实”专题教育

2015年6月16日，主任徐冬生、党组书记唐耀辉到“双联”企业市皮鞋厂现场办公

住房公积金各项业务再攀高峰，实现“四大突破”，获“全省住房公积金业务管理优秀单位”

开展专管员业务培训，贴心服务缴存单位和职工

干部职工到市第一看守所接受警示教育，增强廉洁自律意识

2015年1月30日，住房公积金服务热线“12329”正式开通

株洲市地方志

2015年12月10日，《株洲市志》评审稿省级评审会召开，省志委领导易介南、邓建平、杨盛让和市领导毛腾飞、王建之、毛朝晖、周恕等出席开幕式

编纂委员会办公室

省志委领导易介南等一行到株洲指导修志编鉴工作

市领导阳卫国、鲁立彬、张国浩为“十二五”期间株洲市地方志工作先进单位和先进个人颁奖

纪念国务院《地方志工作条例》颁布一周年活动

株洲市总工会

2015年10月30日—11月15日，在株洲市职业教育科技园举办2015年“中国·动力谷杯”职工书画优秀作品暨中国名家书画作品邀请展，全国总工会副主席、书记处书记，中国职工技术协会理事长李世明，省人大常委会副主任、总工会主席刘莲玉，时任市委副书记阳卫国等领导出席会议

2015年7月13日，湖南省第五届职工职业技能大赛在株洲市职业教育科技园正式开幕

2015年7月15日，省委副书记孙金龙，省人大常委会副主任、省总工会主席刘莲玉与省第五届职工职业技能大赛获奖选手合影

2015年10月30日，第五届全国职工职业技能大赛“中国·动力谷杯”焊工决赛在株洲市职业教育科技园举行

2015年10月31日，第五届全国职工职业技能大赛“中国·动力谷杯”焊工决赛现场

①2015年4月29日，株洲市召开2015年“五一”表彰暨劳模事迹报告会

②2015年10月27日，株洲市首家乡镇（街道）总工会——建宁街道总工会成立

③2015年8月4日，市领导王建之、贺夏盛率队开展“送清凉”活动

④2015年8月24日，举办2015“大爱株洲·金秋助学”牵手贫困生大型公益活动助学仪式

株洲市残疾人联合会

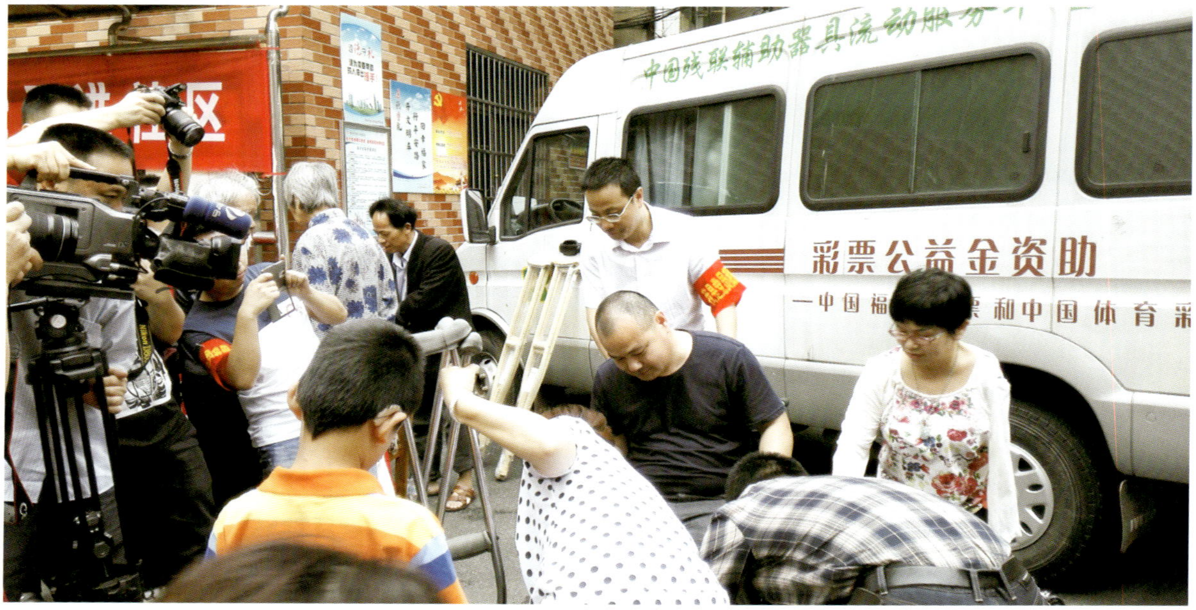

在职党员进社区为残疾人配送辅具

爱心团队慰问市残疾儿童

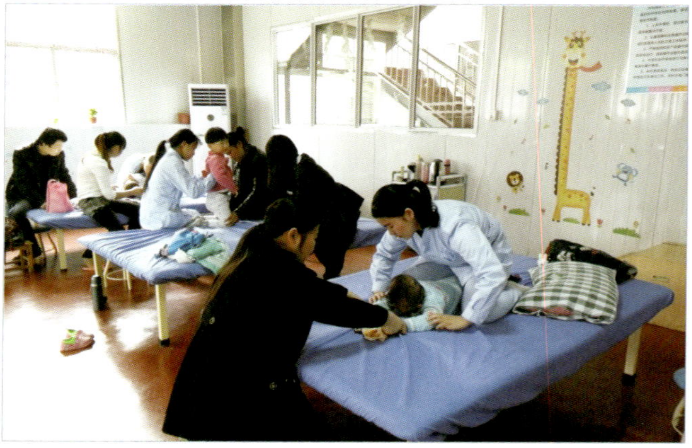
残疾儿童在市残疾人康复中心接受康复训练

2015年3月13日，举办全市残疾人专场招聘会

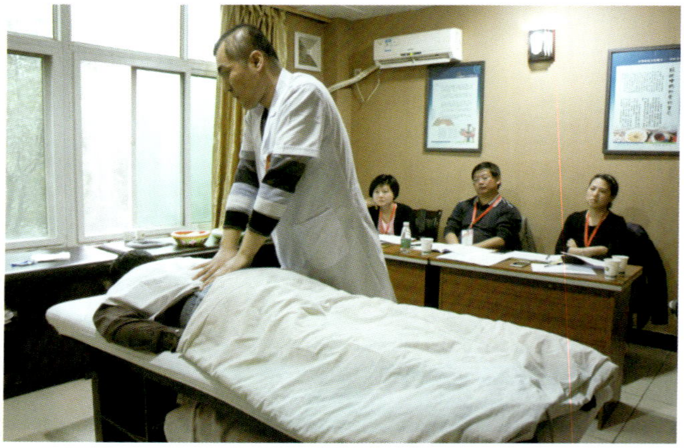
2015年11月11日，举办全市首届盲人按摩技能竞赛

2015年7月16日，市委常委、军分区政委胡鹏飞到市残联党建帮扶联系村召开扶贫工作会议

向残疾人大学生发放资助金

流动服务队赴县（市）区开展辅助器具适配

2015年12月13日，举办首届校园小记者手语知识竞赛活动

湖南工贸技师学院

①2015年6月，国家人社部职业能力建设司司长张立新一行到学院指导工作

②湖南经视“‘智造者’：匠心筑梦”栏目组到学院专访院长陈洪星

③学院学生在株洲市第二届“技能天下”职业技能电视大赛启动仪式上展示“钻头钻蛋壳”绝技

④2015年11月，湖南省技工院校职业技能竞赛在学院举行

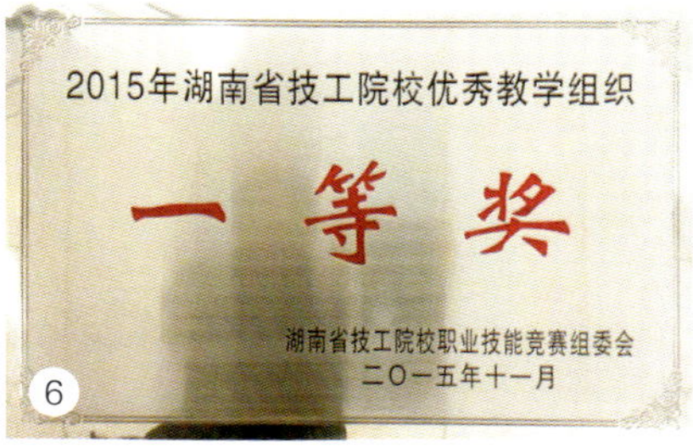

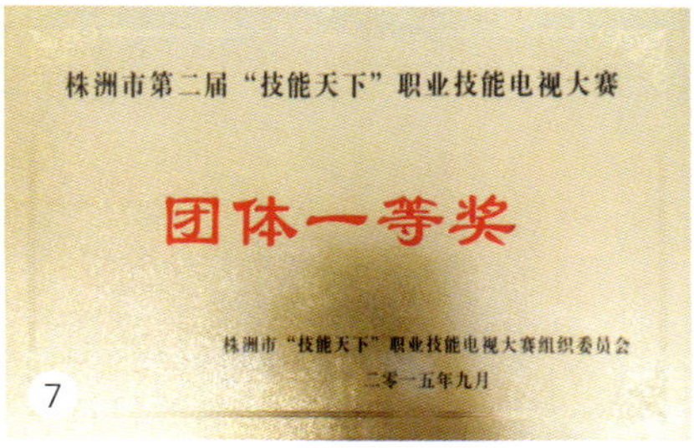

⑤在全省技工院校职业技能竞赛上，学院取得优异成绩

⑥学院获得2015年湖南省技工院校优秀教学组织一等奖

⑦学院获得株洲市第二届“技能天下”职业技能电视大赛团体一等奖

⑧2015年11月，全国中等职业学校语文课程“创新杯”教师信息化教学设计和说课大赛在学院举行

⑨校园全景

株洲市图书馆

在市图书馆召开余秋雨先生媒体见面会

2015年8月22日，副市长毛朝晖参加市诗词馆开馆仪式

云龙职教城24小时智能书屋

开展“绿书签”新书免费赠阅活动

市民踊跃参与“你读书我买单”活动

馆内阅览室

2015年8月22日，在市诗词馆举办诗书画展

2015年神农大讲坛公益性系列讲座

开展诗词研讨

株洲市规划局

局规划设计的神龙城工程荣获“国际风景园林师联合会中国区园林景观工程”金奖

湘江风光带工程荣获“国际风景园林师联合会亚太土地资源管理”杰出奖

株洲全景

特　　载

在市委经济工作会议上的讲话

中共株洲市委书记　贺安杰

2016 年 1 月 8 日

这次会议的主要任务是，贯彻落实中央、省委经济工作会议精神，总结 2015 年经济工作，研究部署 2016 年经济工作，推动全市各项工作实现"十三五"良好开局。下面，我讲七点意见。

一、2015 年全市经济社会发展成效显著，值得充分肯定

2015 年是"十二五"的收官之年，也是应对重大挑战、经受重大考验、取得重大成效的一年。面对经济下行压力持续加大的挑战和老工业城市转型调整、爬坡过坎的阵痛，全市上下主动适应新常态，贯彻"四个全面"的战略部署，坚决落实中央和省委各项决策部署，始终把稳增长放在第一位，坚持稳中求进、好中求快的工作总基调，深入实施转型升级总战略，集中力量打好"四大攻坚战"，在攻坚克难中奋力前行，在改革创新中加快发展，在加快转型中不断升级，各项工作取得显著成效，全市经济呈现总体平稳、稳中有进、进中见好的发展态势。一是经济保持中高速增长。预计全年地区生产总值增长 9.5%，总量达到 2350 亿元；财政收入、城乡居民收入增速高于经济增速；投资、消费、规模工业增加值等主要经济指标均达到预期目标，高于全国、全省平均水平。株洲多项指标在全省排位前移，综合实力进一步增强。二是一批重大产业项目和基础设施项目有力推进。实施"422"工程，城铁株洲站城市综合体、轨道交通城、汽车博览园等百亿项目进展顺利，中车株机整车扩容、旗滨玻璃生产扩能等重大项目竣工投产，湘江河东段综合治理工程以及湘江大道、东城大道等基础设施项目加速推进。轨道交通产业突破千亿大关，北汽株洲基地 50 万辆整车成功下线，长城电脑、北汽二工厂启动建设。电子信息、新能源、新材料、医药食品等战略性新兴产业成为经济发展重要增长点。三是结构不断优化，发展质量和效益稳步提升。产业结构更加趋优，第三产业占 GDP 比重提高 1.5 个百分点，非公经济比重提高 2.9 个百分点，企业利润总额增长 11.4%，增幅是全省的 4.5 倍；区域发展趋于协调，县域经济占全市经济比重提高 1.3 个百分点；规模工业综合能耗下降 19.7%，高于全省 9.6 个百分点。四是发展动力不断转化。科技创新对经济增长的贡献率达到 62%。国家自主创新示范区建设全面启动，建成了一批创新创业平台、众创空间，高新区在全国排名从 40 位跃升至 28 位。全市 10 个项目进入首批"制造强省"笼子，全省首批入选国家"智能制造"的 4 个项目全部落在株洲。五是改革开放全面深化。9 大类 65 项改革大力推进，行政审批、财税、投融资、商事制度等改革成效明显，在全省率先公布"三清单一目录"、出台建设领域投资项目审批改革措施，完成新增直接融资 246 亿元，撬动金融机构融资和社会投资 650 亿元，全市新登记市场主体增长 20%。对外开放全方位拓展，实际利用外资和内联引资稳步增长，湘赣开放合作试验区等一批开放平台加快建设。六是民生福祉持续改善。民生支出占一般公共财政预算支出的 73%，"民生 100"工程全面完成，教育、文化、卫生、社保等公共服务体系进一步完善。新增城镇就业超额完成年度任务，城区居民房屋登记发证、农村安全饮水、危旧住房改造等民生实事扎实推进。扶贫攻坚力度加大，减少贫困人口 6.1 万人以上。安全生产、计划生育考核获评全省优秀地市，社会大局保持和谐稳定。

成绩来之不易，值得倍加珍惜。我们避免了老工业城市转型升级的综合症，推动了一批新产业、新业态迅速崛起，确保了"十二五"圆满收官。同时，我们也清醒看到经济发展中存在的困难和问题，主要是：企业经营运行成本高、产品价格下滑，部分行业和企业生产经营困难；结构调整矛盾显现，传统产业加快退出，新兴产业正在成长，增长动力"青黄不接"；全面深化改革任重道远，体制机制瓶颈还不少；扶贫攻坚任务艰巨，部分群众生产生活存在困难；各类风险和矛盾增多，影响社会和谐稳定的因素还不少，等等。对这些问题，我们要盯住不放，积极应对，有效化解。

二、准确把握形势，明确 2016 年的总体要求和奋斗目

标

2016年是“十三五”决胜全面小康的关键之年，是推进结构性改革的攻坚之年，做好经济工作意义十分重大。株洲与全国全省一样，经济发展正处在从粗放增长向集约增长、从要素驱动向创新驱动的中高级形态转变过程中，既要面对宏观经济下行的共同挑战，又要面对自身长期积累的结构性、素质性、资源环境性、体制机制性矛盾。从总体上看，2016年仍然是比较困难的一年，经济持续下行的压力仍然很大，各类困难和风险增多。特别是清水塘老工业区搬迁改造强力推进，传统产业加速退出与落后产能加快化解，区域发展不协调、不平衡，国家和省里重大项目布局不足，一些传统优势随着情况的变化有的正在逐步丧失等，都将给我市经济社会发展带来重大挑战。但我们更要看到，我市经济发展长期向好的基本面没有变，经济韧性好、潜力足、回旋余地大的基本特征没有变，经济持续增长的良好支撑基础和条件没有变，经济结构调整优化的前进态势没有变，我们仍然处于可以大有作为的重要战略机遇期。“十二五”时期取得的显著成就，综合实力提升，经济结构优化，发展动能转化，为今后发展奠定了坚实基础；“一带一路”、长江经济带、长江中游城市群等国家战略布局，以及新型城镇化试点、自主创新示范区、两型社会建设综合配套改革试验区、罗霄山片区扶贫攻坚等一批重大国家战略平台，这些战略机遇叠加，将吸引更多资金流、信息流、人才流向株洲聚集；中央围绕稳增长出台了一系列财政、货币、产业等政策，对我市创新发展、转型升级都是重大利好。我们完全有基础、有条件、有能力发展得更好一些。对此，我们一定要坚定信心，抢抓机遇，奋发进取，把发展新趋势转化为发展新优势，努力推进各项工作迈上新台阶。

2016年经济工作总体要求是：贯彻落实党的十八大、十八届三中、四中、五中全会精神，深入学习贯彻习近平总书记系列重要讲话精神和中央、省委经济工作会议精神，加强和改善党对经济工作的领导，按照“五位一体”的总体布局和“四个全面”战略布局要求，牢固树立和贯彻落实创新、协调、绿色、开放、共享发展理念，主动适应经济发展新常态，坚持稳中求进、稳中有为的工作总基调，坚持稳增长、调结构、惠民生、防风险，围绕“三个率先”总目标，深入实施转型升级总战略，大力推进“七大工程”，加快建设“四区一带”，突出供给侧结构性改革，突出创新改革开放投资四轮驱动，突出统筹城乡协调发展，突出保障改善民生，突出帮扶企业，促进经济持续健康较快发展和社会和谐稳定，实现“十三五”时期经济社会发展的良好开局。

主要预期目标是：经济增长9%以上，全社会固定资产投资增长18%，新增城镇就业5万人，一般公共预算收入增长9%以上，城乡居民收入分别增长9%、10%。

确定经济增长9%以上的预期目标，主要基于以下考量：第一，是适当的。既与新常态下中高速要求相适应，也考虑了今年经济下行压力仍然很大带来的困难。我市处在转方式调结构的关键时期，速度不宜安排太高，要留有余地，以便把工作的着力点转到调结构、转方式、提高经济增长的质量和效益上来。宁可牺牲一些当前的速度，也要把清水塘老工业区的搬迁改造，把结构调整和转型升级这件大事做好，为长远发展积蓄力量，赢得主动。在保持中高速增长的同时，要在转方式调结构、改革创新、提质增效上有所作为，在培育新的增长点上有所作为，推动发展迈向中高端。第二，是必须的。这是发展底线，必须确保完成。今年是“十三五”开局之年，发展目标要尽量与“十三五”的整体目标相衔接，确保开局之年起好步，提振信心，稳定社会预期。同时，也要与我市作为长株潭核心增长极地位相适应，必须确保发展速度快于全省、发展质量优于全省、发展效益高于全省。在下行压力较大的情况下，要牢固坚持稳中求进、稳中有为的工作总基调，保持奋发有为的精神状态，积极作为，主动作为，奋发有为。我们必须清醒地认识到，我们强调不片面追求GDP，但不是不要GDP；新常态也不是不要速度、不要发展，而是要保持中高速发展，迈向中高端水平；没有一定的发展速度，影响社会预期，影响就业，影响收入，影响稳定，结构调整也难以顺利进行。要防止出现经济增长的惯性下滑，各级各部门决不能放任速度下滑而无所作为，更不能无动于衷、心安理得，脚踏西瓜皮滑到哪算哪。我们必须始终保持加快发展的战略定力，坚持发展第一要务，做到换档不失速，调速不减势。第三，是可能的。我市经济增长具备坚实的基础和良好的条件，有良好的韧性、很大的潜力和回旋余地，也面临许多机遇优势和政策利好，只要我们把握得当、发挥充分、运用有效，完全有可能实现。第四，是预期的。具体执行时，各地要从实际出发，结合自身情况合理确定。在提高质量和效益的前提下，有条件有基础的县市区，要坚持能快则快，应快尽快，能够争取的速度要全力争取，只要是有质量有效益可持续的速度，只要是实实在在、没有水分、让老百姓得实惠的速度，就要尽可能争取发展得更快一些。

三、加快推进结构性改革，大力实施产业振兴工程，打好产业振兴攻坚战

推进供给侧结构性改革，是今年经济工作的重中之重。要加大转方式调结构的力度，坚持先进制造业和现代服务业双轮驱动，坚持改造提升传统产业与培育战略性新兴产业两手并重，坚持强优势与补短板双轨并行，着力做好“加减乘除”，着力去产能、去库存、去杠杆、降成本、补短板，推进产业振兴，改善有效供给，提高供给的质量和效率。

1.大力发展优势产业，全力打造中国动力谷。坚持优势优先、扶优扶强的原则，深入实施轨道交通、航空、汽车产业振兴行动计划，建设“三基地一中心”。要以解决轨道交通产业的发展空间、功能配套、市场开拓等问题为导向，在园区配套、产业集聚、科技创新、保障服务等方面全力扶持，推进中车研究院、IGBT 二期、中车大道、田心大道等一批重点项目，加快轨道交通装备研发中心、制造中心和服务中心建设，全力支持轨道交通企业开拓新的产品和新的市场，推动轨道交通装备优质资源延伸产业链、裂变新企业，积极引进和鼓励配套企业发展，着力打造世界一流的轨道交通装备创造基地。要积极承接“航空发动机和燃气轮机国家重大专项”布局，大力培育并引进航空发动机维修与制造、通用飞机整机制造、通用航空运营等相关企业，推进株洲通用机场建设，着力打造国内一流的通用航空基地。要以北汽与中车战略合作为契机，加快北汽二工厂、汽车零部件产业园等重大项目建设，着力建设新能源汽车基地。要以中国动力谷自主创新园为核心，集聚产业、科技、人才等资源要素，引导动力产业集群化、多元化、高端化发展。

2. 坚决淘汰落后产能，改造提升传统产业。去产能是一道绕不过、躲不开的坎，必须综合运用经济、行政和法治手段，加快完善市场化退出机制。对那些不符合环保、质量、安全标准，且长期亏损的“僵尸企业”，要采取兼并重组，甚至破产清算的方式，分类有序予以市场出清。对那些产品有市场、经营有效益但暂时遇到困难的企业，要予以重点扶持，推进有色、冶金、建材、陶瓷、烟花鞭炮、煤炭等传统产业的改造升级。要统一思想，坚定信心，着力打好清水塘老工业区搬迁改造攻坚战。按照“一年初见成效，三年大见成效，五年完成综合治理，十年建成新城”总体目标，尽快出台和落实具体的实施意见、相关政策。要创新方式方法，坚持“促引结合”，有效运用法律行政手段促使企业搬迁，加强规划和政策引导激励企业主动搬迁，鼓励现有企业提升工艺装备水平，尽量留在株洲市域发展。要尽最大可能争取上级更多的资金、项目和政策支持，积极稳妥有序推进。

3. 加快培育新的增长点，形成新的增长动力。要抢抓新一轮技术革命和信息技术运用、“互联网+”的机遇，大力发展新技术、新产业、新业态、新模式等“四新”经济，重点培育和发展智能工业机器人、3D 打印、移动互联网、物联网、大数据应用等产业，创造新需求、新动能。要尽快出台促进“四新”经济发展的意见，研究支持“四新”经济发展的政策措施，加快布局和推动一批“四新”项目。要积极对接“中国制造 2025”规划纲要，完善行动方案，实施智能制造试点示范行动，促进制造业从生产型向“生产+服务”型转变。要大力推动电子信息、新能源、新材料、健康食品与生物医药等战略性新兴产业迅速发展，打造引领发展的新引擎。

4. 大力推进现代服务业跨越发展。要把加快发展现代服务业作为供给侧结构改革的战略重点，认真落实市委市政府支持第三产业发展、加快服务业聚集区发展等政策措施，加大工作力度，打造千亿服务业产业集群。要坚持现代服务业与先进制造业融合发展，加快建设一批服务业聚集区和功能区。要围绕现代物流、电子商务、金融服务、旅游休闲、文化创意等 10 个重点领域，推动生产性服务业向专业化和价值链高端延伸，生活性服务业向精细化和高品质转变。要把旅游业作为投资的重点、消费的热点和开放的亮点，重点推进神农谷、酒埠江、大京等旅游开发升温。稳定房地产市场，既是供给侧结构性改革的重要任务，也是稳增长的重要支撑。要落实中央降息、公积金调整、下调商业贷款首付比例等政策，进一步出台化解商品房库存、鼓励房地产发展的政策措施，推进以满足新市民住房需求、购租并举为主要方向的住房制度改革，把棚户区改造、保障房建设与商品房去库存结合起来，加大棚改货币化安置力度，促进房地产平稳健康发展。

5. 突出帮扶企业，有效激发企业活力。针对当前企业的困难，今年要把帮扶企业摆在更加重要的位置，以放权、减负、降费、解困为重点，尽力帮助企业渡过难关。要尽可能减少对经济活动的行政干预，简政放权，放管结合，优化服务，更好地发挥政府的作用。要切实减轻企业负担，从清理规范中介服务，降低工资社保成本，落实税费减免政策，降低企业财务、电力和物流成本，营造公平市场环境等方面着力，打出“组合拳”，为企业松绑减负。要突出精准帮扶，对企业当前面临的主要困难逐一分析、精准扶持，选出一批增长潜力大、成长性好的企业给予重点扶持，及时帮助企业解决生产经营、市场开拓、技术改造、产品创新等方面存在的问题，支持一些企业扩大规模，支持一些骨干企业迅速发展壮大、小微企业健康成长。

四、坚持创新改革开放投资四轮驱动发展，不断增强发展的动力活力

一要坚持创新驱动，提升创新发展水平。要实施创新创业工程，以国家自主创新示范区建设为抓手，实施一批新的重大科技项目，加快建设轨道交通、航空、新能源汽车、陶瓷等一批国家级省级创新平台，培育一批引领型创新企业，探索创新平台共建、资源共享的新机制，促进技术与市场融合、创新与产业对接，更好发挥科技对经济的引领作用。要抓好“万名人才计划”，积极引进集聚科技领军人才、企业家人才、高技能人才、急需紧缺人才，大力推广创客空间、创业咖啡、创新工场等新型孵化模式，打造众创、众包、众扶、众筹支撑平台，开创线上与线下协同创新创业新格局。

二要坚持改革推动，致力重点领域和关键环节改革取得新突破。要认真落实中央和省委一系列重大改革措施，抓住供给侧结构性改革这一关键，推出一批具有重大牵引作用的务实改革举措。要深化行政管理体制改革，坚持简政放权、放管结合、优化服务，继续取消、下放一批行政审批事项，动态完善“三清单一目录”制度，分类有序推进事业单位改革，推行行业协会商会与行政机关脱钩。要加快国企国资改革，推进国有资本布局调整与监管企业、政府平台公司重组转型，建立现代企业制度。要落实财税体制改革，完善政府预算体系，提高税收征管水平，防范政府债务风险，探索建立事权与支出责任相匹配的机制，理顺市、区两级财政体制。要着力推进金融体制改革，针对民间投资乏力、融资渠道不畅等问题，加快制定全市金融发展总体规划，完善相关政策支持措施，鼓励各类金融机构来株设立法人机构，推进农信社改革，加快发展村镇银行、小额贷款公司等地方小型金融组织，支持民间资本进入金融领域。要加强银企、政企对接与合作，建立股权投资和风险补偿基金，发挥政府性基础设施、产业投资基金作用，大力推广 PPP 模式，撬动社会资本投资公共建设、扩大产业投入。要积极创新金融产品和服务，推动企业上市挂牌融资，鼓励企业通过债券、票据、信托、基金、私募股权等多种方式直接融资，支持发展多层次资本市场。

三要坚持开放带动，加快湘东开放型经济带建设。积极对接“一带一路”、长江经济带、长江中游城市群、湘赣合作开发试验区等国家战略，进一步加强区域协作，主动承接区域产业合作分工，加强交通互联互通，争取“湘欧快线”延伸至株洲、渝长厦快速铁路过境株洲，加快建设铁路口岸和保税物流中心（B 型），积极申报综合保税区和株洲国家经开区，拓展开放合作大通道、大平台，提升开放能力，打造湖南向东开放的前沿阵地和重要门户。要深入实施“引进来”、“走出去”战略，毫不放松抓好招商引资工作，完善工作推进机制，改善利用外资环境，保持利用外资稳步增长的良好势头。要支持企业“抱团出海”、“借船出海”，参加国内外各类商品展销会和跨境合作，积极拓展市场。要按照“优进优出”的思路，推进我市轨道交通、陶瓷、硬质合金等优势产品、技术、服务的全产业链出口，全面提升株洲经济的国际化水平。

四要坚持投资拉动，狠抓项目扩投资。要以敢于担当、立说立行、抓铁有痕、立竿见影的决心，狠抓扩大有效投资这个经济发展的“牛鼻子”，争分夺秒上项目，持续开展项目攻坚，切实发挥投资在稳增长、调结构、补短板、惠民生、增后劲中的关键作用。要抢抓国家当前稳增长、调结构、补短板的有利时机，着力实施一批重大产业项目、重大基础设施项目、重大民生项目，确保全市抓好 200 个以上重点项目，完成 2500 亿元以上的投资。每个县市区今年至少要完成一个投资 10 亿元以上的项目。要高度重视和切实加强项目前期工作，围绕国家战略布局、重大政策和投资导向，加紧谋划和包装一批大项目、好项目，争取更多项目进入国家、省里的笼子。要千方百计解决项目融资难题，创新融资方式，用好专项建设基金、地方融资平台、债券市场等工具，破除准入限制、项目审批等制度性障碍，扩大民间社会投资。要加大征地拆迁力度，强化要素保障，开展重点工程施工环境专项整治，为项目建设创造良好环境。要严格落实项目工作责任制，防止个人利益、部门利益作祟，进一步简化程序，提高效率，优化服务，确保项目及早落地，快速推进。

五、坚持统筹协调发展，增强发展的均衡性、协调性

协调是持续健康发展的内在要求。要更加注重统筹城乡区域发展，更加注重统筹物质文明与精神文明发展，更加注重补短板，切实增强发展的协调性。

1. 实施城镇扩容提质工程，加快推进以人为核心的新型城镇化。要认真贯彻中央城市工作会议精神，用好国家新型城镇化综合试点机遇，着力转变城市发展方式，完善城市治理体系，提升城市管理能力，切实解决城市病等问题，不断提升城市的现代化国际化生态宜居水平。要坚持城乡一体规划，按照“一核一圈一廊”空间布局，推行“多规合一”，不断提升城镇规划水平。要按照“北联、南进、东拓”总体思路，突出抓好东城大道、湘江河东段综合治理工程、湘江大道、长株攸公路、湘江七桥、城铁株洲站城市综合体等重点工程建设，拉开城市框架。要加快推进户籍制度改革，统筹推进电力、供水、燃气、通信等市政设施建设，深入实施“规划提升、交通治堵、棚户区改造、城市绿荫、两供两治、城市管理转型升级”六大行动，持续改善市容市貌。

2. 加快推进县域崛起。树立“强县才能强市”的观念，大力实施县域崛起工程，坚持县城建设、产业发展、民营经济、新农村建设、扶贫攻坚“五位一体”，县域工业化、农村城镇化、农业现代化、信息化、绿色化“五化同步”，增强县域综合实力，提高县域经济贡献份额。要加大扩权强县力度，实施差异化扶持政策，增强县域发展自主权，让县域在转型升级中当主力、挑重担。要着力强化县域的主体责任，在承接产业转移、扩大招商引资、争取政策项目支持上主动作为，在发展产业、深化改革、扶贫攻坚上敢于担当，因地制宜，发挥优势，体现特色，实现争先进位。

3. 着力推进农业现代化。任何时候都不能忽视和放松“三农”工作。要高度重视和解决农业生产成本持续增加、市场行情持续低迷、农业劳动力严重短缺、农村基础设施滞后等一系列问题，走深化农村改革、调整农业结构的路子。要切实抓好农业生产，加大高标准农田建设力度，保障农产品有效供给。大力实施科技兴农，加快发展休闲农业、设施农业、创意农业等新型业态，为农民稳定增收注入持续动力。统筹抓好农村土地承包经营权登记颁证、农村土地承包经营权流转、农村集体产权制度、农村金融服务创新等各项改革，增强农村发展活力。要加快以美丽乡村建设为重点的新农村建设，大力实施“一廊十片百村”示范工程，全面启动农村人居环境“千村整治”工作，加快建设美丽宜居新农村。

4. 大力培育发展非公经济。要下大力气补齐非公经济发展滞后、体量不大、活力不足的短板，着力形成大企业顶天立地、中小微企业铺天盖地生动活泼的发展局面。要突出政策引导、合理布局和优化服务，积极鼓励、引导非公有制经济健康发展。要探索建立市场准入负面清单管理方式，放宽市场准入条件，放宽投资领域，稳定投资预期，充分激活民间资本。要积极引导围绕优势产业、龙头企业发展配套中小微企业，推进国企改革和大力发展非公有制经济有机结合，深入推动产业协作配套，不断拓展非公有制经济发展空间。要着力整合公共资源，构建以政务、企业、公共资源交易“三中心”为主体，以中小企业服务平台公司、企业服务热线、新型工业化网络服务平台为载体的社会化服务体系。

5. 更加注重满足人民精神文化需求，加强社会事业建设发展。要加强社会主义核心价值体系建设，深入实施文化惠民工程，创新公共文化服务方式，完善文化基础设施，增加公共文化产品和服务供给。要深化文明城市创建，不断提升市民文明素质，推动文明创建向更高层次、更高水平迈进。要坚持正确舆论导向，健全社会舆情引导机制，讲好株洲故事，传递株洲声音，弘扬主旋律，凝聚正能量。

六、落实以人民为中心的发展思想，不断提高人民群众的生活水平和质量

牢固树立共享发展理念，始终坚持民生优先，坚持人民利益至上，不断增进人民群众福祉，维护社会公平正义，促进人的全面发展，使全市人民在共建共享中有更多的获得感。

一要着力保障改善民生。按照人人参与、人人尽力、人人享有的要求，坚守底线，突出重点，完善制度，引导预期，切实抓好就业、教育、医疗、社保、住房、公共服务等基本民生，让人民群众得到更多实惠。要统筹安排好民生支出，保基本、兜底线，多搞雪中送炭，少做锦上添花，集中财力办好最现实、最紧迫的民生实事。要把扩大就业摆到突出位置，落实支持劳动密集型产业企业发展的政策措施，重点抓好高校毕业生、进城农民工、城镇困难人员等群体就业工作。要抓住中央加快养老保险制度改革的契机，完善个人账户，坚持精算平衡，增强社保缴费激励，提高统筹层次。要强化救济救助工作，提高城乡低保指导标准，提高农村五保户、优抚对象等群体补助水平，增加社会救助资金。要高度重视城市困难企业职工等特殊困难群体的帮扶，强化措施，精准施策，有效地帮助他们解决生产生活中的实际困难。

二要全力打好扶贫攻坚战。坚持精准识贫、精准扶贫，按照三年扶贫攻坚的刚性要求，进一步落实政策、加大投入、强化责任、保证进度，确保今年脱贫5万人以上。要完善扶贫工作机制，突出抓好产业扶贫、基本保障扶贫、基础设施扶贫、班子建设扶贫，突出办好农村危旧土坯房改造、纯农户大学生就业清零、关爱农村留守家庭等帮扶实事，确保贫困地区群众与全市人民同步实现全面小康。

三要打造生态宜居环境。绿色是永续发展的必备条件和人民对美好生活追求的重要体现。要贯彻绿色发展理念，坚定走生产发展、生活富裕、生态良好的文明发展道路，让老百姓呼吸新鲜空气，喝上干净水，吃上健康食品，过上幸福日子。今年是推进长株潭“两型”试验区建设第三阶段的第一年，要进一步健全生态文明制度体系，严格执行党政领导干部生态环境损害责任追究办法，实行最严格的环境治理和生态保护制度。要在重点区域、重点行业、重点工作上着力，突出抓好湘江保护与治理工程，完成环境监测网络体系“三年行动计划”，扎实推进城乡环境综合治理，促进形成绿色生产方式和消费方式。要强化政策支持和引导，大力发展节能绿色环保产业，推动绿色清洁生产、资源综合利用，加快推广节能环保新技术、新装备、新产品。

四要维护安定和谐的社会秩序。强化安全发展理念，扎实做好公共安全工作，为人民安居乐业编织全方位、立体化的公共安全网。要坚持系统治理、依法治理、综合治理、源头治理相结合，推进社会治理网格化、精细化。加强和改进信访工作，完善社会矛盾排查预警和多元化解机制，健全群体性事件预防处置机制，有效预防和化解矛盾纠纷。深入推进平安株洲建设，严密防范、依法打击各类违法犯罪活动，切实维护社会秩序。高度重视食品药品安全，用最严谨的标准、最严格的监管、最严厉的处罚，打造健康城市。严格落实安全生产责任，加强安全生产监管，完善隐患排查治理体系和安全预防控制体系，堵塞各类安全漏洞，防止发生重特大安全事故，保障人民生命财产安全。随着经济增速放缓、结构调整深入，各种潜在风险不断增大，一定要强化底线思维，有效管控和防范好各种风险，牢牢守住发展、民生、安全、生态四条底线。要加强金融风险排查、识别和预警，严格依法打击和处置非法集资，密切关注民间融资、新兴金融的潜在风险。要按照“总量可控、良性循环”的要求，建立政府债务风险防控机制，完善举债、还债的风险管控机制，防止出现资金断链，确保不发生债务风险。

七、努力激发工作激情，强化工作保障

要切实加强和改进党对经济工作的领导，大力倡导为官有为，更加注重在强化政策保障、鼓励干事创业、狠抓工作落实上发力。

1. 要密切跟踪中央省里政策，有效发挥政策效应和红利。今年，中央将围绕去产能、去库存、去杠杆、降成本、补短板五大任务，陆续出台一系列政策，围绕宏观政策要稳、微观政策要活、改革政策要实、产业政策要准、社会政策要兜底以及供给侧改革等，打出一系列组合拳。各级各部门要密切关注、及时跟进，加强对政策的研究分析，抓好政策的对接运用，确保政策落地见效。要紧密联系实际，找准上级政策和我市发展的切合点，加强向上汇报衔接，力争更多的项目、资金支持，努力把政策机遇转化为加快发展的具体举措，把各项政策用好用足用活，最大限度发挥政策的效应。

2. 要提振精气神，充分调动各方面的积极性。当前正处于转型升级的关键时期，尤其需要方方面面拧成一股绳，卯足一股劲，形成工作合力，携手共渡难关。要充分调动党员干部干事创业的积极性。坚持激励和约束并重，在加强思想教育、压实工作责任、严格监督管理、加强督查问责的同时，更加重视正面激励、积极引导的作用，更加涵养宽容失败、允许失误的胸襟，不仅要在做出成绩时给予应有的表扬和激励，也要在因为干事创业而遭受非议不公时打气撑腰，坚决为敢闯敢干的干部担当，为勤政务实的干部鼓劲。今年是三级四套班子同步换届之年，要坚持正确用人导向，进一步健全有利于科学发展的目标体系、考核办法、奖惩机制，推动干部能上能下，让那些想干事、肯干事、能干成事的干部有更好的用武之地。要充分调动基层一线建设发展的积极性。坚持权力下放，重心下移、责任下沉，能够下放的权力坚决下放，基层能办好的事情坚决交给基层办，确保权责利对等，推动工作协调有序推进。对于干事积极性高、工作成效明显的地方，要在资金、项目、政策安排等方面给予更多支持，在法定范围内赋予更大权限，牢固树立起奖优罚劣、奖勤罚懒的导向。要充分调动企业、企业家、科技人才的积极性。抓经济、促发展，尤其是在当前供给侧改革中，不能仅只注重政府的“更好作用”，而要更加注重市场机制配置资源的决定性作用，更加注重突出企业的主角地位，强化企业的主体意识，发挥好企业家和科技人才的领军作用。要严厉打击损害企业利益和破坏发展环境的人和事，进一步为企业发展营造公平公正的市场环境和竞争环境，让广大企业家和科技创新人才对经济新常态充满良好预期，更加主动作为、积极作为。

3. 要切实改进作风，狠抓工作落实。全市上下要把思想和行动统一到市委的决策部署上来，一个声音，一个步调，各司其职，各负其责，确保各项工作落到实处，见到实效。要紧扣目标任务，抓住关键要领，不失时机地推出切实可行的工作举措。要勇于负责，敢于担当，不怕担风险、不怕得罪人、不怕遭非议，只要是出于公心，为了事业，就要积极创新，大胆突破，在加快发展上毫不动摇，在改革创新上义无反顾，在转型升级上决不迟疑。要坚持求实务实落实，掌握一线工作法，深入基层了解情况，深入企业精准帮扶，深入群众解决困难，以更多的硬招和实招，破解发展难题。要巩固“三严三实”专题教育成果，持续深入改进作风，切实解决纪律意识淡薄、办事效率不高、文山会海、为官不为、侵害群众利益等突出问题，进一步营造风气清正、干事创业的良好氛围。

同志们，做好今年经济工作至关重要，任务艰巨。让我们在省委、省政府的正确领导下，坚定信心，保持定力，开拓进取，攻坚克难，确保完成各项目标任务，努力实现“十三五”良好开局！

政府工作报告

在株洲市第十四届人民代表大会第五次会议上

株洲市人民政府市长 毛腾飞

2016年1月17日

各位代表：

现在，我代表市人民政府向大会报告工作，请予审议，并请各位政协委员和其他列席人员提出意见。

一、2015年及“十二五”时期工作回顾

2015年，是“十二五”的收官之年。这一年，在省委、省政府和市委的坚强领导下，我们积极应对新常态，扎实做好稳增长、促改革、调结构、惠民生、防风险各项工作，全市经济平稳健康发展，社会大局和谐稳定。

（一）精准发力稳增长，经济发展稳中有进。面对新常态下持续加大的经济下行压力，面对老工业城市转型调整的阵痛，我们保持定力，精准发力，千方百计稳增长，制定实施“稳增长43条”，开展“千家企业走访帮扶”活动，科学调度经济运行，较好地实现了全年预期目标。2015年，预计全市地区生产总值增长9.5%，粮食生产实现“十二连丰”，农业增加值增长3.8%，规模工业增加值增长8.2%，社会消费品零售总额增长12.1%，一般公共财政预算收入、地方财政收入分别增长10%、14.3%，城乡居民人均可支配收入预计分别增长8.4%和8.8%。GDP、投资、消费、规模工业增加值等指标增速高于全国、全省平均水平，多项指标在全省排位前移。

（二）坚定不移调结构，产业培育彰显成效。优势产业取得突破。轨道交通产业收入突破1000亿元、圆了株洲“千亿产业梦”，北汽一工厂50万辆整车成功下线，航空产业产值增长62%。成功举办首届湖南陶瓷博览会，陶瓷、服饰产业增加值分别增长9.8%、12.2%。积极对接“中国制造2025”，全省首批入选国家“智能制造”的4个项目全部落户株洲，全市10个项目进入首批“制造强省”笼子。新兴产业来势看好。电子信息、新能源、新材料、生物医药等战略性新兴产业成为经济发展重要增长点，中国电子可控计算机项目开工建设，麦格米特、炎帝生物等一批企业快速成长。“互联网+”催生新业态，阿里巴巴株洲产业带年销售收入突破20亿元，炎陵“互联网+黄桃”电商模式全省推广，我市成为全国首批信息消费示范城市。创新优势不断凸显。国家自主创新示范区建设全面启动，株洲·中国动力谷自主创新园一期建成开园，中科院智能视频识别技术等15个项目成功入园，引进6位院士在园区设立工作站。中车株洲所和株洲硬质合金集团3项科技成果在2015年全国科技奖励大会上，分别荣获国家科技进步特等奖和两个国家技术发明二等奖。全市高新技术产业增加值525.9亿元，增长17.9%。深入实施创新创业园区“146”工程，全年建成标准厂房264万平方米，为企业“拎包入驻”提供了便利条件。建成了一批众创空间，大众创业、万众创新蔚然成风。

（三）攻坚克难扩投资，项目建设加速推进。大力推进“422”工程，全市完成社会固定资产投资2181.4亿元，增长18.7%。围绕优势产业、政策机遇，策划并启动轨道交通城、新马汽车博览园、城铁株洲站城市综合体等百亿项目建设。积极参加“港洽周”活动，成功举办深圳（株洲）招商推介会，长城电脑、深圳瑞丰光电等一批项目落户株洲。不断创新融资方式，走出了债券、基金、中票等多元融资新路子。全年新增直接融资246亿元，争取国家各类资金102亿元。投资35亿元的轨道交通城路网、铁东路核心段两个PPP项目开工建设。投融资体制改革经验在全国、全省大会上推介。大力推进征拆征收工作，完成集体土地征拆4.28万亩，同比增长33%；完成国有土地房屋征收62.07万平方米，其中市本级完成50.83万平方米，同比增长两倍。大力推进拆迁货币化安置，有效刺激住房消费，全年完成商品房销售面积658.6万平方米，增长22.6%，增速排全省第一。

（四）蹄疾步稳抓改革，市场活力竞相迸发。大力开展“改革深化年”活动，9大类65项重点改革稳步推进。推行建设投资项目审批改革，项目审批时间由过去的200多个工作日缩短到70个工作日以内办结。深化财政预算体制改革，归集财力11.3亿元，设立产业专项发展基金和偿债基金，加强财政资金绩效评估，资金管理成效显著。加快市级政府投融资平台公司改革。建立“借得到、用得好、还得起”的地方政府性债务管理机制，置换政府性债务80.7亿元，有效防范了债务风险。市县区政府机构改革全面完成，乡镇区划调整基本完成，国有林场改革通过省级验收。农村“三块地”确权颁证、不动产登记制度、公共资源交易管理体制等改革有序推进。与此同时，不断扩大对外开放，申报B型保税物流中心取得重要进展，成功获批铁路综合口岸。株洲企业开拓海外市场又有新进展，时代电气收购英国SMD深海机器人项目，旗滨玻璃在马来西亚投资建厂。

（五）真心实意办实事，民生保障不断加强。深入实施“民生100”工程，持续加大财政投入，民生支出占公共财政支出的72%，过百项民生实事全面完成。坚持以创业促就业，全市新增城镇就业6.2万人、农村劳动力转移就业1.6万人。全面实行机关事业单位新的养老保险制度，建立城乡居民大病医疗保障制度。全年新建公租房1万余套，完成棚户区改造近2万户，农村危房改造9300户，解决27.21万农村人口饮水安全问题，“两房两棚”、“两供两治”工作经验在全省推介。教育质量不断提高，全市所有县市区都通过教育部“义务教育基本均衡县”评估验收，职业教育规范管理经验全国推广，职教园建设加快推进。临床医学重点专科建设三年行动计划有序推进，中南大学湘雅医学院附属株洲医院正式挂牌运营。成功入选“第三批国家公共文化服务体系示范区”创建城市。提前五年停止征收全市路桥车辆通行费。大力推进扶贫攻坚，实施扶贫项目372个，减少贫困村31个，6.16万人实现脱贫，城市五区建档立卡贫困人口全面脱贫。安全生产、计划生育考核获评全省先进市州。

各位代表，过去的一年，困难比预想的多，结果比预想的好。全市目标任务的顺利完成，标志着“十二五”圆满收官。

这五年，是综合实力明显增强的五年。全市上下集中力量打好“四大攻坚战”，实现了经济总量、人均均量和运行质量“三量齐升”。经济实力迈上新台阶。全市经济总量突破2000亿大关，2015年预计达到2350亿元，五年增长84.3%；财政收入达到290.4亿元，五年增长1.2倍；固定资产投资五年累计完成7522亿元，是“十一五”的三倍；规模工业增加值迈上1000亿台阶，达到1087亿元，五年增长79.6%；五年存贷款余额分别达到2412亿元、1234亿元，分别增长1.1倍和1.2倍。人均GDP、人均财政收入、城乡居民人均收入、小康实现程度均居全省第二。经济结构持续优化。三次产业结构由“十一五”末的9.7：57.8：32.5预计调整为2015年的7.5：58：34.5。“五城四基地”全面推进，株洲·中国动力谷迅速崛起，轨道交通、汽车、航空产业增加值年均分别增长10.8%、11%、30%。高新技术产业增加值占规模工业增加值比重达48.4%。株洲高新区在全国高新区综合排名从第40名跃升至第28名。预计非公有制经济占GDP比重达57%。县域经济占GDP比重提高到52%。经济质量和效益稳步提升。全市城乡人均可支配收入年均分别增长11.9%和15.8%，均高于GDP增速。全市规模工业企业利税实现翻番。万元规模工业增加值能耗累计下降62.9%，大大超过“十二五”节能减排目标任务。

这五年，是城乡面貌变化最大的五年。大力推进以人为核心的新型城镇化，城乡一体化迈出新步伐，全市城镇化率由55.5%提高到62%。城镇发展空间不断拓展。市区建成区面积由“十一五”末的112平方公里扩大到138平方公里。全市城镇建成面积由“十一五”末的255平方公里扩大到337平方公里。城乡基础设施明显改善。“十二五”全市完成基础设施投资1770亿元，是“十一五”时期的3.8倍。沪昆高铁、衡茶吉铁路和平汝、垄茶等高速公路建成通车，形成了“四纵三横”交通新格局，实现了“县县通高速、县县通铁路”。累计完成农村公路建设2700公里，其中新建1345公里，全市农村公路总里程突破1万公里。长株潭一体化进程加快，城际铁路及5个站场建设加快推进，3条城际干线公路基本通车。神农城、河西湘江风光带、云龙大道、荷塘大道等一大批城市重点基础设施工程建成，拉开了城市框架，增强了城市功能，提高了城市品位。完成504个村的农网改造，全省首个垃圾焚烧发电厂投入使用，生活污水和生活垃圾处理率明显提高。除险加固病险水库485座，解决了101万农村人口安全饮水问题，建成高标准农田72.8万亩。城乡管理模式持续创新。探索形成“运营市场化、管理网格化、作业精细化、考核标准化”的城市管理模式，实现了由政府包揽向市场运作、突击式管理向常态化管理、城区为主向城乡同治转变。加快建设“智慧株洲”，全面建成治安防控、智能交通、数字城管、数字环保“四大平台”。成功创建全国文明城市，顺利通过国家卫生城市复审、全国交通管理模范城市复评，荣获“中国人居环境范例奖”。城乡环境大为改观。湘江保护与治理省政府“一号重点工程”有力推进，清水塘老工业基地搬迁改造取得重要进展，“三个基本行动”成效显著。全市关停企业473家，淘汰落后生产线195条，拆除烟囱452根，关停养殖企业529家，湘江株洲段水质保持国家Ⅲ类水质标准，市区空气质量优良天数逐年增加，2015年达到281天。攸县城乡环境同治经验在全国推广，农村生产生活环境极大改善。全面推行封山育林，成功创建国家森林城市，全市森林覆盖率提高到61.9%。

这五年，是发展动力加速转换的五年。坚持改革开放创新，新的发展动力正在加快孕育和形成。改革红利不断释放。在全省率先公布权力清单、责任清单、涉企收费清单和外商投资准入管理目录，市本级行政审批事项由302项减至122项，向园区下放权力62项，全面取消非行政许可审批事项；着力改革商事制度，实行注册资本认缴制、“三证合一、一照一码”，市场主体成倍增长。推行“两集中、两到位”，优化审批流程，缩短审批时限，实行绿色通道、容缺受理、全程代办等特色服务，获得李克强总理肯定。全面完成两型社会试验区第二阶段改革建设任务，两型社会建设走在全省、全国前列。成立株洲市农村集体土地流转市场，推进城乡建设用地增减挂钩。市属国有工业企业改革基本完成，央企“三供一业”改革经验全省推广。全口径政府预算体系基本建立，严格执行国家结构性减税政策，稳步推进“营改增”。农村信用社等金融领域改革取得明显成效。对外开放成效显著。加大“引进来”力度，累计引进外资

35.3 亿美元，引进内资 1150.9 亿元。加快“走出去”步伐，以神农文化为主题，不断加强对台交流。中车株机、中车株所等一批企业走出国门实行海外并购、建立多个海外基地。累计境外投资 4.7 亿美元、进出口总额 118.9 亿美元。出口从单一输出“产品”向输出“产品 + 服务 + 投资 + 技术”转变，逐步形成了多点支撑、多方带动的开放格局。

这五年，是群众得实惠最多的五年。坚持以“十大民生实事”“民生 100”工程为抓手，集中力量办成了一批实事好事，民生民利持续改善。全力织牢基本民生“保障网”。建成湖南（株洲）创业就业指导中心，成功获评“全国创业先进城市”。大力推进保障性住房建设，城镇保障性住房覆盖率从“十一五”末的 5.6% 提高到 21.9%，处于全省领先水平。实行城乡居民养老保险制度并轨，推进城乡医保、低保扩面提标，覆盖城乡的社会保障体系基本建成。努力扩大社会事业“普惠面”。在全省率先实现每个乡镇（街道）建成一所公办幼儿园、义务教育学校全部建成合格学校，市二中搬进新校址办学；职教园签约入园职业院校 10 所，其中 5 所建成开学，教育强市建设迈出可喜步伐。公立医院改革纵深推进，全面实行基本药物制度和药品零差额销售，在全省率先破除“以药补医”，新农合参保率稳定在 97% 以上，“看病难”“看病贵”的问题得到有效缓解。“三馆三中心”加快建设，社区文化活动中心、乡镇综合文化站、农家书屋建设全面完成。合力构建和谐稳定“大格局”。深入推进法治株洲、平安株洲建设，扎实开展“三调联动化矛盾、息诉息访促平安”专项调解活动和化解信访积案专项行动，获得全国综治工作优秀地市“五连冠”、民族团结进步“六连冠”，三次捧得“长安杯”。市县乡村四级安全生产监管体系全面建立，安全生产形势平稳可控。食品药品安全监管城乡一体化建设扎实推进。深入开展军民共建，实现“全国双拥模范城市”五连冠。不断加强国防动员工作，驻株解放军、武警部队和民兵预备役，为全市经济社会发展做出了积极贡献。同时，计生、统计、人防、移民、国安、质检、供销、气象、广电、新闻出版、体育、档案、地方志、对口支援、妇女儿童、残联、贸促等工作都有新进步。

这五年，是政府自身建设切实加强的五年。坚持转职能、改作风、提效能，打造法治型、服务型、效能型、廉洁型政府，政府治理能力不断提升。严格落实公众参与、专家论证、风险评估、合法性审查、集体讨论决定等重大决策程序，有力推进民主科学决策。制定出台政府工作规则、政府投资项目管理等制度性文件，政府权力配置和运行边界进一步规范。市长热线已经成为政府与广大市民的“连心线”，政务公开工作全面加强。依法治市工作取得明显成效。认真执行人大及其常委会决议、决定，自觉接受人大、政协和社会各界的监督，五年共办结人大代表建议 1461 件，政协委员提案 1979 件，问题解决率不断提高。深入开展群众路线教育实践活动和“三严三实”专题教育，严格执行作风建设有关规定，廉政建设和反腐败斗争取得积极成效，行政效能和服务水平明显提升。

各位代表，五年的成就令人振奋，积累的经验弥足珍贵。我们深切地体会到：做好政府工作，必须牢牢把握战略机遇这个发展高点，在全球、全国视野中谋划发展，积极对接国家战略，抢占发展先机；必须牢牢把握加快发展这个第一要务，以问题为导向，保持定力，精准发力，以“钉钉子”精神一抓到底；必须牢牢把握改革创新这个核心动力，破除体制机制障碍，破除思维定式、工作惯性和路径依赖，持续为经济社会发展注入新的活力；必须牢牢把握转型升级这个主攻方向，推动经济发展由依靠要素驱动向创新驱动转变，由注重量的增长向注重质的提升转变；必须牢牢把握民生改善这个根本目的，让改革发展成果更多更公平地惠及全市人民；必须牢牢把握改进作风这个重要路径，转作风、促政风、带民风，提升政府工作的执行力和公信力。

各位代表，历尽天华成此景，人间万事出艰辛。五年来，发展的成绩来之不易，这是市委正确领导的结果，是市人大、市政协监督与支持的结果，饱含了各位代表、各位委员的智慧和力量，凝聚了全市人民的心血和汗水。在此，我代表市人民政府，向全市广大干部群众，向人大代表、政协委员，向各民主党派、工商联、无党派人士和人民团体，向驻株部队官兵以及中央、省驻株单位，向离退休老同志，向所有关心支持株洲发展的各界朋友，表示崇高的敬意和衷心的感谢！

在总结成绩的同时，我们也清醒地看到，我市经济社会发展中还存在不少困难和问题：一是稳增长调结构压力仍然较大。我们既要面对新常态下经济下行持续增大的压力，又要面对湘江保护治理、推进清水塘老工业基地搬迁改造带来的阵痛；既要稳增长，又要调结构；既要去产能，又要惠民生；既要推改革，又要防风险；任务很重，压力很大。二是“四块短板”依然突出。县域经济实力不强，非公经济比重不大，现代服务业水平不高，开放型经济发展不快，成为全面建成小康社会不容回避的问题。三是影响社会和谐稳定的矛盾和问题仍然较多。财政收支矛盾、金融债务风险、安全生产、信访维稳等方面的问题不容忽视。四是脱贫攻坚难度大、时间紧，群众就业、就学、出行和住房等方面的难题仍然较多。五是发展环境有待进一步优化。适应新常态的体制机制尚未建立，“为官不为”和乱作为的现象还在一定程度上存在。对此，我们将高度重视，认真研究，采取有力措施，切实加以解决。

二、“十三五”时期的发展目标和任务

各位代表，“十三五”是株洲转型升级的关键期、新型城镇化的加速期、深化改革的攻坚期、全面建成小康社会的决胜期。

察势者智，驭势者赢。唯有把握大趋势、大逻辑，才能抢抓大机遇、赢得大发展。当前，全球经济在深度调整中曲折复苏，新一轮科技革命和产业变革蓄势待发；我国经济进入新常态，但经济发展长期向好的基本面没有变。我市既处于可以大有作为的重要战略机遇期，又处于爬坡过坎的关键期，发展方式正在加快转变，新的发展动能正在加速孕育。我们要始终保持开拓进取的锐气和昂扬向上的士气，努力在新常态中抢抓新机遇，实现新发展。

“十三五”期间政府工作指导思想是：高举中国特色社会主义伟大旗帜，全面贯彻党的十八大和十八届三中、四中、五中全会精神，以马克思列宁主义、毛泽东思想、邓小平理论、“三个代表”重要思想、科学发展观为指导，深入贯彻习近平总书记系列重要讲话精神，坚持“四个全面”战略布局，贯彻“五大发展”新理念，全面落实省委“三量齐升、五化同步”新要求，坚持发展第一要务，坚持以提高发展质量和效益为中心，坚持创新改革开放投资“四轮驱动”，加快形成适应经济发展新常态的体制机制和发展方式，以转型升级为总战略，以“三个率先”为总目标，实施“七大工程”，建设“四区一带”，统筹推进经济建设、政治建设、文化建设、社会建设、生态文明建设和党的建设，建设富强美丽幸福新株洲。

为落实这个要求，结合株洲实际，我们编制了我市“十三五”规划纲要，提请大会审查。“十三五”全市经济社会发展的主要目标是：GDP 年均增长 9% 左右；一般公共财政预算收入年均增长 9% 以上；全社会固定资产投资年均增长 16%；社会消费品零售总额年均增长 12%；全体居民收入年均增长 9%。各项事业都有新的发展。

实现上述目标，必须突出抓好以下五个重点：

（一）坚持创新发展，培育经济发展新动能。全面深化改革，在供给侧和需求侧两端同时发力，扩大有效供给，创造新的需求，激发新的动能。以科技创新为引领，大力实施创新创业工程，建设国家自主创新示范区，促进大众创业、万众创新。积极对接“中国制造 2025”“互联网 +”行动，大力实施产业振兴工程，推动产业向中高端迈进，建设先进制造业集聚区。全力打造株洲·中国动力谷，将株洲建设成为辐射全球、国内一流的动力之都。大力发展“四新”经济，重点开发 3D 打印、物联网等新技术，发展智能工业机器人、大数据应用等新产业，培育科技金融、文化创意等新业态，构建制造业与服务业融合发展新模式，走出一条创新转型发展的新路子。

（二）坚持协调发展，拓展城乡发展新空间。以国家新型城镇化综合试点市为抓手，大力实施城镇扩容提质工程，积极推进智慧城市、海绵城市建设，建成现代化国际化生态宜居城市。构建“一核一圈一廊”空间布局，做强中心城区核心增长极，打造株醴都市圈，建设醴炎县域经济走廊，加快形成中心城市、次中心城市、县城、中心镇协调发展、互促共进的现代城镇体系。以户籍制度改革等五大试点任务为重点，加快推进以人为核心的新型城镇化，促进城乡协调发展。坚持“五位一体”“五化同步”，推进县域崛起工程，打造平汝高速沿线新的经济增长带。深化文明创建，促进物质文明与精神文明协调发展。积极支持国防建设，促进军民融合深度发展。

（三）坚持绿色发展，建设两型生态新家园。实施两型示范工程，率先在全国建成“两型社会”示范区。实行最严格的环境保护制度，严守环境质量底线、生态保护红线、资源消耗上限，合理布局生产、生活、生态空间，形成人与自然和谐的绿色发展新格局。用绿色倒逼产业升级，培育绿色产业，发展绿色经济。大力开展大气、水、土壤污染防治行动。加快推进清水塘老工业基地搬迁改造，深入推进湘江保护与治理省政府“一号重点工程”，抓好“一江两水四港”综合治理，推进山水林田湖生态保护和修复工程，筑牢绿色生态屏障。倡导绿色低碳、文明健康的生活方式和消费模式。深化生态文明体制改革，构建产权清晰、多元参与、系统完整的生态文明制度。

（四）坚持开放发展，打造合作共赢新优势。放眼全球，全域开放，实施开放带动工程。全面对接融入国家“一带一路”、长江经济带战略，在湖南“一带一部”区域战略新定位中，立足株洲位于京广、沪昆两大经济带交汇的区位优势，打造湘东开放型经济带、湘赣开放合作带和国家产业转移重要承接带，成为中部崛起的战略支点。深入实施“引进来”“走出去”战略，开展引资引技引智升级行动和对外贸易提升行动，营造市场化、法制化、国际化的营商环境，提升对外开放能力和水平。

（五）坚持共享发展，满足群众生活新期待。实施民生共享工程，创新提供方式，增加公共服务，保障基本民生，率先在全省全面建成小康社会。把脱贫攻坚作为第一民生工程来抓，实施精准扶贫工程，坚决打赢脱贫攻坚战，确保 2017 年现行标准下农村贫困人口全部脱贫，贫困县全部“摘帽”。坚持“普惠性、保基本、均等化、可持续”方向，加强义务教育、就业服务、基本医疗、社会保障、公共文化、环境保护等基本公共服务，让广大人民群众在共建共享中有更多的获得感。大力推进健康株洲建设，提高人民健康水平。健全社会治安防控体系，维护和谐稳定，建设平安株洲。

三、2016 年总体要求和工作部署

千里之行，始于足下。实现“十三五”各项发展目标和任务，首先要做好 2016 年的工作。我们必须贯彻中央、省委和市委经济工作会议精神，坚持稳中求进、稳中有为的工作总基调，突出供给侧结构性改革，突出创新改革开放投资“四轮驱动”，突出统筹城乡协调发展，突出保障改善民生，深入开展“项目攻坚年”和“企业帮扶年”活动，促进经济持续健康较快发展和社会和谐稳定，实现“十三五”经济社会发展的良好开局。

今年全市经济社会发展的主要预期目标是：GDP 增长 9% 以上；规模工业增加值增长 8.5% 以上；一般公共财政预算收入增长 9% 以上；全社会固定资产投资增长 18%；社会消费品零售总额增长 12%；全体居民收入增长 9%；万元 GDP 能耗下降 3.5% 以上。

围绕今年的目标任务，我们将重点抓好以下八个方面的工作：

（一）以创新驱动为引擎，大力推进产业振兴。深入实施创新驱动发展战略，加快建设国家自主创新示范区，促进科技和经济深度融合，调整优化产业结构，推动经济转型升级。

加快建设制造强市。紧紧抓住“中国制造 2025”行动的重大机遇，全力打造株洲·中国动力谷，加快建设“三基地一中心”。着力推进轨道交通城建设，加快推进中车大道等轨道交通城路网建设，加快中车在株三大研究院的建设，全力推进 IGBT 器件产业化和国内城际动车组产业化，向轨道交通产业 2000 亿元台阶迈进。着力推进通用航空城建设，加快通用机场大道、千亿大道等路网和中航工业南方公司新园区建设，加快小飞机整机及航空零部件制造项目建设。着力推进新能源汽车城建设，加快北汽二工厂、海纳川汽车零配件产业园等项目建设。培育壮大电子信息、新材料、新能源、健康食品与生物医药、节能环保等五大战略性新兴产业。做大做强服饰、陶瓷等传统产业。全面实施质量强市战略。大力推动智能制造示范。大力推进创新创业园区“146”工程，加快标准厂房建设和基础设施配套，加大项目招商落地力度，不断提升园区实力。

精心打造创新之都。科技引领未来，创新成就梦想。全力推进国家自主创新示范区建设。加快落实已经出台的“6+4”等有关政策，进一步构建人才引进激励、科技成果转化、资源开放共享、军民协同创新、科技金融结合等政策体系，充分调动包括科技人才、企业家在内的各类人员创新的积极性。强化创新平台建设，打造产学研多方协同建设的重点实验室、工程技术中心、企业技术中心等一批研发平台，加快建设大功率交流传动系统集成、新型功率半导体器件等国家重点实验室。推动研发平台、检测平台、信息平台等各类创新平台对外开放、资源共享。聚焦三大动力产业、五大战略性新兴产业和传统优势产业，前瞻部署和实施一批重大科技攻关项目，实行企业技术需求和科技成果转化清单制度。支持企业技术改造和设备更新。加强知识产权保护。坚持军民融合发展，充分发挥 608 所、中航工业南方公司等株洲军工企业作用，建设军民融合产业基地，实现军民融合发展新突破。大力推进大众创业、万众创新。推行众创、众包、众扶、众筹新模式，加快建设一批众创空间，做大做强创客经济，让创新创业的涓涓细流汇聚成推动株洲发展的强大洪流。

加快推进现代服务业发展。大力发展金融保险、现代物流、职业教育、研发设计、信息服务、商务咨询等生产性服务业，加快发展商贸流通、文化旅游等生活性服务业，大力推进中车物流园、铁路物流园、株百天元城、市农产品交易中心、方特二期、茶祖园等项目建设。围绕株洲独特的炎帝文化、红色文化、工业文明和生态资源，建设一批精品景点景区，完善旅游服务体系，加强湘赣旅游合作，打造大湘东旅游带。搭建资源集中、发展集约的发展平台，加快中心商务区等九个服务业集聚区建设。加快打造一批信息服务平台、电子商务平台和物流配送平台，为服务业延伸发展提供有力支撑。深化与国内知名电商的战略合作，推动株洲产品“网上行”，加快“智慧株洲”建设，利用云计算、大数据平台，提升医疗、教育、交通、旅游、金融、物流、快递、零售等领域的在线化、智能化水平。

（二）以供给侧改革为核心，培育壮大市场主体。加快供给侧结构性改革，培育市场主体，壮大实体经济，提高供给体系质量和效率，形成新供给新动能。

大力推进简政放权。继续取消和下放审批权限，深化建设投资项目审批改革，推进工商注册登记全程便利化，最大限度减少政府对微观经济的干预。注重放管结合、优化服务，加强事中事后监管服务，采取随机抽查、突击检查等方式，建立第三方评估监管监测机制，提高监管效率和质量，真正做到政府放权、市场发力。放宽社会资本准入领域，降低创新创业门槛，积极引入社会资本参与公共领域项目建设，以更大的力度推广 PPP 模式，支持和引导非公经济加快发展。

深入开展“企业帮扶年”活动。着力去产能、去库存、降成本、优环境。一是去产能。综合运用市场、行政、经济和法制手段化解产能过剩，健全市场化退出机制，对不符合环保、质量、安全标准且长期亏损的“僵尸企业”，采取兼并重组、破产清算等方式，分类有序予以“出清”。二是去库存。采取政府采购、支持企业拓展市场等措施，帮助企业减小库存压力。重点加快农业人口市民化，推进以购租并举为主要方向的住房制度改革，加大棚改货币化安置力度，化解房地产库存。三是降成本。清理规范中介服务，实行收费减免和税收优惠，降低企业用工、物流、财务和电力成本，将企业减负落到实处。四是优环境。深入实施工业企业“十百千”和商贸企业“1511”工程，精心打造“市长热线—企业服务专线”服务平台，创新服务方式，落实惠企政策。多措并举培育企业主体，通过增强现有企业竞争力改造提升一批，发挥龙头企业引领作用带动一批，加大“个改企”力度升级一批，加快对外招商引进一批，推进大众创业、万众创新催生一批，形成市场主体如雨后春笋般不断涌现、发展活力竞相迸发的生动局面。

（三）以扩大需求为抓手，全力推动经济增长。顺应需求结构变化趋势，增加有效投资，释放消费需求，构建多点发力、多元支撑的增长动力格局。

大力开展“项目攻坚年”活动。把项目建设作为稳增长、调结构、惠民生的第一抓手。全年实施重点项目200个以上，带动全社会投资2500亿元以上。围绕项目来源抓前期。紧盯国家和省里“十三五”发展重大战略、重大工程、重大行动、重大资金、重大试点，结合我市的重大优势、重大潜力、重大短板，精心策划开发一批重点项目，加快推进前期工作，全力向上争取一批项目。要推广以商招商、以情招商、以链招商、以订单招商、以服务招商、以联盟招商等新模式，要特别重视异地商会的作用，以“不在招商现场就在招商路上”的作风，积极向外引进一批项目，确保招商引资有大的突破。围绕要素瓶颈抓突破。继续保持征地拆迁的工作力度，依法征拆、阳光征拆，确保项目用地。抓住当前融资环境相对宽松的机遇，千方百计筹集建设资金，确保资金供给。围绕建设进度抓协调。进一步创新项目工作推进机制，以“三严三实”的作风推进项目建设，强化责任分工、强化督查考核、强化责任追究，全面提高项目的开工率和竣工率。

释放消费需求。培育消费新热点。完善供应体系，激活房地产、汽车等改善性需求；加快国家信息消费示范城市建设，扩大信息消费；大力推广应用新能源汽车、绿色家电、绿色建筑等节能低碳绿色产品，倡导绿色消费；大力发展健康养老、家政服务、休闲旅游、终身教育、文化体育等新兴消费。营造消费新环境。加强市场监管，严厉打击损害消费者权益行为，从源头、渠道和终端上确保消费者放心消费，努力打造株洲消费品牌，让本地消费留下来，把外地消费引进来。

挖掘出口潜力。充分利用国家汇率改革和“一带一路”战略机遇，创新出口方式，推进区域通关一体化，巩固轨道交通装备、硬质合金、陶瓷、烟花等传统特色产品出口，培育服饰、航空、汽车等外贸新增长点，力争全年实现出口增长10%以上。

（四）以改革开放为动力，不断激发发展活力。全面深化改革开放，突出重点，扭住关键，精准发力，推动各项改革举措落地生根、见到实效。

深化重点领域改革。深化行政管理体制改革，有序推进事业单位分类改革，实现政事分开、管办分离。加快产权制度改革，推进农村集体土地承包经营权、宅基地、集体经营性建设用地确权颁证，实施不动产统一登记制度，实现市县两级统一登记发证。加快公共资源交易体制改革，将涉及公共领域的资源交易项目统一纳入市公共资源中心交易，构建公正公平公开的公共资源交易体系。深化国资国企改革，完成政府投融资公司新一轮改革，加快处理上一轮国有企业改革遗留问题。深化财税体制改革，出台配套文件，完善全口径预算分配、财政运行综合绩效考评、债务预算管理和风险防控机制，编制政府投资项目债务预算规划，做好政府存量债务置换工作，建立跨年度预算平衡机制，理顺市区两级财政体制。深化金融体制改革，推进金融产品和服务创新，完成城区、茶陵县、株洲县农商行组建挂牌，支持攸县、炎陵县设立村镇银行，推动小额贷款公司和融资性担保机构健康发展，稳步发展产业发展基金等新兴金融业态，切实防范金融风险。开展农村“三权”抵质押贷款试点，着力解决“三农”融资难、融资贵问题。统筹推进其他领域改革。

打造对外开放新平台。加快铁路口岸和保税物流中心（B型）建设，争取湘欧快线延伸至株洲，积极申报株洲国家级经开区，建设铁路、公路、水运、保税物流、贸易通关于一体的综合性双向开放平台。加快实施“走出去”战略，推动跨境电子商务发展，扩大电子商务在外贸中的应用。推进国际产能和装备制造合作，引导企业“抱团出海”“借船出海”，在互动合作中提升株洲制造业的实力和水平。

（五）以国家综合试点为契机，加速推进新型城镇化。坚持以人为核心，以五个方面体制机制创新为重点，大力推进国家新型城镇化综合试点，加快构建产城融合、城乡互动的新型城镇化发展格局。

推进“多规融合”，优化城镇空间布局。按照“一核一圈一廊”空间结构，加快完善或制定相关规划，推进城市总体规划、土地利用规划和经济社会发展规划相衔接，切实抓好炎陵县等地“三规合一”试点。做强中心城区核心增长极，以“北联、东拓、南进”为导向，加快建设云龙新城、东部新城、南部新区，构建“一体三极”城市空间形态。加快武广高铁新城、枫溪新城等一批城市综合体开发。打造株醴都市圈，加快莲易高速、东城大道建设，加快株洲县撤县设区和株醴融城步伐，建设株醴都市区创新发展试验区。建设醴炎县域经济走廊，以岳汝高速、106国道为纽带，做强南部三县，支持攸县撤县建市，加快建设市域副中心城市，加快茶陵、炎陵城镇化步伐。抓好攸县、白关镇、白兔潭镇等国家、省级城镇化试点工作，以及三门镇等16个特色镇试点工作。

织好“五张网”，完善基础设施体系。交通网，开工建设株洲火车站改造等一批项目，加快建设湘江大道、铁东路等一批项目，建成长株潭城际铁路及配套工程、湘江六桥、七桥等一批项目。实施交通堵点畅通工程三年行动，加快“公交都市”创建步伐，加强农村道路提质改造，积极争取渝长厦高铁采用“长沙—湘潭—株洲”通道，加快有轨电车前期工作，构建便捷的内外交通网络。水利网，开展全国水生态文明城市试点、全国河湖管护体制机制试点，推进一批重点水利工程建设，加快饮用水第二水源前期工作，解决农村16.6万人饮水安全问题，加快城镇防洪减灾能力建设。能源网，攸县煤电一体化项目投产发电，加强电力、燃气等基础设施配套，加快“气化株洲”建设，推进管道燃气向攸县、茶陵和炎陵延伸。信息网，推进“智慧株洲”建设，充分挖掘政府大数据的价值，打造全域化、多功能的信息应用平台，加快建设一批信息化应用工程。城镇配套网，加快推进市第四水厂提质改造和枫溪污水处理厂建设等一批“两供两治”工程，加强公交站场、地下综合管廊等地上地下硬件设施建设。实施城市绿荫三年行动计划，让市民开窗见绿、出门见景。

落实“四化”要求，提升城镇管理水平。贯彻中央城市工作和城镇化工作会议精神，推进城镇管理法治化、市场化、信息化、标准化。积极推进城市管理与行政执法体制改革，创新和加强城市综合执法。完善城市管理市场运营模式，逐步将灯饰管护、渣土清运等领域向市场放开，提升市场化运作水平。加强城市管理数字化平台建设和功能整合，建设综合性城市管理数据库，提升城市管理信息化水平。加快户籍制度改革，建立城乡统一的户口登记制度，提高户籍人口城镇化率。探索建立农业转移人口市民化成本分担机制，加大就学、养老、就医等基本公共服务投入力度，让市民化的人口享受更多的核心公共服务。提高市民素质，巩固文明城市成果，展示文明城市风采。

（六）以融合发展为路径，着力促进县域崛起。坚持“五位一体”“四化同步”，积极走城乡融合、一二三产业融合发展的路子，让农业强起来、农村美起来、农民富起来、县域崛起来。

加快农业现代化进程。坚守耕地红线，加强高标准农田建设，稳定和提高粮食产能。引入产业链、价值链等现代产业组织方式，大力发展规模农业、科技农业、品牌农业、安全农业，构建现代农业产业体系。鼓励推动依法自愿有偿土地流转，发展适度规模经营。以“十百千”工程为抓手，加强职业培训，继续实施“万名职业农民培训三年计划”，加大政策惠农、金融扶农、科技兴农、“互联网+”强农的力度，扶持壮大家庭农场、专业大户、农民专业合作社、农业产业化龙头企业等农业经营主体，推动粮油、养殖、竹木、饲料、农产品加工等五个百亿产业加快发展。加强农业面源污染治理，深入实施耕地重金属污染防治，强化农产品质量安全监管，增强农业可持续发展能力。加大涉农资金投入和整合力度，发挥财政投入的引导作用，撬动更多社会资金投入农业农村。

加快县域产城融合进程。实施产业强县，提效农业，提速工业，提升第三产业。推进特色发展，支持县市立足各自优势，发展陶瓷、烟花、能源、农产品加工等传统产业，以及文化旅游、健康养老等新兴产业。推进一体发展，围绕轨道交通等重点产业，加快产业链向县域延伸，推进清水塘老工业基地中符合环保要求的企业向县域转移。推进承接发展，大力推进园区建设，主动承接发达地区产业转移，积极引老乡、回故乡、建家乡。围绕产业发展，打造一批工业重镇、文化古镇、旅游名镇、边界要镇。加快新农村建设进程，开展农村人居环境“千村整治”行动，大力实施美丽乡村“一廊十片百村”示范工程。

加快脱贫攻坚进程。着力解决“扶持谁、谁来扶、怎么扶、如何退”的问题。按照“四个切实”“五个一批”“六个精准”的要求，深入实施产业扶贫、基础设施、素质提升、群众增收、易地搬迁、兜底保障等六大工程，切实抓好农村危旧土坯房改造、纯农户大学生就业清零、关爱农村留守家庭三件实事。积极推进产业扶贫，立足特色资源禀赋，宜农则农、宜工则工、宜游则游，因村因户，分类指导，以产业带就业，以就业促脱贫。积极推进基础设施扶贫，加快水、电、路、气、房、环境治理“六到农家”。积极推进素质提升扶贫，充分利用株洲职业教育资源丰富的优势，全面完成6300名贫困对象的劳动技能培训。积极推进易地搬迁扶贫，对“一方山水养不起一方人”的贫困户，利用难得的政策机遇，加快推进易地搬迁脱贫。积极推进兜底保障扶贫，扎实抓好就医、就学、养老、低保、五保“五个保障”，实施“雨露计划”，落实贫困地区“两免一补”、学生“营养餐”计划、专项招生计划、助学专项补助基金等政策。加大扶贫资金投入，加强资源资金整合和监管，做大金融扶贫平台，提高扶贫资金实效。大力推进电商扶贫。抓好驻村帮扶，引导各类企业、社会组织、个人参与脱贫攻坚，构建专业扶贫、行业扶贫、社会扶贫“三位一体”的工作格局。确保全年减贫4.98万人，实现60个贫困村摘帽。

（七）以绿色发展为引领，加快“两型社会”建设。要像保护眼睛一样保护生态环境，像对待生命一样对待生态环境，积极走生态优先、绿色发展之路。

加大湘江流域保护和治理力度。按照“治调并重，建管结合”的要求，全面启动湘江保护与治理第二个“三年行动计划”。加快湘江河东段综合治理工程建设，深入推进“一江两水四港”环境综合治理，全面完成市区37家洗水企业整体搬迁入园。全面推进城乡环境同治，加快城镇生活污染处理，不断削减城镇生活污水和垃圾排放量，稳步提高湘江流域株洲段水质，努力朝着“江水清、两岸绿、城乡美”的目标迈进。

加大清水塘老工业基地搬迁改造力度。按照“一年初见成效、三年大见成效、五年完成综合治理、十年建成新城”的总体目标，完成污染治理规划和生态新城规划编制。采取“引促结合”“分类支持”的措施，关停一批重点污染企业，力争完成一批重点企业的新址选址开工，部分企业进入新址标准厂房生产经营。开展环境污染第三方治理，启动搬迁企业污染场地治理，确保清水塘老工业区搬迁改造初见成效。

加大生态文明制度建设力度。全力推进“两型社会”试验区第三阶段改革建设工作，全面实施生态文明体制改革“1+6”方案，严格落实环境保护责任，构建源头预防、过程控制、责任追究的生态文明制度体系，推进废水、废渣、废气和重金属土壤整治项目，用制度保护环境、节约资源。推广应用两型技术及产品，充分发挥政府采购作用，引导培育节能环保产业，促进形成绿色生产方式和消费方式。建立工业用地节约集约利用机制，开展园区土地评价工作，提高工业用地产出效益。建立生态文明联动执法机制，加强生态文明建设考核，健全大环保格局。开展两型标准化建设，积极推进示范创建，总结推广一批两型示范模式。

（八）以民生“100”工程为载体，切实增强群众获得感。始终把改善民生作为工作的出发点和落脚点，继续实施民生“100”工程，切实把好事办好、实事办实，不断增进人民群众的获得感。

不断完善社会保障体系。突出抓好高校毕业生、就业困难人员等重点群体就业，确保全年新增城镇就业5万人，农村劳动力转移就业1.5万人。全面实施机关事业单位养老保险制度改革，按政策提高企业和机关事业单位退休人员养老金。深入推进全民参保登记计划，将更多的人纳入社会保障。健全低保标准增长机制，逐步实现农村低保和贫困标准融合。加强住房保障，改造各类棚户区1.97万套。

加快建设“健康株洲”。深化医疗卫生体制改革，实施分级诊疗制度，提升乡镇中心卫生院和村（社区）卫生机构的服务能力。加快公立医院改革，实施临床医学重点专科建设三年行动计划。全面落实两孩政策，改革和完善计划生育服务管理，支持开展出生缺陷干预工作，提高计生特殊家庭补助标准。实施食品安全战略，建立食品安全追溯系统，形成覆盖生产、流通、消费全过程的监管机制，启动食品安全城市创建。大力推动各类体育设施对社会开放，深入开展全民健身运动，不断提升广大市民身体素质。建立以居家为基础、社区为依托、机构为补充的多层次养老体系，推进医养结合，加快发展养老服务。保障妇女和未成年人合法权益，做好扶残助残工作。

大力发展教育文化事业。加快建设教育强市。积极发展学前教育，实施农村幼儿园达标工程；均衡发展义务教育，推进义务教育标准化学校建设；着力发展现代职业教育，推进职业教育三年攻坚行动计划，加快推进铁道职院、中医高专和市属三所职业院校搬迁建设；提高特殊教育普及水平，基本建成市特殊教育学校；支持发展民办教育；落实“乡村教师支持计划”；积极支持湖南工业大学建设高水平综合性大学。加大文化惠民力度。积极创建国家公共文化服务体系示范城市，建成神农大剧院并投入使用，启动博物馆、美术馆搬迁，不断完善公共文化服务网络。

积极创新社会治理。推进社会治理精细化、信息化、网格化，加强社会治理基础制度建设和社会信用管理，构建全民共建共享的社会治理格局。以建设“平安株洲”为目标，着力构建社会治安立体化防控体系。加快建设市监所中心。依法惩治各类违法犯罪行为，提升刑事破案率，增强群众安全感。改进信访和加强调解工作，做好社区矫正和法律援助工作，完善社会矛盾排查预警和调处化解综合机制。发挥工、青、妇等群团组织作用，落实党的民族宗教、侨务、对台政策。坚持抓安全就是抓发展的理念，完善和落实安全责任和管理制度，深入开展安全生产隐患排查治理，确保安全生产平稳可控。增强有效应对突发事件和各类事故的应急处置能力，促进社会和谐稳定。加强国防动员和民兵预备役建设，全力支持国防和军队改革，主动帮助解决退役军人和职工的安置。进一步加强人防工作。推动军民融合发展，争创全国双拥模范城“六连冠”。

各位代表！

如期实现“三个率先”的总目标，全面完成今年各项任务，必须牢固树立以人民为中心的发展思想，自觉强化政治意识、看齐意识、带头意识，自觉践行“三严三实”，加快建设法治型、服务型、效能型和廉洁型政府，推进政府治理能力现代化。

必须依法行政。尊法学法守法用法，所有行政行为都要于法有据，把政府工作全面纳入法治轨道。用好地方立法权，发挥好立法的引领和规范作用。健全依法科学民主决策机制，严格执行《重大行政决策程序规定》。深化行政执法体制改革，严格规范公正文明执法，加快推进综合执法，全面落实行政执法责任制。自觉接受人大法律监督、工作监督和政协民主监督，认真办理人大代表建议和政协委员提案，认真听取民主党派、工商联、无党派人士和各人民团体的意见。全面推进政务公开，自觉接受群众监督，主动回应社会关切，充分体现人民意愿。

必须务实担当。经济发展进入新常态，干事创业更要有新状态。始终保持奋发有为的昂扬斗志，把推动株洲加快发展的责任扛在肩上，把群众的冷暖忧乐放在心上，主动作为，务实担当。始终保持真抓实干的工作作风，在“真”字上花力气，在“实”字上下功夫，不断完善抓落实的工作机制，把抓落实作为衡量工作成效的重要标准，营造崇尚实干的氛围，让实干在株洲蔚然成风，推动株洲各项工作干在实处、走在前列。

必须开拓创新。新常态下一些原有的行之有效的办法效力明显减弱，必须跳出思维定式，克服工作惯性，摆脱路径依赖。坚持以“五大发展”理念引领新发展，把坚持中国特色社会主义政治经济学必须把握的重大原则贯穿到实际工作中。不断创新工作方式方法，敢于向司空见惯、见怪不怪宣战。始终保持开拓创新的锐气，把创新摆在发展全局的核心位置，让创新贯穿政府的一切工作，在创新中提升能力，在创新中破解难题，在创新中培育新动力，在创新中开创新局面。

必须廉洁从政。坚持把纪律挺在前面，全面落实党风廉政建设责任制，严格执行《中国共产党廉洁自律准则》《中国共产党纪律处分条例》。进一步完善政府投资项目、土地出让、产权交易、政府采购等制度，进一步规范公共资金、公共资源和国有资产监管，坚决打掉权力寻租空间。切实加强行政监察和审计监督，确保权力在阳光下廉洁运行。

各位代表，拼搏正当其时，圆梦适得其势。让我们在省委、省政府和市委的坚强领导下，紧紧依靠全市人民，以更加饱满的激情、更加昂扬的斗志、更加务实的作风，锐意进取、奋力拼搏，为全面实现“三个率先”总目标而努力奋斗！

名词解释：

1. 中国制造2025：是强化高端制造业的国家战略规划，是将中国建设成制造强国的三个十年战略中第一个十年的行动纲领。

2. 株洲·中国动力谷：发挥轨道交通、中小型航空发动机、新能源汽车三大动力产业优势，通过创新驱动、产业集聚，打造轨道交通、通用航空、汽车三大千亿产业集群。

3. 创新创业园区“146”工程：2015-2016年，重点建设10个创新创业园区，建成400万平方米标准厂房，引进600家企业入园。

4. 两房两棚、两供两治：“两房两棚”是指公租房建设，农村危房和城市棚户区、工矿棚户区改造；“两供两治”是指城市供水和供气、城市污水和垃圾治理。

5. 五城四基地：“五城”是指“中国轨道交通城”“中国通用航空城”“中国新能源汽车城”“芦淞服饰城”“醴陵陶瓷城”；“四基地”是指有色金属新材料精深加工基地、新能源产业基地、中药现代化和健康食品产业基地、信息产业基地。

6. 四纵三横：“四纵”，即京港澳高速公路、长株高速公路、衡炎高速公路、平汝高速公路；“三横”，即沪昆高速、泉南高速垄茶段、炎井高速。

7. 3条城际干线：洞株路（株洲）、铜板路（株洲段）和S330武广高铁株洲站至沪昆高铁韶山站连接线(株洲段)。

8. 三个基本行动：2013—2015年，基本关停淘汰立窑水泥等6类行业的污染企业和土法炼焦窑；基本拆除城区烟囱，禁止新建燃煤锅炉；基本解决株洲市城区湘江污水直排问题，实现城区生活污水处理厂排放标准达到一级A标准。

9. 三证合一、一照一码：通过“一窗受理、互联互通、信息共享”，将由工商行政管理、质量技术监督、税务三个部门分别核发不同证照，改为由工商行政管理部门核发加载法人和其他组织统一社会信用代码（称统一代码）的营业执照，企业和农民专业合作社（统称“企业”）的组织机构代码证和税务登记证不再发放。

10. 两集中、两到位：即推动行政审批职能向一个科室集中、审批科室向政务服务中心集中，审批事项进驻政务服务中心落实到位、审批窗口授权到位。

11. 三供一业：企业生产、生活中的供水、供电、供气和物业管理。

12. 三馆三中心：图书馆、博物馆、科技馆和妇女儿童活动中心、老年人活动中心、青少年活动中心。

13. 七大工程：产业振兴工程、城镇扩容提质工程、县域崛起工程、创新创业工程、两型示范工程、开放带动工程、民生共享工程。

14. 四区一带：先进制造业集聚区、新型城镇化示范区、自主创新先导区、两型社会引领区、湘东开放型经济带。

15. 一江两水四港：即湘江，洣水、渌水，枫溪港、建宁港、白石港、霞湾港。

16. 三基地一中心：世界一流的轨道交通装备制造基地、国内一流通用航空基地、全国新能源汽车基地，打造动力产业研发创新服务中心。

17. IGBT：即“绝缘栅双极型晶体管”，主要应用于船舶、高压电网、轨道交通等大功率电力驱动设备中。IGBT芯片技术是电力电子行业中的“心脏”和“大脑”，控制并提供大功率的电力设备电能变换，可有效提升设备的能源利用效率、自动化和智能化水平。

18. “6+4”政策：“6”即向全国推广实施的6项先行先试政策，包括事业单位科技成果处置权和收益权改革试点政策、鼓励创新创业税收试点政策、股权激励试点政策、科研经费管理改革试点政策、高新技术企业认定试点政策、全国性场外交易市场建设。“4”即向所有国家自主创新示范区推广实施的4项先行先试政策，包括股权奖励个人所得税试点政策、有限合伙制创投企业法人合伙人所得税试点政策、技术转让企业所得税试点政策、企业转增股本个人所得税试点政策。

19. 僵尸企业：指那些没有办法继续经营、应该破产但又没有破产的企业，这些企业以吸食银行贷款和政府资金为生。

20. 工业企业“十百千”工程：到2020年，培育10家以上主营业务收入过100亿元企业，100家以上主营业务收入过10亿元企业，1000家以上主营业务收入过1亿元企业。

21. 商贸企业“1511”工程：到2020年，培育1个年销售过1000亿元的城市商圈（中心广场商圈），5家销售额过50亿元龙头企业，10家年销售额过10亿元的骨干企业，100家年销售额过亿元的重点流通企业。

22. 一核一圈一廊：“一核”，即中心城区核心增长极；“一圈”，即株醴都市圈；“一廊”，即醴炎县域经济走廊。

23. 三规合一：国民经济社会发展规划、土地利用总体规划、城乡建设规划“三规合一”。

24. 一体三极：“一体”即主城区，“三极”即云龙新城、东部新城和南部新区。

25. 农业产业升级“十百千”工程：三年内，重点扶持10个市级以上农业龙头企业、100家农民合作社（含农机合作社50家）、1000户家庭农场。

26. 市属三所职业院校：湖南汽车工程职业学院、株洲市职工大学（工业学校）、株洲市幼儿师范学校。

大 事 记

2015年株洲大事记

1月

5日 由株洲南车时代电气股份有限公司承担的8英寸IGBT技术、中国南车株洲电力机车有限公司研发的双流制窄轨重载四轴电力机车、湖南千金湘江药业股份有限公司研制的拉米夫定原料和片剂3项科研成果入围2014年度湖南省产业技术创新十大标志性成果。

△ 机场大道一期（二标段）建成通车。机场大道西起南华路，东至新107国道，全长6.9公里，宽30—40米，连通了六〇八研究所等重点企业和以通用机场为核心的航空城。

△ 株洲市地下管线普查及信息化工程，荣获“2014年中国地理信息产业优秀工程银奖”。

7日 株洲科能新材料有限责任公司建成株洲市首家民营企业中国科学院“院士工作站”，被省科技厅评为“省级院士工作站”。

9日 中共株洲市委十一届全体会议暨市委经济工作会议在市委礼堂召开。会议听取和讨论市委书记贺安杰代表市委常委会所作的工作报告，部署2015年经济工作，审议通过《中共株洲市委关于全面推进依法治市的实施意见》。

△ 在北京举行的国家科学技术奖励大会上，由中国南车株洲电力机车有限公司牵头，株洲南车时代电气股份有限公司和中国南车株洲电机有限公司参与的“基于自主技术平台的系列化大功率交流传动电力机车研发及应用”项目获2014年国家科技进步奖二等奖。

△ 全国首个人大制度实践展示馆在株洲建成。展示馆设在市人大常委会机关院内，分“光辉之旅”“法定之规”“履职之新”“代表之为”四大部分，主要承担传播人大文化、体现制度力量等功能。

12日 中国南车株洲电力机车研究所有限公司研制的永磁同步牵引系统成功完成首次轨道运行，并顺利通过中国铁路总公司评审。

14日 湘江株洲至城陵矶2000吨级标准航道实现全线贯通。

15日 旗滨集团全资孙公司新加坡旗滨公司受让马来西亚旗滨公司全部股份，并对其增资至40万马来西亚林吉特（约合人民币70万元）。此举为旗滨集团海外发展迈出的实质性步伐。

15—16日 株洲军分区党委四届二十一次全体（扩大）会议召开。市委书记、株洲军分区党委第一书记贺安杰强调，要进一步加强党管武装工作，努力实现经济建设与军分区部队和全市国防后备力量建设深度融合、统筹推进。

16日 全市首个外聘教授工作室——“湘雅名医舒畅教授工作室”在市中心医院成立。

△ 湖南省留学生创业园创新创业成果展示暨招商引资（株洲）活动在市人才交流市场举行，全省8家留学人员创业园、8家中介机构的负责人，35家企业代表共约200余人参加活动。

△ 市第五届“教坛新秀”竞赛进行评选表彰，10人被授予五一劳动奖章，10人被授予“教学能手”称号。

17日 位于市体育中心的市乒乓球训练基地正式对外开放。

19—22日 政协株洲市第八届委员会第三次会议召开。会议通过了《政协株洲市第八届委员会第三次会议政治决议》《政协株洲市第八届委员会常务委员会工作报告的决议》；通过了“全民健身行”倡议书。大会还书面报告了政协株洲市第八届委员会第三次会议提案审查情况。周恕、谢一明当选为第八届市政协副主席。

20—23日 株洲市第四十届人民代表大会第四次会议召开。大会表决通过《关于政府工作报告的决议》等6项决议。补选王继恩为市十四届人大常委会副主任。

26日 攸县石山书院正式对外开放，它为中国民间第一家书院，内有本土展品700余件。

△ 株洲旗滨集团股份有限公司在马来西亚森美兰州投建浮法玻璃厂、收购三星康宁精密材料（马来西亚）有限公司签约仪式在旗滨福建东山生产基地举行。

△ 株洲市技术转移促进中心有限责任公司入围第二批国家专利运营试点企业，成为株洲市第二家入围企业。

△ 酒埠江通过国家验收，正式成为全省4个国家湿地公园之一。醴陵官庄湖国家湿地公园、茶陵东阳湖国家湿地公园获批国家温地公园建设试点。

△ 中国南车株洲电力机车有限公司申报的管理创新成果《轨道交通装备企业突破发展瓶颈的创新驱动战备实施》获第二十一届全国企业管理现代化创新成果一等奖。

2月

6日 中共株洲市委第十一届纪委第七次全会暨全市反腐败工作会议在市委礼堂召开。会议强调，要全面从严治党，加强纪律建设，深入推进党风廉政建设和反腐败斗争。

8日 全市安全生产会议召开。会议要求，确保2015年全市安全生产形势平稳可控。

9日 湖南利德电子浆料股份有限公司、株洲华信精密工业股份有限公司在全国中小企业股份转让系统成功挂牌。

13日 中国南车株洲电力机车有限公司为淮安市量身打造的首列储能式100%低地板现代有轨电车驶下生产线。

28日 在北京召开的全国精神文明工作表彰暨学雷锋志愿服务大会上，株洲荣膺“全国文明城市”称号，同时获评“第四届全国未成年人思想道德建设工作先进城市”；攸县被评为“全国文明城市提名城市（县级）”称号；醴陵市孙家湾乡、炎陵县三河镇星光村、石峰区清水塘街道大冲村、茶陵县火田镇贝水村获评“全国文明村镇”；株洲兴隆新材料股份有限公司、株洲市国家税务局、国网株洲供电分公司、株洲市规划局、株洲市交通运输局获评“全国文明单位”。

△ 湖南千金湘江药业股份有限公司跻身2014中国化学制药行业工业企业综合实力百强，位列第94位。

△ 新芦淞集团发起成立的“湖南乾瑞航空产业创业投资基金”获国家发改委批准。这是国内首支获批成立的通航产业投资基金，已募集资金2.63亿元。

△ 株洲硬质合金集团“盾构刀具集成制造技术及其产业化技术”通过国家科技支撑计划专家组验收评审。其中4项成果获国家发明专利和实用新型专利授权。

△ 中材株洲虹波有限公司、醴陵陶润实业发展有限公司等12家企业入选“湖南名牌产品”。

△ 神农谷国家森林公园入选“2014年国家生态旅游示范区”。

3月

6日 全市2014年“项目建设年”活动总结暨2015年“项目攻坚年”活动动员大会召开。全市“项目攻坚年”的目标是大力实施“422”工程，即推进“四个十”、200个重点项目建设，完成固定资产投资2200亿元以上。

△ 新成立的市食品药品监督管理局挂牌。

9日 全市科技奖励大会召开，一批科技成果和科技工作者获奖，其中，张忠健、冯江华获2014年度科学技术杰出贡献奖。

△ 在全英羽毛球公开赛上，株洲女孩包宜鑫夺得女双冠军。

12日 中国南车株洲电力机车研究所有限公司自主研制的船舶电力推进变频驱动系统，被应用到“海上叉车大力神”的5万吨半潜船上，打破了国外公司在该领域的垄断。

13日 第35届株洲市青少年科技创新大赛举行，共有287项科技创新项目参展。

19日 一辆编号为20095的电力机车在南非国有运输集团的科都斯珀特工厂下线。该20E型电力机车由中国南车株洲电力机车研究所有限公司输出技术，并实现南非当地化生产。

24日 省委副书记、省长杜家毫一行到株洲调研先进装备制造业发展情况。杜家毫要求株洲市全面深化改革，实施创新驱动发展战备，做强做大先进装备制造业，为全省稳增长挑重担。

△ 中国南车株洲时代新材料科技股份有限公司斩获89列CRH380A高速动车组项目抗侧滚扭杆订单，总金额逾9400万元。

25日 在2015年全国有色金属标准工作会议上，株洲冶炼集团获“国际标准研制创新示范基地”称号。

26日 中国陶瓷艺术大展暨首届湖南（醴陵）陶瓷博览会在醴陵·世界陶瓷艺术城开幕。瓷博会为期3天，以“中国醴陵·瓷彩天下”为主题，26个省市200多家企业近3000件作品参展。

△ 醴陵市招商项目推介暨重大项目、经贸合作签约仪式举行，8个项目现场签约，合同引资总金额38.23亿元。

27日 市人民政府与中国农业发展银行湖南省分行签订全面推进新型城镇化合作协议，意向融资200亿元。

31日 全市职教工作会议召开，提出到2020年，株洲职业院校在校生要达15万人。

4月

2日 省委书记、省人大常委会主任徐守盛到株洲，围绕科技创新主题，深入企业调研，并召开座谈会征求意见。徐守盛强调，要充分发挥企业主体作用，加快建设创新型湖南。

10日 首台南非22E型电力机车在南车株洲电力机车有限公司下线，这是该公司三年内为南非研制的第三款电力机车，标志着中国轨道交通最大金额出口订单顺利履约。

△ 中国大数据和智慧城市研究院株洲分院挂牌成立。

10—11日 全省一季度工业经济形势分析会在株洲召开。会议强调，要坚持创新引领，全力以赴确保工业经济稳增长。

14日 在全省精神文明建设工作表彰大会上，株洲市成功创建全国文明城市获500万元重奖。

15日 中国南车株洲电力机车研究所有限公司在英国纽卡斯尔的子公

司株洲南车时代电气股份有限公司斥资约1.3亿英镑（约合12亿元人民币），收购世界知名企业Specialist Machine Developments Limited 100%股权。

17日 茶陵县被省诗词协会授予“湖南省诗词之乡”。

26日 在2015（第三届）生态科学发展年会暨生态城乡科学发展成果评估活动会上，炎陵县被评为“中国生态魅力县”。

27日 神农城文化旅游发展有限公司、株洲市土地登记发证中心、株洲市规划展览馆、株洲市房产权属与交易管理处登记发证中心、中国石油天然气集团公司湖南销售分公司醴潭高速醴陵服务区加油站获评“2013—2014年度全国青年文明号”。

28日 具有国际先进水平的高速永磁变频电机系统在中国南车株洲电力机车有限公司下线。

29日 株洲市召开2015年“五一”表彰暨劳模事迹报告会，25名市劳动模范和7名市先进工作者受到表彰。

△ 株洲市第十四届人大常委会第十九次会议召开，大会表决通过36项人事事项，其中表决通过11位政府职能部门负责人的任命，其所在机构被撤销、合并的，其职务自行终止，不再办理免职手续。被撤销、合并的部门有：株洲市农业局、市商务局、市文化广电新闻出版局、市卫生局、市人口和计划生育委员会、市粮食局、市物价局、市人民政府外事侨务办公室。

△ 荷塘区法院启动司法强制执行程序，依法先予执行株洲国龙汽贸有限公司与市国土资源局其他行政管理纠纷一案。这是株洲市执结的首例强制收回国有土地使用权案。

△ 株洲市在全国336个城市的富裕程度排名榜单中，排名第75位。

30日 中国南车株洲电力机车有限公司从事世界最高速度的米轨动车组研制者周安德获2014年度“茅以升铁道工程师奖”。

△ 以T45路驾驶员郭英命名的“劳模组郭英号”公交车驶上株洲街头。这是继“唐迪生”号后，株洲市第二台以驾驶员姓名命名的公交车。

5月

4日 中国南车株洲电力机车有限公司自主研制的第四代“周恩来号”机车——HXD1D—1898号在上海机务段上线运行。HXD1D型机车是当下中国铁路装备中最先进的准高速交流传动电力机车，设计时速160公里，功率7200千瓦。

5日 株洲南方宇航电动车辆制造有限公司推出的株洲首款电动轿车上市。

8—11日 中共中央政治局常委、中央书记处书记刘云山在湖南调研，在省委书记、省人大常委会主任徐守盛，省委副书记、省长杜家毫等陪同下，到株洲硬质合金集团、中国南车株洲电力机车有限公司，深入车间了解群众生活和企业经营情况，就党建工作听取意见建议。他强调“切实贯彻全面从严治党的要求，建设全面过硬的党员干部队伍”。

15日 中共中央书记处书记、全国政协副主任杜青林率全国政协特邀常委视察团到株洲，就“推进企业投资审批制度改革”进行视察。杜青林称赞株洲抓改革思路很清晰，目标很明确，措施很得力。省委书记、省人大常委会主任徐守盛陪同视察。

△ 在《2014年城市竞争力蓝皮书》中，株洲市跻身综合经济竞争力前百强城市，排名第98位。

16日 株洲高新区创业服务中心入选湖南省首批8家众创空间试点单位。

19日 在醴陵市第十五届人民代表大会第五次会议上，康月林满票当选醴陵市人民政府市长。

21日 湖南恒祥高科数码技术股份有限公司进入上海股权托管中心E板挂牌，转让的股份代码为100463，股份简称“恒祥高科”。这是株洲企业首次成功进入E板。

△ 纪念毛泽东主席回茶陵50周年座谈会在茶陵县举行，重温一代伟人建党建军建国的激情岁月，缅怀革命先烈为党为国为人民的奉献精神。

22日 首届株洲市中小学“市长杯”足球联赛启动。共有34支代表队参加，赛期延续到11月。

25日 在《全国流通节点城市布局规划（2015－2020年）》中，株洲市进入全国区域级流通节点城市。

27日 株洲高新区在《2014年湖南省重点产业园区工业运行质量评价报告》的全省18家重点园区总体评价中排名第一。

29日 株洲市召开创新创业暨促进非公有制经济发展大会。市委书记贺安杰强调，要奋力开创大众创业、万众创新新局面。

△ 株洲市通用航空发展有限公司成立。

30日 株洲市入选全国餐厨垃圾处理试点城市。

6月

1日 即日起，株洲市试行《株洲市建设投资项目审批改革实施方案》。

2日 醴陵市在《2015中国工业发展报告》发布的全国工业百强县中居第93位。

3日 以“文明”为基本单位去研究探讨地方历史的《株洲文明史略》在株洲日报举办新书发布会。《株洲文明史略》由岳麓书社出版。全书共30万字，由株洲日报主任记者、副刊部主任余意明历经8年时间写成。这是湖南第一本地域文明史著作。

4日 《株洲市全面深化改革第三方评估办法（试行）》在市委全面深化改革领导小组第四次会议上，获得原则性通过。

6—16日 “乙未年神农大帝祖庙圣驾台湾巡境赐福”从农历四月二十日圣驾在炎陵祖庙起驾开始，历时10余天。圣驾巡访台湾北、中、南神农宫庙41座，途径乡镇36个。

△ 株洲醴陵旗滨玻璃有限公司600吨在线SUN-E玻璃生产线建设工程基本完成，举行点火烧窑仪式。

7日 中车株洲电力机车研究所有限公司的轨道交通网络控制系统应用标准试验验证项目、中车株洲电力机车有限公司的轨道交通车辆转向架智能制造车间项目、株洲中车时代电气股份有限公司的轨道车辆核心部件智能制造工厂建设项目、湖南中车时代电动汽车股份有限公司的新能源客车智能化工厂项目入选国家2015年智能制造新模式专项项目。

△ 海关总署署长于广洲率国务院第十督查组到株洲，就2014年下半年以来党中央、国务院出台的一系列稳增长、促改革、调结构、惠民生重大政策措施落实情况进行督导检查。株洲市稳增长等工作得到了督查组的充分肯定。副省长何报翔、市委书记贺安杰陪同督查。

11日 株洲市第七次获评“全国无偿献血先进城市”。

12日 在广州军区国防动员委员会第十次全体会议上，市委副书记、市长、市国防动员委员会主任毛腾飞获评广州军区第七届“国防之星”。

15日 市人民政府与长沙海关签订“共同推进株洲市开放型经济发展”合作备忘录。市委副书记、市长毛腾飞和长沙海关关长黎对贞分别代表双方签字。

△ 市政府公布实施《关于进一步稳增长促发展的若干措施》。株洲市从7大方面推出43条稳增长的措施。

△ 在《2014年中国宜商城市竞争力报告》中，株洲市名列第78位。

22日 株洲时代新材料科技股份有限公司与株洲县人民政府签订战略合作框架协议，双方将加强战略合作，力争在2020年前将新材料产业园建成。

△ 株洲钻石切削刀具（欧洲）有限公司获德国2015年度“北威州投资奖”。

23日 《株洲市地名管理办法》正式施行。

26日 攸县洣水南岸风光带工程开建。该工程概算总投资1亿元，全长2698.5米，道路设计宽24米、双向4车道，景观及绿化面积约3.5万平方米。

27日 株洲县广源国际商贸城开建。该项目是市重点工程，总投资5亿元，占地面积5.33公顷。

29日 天元区珠江北路三、四街区，小巨蛋，车辆段新株洲检修基地项目，联诚轨道交通牵引装备部件配套产品产业化项目4个市区重点项目集中竣工。

30日 由中国中车株洲电力机车研究所有限公司提供关键子系统的中国标准动车组在北京下线。该动车组设计时速350公里，具有完全自主知识产权。

7月

1—4日 株洲市自北向南出现一次较大强度的降水过程，攸县、茶陵县、醴陵市38个乡镇（街道）6.76万人不同程度受灾，造成直接经济损失1.1亿元，无人员伤亡报告。

2日 2015年湖南株洲（深圳）投资推介会在深圳五洲宾馆举行。全国各地200余名客商代表出席。会上，重点推介100个重大招商项目，现场签约37个重大项目，总投资308.6亿元。

△ 湖南鑫泰瓷业有限公司注册使用的“taisun及图”被国家工商行政管理总局商标局认定为中国驰名商标。这是株洲市获得的第36件中国驰名商标，总居全省第二。

2—3日 市委书记贺安杰，市委副书记、市长毛腾飞率株洲市政代表团先后走访深圳、佛山、广州3市，学习考察产业转型升级、创新创业公共服务平台建设等工作，以加强与珠三角地区城市的交流合作，借鉴先进经验，加快推进株洲发展升级。

4日 被称为国内“颜值”最高的地铁列车——深圳地铁11号线首列车在中国中车株洲电力机车有限公司下线。该列车设计时速与运营时速均达到120公里，是当下国内最快时速的超大编组地铁列车。

6日 株洲市召开创建全国文明城市总结表彰暨深化文明创建再动员大会。会上，6个县市区、10个先进专业组、400个先进单位、1500名先进个人获得通报表彰。

7日 中国首列出口欧洲（马其顿）的动车组在中国中车株洲电力机车有限公司下线。此车采有3节编组，共需交货6列。此动车组为欧洲市场量身定制的，技术层面实现3个首次：首次采用低地板设计技术、首次采用铰接式转向架、首次按照欧洲标准采用三级防撞设计。

△ 市有轨电车2号线一期项目、市城市排水有限公司PPP项目、市机动车驾驶人考试中心PPP项目，醴陵官庄水厂工程、酒埠江生态新镇建设5个项目入列湖南省第二批政府和社会资本合作（PPP）示范项目。

8日 省委副书记、省长杜家毫到株洲，对株洲市经济社会发展情况尤其是稳增长工作进行调研。杜家毫强调：加快转型升级，多为群众办好事干实事。

△ 株洲军分区司令员调整命令大会召开。会上宣布中央军委命令：任命株洲市军分区司令员张杰为湖南省军区后勤部部长，益阳军分区司令员雷鸣为株洲军分区司令员。

△ 株洲冶炼集团股份有限公司和唐人神集团股份有限公司入围《财富》（中文版）发布的中国上市公司500强榜单。

8—10日 湖南省青少年紧急救援技能大比武暨国防教育文化成果展活动在株洲建宁实验中学举行。有43支代表队共2000余人参赛，148人获奖。

9日 中国铁路装备首个海外制

造基地——中国中车旗下株洲电力机车有限公司东盟中心建成投产，年可制造动车组100辆。

△ 国家首批智能制造示范项目——中国中车株洲电力机车有限公司转向架智能制造项目正式起航。

13日 省委巡视第一组进驻株洲开展为期2个月的巡视（回访）。

13—15日 湖南省第五届职工职业技能大赛在湖南（株洲）职业教育科技园举行，各市州、省直工会组成15支代表队共155名选手参加比赛。株洲市代表队获数控机床装调维修工、焊工2个项目冠军。

14日 市人民政府与中国邮政储蓄银行湖南省分行签订战略合作框架协议，株洲市获200亿元信贷支持。

△ 株洲市、攸县、醴陵市白兔潭镇分别入围《湖南省新型城镇化试点工作总体实施方案》地市、县区、建制镇试点地区。

15日 株洲秋瑾故居秋瑾生平事迹陈列馆开馆。总建筑占地面积4700多平方米，陈列1000余幅老照片和200多件实物。

15—17日 省委“三严三实”专题教育督查组到株洲督查，认为株洲市正风肃纪专项行动等经验值得全省推广。

16日 株洲市委召开蔡溪履新会议。会议宣布省委任命决定：蔡溪为中共株洲市委政法委书记。

17日 《株洲市城市商业网点规划（2005—2020）》完成修编并通过专家编审。

20日 2015年中国（株洲）裤业展览会在芦淞区“小巨蛋”开幕，全国各地300多家代理商、50多家电商企业以及46家株洲男裤、女裤企业赴会。

21日 市政府24个工作部门的“三定”方案获得市机构编制委员会通过，9个县市区政府职能转变和机构改革方案向全市公布。

22日 株洲市入选第三批创建国家公共文化服务体系示范区（项目）名单，株洲市是全省唯一一个入选的城市。

△ 株洲江山集团董事长刘晓武获“全国无偿献血促进奖（个人）”奖牌。

22—25日 2015年湖南省青少年田径锦标赛在市体育中心拉开战幕，来自各市州的1100余名运动员参加比赛，共产生84块金牌，株洲健儿获得12个项目冠军，位列全省第三。

23日 株洲市在英国《经济学人》智库（EIU）发布的“中国新兴城市排名”中，位列第八。

30日 环株“6+1”边界矛盾联防联调工作座谈会在株洲市举行，正式启动株洲市与江西萍乡、吉安，省内长沙、湘潭、衡阳、郴州6地的边界矛盾纠纷联防联调机制，共同维护千里株洲边界的和谐稳定。

30—31日 市委书记贺安杰，市委副书记、市长毛腾飞接受新华社记者采访。他们阐述了株洲近年来的改革思路、实践举措及收获成效。

8月

4日 株洲登上“2014年中国外贸百强城市”，排名第97位。这是株洲首次上此榜。

7日 国家统计局副局长许宪春一行到株洲市调研经济运行情况。市委书记贺安杰陪同调研。

10日 株洲市“三严三实”专题教育先进模范人物事迹报告团在市委礼堂举行首场报告会。陈和平等6名基层优秀党员代表讲述他们践行“三严三实”的锤炼历程和深刻感悟。

11—12日 湖南省人大系统理论研讨会在株洲召开。

13日 天元区泰山路街道办事处、芦淞区淞欣学校、云田镇云田乡等6家单位被授予2015省级两型示范基地。

19日 为期5天的全省青少年游泳锦标赛在醴陵市泉湖体育馆落下帷幕，全省有400余名青少年运动员参赛。株洲市健儿夺得6枚金牌。

21日 中国中车株洲电力机车研究所自主研发的、搭载实时以太网的列车网络控制与诊断系统，在长沙地铁1号线T04列车装车，并顺利完成型式试验。这是国内首次将整车控制数据通过实时以太网进行传输，标志着列车有了2.0版的“大脑”。

22日 株洲市诗词馆在市图书馆挂牌成立，这是省内首家诗词馆。

△ 醴陵市进入第十五届全国县域经济与县域基本竞争力百强县，位居第82位。

23—27日 台湾联合报系“大陆新发现”栏目组到株洲采访。市委书记贺安杰接受采访，畅谈株洲与台湾的经贸文化交流合作情况。

24日 茶陵籍陈宜胜、刘桂云，醴陵籍蓝运东、李颐入选第二批600名著名抗日英烈和英雄群体名录。

26日 耿飚诞辰106周年纪念日，耿飚铜像在其家乡醴陵耿传公祠揭幕。

28日 市十四届人大常委会召开第22次会议，决定任命李晓葵为株洲市人民政府副市长、株洲市公安局局长。

△ 株洲市新增中国中车株洲电力机车有限公司建设的“大功率交流传动电力机车系统集成国家重点实验室”，株洲中车时代电气股份有限公司建设的“新型功率半导体器件国家重点实验室”2家企业国家重点实验室。至此，株洲市有4家企业国家重点实验室。

△ 市中心医院、市三医院医疗联合体签约仪式举行，标志着株洲市首家医疗联合体正式成立。

29日 湖南中车时代电动汽车股份有限公司通过第三方认证机构——必维国际检验集团认证，获颁ISO 3834证书，成为国内客车行业唯一通过国际焊接体系认证的企业。

31日 中国动力谷自主创新园开园。该园总用地面积358.80公顷，总投资超过200亿元。谭铁牛等6名院士被聘为创新创业导师，首批入园的清华大学、北京航空航天大学等13所高校，以及 7 家企业拿到入园“金钥匙”。

9 月

1 日 市委书记贺安杰，市委副书记、市长毛腾飞等走访慰问郁宝云等抗战老同志，给他们送去党和政府的温暖和祝福，共庆中国人民抗日战争胜利 70 周年。

7 日 株洲市召开国家自主创新示范区建设动员大会，宣告株洲市示范区建设全面启动，力争到 2020 年，全市高新技术企业超过 450 家，高新技术产业产值达 3000 亿元。

△ 炎陵县神农谷国家森林公园成功入选首批“中国森林氧吧”。

11 日 在市政府与兴业银行长沙分行战略合作协议暨“项目攻坚年”重点项目银企签约会上，17 家银行签约支持株洲市 21 个“项目攻坚年”重点项目，融资授信金额高达 257.15 亿元。

△ 湖南卫视新闻联播以“高大上”为题，重磅推介株洲转型升级实践成果。市委书记贺安杰接受采访，解读株洲这座“速度之城”的转型升级历程。

16 日 全市扶贫攻坚动员大会召开。到 2017 年，株洲要在全省率先整体脱贫。

17 日 市政府常务会议通过株洲市首批市本级 PPP 项目库清单，共筛选项目 9 个，总投资约 178 亿元。

△ 醴陵市 10 件作品在第三届全国陶瓷名家名作展暨 2015 年陶瓷作品评比中获金奖。

18 日 石峰区获批 2014 年度国家可持续发展实验区。

20 日 由新华社、《湖南日报》、湖南人民广播电台等 9 家媒体组成的采访团，到株洲采访入选湖南省“最美民政人”颜金仲、陈文武的典型事迹，聚焦株洲正能量。

25 日 新华社等 10 余家媒体到株洲采访，市委书记贺安杰系统阐述了株洲市实施转型升级总战略的时代背景、发展思路、实践举措及收获成效。

28 日 市委副书记、市长毛腾飞会见来访的德国达默市市长穆勒、西蒙尔市市长尼克莱一行，就株洲企业与德国企业合作事宜进行交流。

29 日 “三湘农产品质量安全行”活动现场在株洲召开。省人大常委会副主任、“三湘农产品质量安全行”组委会主任徐明华，副省长戴道晋出席会议。市委书记贺安杰致辞，市委副书记、市长毛腾飞作经验介绍。

△ 湖南省首批县级城市纯电动公交上线启动仪式在株洲县举行。6 辆纯电动公交车驶入株洲县渌口镇，株洲县成为省内首个启用纯电动公交车的县级城市。

30 日 株洲市推进新型城镇化工作会议召开，国家新型城镇化综合试点工作启航。到 2020 年，全市常住人口城镇化率达 73%。

△ 神农城景区日最大承载量被省旅游局核定为 15 万人次，排名全省第二。

△ 株洲南方阀门股份有限公司挂牌“新三板”上市，股票代码为 833678。

△ 湖南山河华翔通航有限公司拿到许可证进入试运行。这是株洲市第二家通航运营公司。

10 月

1 — 3 日 全省第六届全民健身节在株洲举行。全省 14 个市州 1 万多人参加比赛。

7 — 16 日 应美国北卡罗来纳州德拉姆市政厅、加拿大华人社团联席会的邀请，经省委批准，市委书记贺安杰率株洲市高级代表团赴美国和加拿大考察事项，重点对株洲市国际友好城市——德拉姆市进行友好回访。

9 日 中国中车株洲电力机车有限公司自主研制的新一代大功率石墨烯超级电容——3 伏 /12000 法拉石墨烯 / 活性炭复合电极超级电容器、2.8 伏 /30000 法拉石墨烯纳米混合型超级电容器问世，其功率提升 3 倍，电能运用效率更高，可运用时间更长。

△ 茶陵县八团乡卧龙村成为农业部 2015 年“中国最美休闲乡村”，入选特色民居村。

10 日 茶陵县被中国书法家协会命名为“中国书法之乡”。

16 日 中国中车株洲电力机车研究所有限公司、中国中车株洲电力机车有限公司等 8 家企业入围 2015 湖南省制造业 50 强榜单。

18 日 全市 9 个行业 40 个项目入选“株洲制造 2025”首批重点建设项目，总投资达 117 亿元。

14 日 世界一流、国内领先的高端煤炭机械设备智能硬岩掘进机在中国中车株洲电力机车有限公司旗下的河南义马中车重装公司下线。这种掘进机破解硬岩能力强，智能化程度高，填补了国内智能岩掘进技术领域的空白。

16 日 在第 23 个“国家消除贫困日”暨第 2 个“全国扶贫日”即将到来之际，株洲市 30 位社会各界代表在神农广场认购 3060 万元产品，另有 30 位代表结对帮扶 232 个农村贫困家庭。“扶贫大攻坚、善购有你我”电商扶贫信息网启动。

21 日 醴陵市举行“激情创业、勇争一流”竞赛活动招商引资项目签约仪式，集中签约东豪瓷社、渌江古城“一江两岸”文化休闲带 PPP 合作等 10 个项目，投资总额约 82 亿元。

22 日 湖南省国际稻都农业技术研究院与株洲泳迪农业生态有限公司签订合作协议，共同打造水稻新品种繁育（种植）示范基地。

△ 省委巡视第一组在株洲召开巡视情况反馈会。会议传达学习省委书记、省人大常委会主任徐守盛关于巡视工作的重要讲话精神。省委巡视组反馈了株洲巡视情况。

23 日 株洲市召开全国文明城市迎检测评动员会，再次吹响创文集结号。

△ 由株洲冶炼集团股份有限公司牵头承担的“十二五”国家科技支撑计划“有色金属资源基地重金属污染减排与资源循环利用”项目在北京顺利通过科技部验收。项目的成功实施将为湖南省乃至全国的重金属污染防治提供重要技术支撑。

26 日 搭载着中车株洲电机公司研发的 TQ — 600 永磁同步牵引电机的中国首列“永磁高铁”通过整车首轮线路运行试验考核。这意味着中国高铁动力发生了革命性变化，成为世界上少数几个掌握“永磁高铁”牵引技术的国家。

27 日 《人民日报》、新华社、《光明日报》《经济日报》、香港《文汇报》《湖南日报》湖南卫视等中央、香港、湖南省 10 余家主流媒体组成联合采访团到株洲市，深入开展“转型升级看株洲”大型采访活动。市委书记贺安杰，市委副书记、市长毛腾飞详细介绍株洲市新常态下主动新作为，通过实施转型升级总战略、实现经济社会又好又快发展的历程。

28 日 全市乡镇区划调整改革工作会议召开，株洲市要合并乡镇 33 个，合并建制村 501 个，减幅达三成。

△ 横跨白石港的沿江路彩虹桥被爆破拆除。

30 日 市第五届大众体育运动会在市体育中心举行。4800 多人参加 17 个项目的比赛。

△ 株洲千金药业股份有限公司入围“国家技术创新示范企业”。

30 日 — 11 月 1 日 2015 年中国技能大赛——第五届全国职工职业技能大赛“中国·株洲动力谷杯”焊工决赛在湖南（株洲）职教科技园举行。来自 30 个省区市和新疆生产建设兵团的 94 名选手参赛。湖南省、河北省、河南省分获团体总分第一、第二、第三名。

31 日 中国出口东盟的首个轻轨项目——马来西亚邦线轻轨正式投入运营，大马人民踊跃体验来自中车株洲电力机车有限公司的轻轨列车。

△ 在 2014 年度全省产业园区发展综合评价榜中，株洲列第二。中车株洲电力机车研究所有限公司、中车株洲电力机车有限公司、湖南兰天集团有限公司等 10 家企业入围 2015 年湖南省企业 100 强榜单，数量全省排名第二。

11 月

1 — 2 日 中共中央政治局原委员、全国人大常委会原副委员长李铁映在株洲考察，并宣布炎帝陵神农园开园。

2 日 由中科院倪光南院士工作站打造的国产操作系统微智电脑项目正式签约进入高新区大汉惠普信息产业园。

5 日 以中国中车株洲电力机车有限公司为主体的产业联合体，与甘肃省工信委、兰州市政府签订《储能式无轨电车应用及产业发展务实合作协议》。3 — 5 年在兰州市投运 1000 台储能式无轨电车，形成 100 亿产业集群。

7 日 装载株洲时代新材料科技股份有限公司减振降噪系统的极地科考车，从上海浦东港口出发，开启第 32 次南极科考之旅。这是首款国内自主研发的极地全地形科考运输救援车，标志着中国极地考察装备国产化迈出重要一步。

10 日 北京汽车股份有限公司株洲分公司第 50 万台整车下线。

△ 由台湾农村专业技术服务协会和株洲宇信种植农民专业合作社共同发起的“海峡两岸——湘台合作农业示范园”成立。

△ 搭载中国中车株洲电机有限公司研制的核心动力——牵引电机和牵引变压器及中车株洲电力机车研究所有限公司研制的八大子系统，具有完全知识产权的中国标准动车组在太原大西铁路客运专线，顺利通过 350 公里 / 小时线路阶段性试验大考。这标志着中国动车组的研发又迈上了新台阶。

12 日 省委常委会研究同意：周晓理任株洲市委常委。

△ 财政部副部长史耀斌一行到株洲，对中车株机公司、株洲市有轨电车 2 号 PPP 项目和清水塘区域重金属污染环境治理工程世界银行贷款项目进行调研。他强调：株洲市要抢抓机遇，加快 PPP 项目推广应用。

15 日 受强降雨影响，湘江株洲站出现 38.89 米的洪峰，为株洲水文站 1945 年设站以来同期第二高水位。

△ 中国出口欧洲的首列动车组在马其顿成功开跑。

16 日 首艘拥有自主知识产权的 146 米特种运输船从中国大连首航印度尼西亚。该船电力推进系统由中车株洲电力机车研究所有限公司研制提供，标志着该公司打破了国外垄断特种船舶动力推进系统的市场格局。

17 日 湖南省技工院校职业技能竞赛闭幕。其中湖南工贸技师学院承办大赛开幕式及数控车工、数控铣工和模具设计师 3 个项目决赛。株洲代表队获得市州团体第一名。

18 日 “株洲发布”政务微博微信平台举行启动仪式，这标志着株洲市政务信息化建设步入一个新的阶段。

19 日 国投健宁发展有限公司暨公共自行车租赁系统整体移交至市公交公司。

△ 株洲市戏剧传承中心创作的《天使合唱团》入选 2015 年度国家艺术基金评审立项工作，获舞台艺术创作资助 120 万元。这是株洲市首次获得该基金支持。

20 日 市卫生和计划生育委员会正式挂牌。

21 — 22 日 湖南省第三届武术大赛暨湖南省武术传统门派拳种精英赛在株洲市体育中心举行。全省 100 多个代表队近 1500 名运动员参赛。

22 日 由中国中车长江公司株洲分公司生产的 1196 辆矿石敞车全部交付并发运澳大利亚，创下株洲市单笔出口铁路货车订单之最。

23日 在“2015年中国中小城市科学发展评价指标体系研究成果”中，醴陵市、天元区入选全国综合实力（科学发展）百强县、百强市辖区。

△ “i株洲”手机客户端3.0版本正式上线。

24日 市委书记贺安杰在长沙会见中国电子信息产业集团有限公司董事长芮晓武一行，双方就长城电脑自主可控计算机整机项目建设、“智慧株洲”合作等事项达成共识。

25日 省委副书记、省长杜家毫率队在株洲检查考核株洲市党风廉政建设责任制落实情况。他强调，要始终把党纪党规挺在前面，把“两个责任”扛在肩上。

△ 芦淞区乌树下社区居民王志钢被授予“湖南省见义勇为先进个人”称号，并被记二等功。

△ 株洲市首个大型基础设施PPP项目——铁东路核心段新建工程成功招标。

26日 株洲航电枢纽二线船闸及鱼道工程破土动工，标志着湘江二级航道二期工程正式开工建设。湘江二级航道二期工程概算总投资31.23亿元，项目涉及株洲、衡阳两市。

△ 在第三届中国民生发展论坛上，株洲市在全国293个地级城市民生发展指数排名中排名第100名，是全省3个进入全国百强的地级市之一。

27日 市委书记贺安杰会见中国人寿湖南省分公司总经理刘凤全一行，共商发展事宜。

△ 天易科技城自主创业园暨长城电脑株洲基地项目在高新区开工，标志着株洲市实施南向发展战略迈出关键一步。项目计划用地333.33公顷，计划总投资120亿元，建设400万～500万平方米标准工业厂房及相关配套商住服务设施。

△ 湖南省轨道交通产业合作对接会在株洲市举行。会上，湖南轨道产业聪明暨联合创新中心成立；签订8个合作协议。

30日 株洲市乡镇区划调整改革工作方案获省民政厅批复同意，全市乡镇总数由原来的101个调整到68个，减少33个，减幅达32.67%。

△ 市政府办印发《株洲市建设长株潭国家自主创新示范区行动方案（2015—2020）》，到2020年，株洲基本建设成国家创新型城市。

12月

4日 省十二届人大常委会第十九次会议表决通过《湖南省人民代表大会常务会议委员会关于确定衡阳、株洲、湘潭、岳阳、常德、益阳、郴州市人民代表大会及其常务委员会开始制定地方性法规的决定》。通过社会各界人士19年的不懈努力，株洲市成为《中华人民共和国立法法》修订之后，全省第一批被授权行使地方立法权的市州。

△ 全省新一轮易地扶贫搬迁工作暨项目建设启动现场会在茶陵县召开。

6日 政协株洲市第一届委员会原主席、中共株洲市委原顾问郁宝云因病医治无效逝世，享年94岁。

7日 上海交通大学医学院院长、攸县籍陈国强被增选为2015年中国科学院院士。

8日 国际维修联合会授予中车株洲电机公司牵引电机焊接TPM示范线荣誉证书。这是国际维修联合会在中国颁发的第一份TPM示范线荣誉证书。

9日 市委副书记、市长毛腾飞会见中国保利集团公司副总经理王旭一行，双方进行了友好交流。

10日 《株洲市志》评审稿省级评审会召开。该志书共设30篇、171章、693节，另加综述、大事记、附录等，共460余万字，内容上限自事物发端，下限至2000年，全面、系统地记述株洲行政区域内自然、政治、经济、文化、社会的历史和现状。

△ 在第二届中国质量及提名奖的建议名单中，南车时代株洲电气股份有限公司榜上有名，是湖南省唯一一家入围单位。

△ 醴陵市入选由湖南农大牵头主持的南方现代粮油生产科技示范工程基地。

11日 市委书记贺安杰会见中泽嘉盟投资基金董事长、数字中国联合会主席吴鹰，双方就中国动力谷三大核心优势动力产业和电子信息产业发展等深入交流。

12日 2015株洲首届12小时“超级马拉松”在神农湖启动。有近200人分别参加非专业4人接力组以及专业12小时超级马拉松两项比赛。

15日 市委十一届十次全体（扩大）会议召开。全会听取市委常委2015年工作报告，审议通过《中共株洲市委关于制定株洲市国民经济和社会发展第十三个五年规划的建议》。

△ 在第17届中国专利奖颁奖大会上，湖南华联瓷业有限公司的“一种制备芝麻点陶瓷的釉料及其制作方法”等株洲7项专利获奖。

16日 《中共株洲市委关于制定株洲市国民经济和社会发展第十三个五年规划的建议》出台。

17日 铁东路核心段、轨道交通城路网工程开工。两个项目都以PPP模式建设，计划在两年后完工或通车。

△ 2015年湖南省寻找“最美家庭”“最美创业”“最美湘女”活动评选揭晓。醴陵市板杉乡花竹山村刘天建家庭、芦淞区白关镇团山村罗立新家庭、天元区庐山恋小区杨军家庭获评“最美家庭”，荷塘区仙水生态农庄负责人刘珍君、市光明重机有限公司董事长胡红霞获评“最美创业”，株洲县中医院护士盛莺英当选2015年湖南省“最美湘女”。

△ 在2014年长株潭实验区“两型社会”建设综合评估报告中，以“两型”社会横向指数排名，株洲市列第二。

△ 装载株洲时代电气股份有限公司IGBT模块，额定电压和输送容量均为世界之最的柔性直流输电工程福建厦门正式投运。此举打破了国外

巨头对该市场的垄断局面，对于推动中国IGBT及其应用产业的发展具有里程碑意义。

18日 总投资约2.3亿元的新马学校奠基。该校总建筑面积36736平方米，办学规模为60个教学班，可提供2700个学位，预计2017年秋季开学。

△ 省绩效评估和重点民生实事年终评估组到株洲市验收，对株洲市相关工作给予充分肯定，认为株洲较好地完成了各项指标。

24日 100余台全新的纯电动出租车驶上株洲街道。至此，株洲成为全省首个批量投用纯电动出租车的城市。

△ 由中车株洲电力机车研究所有限公司旗下的时代电气公司研制的世界上第一套商业深海采矿设备，在英国纽卡斯尔通过干试（即“陆上测试”）。

25日 中南大学与株洲市人民政府合作签约暨中南大学湘雅医学院附属株洲医院揭牌仪式举行。

△ 中华茶祖文化园开园仪式在茶陵县举行。全国政协副主席罗豪才出席仪式。

26日 国内首条中低速磁悬浮线路在长沙试运行，其列车由中车株洲电力机车有限公司牵头研制，是中国第一辆具有自主知识产权的商用磁悬浮列车。

△ 株洲市国土资源局荣膺“全国国土资源管理系统先进集体”称号。

28日 由中车株洲电力机车有限公司研制的储能式现代有轨电车在江苏省淮安市投入运营。这标志着目前全球最长的无网现代有轨电车线路开通，该线路是国内首条进入城市核心区的有轨电车线路。

△ 在全国财政系统先进集体和先进工作者表彰大会上，醴陵市财政局被人社部、财政部联合授予“全国财政系统先进集体”荣誉称号。

29日 北汽株洲基地二工厂在株洲高新区启动建设。工厂占地116.7万平方米，规划年产能30万辆，整车、相关零部件及物流总投资超过60亿元，年直接经济效益在210亿元以上。

△ 北汽集团下的北汽新能源公司与中国中车旗下的时代电气在株洲签署战备合作协议，开启新能源汽车领域的合作。

△ 杨胜跃被任命为株洲市人民政府副市长。

株洲概述

自然地理

【区域位置】　株洲市位于湖南省东部、湘江下游。东经112°57′30"～114°07′15"，北纬26°03′05"～28°01′27"。东西最宽处88.75公里，南北最长处219.25公里。东邻江西省的萍乡市、莲花县、永新县、宁冈县、遂川县、井冈山市，南连郴州地区所辖的桂东县、永兴县、资兴市；西接郴州地区所辖的安仁县、衡阳市所辖的衡东县和湘潭市及所辖的湘潭县；北依长沙市所辖的长沙县、浏阳市。2015年末，株洲市土地面积11247.6平方公里，其中建成面积138平方公里，全市城镇建成面积337平方公里。（朱　鉴）

【地形地貌】　株洲市境位于罗霄山脉西麓，南岭山脉至江汉平原的倾斜地段上，市域总体地势东南高、西北低。北中部地形岭谷相间，盆地呈带状展布；东南部均为山地，重峦叠嶂，地势雄伟。最高点位于炎陵县东南的酃峰，海拔2115米；最低点天元区马家河镇古桑洲，海拔34.6米。水域637.27平方公里，占市域总面积的5.66%；平原1843.25平方公里，占16.37%；低岗地1449.86平方公里，占12.87%；高岗地738.74平方公里，占6.56%；丘陵1916.61平方公里，占17.02%；山地4676.47平方公里，占41.52%。山地主要集中于市域东南部，岗地以市域中北部居多，平原沿湘江和渌水两岸成带状分布，而以湘江和渌水下游集中。（朱　鉴）

【地质地震】　株洲市地质构造复杂，地处长寿街－株洲－祁东－全州、茶陵－永兴、茶陵－临武、酃县－郴州－蓝山、朱田铺－五里墩断裂带、何家坝－石峰断裂带、龙头铺－南华断裂带和芦淞区董家塅三三一厂地质构造破碎断裂带。株洲地区的抗震设防烈度为6度。株洲市近期虽没有发生中强地震，但小震不断，自1971年有精确记录以来，已经发生20多次有感地震，市区内最大地震为白石港2.9级地震。（胡毅力）

【自然资源】　株洲境内矿产资源丰富，已探明的矿产有煤、铁、钨、铅、锌、锡、铀、铜、铌、钽、稀土、萤石、石膏、硅石土、高岭土、石灰石等44种，矿床（点）360处，其中大型矿床3处，中型10处，小型103处。矿产资源赋存具共伴生矿产多、单一矿产少，资源和矿产地分布相对集中的特点。铌、氧化钽、高岭土、铸石用辉绿岩、冶金用石英岩等5种矿产资源储量居全省之首，煤、铁、锡、氧化铌、细晶石、陶瓷土、普通萤石、熔剂用灰岩等8种矿产资源储量居全省2～5位。株洲土壤种类多样，分9个土类、18个亚类、82个土属、304个土种，其中红壤、水稻土分别占土壤总面积47.42%和13.22%。境内溪河纵横，其中长度5公里以上的341条，长度30公里以上的19条，100公里以上的7条，均为湘江水系。湘江干流在株洲市域内全长89.6公里，占湘江总长的10.46%，自南向北，纵贯株洲县和株洲市区。市域内湘江一级支流较大的有洣水、渌水；湘江二级支流长度在100公里以上的有洮水、攸水、澄潭江、铁水等4条。株洲市域的植物种属古老，种类繁多，群落交错，分布混杂。自然分布和引种栽培的约有106科、296属、884种。其中珍稀乡土树种约有40余种。全市共有古树名木3万余株，其中500年以上的国家一级古树245株。有阔叶林、针叶林、灌丛（灌草丛）和草甸等4个植被型组；有常绿阔叶林，常绿. 落叶阔叶混交林，低山针叶林，灌丛、中山草甸等9个植被型。有维管束植物219科，906属，2066种，天然分布的国家重点保护野生植物31种，其中国家一级保护野生植物10种；国家二级保护野生植物21种。全市天然分布的陆生野生动物224种。按类分，哺乳纲41种，鸟纲122种，两栖纲6种，爬行纲55种。其中属国家一级保护野生动物4种，如华南虎、云豹、金钱豹、黄腹角雉等；国家二级保护动物25种；湖南省地方重点保护野生动物195种。株洲属中亚热带季风性湿润气候。年平均气温17～18℃。年降水量平均在1348～1490毫米之间，气候温暖，四季分明，雨量充沛，无霜期长，光热充足，冬寒期短，属宜于耕作的膏腴之地。受季风影响，雨季和旱季明显，旱涝频率较高。（陈　岱　何　超）

【气候特点】　2015年，在全球气候异常的大背景下，株洲地区经历了一些灾害性天气过程，但整体未造成重大灾害。入春早、入冬晚，年内气温总体偏高且起伏较大，降雨量总体正常但年末（11—12月）降水异常偏多，全年日照异常偏少，存在气候异常现象，但未出现极端气候事件。

气温。2015年，株洲地区年平均气温18.5℃，较历年偏高0.6℃，较上年持平，属偏高年份；年平均最高气温为22.9℃，较历年偏高0.2℃，较上年偏高0.3℃；年平均最低气温为15.5℃，较历年偏高1.0℃，较上年偏高2.2℃。株洲地区年平均气温、年平均最高气温、年平均最低气温均呈上升趋势。冬季平均气温为8.7℃，较历年偏高1.5℃，较上年偏高0.9℃，为偏高年份；冬季平均气温、最高气温、最低气温均呈明显波动上升趋势。春季平均气温为18.4℃，较历年偏高0.9℃，较上年偏低0.1℃，为正常年份；春季平均气温、最低气温、最高气温均呈显著升高趋势。夏季平均气温为27.1℃，较历年偏低0.7℃，较上年偏低0.1℃，为偏低年份；夏季平均气温、平均最高气温和平均最低气温均呈下降趋势。秋季平均气温为19.6℃，较历年偏高0.6℃，较上年偏低0.9℃，为正常年份；秋季平均气温、最低气温、最高气温均呈明显升高趋势。各县（市）平均气温除7月和8月外整体偏高，尤其在1月各县（市）均异常偏高、7月各县（市）均异常偏低。1—3月、6月、10月五县（市）平均气温距平均超过1℃以上。2015年各县（市）平均最高气温上半年均偏高，下半年大多偏低，尤其在1月和2月各县（市）均异常偏高、7月和11月各县（市）均异常偏低。1月、2月和10月平均最高气温距平均超过1℃。2015年各县（市）平均最低气温大多偏高。1—3月、5—6月、10—12月各县（市）距平均均超过1℃以上。2015年株洲地区年平均气温在17.9℃（炎陵）~18.9℃（攸县）之间，呈中部高，南北低的空间分布。较历年而言，株洲、炎陵气温正常，醴陵、攸县和茶陵均偏高。年平均最高气温在22.3℃（株洲）~23.2℃（炎陵）之间，空间分布大致是中南部高、北部低。较历年而言，年平均最高气温除炎陵偏低0.2℃外，各县（市）偏高0.2℃（株洲、茶陵）~0.5℃（攸县）之间。年平均最低气温在14.5℃（炎陵）~16.1℃（攸县）之间，空间分布大致是中南部高、南北部低。年平均最低气温较历年偏高0.6℃（炎陵）~1.3℃（醴陵、攸县）之间。

降水。2015年株洲地区平均年降水量为1739.5毫米，较历年偏多15.1%，为正常年份，较上年偏多142.1毫米。冬季平均降水量为125.1毫米，较历年偏少14.2毫米，较上年偏少64.1毫米。春季平均降水量为511.8毫米，较历年偏少52.6毫米，较上年偏少148.3毫米。夏季平均降水量为574.6毫米，较历年偏多97.1毫米，较上年偏少37.2毫米。秋季平均降水量为404.1毫米，较历年偏多78毫米，较上年偏多229.8毫米。从各月降水距平百分率分布来看，5月炎陵、6月株洲、11月、12月茶陵和炎陵降水量较历年偏多25%以上；1月、2月、6月醴陵和攸县、7月、9月攸县和茶陵、10月降水量较历年偏多25%，其中1月（除炎陵）、2月茶陵和炎陵、7月、10月偏少50%以上，尤其是7月和10月偏少80%以上；3—5月、8月降水量较历年正常。年降水量在1587.7毫米（株洲）~1886.0毫米（茶陵）之间，年降水量的空间分布为北少，中部、南部多。降水量较历年偏少7.8%（炎陵）~29.0%（茶陵）之间，较上年醴陵偏少50.9毫米、株洲市区偏少109.1毫米，攸县、茶陵和炎陵分别偏多231.4毫米、431.2毫米和208毫米。平均年雨日190.6天，较历年偏多27.2天，较上年偏多32.6天，属偏多年份。3月（株洲）、5月（除株洲）、7月（除株洲）、11月、12月雨日数较历年显著偏多，均偏多5天以上；4月（除株洲）雨日数较历年偏少，偏少2天以上。

日照。2015年株洲地区平均年日照时数为1272.1小时，较历年偏少275.4小时，较上年偏少302.8小时，属偏少年份。冬季日照时数为279.5小时，较历年偏多48.4小时，较上年偏少63.0小时，属日照时数偏多年份。春季日照时数为218.6小时，较历年偏少85.9小时，较上年偏少59.2小时，属日照时数偏少年份。夏季日照时数为522.4小时，较历年偏少75.6小时，较上年偏多3.3小时，属日照时数偏少年份。秋季日照时数为347.1小时，较历年偏少66.7小时，较上年偏少108.6小时，属日照时数偏少年份。全年除1月，2月（除株洲），6月（除茶陵）、10月日照时数较历年偏多外，其余月份都偏少，其中3月（醴陵）、4—5月、7月、9月（茶陵）、11—12月均偏少30小时以上，尤其是7月和11月、12月偏少60小时以上。

主要天气事件：春季低温天气过程（4月1—8日）、强对流天气过程（5月13—19日、6月10—11日、6月17—22日、7月17—8月4日、8月28日）、强降水天气过程（8月、10月29日、11月16—17日）、轻度高温热害（6月23—30日、8月1日—8月14日）、寒潮（11月22日—24日）、阴雨寡照、连阴雨过程（11月7—25日）等灾害性天气，但对各行各业均未造成较大影响。农业上，粮油作物和经济作物均获丰收；林业上，森林火险等级低，但虫害现象较严重；水利上，水资源丰富，汛情平稳；交通上，未出现重大事故；电力上，发电量增多，全社会用电减少；旅游上，气候舒适，游客增多。

综上所述，2015年株洲地区气候年景正常。（廖莉芝 陈 蕾）

【气象灾害】 三月连阴雨。3月上中旬株洲地区由南至北出现连阴雨过程。其中，3月3—12日株洲南部攸县、茶陵、炎陵出现8—9天的连阴雨过程。3月14—21日株洲市区出现连续8天连阴雨。持续的阴雨寡照对农作物生长发育有一定影响，影响油菜开花结荚，造成烟苗生长发育缓慢，棚内湿度大，易诱发病害。

四月低温。4月1—8日，株洲市出现大幅度的降温，市区日平均气温由27.1℃降至9.2℃，最高气温由31.8℃降至11.2℃，降幅达20.6℃。这次过程冷空气影响时间较长、过程降温幅度大，局地性的强对流天气发生频率高，对交通和农业生产产生了一定影响。农业方面对早稻秧苗造成一定影响，部分秧田出现烂秧现象，烂秧率在10%左右。

暴雨洪涝。2015年共发生5次暴雨过程，6万余人受灾，紧急转移安置人口291人；倒塌房屋131间，损坏房屋176间；受灾农作物面积11153公顷，绝收面积1547公顷；电力倒杆10根，水毁塘坝16座，直接经济损失超过10430万元。5月13—19日，全市出现一次长时间的阴雨降水过程。据自动雨量站统计，36小时内降雨量≥50毫米的站数有51个，≥100.0毫米的站数有4个，最大降雨出现在茶陵县的五星村，为115.5毫米。这次降雨的特点是降水南多北少，分布不均，影响时间长，短时雨强大，并伴随有雷暴等强对流天气发生。强降雨给株洲市南部3县造成了一定的经济损失。6月10日株洲发生一次大暴雨天气过程，降水主要集中在醴陵南部、攸县、茶陵以及炎陵北部，过程最大降雨出现在茶陵县的五星村，为184.7毫米。民政部门初步统计，攸县受灾人口2300人；紧急转移安置人口13人。炎陵农田受灾面积1300公顷，成灾面积826公顷，绝收面积410公顷。倒塌房屋18户，损坏房屋19户；全县乡镇不同程度受灾，沔渡、霞阳、龙渣、石洲、水口、三河、鹿原等乡镇受灾尤为突出。6月17日20时—22日20时，株洲市出现两次大范围的暴雨天气过程，此次过程48小时内降雨量≥100.0毫米的站数有4个，最大降雨出现在攸县的鸾山镇，为129.5毫米。6月20日20时—22日20时48小时累计降雨量≥100.0毫米的站数有9个，≥50毫米的站有27个，最大降雨量出现菖塘村199.5毫米。这次降雨的特点是强度大，分布不均，影响时间长，雨强大。此次强降雨给株洲市造成了一定的经济损失。7月1—4日，株洲市出现短时强降雨伴有大风等强对流天气。过程累计雨量分别为株洲市85.4毫米，醴陵89.8毫米，攸县203毫米，茶陵208.6毫米，炎陵145.3毫米。全市中小尺度自动雨量站数据显示，168个乡镇累计降雨量超过50毫米，112个乡镇超过100.0毫米，30个乡镇超过200.0毫米，2个乡镇超过300.0毫米。最大降雨量出现在攸县的柏市镇，过程累计降雨量达到347.6毫米，单日（2日08时—3日08时）累计降雨量达到212毫米。此次过程降雨范围广、影响时间长、面雨量和局地雨强均较大，给全市造成了一定的经济损失。据初步统计，攸县受灾人口27820人；紧急转移安置人口32人；全县农田受灾面积4732公顷，成灾面积2892公顷，绝收面积1123公顷；倒塌房屋23间，损坏房屋51间；造成直接经济损失4280余万元。茶陵县有11个乡镇（街道）不同程度受灾，全县受灾人口1.2万人，紧急转移安置人口36人，农作物水淹农田2600公顷，水淹烤烟等经济作物520公顷，山塘跨方滑坡11口、渠道跨方133处4.1千米，村级道路路基12.8千米滑坡，电灌站进水8处，房屋进水97户，防洪堤、护岸滑坡垮塌4.32千米，造成直接经济损失2980万元。炎陵县受灾人口3300余人，直接经济损失300万元，其中农业经济损失90万元；紧急转移安置16人；损坏水圳11余处1200余米，道路塌方15处；8处通信设施受损。

大雾、霾。2015年株洲地区出现大雾天气在7（株洲）~11天（醴陵、炎陵）之间，空间分布表现为南部、西北部多，东北、中部少；株洲地区出现霾天气在0（炎陵）~56天（株洲）之间，霾的空间分布表现为北部、中部、中南部多，南部少。2015年株洲阶段性的雾、霾天气主要出现在1—4月，5—12月较少发生。1月霾天数最多发生0（炎陵）~19天（株洲）之间，4月和2月次之，株洲和茶陵发生天数均在10天以上。相比上年，从5月份开始，株洲下半年未出现大的雾霾天气。

秋、冬季异常阴雨寡照。11月总降水量较历年各县（市）均异常偏多；月降水量为183.9（茶陵）~265.9毫米（株洲）之间，较历年各县（市）偏多152.3（攸县）~265.9%（株洲）；雨日18（醴陵、茶陵）~22天（攸县）。降水量各县（市）均创历史第一高值。11月总日照时数在34.9（攸县）~50.5小时（炎陵）之间，较历年偏少73.9（株洲）~82.7小时（醴陵）；日照时数各县（市）均为历史第一低值。12月总降水量在114.1（株洲）~204.0毫米（炎陵）之间，较历年各县（市）偏多121.6%（株洲）~330.4%（炎陵）之间，炎陵创历史第一高值，醴陵、茶陵为第二高值、株洲、攸县为第三高值。11月份上旬后期到12月上旬后期，株洲市出现阴雨寡照天气，连续近20天的降水，近一个月平均日照时数小于0.1小时，对人们的生活带来诸多不便，尤其对农业影响较大，部分晚稻未能及时收割，连续的秋冬阴雨天气对秋冬种生产也产生相当大的影响。此外，11月10—24日，全市出现罕见的冬汛，部分地区出现不同程度的洪涝灾害，直接经济损失达900万元。（廖莉芝　陈　蕾）

【水文状况】 2015年，全市年平均降水量1809.6毫米，比往年平均偏多19.9%；地表水资源量117.8亿立方米，折合年径流深1046毫米，比多年平均多15.1%，水资源总量（不包括入境流量）117.8亿立方米。

受降雨影响，全市主要江河发生3~5次洪水过程。其中，湘江干流株洲水文站发生4次洪水过程，均未发生超警戒水位洪水，11月中旬发生罕见冬汛，年最高水位发生在11月15日，洪峰水位38.89米，较警戒水位低1.11米，相应流量13500立方米

/秒（为该站设站以来同期最大流量，第二高洪水位）；渌水大西滩站发生5次洪水过程，其中超警戒水位4次，超保证水位1次，年最高水位发生在5月28日，洪峰水位50.94米，超保证水位0.44米，相应流量1130立方米/秒。洣水茶陵水文站发生3次洪水过程，均未发生超警戒水位洪水，年最高水位发生在6月11日，洪峰水位98.82米，较警戒水位低1.68米，相应流量1210立方米/秒。

（胡良贵）

行政区划

【建置沿革】 株洲，古称建宁，又名槠州。三国吴太平二年（257）已有建宁县，属长沙郡。隋开皇九年（589），隋灭陈，废建宁县。唐高祖武德四年（621），复置建宁县，属南云州。唐太宗贞观元年（627），将建宁县并入湘潭县。民国23年12月，湘潭县辖10个区，1个直属乡。区以下分10个镇，40个乡。所设株洲镇隶属湘潭县第二区。民国36年2月，株洲镇和白关乡、昭阳乡合并为株洲乡，直属湘潭县政府。同年8月，株洲乡辖33保，495甲，108783人。1949年8月，湘潭县下设株洲区，辖株洲、藕灵2个乡。1950年1月，株洲区改为第一区。1950年6月，湘潭县下设株洲镇（区级），辖一至四街居民委员会、田心塅乡、董家塅乡、石子头乡，株洲镇公所（后改为株洲镇人民政府）驻殷家祠堂。1951年6月6日，湘潭县辖株洲镇升格为株洲市（县级），隶属湖南省人民政府长沙区专员公署。1953年4月14日，株洲市改为省辖市（县级），由湖南省人民政府湘潭区专员公署领导。1956年3月23日，株洲市升格为省辖地级市，由湖南省省委、湖南省人民委员会直接领导。（朱 鉴）

【行政区划调整】 2015年底，株洲市辖5个县（市）：株洲县、醴陵市、攸县、茶陵县、炎陵县，4个区：天元区、芦淞区、石峰区、荷塘区。各区、县（市）共辖33个街道、7个乡、61个镇。

2015年9月，湖南省召开乡镇区划调整改革工作动员会议后，株洲市迅速启动，扎实推进改革工作。11月20日、11月26日，株洲市9个县（市）区的乡镇区划调整改革工作方案两批一次性全部获得省民政厅的批复。此轮乡镇区划调整，株洲市共合并33个乡镇，由原来的101个乡镇调整为68个乡镇，其中荷塘区、芦淞区、石峰区、天元区、株洲县、攸县、茶陵县、炎陵县、醴陵市分别减少1、2、1、1、6、6、4、5、7个。

荷塘区　仙庾镇、明照乡成建制合并设立仙庾镇，新设立的仙庾镇辖30个建制村，1个社区居委会。调整后，荷塘区共减少1个乡级建制，辖仙庾镇、月塘、茨菇塘、宋家桥、金山、桂花5个街道，总面积152.2平方公里，总人口31.72万人。

芦淞区　白关镇与姚家坝乡成建制合并设立白关镇，新设的白关镇辖36个建制村，1个社区居委会；五里墩乡与董家塅街道成建制合并设立董家塅街道，新设立的董家塅街道辖7个建制村，10个社区居委会。调整后，芦淞区共减少2个乡级建制，辖白关镇，贺家土、建设、建宁、庆云、枫溪、龙泉、董家塅7个街道，总面积220平方公里，总人口29.15万人。

石峰区　龙头铺镇、学林街道成建制合并设立学林街道，新设立的学林街道辖14个居委会。调整后，石峰区共减少1个乡镇建制，辖云田镇，田心、响石岭、清水塘、井龙、铜塘湾、学林6个街道，总面积191平方公里，总人口32.35万人。

天元区　马家河镇、栗雨街道成建制合并设立栗雨街道，新设立的栗雨街道辖18个居委会。调整后，天元区共减少1个乡级建制，辖群丰、雷打石、三门3个镇，泰山路、嵩山路、栗雨3个街道，总面积328平方千米，总人口30.27万人。

株洲县　渌口镇与仙井乡成建制合并设立渌口镇，新设立的渌口镇辖40个建制村，8个居委会，1个社区；南阳桥乡与洲坪乡成建制合并设立南洲镇，新设立的南洲镇辖37个建制村，1个居委会；淦田镇与平山乡成建制合并设立淦田镇，新设立的淦田镇辖34个建制村，3个居委会；砖桥乡与龙潭乡成建制合并设立龙潭镇，新设立的龙潭镇辖24个建制村；朱亭镇与龙凤乡成建制合并设立朱亭镇，新设立的朱亭镇辖35个建制村，3个居委会；王十万乡与堂市乡成建制合并设立龙船镇，新设立的龙船镇辖37个建制村，1个居委会；撤销太湖乡建制，设立龙门镇，以原太湖乡的行政区域为龙门镇的行政区，龙门镇下辖22个建制村。调整后，株洲县共减少6个乡级建制，辖渌口、南洲、淦田、龙潭、朱亭、龙船、龙门、古岳峰8个镇，总面积1053.62平方公里，总人口35.19万人。

醴陵市 清水江乡与船湾镇成建制合并设立船湾镇，新设立的船湾镇辖17个建制村，2个居委会；贺家桥镇与大障镇成建制合并设立明月镇，新设立的明月镇辖25个建制村，6个居委会；神福港镇与栗山坝镇成建制合并设立茶山镇，新设立的茶山镇辖21个建制村，5个居委会；新阳乡与仙霞镇成建制合并设立左权镇，新设立的左权镇辖19个建制村，1个居委会；枫林市乡与黄獭嘴镇成建制合并设立枫林镇，新设立的枫林镇辖19个建制村，2个居委会；撤销富里、南桥2个镇，设立李畋镇；将原富里镇的华埠、塘坊、车上、利群、富里、麻石、双江7个建制村及海棠居委会，原南桥镇的东塘、星火、潼塘、将塘、新树、清水、大平、南桥、凤形、裕民、明兰、石溪、洪源、花麦14个建制村及南园居委会合并设立李畋镇，新设立的李畋镇辖21个建制村，2个居委会；将原富里镇的荷田、柏大、长庆3个建制村和原南桥镇的星湖村划归白兔潭镇，调整后的白兔潭镇辖田心、佘溪、洙塘、湖下、黄甲、栎塘、泉沅、峤岭、蛇青、山水、荷田、柏大、长庆、星湖14个建制村，白市、金牛2个居委会；撤销王坊镇；将板杉乡改设为板杉镇，东堡乡改设为沩山镇，黄泥坳街道改设为国瓷街道；将原王坊镇的5个建制村和2个社区居委会划归浦口镇；将原王坊镇的5个建制村划归王仙镇；将王仙镇的3个建制村，东堡乡的2个建制村和阳三石街道的1个建制村划归来龙门街道管辖；将东堡乡的2个建制村、板杉乡的2个建制村划归黄泥坳街道管辖；将东富镇的5个建制村划归阳三石街道管辖；调整后，浦口镇辖李洲、保丰、三铺、天符、荣坪、河泉、山塘、花椒、冷水坑、碧泉、贯古、茅坪、仙石、合水、东方、联盟、荷花垅、王坊、泮川、石山20个建制村，官山、大桥、桥头、三角坪4个居委会；王仙镇辖司徒、香水、石燕、三狮、李山、马桥、书堂、观口、王仙、温泉、渌石、杨林、大屏山、灌冲14个建制村，中心、新民、瓷泥矿3个居委会；东富镇辖建新、横烟、黄土坝、狮湾、莲石塘、森冲、东富、芷泉、小洞塘、石坝上、北冲、新莲、花木、龙源冲、楚东桥、西林、凤仪塘、包冲、桐桥19个建制村和四杨居委会；沩山镇辖东堡、土埠桥、新庵、大塘坳、望仙桥、沩山、漏水坪、大林、老鸦山、赤竹、东坑、泉源12个建制村；板杉镇辖长坡口、大屋垅、枫树桥、黄塘、杨家湾、大石桥、上坪、竹花山、夏坪桥、红光、流碧桥、东冲铺、唐家冲、擂鼓桥、耿境、八步桥、寨下17个建制村；来龙门街道辖上洲、东岸、清潭、庄埠、双江、山峰、钟鼓、黄沙、珊田、马脑10个建制村，文庙、北门、胜利、四塘、马放塘、狮子坡、丁家坊7个居委会；国瓷街道辖老龙井、华塘、石子岭、姜村、横店、石塅、古城、土株岭、竹湖、樟塅10个建制村，八里庵、姜湾、国光、车顿桥、五里牌5个居委会；阳三石街道辖泉湖、立三、阳东、企石、东门塘、玉屏山、荆潭、潭湾、石里浦、伏龙、立新11个建制村，阳三石、向阳、渌江3个居委会；撤销嘉树乡设立嘉树镇，嘉树镇的行政区域为原嘉树乡的行政区域，辖12个建制村；撤销孙家湾乡设立孙家湾镇，孙家湾镇的行政区域为原孙家湾乡的行政区域，辖6个建制村；撤销官庄乡设立官庄镇，官庄镇的行政区域为原官庄乡的行政区域，辖14个建制村；西山街道更名为仙岳山街道，其管辖范围及办事处驻地不变。调整后，醴陵市减少7个乡级建制，辖李畋、白兔潭、浦口、王仙、沩山、东富、孙家湾、泗汾、沈潭、船湾、明月、嘉树、茶山、石亭、均楚、板杉、左权、枫林、官庄19个镇，来龙门、阳三石、仙岳山、国瓷4个街道，总面积2156.46平方公里，总人口106.56万人。

攸县　柏市镇与黄丰桥镇成建制合并设立黄丰桥镇，新设立的黄丰桥镇辖21个建制村、2个居委会；大同桥镇与新市镇成建制合并设立新市镇，新设立的新市镇辖26个建制村、2个居委会；槚山乡、网岭镇1乡1镇成建制合并设立网岭镇，新设立的网岭镇辖21个建制村（含原湖南坳乡析出的大瑞1个建制村）、3个居委会；坪阳庙乡与湖南坳乡（析出大瑞1个建制村）成建制合并设立宁家坪镇，新设立的宁家坪镇辖双松、龙旺、坪双、笔武、坪塘、龙泉、坪台、黄公、联和、双凡、排山、田心、杜口、龙田、大祥、大兴、双田、金水、下湾、自力20个建制村，宁家坪1个居委会；撤销上云桥镇，将其行政区域划归联星街道管辖；调整后的联星街道辖10个建制村，13个居委会；撤销鸭塘铺乡，将其行政区域划归江桥街道管辖，调整后的江桥街道辖10个建制村、6个居委会；将莲塘坳镇的盘龙、春塘龙、巨洲3个建制村划归春联街道管辖，调整后的莲塘坳镇辖幽居、先锋、中江、下洞、新华、新朝、盘联、阳升观、沿龙、下田、廖公、巨田、枧头、星和、南水、山田16个建制村，高楼、凉江、同联、银坑4个居委会；调整后的春联街道辖盘龙、春塘龙、巨洲3个建制村，柘合、双丰、山背、春联、春风5个居委会；将菜花坪镇的万美、马址陂、大和、苏洲、苏江等5个建制村划归谭桥街道管辖；调整后的菜花坪镇辖大旺、高塘、菜塘、芷陂、高联、流塘、联龙、苏塘西、菜垅、潘塘、菜坪、菜花12个建制村，高和居委会；调整后的谭桥街道辖万美、马址陂、大和、苏洲、苏江5个建制村，东塔、谭桥、谭洲、竹丰、流和、东联6个居委会。调整后，攸县共减少6个乡级建制，辖鸾山、皇图岭、丫江桥、酒埠江、渌田、石羊塘、桃水、黄丰桥、网岭、新市、莲塘坳、菜花坪、宁家坪13个镇，江桥、联星、谭桥、春联4个街道

茶陵县　撤销潞水、腰陂2个镇，设立腰潞镇，新设的腰潞镇辖33个建制村，1个社区居委会；调整思聪、洣江2个街道的管辖范围，清水片的龙溪、庙市、庙坪3个建制村划归思聪街道管辖，原腰陂镇土沙、仙源、竹塘3个建制村划归洣江街道管辖；将八团乡与火田镇成建制合并设立火田镇，新设立的火田镇辖28个建制村、1个居委会；将浣溪镇与湖口镇成建制合并设立湖口镇，新设立的湖口镇辖39个建制村、2个居委会；将平水镇与虎踞镇成建制合并设立虎踞镇，新设立的虎踞镇辖34个建制村，2个居委会。调整后，茶陵县共撤销4个乡镇建制，辖舲舫、桃坑2个乡，秩堂、高陇、火田、腰潞、虎踞、马江、枣市、界首、湖口、严塘10个镇，云阳、下东、洣江、思聪4个街道，总面积2500平方公里，总人口62万人。

炎陵县　霞阳镇、三河镇成建制合并设立霞阳镇，新设立的霞阳镇辖33个建制村，5个社区居委会；鹿原镇、东风乡成建制合并设立鹿原镇，新设立的鹿原镇辖35个建制村，1个居委会；中村乡、龙渣瑶族乡、平乐乡成建制合并设立中村瑶族乡，新设立的中村瑶族乡辖22个建制村；撤销沔渡镇、石洲乡，设立新的沔渡镇；调整

十都镇部分行政区划；将原沔渡镇全部行政区域与原石洲乡（不含大院农场代管区域）的行政区域合并设立新的沔渡镇；将原石洲乡的大院农场代管区域划归十都镇管辖；新设立的沔渡镇辖沔渡圩居委会，小里、上关、花园、洋坑、夏馆、仓背、瑞口、上老、晓阳、长江、狮头、龙巷、苏州、洞里、石桥、大江、青石、石坝、安坑、双江、太源、马坳、高车23个建制村；调整后的十都镇辖西正街居委会，良田、车溪、晓东、红南、洋岐、南流、皮坑、密花、青石岗、深垅、小江、龙口、梅冲、麻莱、黄峰寨、低垅、黄上、太坪、上井、瓜寮20个建制村及大院农场代管区域。调整后，炎陵县共减少5个乡级建制，辖霞阳、沔渡、十都、水口、鹿原5个镇，垄溪、策源、下村、船形4个乡及中村瑶族乡，总面积2030平方公里，总人口20.22万人。

（朱　鉴）

人　口

【概况】 2015年，全市共有1181864户，比上年减少3362户；全市总人口4029176人，比2014年增加866人，增长率为0.02%；总人口中，男性为2050638人，女性为1978538人，性别比为103.64 ∶ 100；全市出生登记61295人，出生率为15.213‰，死亡注销27774人，死亡率为6.893‰，人口自然增长33521人，人口自然增长8.319‰；全市迁入数20468人，迁出数34123人；全市户籍城镇人口为1531482人，户籍人口城镇化率38.01%，其中城区69.70%，县（市）28.04%，

全市总人口中，荷塘区212739人，芦淞区243472人，石峰区250138人，天元区257958人，株洲县348848人，攸县819845人，茶陵县643376人，炎陵县192788人，醴陵市1060012人。

（雷　羽）

民族宗教

【民族】 株洲属少数民族散杂居地区，下辖1个民族乡（炎陵县中村瑶族乡）、1个民族村（炎陵县十都镇洋岐畲族村）。截至2015年年底，株洲市共有46个少数民族，人口总数为2.3万人，占全市总人口比例为0.57%。其中人口总数排名前八的少数民族分别为土家族5067人、苗族3992人、瑶族2723人、畲族1455人、侗族1238人、壮族1063人、回族977人、满族570人，人口数合计17085人，占全市少数民族总人口的比例为77.6%。少数民族流动人口年均近4万人。

（蒋　龙）

【宗教】 株洲宗教历史悠久，佛教、道教、天主教、基督教、伊斯兰教五大宗教俱全。早在1600多年前，佛教就传入了株洲，1300年前，道教在株洲落根。攸县的宝宁寺、灵龟寺，醴陵市的云岩寺，茶陵县云阳山古南岳宫，株洲县空灵寺和株洲市区的资福寺、上林寺、仙庾道观等颇有胜名。明清时期，基督教、天主教渐渐进入株洲。19世纪初，分别在醴陵、攸县、茶陵、株洲县和市区建有教堂和聚会点。20世纪90年代初，随着穆斯林同胞的增加，株洲市修建了一座清真寺。株洲是全省宗教工作重点市州，有正式登记的宗教活动场所534处、其中佛教172处，道教283处，基督教74处，天主教4处，伊斯兰教1处，宗教活动涉及全市90%以上的乡镇。株洲有正式登记备案的宗教教职人员318人，其中佛教比丘、比丘尼133人，道教全真派道士61人、正一派道士60人，天主教神甫2人，基督教牧师4人、教师3人、传道员54个，伊斯兰教阿訇1人；民间信仰场所82处，省级重点宗教活动场所10处，市、县两级宗教团体14个，全市有宗教信徒约4万人，信教群众近40万人，90%以上分布在农村。醴陵市、攸县、芦淞区为全省宗教工作重点县区。

（蒋　龙）

国民经济和社会发展

【概述】 2015年，株洲地区生产总值完成2335.1亿元，比上年增长9.5%。其中，第一产业增加值179.5亿元，增长3.8%；第二产业增加值1337.1亿元，增长7.9%，其中工业增加值1182亿元，增长7.9%；第三产业增加值818.5亿元，增长13.6%。

全市三次产业结构由2014年的7.7 ∶ 59.3 ∶ 33调整为7.6 ∶ 57.3 ∶ 35.1，与上年比，第一产业和第二产业比重分别降低0.1个和2个百分点，第三产业比重提高2.1个百分点。第一、二、三产业对GDP的贡献率分别为2.8%、50.8%和46.4%。

全市城区生产总值1128.1亿元，比2014年增长9.1%，占全市的比重为48.3%；县域1207亿元，增长9.9%，占全市的比重为51.7%。城区公共财政预算收入为109.6亿元，增长13.8%；县域为104.6亿元，增长12.2%。城区规模工业增加值达490亿元，增长7.5%；县域596.8亿元，增长9%。城区固定资产投资1204.5亿元，增长18.8%；县域976.8亿元，增长18.6%。城区社会消费品零售总额451.6亿元，增长11.7%；县域388亿元，增长12.5%。

全市发生各类安全事故386起，比上年减少138起，其中生产安全事故死亡38人，比上年减少10人。工矿商贸企业生产安全事故死亡7人，比上年减少19人。全市道路交通事故550起，比上年减少70起，煤矿每百万吨死亡率为1人，比上年减少4人。

全市居民消费价格累计指数为101.7%，比上年下降0.5个百分点。其中，居住价格下降5.6个百分点，医疗保健和个人用品价格下降2.4个

2015年株洲市国民经济整体情况

表1

指 标 名 称	绝对数（亿元）	比上年增长（%）
地区生产总值	2335.1	9.5
#非公有制经济增加值	1332.2	9.5
1. 第一产业	179.5	3.8
2. 第二产业	1337.1	7.9
#工业（含部分划入第三产业数）	1182.0	7.9
建筑业	156.6	8.7
3. 第三产业	818.5	13.6
#批发和零售业	116.0	6.8
交通运输、仓储和邮政业	77.1	2.2
住宿和餐饮业	38.9	7.5
金融业	51.9	16.7
房地产业	91.3	7.6
营利性服务业	157.3	16.7
非营利性服务业	280.7	21.4

（阙宏丹）

百分点，交通和通信价格下降1.6个百分点；烟酒及用品价格上涨4.8个百分点，衣着价格上涨2个百分点，食品价格上涨1.7个百分点。全市商品零售价格累计指数为99.8%，比2014年下降0.6个百分点。

全社会用电总量为104.5亿千瓦小时，比2014年下降7.7%，其中工业用电量为62.7亿千瓦，下降13.3%。规模工业综合能源消耗量为350.2万吨标准煤，同比下降12.9%，其中六大高耗能行业综合能源消耗量为285.6万吨标准煤，下降14.8%。万元GDP能源消耗降低率为19.5%。

（阙宏丹）

2015年株洲市居民消费价格指数情况

表2

指 标 名 称	累计指数	比上年增长（%）
1. 商品零售价格总指数（市区）	99.8	–0.6
2. 居民消费价格指数（市区）	101.7	–0.5
按类别分		
#食品	103.8	1.7
烟酒及用品	101.0	4.8
衣着	103.5	2.0
家庭设备用品及维修服务	102.0	–0.1
医疗保健及个人用品	101.7	–2.4
交通和通信	98.7	–1.6
娱乐教育文化用品及服务	101.5	–0.4
居住	98.6	–5.6

（阙宏丹）

【农业】 全市农林牧渔业增加值179.5亿元，比上年增长3.8%。其中，农业96.6亿元，增长5.4%；林业15.1亿元，增长1.8%；畜牧业60亿元，增长1.1%；渔业7.9亿元，增长0.9%。

全年粮食产量184.6万吨，增长1.4%；水果产量30.7万吨，增长6.9%；蔬菜产量285.9万吨，增长5.2%；水产品产量9.1万吨，增长2.9%；油料产量6.1万吨，增长7.7%。猪、牛、羊肉总产量33.6万吨，下降2.2%；禽蛋产量5万吨，增长2.6%。

年末农业机械总动力330.7万千瓦，增长5.5%。全年开工各类水利工程2.5万处；投入资金12.5亿元。全市农产品加工企业2800家，其中省级以上龙头企业26家。（阙宏丹）

【工业和建筑业】 全市工业增加值1182亿元，比上年增长7.9%，其中，规模工业实现增加值1086.8亿元，增长8.2%。规模工业企业实现利润144.8亿元，增长6.6%；规模工业企业实现利税317.8亿元，增长13.5%；规模工业新产品产值610.4亿元，增长18.9%。战略性新兴产业增加值397.4亿元，增长11.4%，园区规模工业增加值742.7亿元，增长9.5%。

全市建筑业增加值156.6亿元，比上年增长8.7%。具有建筑业资质等级的总承包和专业承包建筑业企业实现产值553.3亿元，增长17.1%；房屋施工面积3325.1万平方米，增长13.7 %；房屋竣工面积1553.8万平方米，增长20.2%。（阙宏丹）

2015年株洲市规模工业增加值情况

表3

指　标　名　称	总量（亿元）	比上年增长（%）
规模工业增加值	1086.8	8.2
1. 按经济类型分		
# 国有企业	46.0	–4.5
集体企业	4.7	5.1
股份制企业	813.2	9.4
外商及港澳台投资企业	55.7	2.1
2. 按企业规模分		
# 大型工业企业	349.0	7.4
中型工业企业	411.4	8.5
小微型工业企业	326.4	8.6
3. 按主要行业分		
# 汽车制造业	33.7	7.4
铁路、船舶航空航天和其他运输设备	203.6	8.6
制造业		
非金属矿物制品业	189.5	8.8
化学原料及化学制品制造业	150.3	5.5
计算机、通信和其他电子设备制造业	83.3	9.7
有色金属冶炼及压延加工业	63.6	8.3
农副食品加工业	32.4	4.3
电力、热力生产和供应业	22.5	– 3.4

（阙宏丹）

【固定资产投资】 全年完成固定资产投资2181.4亿元，比上年增长18.7%。其中国有投资639.7亿元，增长11.8%；非国有投资1541.7亿元，增长21.9%。从投资产业类型看，全市第一产业完成投资57.8亿元，增长38.9%；第二产业完成投资1116.5亿元，增长17.4%，其中工业投资1112.4亿元，增长17.4%；第三产业完成投资1007.1亿元，增长19.3%。从投资领域看，全市生态投资61.6亿元，增长43.3%；基础设施投资565.9亿元，增长41.7%；技改投资1053.1亿元，增长19.9%；高新技术产业投资69.4亿元，增长5%。全年施工项目3557个，增长13%，其中，亿元以上项目157个，下降0.6%；本年度新开工项目3147个，增长16.5%，新开工亿元以上项目74个，增长54.2%。

（阙宏丹）

2015 年株洲市固定资产投资情况

表 4

指 标 名 称	总量（亿元）	比上年增长（%）
固定资产投资额（500 万元以上）	2181.4	18.7
1. 按主要行业分		
#工业投资	1112.4	17.4
产业投资	935.6	42.9
民生投资	109.0	-12.9
生态投资	61.6	43.3
基础设施投资	565.9	41.7
高新技术产业投资	69.4	5.0
技改投资	1053.1	19.9
战略性新兴产业投资	518.8	15.8
房地产开发投资	225.9	-4.0
2. 投资资金来源合计	2347.0	19.3
#国内贷款	153.2	29.7
自筹资金	1762.2	19.4

（阙宏升）

【交通运输和邮政电信】 全市交通运输仓储邮政业增加值 77.1 亿元，比上年增长 2.2%。全市公路货运量 1.7 亿吨，增长 2.1%；水运货运量 855.4 万吨，下降 2%。公路货物周转量 195.1 亿吨公里，增长 2.4%；水路运输周转量 25.2 亿吨公里，下降 0.9%。公路客运量 1.4 亿人，下降 3.7%；水运客运量 5 万人，下降 17.1%。公路客运周转量 61.5 亿人公里，下降 1.8%。年末民用汽车保有量 77.2 万辆，增长 10.3%。

全市邮政电信业务总量 59.3 亿元，比上年增长 24.1%，其中，电信业务总量 51.3 亿元；邮政业务总量 8.1 亿元。全市互联网普及率为 64.5%。

（阙宏升）

【旅游和国内贸易】 全市旅游总收入达到 233.3 亿元，增长 16.2%；国内旅游者 3536 万人次，增长 16.3%；境外入境旅游总人数 10.3 万人次，下降 21.5%；国际旅游外汇收入 0.41 亿美元，下降 24.7%。

全市社会消费品零售总额 839.7 亿元，比上年增长 12.1%。按消费形态分，商品消费额为 748.9 亿元，增长 11.5%，餐饮消费额为 90.8 亿元，增长 16.9%。按行业分，批发和零售业 736.5 亿元，增长 11.5%，住宿和餐饮业 103.2 亿元，增长 16.6%。按限额类型分，限额以上 313.3 亿元，增长 11.9%，限额以下 526.4 亿元，增长 12.2%。

（阙宏升）

2015 年株洲市社会消费品零售总额情况

表 5

指 标 名 称	总量（亿元）	比上年增长（%）
社会消费品零售总额	839.7	12.1
1. 按销售地区分		
城镇零售额	783.7	12.0
乡村零售额	56.0	13.5
2. 按行业分		
批发和零售业	736.5	11.5
住宿和餐饮业	103.2	16.6

（阙宏升）

【对外经济】 全年进出口总额24.9亿美元，比上年下降11.1%。其中，进口7.9亿美元，下降18.6%；出口17亿美元，下降7.1%。从对外出口国家看，对南非出口5.2亿美元，增长80%；对东盟出口3.3亿美元，增长24.9%；对美国出口2.8亿美元，增长10.9%。从重点商品类别看，机电产品出口12.9亿美元，增长14.5%；高新技术产品出口1.6亿美元，下降9.5%。

（阙宏丹）

【财政与金融】 株洲市公共财政预算总收入290.4亿元，比上年增长10%，占GDP的比重为12.4%，同比提高0.2个百分点。其中，地方收入191.4亿元，增长14.3%。全市各项税收总收入202.4亿元，增长8.9%，占财政总收入的比重为69.7%。全市公共财政总支出为346.1亿元，增长18.5%。其中财政八项支出合计254.1亿元，增长11.6%。

株洲市金融机构本外币存款年末余额为2411.9亿元，增长17.1%，其中，个人存款总额为1347.5亿元，增长9.7%，单位存款总额为958.3亿元，增长21.4%；年末，金融机构本外币贷款余额1234.1亿元，增长10.8%；存贷比为51.2%。

全市共有证券公司营业部23家，比上年增加12家。证券交易额271.7亿元，期货公司成交金额120.2亿元。

全市各项保费收入49.6亿元，比上年增长21.6%，其中财产保险收入16.4亿元，增长16.6%；寿险收入29亿元，增长24.5%。各项赔款和给付额14.4亿元，增长3.8%，其中财产保险赔付额8.3亿元，增长13.9%；寿险赔付5.1亿元，下降10.2%。

（阙宏丹）

2015年株洲市公共财政预算收入和支出情况

表6

指　标　名　称	总量（亿元）	比上年增长（%）
1. 公共财政预算收入	290.4	10.0
地方收入	191.4	14.3
上划中央收入	80.0	2.7
上划省级收入	19.1	2.2
2. 财政支出	346.1	18.5
#一般公共服务	48.5	7.3
教育	42.5	2.7
社会保障和就业	46.5	12.5
城乡社区事务	51.5	15.9

（阙宏丹）

2015年株洲市金融机构本外币贷款情况

表7

指标名称	总量（亿元）	比上年增长（%）
金融机构贷款余额（年末数）	1234.1	10.8
1. 短期贷款	348.5	0.7
#个人消费贷款	22.7	4.2
经营贷款	188.7	-1.5
固定资产贷款	0.7	240.0
2. 中长期贷款	859.8	15.0
#个人消费贷款	260.1	22.3
经营贷款	98.6	50.4
固定资产贷款	378.2	5.3

（阙宏丹）

【教育和科学技术】 株洲市普通高校11所，全年研究生招生406人，在校研究生1426人，毕业生492人；普通高等教育招生2.7万人，在校学生8.3万人，毕业生2.6万人；中等职业教育招生1.2万人，在校学生3.9万人，毕业生1.5万人；普通高中招生2万人，在校学生5.5万人，毕业生1.7万人；初中招生3.4万人，在校生10.4万人，毕业生3.4万人；普通小学招生4.9万人，在校生25.3万人，毕业生3.4万人；特殊教育招生124人，在校生503人，毕业生19人；幼儿园在园幼儿14.7万人。

全市高新技术产业增加值525.9亿元，比上年增长17.9%，占全部工业增加值比重为44.5%，同比提高3.5个百分点。承担国家各类科技计划项目60项，省级工程（技术）研究中心24个；国家级企业重点实验室4个，省级9个，获得国家科技进步奖励2项；专利申请6034件，其中发明专利1873件；授权专利4016件，其中发明专利790件。（阙宏丹）

【文化、卫生和体育】 全市文化和创意产业增加值165.8亿元，比上年增长7.1%。有艺术表演团体5个，群众艺术馆、文化馆10个，公共图书馆7个，博物馆、纪念馆9个，放映农村公益电影1.9万场。广播电台6座，广播综合人口覆盖率100%；电视台6座，电视综合人口覆盖率99.9%，有线电视用户64.7万户。

全市卫生机构2986个（含村卫生室）。其中，医院和卫生院共175个，妇幼保健院（所、站）10个，社区卫生服务中心26个，专科疾病防治院10个。卫生技术人员2.2万人，其中，执业医师和执业助理医师8664人，注册护士9470人。防疫站10个，技术人员405人。卫生监督检验机构10个，技术人员153人。医院和卫生院拥有床位总数2.1万张，乡镇卫生院114所，新建、改建乡镇卫生院8所。

全年共有体育场地4878个，其中，体育馆18座，运动场446个，游泳池37个，各种训练房288个。全市开展全民健身项目149项，经常参加体育锻炼人数有40万人。（阙宏丹）

【人口和人民生活】 株洲市年末常住人口400.1万人，按城乡分，城镇人口248.5万人，乡村人口151.6万人；按性别分，男性204.8万人，女性195.3万人，人口自然增长率为7.4‰。年末常住人口城镇化率为62.1%。

株洲市城镇居民人均可支配收入为33977元，比上年增长8.4%。其中，工资性收入21096元；经营净收入3670元；财产性收入3036元；转移性收入6175元。农村居民人均可支配收入15637元，增长8.8%。其中工资性收入8481元；经营净收入4363元；财产性收入559元；转移性收入2234元。城乡居民收入比由2.18：1缩小至2.17：1，城乡收入差距进一步缩小。城镇居民和农村居民人均消费支出分别为22646元和11537元，其中食品支出分别为6730元和3616元。城镇和农村居民恩格尔系数分别为29.7%和31.3%，较上年分别下降0.1个和1.1个百分点。全市年末从业人员250万人，新增城镇就业人员6.2万人，新增农村劳动力转移就业1.6万人，创业培训1.5万人。城镇基本医疗保险参保人数126.2万人，新型农村合作医疗参保人数268.8万人，参保率为97.3%。城乡居民养老保险参保人数183.3万人；城镇基本养老保险职工人数为87.4万人。参加工伤保险职工人数53.2万人；参加生育保险职工人数33.4万人；参加失业保险职工人数36.5万人；获得政府最低生活保障的城镇和农村居民分别有6.7万人和12.3万人。发放居民最低生活保障经费4.2亿元，其中城镇2.4亿元，农村1.8亿元。（阙宏丹）

注：

1、本公报数据为初步统计数，正式数据以统计年鉴为准。

2、地区生产总值、各产业增加值绝对数按现价计算，增长速度按可比价计算。

3、数据来源：本公报中安全生产数据来自市安全生产监督管理局；交通运输数据来自交通局；邮政、电信数据来自邮管局和电信公司；对外经济数据来自商务局；旅游数据来自旅游局；财政数据来自财政局；金融数据来自人民银行；保险数据来自保险公司；教育、卫生、科技和文化体育数据分别来自教育局、卫生局、科技局和文体广新局；社会保障数据来自人社局

中国共产党株洲市委员会

综　述

【概况】 2015年，中共株洲市委坚决执行中央和省委的各项决策部署。在思想上政治上行动上与党中央保持高度一致，确保中央、省委各项决策部署不折不扣贯彻落实，确保株洲工作的正确方向。把贯彻“四个全面”战略布局作为一项重大政治任务来抓，开展专题学习，统一思想行动。坚持把在全省率先建成全面小康社会作为总目标之一，分类指导、全面推进，全面小康社会总体实现程度在全省排第二。坚持全面深化改革，有序推进九大类65项重点领域和关键环节改革，发展动力不断释放。坚持全面依法治市，深入推进依法行政、公正司法、全民守法。坚持全面从严治党，加强干部队伍建设、基层组织建设、党风廉政建设和反腐败工作，深入反“四风”，进一步营造风清气正的政治生态。全年完成GDP2335亿元，增长9.5%；公共财政预算收入290.4亿元，增长10%；固定资产投资2181.4亿元，增长18.7%；城乡居民人均可支配收入达3.4万元和1.56万元，分别增长10%和11%。主要经济指标增长高于全国、全省平均水平，多项指标在全省排位前移，人均GDP、人均财政收入、城乡居民人均收入均居全省第二。2015年，株洲市作为全国20个稳增长先进城市之一受到国务院表彰。

全力以赴稳增长，着力保持经济平稳健康较快发展。加强经济运行研判调度。出台促进房地产发展15条、促进稳增长43条等政策措施，突出加强工程项目、企业园区运行调度，加强财税、招商等工作调研，专题部署创新创业、新型城镇化、服务业发展等工作。开展“千家企业走访帮扶”“百日惠企政策推送”活动，市级领导带头深入企业、项目一线，协调帮助企业解决用地、资金等要素保障。突出壮大工业经济。出台支持轨道交通装备产业发展的意见，深入实施产业振兴行动计划，加快推进中航动力航空零部件、北汽二工厂等项目，启动天易科技城建设，轨道交通产业产值突破千亿大关，航空产业增长62%，北汽50万辆整车生产下线。大力发展战略性新兴产业，大汉惠普软件、微软创新中心及信息产业园项目顺利推进，电子信息、生物医药、新能源、新材料产业增长20%以上。大力改造提升传统产业，继续关停淘汰一批高耗能、高污染企业和生产线，一批企业通过采用先进工艺设备、实施产品更新换代，焕发新的生机。2015年，全市新增过300亿元的企业2家，过100亿元企业1家，过亿企业32家。加快培育新的增长点。出台加快服务业集聚区发展的实施意见，扶持现代物流业等10个重点产业。启动长株潭国家自主创新示范区建设，构建众创空间等创业服务平台，推进全民创新创业。认真落实“中国制造2025”纲要和“互联网+”行动计划，扎实抓好4个入选首批国家“智能制造”专项项目和10个入选省首批制造强省建设重点项目建设。深入推进“三转”工作，建立完善“小升规、个转企、产业活动单位转法人单位”动态培育库名单。县域经济占全市经济比重提高1.3个百分点，第三产业比重每年提高一个百分点，科技创新对经济增长的贡献率达62%。狠抓项目扩投资。出台《政府投资项目代建制管理办法》《重大建设项目稽查办法》，申报国家专项基金项目116个，总投资超过千亿。强力推进湘江株洲河东段综合治理工程、城铁株洲站城市综合体、轨道交通城、汽车博览园、中国动力谷自主创新园等一批重点项目。农发行、国开行、省邮储银行等银行授信支持469.3亿元，新增直接融资246亿元。实施征拆征收“清零行动”，推进拆迁货币化安置，完成集体土地征拆0.28公顷、国有土地房屋征收62.07万平方米，商品房销售面积658万平方米，增速全省第一。全面深化改革开放。研究制定全面深化改革工作要点、第三方评估办法等政策措施，出台财税、户籍、教育等一批重大改革方案和务实改革举措。市县两级政府机构改革、乡镇区划调整工作顺利完成，行政审批、财税、投融资、商事制度等改革取得实质性突破。湘赣开放合作试验区纳入长江中游城市群发展规划，与长沙海关签署合作备忘录，与广铁集团对接建设铁路物流中心，获批B型保税物流中心和铁路综合口岸，实际利用外资和内联引资稳步增长，全年完成出口15.46亿美元，在全省出口回落的情况下实际增长8.3%。加快推进新型城镇化。制定下发《新型城镇化综合试点工作实施方案》，突出抓好东城大道、湘江六桥七桥、长株潭城际干线公路、南环线高速公路建设。推进株洲县撤县设区，株醴融城步伐加快。全面落实户籍全面放开政策，统筹推进电力、供水、燃气、通信等公共服务设施建设，深入实施“规划提升、交通治堵、棚户区改造、城市绿荫行动、两供两治、城市管理转型升级”六大行动，市容市貌持续改善。

着力保障和改善民生，维护社会和谐稳定。扎实办好民生实事。大力实施“民生100”工程，一般公共预算支出的72%投向民生。新增城镇就业6.21万人，新增农村劳动力转移就业1.69万人。城乡居民大病保险、公立医院股份制改革试点等工作有序推进。新完成9691户的房产发证，新解决20.72万农村人口饮水不安全问题，新开工建设公租房1.05万套，完成棚户区改造1.85万套。计划生育考核获评全省优秀地市。全力打好扶贫开发攻坚战。出台扶贫攻坚3年行动计划，认真落实“四包”和“十个到村到户”要求，市级领导集中在32个国贫村办点、194个贫困村实施驻村帮扶全覆盖。组织开展“一进二访”活动，以连片特困地区为主战场，紧密对接国务院罗霄山片区区域发展与扶贫攻坚规划，实施一批扶贫开发项目，减少贫困人口6.1万人。实行低保标准和扶贫标准“两线合一”，帮助城市5区农村低保人口全部脱贫。持续推进生态文明建设。深化资源性产品价格、PM2.5检测防治、排污产权交易等重点改革，加强节能减排和突出环境问题治理。制定完善清水塘老工业区搬迁改造实施方案，加强对资金、融资、土地、税费、职工安置等政策的研究，积极争取国家和省里的大力支持。巩固创建国家森林城市、国家园林城市成果，全力打好“裸露山地”歼灭战，森林覆盖率达61.98%，城区绿化覆盖率达41.62%。持续开展湘江流域砂场综合整治，依法取缔非法淘金船、采砂船，城区段实现全线禁采。持续加强大气、水、土污染防治，编制环境污染第三方治理试点实施方案，严格环境监管执法，绿色GDP评价改革试点成效明显，湘江保护和治理“一号重点工程”取得阶段性成果，单位GDP能耗、规模工业综合能耗大幅下降。市区空气质量同期相比优良天数增加47天，PM2.5浓度同比下降27.3%，市区集中式饮用水源水质达标率100%，未发生重大环境污染事故，环境安全得到保障。着力强化社会治理。深入开展“化解信访积案专项行动”，妥善处理各类矛盾纠纷。加强立体化社会治安防控体系建设，开展禁毒、安全生产大检查专项行动和“打非治违”集中行动，加强对煤炭、矿山、危化品、食品药品等重点行业、重点领域的安全隐患排查和专项整治，确保社会治安平稳可控、大局和谐稳定。维稳、安全生产获全省优秀。

统筹推进党的建设各项工作。扎实开展“三严三实”专题教育。严格落实“三个带头”“三个从严”的要求，注重运用正反典型，聚焦“不严不实”表现，聚焦侵害群众利益行为，持续抓好专题教育和后续整改，建立作风建设长效机制，全市形成了上行下效、上率下行的良好局面。始终践行“三严三实”要求，确立正确用人导向，深入开展“三超两乱”治理，制定出台加强基层党建工作“1+6”系列文件，深化在职党员进社区活动，不断加强党的干部队伍建设、夯实党的基层基础。不断加强民主政治建设。认真落实党组工作条例，全力支持市几套班子依法开展工作。坚持和完善人民代表大会制度，全力支持人大全面依法做好监督、决定、任免和代表工作；支持市政协围绕团结和民主两大主题，推进议政性常委会、“双月协商”、提案办理协商、界别协商等协商民主实践；深入实施“同心工程”，高度重视加强国防和后备力量建设，重视发挥工会、共青团、妇联等群众团体的作用，统筹加强民族、宗教、侨务等工作。着力推动反腐倡廉工作。全面落实党风廉政建设主体责任，把党风廉政建设和反腐败工作纳入经济社会发展和党的建设总体布局。制定落实“两个责任”的实施办法、“五个一”工作方案，细化明晰党委主体责任和纪委监督责任的具体内容、工作任务和责任边界，层层落实责任分工。强化党风党纪教育，切实增强党员干部的党性意识、宗旨意识、纪律意识和廉政意识。坚持“有案必查、有腐必惩”，始终保持惩治腐败的高压态势，严肃查处了一批违法违纪案件。支持纪检监察部门落实和深化“三转”要求，持续深入纠正“四风”、改进作风，深入开展“正风肃纪”专项行动，高度重视巡视整改，查处“四风”方面的违规违纪问题387件。注重做好宣传思想文化工作。坚持党管意识形态不动摇，健全落实党委意识形态工作责任制，牢牢掌握意识形态工作的领导权和主导权。深入开展中国特色社会主义和中国梦教育，加强对习近平总书记系列重要讲话和十八届三中、四中、五中全会精神的学习宣传，深入开展道德模范评选、感动株洲人物、志愿服务等活动。深入实施文化惠民工程，大力宣传改革发展的重大部署、举措、成就和先进人物、典型经验，讲好株洲故事，弘扬主旋律，凝聚正能量。（综调室）

【市委常委会议】 2015年共召开市委常委会议28次。

1月7日，听取市委十一届八次全体会议暨市委经济工作会议筹备情况汇报；讨论并原则通过《市委十一届八次全体会议暨市委经济工作会议报告》（送审稿）、《中共株洲市委关于全面推进依法治市的实施意见》（审议稿）和2015年《政府工作报告》（送审稿）；研究预算管理制度改革和2015年财政预算编制工作；研究其他事项。

1月20日，报市委常委领导班子及个人整改落实情况；研究中盐株化改制维稳有关工作；传达学习中办国办督查调研情况通报会议精神。

2月3日，传达中央、省纪委全会及全省宣传部长会议精神；听取落实省委关于党风廉政建设“两个责任”意见相关工作汇报，原则性通过《中共株洲市委常委会2015年工作要点》等4个文件；审议市委党内规范性文件清理工作和春节后全市性大会安排建议。

2月13日，传达学习全省组织部长会议、全省统战部长会议、中央和省委政法工作会议、省委农村工作会议精神；审议并原则通过2015年重点项目计划、市级领导联系重点项目名单、“项目攻坚年”实施方案。

3月10日，研究炎帝陵祈福绿化植树工作方案；听取教育实践活动后续工作和基层党建工作情况汇报；研究贯彻落实《中共湖南省委组织部关于认真做好市县政府机构改革中干部人事工作的指导意见》的实施意见；审议并原则通过《株洲市贯彻落实〈中国共产党党和国家机关基层组织工作条例〉的实施意见》；听取市直机关党建工作汇报，研究市政公司领导班子管理调整建议方案，研究有关干部任免工作。

3月20日，研究人事工作。

3月27日，听取全市2014年精神文明建设暨创建全国文明城市工作总结表彰筹备情况汇报，审议有关事项；听取2015年全国、省、市三级劳动模范和先进工作者评选工作情况汇报，并原则通过呈报方案；传达省委外事工作会议精神，研究贯彻意见，并审议株洲市2015年度厅级党政干部因公出国计划；传达《省委省政府对株洲市人民政府职能转变和机构改革方案的批复》，并审议县市区人民政府职能转变和机构改革方案；传达中央领导对统计工作的重要批示，并研究贯彻意见。

3月29日，通报有关事项。

4月21日，通报省委、省政府对株洲市贯彻落实中央八项规定和省委九项规定情况的督查调研反馈意见；传达中央纪委“3·17”电视电话会议主要精神，研究贯彻落实意见；审议《2015年株洲市市政基础设施建设项目计划》；研究经济发展升级重点工作考核、调整绩效考核机构等有关事宜；还研究人事工作。

5月6日，传达中央“三严三实”专题教育工作座谈会主要精神，审定《关于在全市县处级以上领导干部中深入开展“三严三实”专题教育的实施方案》；传达全省对台工作会议主要精神，研究贯彻落实意见；传达省人大常委会赋予设区市立法权专题工作会议情况，研究有关事项；传达全省反腐败国际追逃追赃工作会议精神，研究贯彻落实意见；还研究人事事项。

5月27日，传达学习《习近平、刘云山同志在省部级主要领导干部学习贯彻党的十八届四中全会精神全面推进依法治国专题研讨班上的讲话》精神；传达学习刘云山、杜青林到株洲视察有关指示精神；审定创建全国文明城市工作奖励方案，研究全市2014年精神文明建设暨创建全国文明城市工作总结表彰会有关事项；研究绩效考核工作；听取全市推进罗霄山株洲片区区域发展与扶贫攻坚工作情况的汇报，研究有关事项；听取全市表彰奖励及加班费、未休假补贴发放工作有关情况汇报，审定有关事项。

6月24日，传达学习《习近平、俞正声、孙春兰同志在中央统战工作会议上的讲话》精神；听取《株洲市政府投资公司改革重组方案》编制情况汇报，审定改革重组方案；审定创建全国文明城市工作奖励方案，研究全市2014年精神文明建设暨创建全国文明城市工作总结表彰会有关事项；听取市纪委审理相关案件的情况汇报，审议《关于贺湘源所犯错误处分意见的请示》《关于邱伯军所犯错误处分意见的请示》；还研究人事事项。

7月7日，研究人事事项。

7月25日，分析研究全市上半年经济形势，部署下阶段经济工作，研究讨论市委十一届九次全体（扩大）会议有关事项。

8月10日，研究人事事项。

8月21日，传达学习中央、省、市相关领导关于安全生产指示精神，研究当前安全生产工作；还研究人事事项。

9月9日，传达全省宣传文化系统学习贯彻中央有关文件会议精神，研究落实意见；听取关于省未批复市里自行设立并升格的副处级以上（含副处级）机构情况的汇报，研究落实意见；听取综治民调工作情况汇报，研究有关事项；听取全市扶贫攻坚三年行动计划的汇报，研究有关事项；审议《株洲市2015年度落实党风廉政建设责任制检查考核实施方案（送审稿）》；审议关于黄洪波所犯错误处分意见的请示。

9月11日，传达全省组织工作推进会精神，研究落实意见；审议《关于市直单位党组（党委）设置和市管领导班子成员排名的意见（试行）》《株洲市试用期干部管理与考核办法（试行）》《株洲市市管非领导职务干部管理办法（试行）》；审议《关于认真做好县市区政府机构改革中干部人事工作的通知》；还研究人事事项。

9月28日，传达学习《中共中央关于四川南充拉票贿选案查处情况及其教训警示的通报》精神，研究落实意见；传达中央纪委《强化责任追究，把从严治党落到实处》相关通报精神和全省市州纪委书记座谈会精神，研究落实意见；听取《株洲市国家新型城镇化试点工作实施方案》编制及全市新型城镇化推进工作会议筹备情况的汇报，研究有关事项；听取全市计划生育工作情况的汇报，研究落实意见；还研究人事事项。

10月23日，传达中央纪委副书记张军，省委常委、省纪委书记傅奎到株洲调研讲话精神，省委常委、省委政法委书记李微微到株洲调研讲话精神；传达省委统战工作会议精神，研究落实意见；听取关于贯彻落实全国、全省农村和社区基层党建工作会议精神的有关情况汇报，研究有关事项；

审议《关于在市管企业中坚持党的领导加强党的建设的实施办法》；听取全市乡镇区划调整改革工作情况汇报，研究有关事项；还研究人事事项。

11月4日，研究人事事项。

11月6日，传达学习中共中央十八届五中全会精神，研究贯彻落实意见；学习《中国共产党巡视工作条例》，研究贯彻落实意见；审议株洲市《关于贯彻落实省委巡视第一组反馈意见的整改方案》，研究落实意见；传达全省实现市县乡同级领导班子同步换届工作座谈会精神，研究贯彻落实意见；学习《中国共产党党组工作条例》，研究贯彻落实意见；传达学习中办关于《党委（党组）意识形态工作责任制实施办法》和全省宣传部长会议精神，研究贯彻落实意见；听取湘江砂场整治情况汇报，研究工作方案。

11月28日，传达省委十届十五次全会精神，研究贯彻落实意见；通报谢清纯、王建平案件情况；审议《中共株洲市委关于贯彻落实"把纪律挺在前面"要求的意见》《中共株洲市纪委、株洲市监察局集中开展党员干部违规收送红包礼金问题专项整治工作方案》；审议《株洲市国资委监管企业专职国有产权代表管理办法》；听取市法学会管理体制调整有关情况汇报，研究有关事项；听取市文联第七届文代会筹备情况的汇报，研究有关事项；听取株洲市2015年落实省绩效评估工作的汇报，研究有关事项；还研究人事事项。

12月4日，听取市人大常委会党组、市政府党组、市政协党组、株洲军分区党委、市中级人民法院党组、市人民检察院党组的工作汇报。

12月10日，听取市委十一届十次全体（扩大）会议筹备情况汇报，审议有关事项；听取市人大常委会关于株洲市第十四届人民代表大会第五次会议有关筹备情况的汇报，审议有关事项；听取市政协关于政协株洲市第八届委员会第四次全体会议有关筹备情况的汇报，审议有关事项；听取全省农村精神文明建设工作经验交流会有关情况汇报，审议有关事项；研究人事事项。

12月21日，研究人事事项，审议相关案件。

12月29日，召开市委全面深化改革领导小组第六次会议；传达学习中央、省委群团工作会议精神，研究贯彻落实意见；审议《关于推进清水塘老工业区搬迁改造的指导意见》；还研究人事事项，通报《中共湖南省纪委〈关于给予谢清纯开除党籍开除公职处分的决定〉》；决定免去蔡溪的市委秘书长职务，周晓理任市委秘书长。（周飞清　刘建武）

【2015年市委重要政事活动】 1月19—20日，广州军区副参谋长、国动委秘书长许再华到株洲调研国防动员潜力调查试点工作。省军区司令员黄跃进，参谋长郭辑山随同调研。贺安杰、毛腾飞、赵文彬等领导参加活动。1月22日，工业和信息化部部长苗圩到株洲考察，现场调研南车株机公司、南车株洲所IGBT生产线，并召开座谈会。省政府副省长黄兰香等领导陪同考察。贺安杰、毛腾飞、何剑波参加活动。

2月2日，省计生协会会长、省政协原副主席石玉珍一行到株洲考察计生工作。贺安杰、毛腾飞、杨玉芳参加活动。2月4日，省委副书记孙金龙到湘东钨业有限公司和茶陵县下东街道头铺村进行春节走访慰问。贺安杰、毛腾飞、阳卫国、蔡溪参加活动。同日，副省长何报翔到醴陵永胜陶瓷有限公司、醴陵星火瓷厂、醴陵力生瓷厂和醴陵市西山街道枫树塘村进行春节走访慰问，并考察醴陵·世界陶瓷艺术城和沪昆高铁醴陵东站。贺安杰、毛腾飞、阳卫国、蔡溪、谭可敏参加活动。

3月4日，省军区政委马必强少将到株洲考察。贺安杰、赵文彬及株洲军分区领导参加活动。3月21—22日，广州军区司令员邢书成到株洲调研。省委常委、省军区司令员黄跃进陪同调研。株洲军分区领导参加活动。3月24日，省委副书记、省政府省长杜家毫一行到株洲调研先进装备制造业发展情况，考察株洲硬质合金集团有限公司和南车株洲电力机车有限公司。副省长黄兰香、张剑飞等随同调研。贺安杰、毛腾飞、阳卫国、蔡溪、何剑波参加活动。同日，省政府副省长黄兰香到株洲调研轨道交通产业，考察南车电机、联诚集团生产车间，轨道智谷、南车物流项目建设现场，并召开调研座谈会。贺安杰、毛腾飞、何剑波陪同调研。3月25—26日，省政协副主席欧阳斌一行到株洲调研图书馆数字化建设工作。贺安杰、毛腾飞、阳卫国、黄曙光、张国浩参加活动。3月25—28日，财政部部长助理、党组成员余蔚平率调研组到株洲调研财政支持教育、文化事业发展情况，并召开调研座谈会。贺安杰、毛腾飞、赵文彬、毛朝晖、谭可敏参加活动。3月26日，中国陶瓷艺术大展暨首届湖南（醴陵）陶瓷博览会在醴陵·世界陶瓷艺术城隆重开幕。中国轻工业联合会会长、中华全国手工业合作总社主任步正发出席活动。中国轻工业联合会副会长、中国陶瓷工业协会理事长杜同和发表讲话。省委常委、省委宣传部部长许又声宣布开幕。省人大常委会副主任陈君文，省政府副省长黄兰香，省政协副主席欧阳斌出席开幕式。贺安杰在开幕式上致辞，毛腾飞主持开幕式。阳卫国、刘力量、黄曙光、张雄、谢清纯、胡鹏飞、何剑波、谭可敏参加开幕式。3月26—27日，省委常委、省委宣传部部长许又声到攸县考察文化旅游建设及城乡同治工作。贺安杰、阳卫国、张雄陪同考察。3月28—30日，广州军区原副司令员龚谷成中将到株洲考察。贺安杰、毛腾飞及株洲军分区领导参加活动。

4月2日，省委书记、省人大常委会主任徐守盛到株洲调研科技创新工作，考察中国航空动力机械研究所、中国南方航空工业（集团）有限公司，并召开科技创新工作座谈会。贺安杰、毛腾飞、阳卫国、蔡溪、何剑波、谭可敏参加活动。4月9日，省委常委、省委统战部部长李微微到株洲调研“四同创建”活动开展情况，考察株洲县洲坪乡马洲村、松西子同心社区、青龙湾田园国际新区同心项目，并召开工作座谈会。毛腾飞、阳卫国、彭爱华参加活动。同日，人社部副部长邱小平率国务院调研组到株洲调研国企稳增长工作，考察株冶集团和南车株机公司，并召开座谈会。毛腾飞、何剑波陪同调研。4月10—11日，省政府副省长黄兰香出席在株洲召开的全省工业经济形势分析会。贺安杰、毛腾飞、何剑波参加活动。4月14—15日，省政协副主席杨维刚率队到株洲调研耕地污染修复治理工作。贺安杰、毛腾飞、黄曙光、杨玉芳、朱庸靖参加活动。4月23日，全国第二期“政工大讲堂”在株洲市委礼堂开讲。中央党校原副校长李君如、中宣部思想政治工作研究所副所长戴材、国家行政学院教授时红秀、商务部研究院研究员王志乐分别作专题讲座。全体在株市级领导参加会议。4月28日，湖北省委书记、省人大常委会主任李鸿忠，湖北省委副书记、省长王国生率湖北省党政代表团到株洲考察，考察湖南华强文化科技产业基地、湖南（株洲）职业教育科技园、湘江株洲城区河西段综合治理工程、株硬集团钻石切削公司、南车株机公司。湖南省委书记、省人大常委会主任徐守盛，省委副书记孙金龙等陪同考察。贺安杰、毛腾飞、阳卫国、蔡溪、彭爱华参加活动。

5月9—10日，中共中央政治局常委、中央书记处书记刘云山到株洲调研。考察株洲硬质合金集团钻石切削公司、湘江株洲城区综合治理工程、南车株洲电力机车有限公司，并召开培育和践行社会主义核心价值观调研座谈会。中央组织部常务副部长陈希、中央宣传部常务副部长黄坤明、中央党校常务副校长何毅亭、中央政策研究室副主任江金权随同调研。省领导徐守盛、杜家毫、许又声、韩永文陪同视察。贺安杰全程陪同并在调研座谈会上发言，毛腾飞、蔡溪参加活动。5月12日，省人大常委会副主任谢勇率检查组到株洲检查《职业教育法》及《湖南省职业教育条例》实施情况。贺安杰、毛腾飞、刘力量、鲁立彬、毛朝晖参加活动。同日，省老科协名誉会长汪浩、执行会长唐之享率省老科协调研组到株洲调研。贺安杰、毛腾飞、阳卫国、谢高进、老同志陈登高参加活动。5月13日，副省长黄兰香到株洲调研轨道科技城建设情况。考察南车株洲电力机车研究所有限公司，并召开工作座谈会。贺安杰、毛腾飞参加活动。5月14日，副省长张剑飞到株洲调研长株潭城际铁路项目建设情况，并召开座谈会。贺安杰、毛腾飞、赵文彬、王建敏参加活动。5月15日，中共中央书记处书记、全国政协副主席杜青林率全国政协特邀常委视察团到株洲视察。视察南车株洲电力机车有限公司，并召开株洲市推进企业投资审批制度改革座谈会。省领导徐守盛、孙金龙、韩永文、武吉海陪同视察。贺安杰、毛腾飞、阳卫国、黄曙光、赵文彬、蔡溪参加活动。5月20日，财政部部长助理、党组成员戴柏华率调研组到株洲调研。考察南岳岭棚改项目、和谐家园保障房小区，并召开调研座谈会。贺安杰、毛腾飞、赵文彬参加活动。5月21日，全国政协常委、经济委员会副主任李毅中率全国政协经济委员会“推动制造业转型升级”调研组到株洲调研。考察南车株洲电力机车研究所有限公司、中航湖南通用航空发动机有限公司、株洲硬质合金集团有限公司、南车株洲电力机车有限公司，并召开座谈会。贺安杰、毛腾飞、黄曙光、何剑波、贺夏盛、余明刚参加活动。5月27日，全国政协常委、民建中央副主席陈政立到株洲调研。贺安杰、毛腾飞、彭爱华参加活动。5月31日，广州军区政治部主任周为民中将到株洲考察。贺安杰、胡鹏飞及株洲军分区领导参加活动。

6月3—4日，农发行总行副行长鲍建安到株洲督导已批未放项目。贺安杰、毛腾飞、赵文彬参加活动。6月5—6日国务院台办原副主任、海峡两岸关系协会副会长叶克冬一行到株洲参加“乙未年神农大帝祖庙圣驾台湾巡境赐福”起驾仪式。省委常委、省委统战部部长、省海联会会长、海促会名誉会长李微微，省台办主任、省海促会会长冯波等出席仪式。贺安杰、阳卫国、彭爱华参加活动。6月7日，海关总署署长于广洲率国务院第十督查组到株洲督导检查“稳增长、促改革、调结构、惠民生”重大政策措施落实情况。考察中车株机公司、中车株洲所。副省长何报翔，长沙海关关长黎对贞等陪同督查。贺安杰、谭可敏参加活动。6月17日，水利部副部长李国英率中央督导组到株洲督查涉农资金专项整治工作。杨玉芳参加活动。6月18日，省政协副主席张大方率队到株洲督查《中共湖南省委转发<政协湖南省委员会关于政治协商、民主监督、参政议政的规定（试行）>的通知》贯彻落实情况，听取基层政协的意见建议。贺安杰、毛腾飞、阳卫国、黄曙光等领导参加活动。6月19日，山西省委常委、副省长付建华率团到株洲考察株洲市装备制造业产业发展情况。考察中车株机公司、中车时代电动汽车、株硬集团钻石切削公司。贺安杰、毛腾飞、何剑波参加活动。6月25日，最高人民检察院副检察长李如林一行到株洲，专题调研市检察机关刑事执行检查工作和监所派出检察院筹建情况。省人民检察院检察长游劝荣随同调研。贺安杰、阳卫国、胡波参加活动。6月29日，省委常委、常务副省长陈肇雄到株洲调研“三严三实”专题教育开展情况。考察中国动力谷自主创新园、市国土资源局。贺安杰、毛腾飞、阳卫国、赵文彬、蔡溪、彭爱华、谢高进参加活动。

7月1—2日，副省长蔡振红一行到株洲考察调研。1日，考察中车株洲电力机车有限公司、中车株洲电力机车研究所有限公司、经天纬地网络公司、湘江株洲城区段综合治理工程、市数字化城市管理信息系统、大学生创业示范园，并召开工作座谈会。2日，参加在湖南（株洲）职业教育科技园进行的省2015年技能人才培养校企对接活动启动仪式，并考察湖南铁路科技职业技术学院、市创新创业指导中心、湖南工贸技师学院、湖南商业技师学院、湖南化工职业技术学院。贺安杰、阳卫国、赵文彬、蔡溪、杨玉芳参加活动。7月3日，省委常委、省委统战部部长李微微到株洲调研医药行业改革发展情况。阳卫国、彭爱华参加活动。7月5～6日，省政协副主席、中国工程院院士、杂交水稻研究中心主任袁隆平到攸县出席全省超级杂交稻“种三产四”丰产工程早稻现场会。毛腾飞、杨玉芳、余明刚参加会议。7月7日，举行中车株洲电力机车有限公司马其顿动车组下线仪式。马其顿交通部部长瓦尔多·米萨洛夫斯基，湖南省副省长黄兰香，中国中车副总裁楼齐良等出席活动。贺安杰、毛腾飞、阳卫国、何剑波参加活动。7月8日，省委副书记、省长杜家亳到株洲考察清水塘搬迁改造工作。到石峰山顶考察清水塘全貌，车览清水塘地区重点搬迁区域，并主持召开工作汇报会。贺安杰、毛腾飞、阳卫国、赵文彬、蔡溪、王建敏、何剑波参加活动。7月10日，工信部副部长怀进鹏到株洲考察。考察中车株洲电力机车研究所有限公司展览馆和8英寸IGBT生产线，并召开汇报会。毛腾飞、阳卫国、何剑波参加活动。同日，在株洲建宁实验中学举行湖南省青少年紧急救援技能大比武暨国防教育文化成果展。中国人民解放军总参谋部政治部原副主任、中国少年军校联盟主席贾雪阳少将，中国少年军校联盟秘书长刘文卫等出席活动。毛腾飞、毛朝晖参加活动。7月13—15日，省第五届职工职业技能大赛决赛开幕式和颁奖典礼在湖南（株洲）职业教育科技园举行。15日，省委副书记孙金龙，省人大常委会副主任、省总工会主席刘莲玉出席颁奖典礼。贺安杰、阳卫国、赵文彬、彭爱华、王建之、何剑波参加活动。7月15日，秋瑾株洲故居举行开馆仪式。省委常委、省委宣传部部长许又声，省文化厅副厅长孟庆善出席活动。贺安杰、毛腾飞、阳卫国、刘柏生、毛朝晖、张国浩参加活动。7月28日，全国总工会书记处书记、党组成员、纪检组长王瑞生一行到株洲调研加强农民工入会工作。阳卫国陪同考察。

8月3—6日，省委常委、省军区司令员黄跃进到株洲检查督导株洲征兵工作，并召开座谈会。胡鹏飞、雷鸣参加活动。8月4—5日，省人大常委会副主任刘莲玉率执法检查第三组到株洲检查贯彻实施水污染防治法情况。省政协秘书长袁新华陪同调研。阳卫国、刘力量、王建敏、何剑波参加活动。8月5日，省政协副主席武吉海一行到株洲，就充分发挥民主党派民主监督作用开展调研。黄曙光、彭爱华、张国浩、王建平、余群明、周恕、谢一明参加活动。8月7日，国家统计局副局长许宪春一行到株洲调研经济运行情况。考察中车株洲电力机车研究所有限公司展览馆和IGBT项目、中车株洲电力机车有限公司、中国动力谷自主创新园、神农城。贺安杰、毛腾飞、赵文彬参加活动。8月11—12日，省人大常委会副主任蒋作斌到株洲出席湖南省人大系统理论研讨会。省人大常委会秘书长彭宪法等出席会议。贺安杰、毛腾飞、刘力量、王建之参加会议。8月14日，副省长、省公安厅厅长黄关春一行到株洲调研安全生产工作。考察中石化815油库、老芦淞市场群、醴陵市恒达烟花有限公司、湖南外运醴陵市公司、醴陵江南物流运输有限公司、黄泥坳派出所、长庆示范区警务室、醴陵市公安局，并在醴陵召开汇报会。贺安杰、阳卫国、赵文彬、蔡溪、杨玉芳参加活动。8月21日，省委常委、长沙市委书记易炼红一行到株洲考察经济社会发展情况。考察湖南（株洲）职业教育科技园、中车株洲电力机车有限公司、栗雨休闲谷、万丰湖生态水系景观工程、中国动力谷自主创新园、湘水湾生态公园、数字化城市管理信息系统、神农城、湘江株洲城区段综合治理工程。贺安杰、刘力量、黄曙光、赵文彬、蔡溪、谢高进参加活动。同日，副省长张剑飞到株洲调研建筑工地和交通运输安全生产工作，考察山水印象开发项目、湘水湾三期住宅工程、株洲汽车中心站。贺安杰、赵文彬、何剑波、李晓葵参加活动。8月26—28日，省人大常委会副主任陈君文一行到茶陵、炎陵调研扶贫工作。贺安杰、毛腾飞、刘力量、蔡溪、王建敏参加活动。8月27—29日，国家旅游局副局长李世宏率国务院安委办第十一督查组到攸县、醴陵督查安全生产工作。省安监局领导杨国庆陪同督查。贺安杰、毛腾飞、蔡溪、杨玉芳参加活动。

9月7—11日，省委常委、省军区司令员黄跃进一行到湖南工业大学考察调研。贺安杰、毛腾飞、阳卫国、赵文彬、何鹏飞、雷鸣、毛朝晖等参加活动。9月8日，武警湖南总队政委贾龙武一行到株洲考察。贺安杰，毛腾飞参加活动。同日，人社部副部长游钧、全国政协社会和法制委员会驻会副主任吕忠梅一行到株洲开展建筑企业参加工伤保险工作督导检查，考察伟大集团金轮翡翠名园项目工地，并召开座谈会。人社部相关司局领导刘梅、聂明隽，省委组织部副部长、省人社厅厅长胡伯俊随同考察。贺安杰、毛腾飞、赵文彬、王建之、贺夏盛参加活动。9月16日，副省长李友志到株洲调研湖南华强文化科技产业基地项目。考察方特欢乐世界，并召开工作座谈会。毛腾飞、毛朝晖参加活动。9月17日，云南省委常委、省委组织部部长刘维佳率云南省跨越发展专题培训班学员到株洲考察。考察湖南（株洲）职业教育科技园、中车株洲电力机车有限公司、中国动力谷自主创新园、湘江株洲城区段综合治理工程。湖南省委常委，省长株潭“两型”试验区工委书记、管委会主任，省委组织部常务副部长林武陪同考察。毛腾飞、阳卫国、赵文彬、蔡溪、彭爱华参加活动。9月20—22日，广州军区副参谋长、国动委秘书长许再华率工作组到株洲检查。贺安杰、毛腾飞、赵文彬等参加活动。9月22日，省政协副主席杨维刚一行到株洲调研。毛腾飞、阳卫国、黄曙光、李晓葵等参加活动。9月29日，省委常委，省长株潭试验区工委书记、管委会主任，省委组织部常务副部长林武一行到株洲调研。考察新华联北欧小镇、株洲硬质合金集团钽铌分厂、湘河社区湘江沿岸采砂场。贺安杰、毛腾飞、阳卫国、刘力量、黄曙光、赵文彬、蔡溪、彭爱华参加活动。同日，在株洲召开“三湘农产品质量安全行”活动现场会。与会人员考察市农产品质量监督管理站、市农产品质量安全监控中心、市产商品质量监督检验所、悠移农业科技发展有限公司等地，并参加交流会。省人大常委会副主任徐明华、副省长戴道晋，省人大农业与农村委员会主任委员李小平、副主任委员殷海清等出席活动。贺安杰、毛腾飞、刘力量、杨玉芳、王继恩参加活动。

10月12日，国家发改委党组副书记、副主任何立峰一行到株洲调研。到石峰山顶考察清水塘全貌，并考察中车株洲电力机车有限公司。省人大常委会副主任韩永文，副省长戴道晋等陪同调研。毛腾飞、刘力量、赵文彬、蔡溪、杨玉芳、王建敏参加活动。10月15日，省政协副主席、九三学社湖南省委主委张大方一行到株洲调研。毛腾飞、阳卫国、彭爱华、毛朝晖、张国浩参加活动。10月17日，中央纪委副书记张军一行到株洲调研。召开座谈会并考察市廉政反腐教育基地。贺安杰、毛腾飞、阳卫国、刘光跃参加活动。10月21日，省委常委、省委政法委书记李微微到株洲调研政法综治工作。调研芦淞区欣月社区、天元区湘银社区、湘江株洲城区河西段综合治理工程，并召开政法综治工作座谈会。贺安杰、毛腾飞、蔡溪、李晓葵、何剑、胡波、谢高进参加活动。10月23日，省委常委、省军区司令员黄跃进一行到株洲调研。胡鹏飞、毛朝晖参加活动。10月24日，省人大常委会党组书记、副主任于来山到茶陵县开展“一进二访”活动。贺安杰、毛腾飞、刘柏生参加活动。同日，工信部副部长怀进鹏一行到株洲考察，考察中国南方航空工业(集团)有限公司、山河科技、中国航空动力机械研究所，并召开工作座谈会。毛腾飞、阳卫国、何剑波参加活动。10月27日，省政协主席会议成员到株洲就公立医院改革工作开展民主监督视察。省政协副主席武吉海、刘晓、杨维刚、欧阳斌、葛洪元，秘书长袁新华出席活动。贺安杰、毛腾飞、阳卫国、黄曙光、鲁立彬、毛朝晖、贺夏盛、张国浩、余明刚、朱庸靖参加活动。10月28—29日，中华诗词学会会长、文化部原副部长、故宫博物院原院长郑欣淼到株洲考察验收“中华诗词之市”创建工作。毛腾飞、阳卫国、张雄、鲁立彬、贺夏盛参加活动。10月29日—11月1日，在株洲市举行第五届全国职工职业技能大赛焊工决赛相关活动。全国总工会副主席、书记处书记、中国职工技术协会理事长李世明，中国职工焊接技术协会顾问、全国总工会书记处原书记李永安，全国总工会和国家人社部部门负责人粟斌、闵迎秋、常毅民、张泽鹏、刘丹等出席活动；省人大常委会副主任、省总工会主席刘莲玉，省政府副省长蔡振红等出席活动；毛腾飞、阳卫国、王建之、何剑波参加活动。

11月1—2日，中共中央原政治局委员、十届全国人大常委会副委员长李铁映一行到株洲。考察炎帝陵，并出席神农园建成开园仪式，还考察茶陵茶祖文化产业园、醴陵·世界陶瓷艺术城。省第八届政协主席王克英，省人大常委会副主任、省总工会主席刘莲玉，省人大常委会原副主任颜永盛全程陪同；省委原书记杨正午，省政府副省长李友志，省政协原副主席、炎帝陵基金会理事长石玉珍陪同考察炎帝陵并出席神农园建成开园仪式。贺安杰、毛腾飞、邓德芳、刘柏生、毛朝晖参加活动。11月4—6日，省军区政委马必强少将到株洲调研。贺安杰及株洲军分区领导参加活动。11月8日，水利部总工程师汪洪率国务院考核组到株洲对市政府质量工作考核进行实地核查，并召开座谈会。考察中车株洲电力机车研究所有限公司、市水利水电勘察设计院、株洲钻石切削刀具股份有限公司、省第五工程有限公司等地。贺安杰、毛腾飞、杨玉芳、何剑波参加活动。11月10日，省政府副省长张剑飞到株洲调研北京汽车股份有限公司株洲分公司自主品牌发展情况，并出席第50万台整车下线仪式。北汽集团董事长徐和谊等出席活动。贺安杰、毛腾飞、阳卫国等市领导参加活动。11月12日，财政部副部长史耀斌到株洲调研。考察中车株洲电力机车有限公司、株洲有轨电车2号线PPP项目、世行贷款株洲清水塘重金属污染治理项目。贺安杰、毛腾飞、赵文彬、谭可敏参加活动。11月16—17日，国家土地武汉督查局局长崔岩率2015年地方不动产登记职责机构整合第二轮专项督察组到株洲，召开专项督察工作会议。贺安杰、毛腾飞、赵文彬参加活动。11月20日，国土资源部党组成员、国家土地副总督查、总规划师严之尧率督导组到株洲督查。贺安杰、毛腾飞、赵文彬参加活动。11月25—29日，省落实党风廉政建设责任制检查考核组到株洲考核。期间（25日），省委副书记、省长杜家毫考察株洲市城市生活垃圾焚烧发电厂，出席株洲市落实党风廉政建设责任制工作情况汇报会，并发表重要讲话。贺安杰、毛腾飞等市党政领导班子成员，及刘力量、黄曙光、何剑、胡波参加活动。11月27日，省政府副省长张剑飞到株洲参加湖南省轨道交通产业合作对接会。贺安杰、毛腾飞、何剑波参加活动。

12月4日，省政府副省长戴道晋一行到茶陵县出席全省新一轮易地搬迁扶贫工作暨项目建设现场会并讲话，会后考察下东办事处茶园村幸福安居工程。毛腾飞、杨玉芳参加活动。同日，省政府副省长张剑飞到株洲调研城际干线快速公路建设情况。考察武广连接线株洲段、洞株公路株洲段。贺安杰、何剑波参加活动。12月11日，省委常委、省长株潭两型试验区工委书记、管委会主任林武到株洲调研两型社会建设和全面建成小康社会工作。考察湖南（株洲）职业教育科技园、中车株洲电力机车研究所有限公司IGBT项目、中车株洲电力机车有限公司、中国南方航空工业（集团）有限公司、万丰湖生态水系景观工程、中国动力谷自主创新园，并召开座谈会。贺安杰、毛腾飞、阳卫国、赵文彬、蔡溪参加活动。12月14日，省委常委、省委统战部部长黄兰香到株洲调研。考察市团结大院，并召开座谈会。贺安杰、毛腾飞、阳卫国、蔡溪、彭爱华、鲁立彬、张国浩、杨胜跃、余群明、周恕、谢一明参加活动。12月18日，省委常委、省政府常务副省长陈向群到株洲调研。考察湖南华强文化科技产业基地、湖南（株洲）职业教育科技园、中车株洲电力机车研究所有限公司IGBT项目、中车株洲电力机车有限公司、清水塘地区、中国动力谷自主创新园、北京汽车股份有限公司株洲分公司、湘江株洲城区段综合治理工程、市规划展览馆、南岳岭棚改项目、大汉国际现代服务示范点。贺安杰、毛腾飞、阳卫国、刘力量、黄曙光、赵文彬、蔡溪参加活动。12月19—21日，国家旅游局副局长李世宏率国务院安委办第11督查组到株洲督查。在醴陵市督查湖南省群乐化工有限公司、醴陵中油燃气有限责任公司；在攸县督查皇图岭镇新财花炮厂、株洲三亿化学建材公司、上云桥镇镇政府、明珠选矿药剂有限责任公司。杨玉芳参加活动。12月25日，农发行总行副行长林立一行到株洲调研。考察醴陵耿传公祠、醴陵·世界陶瓷艺术城、渌江新城，慰问农发行醴陵市支行职工。贺安杰、赵文彬、周晓理参加参加活动。12月25—28日，全国政协原副主席罗豪才到株洲出席中华茶祖文化产业园开园暨茶祖神农雕像圣成活动。贺安杰、毛腾飞、阳卫国、黄曙光、谭可敏、贺夏盛、余群明、胡波参加活动。12月29日，省委副书记、省政府省长杜家毫到株洲出席北汽二工厂项目启动活动并讲话。省政府副省长张剑飞，北汽集团党委书记、董事长徐和谊，中国中车执行董事傅建国出席活动。贺安杰、毛腾飞、何剑波、谢高进、李智参加活动。（周飞清　刘建武）

2015年市委、市委办重要文件目录

表8

序号	文　号	文件标题
1	株发〔2015〕1号	关于全面推进依法治市的实施意见
2	株发〔2015〕2号	印发《关于落实党风廉政建设党委主体责任和纪委监督责任的实施办法》的通知
3	株发〔2015〕3号	关于印发《中共株洲市委常委会2015年工作要点》的通知
4	株发〔2015〕5号	关于印发《株洲市党政机关厉行节约反对浪费实施细则》的通知
5	株发〔2015〕6号	关于贯彻落实《中国共产党党和国家机关基层组织工作条例》的实施意见
6	株发〔2015〕7号	关于加快发展现代职业教育的决定
7	株发〔2015〕8号	关于印发《株洲市人民政府职能转变和机构改革方案的实施意见》的通知
8	株发〔2015〕9号	关于株洲市人民政府机构设置的通知
9	株发〔2015〕10号	关于印发《株洲市党委督促检查工作规则（试行）》的通知
10	株发〔2015〕11号	印发《中共株洲市委常委会关于开展“三严三实”专题教育的实施方案》的通知
11	株发〔2015〕12号	印发《中共株洲市委常委会关于加强和改进调查研究密切联系群众的意见》的通知
12	株发〔2015〕14号	印发《关于加强农村和社区基层党的建设的二十条意见》和《关于加强村级后备干部队伍建设的实施意见》的通知
13	株发〔2015〕15号	关于贯彻把纪律挺在前面要求的意见
14	株发〔2015〕18号	关于推进清水塘老工业区搬迁改造的指导意见
15	株办发〔2015〕2号	关于巩固和拓展党的群众路线教育实践活动成果推动形成作风建设新常态的实施意见
16	株办发〔2015〕3号	关于贯彻落实《2014—2018年全国党员教育培训工作规划》的实施意见

续表 8

序号	文　号	文件标题
17	株办发〔2015〕4 号	印发《关于在全市县处级以上领导干部中开展“三严三实”专题教育的实施方案》的通知
18	株办发〔2015〕5 号	关于扎实推进整治“四风”和侵害群众利益行为常态化长效化的实施意见
19	株办发〔2015〕7 号	关于印发《株洲市绩效考核办法（试行）》的通知
20	株办发〔2015〕8 号	关于印发《株洲市国有林场改革实施方案》的通知
21	株办发〔2015〕9 号	关于印发《株洲市政府投资公司改革重组方案》的通知
22	株办发〔2015〕10 号	关于进一步加强干部驻村帮扶工作的意见
23	株办发〔2015〕11 号	关于印发《株洲市农村危旧土坯房改造三年攻坚行动实施方案》的通知
24	株办发〔2015〕12 号	关于印发《株洲市扶贫攻坚三年行动计划（2015—2017 年）》的通知
25	株办发〔2015〕13 号	关于加强和改进新形势下档案工作的实施意见
26	株办发〔2015〕15 号	关于印发《株洲市试用期干部管理与考核办法》的通知
27	株办发〔2015〕16 号	关于印发《县市区委书记抓基层党建工作责任清单（试行）》《市直机关党委（党组）书记抓基层党建工作责任清单（试行）》《乡镇街道党（工）委书记抓基层党建工作责任清单（试行）》的通知
28	株办发〔2015〕17 号	关于印发《株洲市乡镇“五小”设施及周转房、村级组织活动场所提质改造三年行动计划（2016—2018 年）》和《株洲市社区服务场所提质改造三年行动计划（2016—2018 年）》的通知
29	株办发〔2015〕19 号	关于认真做好纯农户家庭离校未就业高校毕业生就业援助工作的实施意见
30	株办发〔2015〕20 号	印发《关于在市管企业中坚持党的领导加强党的建设的实施办法》的通知
31	株办发〔2015〕21 号	关于印发《株洲市不动产统一登记实施方案》的通知
32	株办发〔2015〕22 号	印发《关于加强和改进非公有制企业党的建设的实施意见（试行）》的通知
33	株办发〔2015〕23 号	关于印发《株洲市新型城镇化综合试点工作实施方案（2015—2020 年）》的通知
34	株办发〔2015〕24 号	关于印发《株洲市市管非领导职务干部管理办法（试行）》的通知
35	株办发〔2015〕26 号	关于印发《株洲市生态文明体制改革实施方案》及其配套方案和办法的通知
36	株办发〔2015〕27 号	关于印发《株洲市深化财税体制改革实施方案》的通知
37	株办〔2015〕1 号	关于印发《市委常委会和市人大常委会主任、市政协主席联系市党代表组安排表》和《中国共产党株洲市第十一次代表大会分组调整名单》的通知
38	株办〔2015〕2 号	关于市第十一次党代表大会代表到党代表工作室接待党员群众的通知
39	株办〔2015〕3 号	关于印发《中共株洲市委常委会 2015 年党风廉政建设责任分工》的通知
40	株办〔2015〕4 号	关于印发《株洲市 2015 年党风廉政建设责任分解》的通知
41	株办〔2015〕5 号	关于做好《中共株洲市委关于制定株洲市国民经济和社会发展第十三个五年规划的建议》起草工作的通知
42	株办〔2015〕6 号	关于印发《株洲市 2015 年“项目攻坚年”活动实施方案》的通知
43	株办〔2015〕7 号	关于印发《株洲市 2015 年“两型社会”建设综合配套改革工作计划》的通知
44	株办〔2015〕8 号	关于印发《株洲市党委办公室深入开展“高标准高效能高质量”竞赛活动的实施方案》的通知
45	株办〔2015〕9 号	关于实施《株洲市人民政府职能转变和机构改革方案》任务分工的通知
46	株办〔2015〕11 号	关于印发《2015 年“民生 100”工程实施方案》的通知
47	株办〔2015〕12 号	关于印发《中共株洲市委决策咨询委员会委托专家研究重大课题暂行办法》和《2015 年度中共株洲市委决策咨询委员会委托专家研究的重大的课题》的通知
48	株办〔2015〕13 号	关于贯彻落实全市经济工作推进会精神的通知
49	株办〔2015〕15 号	关于印发《2015 年市级领导“五个一”活动方案》的通知
50	株办〔2015〕16 号	关于设立中共株洲市委巡视工作联络组的通知

续表 8

序号	文　号	文件标题
51	株办〔2015〕17 号	转发《中共株洲市人民检察院党组关于进一步规范乡镇街道检察联络室和检察联络员设置的意见》的通知
52	株办〔2015〕18 号	关于成立株洲市市直机关办公用房清理工作领导小组的通知
53	株办〔2015〕19 号	关于印发《株洲县人民政府职能转变和机构改革方案》的通知
54	株办〔2015〕20 号	关于印发《醴陵市县人民政府职能转变和机构改革方案》的通知
55	株办〔2015〕21 号	关于印发《芦淞区人民政府职能转变和机构改革方案》的通知
56	株办〔2015〕22 号	关于印发《炎陵县人民政府职能转变和机构改革方案》的通知
57	株办〔2015〕23 号	关于印发《攸县人民政府职能转变和机构改革方案》的通知
58	株办〔2015〕24 号	关于印发《天元区人民政府职能转变和机构改革方案》的通知
59	株办〔2015〕25 号	关于印发《荷塘区人民政府职能转变和机构改革方案》的通知
60	株办〔2015〕26 号	关于印发《石峰区人民政府职能转变和机构改革方案》的通知
61	株办〔2015〕27 号	关于印发《茶陵县人民政府职能转变和机构改革方案》的通知
62	株办〔2015〕28 号	关于印发《正风肃纪专项行动实施方案》等“五个专项行动”实施方案的通知
63	株办〔2015〕29 号	关于印发《2015 年株洲市经济发展升级重点工作考核指标及计分细则》的通知
64	株办〔2015〕30 号	关于实行市委领导和市人大常委会主任、市政协主席联系高校制度的通知
65	株办〔2015〕31 号	关于印发《中共株洲市委全面深化改革领导小组 2015 年工作要点》的通知
66	株办〔2015〕32 号	关于市委秘书长、副秘书长和市委办公室领导成员工作分工的通知
67	株办〔2015〕33 号	关于将 2012 — 2014 年市委部分涉密文件进行解密的通知
68	株办〔2015〕34 号	关于贯彻落实市委常委会政法综治指示精神的通知
69	株办〔2015〕35 号	转发《中共株洲市文学艺术界联合会党组〈关于召开株洲市文学艺术界联合会第七次代表大会的请示〉的通知》
70	株办〔2015〕36 号	印发《关于在“三严三实”专题教育中开展“进村入户、访贫问需、访贫问计”活动的实施方案》的通知
71	株办〔2015〕37 号	关于印发《株洲市 2015 年度落实党风廉政建设责任制检查考核实施方案》的通知
72	株办〔2015〕38 号	关于印发《2016 年度〈中办通讯〉征订计划》的通知
73	株办〔2015〕39 号	关于印发《全市扶贫攻坚市级领导包县到村和驻村帮扶单位到县联村工作安排表》的通知
74	株办〔2015〕40 号	关于成立株洲市乡镇区划调整改革领导小组的通知
75	株办〔2015〕42 号	关于做好《转型升级——中共株洲市第十一次代表大会以来的五年》征编工作的通知
76	株办〔2015〕43 号	关于印发《株洲市 2015 — 2017 年“双联”和帮扶维权工作方案》的通知
77	株办〔2015〕44 号	关于调整市委政法委员会组成人员的通知
78	株办〔2015〕45 号	关于做好 2016 年度全市党报党刊发行工作的通知
79	株办〔2015〕46 号	关于成立市委统一战线工作领导小组的通知
80	株办〔2015〕47 号	关于进一步严格执行领导干部外出等重大事项请示报告制度的通知
81	株办〔2015〕48 号	关于 2014 年度文件清退情况的通报
82	株办〔2015〕49 号	关于成立株洲市东城大道建设协调领导小组的通知
83	株办〔2015〕50 号	转发《中共株洲市纪委株洲市监察局集中开展党员干部违规收送红包礼金问题专项整治方案》的通知
84	株办〔2015〕51 号	关于调整株洲市地方志编纂委员会组成人员的通知

（周飞清　刘建武）

市委办公室工作

【概况】 2015年，中共株洲市委办公室充分发挥统揽全局、协调各方的中枢作用，以系统思维统筹谋划各项工作，不断提升服务水平。强化督促检查。突出重大决策、重点项目、重要任务抓督查，切实服务领导抓重点，服务群众抓热点，服务全局抓考核，进一步重实效，树权威。共办理省委领导批示件3件、省委督办公函17件、市委领导批示件202件；组织和参与各类督查活动40余次；下发督办函6期；编发《株洲督查》79期，有5期专报获得市委主要领导肯定性批示；在《省委督查交流》发表推介株洲工作经验文稿2篇。突出参政设谋。综合调研工作围绕服务业发展、项目建设、非公经济发展等课题，积极开展调研10余次，形成一批调研成果，为领导决策提供支持。撰写各类文稿371余篇，约200万字，编辑《市委通报》28期，把关新闻稿件等材料237篇，上报领导署名文章、综合材料26篇。信息资政。信息工作致力突出底线思维，提升应急信息处置能力；突出策划意识，提升信息综合调研能力；突出精品理念，提升信息文稿采编质量；突出决策服务，提升信息调研成果转化率。着力强化参谋服务，发挥“坚强前哨”作用。全年，共向中办报送信息825条，向省办报送信息1185条。编报《株洲信息》258期，被市领导批示58次，其中市委书记、市长批示50次。2013年、2014年、2015年连续三年获同类城市全国第一名。致力公文辅政。按照“控数量、提质量”的总要求，强化法治意识、规范意识和精简意识，严格审核，严格把关，确保文件收发、投递规范安全，传阅办理认真细致。拟办来文518份，处理请示报告29件。严格法规审查。向省委报备文件42个，审查县（市区）委和市直单位文件71个，纠错下级文件10个，三项工作完成率都达100%。对1951—1977年市委规范性文件进行全面清理，废止30个，宣布失效58个，党内规范性文件清理工作全面完成。提高会务接待质量。牢固树立“全市一盘棋”思想，全局谋划、全面统筹和全程协调领导公务活动和会议服务工作。健全预安机制、协调机制和联动机制，构建全市公务活动联系网。共协调安排市级领导公务活动和会议669起，其中，牵头组织接待刘云山、杜青林、李铁映、罗豪才等党和国家领导人警卫任务5起；接待省部级领导173人次，组织市委主要领导赴基层调研79次；组织重要会议125次。加强常委服务和业务指导。为市委常委提供文稿、调研、会务和公务活动服务，撰写各类文稿160余篇，组织会务或领导活动41次。在全市党委办公室系统深入开展“高标准、高效能、高质量”竞赛活动，组织“深入践行‘五个坚持’做党性坚强的党办人”征文活动。开展办公室主任培训，规范秘书学会管理，推动办公室系统业务整体上水平。搞好值班联络协调。拨打和受理电话2万多个，收发短信2.5万条，发放并落实大型会议、活动通知430余项，协调处理突发事件和群众反映的问题31件，组织对市直机关单位和各县市区值班工作情况抽查29次，发挥“总协调、总调度、总联络”的作用。加大保密防范力度。开展“两识教育活动月活动”，对全市保密机要人员、网管员、部分新任公务员和涉密考试单位部分考务人员进行业务教育培训。强化保密技术检查。对21家核心保密管理单位、51家重点保密管理单位、国有企业和金融机构、经营性打字店、废旧回收站点、再生资源市场、计算机网络开展专项检查，确保万无一失。保障机要畅通准确。抓好密码通信、电报的传输、办理。加强全市党政机要系统检查指导。有效发挥“生命线、指挥线和保障线”作用。全力推动全市党政系统信息化建设，不断提升网络安全管理水平，提高办公信息化水平。（刘茶生）

组织工作

【概况】 中共株洲市委组织部机关设14个职能科室，下设两个“中心”，分别为：市委组织部党员教育中心（副县级、全额拨款事业单位）、市专家管理服务中心（副县级、差额拨款事业单位）。在岗在编人员48人。市委组织部负责研究和指导全市党组织建设以及党员队伍建设；负责全市干部队伍建设的宏观管理，制订或参与制订全市组织、干部、人事工作的重要政策和制度；负责市委管理的干部的考察、任免、调配、工资、待遇、出国（境）、离（退）休审批手续的办理；负责干部监督工作的指导和实施；负责制定全市干部教育培训规划，指导、协调、检查全市干部教育工作；调查了解知识分子工作情况，制定或参与制定有关知识分子工作的政策；负责指导全市组织（政工、人事）部门的自身建设，加强业务指导和培训，提高整体素质。领导和管理市委老干部局，指导、管理和协调党校、人事、机构编制工作。

2015年，全市各级组织部门突出从严治党，以开展“三严三实”专题教育为重点，履职尽责，为全市发展转型升级提供了有力保障。

稳妥做好政府机构改革干部工作。分层级、分类别调研，科学制定市县政府机构改革中干部人事工作的实施意见。做细思想工作，与副处职以上领导干部谈心谈话1000余人次，有186名市管干部自愿提前退出领导岗位。落实正确用人导向，用足改革“红利”，在安置消化好涉改单位干部的基础上，注重市直单位与县市区班子、涉改单位与非涉改单位“两个统筹”，加大干部交流力度，调优配强领导班子，保障了政府机构改革的顺利实施，全市各单位班子的年龄、性别、经历、知识结构进一步优化。在岗位十分有限的情况下，新提拔正处职干部36名、副处职干部29名，特别是从县市区提拔重用6名优秀干部到市直部门担任党政“一把手”。加强组织指导，稳妥有序地完成了县市区政府机构改革和乡镇区划调整改革工作。

动真碰硬开展专项整治。坚持抓好教育实践活动后续整改，持续开展53项专项整治，切实解决了一大批“四风”突出问题和侵害群众利益行为。其中，查处“四风”方面的违规违纪问题387件，查处损害群众利益的违纪违法行为62起92人。强力推进“三超两乱”专项治理，消化超职数配备领导干部1694人，其中处级干部255人，科级干部1439人。高度重视省委组织部专项检查组结合巡视所反馈的选人用人问题，制定整改方案，列出整改清单，层层传导压力，绝大部分问题已整改到位。

加强干部教育管理。精心组织干部培训，突出党性教育和能力提升，市本级举办主体班21期，培训学员1276人次，9300多名干部参加在线学习，受到中组部干教局的充分肯定。严格干部日常监督管理。全面开展干部档案专项审核工作，基本完成1700多名市管干部的档案审核。做好1837名市管干部个人有关事项报告工作，全面落实“凡提必核”，对8名漏报、少报问题比较严重的考察对象暂缓上会研究。开展“带病提拔”倒查，倒查14人，促进干部选任工作的进一步规范。建好“12380”举报综合信息平台，受理举报54件，均进行了调查处理。进一步规范完善市级离退休干部服务管理工作，积极引导老干部为转型升级增添正能量。

系统推进基层党建工作。牵头制定全市深化党的建设制度改革五年实施方案，明确改革思路和举措。出台《关于加强农村和社区基层党的建设工作的二十条意见》等“1+6+1”系列文件，对全市基层党建“干什么、怎么干”作了全面、明晰的回答。抓好“带头人”队伍建设，选派村“第一书记”175名，选配村级后备干部4154名，对641名乡镇、街道和社区党组织书记以及部分村支部书记进行轮训。建好基本阵地，建立村（社区）便民服务站954个，提质改造乡镇“五小”设施50个、村级活动场所79个。加强党员教育培训，组织订阅使用共产党员微信、易信，开设党员教育流动课堂，集中宣传党的十八届五中全会精神。发挥好党代表作用，建立基层党代表工作室422个，17个乡镇试行党代会年会制，在全省市州中率先开展市级党代表提议工作。把党建帮扶与精准扶贫紧密结合起来，市五套领导班子成员包县、包乡、包村，集中在32个国贫村办点，194个贫困村驻村帮扶实现全覆盖，取得明显成效。

全面加强人才队伍建设。认真落实人才政策，遴选扶持领军人才20名，资助新引进高层次人才82名，发放各类人才补贴突破1000万元。完成人才培养项目17个，培训2000多人。组团参加第13届中国国际人才交流大会和第15届华侨华人创业发展洽谈会，大力推介株洲市人才政策。投资200亿元的中国动力谷自主创新园正式开园，谭铁牛等6名院士被聘为创新创业导师。坚持举办“技能月”活动，成功承办第五届全国职工职业技能大赛焊工决赛，由株洲市选手组成的湖南省代表队夺得团体总分第一。

（邹　晖）

【开展“三严三实”专题教育】 2015年5月13日，株洲市以市委书记贺安杰讲专题党课的形式，在全省率先启动专题教育工作，全市共有119个部门和单位、1800多名副处级以上党员领导干部参加。10月31日之前，全市各部门、单位普遍完成三次集中学习研讨。领导带头树标立杆。按照“六个表率”（学习提高的表率、科学决策的表率、推动发展的表率、服务群众的表率、为政清廉的表率、弘扬正气的表率）要求，无论是专题党课、专题学习研讨，还是问题整改，都做到了市级领导带头示范，党委常委班子带头开展，党委（党组）书记带头参加，形成上行下效、上率下行的良好局面。丰富学习研讨形式。开展实践体验学习，组织市级领导到省党史陈列馆、长沙监狱接受党性修养洗礼和反腐倡廉警示教育。从23万党员中选取6名优秀党员代表组成报告团，组织6场专题教育先进模范人物事迹报告会，近3500名党员干部现场聆听，并将报告会视频制成光碟发放到各基层党组织。在株洲电视台开办专题栏目《先锋颂》，大力宣传株洲革命先驱以及党员先进代表；在《株洲日报》开设“三严三实”专栏，刊登30多篇优秀党课、研讨发言提纲和心得体会，并公布53项专项整治进展情况。持续抓好问题整改。年内全市性工作会议同比下降7.2%，市本级“三公”经费下降19.3%，公务接待费下降27.1%。行政许可事项由302项精简至122项。消化超职数配备科以上干部1694人，清理编外用人1017人，规范清理党政领导干部在企业兼职任职221人次。解决房产发证历史遗留问题10384户，查处62个基层干部办事不公、损害群众利益的违纪违法行为，查处拖欠群众钱款、侵占群众财物案件78个、92人。查处“慵懒散”等四风问题400件次，曝光典型问题32起，给予党纪政纪处分或组织处理400人。通过新闻媒体曝光“门难进脸难看事难办”问题110篇次，曝光单位133个，处理党员干部113人。查处打牌赌博、违规使用公车、违规操办婚丧喜庆事宜、违规发放津补贴等典型问题84起，处理84人，给予纪律处分30人。

（邹　晖）

【制定基层党建“1+6+1”系列文件】 为贯彻党中央关于全面从严治党的重要部署，落实全国、全省农村和社区基层党建座谈会以及全省组织工作推进会精神，解决农村、社区和企业基层党的建设存在的突出问题，不断提高党建工作科学化水平，市委组织部牵头组成专题调研组，分赴县市区、市直单位、市管企业开展深入调研，起草制订基层党建工作“1+6+1”系列文件。“1”即市委《关于加强农村和社区基层党的建设工作的二十条意见》，从“强化政治引领、推进队伍建设、筑牢保障体系、提升服务能力、建立健全机制、落实党建责任”等六个方面提出20条具体意见。“6”即农村和社区党建的6个相关文件，包括《县市区委书记抓基层党建工作责任清单、市直机关党委（党组）书记抓基层党建工作责任清单、乡镇（街道）党（工）委书记抓基层党建工作责任清单（试行）》《乡镇“五小”设施及周转房、村级组织活动场所提质改造三年行动计划（2016—2018年）》《社区服务场所提质改造三年行动计划（2016—2018年）》《村级集体经济发展三年（2015—2017）行动计划》《关于加强村级后备干部队伍建设的实施意见》《关于做好处置不合格党员工作的实施意见（试行）》。另一个“1”是市委《关于在市管企业中坚持党的领导加强党的建设的实施办法》。“1+6+1”系列文件的出台，为全市基层党建工作上水平、上台阶提供了一份“指导手册”。（邹晖）

【深入推进“万名人才计划”】2015年，市委组织部认真落实市委、市政府《关于实施“株洲市万名人才计划”的意见（试行）》等系列政策文件，大力推进高层次人才队伍建设。4月，面向全国发布《株洲市2015年高层次人才需求》，涉及先进设备制造、新能源、新材料、生物医药、电子信息、电子商务、冶金化工、建筑、教育、医疗等10多个行业，300多个岗位需求。深入实施领军人才计划，进一步完善申报评审方式，经资格审查、实地考察、路演答辩、专家评审等环节，从106名申报人选中遴选确定入选人员20名，其中创新类14名，创业类6名，发放扶持资金近200万元。加快高层次人才引进，继续深入实施重点产业、公共服务人才计划，全市共引进博士和高级职称等优秀人才82名，发放政府补贴80多万元。组织创新平台人才团队（项目）申报，从符合条件的32个创新平台、人才项目中，评审确定16个创新平台人才团队（项目）、4个技能大师工作室作为资助对象，共发放资助资金160万元。深入实施蓝领精英人才计划，选送75名技师以上优秀高技能人才，到北京科技大学进修深造，选送1077名蓝领精英人才到省、市培训基地参加技师、高级技师专修培训，有效推进了高技能人才队伍建设。（邹晖）

【举办全市组工干部业务培训班】11月9—24日，市委组织部在市委党校举办2015年全市组工干部业务培训班。这期组干班旨在紧紧围绕练好基本功，不断提升组织人事干部的业务素质和工作水平。参训对象为各县市区和市直单位的组织人事干部及市委组织部新进工作人员共73人，全部实行脱产学习。设置30个学习专题，其中13个业务专题、8个校内专题、2次外请报告、1次情景模拟教学、2次分组讨论、3次班级主题活动和1次实地调研。市委组织部安排部领导和科长直接承担部分授课任务，系统讲授干部、党建、人才等方面的法律法规和业务知识。学习结束后，学员统一参加闭卷考试，成绩在一定范围内予以公布。（邹晖）

宣传工作

【概况】 2015年株洲市宣传思想文化战线把握正确导向，讲好株洲故事，发好株洲声音，树好株洲形象，为转型升级营造良好舆论环境。

深入思想理论建设。围绕习近平总书记系列重要讲话和党的十八届三中、四中、五中全会精神抓学习抓宣传抓深入。中心组学习突出“严真实”。市委中心组30年如一日扎实有恒抓学习的经验，申报全国重大学习典型，《以学习力量推动“两型社会”建设》入选中宣部“马工程”案例。普及宣讲突出“精准活”。组建25人专家宣讲团、10个微宣讲小分队，开展系列宣讲200多场，对副处以上干部进行全面轮训，重点解读、专题研讨、网络访谈的方式产生好的反响。理论研究突出问题导向。确定116项研究课题，充分发挥社科智库作用；《株洲建设中国动力谷研究》《推进“两型”建设，打造发展升级版》等列入全省重大课题。

引导舆论宣传主旋律。聚焦经济建设，组织转型升级、项目攻坚、辉煌“十二五”等宣传，集中展示改革发展好形势和两型建设大成就。组合传播株洲故事，策划20多个对外宣传专题和6大主题活动，邀请新华社、央视、人民日报等15家主流媒体集中采访，新华社推出重大报道《株洲蝶变》介绍株洲市两型建设经验，《人民日报》重点报道株洲县域经济发展成就，《光明日报》聚焦株洲市公共文化服务典型做法，《经济日报》为株洲市深化改革鼓劲。《湖南日报》刊发专版为株洲文明创建点赞，湖南卫视《新闻联播》连续三组报道展现株洲市新常态下新气象。2015年在中央媒体发稿700多篇，在省级主要媒体刊发重要稿件1700篇。新闻发布提质提效，在主题策划、形式创新、机制规范等方面进一步发力，已发布新闻139场，有效引导了热点舆论，促进了信息公开。

推动媒体融合发展。强力推进报网融合、台网融合。帮助《株洲日报》加强宣传内容的互联互通和传播平台的互动互推，加快了新闻集成服务和全媒体建设；支持株洲电视台与中国网络电视台合作建设长株潭分台，提升新媒体品位，实现节目广域覆盖。积极抢占移动互联舆论传播阵地。成立新媒体中心，开设“株洲微政务”，市委、市政府微博微信官方平台9月份上线，粉丝已超过18万。着力构建融合发展的体制机制。市直媒体都加紧布局调整和全媒体人才培养，结合新技术的强化应用，采编流程数字化、集约化改造以及现代传播体系的创建开辟了新局面。

加强社会主义核心价值观建设。深化了宣传普及，采取大水漫灌的方式，报纸电视广播网络全方位，专题专栏专版立体化，主流媒体唱响唱好核心价值观；城乡主要路段、商业场所、建筑围栏、主题公园发布公益广告3万多条，编发《文明市民手册》《公民道德建设手册》150多万册上门上户传送，形成高密度全覆盖的宣传态势。5月，中央政治局常委刘云山到湘调研，在株洲专门召开社会主义核心价值观建设座谈会，株洲市做专题发言，刘云山对株洲做好核心价值观融入、贯穿和结合文章给予充分肯定。加强典型引领，一批道德模范、身边好人得到大力宣传推介和事迹展示，全市有31人入选中国好人榜，为核心价值观的普遍养成提供强大道德力量。注重载体建设，把核心价值观融入创建全过程，组织“中国梦·我的梦”、家风家训大家谈、关爱特殊人群志愿服务、纪念抗战胜利70周年等多种主题实践活动，激发全社会践行核心价值观的热情和力量。把核心价值观的培育融入深化文明创建之中，积极做好创建全国文明城市测评迎检工作，在推动文明创建再出发和城市管理精细化的同时，较好地使核心价值观转化为市民文明素质不断提升的社会风范。

加快文化发展转型。全面推进文化体制改革，制定《关于全面深化文化体制改革实施方案》。进一步完善公共文化服务体系。投资过10亿元的神农大剧院、神农艺术中心等一批项目即将竣工，“四馆一中心”改扩建工程进展顺利，陶瓷博物馆、秋瑾故居建成开馆，村村响、户户通、数字影院等文化惠民工程任务全面完成，株洲市获第三批“创建国家公共文化服务体系示范区”资格，炎陵、茶陵获评全省首批文艺创作基地。精心打造重大文化活动品牌。精心组织第三届“欢乐潇湘·欢乐株洲”大型群众美术摄影展，收到作品15000多件，举办展览130多场次。举办“心中有党不忘恩·唱响经典”“我们的节日”等主题活动100多场，送戏下乡500多场，放映城乡公益电影16000多场，群众文化生活丰富多彩。集中力量推进湘江休闲文化产业带和平汝高速炎帝文化产业长廊建设及文化与科技、旅游、金融等产业深度融合。举办湖南省首届瓷博会暨中国陶瓷艺术大展，200多家企业3000多件作品参展。2015年全市文化产业增加值占GDP比重达7%以上。

净化网络舆论环境。强化网上正面宣传，用醒目的专题专栏和多样化的形式，推送许多有战斗力的评论和观点，使形势政策、经验成就、重大典型等主流舆论生成网上强势。把舆情应急处置作为大事抓好，对重大突发敏感舆情实行24小时监看研判，成功处置重大舆情29起，舆情总体平稳可控。积极推进网络问政，回复网民诉求576件，处置率达90%以上，为社会和谐稳定减震解压。加强网军建设，组建网评员和信息员队伍，热点敏感舆源在第一时间抢先获取，培养了一批本土红色意见领袖，发挥了热点问题强力引导作用。（罗　峰）

【精神文明建设】 培育和践行社会主义核心价值观建设。宣传阐释声势强劲。运用社会化方法，进行大水漫灌式传播，在公园广场、工地围挡、公交车厢等宣传阵地，按照30%的比例实行公益广告高频率全覆盖；在报纸、电台、电视台等媒体开辟专题专栏专版，解读阐释核心价值观；政府网站、新闻网站、商业网站在首页长期刊播公益广告，推动二十四字入脑入心。典型引领。做好全国全省道德模范与中国好人申报工作，组织开展株洲市首届“老莱子十大孝贤”“最美家庭”评选表彰活动，全年有1人获评省道德模范，向中央文明办推荐好人线索3000多条，5人成功上榜中国好人。重点抓好市级以上文明单位、文明村镇道德讲堂的建设和使用，着力引导广大群众进行内心观照、自我反省，使之行有所循、为有所止。组织市级道德模范与中国好人30余人次，进社区、进机关、进企业、进学校、进村镇、进军营巡演巡讲活动600余场，在城乡基层唱响向善向上主旋律。建好用好管好“道德讲堂”。

文化演绎氛围浓郁。结合本地文化禀赋，市县乡三级联动，围绕春节、元宵节、端午节、七夕节、中秋节等“我们的节日”，组织开展彩灯节、文明祭祀、龙舟赛、广场舞等群众参加的民俗活动，弘扬传统文化。在湖南省第二届群众性龙舟赛、第五届全民广场舞大赛中，株洲市代表队均获得团体第二名的好成绩。2015年5月，中共中央政治局常委、中央书记处书记、中央文明委主任刘云山在湘召开培育和践行社会主义核心价值观调研座谈会，对株洲市加强社会主义核心价值观建设的主要做法给予肯定。

文明城市建设。在获得全国文明城市荣誉后，加强指挥调度，全力协调解决各类突出问题，以较高分圆满通过全国文明城市测评首次复检，在全省的4个全国文明城市中排名第三，城市文明程度指数进一步提升。召开株洲市全国文明城市总结表彰暨深化文明建设大会，全面总结成绩经验，大力弘扬创文精神。聚焦进位争先目标主动加压，紧紧扭住第一责任人履职履责关键不放松，层层压实责任链条，做到了文明城市建设重视程度、工作强度、保障力度、宣传热度不减反增，着力向更高水平文明城市迈进。工作推进更加有为。坚持全面推进与重点攻坚并举、常态督查与模拟测评齐抓、正面教育与问题曝光结合、表彰激励与强化问责联动，推动文明城市建设工作不断扩优势、补短板、提水平。对照新版《全国文明城市测评体系》《湖南省文明城市测评体系》，制定工作方案，细化各专业组、区任务分工；组织3次模拟测评，在媒体公示成绩，倒逼各专业组、区主要领导、分管领导增强主责意识、主角意识、主动意识，层层传递工作压力；加大日常督查力度，全年印发整改通知书129份，交办问题800多个，有效整改问题700多个，打通整改落实最后一公里，为做好文明城市复查迎检工作奠定基础。惠民举措更加有效。坚持重心下移、力量下沉，城市“面子”“里子”两手抓，在荷塘区实施城市管理1145工程，在芦淞区开展城市“六乱”治理，在石峰区组织“我为提升文明城市品位添光彩”六大主题活动，在天元区安排财政收入2000余万元对老旧小区、基础设施进行提质改造，进一步提升市民对文明城市建设工作的参与度和满意度。

未成年人思想道德建设。主题活动不断拓展。持续开展“我的中国梦”系列主题活动，广泛开展“网上祭英烈”“学习雷锋做美德少年”“向国旗敬礼”等教育实践活动，引导未成年人扣好第一粒扣子。加强经典诵读、三礼教育等特色活动的推陈出新，使青少年在寓教于乐中接受优秀传统洗礼，培养文化自信、道德自信。课外阵地得到巩固。全年争取中央、省、市公益彩票专项资金490万元，新建乡村学校少年宫14所，扶持市级示范校10所。推动市、县两级财政加大投入，对各级爱国主义教育基地修缮提质，全面落实对未成年人免费开放政策，为广大青少年树立正确的世界观、人生观、价值观发挥了积极作用。文化环境持续优化。保持对互联网等有害信息依法打击的高压态势，净化荧屏声频力度大。设立举报电话，坚持有案必查，黑网吧、经营性网吧违规接纳未成年人现象明显减少，社会满意度不断提升。

学雷锋志愿服务。发挥市志愿服务联合会等社团的专业敬业优势，把志愿服务与学雷锋活动有机结合起来，推动志愿服务工作水平不断提升。出台《株洲市贯彻落实社区志愿服务制度化实施意见》，制定社区志愿服务流程，拓展社区志愿服务空间。整合株洲文明网，建成全市统一的志愿服务网上平台，逐步完善招募、注册、建档、管理、激励等工作机制，为统筹放大全市53万注册志愿者资源效应提供了基础条件。抓住3月学雷锋月、“五一”“十一”12月5日志愿服务日等重要节点，广泛开展各类志愿服务活动，大力弘扬志愿服务精神。大力推动党工青妇残等志愿团队与各类公益组织的集聚融合，催生一批以微心愿、微公益、微志愿为形式的新载体、新模式，促进全市志愿服务活动走向“定制化”“常态化”。“三关爱”“邻里守望”志愿活动扎实开展，在职党员进社区影响力大。“大爱株洲·金秋助学”公益活动持续举办，2015年度筹得爱心资金约500万元，资助1000名贫困大学生。“集聚萤火，与爱同行”株洲徒步湘江毅行活动连续开展，全年参与人数3000多人，同比增长近30%。株洲晚报义工联、株洲献血志愿队、大同公益组织等志愿服务团队通过多年接力工作，已经深入人心，赢得社会点赞。

提升市民素质。广泛开展“做谦恭有礼的株洲人”主题实践活动，重点实施文明交通、文明旅游、文明餐桌、网络文明四项文明引导行动，推动形成尊德守礼的社会文明风尚。召集市食药监局、卫计委、教育局等职能部门定期碰头议事、联合开展检查，公开处理结果形成制度，机关、学校、饭店参与率90%。印发8万多张餐桌提示卡，在全市各类饭店餐馆张贴摆放，引导各餐饮酒店和广大消费者提高文明消费意识，摒弃不良饮食习惯。组织“株洲市2015年最美驾驶员”评选表彰活动，开展“降速五公里，我参与我安全”“争当马路特拍员”“礼让斑马线”“文明交通我先行”等活动，着力引导广大市民、司机自觉遵守交通规则，维护交通秩序、营造良好的交通环境。贯彻落实中央文明委《关于进一步加强文明旅游工作的意见》，召开全市文明旅游专题会议，落实职能部门相关责任。突出加强“五一”“十一”等重要时间节点的宣传教育，组织媒体曝光不文明旅游现象，引导人们文明旅游。全年发展网络文明传播志愿者骨干和全国文明单位志愿者近百人，发表博客文章近20000篇，微博发、转帖近60000篇。在2015年中央文明办网络文明传播工作四季度测评中（全国126个城市参评），株洲市始终位列第一方阵。在5月份中央文明办组织的网络文明传播培训班、7月份网络精神文明建设工作座谈会上，株洲均作典型经验介绍。（周武旺）

【株洲市荣获“全国文明城市”荣誉称号】 2015年2月28日，株洲市被中央文明委正式命名为“全国文明城市”。2001年3月，株洲提出创建文明城市。同年9月，市委、市政府下发《关于创建文明城市的决定》，启动创建全国文明城市工作，成立创建文明城市工作领导小组。2004年，株洲荣获湖南省文明城市称号。2008年，株洲提出“创建全国文明城市”的目标。2011年12月20日，株洲获得“全国文明城市提名资格”。2012年，株洲首次参加中央文明办组织的全国城市文明程度指数测评和全国未成年人思想道德建设测评，受到中央文明办通报表扬。2014年2月25日，株洲文明建设总结表彰暨创建文明城市誓师大会召开。2014年11月20日，株洲市召开创建全国文明城市迎检誓师大会，市委书记贺安杰要求全市上下投入攻坚决战，一举拿下这个综合评价城市发展的最高荣誉。2015年2月28日，株洲市荣获全国文明城市称号，同时荣获全国未成年人思想道德建设工作先进城市称号。14年的文明创建，特别是6年的全国文明城市创建，株洲全民参与、上下同心、一路拼搏，成功走进了全国文明城市行列，拥有了最闪亮的城市名片。株洲，也是全省唯一一个首次获得提名资格就被正式命名的“全国文明城市”。

（朱　鉴）

【网络宣传】　2015 年，全市网宣工作围绕市委市政府工作大局，加强专题策划，推动政务服务新媒体平台建设，积极引导网上舆论，全面净化网络环境，为打造株洲发展升级版营造良好的网络舆论氛围。

巩固网上正面舆论强势。以转型升级为主题，组织各网站聚焦经济建设主战场，开设项目建设、文明创建、全面深化改革、全面依法治国、三严三实专题教育等 10 多个专题，及时跟进党委、政府重要决策、重要工作和重大活动，充分展示社会发展形势和改革开放成就。紧贴网民关注，发挥网络媒体优势，通过灵活多样的形式，强化网上形势宣传、主题宣传、成就宣传、典型宣传，形成正面网络舆论景观。

拓展网宣新阵地。积极探索新形势下便民、利民新举措，大力推动政务服务新媒体平台建设，建设开通“株洲发布”微博、微信双微政务平台。“株洲发布”代表市委市政府对外发布权威声音，着力打造发布平台、办事平台、回应平台、互动平台 4 个平台，展示株洲形象，传播株洲声音，服务株洲发展，进一步推进政务公开、服务民生发展，开辟株洲市政民互动新渠道，拓展了株洲网络舆论宣传新阵地，使正面宣传受众覆盖面更加广泛，宣传对象更加精准。

开展网络问政。不断完善网络舆情搜看、交办和处置机制，坚持对网民诉求及时收集整理交办，并强化跟踪督办和每月通报，进一步提升处置办理回复质量。2015 年，累计交办各类民生问题 611 件，各地各单位回复处置 592 件，解决或者回复的比率达 96.9%，维护了群众利益。

净化网络空间。加强网站以及新媒体管理。落实属地管理原则，对本地的媒体微博和从业人员微博、网站从业人员、网站论坛版主进行登记备案。株洲市互联网违法和不良信息举报中心作用逐步显现，全年通过邮件、电话收到网友投诉举报 20 多个，关闭违规网站，查处虚假信息 20 多条。强化依法治网，持续开展打击网络谣言、网络诽谤、网上非法广告、网络敲诈等系列专项治理行动，网络空间逐步清朗。

（刘国梁）

纪律检查工作

【概况】　2015 年，株洲市各级纪检监察组织坚决贯彻中央、省委、市委和上级纪委的决策部署，始终把纪律和规矩挺在前面，坚持不懈正风肃纪，坚定不移惩防腐败，使不敢腐的震慑作用充分发挥，不能腐、不想腐的效应初步显现，全市党风政风逐步好转，为加快全市发展转型升级提供了坚强保障。

突出协调督促，不断落实“两个责任”。协助党委落实主体责任。市纪委协助市委制定下发《关于落实党风廉政建设党委主体责任和纪委监督责任的实施办法》《市委常委会班子成员党风廉政建设责任分工》等文件；建立市纪委常委会班子成员对口联系市委常委会班子成员制度，协助其按照“五个一”要求积极履责，并加大对县级党组织落实主体责任的督促力度。由市委常委会班子成员、各县市区及市直单位“一把手”牵头抓实的党风廉政建设具体工作达 130 余件，营造了“党委书记主抓、各方协同配合、上下各级联动”落实主体责任的良好氛围。健全制度落实监督责任。建立健全反腐败协调工作联席会议制度、涉腐线索集中排查和管理制度、纪律审查主办人责任制制度、作风建设监督检查工作制度、落实“两个责任”工作巡查制度、纪检监察诫勉谈话制度、党风廉政建设重点工作项目化管理制度、党风廉政建设履责约谈制度、“四风”问题及典型案例通报曝光制度和纪检监察干部内部监督制度等“十项制度”，加大制度执行力，有力地推动了全市党风廉政建设和反腐败工作。强化检查倒逼责任落实。开展专项巡查推进责任落实。市纪委先后对 9 个县市区、13 个市直单位进行专项巡查，发现违纪问题线索 13 件，对落实“两个责任”不力的单位实施问责 13 起，追责 32 人。实施项目化管理推进责任落实。市纪委把一些打基础、利长远的工作确立为全市党风廉政建设和反腐败重点工作项目，将党委（党组）作为项目实施主体责任单位，纪委（纪检组）作为项目实施监督责任单位，完善日常督促指导工作机制。共有 31 个重点工作项目通过考核验收，促进了预防腐败体系制度建设。进行集中考核推进责任落实。制定考核办法，由市委常委和市政府党员副市长带队，深入各县市区和市直单位开展党风廉政建设责任制年度检查考核；细化考核内容，加强结果运用，促使将“两个责任”常抓在手、压力上肩。

突出抓早抓小，不断加强纪律审查。加强党纪党规宣传教育。市纪委协助市委率先在全省出台《关于贯彻把纪律挺在前面要求的意见》。以巡回宣讲、专题征文、宣传板报展、电视抢答赛等多种形式，组织学习《中国共产党廉洁自律准则》《中国共产党纪律处分条例》《中国共产党巡视工作条例》等党内法规和《习近平关于党风廉政建设和反腐败斗争论述摘编》，切实增强了广大党员干部的纪律意识和纪律思维。着力解决信访突出问题。高度重视群众信访突出问题，进一步畅通举报渠道，完善市县两级纪检监察机关举报平台，配合省纪委做好了省、市、县三级网络举报中心建设。制定下发了《关于开展“初访分级制”工作的实施意见》《信访举报办理工作规程》等文件，对所有信访件统一归口管理，严格按“五类标准”处置问题线索，全市受理信访举报件1233件，同比降低9.14%。组织开展市直单位违纪信访举报件办理“清零”专项行动，实现了信访举报案件调查率、办结率、回复率均达到100%的目标。持续加大纪律审查力度。完善纪律审查工作机制制度。全面推行纪律审查主办人责任制，制定《纪律审查“六必报”工作规定》，建立纪律审查工作情况通报制度，有效整合了全市纪检监察力量，使纪律审查工作呈现出良好的发展态势：立案数和结案数大幅提升。全年立案714件，同比增长83.08%，其中涉及县处级干部21人，同比增长200%；结案726件，同比增长79.26%。轻处分和组织处理所占比重大幅上升。全年共处分（处理）党员干部904人次，其中给予诫勉谈话、党内警告（含严重警告）、行政警告、行政记过（含记大过）共570人次，占63.05%。“两规”使用频次明显降低。全年新立案件中，使用“两规”措施的仅2件，占立案总数的0.28%。醴陵市委原副书记林伯芝、市人民医院原副院长杨猛等严重违纪案件，都是未使用“两规”措施而取得成功突破的典型案件。中央纪委副书记张军对株洲市在慎用“两规”的同时加大纪律审查力度的做法给予充分肯定。

突出抓长抓常，不断推进作风建设。坚持抓经常。紧盯重要节点。在元旦、春节、端午、中秋、国庆等重要节日，组织开展对“四风”问题的明察暗访；临近节假日，以单位党政“一把手”和纪委书记（纪检组长）为重点对象，组织开展干部在岗情况突击暗访。整治重点问题。开展党员干部违规收送红包礼金问题专项整治，仅2015年12月份，全市“5910”廉政账户就收到党员干部主动上缴的红包礼金152.35万元，占全年的28.38%。开展“正风肃纪”专项行动，重点整治党员、国家公职人员打牌赌博、违规使用公车、违规操办婚丧喜庆事宜等问题，全年共查处上述问题84起，处理干部84人，给予纪律处分30人。及时通报典型。建立明察暗访24小时快报机制，加大点名道姓通报力度，全年通过《株洲党风廉政建设》曝光“四风”问题32起，给予89名党员干部纪律处分或组织处理，对16名处级领导干部进行了诫勉谈话。坚持抓长期。开展贯彻落实中央、省委和市委关于作风建设规定情况的督查调研，建立定期分析机制，对“四风”问题突出的地区和单位进行约谈和追责。市委书记分别与市委常委会班子成员和10个县市区党委书记进行了集体廉政谈话，市纪委书记对各县市区和部分市直部门（系统）的党委（党组）书记、纪委书记（纪检组长）进行了约谈，并对约谈对象整改落实情况进行了监督检查和跟踪回访。全市各地各部门立足实际，积极创新纠治“四风”措施。株洲县建立了《干部作风“十二分制”管理办法（试行）》，取得了良好成效，被中央纪委、新华社予以推介。坚持抓督办。及时报送“要情专报”。将监督执纪、查纠“四风”问题中发现的重要情况、重要问题，通过《纪检监察要情专报》及时向市委、市政府报告，共编报专报5期，市委、市政府主要领导对有关问题作出了批示。扎实抓好巡视整改。认真做好省委巡视组交办的信访投诉件办理工作，并进行定期督查督办，发现违纪问题25件涉及35人，其中党纪政纪立案调查19件32人。

突出从严管理，不断提升队伍素质。推进队伍建设。进一步加强班子建设，配齐配强了市、县两级纪委领导班子，市直部门纪检组长（纪委书记）基本调整到位。进一步深化“三转”，开展纪委书记（纪检组长）兼职清理工作，所有纪委书记（纪检组长）都回归到主业主责；对县级纪委内设机构、议事协调机构、班子成员兼职等进行调整或清理，职能发散、主责不明等问题得到较好解决。

加强内部监督。市纪委先后制定下发《关于全市纪检监察系统公务活动禁酒的通知》《关于在全市纪检监察系统进一步重申和严明工作纪律的通知》，要求全市纪检监察干部自觉接受监督。坚持正人先正己，以“零容忍”态度严肃查处纪检监察干部违纪问题，严防“灯下黑”，先后立案查处了12名违规违纪的纪检监察干部，形成了违规必究、违纪必查的鲜明导向。提升执纪水平。市纪委举办纪律审查专题培训班，在全市纪检监察系统开展“案件质量评比”活动，评出最好与最差案件，倒逼办案质量提升。组织开展“执纪到位”专项检查，严肃查处执纪不落实、不到位情况。推行“协审制”，指导纪检监察干部准确理解和把握执纪标准，提高执纪能力和水平。（邓　斌）

【中共株洲市第十一届纪委第七次全会暨全市反腐败工作会议召开】 2月6日，中共株洲市第十一届纪委第七次全会暨全市反腐败工作会议召开。会议传达贯彻十八届中央纪委五次全会和省纪委十届七次全会暨全省反腐败工作会议精神，回顾总结2014年党风廉政建设和反腐败工作，明确2015年的工作任务与要求。（邓　斌）

【开展党风廉政建设履责约谈】 党风廉政建设，党委负主体责任，纪委负监督责任。11月13日，株洲市委书记贺安杰与各县市区委书记进行集体廉政谈话。贺安杰强调，要深入学习领会习近平总书记系列重要讲话精神，不断强化履行党风廉政建设的主体责任意识和“一岗双责”意识，共同做好新形势下党风廉政建设和反腐败工作。同时，按照党风廉政建设责任制的要求，市委书记贺安杰对市委常委会班子成员进行集体谈心谈话，并提出了具体要求。10月12日，市委常委、市纪委书记刘光跃先后约谈了炎陵县、市卫计委、市国资委等6名县市区、市直部门的党委书记和纪委书记。

（邓　斌）

【开展党员干部违规收送红包礼金专项整治】 11月28日，株洲市委常委会第24次会议审议通过《集中开展党员干部违规收送红包礼金问题专项整治工作方案》，明确从12月1日开始开展党员干部违规收送红包礼金问题专项整治，将持续到2016年2月29日。市、县四大家领导班子及其成员模范带头，率先签署《拒收不送红包礼金承诺书》，全市所有党员、干部积极响应，一方面庄严承诺，一方面严格落实。据统计，仅2015年12月份，全市“5910”廉政账户就收到党员干部主动上缴的红包礼金152.35万元，占全年的28.38%。（邓　斌）

【以项目化管理推进廉政风险防控工作】 株洲市以“党风廉政建设和反腐败重点工作项目化管理”为抓手，推动廉政风险防控制度建设的标准化、智能化、信息化。市纪委制定下发了《关于加强廉政风险防控工作的实施意见》（株纪发〔2015〕11号），明确廉政风险防控工作目标任务，提出通过“开展清权确权，编制权力运行流程图；排查廉政风险点，评定风险等级；制定防控措施，规范权力运行；加强公开透明，推进科技防控；实施预警处置，强化动态监控”的“五步走”战略来加强廉政风险防控机制建设，为全市廉政风险防控工作提供有力政策指导。2015年株洲市共确立党风廉政建设和反腐败重点工作项目47个，有力地推进了全市廉政风险防控工作的深入开展，加快了具有株洲特色的惩治和预防腐败体系建设。（邓　斌）

【全市纪检监察系统严于律己】 既监督别人，也严格要求自己。2015年，全市纪检监察系统连发禁令严于律己。5月，组织全市1400余名纪检监察干部（包括各级纪委委员、兼职纪检监察干部）签订了《严明四项纪律、落实“十六个严禁”承诺书》，向组织郑重作出严守政治纪律、组织纪律、工作纪律和廉政纪律的承诺。9月，在全省各市州纪委中率先制定下发《关于全市纪检监察系统公务活动禁酒的通知》，全市纪检监察干部工作日中餐一律不准饮酒、参与公务接待一律不准饮酒、纪检监察组织的公务接待一律不得用酒。12月1日，市纪委、监察局机关72名工作人员集体签署承诺书，郑重承诺坚决拒绝收送红包礼金，坚决维护制度的严肃性和权威性。（邓　斌）

统战工作

【概况】 2015年，全市统一战线紧紧围绕市委工作大局，凝心聚力，和谐进取，各项事业取得新进展。

强化制度保障，全方位构建大统战工作格局。坚持机制先行，统筹各领域工作。强化党委统一领导机制。把书记带头抓统战作为一条政治纪律、政治规矩来推动和落实。把统战工作列入党建目标管理考核并加大比重，列入党委书记年度党建工作述职的重要内容。健全统战部牵头协调机制。建立并完善6个方面的联席会议制度，即市委统战部与台办、工商联、民宗局等单位的统战系统联席会议制度；与组织部的党外干部工作联席会议制度；与宣传部的统战宣传工作联席会议制度；与民宗局、公安局等部门的宗教工作和抵渗工作联席会议制度；与市委办、台办等部门的对台工作联席会议制度；与经信委、民政局等部门的社会阶层人士统战工作联席会议制度，推动了各领域统战工作的顺利开展。优化统战工作运行机制。出台县市区统战工作综合考核体系，细化量化工作任务。落实基层调研、定期走访、情况通报、信息反馈等制度，确保各项政策贯彻到位。完善党外知识分子联谊会、海联会等统战团体的设置，在统战部明确专人联系指导，做到信息畅通、运转有序。

围绕凝聚共识，多举措培养使用党外代表人士。量身订制培育人。制定《2015年统一战线干部教育培训计划》，多种形式轮训1500余人次；往省社院送训43人次；在市委党校举办全省同心讲堂——株洲分场活动。结合党外人士个人专长和特点，按比例选送挂职锻炼，逐步构建以政治引导为核心、以能力培养为重点的党外干部培养体系。规范程序选拔人。加强组织、统战、人事部门的横向联系，协调和研究党外干部培养、选拔、使用的有关问题。逐步形成“共同制定规划、共同物色选拔、共同培养教育、共同考察人选、共同讨论研究、共同督促检查”的工作机制。量才适用举荐人。制定《各领域党外代表人士分层分类管理办法》，建立和完善县处级党外后备干部人才库、各民主党派市委市级领导班子人才库和非公经济人士后备人才库，将1000余人纳入各类后备人才库。完成民革市委主委届中调整和民盟市委领导班子届中增补有关工作，做好市政协委员的届中调整工作，向党委推荐党外正处实职3人。至2015年年底，全市副处以上党外干部91名。其中，副厅级（含兼职）领导干部7人。

服务发展大局，彰显统一战线作用。发挥统一战线优势，充分调动积极因素，助推株洲发展升级。议政建言畅通高效。落实专题协商、政情通报、对口联系、特邀监督、考察调研、与党外人士交友等8个方面的制度，围绕“十三五规划”“市委全会报告”“法检工作”“财政、教育工作”“党风廉政建设和反腐败工作”等，召开多次政情通报会和党派协商会。推出市政府领导和部门与各民主党派对口联系工作“1+3+1”工作模式，建立各民主党派向市委建言献策的“直通车”制度。引导各民主党派参与“我为改革建言”“我为‘十三五’规划建言献策”等活动，各民主党派全年提出各种提案、议案、社情民意1128件，20%得到市委、市政府领导批复。九三学社市委《关于解决涉农惠农资金违规使用的建议》，得到九三学社中央及省委领导批示。“四同创建”异彩纷呈。向各县市区、各创建点派出4个督导组分期分批督查，安排79名统战人士担任指导员和联络员。各创建点围绕服务基层，成立50余支同心志愿服务队，开展各类服务活动200余次。64个创建点中，2015年已申报茶陵万樟园林、株洲县青龙湾等5个省级示范点，验收天元区大岭社区、炎陵县湖田村等13个市级示范点，形成示范效应。经济统战成效显著。搭建融资、用工、维权等服务平台，截至11月底，帮助1100余家中小微型企业和商户从银行融资34.1亿元。工商联牵头举办120余场民企人才招聘会，3000余家企业进场招聘。召开全市商协会座谈会，开展“访民企、解难题、保增长”大走访活动，形成的建议报告得到市委书记贺安杰重要批示。全年全市小微企业增长10.1%，高于规模工业增速2.2个百分点，对规模工业增长的贡献率为37.7%。全年全市统战系统参与招商引资项目30多个，合同资金30多亿元。对台交流影响深远。着力打造“炎帝神农”品牌，举办“乙未年神农大帝祖庙圣驾台湾巡境赐福”活动，历时10余天，行程2000多公里，途经乡镇36个，奉驾巡访台湾神农宫庙41座，沿途受到数万信众夹道欢迎、顶礼膜拜，两岸数十家主流媒体竞相报道，“海峡两岸炎帝神农文化祭”成为全省乃至全国对台交流的优秀品牌。民宗工作稳步推进。深入开展创建活动，巩固“全国民族团结进步模范集体”“六连冠”成果，全市民族团结示范点增至30个。探索和推广“两进两建两提升”模式，为城市少数民族流动人口贴心服务。深入开展和谐寺观教堂创建活动，规范宗教场所财务管理，完成95个宗教场所主要教职备案工作。经多次协调，醴陵仙岳山露天佛像问题获得重大突破，申报材料已上报省政府，将报国宗局审批。 （李朝晖）

【民族宗教工作】 民族工作。开展民族团结进步创建活动。2015年，市民宗局开展各类少数民族联欢、联谊活动，创建活动开展得有色有声。荷塘区桂花街道办事处创新一套“三建五进一提升”的城市民族工作新方法，打造以街道办事处为核心的、新型的、综合型的民族团结进步工作新模式；湖南工业大学以开展“同心同行 民族梦圆”教育为活动主题，献真情、办实事、出实效为活动方式，以民族师生教育为活动重点，在全校范围内把民族团结进步创建活动不断引向深入；举办洋岐畲族村“三月三”文化节活动和全市“四月八”少数民族联谊活动；落实市清真牛肉供应点搬迁，保障了全市穆斯林同胞清真牛肉的正常供应；指导、组织株洲市毽球男队首次代表湖南省参加全国第十届少数民族传统体育运动会；组织市第八中学蒙古舞蹈《快乐的草原》参加湖南省第四届少数民族文艺调演，获得银奖。

推动瑶乡经济社会事业发展。11月27日，株洲市成功举办龙渣瑶族乡建乡30周年庆典活动。工程项目瑶居风貌改造、入口广场建设、民族牌楼建设、瑶寨风雨桥建设、同心湖建设、文化广场建设、红星桥市场搬迁、安全饮水、农田引水渠道等基本完成，投入资金400万元，龙渣瑶族乡的经济社会事业借此机会又上一个台阶。

探索城市少数民族流动人口管理的新模式。2015年，市民宗局依托“两进、两建、两提升”管理服务模式和芦淞区建宁办事处的少数民族维权服务中心，加强少数民族流动人口管理。全年调处涉及少数民族流动人口矛盾纠纷的事件13起，与去年同期相比，下降了80%。芦淞区建宁办事处被评定为全省民族团结进步示范点。

完成高考民族优惠资格审核。2015年，市民宗局规范和优化审核工作程序，确保审核工作准确无误。全年共审核享受民族优惠政策高考考生158人，其中3名认定为聚居区少数民族考生，7名认定为聚居区汉族考生，148名认定为其他散居区少数民族考生。审核中考考生56人。更改民族成份50人，准确率100%。

宗教工作。推进以“教风建设”为主题的和谐寺观教堂创建活动。2015年，全市各宗教工作部门结合“宗教政策法规”宣传月活动指导宗教团体、宗教活动场所开展“教风”建设相关培训，利用内部刊物、宣传栏、黑板报、网络等多种形式宣传加强教风道风建设的意义、活动内容和成果，为活动营造良好的舆论氛围。市天主教堂、市清真寺、市资福寺被省民宗委评选为省级重点和谐寺观教堂。

宗教专项工作取得进展。规范宗教活动场所财务管理。全市85%以上宗教活动场所开设单位银行结算账户。宗教活动场所主要教职备案。全市共有95个宗教活动场所完成主要教职备案工作（佛教60个、道教29个、天主教1个、基督教4个、伊斯兰教1个）。启动佛、道教宗教活动场所悬挂寺观标示牌，对306个佛、道教寺观发放印有全国统一编号的标识铜牌。

积极稳妥为宗教界解决实际问题。经多次协调，全国佛教协会、省佛协、省民宗委等6部门赴醴陵实地考察调研醴陵仙岳山非法建造露天佛教问题。顺利完成株洲市重点工程涉及的观音古寺搬迁。资福寺电力安全隐患得到圆满解决。向40多名生活困难的宗教教职人员发放慰问金3万多元。向宗教场所发放维修经费35万元。为各宗教团体解决办公经费25万元。协调解决市基督教堂迦南养老中心建设的土地规划中有关问题。 （蒋　龙）

政策研究工作

【概况】 2015年，市委政策研究室着眼于提供高质量的政务服务，积极参政设谋，建言献策。调查研究开展活跃。全年开展大型、专项调查研究100余次，调研文稿300余篇。文稿撰写有质量，撰写领导讲话稿15篇，在省级以上报刊发表各类理论调研文章13篇。刊物编辑影响扩大，编辑《株洲工作》《参阅件》各8期，创刊《政策与动态》，编发115期。改革推进扎实有力。全年共推出9大类65项改革，多项改革经验在全国、全省推广。

调研参政。坚持贴近领导决策、贴近中心工作、贴近株洲实际的“三贴近”调研方针，开展多层次多形式的调研。抓住影响全局、影响深远的事项开展重大专项调研。承担株洲市“十三五”规划建议及说明的起草工作，组织开展4个重点课题和10个专项课题研究，及时跟踪中央、省委规划建议起草情况，专程赴10余个省市开展专题调研；为《湖南省“十三五”规划》的修订提出的参考意见，得到采纳；年底，为省委经济工作务虚会提供的发展材料，起到决策参谋作用。有针对地开展一些解决深层次问题的调研。调研报告《株洲城市竞争力比较分析》《从海关视角看株洲对外经济贸易发展》在《参阅件》上刊发；调研报告《抢抓历史性机遇大力推动株洲通用航空产业大发展》《乡镇规划管理调研》在《中国新闻网》刊发。强化调查研究成果的可操作性。调研报告《新芦淞服饰工业园“两证”历史遗留问题调研》《征地拆迁和房屋征收难在哪里》为市委工作提供决策依据，全市由此开展专项行动，为2.3万余套历史遗留问题房屋发证，圆满解决历史遗留问题。

文稿辅政。2015年，政研室共撰写各类重要文稿30余篇，参与研究、修改各类文稿60余万字。新创刊的《政策与动态》坚持每天编写一篇调研材料反映政策动态。其刊登的《当前我市推进新型城镇化工作需明确的几个问题》《株洲农民增收问题及对策》等文章引起市委领导的重视，推动市委、市政府相关政策的出台。多方有效地运用文稿成果，转化成实际政策措施。调研文章《“钱从哪里来”——对新常态下株洲市稳增长的调查与思考》在省委政研室《送阅件》刊发，并向全省总结推介；《关于促进轨道交通装备产业产融结合的建议》《重庆经济保持快速增长对株洲的启示》等调研文章得到市委领导批示。

信息助政。着重加强刊物的改革创新。对《株洲工作》进行全面改版，全年出刊8期200余篇61万余字，在第24届全国城市党刊年会上获评“全国优秀城市党刊”。《参阅件》全年单独刊发8期，在反映情况、推动工作等方面发挥积极作用。编辑《市情手册》《参阅资料》18期，为领导及时提供最新的政策、文件资料。编辑《改革简报》《小康简报》等专刊，为指导、交流工作提供平台。（陈　欢）

【深化改革】 2015年市委改革办发挥联络协调、督促检查、综合服务作用，确保改革工作取得实效。

统筹协调，强化顶层设计。市委深改组加强对重大事项的顶层设计、统筹协调和督促落实，全年召开3次市委深改组会议和召开9次市委常委会（市委深改组）会议，研究审议21项改革议题、出台20个改革文件；开展“改革创新年”主题活动，下发市委深改组2015年工作要点，全市系统、协同推进改革能力显著增强。规范制度程序。完善年度考核办法，出台改革第三方评估办法和改革事项提请审议、文件备案和重要情况报告程序规定，启动政府投融资体制改革效果评估；定制改革动态监测软件，落实开发经费85万元，进入调试阶段。加强动态管理。建立健全工作任务总台账，对改革整体情况和重点任务，动态管理、跟踪监测，统筹各县（市）区、专项领域改革工作。

推进落实，确保改革实效。全面落实改革“规定任务”。省委深改组2015年工作要点部署的194项改革任务、市委深改组2015年工作要点部署的九大类65项重点改革任务，均按时间节点和质量要求有序推进，在全省率先集中公布“三清单一目录”，率先实行专职国有产权代表制度，率先完成食品药品机构改革，率先启动人民监督员选任管理方式改革，率先成立首个市公安局驻市环保局工作联络室，率先开展“双月协商”座谈会等等，改革的系统性、整体性和协同性不断加强。扎实推进改革“试点项目”。立足国家自主创新试验区、国家新型城镇化试点、公立医院改革试点城市等“国字号”改革平台，先行先试、扎实推进20多项国家和省级改革试点，并取得预期成效，形成户籍制度改革、职业教育规范化管理、分级诊疗、涉农项目资金整合等一批可复制、可推广的改革成果，创造了株洲经验。积极探索改革“自选动作”。围绕制约株洲经济社会发展最突出的问题、人民群众最期盼的领域、各方面达成共识的环节，推出一系列自主改革举措：推动建设投资项目审批改革，大幅压缩审批时间；积极向城区简政放权，将国有土地房屋征收相关权限下放至城区，保障重点项目用地需求；规范市本级政府性项目投融资管理，建立“借用还”相统一的债务管理机制；深化财政预算管理制度改革，清理收回历年结余结转资金4.7亿，为稳增长提供了有力支撑。广泛推介改革典型经验。中车株机创新发展、建设投资项目审批改革、投融资体制改革、攸县探索农民工工资银行代发机制等6项改革创新，被省委改革办列为改革典范，分别向中央改革办推介或在全省推广，省委书记徐守盛在省委十届十五次全会总结讲话中，高度赞誉中车株机在引进消化吸收再创新方面的做法和经验。（陈　欢）

【全面小康建设】 2015年，小康建设工作走在全省前列。五大类小康指标实现程度均有提高，尤以“经济发展”和“人民生活”这两大类提高较快。全市小康总体实现程度从2014年的91.6%提高到93.3%，继续稳居全省第2名。

加强分类指导。依据分类指导的

要求，株洲注重抓两头、促中间，稳增长、促发展。市县小康实现程度年内得到较大幅度提高。一类县中的天元区充分发挥比较优势，率先冲刺奔小康。醴陵市的经济实力得到壮大。二类县中的攸县正在进行县改市，株洲县正在推进县改区。三类县重点抓扶贫攻坚，把扶贫开发与片区发展结合起来，力争实现区域性整体脱贫。

全力补齐短板。市全面小康办对2014年小康监测数据显示的短板指标，进行原因剖析，提出解决办法，明确责任主体和完成时限。召开小康短板指标分析调度会和全市全面小康领导小组专题会议，由相关部门和县市区主要领导就短板指标进行加压，并逐项将这些指标进行时间进度倒排。对各县市区开展一轮实地督查调研，全面摸清“家底”，找准薄弱环节和发展短板，进行指导协调衔接，帮助解决实际困难和问题。同时，省“两型”办加强对小康短板指标调度，进一步提升短板指标。省小康督察组对株洲小康推进工作给予充分肯定。株洲小康补短板的做法获得全省推介。

强化考评督促。对2014年全市小康测评指标进行全面、认真的分析评估，编制指导手册，下发到各县（市）区和市直相关单位。加强督查考核和责任强化，进行目标值责任倒排，注重考核结果运用，形成全员、全责、全覆盖的考评体系。实行全程监测，按月调度，每季分析，掌握小康进程，并根据小康监测指标变化情况，及时调整工作方法及措施。（陈　欢）

【决策咨询】 市委决咨办紧扣市委工作重心，依托12个重大课题研究，发挥省内外专家学者的“智囊”作用，形成一批决策咨询成果，在咨政建言、理论创新和舆论引导等方面起到较好的智力支撑作用。

精准选择课题。年初，结合市委、市政府中心工作，围绕事关株洲经济社会发展全局性、前瞻性、战略性和现实性的重大问题，开展年度重大课题遴选。召开市直相关部门研究室主任会议，与市委决咨委30位专家委员进行沟通，征求部门和专家意见，确定《高铁产业全球生态链与“一带一路”专家媒体高峰论坛设株洲为会址的可行性研究》《株洲市互联网经济发展战略研究》等12个重大课题。

精心课题委托。立足于专家委员的研究领域、专业特长、职务特点和研究意愿，市委决咨办在充分酝酿和沟通协调的基础上，每个课题委托1名专家委员牵头、若干专家委员参与进行研究。向每位课题牵头人都颁发《重大课题研究委托书》，明确课题名称、研究重点、专家团队、结题时间和方式、课题研究费用等事宜。同时，起草《中共株洲市委决策咨询委员会委托专家研究重大课题暂行办法》，明确课题专家的义务和权利，形成一套务实管用的课题操作规则。

精细课题调研。市委决咨办对所有课题进行统筹考虑，并陪同参与多数调研，全年实地调研累计20余次。协调市直部门调研。分别协调专家委员王汉青一行就文化康养产业课题，专家委员柳思维一行就现代商贸物流发展课题，专家委员陈晓红一行就新型城镇化课题，专家委员曾剑光一行就轨道交通高峰论坛课题，与相关部门座谈、现场考察。协调县（市）区调研。协调专家委员刘茂松一行就株洲市现代农业发展课题，专家委员周发源一行就“两型社会”与生态环境体系建设课题，分别到县（市）区实地调研。协调到外地调研。就轨道交通高峰论坛课题，陪同专家委员曾剑光一行，到长春、延边等地开展调研。（陈　欢）

机关党建工作

【概况】2015年，全市机关各级党组织和广大党员干部深入学习贯彻党的十八届五中全会和习近平总书记系列重要讲话精神，认真落实市委十一届八次、九次全会精神和《中共株洲市委关于贯彻落实〈中国共产党党和国家机关基层组织工作条例〉的实施意见》（以下简称《实施意见》）要求，以从严治党为主线，着力加强机关党的思想、组织、作风、反腐倡廉和制度建设，为不断提高全市机关党的建设科学化水平、促进株洲转型升级发展提供有力保证。

抓理论武装，思想政治建设有新高度。采取经常性党课教育、专题报告、知识测试和报刊宣传等多种形式，组织机关党员干部认真学习党的十八届五中全会精神、习近平系列重要讲话和省委十届十三次全会，市委十一届八次、九次全体会议精神，进一步增强了机关党员干部谋事意识、办事能力、成事效果。抓好机关文化建设，在市直机关大力培育社会公德、职业道德、家庭美德、个人品德，广泛开展学雷锋、学习宣传道德模范等活动。认真做好党建业务培训，首次在市委党校举办机关党务干部研修班，在复旦大学举办机关党务干部研修班，同时各级机关也相应组织基层党务干部开展各类培训。2015年，仅市直机关工委举办各类党务干部培训班和入党对象培训班6期，培训1000余人次。加强党建研究和调研工作，成立“从严加强机关党员经常性教育的实践与思考”课题组，在炎陵县召开县市区机关党建工作座谈会。扎实做好机关党建宣传报道，编发《株洲机关党建》3期，大力宣传市委决策部署、机关党建经验和先进典型事迹。组织市直机关220余名机关党务干部参与“全省机关党建业务及党纪条规知识竞赛”，获得较好成绩。

夯实基础，基层组织功能有新突破。抓好市委《实施意见》贯彻落实，加大宣传力度，加强检查督促，组成7个督查组，对全市90余个市直机关和10个县市区贯彻落实中央《条例》、省委《实施办法》和市委《实施意见》进行专项督查。加强党务干部队伍建设，各机关单位利用换届和党务干部调整的有利时机，按照“人员精干、专兼结合”的原则选优配强党务干部。进一步推进基层党组织科学化、规范化和制度化建设。首次下发支部规范化建设指导意见，以责任清单形式，明确基层支部建设具体指标和评分标准，85%以上的单位按照“六有”标准完善了党员活动室。2015年市直机关申报创建党建示范点30多个。严格落实机关党建工作责任，建立党组（党委）、机关党组织责任清单体系，连续5年做好市直机关党组织书记述职评议工作。2015年抽选11个单位机关党组织书记进行集中述职评议。扎实做好党员发展和党内激励工作，2015年发展预备党员227名，结合纪念建党94周年活动，对43个市直机关先进基层党组织、50名优秀共产党员、30名优秀党务工作者进行了表彰。

聚焦中心，文明创建工作有新作为。做好创全国文明城市相关工作，各级机关单位加大“创文”宣传力度，进一步开展好“道德讲堂”和“文明餐桌”等活动。市直机关组织党员干部2万余人次，利用周末上街开展文明劝导志愿服务。进一步规范文明创建工作，完善文明机关创建考核办法，组织举办文明创建业务工作培训班。截至2015年度，市直机关成功创建全国文明单位8个、省级文明单位18个、市级文明单位14个。做好“两型”机关的创建工作，市委机关大院和株洲日报社成功创建两型示范机关。根据国家《大气污染防治行动计划》和市两型创建要求，4月份组织对有独立食堂的市直机关单位进行排油烟污水情况检查，市直机关食堂油烟排污净化率达到100%。组织开展“环保杯”诗词赛，将36篇获奖作品及特邀作品在市委大院展出，为株洲市成功创建“中华诗词之市”做出贡献。

着力改进作风，机关作风和防腐倡廉建设有新成效。各机关党组织认真履行职责，持续抓好对中央“八项规定”、省委“九项规定”及市委“若干规定”等落实情况的监督检查。认真开展“慵懒散”专项整治，通过明察暗访等形式，及时发现和查处存在的问题，全年市直机关就查处作风问题23起，问责处理党员干部23人。严格落实党风廉政责任制，做好责任分解，强化责任考核，严格责任追究。组织市直机关党员干部认真学习《中国共产党廉洁自律准则》和《中国共产党纪律处分条例》这两个党内法规，举办市直机关学习“两个法规”板报展览和全市学习“两个法规”电视抢答赛。深化完善在职党员进社区活动。在总结往年工作经验教训的基础上，2015年建立机关基层党组织与社区党组织结对帮扶机制。组织开展“切实转作风，圆梦微心愿”和“党员志愿服务月”等活动，为群众办实事和完成“微心愿”2万多件次。严肃查处市直机关科级及以下党员违纪违规案件，2015年处分15人。

创新工作载体，群团组织工作有新发展。切实维护职工合法权益，继续推进第二期职工医疗互助活动，全面铺开女性“两癌保险”及首次确诊补助。组织基层工会干部参加“国家心理咨询师资格认证培训班”。开通“芙蓉情缘”微信公众平台，为未婚职工搭建安全便捷的婚恋交友平台。配合市总工会开展 “千人相亲”活动，机关单身青年200余人报名。积极开展送温暖活动，2015年仅市直工委就慰问困难党员干部323人，送去慰问金22.33万余元，并争取20.8万元慈善款项，救助机关特困党员32人。各市直单位机关党组织也开展节日慰问工作，慰问困难党员、老党员近1600名，发放慰问金、慰问物资90万元。开展丰富多彩的文体活动，倡导市直机关成立各类兴趣小组600多个；积极组织机关干部参加全市“保护环境·健康生活”第三届湘江健步行活动；号召各独立院落的单位开展工间操运动，组织参加“最美芙蓉花”全省女职工微信摄影大赛。10月，会同市文体广新局，组织举办第五届全市大众体育运动会（机关组），设立拔河、羽毛球、太极拳等8个比赛大项，市直机关2300余人报名，组成57个代表队（联队）参赛。 （袁大为）

【召开2015年机关党的工作会议】 3月30日，在市委一楼东会议室召开全市机关党的工作会议。市委常委、市委秘书长蔡溪出席会议并作重要讲话，市直机关和中央、省驻株机关单位党组织书记和部分专职副书记，各县市区工委主要负责人等120余人参加会议。会议总结回顾2014年机关党的工作，部署2015年机关党的工作，对市委新制定下发的《实施意见》进行解读，市委常委、市委秘书长蔡溪就做好2015年机关党建工作提出要增强组织观念、增强时代观念、增强大局观念三点要求。 （袁大为）

【“两个法规”学习宣传】 为学习宣传《中国共产党廉洁自律准则》、《中国共产党纪律处分条例》（以下简称“两个法规”），深刻领会“两个法规”的主要精神，组织市直机关单位开展学习“两个法规”板报展，全市86个市直机关（系统）党组织制作板报参展，市直机关2000余名党员现场观摩；联合市纪委组织全市“两个法规”知识电视抢答赛，10个县（市、区）、84个市直单位组织队伍参赛，近2万名党员干部参与。 （袁大为）

信访工作

【概况】 2015年，株洲市各级各部门推进信访制度改革，着力构建大信访格局，将信访问题和社会矛盾化解在基层，全市信访形势保持平稳可控局面。全市信访总量16010件次、到省集访45批575人次、进京非访124人次，同比分别下降17%、13%、59%，没有发生重大群体性事件、大规模进京集访和极端恶性上访事件。

全国两会、抗战胜利70周年纪念活动（“9·3”大阅兵）特护期被评为全省驻京维稳劝返先进单位，进京非访量连续5年成倍下降，中央、省交办件按期办结率均为100%。（王 坤）

【治理进京非访】 2015年将治理进京非正常上访作为工作的重中之重，层层签订责任状，坚持运行通报、调度、约谈、问责等制度，切实加大非访治理力度，不断压实领导责任和基层工作责任。全国两会、“9·3”等重要特护期前夕排查交办121名重点对象和26个重点群体。市委、市政府主要领导和分管领导在特护期间坚持每日调度信访维稳工作。对特护期间发生进京非访的责任单位和责任领导，根据实际情况分别从纪律、组织、经济等方面进行问责处理。对1—9月进京非访量排位靠前的县市区分管领导进行约谈。全市加大对非访行为的依法处置力度，依法行政拘留313人次。2015年是近5年来进京非访量下降幅度最大的一年。（王 坤）

【化解信访积案】 结合“三严三实”专题教育活动，开展“化解信访积案专项行动”。共排查交办信访积案304件，其中省委书记交办信访积案9件，省委巡视组交办信访件50件，市联席办排查交办信访积案25件，县市区排查交办220件。针对省委书记交办件和市级排查交办件，由市委书记、市长亲自交办并带头包案化解信访积案。市委常委、人大常委会主任、政协主席、副市长等17位领导每人包案2件。省委巡视组交办件和县市区排查交办件全部落实县级领导包案化解责任。市联席办联合市委督查室定期调度和实地督查案件办理情况。通过采取集中排查交办、实行领导包案、定期督查督办、开展信访救助等措施，按照“案结事了、人在当地”和“三个到位一处理”的要求，所有排查交办的信访积案均按期办结，化解信访积案专项行动实效明显。（王 坤）

【推动信访改革】 株洲市信访局突出抓了依法逐级走访、网上信访、依法终结、诉访分离等工作，高标准深入推动各项信访制度改革。引导逐级走访。组织开展《信访条例》颁布十周年系列宣传活动，开辟逐级走访的电视专栏，利用电视、广播等载体，通过动漫等群众喜闻乐见、通俗易懂的方式宣传逐级走访。据统计，全市共发放依法逐级走访手册、群众一卡通等宣传资料3万余份，张贴标语4000余条，培训2000余名干部。打造“阳光信访”。大力推进网上信访，先后组织培训3期300余人次，全面系统地对市直机关及企事业单位信访业务人员、县市区系统管理员进行系统架构、系统操作、系统维护、数字证书登录、业务工作的培训并发放相关学习、影像资料。集中开展信访信息录入“百日会战”活动，按照应录尽录的原则，将新增的来信、来访、网上信访事项全部录入新系统。全市联网信访信息系统529个单位、1484名个人，市直单位全部联通政务外网，县市区全部实现联通，实现与省信访局联网运行“横向到边、纵向到底”，应用率、录入率均达100%。推动依法终结。建立完善信访公开听证制度，组织信访公开听证4次，建立本级听证员库，涵盖法律工作者、行业工作骨干、人大代表、政协委员、五老人员等多达76人。市级复查复核案件15件，复查复核按期办结率100%。积极开展诉访分离工作调研，推动设立市涉法涉诉信访联合接访中心，实质性将涉法涉诉信访问题纳入了法治轨道。（王 坤）

老干部工作

【概况】 截至2015年12月31日，全市共有离休干部1511人，其中行政单位309人，事业单位333人，企业869人；市直340人，县市区597人，中央和省属574人；厅级112人，县级782人，科级615人；红军时期参加革命工作的1人，抗日战争时期参加革命工作的109人，解放战争时期参加革命工作的1390人；80岁以上1497人。市级离退休老干部108人，其中曾担任正厅领导职务7人，正厅非领导职务12人，副厅实职52人，享受副厅级待遇14人，市属高职院校3人，机构改革中批准享受副厅级非领导职务三项待遇9人，机构改革中批准享受副厅非领导职务医疗待遇11人。

2015年，全市各级老干部工作部门遵循为株洲转型升级增添正能量的价值导向，紧扣全市中心工作和老干部需求，全面落实待遇，加强教育引导，为老干部办实事、解难事，推动全市老干部工作取得新成绩。

全面加强离退休干部政治学习，强化思想引领。通过支部学习、座谈交流、远程教育等多种方式，组织广大离退休干部学习中国特色社会主义理论体系、习近平总书记系列重要讲话精神，以及全国和全省离退休干部“双先”表彰大会精神、市委十一届八次和九次全会精神，引导老干部将智慧和力量凝聚到开创转型升级新局面上来。重阳节前夕，召开大规模形势报告会，市主要领导向老干部通报情况，并陪同市级老领导参观，《株洲日报》头版头条以《老干部盛赞株洲转型升级新变化》为题作了报道。“三严三实”专题教育、省委巡视组到株洲、推荐干部等，市委认真听取老干部意见。组织市级老领导考察醴陵陶瓷博物馆、醴陵旗滨玻璃集团、中国（株洲）动力谷、麦格米特公司等。

发挥离退休干部独特优势，开展正能量活动。组织谭敬炎、张庆功、夏昭炎、陈瑛、田云秋组成老干部先进事迹报告团，并赴5县4区巡回宣讲先进事迹，在广大离退休干部中产生强烈反响，激发了老干部投身公益、发挥余热的热情。在全市离退休干部中组织开展“美好株洲、阳光生活”

增添正能量活动。引导老干部讲述株洲故事，畅谈产业发展、城市建设、人民生活等方面巨大变化，共征集诗歌、散文、回忆录等286篇，将优秀征文汇编成书印发至老干部，选登部分优秀作品发到组工网、《株洲日报》、红网。老干部创作书法、绘画、摄影作品600多幅，邀请专业人士对摄影和书画作品进行评奖，在网站展出优秀摄影作品80多张、书画60多幅，并赴县市区巡回展览。开展“老干部工作为党的事业增添正能量”理论研讨活动，收到理论文章368篇，其中8篇文章在全省理论研讨中获奖，其委书记贺安杰的署名文章《关于在增添正能量活动中引导离退休干部影响带动老年群体发挥作用的思考》获一等奖，并被推荐到中组部参加全国评选。

用心用情为老干部办实事，增强老干部获得感。积极协调落实提高离休干部离休金和护理费、无固定收入离休干部配偶遗孀生活补助、建国初期参加革命工作的部分退休干部生活补助和医疗补助等政策待遇。积极协调、大力推动市本级机关事业单位按新标准落实去世离退休干部抚恤金，指导督促县市区抓紧到位。认真落实老干部共享改革发展成果机制，实现老干部与在职干部同等享受绩效考核奖，恢复津补贴作为计发考核奖基数。畅通离休干部和市级老领导就医绿色通道，开通24小时预约电话，提供全程陪同检查、引导就诊和代办就医手续、代取检查报告单、特殊检查预约等服务。着力改善老干部就医条件，加强老干部VIP病房建设，增加床位，完善设施。协调财政补贴老干部VIP病房床位费差价。继续做好离休干部和市级老干部水气收视费减免和“E键通”急救系统维护工作。积极推进困难离退休干部关怀帮扶工作，为老干部解决实际困难和问题。全力做好“506”群体信访接待、关心照顾等，维护这部分退休人员整体稳定。

（周立刚）

【开展纪念抗日战争胜利70周年活动】 根据中央部署和要求，精心组织纪念抗日战争胜利70周年活动，为每位老干部遗孀每人发放2000元慰问金。市委书记贺安杰，市委副书记、市长毛腾飞，市委常委、组织部部长、统战部部长彭爱华上门走访抗战老干部代表郁宝云、马金琢、武志，市委老干部局走访慰问市本级32名抗战老干部、45名抗战老干部遗孀。对易地安置（居住）离休干部及遗孀进行走访慰问。与株洲日报社联合举办“纪念抗日战争胜利70周年”专版，报道6名抗战老干部的英雄事迹，3名老干部先进事迹在株洲电视台《先锋颂》播出；联合老年大学举办纪念抗日战争胜利70周年老干部（老年人）优秀书画作品巡回展览。（周立刚）

【出台加强离退休干部党建工作意见】 落实从严治党要求，与市委组织部联合下发《关于进一步落实离退休干部党建工作责任制的意见》（株组〔2015〕8号，要求各级党委（党组）认真履行抓离退休干部党建工作主体责任，主要领导履行第一责任人的责任。组织部门履行牵头抓总、宏观管理的责任，将离退休干部党建纳入党建工作总体规划，做到与在职人员党建工作同部署、同指导、同考核。老干部工作部门履行具体指导、综合协调的责任，将离退休干部党建作为老干部工作的一项重要任务，配合抓好党建考核，强化支部书记培训和先进典型培树；各级党委（党组）履行抓离退休干部党建工作主体责任，主要领导履行第一责任人的责任。

（周立刚）

【规范服务管理】 制定《关于进一步规范完善市级离退休干部和有关人群服务管理工作的通知》（株办〔2015〕52号），对市级老领导出席重大活动、参观考察、生日慰问、住院探视、丧事办理等作出明确规定。出台《部分退休干部参照市级老领导享受有关待遇和服务的意见》，对政府机构改革中批准享受副厅级三项待遇和单项待遇的20名退休干部，以及3所高职院校退休副厅级干部相关待遇和服务作出规定。制定《市级老领导春节慰问活动内部操作办法》，明确“统一标准、避免重复、对口分组”原则，慰问金由财政拨付老干局，统一对老领导进行慰问。（周立刚）

【老年教育工作】 全市各级老年大学坚持政治建校、文化立校，调整专业设置，增强课程针对性和时代性，突出形势政策、历史文化、艺术修养、养生保健，提高特色专业班比重。注重老年学员作用发挥，以老年艺术团为主体，组织进社区、进学校，进乡村，影响力不断扩大。市老干部合唱团参加2015年全国“夕阳秀”北京国家大剧院合唱展演，演唱的《在太行山上新编》《去一个美丽的地方》荣获金奖。坚持“两个延伸”，不断拓展老年教育覆盖面，建立起市、县、乡镇、村四级老年教育网络，缓解老年人“入学难”问题。积极开展“老年大学示范校”创建和评估活动，提升办学规范化水平。炎陵县老年大学、石峰区老年大学成功创建省级老年大学示范学校。（周立刚）

【老年保健工作】 发挥协会优势，通过各种方式大力开展老年保健、疾病防治宣传教育。先后邀请专家教授在恺德医院、市委机关等地，以授课、交流方式宣传老年健康常识和理念。重阳节当天，牵头联合有关部门在《株洲日报》策划一期“重阳节特刊”，全方位宣传老年保健知识，受到全市老年朋友赞赏。结合党建扶贫工作，聘请20多名专家和医务人员在茶陵县洣江乡渡里村开展免费义诊、就医送药活动；开展社区老年保健教育工作，为社区老年朋友送去药品、老年保健知识，改善老年人就医困难、药品缺乏等问题。建立起百岁老人数据库。

（周立刚）

对台工作

【概况】 2015年，株洲市对台工作以“服务祖国统一、服务株洲经济社会发展升级”为主题，以深化经贸合作、扩大各界交流为主线，立足全局，突出重点，扎实工作，全市对台工作取得新成效。

对台经贸合作深入推进。全年开展小分队招商活动8次，邀请台商组团到株洲考察7次，成功引进台资项目7个，实际到位台资近3亿元人民币。认真部署，主动招商。坚持“走出去”和“引进来”相结合，积极开展招商活动。组织开展产业、企业对接8次，足迹遍布上海、昆山、广州、东莞、深圳等地，拜访多家台协、台企负责人，参加第九届阳明山“和”文化节暨海峡两岸文化旅游经贸交流会、昆山电子电机设备博览会、第十一届湘台经贸交流合作会等多项招商活动；邀请台湾区电机电子工业行业公会、台湾两岸教育交流委员会、台湾青商总会等台湾行业组织组团到株洲考察交流。稳妥细致，安商护商。全年受理台商投诉案件3件次，台胞台属求助、投诉7件次，调处结案10件次，结案率100%。省、市领导多次走访在株洲台资企业，为台商排忧解难，并在春节、中秋节召开台商专题座谈会，为台商解决生产经营中的实际困难。创建株洲台商微信群，互通信息，及时了解动态，倾听台商心声。扎实跟进，取得实效。通过积极招商，2015年全市成功引进多个台资项目。台湾群光集团出资转让金额4700万元人民币整体收购株洲湘火炬汽车灯具有限公司；小哈佛美语幼稚园第六家园落户美的城（在湖南省内小哈佛幼稚园已达20家）；台商周华健投资6000多万元的节能环保项目——富润环保节能科技有限公司已正式运营，年发电量可达4000万度；台湾神农大帝协进会在株洲投资经营台湾奶茶连锁店，第一家店已正式开张营业；台湾快餐连锁品牌店“花莲一品香”和饮品品牌“舞茶仙”落户株洲，已有2家店正式运营；台湾大型连锁量贩知名品牌店“大润发”成功落户荷塘区，投资总额1.5亿元人民币，于2015年12月22日正式营业；台湾元创集团在高新区投资2亿元人民币注册株洲元创精密科技有限公司，一期土地4.67公顷成功摘牌，预计项目2016年投产。在株洲市深圳投资贸易洽谈会上，签约台资项目3个，投资总额15亿元人民币。

株台交流交往持续热络。全年组织公务赴台团组9批129人次，办理企业赴台18批52人次，接待台湾神农信众到炎帝陵参访祭祀10批300余人次，接待回乡省亲祭祖后裔团组5批57人次。在连续5年举办“海峡两岸炎帝神农文化祭”系列活动基础上，创新思维，6月举办“神农大帝祖庙圣驾台湾巡境赐福”活动，省、市、县相关单位组成83人护驾团，护送炎帝祖庙神农开光神尊赴台，由北至南经由台北、苗栗、高雄等11个县市36个乡镇，历时11天，行程2000多公里，巡境41家宫庙。时任湖南省委常委、统战部部长李微微等省市领导护送圣驾入岛，省政协副主席张大方赴台迎接圣驾回銮。各领域交流交往更加频繁。公务交流增量提质，各公务交流团组通过高规格、高质量、领域广泛、特点鲜明的赴台交流活动，有力地加强了株台各领域的合作与互动，进一步推动对台交流工作向纵深发展。企业、个人赴台较上年度有大幅增长，株洲企业直接与台湾相关企业进行合作交流呈上升态势，高校间的学术交流互访成为常态。

涉台宣传教育影响广泛。全年在台湾工作通讯、湖南对台工作、中国台湾网、华夏经纬网、中国日报网、三湘统战网、《株洲日报》、株洲政务网、株洲传媒网、台湾中评网、株洲台办官网等各级媒体、网络发稿200余篇，保持了对台宣传的有力声势。扎实推进政务新媒体建设。建立株洲市台办官方门户网站和官方微信公众平台，及时发布信息，为外界了解株洲市对台工作情况提供了一个展示窗口，较好发挥了网络宣传的优势作用。重点做好专题宣传。围绕“乙未年神农大帝祖庙圣驾台湾巡境赐福”活动，携带《海峡两岸共祭炎帝神农》《追念颜元叔》两部宣传图书入岛赠予宫庙信众，配合省台办充分调动媒体力量，组织省市媒体、台湾主流媒体、大陆驻台媒体等对活动进行全方位报道。从百度搜索，整个活动期间发稿328篇，网页搜索结果达18400个，形成了集中宣传攻势。接待台湾联合报系“大陆新发现”栏目组到株洲采访活动，在台湾《联合报》《联合晚报》《经济日报》分别刊载整版连续报道，并在联合新闻台播放2集专题片，为株洲市借助台湾媒体报道实现宣传入岛搭建平台，进一步扩大了在岛内的影响力。深入开展涉台教育。设立株洲市外国语石峰学校为全市首家涉台教育基地，为青少年搭建了掌握党的对台方针政策、知晓台湾历史、了解宝岛风土人情的平台。全面展示工作成果。“乙未年神农大帝祖庙圣驾台湾巡境赐福”活动后，积极总结经验，形成《“乙未年神农大帝祖庙圣驾台湾巡境赐福”的情况报告》，得到市领导充分肯定，并通过政务系统向全市县处级以上单位转发，较好展示了对台工作成果。（李志伟）

【举办神农大帝祖庙圣驾台湾巡境赐福活动】 2015年6月6—16日，株洲市以两岸神农信仰为纽带，创新举办“乙未年神农大帝祖庙圣驾台湾巡境赐福”活动。活动以“神农赐福，两岸共沐”为主题，以增进台湾民众的文化认同和民族认同为目标，以中华传统文化为载体，以乡音乡情为纽带，采取两岸协作共办、民间交流的形式，由省、市、县相关单位组成83人护驾团，护送炎帝祖庙神农开光神尊赴台，由北至南经由台北、苗栗、高雄等11个县市36个乡镇，历时11

天，行程2000多公里，巡境41家宫庙，全台100多万神农信众参加，各家神农宫庙积极配合，各方政治人物热情捧场，被两岸媒体誉为“开台以来最大的神农文化盛事”。两岸零距离共祭神农大帝，改变了以往单向参与祭拜的方式，填补了祖庙炎帝神农从未到过台湾的历史空白，实现了两岸共祭先祖的新突破。活动不仅在台湾岛内掀起了一轮炎帝神农热潮，更是在全国乃至海外产生巨大反响，有效扩大了两岸神农信仰的影响。活动荣获“2015年度全省统战工作实践创新成果”奖，并被推荐参加全国统战工作实践创新成果奖评选。（李志伟）

【市委书记贺安杰畅谈株台经贸文化合作】 8月23—27日，台湾联合报系“大陆新发现”栏目组到株洲采访，市委书记贺安杰接受专访，畅谈株洲与台湾的经贸文化交流合作情况。贺安杰向栏目组系统阐述了株洲悠久的历史文化，指出株洲是炎黄文化的重要发祥地，株洲炎帝陵是岛内300多万神农信众共同向往的祖陵。多年来，株洲积极开展与台湾的神农文化交流，连续举办了系列“海峡两岸炎帝神农文化祭”活动。近年株洲与台湾经贸文化交流频繁，株洲现有台资企业60余家，涉及机械加工、新能源、教育、农业、商贸、房地产等行业，“株洲台湾工业园”的挂牌落地工作也在积极推进。株洲将以炎帝神农文化为纽带，积极推动双方经贸文化交流取得新进展、新成效，再续两地人民友谊佳话。（李志伟）

【召开全市对台工作会议】 5月27日，株洲市召开全市对台工作会议，传达学习2015年全省对台工作会议精神，研究部署2015年全市对台工作。株洲市对台工作领导小组成员、各县市区党委或政府分管领导及台办主任参加会议。市委副书记阳卫国出席会议并讲话。阳卫国充分肯定了近年来全市对台工作取得的成绩，他强调，2015年全市对台工作要抓好中央、省委、市委各项决策部署的落实，切实把株洲对台工作的特色和优势发挥好，为服务中央对台工作大局和地方经济社会发展做出新贡献。（李志伟）

【株洲市首家涉台教育基地成立】 10月29日，株洲市首家涉台教育基地在市外国语石峰学校成立。株洲市台办主任蔡平为涉台教育基地授牌，副主任禹雄根代表市台办现场为基地捐赠涉台图书2000册。株洲市涉台教育基地成立后，将搭建师生掌握党的对台方针政策、知晓台湾历史、了解宝岛风土人情的平台，并不定期邀请台湾学生到株洲参与联谊活动，增进与台湾青少年的交流互动。近年来，株洲市率先在全省开展涉台教育“三进”（进机关、进社区、进学校）活动，取得良好效果，在涉台教育常态化、制度化建设方面探索出了新路子。

（李志伟）

保密工作

【概况】 2015年，株洲保密工作注重保密教育，增强保密意识。以领导干部、涉密人员保密教育为重点，采取多种形式抓保密教育。年内举办全市保密机要人员、网管员集中培训，参训人员300多人。攸县、茶陵县、株洲县相继举办涉密人员培训班，开展专题教育。利用党校干部教育培训平台，分两期对300多名新任公务员岗前开展保密教育培训，对16家涉密考试单位200多名考务人员进行专题保密教育和业务培训。2015年9月，在全市开展“两识”教育“活动月”活动，各县市区分别在“活动月”开展“为核心保密管理单位上一堂保密教育课、对重点以上保密管理单位开展一次保密检查、以‘两识’为主题开展一次保密知识竞赛活动”的“三个一”活动。报送保密工作信息30余篇。

强化保密检查，提升管理能力。依据“扩大影响、堵塞漏洞、注重实效”的检查工作思路，加大保密检查力度，提升保密管理能力。日常检查与专项检查相结合。2015年，市国家保密局按照“分层次管理办法”，对21家核心保密管理单位开展2次检查、51家重点保密管理单位开展1次检查，依据“以查促管”的方法，指导市直各单位落实《保密工作达标管理办法》；10—11月份，对全市党政领导干部保密工作责任制落实情况进行督查；对9家国有企业和金融机构开展涉密经济数据保密管理专项检查，联合公安部门对8家废旧回收站点及再生资源市场开展保密检查。共检查计算机165台次，下发整改通知书32份，对问题严重的单位开展“回头看”，确保消除隐患，整改到位。定期检查与突击检查相结合。进一步规范株洲市互联网信息检查程序和内容，优化关键词提取方法，建立综合性的搜索词库，每周定期对193家市直机关、涉密单位门户网站进行保密搜索，年内发现2起外省网站违规发布涉密信息的涉嫌泄密事件，并及时上报省国家保密局予以处理。对近两年来通过现场认证审查的军工单位开展突击检查，督促落实现场审查的问题整改到位。抽查与自查相结合。利用电话、上门等形式，督促各单位开展定期自查，逐步形成自查自纠保密管理机制。在各单位自查的基础上，通过日常检查、专项检查、突击检查等形式开展抽查。

规范制度建设，提高依法行政能力。规范定密管理。根据《湖南省贯彻〈国家秘密定密管理暂行规定〉实施办法》精神，下发“关于贯彻落实《湖南省贯彻〈国家秘密定密管理暂行规定〉实施办法》的通知”，规范定密工作程序、定密责任人确定、定密授权和授权备案等工作，指导对没有法定定密权又需要定密的单位依照法定程序进行定密权限申请，在三季度开展全市定密工作专项督查。

依法开展行政审批。根据《国家秘密载体印制资质管理办法》和《涉密工程审查和保密管理办法（试行）》要求，取消5家涉密载体定点印刷复制单位相关资质，指导新申报单位开展资质申请准备工作；协助省涉密网络保密测评中心对市检察系统涉密网络建设方案进行评审；开展涉密计算机定点维修单位年审工作，重新审查批准定点维修单位。组织实施受控设备核查。2015年，联合公安局、安全局、文化执法局等对株洲市被境内外攻击的5个IP地址分别进行核查，通过技术手段确认受控目标主机或服务器，对计算机及移动存储介质进行技术检查和核查取证。

增强保密指导服务。推进保密室达标建设。按照试卷保密室建设标准，从基础设施、技防设备等方面，对已达标的保密室颁发“保密室使用合格证”。强化军工保密管理。年内，新增1家二级军工科研生产单位，6家军工单位一次性通过现场复查或重审。所有军工单位涉密计算机都安装保密技术防护专用系统，3家建设涉密信息系统的单位均通过国家保密科技测评中心的测评。落实网络技防措施。为市委、市政府重要涉密会议活动提供安全保密技术服务保障，防范4G、Wifi等无线网络泄密。对市直机关、涉密单位涉密计算机及网络进行摸底统计，明确涉密计算机属性及其密级，督促单位加强涉密计算机安全保密技防设施配备，有效防范涉密信息泄露。

（罗岳新）

讲师团工作

【概况】 2015年，株洲市委讲师团围绕市委、市政府中心工作，做好科学理论武装全市党员干部思想工作，理论学习、宣传和研究工作迈上新台阶，被评为全省讲师团系统先进集体。

市委中心组理论学习服务工作。制订《2015年度市委理论学习中心组学习计划》，按照理论学习的自学、专题辅导、中心发言、特邀发言、讨论发言、学习小结、新闻报道等六个环节，精心做好每次具体学习安排。全年市委中心组举办学习11次，分别围绕世界军事形势和国家安全战略，“四个全面”发展战略布局，培育和践行社会主义核心价值观，经济发展新常态，“三严三实”专题学习教育，总书记关于做好意识形态领域工作的重要论述，“全面推进法治湖南”建设，《中国共产党廉洁自律准则》《中国共产党纪律处分条例》专题学习，党的十八届五中全会精神专题宣讲等相关主题精心组织学习研讨，共计16天时间。其中，在市委礼堂举办10场扩大集中学习报告会，外请高层专家学者授课，听课领导干部普遍认为共享学习资源，受益匪浅。在第八次集中学习中，邀请省委讲师团主任郑昌华等领导对株洲进行指导和督学。

县级党委中心组和全市干部理论学习辅导工作。全团教员根据2015年“五大学习主题”要求，准备30多个理论辅导专题和相关课件，制定《2015年度党员干部理论学习辅导专题目录》（“菜单”），向全市县以上单位下发300份，主动为市直机关单位党委中心组和基层党员干部学习提供理论辅导。全年全团共授课200余场，其中辅导四中全会专题30多场、“三严三实”专题90多场、五中全会专题30度场、《准则》与《条例》10多场，听众逾5万人次。组建株洲市“四中全会精神”微宣讲团深入社区开展宣讲，组建市委“党的十八届五中全会精神和《中国共产党廉洁自律准则》《中国共产党纪律处分条例》”宣讲团分赴10个县市区进行巡回宣讲，衔接邀请省委宣讲团成员邓清柯到株洲作两场精彩的“十八届五中全会精神”宣讲报告，深受基层广大干部群众欢迎。同时，协同宣传部对40个县以上单位党委中心组理论学习和学习型党组织建设进行抽查督导，并向全市下发督导通报。

理论研究宣传工作。开展集体科研项目攻关，完成省团两个重大立项科研课题：株洲市委中心组学习“学贵有恒、常学常新”，株洲市科技创新驱动发展模式研究。全年教员撰写理论文章6篇，其中：《“四个全面”是走出历史周期律的现实出路》在《湖南日报》发表；《全面深化改革必须坚持依法治国和以德治国相结合》《以全面深化改革促进公平正义》在省团《学习导刊》发表；2篇论文参加全省“协调推进四个全面，引领湖南改革发展”理论研讨会，分获三等奖。

（陈　湘）

【市委讲师团恢复建制30周年】 2015年7月8日，株洲市委讲师团恢复建制30周年。30年来，讲师团坚持“用科学的理论武装人”，在全市干部理论学习、研究和宣传工作中发挥了主力军作用，株洲市干部理论教育工作始终走在全省前列，一直是全省讲师团系统的先进集体。抓干部正规化理论教育，12000多名干部通过系统学习考试取得马克思主义哲学、政治经济学和科学社会主义三科结业证书；抓县以上单位党委（党组）中心组和领导干部理论学习，每年有1700多名副处级以上领导干部参加集中学习轮训；为市委中心组理论学习服务，在规范化、经常化、制度化上年年有新进展，特别是每年春节后上班第一天安排集中学习的好传统，连续坚持30年；抓理论专题教学辅导，教员每年授课平均在200场以上；抓理论研究决策服务，完成省、市级立项专题调研课题10个，主编参编出版著作30多部（其中3部分获省委省政府第一、二、三届社会科学成果三等奖和优秀奖），在省级以上报刊公开发表理论文章近300篇（其中国家级核心期刊上发表6篇）。（陈　湘）

【开展理论进社区微宣讲微宣传活动】 为推进党的十八届四中、五中全会精神入心入脑“理论武装工程”，4—5月，市委讲师团汇聚4名教员力量组成株洲市“四中全会精神进基层”百姓微宣讲团，分成两组深入城市5区街道社区开展宣讲33场，与3000多基层党员群众面对面进行理论问答，释疑解惑；12月，与《株洲晚报》合作策划“让五中全会精神走进千家万户”活动，利用晚报平台和义工渠道，选择10个人口密集的社区广场，每周六上午开展1场内容丰富多彩的五中全会报告相关政策和精神宣传活动，年内已举办5场。（陈　湘）

【组建市委宣讲团】 为深入学习领会党的十八届五中全会精神，贯彻落实《中国共产党廉洁自律准则》和《中国共产党纪律处分条例》，由市委宣传部牵头组织，以市委讲师团教员为骨干，组建市委“党的十八届五中全会精神和《中国共产党廉洁自律准则》《中国共产党纪律处分条例》宣讲团”。12月7—14日，宣讲团8名成员分成两个小分队赴10个县市区进行巡回宣讲，直接受训的县市区领导干部超过3000人。对市直机关和全市企事业单位的巡回宣讲活动，于12月18日开始一直延续至2016年1月底。

（陈　湘）

接待工作

【概况】 中共株洲市委株洲市人民政府接待处成立于1988年8月，是市委市政府授权主管全市公务接待工作的正处级公益一类事业单位，归口市委办公室管理。接待处设有4个科室，全额拨款事业编制17人，自收自支事业编制4人。2015年在职人数为20人。

2015年，中共株洲市委株洲市人民政府接待处完成接待任务469批，其中接待党和国家领导人3批次，国家部委领导21批次，省委、省人大、省政府、省政协、省军区领导38批次，湖北省、长沙市、衡阳市、萍乡市等党政代表团8批次，知名企业47批次。承担为期两个月的省委巡视、为期20天的省委组织部厅级后备干部考察、全国文明城市复检等任务的后勤服务工作。同时，严格贯彻落实中央八项规定精神和系列公务接待新规，公务接待经费继2013年以来逐年下降。

强化主动作为的大局担当。在做好统筹协调中服务发展大局。围绕市委市政府中心工作，站在服务全市经济社会发展大局角度，找准位置，当好领导的参谋和助手。坚持全市接待一盘棋，8月出台《协办任务工作流程》以来，主动协办37起市直部门自行负责、非市接待处接待范围的重要投资考察、重大会议、重点活动的接待服务工作。在发挥岗位优势中服务发展大局。坚持多打提前量，掌握工作主动权。10月，省政协主席会议成员到株洲考察，第一时间掌握相关信息，制定会议、就餐预案，主动上门向市政协领导汇报，努力为接待准备充裕的时间。在搞好运转保障中服务发展大局。6月1日全面接管军分区师干楼的保障工作。克服天台山庄过渡期诸多困难，确保全年接待任务顺利执行。同时，受天台山庄管委会的委托，由接待处牵头，历时4个月，选定了浙江开元酒店管理公司为新一轮托管经营公司。

强化务实创新的能力担当。强化“马上就办”的执行意识，切实加强机关干部的执行力。努力解决干部“不会为”“不善为”现象。通过组织开展主题现场参观学习、公文写作培训、“专业·专注”演讲比赛；参加新芦淞集团“管理提升月”系列培训；选派5名干部参加市委党校学习、选送3名干部参加全国公务接待交际工作培训班；机关干部轮流主持月例会、月度学习、开展厨艺PK赛等活动，提升了接待干部履职能力和岗位自信。开展餐饮、住宿、会议服务提质活动。出台《餐饮接待服务规范》《客房接待服务规范》《会务接待服务规范》。与华天、西苑、晴溪等市区知名餐饮密切互动，加强整合地方特色餐饮资源。（李晓彤　王　霞）

党校教育工作

【概况】 2015年，株洲市委党校、行政学院围绕市委、市政府工作大局，按照“打造湖南领先、全国一流市级党校”工作目标凝心聚力、积极作为，各项工作取得新成效。

主业有新进步。突出特色培训，主渠道地位有力彰显。全年共举办主体班21期，培训干部1713人次，其中开办特色短期班14期，培训1336人；计划外班7期，培训1180人。同比增长32.1%，培训规模再创新高。推进教学创新，办学效果显著增强。1.优化教学布局，专题设置注重“三个突出”。突出马克思主义中国化最新成果的理论教学；突出党性教育和党性锻炼；突出党委政府中心工作、重大决策部署以及社会热点难点问题的教学。围绕省委提出的“四化两型”，株洲“三个率先”总目标，实施转型升级总战略，打好“四大攻坚战”的工作主题，开设《发展园区经济，打造株洲园区升级版》《株洲制造2025与株洲工业升级》等专题。2.着力课程开发，教学效果和质量显著提升。全年共开设教学专题89个，其中新专题65个，专题更新率达73%。学员对教学满意率测评达100%。3.创新教学方式，学员主体班作用充分发挥。结构化研讨教学、辩论式教学等新型教学方式的应用学员主动参与、积极互动，课堂效果非常好。强化课题带动，科研水平稳步提升。科研成果数量持续增长。全校教研人员在省级以上公开刊物发表论文63篇，其中国家级刊物6篇，中文核心期刊7篇；国家、省市社科课题立项14项、结项16项；公开出版20万字学术专著1部。连续14年7届获得“科研工作先进单位”

称号。科研咨政功能日益增强。“湖南东大门”发展战略研究——以建设湘赣经贸合作开放实验区为突破口、新常态下株洲稳增长的投资问题研究、新常态下法制株洲建设的新问题新对策等研究成果进入市委、市政府的决策视野。

改革有新推进。绩效考核工作开始施行。按照《内部绩效考核实施方案》，全面实施年终绩效考核工作。专业技术人员岗位设置全面启动。全体教师均根据《校（院）专业技术人员岗位设置方案》申报岗位，2016年1月底前将全面完成该项工作。重点工作有新特色。圆满完成全市基层党组织书记培训任务，培训分3期进行，共培训640人。深入“五个一”重点项目工作、企业等联系点进行调研、督查达10多次。2015年11月，中航零部件制造公司新厂房正式开工。醴陵釉下五彩生产基地有5家企业全部投产。

队伍建设有新进展。完成公开招聘教员工作。面向全国20多所重点高校，公开招聘4名硕士研究生；外聘35名党政机关领导、企业家、学者为客座教授。集中学习效果好。全年中心组集中学习28次，教职员工学习培训讲座14次，各处室坚持每周1次的政治学习不动摇。干部在线学习100%达到了规定学分。外地培训质量高。组织全体专兼职教师、科以上干部及各县党校骨干教师近70人赴上海复旦科技园参加了优秀党政人才培训。

（刘　伟）

【中组部干教局领导到党校调研】 2015年10月29日，中组部干教局副局长李刚率调研督查组到湖南调研，专程到株洲市委党校对《2013—2017年全国干部教育培训规划》实施情况进行调研督查。市委副书记、市委党校校（院）长阳卫国主持座谈会，市委常委、市委组织部部长、统战部部长彭爱华对株洲市《培训规划》贯彻落实情况作汇报，市委党校、行政学院常务副校（院）长聂方红专题汇报党校干部教育培训工作以及《培训规划》贯彻落实情况。李刚认真听取汇报，与党校教师和学员进行探讨交流，对株洲市干部教育培训工作给予充分肯定；对市委党校教学、科研、队伍建设等各项工作取得的成绩和经验，给予充分肯定，称市委党校教学科研水平达到了市州党校一流水平。

（刘　伟）

【聂方红参加刘云山主持的“加强和改进党校工作”座谈会】 5月8—11日，中共中央政治局常委、中央书记处书记、中共中央党校校长刘云山在湖南调研。10日，刘云山在长沙主持有湖南、广东、湖北、贵州等部分省委党校校长参加的“加强和改进党校工作”座谈会。市委党校、行政学院常务副校（院）长聂方红代表湖南基层党校作“基层党校理论教育面临的问题”专题发言，当他讲完后，刘云山说：“到底是专门搞党校工作的，针对性强！”聂方红汇报时，刘云山多次插话，关切地询问了队伍建设、教学、科研等相关问题，对株洲党校近年来的工作思路和成效，以及提出来的对策建议，当场给予了肯定。聂方红汇报中提出的有些做法和建议在全国党校工作会议领导讲话和中央有关文件中得到体现。

（刘　伟）

【全市基层党组织书记集中轮训】 4月20日—5月18日，株洲市基层党组织书记集中轮训在市委党校举行，共有637名乡镇、街道党（工）委书记、社区党组织书记、村党组织书记和部分党务工作者等分3期进行集中轮训。培训主要围绕增强政治意识、组织意识、法治意识，提高服务能力、履职能力进行。除基本的工作规章、要求外，基层社会治理创新的相关政策也被列入培训内容。

（刘　伟）

株洲市人民代表大会常务委员会

综　述

【概况】 2015年，市人大常委会认真履行宪法和法律赋予的职权。全年共召开常委会会议8次、主任会议14次，听取和审查专项工作报告22项，作出决议决定5项，圆满完成市十四届人大四次会议确定的各项任务，为新常态下打造株洲发展升级版发挥了重要作用。

积极落实市委决策部署，始终坚持党的领导。科学决定重大事项。贯彻落实《中共株洲市委关于全面推进依法治市的实施意见》，作出《关于开展"司法公正株洲行"活动的决定》；出台《株洲市人大常委会市本级政府预算审查监督办法》，对市人大常委会的预算审查监督行为和市人民政府及相关部门的预算行为进行规范；围绕科技创新、产业转型升级，作出《大力推进我市科技创新、促进高新技术产业发展的决议》，助推全市高新技术产业发展。依法做好人事任免。优化任前了解、任前法律考试、任前发言、审议表决等程序，规范任免工作。全年共任免和批准任免国家机关工作人员73人次。率先落地立法职权。依法设立法制工作委员会，顺利通过省人大常委会立法能力建设的评估考察，首批成为全省行使地方立法权的市，成功开创株洲人大及其常委会由"三权"增至"四权"的新局面。主动完成中心任务。积极参与清水塘工业区绿色搬迁、长株潭城际铁路、莲株高速公路等15项重点项目建设，协调解决实际问题，扎实推动项目实施。认真审查、及时批准棚户区改造、云龙示范区公益建设等项目贷款的议案，支持政府融资平台融资118.85亿元。

着力保障民生民利，切实开展监督工作。开展《中华人民共和国大气污染防治法》（以下简称《大气污染防治法》）综合执法检查。常委会分成7个组，历时3个月，奔赴9个县市区和13个行政执法部门开展《大气污染防治法》综合执法检查，形成1个综合执法检查报告、1个暗访专题片和7个专题审议发言材料。针对暗访专题片中发现的问题组织开展专题询问。根据专题询问和审议发言，依法提出10条意见和建议交市人民政府办理，有效促进全市空气质量改善。开展专项工作评议。年内，分别针对市人民政府科技、司法、住建、国土、交通、水务、安监7项工作中的某一项具体内容开展专项工作评议，并进行满意度测评。针对评议中存在的问题，对市人民政府发出审议意见书，提出整改意见35条。听取和审议专项工作报告。常委会听取和审议了"两院"司法公开、"两院"相关副职履职、市级决算草案和预算执行、审计工作报告以及审计报告指出问题整改、农业环境保护、《中华人民共和国食品安全法》贯彻执行等情况报告，主任会议听取了市政府债务管理、城市住房建设、土地储备、公交都市创建以及株洲市贯彻落实《中华人民共和国档案法》《中华人民共和国传染病防治法》《中华人民共和国老年人权益保障法》等情况报告，及时提出意见和建议交"一府两院"办理，促进"一府两院"依法行政和公正司法。深入开展"五行"活动。深入开展"三湘环保世纪行""三湘农产品质量安全行""三湘农民健康行""民族团结进步行动"，"公正司法行"等活动，不断推动保障和改善民生。

致力督办意见建议，积极服务代表履职。创造条件，多途径开展代表培训。分层分批组织220余名省、市人大代表和乡镇人大主席学习培训。全市138个代表联系群众工作室共接待人民群众来访2700余人次，促使解决一大批群众关心关切的实际问题。先后邀请110名省、市人大代表列席市人大常委会、专门委员会会议，参加执法检查、专项工作评议等活动。做好驻株国、省代表履职服务工作，组织驻株国、省、市级人大代表开展调研视察。开展主任会议成员联系走访代表活动，组织代表向选民报告履职情况，筑牢人大工作基础。巡回集中，多层面督办代表建议。市人大常委会主任会议成员分别在9个县市区开展代表建议巡回集中督办。全市有市人大代表156人次、市人民政府副市长8人次、政府工作部门及有关单位负责人109人次参加。以现场视察和办公会的形式，各承办单位面对面向代表报告办理工作情况，征求代表意见，解决落实具体问题。通过巡回集中督办，市十四届人大四次会议提交的253件建议得到全面督办和办理，建议办结率为100％，建议所涉问题解决率57.2%，解决率较上年度提升

15.5%。

改进工作作风，加强自身建设。认真做好群众来信来电来访办理工作。全年共受理群众来信来电1000余件次，接待来访600余批1500余人次，督促有关部门依法处理一大批涉及老百姓利益的信访件。在交流与实践中宣传人大制度。加强人大制度和人大工作研究。深入开展调研，形成一批有分量、有影响力的调研文章和理论文章。突破程序性报道和单一报道模式，采取专题报道、深度报道、跟踪报道等方式，积极宣传人大工作。

（王玉军）

【市十四届人大四次会议】 1月19—23日，株洲市第十四届人民代表大会第四次会议在株洲市会议中心（天台山庄）举行。会议听取和审查了市人民政府工作报告、市人大常委会工作报告、市中级人民法院工作报告、市人民检察院工作报告；审查、批准了株洲市2014年国民经济和社会发展计划执行情况的报告及2015年国民经济和社会发展计划，审查、批准了株洲市2014年财政预算执行情况的报告和2015年市本级财政预算；通过了有关决议；选举王继恩为株洲市第十四届人民代表大会常务委员会副主任；补选夏昌武为株洲市第十四届人民代表大会常务委员会委员；通过夏昌武为株洲市第十四届人民代表大会内务司法委员会主任委员。（王玉军）

【市十四届人大常委会第十七次会议】 1月16日，市十四届人大常委会第17次会议在市人大机关举行。会议审议通过了个别代表的代表资格审查报告；审议通过了有关人事任免事项。

（王玉军）

【市十四届人大常委会第十八次会议】 1月23日，市十四届人大常委会召开第18次会议。会议审议通过《市人大常委会2015年工作要点》。

（王玉军）

【市十四届人大常委会第十九次会议】 4月28—29日，市十四届人大常委会第19次会议在市人大机关举行。会议听取市人民政府关于《职业教育法》综合执法检查审议意见书和2014年有关专项工作评议审议意见办理情况的汇报。听取和审议了株洲市贯彻实施《安全生产法》情况的报告，并组织学习了《大气污染防治法》。会议听取了株洲市2006版城市总体规划2014年执行情况的报告。会议听取了市人民政府关于机构改革情况的汇报。会议审议通过了《市人大常委会关于开展“司法公正行”活动的决定》。会议通过了有关人事任免事项。

（王玉军）

【市十四届人大常委会第二十次会议】 6月25—26日，市十四届人大常委会第20次会议在市人大机关举行。会议通过了有关人事任免事项，审议通过了许可对市十四届人大代表黄利华依法采取强制措施的决定。会议听取和审议了2014年度市级财政决算情况报告及审计工作报告，并审查批准了2014年度市级财政决算。会议听取和审议了株洲市农业环境保护情况报告，以及贯彻执行《市人大常委会关于加强农村村庄规划建设管理的规定》情况报告和株洲市司法公开情况报告。会议听取了办理和督办市人大常委会关于2014年度评议社会保障专项工作审议意见的情况报告，听取和审议了株洲市《大气污染防治法》综合执法检查情况报告，并开展专题询问。

（王玉军）

【市十四届人大常委会第二十一次会议】 7月30日，市十四届人大常委会第21次会议在市人大机关举行，会议听取并审议了全市上半年经济社会发展情况汇报，听取了市中级人民法院、市人民检察院上半年工作情况报告，向市人民政府交办了《市人大常委会关于大气污染防治法综合执法检查情况的审议意见》。（王玉军）

【市十四届人大常委会第二十二次会议】 8月28日，市十四届人大常委会第22次会议在市人大机关举行。会议听取市人民政府安监、住建、国土、交通、司法、科技7项专项工作情况汇报，并进行满意度测评。会议通过有关人事任免事项，决定任命李晓葵为株洲市人民政府副市长。

（王玉军）

【市十四届人大常委会第二十三次会议】 10月27—28日，株洲市十四届人大常委会第23次会议在市人大机关举行。会议审议通过了《株洲市人大常委会关于市本级政府预算审查监督办法》。听取和审议了审计报告中指出问题的整改情况报告。听取和审议通过了关于2015年1—9月财政预算执行情况及2015年市本级预算调整方案的报告，听取和审议了株洲市贯彻实施《食品安全法》的情况报告。听取和审议了市中级人民法院、市人民检察院有关副职履职情况的报告。审议并通过了《关于大力推进株洲市科技创新、促进高新技术产业发展的决定》《关于成立株洲市人民代表大会常务委员会法制工作委员会的决定》《关于召开株洲市第十四届人民代表大会第五次会议的决定》。会议审议并通过了有关人事任免事项。会议还通过了有关人事任免事项。

（王玉军）

【市十四届人大常委会第二十四次会议】 12月29日，市十四届人大常委会第24次会议在市人大机关举行。会议听取了株洲市2016年国民经济和社会发展计划（草案）、市本级财政收支预算（草案）编制情况的汇报，听取了办理和督办市十四届人大四次会议及闭会期间代表建议、批评和意见情况的报告。会议听取和审议了市人大常委会代表资格审查委员会关于个别代表的代表资格报告，表决通过了有关人事任免事项，决定任命杨胜跃为市人民政府副市长。会议讨论了《政府工作报告（征求意见稿）》，听取了市十四届人大五次会议筹备情况汇报，审议决定了有关名单及事项，并讨论了《株洲市人大常委会工作报告（征求意见稿）》。会议审议通过了《株洲市人大常委会2016年工作要点》；听取和审议市人大教科文卫（民侨外）委员会关于市十四届人大四次会议主席团交付研究处理的议案办理情况的报告；审议了《株洲市人民代表大会及其常务委员会立法条例（草案）》；审议通过了《关于表彰2015年度先进市人大代表小组、优秀市人大代表小组长、市人大代表履职积极分子和优秀市人大代表建议的决定》。

（王玉军）

【开展《大气污染防治法》综合执法检查】 2—6月，市人大常委会对株洲市贯彻实施《中华人民共和国大气污染防治法》的情况进行了综合执法检查。常委会分7个执法检查组，采取听取汇报、问卷调查、实地查看、座谈交流、暗访调查、拍摄专题片等方式，对各县（市）区人民政府、云龙示范区管委会和市环保局、住建局等7个部门和单位近3年来贯彻实施《大气污染防治法》的情况进行检查。针对株洲市在贯彻实施《大气污染防治法》中存在着污染防治认识不高等4个方面的问题，提出提高认识，努力形成"同呼吸、共担当"的社会氛围；完善制度，致力健全"规范化、长效化"的保障机制；突出重点，全力破解"危害重、影响大"的污染难题；加强建设，着力提高"管得住、管得好"的监管水平。会后，形成审议意见书，交市人民政府办理，有力地促进了株洲市大气环境的改善。（岳　勇）

【评议"一府两院"专项工作】 2015年，市人大常委会依法对市人民政府安监、住建、国土、交通、司法、科技进行工作评议。坚持公开、公平、公正原则，邀请部分人大代表参加，组成7个评议调查组，采取听取工作汇报、走访基层群众、问卷调查、个别谈话、集中审议等方式，评议工作做到调查深入细致，审议客观中肯，测评民主公开。采取常委会组成人员和代表评议相结合的方式，分别对7项受评专项工作进行了满意度测评。针对受评专项工作中存在的问题和不足，分别对受评责任单位发出审议意见，提出整改建议35条，督促受评责任单位限期整改落实，有力促进了依法行政、公正司法。（王玉军）

【开展全市政府性债务管理情况调研】 9—10月，为规范株洲政府性债务管理，市人大常委会进行深入调研。在调研中了解到，市财政部门在自身财力有限的情况下，通过融资举债筹集大量建设资金，为全市经济社会发展和民生改善发挥重要作用。但也存在债务过重，偿债压力较大；融资成本较高，投资效率不高；债务管理不够规范，债务底数不清晰；投融资平台公司多而不强，管理成本较高等问题。针对存在的问题，主任会议向市政府提出进一步强化政府性债务管理、规范融资行为、优化债务结构、做强融资平台等建议，并明确从2016年起，每年4月份的市人大常委会会议将听取上一年度市政府性债务管理情况和本年度总体安排情况，促使株洲市政府性债务管理规范透明。（张　辉）

【开展《档案法》执法检查】 2—3月，市人大常委会带领部分人大代表深入30余家部门、企事业单位及乡镇街道，实地考察其档案室及馆藏资料，对株洲市贯彻实施国家《档案法》和湖南省《档案管理条例》的情况进行检查。针对《档案法》贯彻实施过程中存在的一些法律宣传不到位、事业发展不均衡、保障机制不健全的问题，提出"加强领导，形成良好氛围；加强监管，提高服务水平；加强保障，推动档案发展"的建议，并交市人民政府办理。市人民政府高度重视，积极整改，对建议逐条进行落实，《档案法》的宣传力度进一步加强，市本级及相关县市区的保障机制进一步完善。全市数字档案馆建设工作已经正式启动。（刘娅娟）

【督查《株洲市人大常委会关于加强农村村庄规划建设管理的决定》贯彻落实情况】 2015年，市人大常委会就《株洲市人大常委会关于加强农村村庄规划建设管理的决定》贯彻执行情况开展督查。通过实地走访、召开座谈会等方式，了解具体情况。就《决定》落实中存在的缺乏示范带动、部分村庄规划不切合实际、村民对村庄规划的参与度不够、乡镇规划管理职能缺失、规划执行机制亟待建立的问题向市人民政府提出"完美乡村"试点建设要加强，部分村庄规划成果要回头看，村民对规划的参与度要提高，规划执行要列入重要议事日程的建议。市人民政府针对问题认真整改，抓紧落实，2015年年底，基本实现了全市村庄规划全覆盖，农村建房秩序得到进一步规范，农村人居环境得到有效改善。（岳　勇）

【开展"农产品质量安全行"活动】 2015年，"农产品质量安全行活动"以大力推进农产品质量安全检验检测体系建设为主题，以"强化人大依法监督和政府依法监管，促进农产品生产经营者依法生产经营，进一步提升株洲市农产品质量安全水平"为工作目标，重点围绕督促开展对全市农产品生产的源头治理、积极推进县市区农产品质量安全溯源体系建设、协力推进株洲市农产品基地准出和市场准入制度落实、着力推进全市农产品质量安全检验检测能力建设四个方面开展活动。9月底，全省"三湘农产品质量安全行"活动现场会在株洲召开。与会的省领导高度肯定株洲在农产品质量安全领域好做法、好经验，在全省"三湘农产品质量安全行"活动2014—2015年度综合评比中取得第一名。（龙　迪）

【创建建议督办的“株洲模式”】 2015年3月，市人大常委会主任会议研究决定，以提升代表建议所提问题解决率为重点，启动市人大代表建议巡回集中督办工作，促进代表建议解决落实。

株洲市人大常委会开展市人大代表建议巡回集中督办工作，主要有三个方面。一是巡回服务选举单位，做到“三个巡回”。市人大常委会每个委室在联系、分管的常委会副主任领导下，负责督办一个选举单位（县区）的市人大代表建议，多轮巡回到市人民政府相关部门，事前沟通协调，为解决建议所提问题调查研究、创造条件；市人大常委会巡回到各选举单位现场，主任、副主任、秘书长分别带领市人大委室负责人、市政府相关副市长和有关部门负责人、部分市人大代表等，以现场办公的形式解决代表建议所提问题；市人大常委会集中督办后组织多轮回访、回头看，跟踪促进解决遗留问题。二是集中解决一批问题。全市各级各单位集中时间和精力，集合各种资源、智慧、力量，共同推动解决建议所提问题，采取现场视察、现场报告，现场提问、现场表态的“四现场”督办办法，一事一调度、一督一通报，充分争取市委重视，充分依靠“一府两院”大力配合。三是督办落实民意民愿。通过面对面、多方参与、多方互动、多方对话、多轮跟踪的督办形式，确保所有办理单位一个不漏，所有建议一件不少，不留空白、不留死角地督办，让代表的民主权利在建议办理中得到尊重，让代表提出的问题得到切实解决。

5月起，市人大常委会主任会议成员带队，分别在9个县市区开展代表建议巡回集中督办工作，组织市政府有关副市长和相关职能部门主要负责人参加，按照全面督办与重点督办相结合，会前组织视察调研与会上着力督办、有的放矢相结合，宏观与微观、前瞻与现实、经济社会发展大局与民生细节关怀相结合的原则，以问题为导向，开展市人大代表建议巡回集中督办工作。全年，市人大常委会对市人大代表提交的253件建议进行全面督办，其中现场督办46件，参加督办的市人大代表156人次，市人民政府副市长8人次，政府工作部门及有关单位负责人109人次。通过督办，市人大代表建议提出的问题得到解决或部分解决的占57.2%，较往年提升15.5%。

市人大代表建议巡回集中督办工作得到省人大常委会、市委主要领导的高度评价。市人大常委会制作的《心在人民，严督实办》的电视专题片，在市十四届人大五次会议期间播放，得到全市各级人大代表的广泛赞誉。《中国人大》《人民之友》《人民检察报》等报刊杂志专栏专题报道株洲市人大代表建议巡回集中督办工作的做法和经验，誉为“株洲模式”，对株洲市积极探索创新人大代表建议督办工作进行大力推介和宣传，在全省乃至全国产生良好反响。（熊梓任）

【出台《株洲市人大常委会市本级政府预算审查监督办法》】 市人大常委会积极探索全口径预算审查监督方式，推进政府预算管理制度改革，规范预算监督行为，出台《株洲市人大常委会市本级政府预算审查监督办法》。内容包含总则、预算草案的初步审查、预算执行的监督、预算调整的审查和批准、决算的审查和批准、政府性债务的审查监督、预算重大事项报告和备案、审计监督、责任追究、附则十章，共四十三条。逐条逐项细化预决算监督的内容、重点、审查程序和相关资料的报告报送时间、内容等，成为株洲市预算编制、财政同级审、预算审查监督工作的重要规范蓝本。办法还将政府性债务和预算审计的监督分别单列章节，进一步强化人大对政府性债务和预算审计的监督职能，将推动人大预算审查监督和政府预算管理按照程序化、规范化轨道运行。

（张　辉）

【加大人民代表大会制度的研究与宣传力度】 首次成功承办全省人大系统理论研讨会，与兄弟市州共同研讨新形势下党中央加强人大工作特别是县乡人大工作、推进社会主义民主法治建设的重要举措。会上，株洲市人大系统提交了7篇理论文章，其中2篇获特等奖，1篇获一等奖，1篇获二等奖，1篇获三等奖。先后4次修改、补充、完善人大制度实践展示馆资料，接待参观来宾36批843人次，充分发挥人民代表大会制度宣传、培训和交流阵地的作用。拉长时间线，拓宽联系面，转变思维点，精心编制《2015年人大代表履职年报》，多角度、多层面、多方位展示代表履职成果。

（陈定纯）

株洲市人民政府

综 述

【概况】 2015年，面对新常态下持续加大的经济下行压力，面对老工业城市转型调整的阵痛，株洲市人民政府千方百计稳增长，制定实施“稳增长43条”，开展“千家企业走访帮扶”活动，科学调度经济运行，较好地实现了全年预期目标。2015年，全年GDP达到2335.1亿元，增长9.5%；规模工业增加值为1086.8亿元，增长8.2％；完成公共财政收入290.4亿元，增长10%；完成固定资产投资2181亿元，增长18.7%；实现社会消费品零售总额839.7亿元，增长12.1%；城镇居民人均可支配收入达33977元，增长8.4%；农民人均纯收入达15637元，增长8.8％。 （吴丽刚）

【民生工程】 把就业工作摆在优先位置，坚持将鼓励创业与促进就业有机结合，制定出台系列促进就业创业的政策措施，全年实现新增城镇就业6.2万人，新增农村劳动力转移就业1.7万人，扶持大中专学生微创业280人，新增创业主体数2.69万户，带动城乡就业10.72万人，城镇登记失业率保持在2.7%的较低水平。积极开展社会保险全民参保登记工作，启动机关事业单位养老保险制度改革，合并实施城乡居民养老保险制度，医疗保险个人账户管理和异地就医结算工作经验在全省推广，大力推进工伤保险“同舟计划”，下调失业保险费率至2%，全市五项社会保险参保总人数达516.9万人，待遇水平稳步提升。实行党政机关公务员、法检两院工作人员和选调生“四考合一”，全面推进事业单位公开招聘工作。落实县以下机关公务员职务与职级并行制度，调整机关事业单位工作人员基本工资标准。实施“株洲市万名人才计划”，培训公共服务人才500人、优秀高级技术工人1107名，引进海外人才112人。举办第七届“技能月”活动和第二届“技能天下”职业技能电视大赛，评选表彰株洲市技术能手16名。扎实推进工资集体协商，已建工会组织企业工资集体协商建制率达92%。统筹推进国有企业负责人薪酬制度改革。积极开展农民工工资支付、人力资源市场秩序整顿等专项行动，加强基层劳动争议调解组织实体化建设，劳动人事争议案件结案率达97.2%。 （吴丽刚）

2015年株洲市“民生100”工程完成情况

表9

工程	项目指标	主要责任单位	累计完成	完成情况
就业增收工程	▲新增城镇就业6.1万人	市人社局	6.2万人	已完成
	实现“零就业家庭”动态援助100%		100%	已完成
	新增农村劳动力转移就业1.6万人		1.7万人	已完成
	举办就业人才招聘会180场，为2.8万人提供就业岗位		已举办202场，解决2.95万人就业	已完成
	创业培训1.5万人		2.42万人	已完成
	扶持高校毕业生微创业200名		330人	已完成
	创业扶持城乡残疾人100名	市残联	120名	已完成
	残疾人职业技能和实用技术免费培训1000名		1765名	已完成

续表 9

工程	项目指标	主要责任单位	累计完成	完成情况
就业增收工程	新型职业农民培育 3000 人	市农委	3042 人	已完成
	培育农业科技示范户 4000 户		4000 人	已完成
	扶持农机专业合作组织 50 户		50 户	已完成
社会保障工程	建设就业创业保障平台 80 个	市人社局	80 个	已完成
	新增企业养老保险参保人数 3 万人		4 万人	已完成
	中小学幼儿园在校学生儿童城镇居民基本医疗保险参保率达 95% 以上	市人社局 市教育局	96%	已完成
	新建和改扩建农村敬老院 10 个	市民政局	10 个	已完成
	确保农村五保户年分散供养标准不低于 2640 元		达标	已完成
	推进居家养老工程建设，打造机构养老示范		建成 10 所	已完成
	确保城镇居民最低生活保障线标准不低于 420 元 / 月		达标	已完成
	确保城镇低保人均救助水平不低于 284 元 / 月		达标	已完成
	确保农村低保人均救助水平不低于 106 元 / 月		达标	已完成
	▲新增养老服务床位 1549 张		2216 张	已完成
素质提升工程	▲建设义务教育合格学校 4 所	市教育局	4 所	已完成
	▲建设农村公办幼儿园 7 所		7 所	已完成
	资助家庭贫困学生 2.8 万人		8.2 万人	已完成
	加快市特殊教育学校搬迁扩建项目建设，完成 5000 万投资		完成 5000 万投资	已完成
	加快株洲市示范性综合实践基地建设，完成 50% 的土建工程		已完成全年计划	已完成
	创建市级示范“妇女之家”10 个	市妇联	10 个	已完成
	完成农家书屋图书更新 1560 家	市文体广新局	1560 家	已完成
	市、县两级完成公益演出 662 场		742 场	已完成
	城市免费放映公益电影 500 场		500 场	已完成
	农村免费放映公益电影 18900 场		18900 场	已完成
	公共文化机构免费开放（市县两级文化馆、图书馆、美术馆、博物馆、纪念馆和乡镇综合文化站免费开放）		已全开放	已完成
	▲农村广播村村响 1 个县所辖行政村		已完成茶陵县工作任务	已完成
全民健康工程	完成市中心医院科教培训楼项目建设（包含全科医生培训基地和科教楼项目）	市发改委		已完成
	完成市中心医院科教培训楼项目建设（包含全科医生培训基地和科教楼项目）	市卫计委	已完工	已完成
	完成市妇幼保健院整体搬迁改扩建项目一期工程的 70%		已完成一期改造总量 72%	已完成
	开展临床医学重点专科建设三年行动计划，建立 5 个合作平台		已完成年度任务	已完成

续表 9

工程	项目指标	主要责任单位	累计完成	完成情况
全民健康工程	建设农民健身工程 160 套	市文体广新局	320 套	已完成
	建设全民健身路径 20 套		46 套	已完成
	举办体育培训班 1 万人以上		10176 人	已完成
安居宜居工程	▲农村危房改造 9300 户	市住建局	9300 户	已完成
	▲农垦危房改造 295 户	市畜牧局	295 户	已完成
	完成安置房建设 8202 套	市国土局	8202 套	已完成
	▲开工建设公共租赁住房（含廉租住房）10536 套	市房产局	10536 套	100.0 %
	建设教师公租房 800 套	市房产局 市教育局	800 套	已完成
	建设卫生系统公租房 500 套	市房产局 市卫计委	527 套	已完成
	▲开工棚户区改造 18464 户	市房产局	18464 户	已完成
	解决房屋登记办证遗留问题 5000 户	市房产局 市国土局	解决 10218 个房产证，5274 个国土证	已完成
	新增住房公积金建制人数 15000 人	市住房公积金中心	16486 人	已完成
	建设街心花园 100 个	市住建局 市园林局	100 个	已完成
	新建改造市政燃气管网 60 公里	市住建局	125.7 公里	已完成
	建设加气站 3 座		3 座	已完成
	建设天然气门站 2 座		2 座	已完成
	▲新增城镇管输天然气用户 25800 户		38644 户	已完成
	推进枫溪污水处理厂建设		已完成设计、土地审批	已完成
	▲市本级污水处理率达到 92.5%		94.50%	已完成
	各县污水处理率达到 89%		93%	已完成
	▲ 5 县（市）城镇公共供水厂出厂水质达到《生活饮用水卫生标准》（GB5749–2006）要求		全部达标	已完成
	启动建筑垃圾综合利用项目建设	城管局	已启动	已完成
	▲县以上城镇生活垃圾无害化处理率达到 100%		100%	已完成
	小型病险水库除险加固 56 座	市水务局	56 座	已完成
	▲解决农村人口饮水安全问题 27.21 万人		27.21 万人	已完成
	建设徐家港排渍站		已完成建设项目选址意见书的核发	已完成
	建设美丽宜居乡村 32 个	市农办	32 个	已完成
	建设新农村示范村 10 个		10 个	已完成
	▲农村环境综合整治 180 个行政村	市环保局	180 个行政村	已完成
	▲行政村配电网改造 50 个行政村	国网株洲供电公司	50 个行政村	已完成

续表 9

工程	项目指标	主要责任单位	累计完成	完成情况
畅通出行工程	▲建设农村公路 149 公里	市交通局	149.7 公里	已完成
	▲完成普通公路安保设施建设 730 公里		732.3 公里	已完成
	完成危桥改造 30 座		30 座	已完成
	加快渡改桥建设 3 座		3 座	已完成
	建成农村客运站、客运招呼站 150 个		164 个	已完成
	推进株洲西客运枢纽站建设		完成三通一平	已完成
	建设公交站场 6 个		6 个	已完成
	优化调整公交线路 10 条		10 条	已完成
	建成新能源公交车充电站 2 座		2 座	已完成
	新增新能源公交车 100 辆已建成通车		已投入使用	已完成
	新增新能源出租车 100 台		已投入使用	已完成
	完成芦淞路既有铁路桥改扩建工程	市城发集团	已建成通车	已完成
安全保障工程	▲新增社会治安视频监控摄像头 2000 个	市综治办 市公安局	2000 个	已完成
	▲建设社区矫正中心 4 个	市司法局	4 个	已完成
	启动法治主题公园建设	市农委	完成项目设计	已完成
	农业标准化生产基地建设累计达到 65 个		69 个	已完成
	年抽检农产品 10 万批次以上		11 万批次	已完成
	确保蔬菜等主要农产品检测合格率达到 97% 以上		99.78%	已完成
	“三品一标”农产品累计达到 320 个以上		320 个	已完成
	蔬菜基地提质增效 5000 亩		5000 亩	已完成
	▲城乡农贸市场标准化建设改造 18 个	市商务局	18 个	已完成
	新增放心粮油示范网点 50 个	市粮食局	55 个	已完成
	确保各类食品抽检合格率达到 95%	市食药局	达标	已完成
	确保基本药物抽检合格率达到 98% 以上		达标	已完成
	深入开展食品药品专项整治活动，确保食品药品安全		已开展	已完成
	农村中、小学校舍防雷工程	市气象局	完成 81 所学校	已完成
扶贫解困工程	提高计划生育特扶（含手术并发症）家庭扶助标准至每人每月 400 元	市卫计委	已完成发放	已完成
	株洲市职工医疗互助项目	市总工会	职工住院医疗互助项目 141945 人，女职工特殊疾病保障项目 60037 人	已完成
	▲帮助 0—7 岁残疾儿童实施抢救性康复 227 名	市残联	258 名	已完成
	为残疾人提供辅助器具 800 件		1212 件	已完成
	▲救治救助贫困重性精神疾病患者 600 人	市卫计委	660 人	已完成
	▲改扩建精神卫生服务机构 1 家		1 家	已完成
	帮扶国家级贫困村 32 个	市农委	32 个	已完成
	为困难群众实施法律援助 2000 件	市司法局	2528 件	已完成

（吴丽刚）

【市十四届人民政府第三次全体（扩大）会议】 1月14日召开，会议贯彻落实中央和省委经济工作会议、市委十一届八次全会暨市委经济工作会议精神，讨论修改市政府提请市十四届人大四次会议审议的《政府工作报告》，安排部署当前工作。市委副书记、市长毛腾飞讲话，市委常委、常务副市长赵文彬主持。（吴丽刚）

【市政府工作会议】 7月17日 市人民政府工作会议召开。中国工程咨询集团总经理孔晓作“工程建设项目PPP融资方式落地操作实务”专题授课。市委副书记、市长毛腾飞，全体在家的市政府领导出席会议。

10月19日 市人民政府工作会议召开。中国电子信息产业研究所所长安晖博士在会上作专题授课。市委副书记、市长毛腾飞，全体在家的市政府领导出席会议。（吴丽刚）

【市政府办公会议】 2月25日，市政府办公会议召开。会议研究部署当前工作。市委副书记、市长毛腾飞主持会议，全体在家的市政府领导出席会议。（吴丽刚）

【市政府常务会议】 2015年，株洲市政府召开常务会议25次，主要研究事项如下：

1月5日，听取关于2015年《政府工作报告》起草情况的汇报；关于株洲市2015年重点项目计划及“四个十”工程项目计划汇报；关于茶陵县申报省直管县试点情况汇报。

1月14日，部署市政府当前工作。

1月23日，听取驻株省人大代表、省政协委员2014年建议提案提交暨2015年线索征集情况汇报；听取市“两会”上人大代表、政协委员对《政府工作报告》的意见、建议情况及《政府工作报告》责任分解有关情况汇报；学习近期中央、省召开的重要会议精神。

2月9日，听取关于给予刘力开除公职处分的情况汇报；听取关于2015年项目攻坚年实施方案及相关情况汇报；学习全省人大、政协两会，全省第三次全国经济普查总结会议、全省加强民间融资管理工作会议、全省国土资源工作会议精神。

2月16日，学习全省安全生产电视电话会议、全省环境保护工作会议、全省开放型经济业务培训班精神；听取关于制定《关于保持房地产业稳定发展的实施意见》的汇报；部署当前工作。

3月2日，听取关于推进罗霄山株洲片区区域发展与扶贫攻坚工作情况的汇报；听取关于全市社会救助工作有关情况汇报；听取关于制定《株洲市国防动员潜力统计调查暂行办法》的情况汇报；听取关于《关于支持轨道交通装备产业发展的若干意见》有关情况的汇报；听取关于全市科技工作及奖励评审工作的情况汇报。

3月14日，听取关于全国全省职业教育工作会议精神及株洲市贯彻意见的汇报；听取关于株洲市2015年市政府基础设施建设项目计划编制情况汇报；听取关于省批复市人民政府职能转变和机构改革方案，以及“三定”工作有关问题的汇报。

3月26日，听取关于2015年全国、省、市三级劳模和先进工作者评选工作情况汇报；听取关于县市区政府职能转变和机构改革方案审核意见的情况汇报。传达中央领导对统计工作的重要批示，研究相关贯彻意见。

4月17日，听取关于第二次全国地名普查暨加强和改善地名管理工作情况的汇报、《关于进一步深化政府投资管理的补充意见》编制情况的汇报、关于《株洲市建设投资项目审批改革实施方案（试行）》的情况汇报、关于食品药品监管工作有关情况的汇报。

5月7日，听取关于“四张”清单工作情况的汇报、关于《株洲市重大建设项目稽查办法》修订情况的汇报、关于《株洲市政府投资项目代建制管理办法》的起草说明、关于全省政府法制工作会议精神及贯彻落实意见的汇报。

5月29日，省人大法制委副主任委员、省人大常委会法工委副主任吴秋菊作《立法法》专题授课。听取《关于推动城市管理转型升级的意见》有关工作的情况汇报、关于株洲市政府投资公司改革重组方案的情况汇报、关于2015年度株洲市产业发展专项资金安排使用计划的情况汇报、《关于进一步稳增长促发展的若干措施》编制有关情况汇报。

6月19日，听取关于《株洲建设长株潭国家自主创新示范区三年行动计划（2015—2017年）》等文件有关情况汇报、关于制定《株洲市城市绿荫行动实施方案》的情况汇报、关于株洲市林业相关工作情况汇报。

6月30日，听取关于批准上报《株洲水生态文明城市试点实施方案》的情况汇报、关于全省农村土地承包经营权明确登记颁证整县推进工作会议情况汇报。部署当前工作。

7月14日，听取关于株洲轨道交通装备产业发展行动方案（2015—2020年）的汇报、关于市监察局处分贺湘原、邱伯军的汇报，部署当前经济工作。

7月30日，听取关于贯彻落实市委十一届九次全体（扩大）会议精神和市政府常务会议议定事项落实情况的汇报、关于全市政务公开政务服务工作的情况和株洲市政府网站建设工作情况汇报、《株洲市人民政府关于加强审计工作的通知》起草情况和2014年市本级预算执行及其他财政收支审计查出问题及整改意见和建议的汇报、关于贯彻执行《中华人民共和国未成年人保护法》情况的汇报、关于全市档案工作情况的汇报。

9月2日，听取关于金融支持小微企业发展的实施意见起草有关情况的汇报、关于实施扶贫攻坚三年行动计划，确保2017年全面建成小康社会的汇报、当前经济形势分析。

9月17日，听取关于全市禁毒工作情况汇报、关于1~7月份“民生100”工程工作情况的汇报、关于《株洲市关于推广运用政府和社会资本合作（PPP）模式的实施方案（试行）》和市本级PPP项目有关情况的汇报、关于株洲市产业发展专项资金安排使用情况汇报、关于全市计划生育工作情况的汇报。

9月28日，听取关于《株洲市国家新型城镇化试点实施方案》编制及全市推进新型城镇化工作会议筹备情况的汇报、株洲市农村集体建设用地基准地价更新工作汇报、关于《株洲市人民政府关于进一步推进户籍制度改革的实施意见》文件起草情况的汇报。

10月22日，听取关于贯彻落实全国、全省农村（社区）基层党建工作会议精神的有关情况汇报，关于《全面深化财税体制改革实施方案》起草情况的汇报，《关于完善政府投资公司投融资事项管理的意见》起草情况汇报，关于《株洲市国资委监管企业专职国有产权代表管理办法（征求意见稿）》有关情况汇报，传达贯彻中央纪委《强化责任追究，把从严治党落到实处》相关通报精神和全省市州纪委书记座谈会精神。

11月5日，研究湘江保护治理工作、国家公共文化服务体系示范区创建工作、市政府督查工作等议题。

11月16日，专题研究“十三五”规划《纲要》。

11月19日，听取市政府稳增长惠民生重大政策措施落实情况督查汇报、关于株洲火车站改建工程工作情况汇报、关于长沙、湘潭、株洲城际轨道交通工程和有轨电车2号线相关情况汇报。

11月23日，听取关于全市依法行政工作情况的汇报、关于不动产登记职责机构整合情况汇报、关于全市消防工作情况汇报、关于调整株洲市机关事业单位人员基本工资标准和增加机关事业单位离退休费工作情况汇报、关于省卫生计生工作综合调查有关情况汇报。

12月3日，研究生态文明体制改革“1+5”方案、服务业集聚区发展实施意见和规划起草情况、城发集团等8家公司改革重组实施方案审核情况等议题。

12月17日，研究株洲市城市路桥车辆通行费有关情况、“十三五”规划《纲要》情况、2016年《政府工作报告（初稿）》起草情况等议题。

（吴丽刚）

市政府办公室工作

【综合调研】 2015年度，撰写《政府工作报告》、市政府全会报告、经济形势分析、调研报告等重要文稿400余篇。征对创新创业、中国动力谷、清水塘老工业区搬迁改造、新型城镇化综合试点、扶贫攻坚等重大课题，进行调查研究，编发《决策参考》21期，编辑《调查与研究》3期，《政务通报》31期，为市领导科学决策提供良好支撑。其中《“五力”齐发稳增长》《创新投资审批 助推经济增长》《坚持市场化城镇化 推进投融资改革》等经验文章受到国家和省领导的高度肯定。在新华社等主流媒体全面推介株洲经济社会发展成果。其中《铸造现代工业文明 建设生态宜居株洲》《履好监管责任推动安全发展》《绿色化 让株洲“鸟语花香”》等文稿相继在国家、省级刊物上刊发。（吴丽刚）

【政务督查】 2015年，市政府督查室围绕市委、市政府的重大决策部署和重点工作积极开展督查活动。重点对《政府工作报告》确定的（十大基础设施项目、十大工业项目、十大农业产业化项目、十大服务业项目、十大改革项目）等重要工作，以及24次市政府常务会议96项议定事项进行跟踪督查。完成国务院办公厅督查组对总理李克强考察株洲需要落实事项推进情况督查调研、省政府稳增长政策措施落实情况督查等重大督查活动迎检工作。组织开展全市稳增长惠民生重大政策措施落实情况督查、长株潭城际快速干线道路建设督查、“项目攻坚年”活动督查、“五个十”工作督查、计划生育工作督查、新闻发布工作督查、全市乡镇区划调整督查等重点督查活动。积极协调重点基础设施建设、重点工业项目建设、“民生100”工程落实、稳增长审计工作、标准厂房建设、重点项目征地拆迁、省绩效评估项目等重点项目方面的困难和问题，有力推动各项工作落实。全年共开展督查活动100余次，编发《政务督查》通报和专报11期，撰写督查专题汇报10余篇。共办理反馈中央、省、市领导批示件374件。（吴丽刚）

【信息工作】 2015年，围绕全市中心工作，提高信息工作的质量和服务水平，编发《政务要情》270期。加强对株洲市重点工作有关背景资料的收集整理工作，编发国家新型城镇化试点工作、国家自主创新示范区有关工作、三农问题、法治建设等资料16本；定期收集整理《人民日报》、新华社的系列评论，全年编发有关评论54篇。加强网络舆情搜集研判，全年共编发《舆情专报》186期，内容涵盖涉株报道、论坛热帖、微博热点等，广泛反映群众的呼声和要求。全年向省政府办公厅信息处报送信息2698条，其中被国办采用10条，省办采用45条。（吴丽刚）

【建议提案】 2015年，市政府系统把办好建议提案作为推动政府工作落实的手段，提高问题解决率和结果满意率。全年共承办省级建议提案17件；承办市人大、市政协交由市政府系统办理的建议、提案799件，其中建议350件、提案449件；全面实现见面率、办结率、满意率三个100%。

（吴丽刚）

【智慧株洲】 2015年，市政府系统电子政务工作统筹推进“智慧株洲”及电子政务建设，加快“智慧株洲”投资、建设和运营模式创新。完成“智慧株洲”顶层设计。聘请北京大学电子政务研究院编制完成《“智慧株洲”建设总体规划》，全面构建“一顶一底”总体框架，初步形成以“互联网+公共服务+政府大数据”为主导的“智慧株洲”运营模式，推进以网上无纸化行政审批服务系统为切入点、覆盖市县乡村4级的综合服务平台建设，积极探索通过市场化运作反哺株洲市智慧城市建设的新思路。开展国家应用示范工程建设。推动国家下一代互联网应用示范城市的试点项目建设，配合国家信息中心完成IPv6核心网络设备在株洲的部署，支持运营商完成网络核心层IPv6改造，实现IPv4与IPv6互通；加快“光网城市”“无线城市”等宽带网络基础建设，为“智慧株洲”建设提供更加稳定、高速的网络环境。实施政府信息化资源整合。截至2015年年底，有株洲市城市建设公共信息平台、综合治税、国资监管系统、出租车服务、数字城管、地下管网、公共自行车等19个应用系统进入中心实施集约化建设和管理，政府信息资源整合共享率位居全省前列。通过资源整合，2015年节约财政对项目直接投入898万元，每年减少运维费用1000多万元。政府门户网站群实现优化升级。优化网站界面布局，形成界面整齐美观、色彩基调统一、服务功能丰富的地市级政府公众服务综合门户；全面启用更加稳定高效的新站群后台系统，建成全市统一的互动访谈平台，完善高效、精准的全文检索服务，进一步提升政府门户网站为公众服务的效能。截至2015年年底，全市有22家市直单位和荷塘区迁移到市政府网站平台运行。电子政务应用项目建设稳步推进。株洲市市县政府远程幻真呈现系统上线运行，为市县两级政府提升决策效能、降低行政成本提供了重要平台；株洲市城市建设公共信息平台建成投入使用，成功入选国家住建部智慧城市试点的示范项目；农村集体土地流转交易平台加快建设，投入使用后将构建全市农村产权交易“一站式”服务体系。

（吴丽刚）

【“12345”市长热线】 2015年，市长热线继续开展“听民意，解民忧”领导接听热线活动。毛腾飞、赵文彬、杨玉芳、何剑波、毛朝晖、谭可敏等市政府领导，城管、国土、环保等23位重点承办单位主要负责人相继接听市长热线。全年，市长热线共接通来电103008个，各渠道共受理市民反映有效事项64138件，其中12345市长热线60894件，市长信箱2382件，政务微博486件，政务微信276件，人民网和红网网帖100件；来电来信当场答复29353件，占45.8%；办结率99.5%，按期办结率82.5%，其中依照规定对外公开656件。2015年，市长热线共督办市民重复投诉和不满意事项336件，组织有关单位现场督办48次，回访交办事项11665件，市民对事件首次办理的满意率为94%，共编发市长热线工作简报19期，上报政务要情信息248条，发布市长热线工作动态45条。（吴丽刚）

2015年株洲市人民政府、政府办公室文件目录

表10

序号	文 号	文 件 标 题
1	株政发〔2015〕1号	关于支持轨道交通装备产业发展的若干意见
2	株政发〔2015〕2号	关于推行国有资本经营预算的实施意见
3	株政发〔2015〕3号	关于印发2015年《政府工作报告》工作目标和任务分解表的通知
4	株政发〔2015〕4号	关于大力发展养老服务业的实施意见
5	株政发〔2015〕5号	关于规范市本级政府性项目投融资管理的意见
6	株政发〔2015〕6号	关于建立统一的城乡居民基本养老保险制度的实施意见
7	株政发〔2015〕7号	关于推进政府购买服务工作的实施意见
8	株政发〔2015〕8号	关于公布市政府工作部门行政权力清单的通知
9	株政发〔2015〕9号	关于公布市政府工作部门责任清单的通知
10	株政发〔2015〕10号	关于印发《株洲市政府项目代建制管理办法》的通知
11	株政发〔2015〕11号	关于推动城市管理转型升级的意见
12	株政发〔2015〕12号	关于推进罗霄山株洲片区区域发展与扶贫攻坚的实施意见
13	株政发〔2015〕13号	关于进一步加强审计工作的实施意见
14	株政发〔2015〕14号	关于进一步推进户籍制度改革的实施意见

续表 10

序号	文 号	文 件 标 题
15	株政发〔2015〕15 号	关于支持长株潭国家自主创新示范区建设的若干意见
16	株政发〔2015〕16 号	关于印发《株洲市人民政府重大行政决策程序规定》的通知
17	株政发〔2015〕17 号	关于发布《株洲市政府核准的投资项目目录（2015 年本）》的通知
18	株政发〔2015〕18 号	关于取消非行政许可审批事项的决定
19	株政发〔2015〕19 号	关于加快服务业集聚区发展的实施意见
20	株政办发〔2015〕1 号	关于进一步加强市区土地资产经营管理工作的意见
21	株政办发〔2015〕2 号	关于印发《株洲市“三公”经费审计监督暂行办法》的通知
22	株政办发〔2015〕3 号	关于鼓励企业在场外市场挂牌有关事项的通知
23	株政办发〔2015〕4 号	关于全面深化统计改革的实施意见
24	株政办发〔2015〕5 号	关于印发《株洲市创新创业园区“146”工程实施方案》的通知
25	株政办发〔2015〕6 号	关于进一步保持房地产市场持续健康发展的通知
26	株政办发〔2015〕7 号	关于促进以高校毕业生为重点的青年就业创业的通知
27	株政办发〔2015〕8 号	关于推进家庭服务业发展促进就业创业的实施意见
28	株政办发〔2015〕9 号	关于促进全民创业带动就业工作的实施意见
29	株政办发〔2015〕10 号	关于印发《株洲市职业教育发展三年攻坚计划（2015—2017 年）》的通知
30	株政办发〔2015〕11 号	关于印发《株洲市城乡困难群众临时救助实施办法》的通知
31	株政办发〔2015〕12 号	关于印发《株洲市处置非法集资突发事件应急预案》的通知
32	株政办发〔2015〕13 号	关于印发《株洲市国防动员潜力统计调查暂行办法》的通知
33	株政办发〔2015〕14 号	关于印发《株洲市煤矿事故灾难应急救援预案》的通知
34	株政办发〔2015〕16 号	关于做好株洲市 2015 年全国 1% 人口抽样调查的通知
35	株政办发〔2015〕17 号	关于做好原民办教师和代课教师生活困难补助发放工作的通知
36	株政办发〔2015〕18 号	关于印发《株洲市生态绿心保护管理办法》的通知
37	株政办发〔2015〕19 号	关于印发《株洲市突发环境事件应急预案》的通知
38	株政办发〔2015〕20 号	关于印发《株洲市生活必需品市场供应突发事件应急预案》的通知
39	株政办发〔2015〕21 号	关于印发《株洲市成品油供应突发事件应急预案》的通知
40	株政办发〔2015〕22 号	关于印发《株洲市行政应诉工作规定》的通知
41	株政办发〔2015〕23 号	关于印发《株洲市道路交通事故应急预案》的通知
42	株政办发〔2015〕24 号	关于印发《株洲市政府合同审查管理办法》的通知
43	株政办发〔2015〕25 号	关于印发《株洲市突发性气象灾害预警应急预案》的通知
44	株政办发〔2015〕26 号	关于印发《株洲市金融突发事件应急预案》的通知
45	株政办发〔2015〕27 号	关于印发《2015—2016 年政府购买服务试点工作方案》的通知
46	株政办发〔2015〕28 号	关于印发《株洲市规范性文件管理实施细则》的通知
47	株政办发〔2015〕29 号	关于印发《株洲市重大建设项目稽查办法》的通知
48	株政办发〔2015〕30 号	关于印发《株洲市食品药品安全工作考核评价办法》的通知
49	株政办发〔2015〕31 号	关于印发《株洲市城市供气事故应急预案》的通知
50	株政办发〔2015〕32 号	关于印发《株洲市产业发展专项资金管理办法》的通知
51	株政办发〔2015〕33 号	关于印发《株洲市突发公共事件医疗卫生救援应急预案》的通知
52	株政办发〔2015〕34 号	关于印发《株洲市地名管理办法》的通知
53	株政办发〔2015〕35 号	关于印发《株洲市突发公共卫生事件应急预案》的通知
54	株政办发〔2015〕36 号	关于印发《株洲市地震应急预案》的通知

续表 10

序号	文 号	文 件 标 题
55	株政办发〔2015〕37 号	关于印发《株洲市安全生产“三三”重点工作实施方案》的通知
56	株政办发〔2015〕38 号	关于印发《株洲市城区道路交通拥堵应急预案》的通知
57	株政办发〔2015〕39 号	关于印发《株洲森林火灾应急预案》的通知
58	株政办发〔2015〕40 号	关于进一步加强和规范突发事件信息报送工作的通知
59	株政办发〔2015〕41 号	关于加快预算支出进度盘活财政存量资金的通知
60	株政办发〔2015〕42 号	关于加快油茶产业发展的意见
61	株政办发〔2015〕43 号	关于印发《株洲市林业局主要职责内设机构和人员编制规定》的通知
62	株政办发〔2015〕44 号	关于印发《株洲市国有资产监督管理委员会主要职责内设机构和人员编制规定》的通知
63	株政办发〔2015〕45 号	关于印发《株洲市文体广电新闻出版局(株洲市版权局)主要职责内设机构和人员编制规定》的通知
64	株政办发〔2015〕46 号	关于印发《株洲市审计局主要职责内设机构和人员编制规定》的通知
65	株政办发〔2015〕47 号	关于印发《株洲市民政局主要职责内设机构和人员编制规定》的通知
66	株政办发〔2015〕48 号	关于印发《株洲市统计局主要职责内设机构和人员编制规定》的通知
67	株政办发〔2015〕49 号	关于印发《株洲市环境保护局主要职责内设机构和人员编制规定》的通知
68	株政办发〔2015〕50 号	关于印发《株洲市人民政府办公室主要职责内设机构和人员编制规定》的通知
69	株政办发〔2015〕51 号	关于印发《株洲市安全生产监督管理局主要职责内设机构和人员编制规定》的通知
70	株政办发〔2015〕52 号	关于印发《株洲市财政局主要职责内设机构和人员编制规定》的通知
71	株政办发〔2015〕53 号	关于印发《株洲市商务和粮食局主要职责内设机构和人员编制规定》的通知
72	株政办发〔2015〕54 号	关于印发《株洲市人力资源和社会保障局主要职责内设机构和人员编制规定》的通知
73	株政办发〔2015〕55 号	关于印发《株洲市教育局主要职责内设机构和人员编制规定》的通知
74	株政办发〔2015〕56 号	关于印发《株洲市水务局主要职责内设机构和人员编制规定》的通知
75	株政办发〔2015〕57 号	关于印发《株洲市人民防空办公室主要职责内设机构和人员编制规定》的通知
76	株政办发〔2015〕58 号	关于印发《株洲市发展和改革委员会主要职责内设机构和人员编制规定》的通知
77	株政办发〔2015〕59 号	关于印发《株洲市科学技术局主要职责内设机构和人员编制规定》的通知
78	株政办发〔2015〕60 号	关于印发《株洲市旅游外事侨务局主要职责内设机构和人员编制规定》的通知
79	株政办发〔2015〕61 号	关于印发《株洲市人民政府法制办公室主要职责内设机构和人员编制规定》的通知
80	株政办发〔2015〕62 号	关于印发《株洲市卫生和计划生育委员会主要职责内设机构和人员编制规定》的通知
81	株政办发〔2015〕63 号	关于印发《株洲市规划局主要职责内设机构和人员编制规定》的通知
82	株政办发〔2015〕64 号	关于印发《株洲市国土资源局主要职责内设机构和人员编制规定》的通知
83	株政办发〔2015〕65 号	关于印发《株洲市经济和信息化委员会主要职责内设机构和人员编制规定》的通知
84	株政办发〔2015〕66 号	关于印发《株洲市城市管理和行政执行局主要职责内设机构和人员编制规定》的通知
85	株政办发〔2015〕67 号	关于印发《株洲市河道保洁工作实施方案》的通知
86	株政办发〔2015〕68 号	关于印发《株洲市自然灾害救助应急预案》的通知
87	株政办发〔2015〕69 号	关于印发《株洲市 2015 年行政执法指导案例》的通知
88	株政办发〔2015〕70 号	关于印发《株洲市质量技术监督局主要职责内设机构和人员编制规定》的通知
89	株政办发〔2015〕71 号	关于印发《株洲市住房和城乡建设局主要职责内设机构和人员编制规定》的通知
90	株政办发〔2015〕72 号	关于印发《株洲市交通运输局主要职责内设机构和人员编制规定》的通知
91	株政办发〔2015〕73 号	关于印发《株洲市人民政府经济研究和金融工作办公室主要职责内设机构和人员编制规定》的通知
92	株政办发〔2015〕74 号	关于印发《株洲市农业委员会主要职责内设机构和人员编制规定》的通知
93	株政办发〔2015〕75 号	关于印发《株洲市工商行政管理局主要职责内设机构和人员编制规定》的通知

续表 10

序号	文 号	文 件 标 题
94	株政办发〔2015〕76 号	关于印发《株洲市公共场所安全事故应急预案》的通知
95	株政办发〔2015〕77 号	关于印发《株洲市火灾事故应急处置预案》的通知
96	株政办发〔2015〕78 号	关于金融支持小微企业健康发展的实施意见
97	株政办发〔2015〕80 号	关于印发《株洲市旅游突发事件应急预案》的通知
98	株政办发〔2015〕81 号	关于印发《株洲市处置电网大面积停电事件应急预案》的通知
99	株政办发〔2015〕82 号	关于印发《株洲市安全生产监督管理职责规定》的通知
100	株政办发〔2015〕84 号	关于开展基层医疗机构首诊制及双向转诊工作的意见
101	株政办发〔2015〕85 号	关于推进县级公立医院综合改革的实施意见
102	株政办发〔2015〕86 号	关于印发《株洲市城市公立医院综合改革试点重点工作任务（2015—2017 年）》的通知
103	株政办发〔2015〕87 号	关于印发《株洲市建设长株潭国家自主创新示范区行动方案（2015—2020 年）》的通知
104	株政办发〔2015〕88 号	印发《关于促进社会办医加快发展实施办法》的通知
105	株政办发〔2015〕89 号	关于印发《株洲市人民政府重大行政决策目录管理暂行办法》的通知
106	株政办发〔2015〕90 号	关于印发《株洲市农村宅基地和农民建房管理办法》的通知
107	株政办发〔2015〕91 号	关于印发《减轻企业成本负担加强要素保障责任分工方案》的通知
108	株政办发〔2015〕92 号	关于印发《株洲市环保工作职责规定》的通知
109	株政办发〔2015〕93 号	关于完善政府投资公司投融资事项管理的通知
110	株政办发〔2015〕94 号	关于印发《株洲市学前教育第二期三年行动计划（2015—2017 年）》的通知
111	株政办发〔2015〕95 号	关于进一步加强环境监管执法工作的通知
112	株政办发〔2015〕96 号	关于印发《株洲市城乡居民大病保险实施方案》的通知
113	株政办发〔2015〕97 号	关于印发《株洲市通信保障应急预案》的通知
114	株政办发〔2015〕98 号	关于印发《株洲市旱灾应急预案》的通知
115	株政办发〔2015〕99 号	关于印发《株洲市防汛应急预案》的通知
116	株政办发〔2015〕100 号	关于印发《株洲市城市绿荫三年行动计划》的通知
117	株政办发〔2015〕101 号	关于下放部分市级经济社会管理权限的通知
118	株政办发〔2015〕102 号	关于印发《株洲市城区服务业集聚区发展布局规划（2016—2020 年）》的通知
119	株政办发〔2015〕103 号	关于印发《株洲市创建国家公共文化服务体系示范区建设规划（2015—2017 年）》的通知
120	株政办发〔2015〕104 号	转发市人力资源社会保障局市财政局关于调整机关事业单位工作人员基本工资标准和增加机关事业单位离退休人员退休费三个实施意见的通知
121	株政办发〔2015〕105 号	关于印发《株洲市安全生产“十三五”规划》的通知

（吴丽刚）

政务服务

【概况】 2015 年，市政务服务中心紧紧围绕“项目攻坚年、改革深化年、环境优化年”目标，大力推进行政许可网上审批建设，严格规范窗口管理，积极开展项目代理，努力推进建设投资项目审批改革，进一步简化办事程序，提高行政效能。全年中心办理各类行政许可事项 109976 件，协助市联合收费 5.75 亿元。

注重互动联合，规范窗口管理。整章建制，进一步完善各项制度。为进一步规范进驻项目和人员的管理，中心针对日常收集的建议，并结合发达地区好的做法，历时 4 个月将中心自成立以来的各类制度、考评细则进行整理、完善和补充，新制定制度文件 22 个，梳理权力运行风险点 6 个，建立领导小组 3 个。加强巡查，及时发现和解决问题。为加强对窗口的管理，提升窗口人员的服务水平，中心细化责任，采取人工巡查和电子巡查相结合、日常检查和专项督查相结合的形式，对窗口工作人员的考勤到岗、仪容仪表、办公秩序、文明接待、窗口卫生等情况进行检查监督。对发现的问题及时指出纠正，并将每次巡视情况及时做好登记，作为窗口月度考评的一项重要依据。互动联合，推动窗口规范化管理。针对部门派驻中心的窗口实行中心与原单位“双重管理”的模式，中心注重与各部门的沟通协调，建立管理工作互动联合机制。将窗口工作动态及时反馈给派驻单位，对工作中存在的问题及时提出整改方向和建议，与单位主管领导保持工作上的密切联系。市规划局、质监局、交通局、住建局等20多个部门的一把手或主管领导多次到中心检查督促本单位窗口人员工作，积极与中心沟通交流，主动就通报中所指出的问题进行整改，促进了窗口工作，提升了窗口服务质量和服务水平。

注重提高实效，全面优化流程。《株洲市人民政府关于公布取消下放和保留的行政许可事项目录的决定》（2号令）于2014年12月29日公布实施，为确保各职能部门严格按照文件开展行政许可和网上审批，根据职责分工，中心自2015年3月6日起组织各有关部门对2号令中涉及的行政许可事项进行清理。在两个多月的时间里，中心严格按照省、市有关要求，逐一核对上报项目事项名称、办件类型、事项类型等内容，分市本级审批的行政许可事项97项、市县两级分级审批的行政许可事项33项、省属驻株单位审批的行政许可事项14项进行分类清理，共修改完善各类信息点300余处，全市行政审批承诺办结时间比法定办结时间压缩55.6%，圆满完成市人民政府关于“2015年上半年前完成市级行政审批事项流程全面再造，一般性审批事项办结时限在法定期限内缩短50%”的工作要求。

注重改革创新，全力推进审改。为加快招商引资项目落地，进一步服务好万众创新全民创业工作，中心在投资审批制度改革上进行探索。年初，中心多渠道全方位听取部门、业主的意见建议，协助市政府起草《株洲市建设投资项目审批改革实施方案（试行）》，4月17日市政府第48次常务会议审议通过，后报省审改办备案同意。5月15日，市政府下发《株洲市建设投资项目审批改革实施方案（试行）》（株政办函〔2015〕32号），29日，以中心名义印发《株洲市建设投资项目审批改革实施细则（试行）》（株政务〔2015〕5号）。6月1日，市政府召开新闻发布会，正式启动改革。本次改革取消或暂停中介服务前置12项，由过去的30项减少到18项。中心联合登记窗口累计受理项目583个，办结503个。其中，建设项目报建联合收费部门窗口不再核费，直接由市政务中心和市财政局共同核费、统一把关，时间由过去最多30个工作日缩短为2小时，已经办理196个项目；农民工工资保障金和工伤保险基金办理，过去要5个领导签字、耗时4～5天，改革后在市政务服务中心人社局窗口实现即到即办。已办理39件，缴存费用1889万元；受理初步设计联合审查64个，办结55个；合并验收项目82个，办结65个。初步设计联合审查可为业主节约时间2～3个月。建设项目竣工验收由过去的4个月缩短15天左右。预计整个建设投资项目审批时间由过去的至少一年半以上，可以缩短至50～80个工作日。改革实施以来，先后接受了新华社、中国（海南）改革发展研究院、省政府门户网站、湖南经视等媒体专访。省长杜家毫批示：株洲的建设项目审批改革有积极意义，可批有关部门参阅。副省长张剑飞批示：建议省政府办公厅以适当方式向全省推介株洲市的好做法。

注重服务下沉，解决实际问题。中心致力于优化服务，主动对接绿色通道项目业主，积极开展全程代办工作。2015年，中心对进入“绿色通道”项目单位进行上门服务20余次，及时跟踪项目办理进度，协调项目审批过程中遇到的困难及问题。与盛康养老中心签订全程免费代办协议，多次召集相关部门行政审批科长召开协调会议，以最简的程序、最短的时间办理相关审批手续。绿色通道自2012年8月开通起，共确认76个项目，组织现场办公、协调、督办会议100余次，帮助业主单位协调审批服务事项350余件次，答复各类项目业务咨询600余次，至2015年年底，已有30个项目办结。（王　平）

【基本建设项目实行联合收费】 中心与市财政局非税管理处共同协作，对基本建设报建项目严格把关，实行基本建设项目报建“收费一票制”。全年基本建设项目报建面积577万平方米，报建收费4.5亿元，为市财政提供了大量有效可用财力。（王　平）

“两型社会”建设

【概况】 2015年，株洲市深入实施转型升级战略，坚持打好“两型建设攻坚战”，株洲调结构、稳增长受到国务院督查表扬，成为全国20个受表扬的市州之一。

抓转型升级，两型产业蓬勃发展

产业结构更优。现代服务业突飞猛进，通过大力发展旅游业、金融业和信息服务业等现代服务业，2015年，全市第三产业增加值达818.5亿元，比上年增长13.6%，对GDP增长的贡献率达46.4%，三次产业结构由上年的7.7∶59.4∶32.9调整为7.5∶58∶34.5。高新技术产业比重不断提高。2015年高新技术产业完成增加值525.9亿元，增长17.9%，占工业增加值比重为44.5%，比2014年提高3.5个百分点。农业现代化水平稳步提升，全市“三品一标”认证农产品达320个，休闲农业发展格局初步形成，全市休闲农业经营总收入实现7.1亿元，同比增长10.5%，农业机械化综合化水平达到70%。

产业质量更高。以科技创新为动力，不断提高产业的集约化、科技化和品牌化水平，产业发展后劲更足。产业集约化水平进一步提升。2015年，全市省级及以上产业园区规模工业增加值增长9.5%，园区规模工业增加值占比达68.3%，比上年提高6.1个百分点。轨道交通产业集群实现总收入1003.7亿元，成为株洲市首个、全省第5个过千亿产业。大力推动创新创业园区“146”工程，科技创新动力不断增强，中车株洲所参与和主持的“京沪高速铁路工程”项目、“高速、重载列车牵引控制关键技术及应用”项目分别获得国家科技进步奖特等奖、国家技术发明二等奖；中车株机公司轨道交通装备工业设计中心成为国内轨道交通行业首个国家级工业设计中心；中车株洲电机有限公司成为湖南省首家国家“工业企业知识产权运用标杆”企业。2015年，全市科技进步贡献率达到60%左右，高新技术产业实现增加值525.9亿元，增长17.9%。品牌效应不断提升，全年新增省著名商标68件，拥有中国驰名商标41件，省著名商标178件，地理标志商标12件，数量均列全省第三。炎陵县成为首批国家全域旅游示范区。

产业业态更新。电子信息、新能源、新材料、生物医药等战略性新兴产业成为经济发展重要增长点，中国电子可控计算机项目开工建设，麦格米特、炎帝生物等一批企业快速成长。“互联网+”催生新业态。阿里巴巴株洲产业带销售收入突破20亿元，炎陵“互联网+黄桃”电商模式全省推广，株洲市成为全国首批信息消费示范城市，炎陵县成功入选第二批国家电子商务进农村综合示范县，芦淞服饰电子商务产业园被评为省级电子商务示范基地。2015年，全市战略性新兴产业实现增加值397.36亿元，增长11.4%，占规模工业比重达到36.56%。大力发展节能环保产业，全市节能环保企业达59家，实现增加值9.78亿元，占战略性新兴产业的2.7%。节能环保产业装备制造产业园项目已经签定框架协议，目前有20余家环保型企业签约入驻，涉及提供环境检测服务、污水处理等领域。

抓机制创新，重点改革深入推进

自然资源资产产权管理体制改革方面。全面铺开农村土地经营权登记确权颁证工作，完成市区宅基地和集体建设用地使用权确权登记外业调查工作；完成不动产登记机构职能整合，启动五县（市）相关工作及部分地区“房地一体”登记发证试点工作；改革完善农村宅基地制度，健全农村土地交易市场。全市农村流转耕地面积61120公顷，比上年年底增加3520公顷，流转比例达38.2%。

环保市场化机制改革方面。第三方治理、PPP模式、合同能源管理、合同环境服务等环保市场化机制得到进一步应用。出台《株洲市关于推广运用政府和社会资本合作（PPP）模式的实施方案（试行）》，推出11个示范项目，总投资230亿元，其中，投资35亿元的轨道交通城路网、铁东路核心段两个PPP项目开工建设。第三方环境治理体制改革，在攸县、醴陵、石峰区等地开展试点工作，其中清水塘治理模式得到国家发改委肯定。

生态文明执法联动机制改革方面。成立环境保护委员会，建立市、县两级大环保格局，与公安部门共同搭建环境执法联动协作平台，在全省率先成立公安局驻环保局工作联系室，建立定期联络、临时联络、线索共享等长效机制，开展26次环保联合执法行动。建立空气质量预测预报联动机制，市环保局与市气象局共同启动市区环境空气质量监测预测预报工作。建立污染物清单制度，启动大气排放源摸底调查，为每处排放源建清单，对超标、违规排污的，实行限期整改。

水生态文明建设试点改革方面。大力推行“河长”责任制，在市县乡村四级确定“河长”，设立“河长”监督牌，明确责任，落实源头监管，逐步形成“制度健全、主题明确、责任落实、保障有力、机制长效”的河湖管护新体制新机制，成功入选全国第二批水生态文明城市建设试点、全国第一批河湖管护体制机制创新试点城市。云峰湖、万丰湖水系连通工程作为水生态文明建设示范项目，进入国家“水系连通”项目笼子。

城市建设管理改革方面。推广环卫作业市场化运作的成功经验和有效做法，逐步扩大市场化运作范围，不断完善渣土运输、“牛皮癣”治理、园林绿化管养、市政灯饰维护、河道保洁等领域的市场化管理模式。深入推进环卫、市容、渣土、户外广告等管理方式改革，推行标准化、精细化管理方式，推动环保智能渣土管理转型升级。

两型技术产品发展应用机制改革方面。开展第二批两型技术及产品的评审认定工作，120多家企业踊跃参加，确认28个（项）两型产品和技术，为稳增长、促升级做出了积极贡献。

抓污染治理，生态建设成效显著

大力治水、治气、治土。一是合力治水。省政府“一号重点工程”第一个三年行动计划圆满完成，全年投入资金近83亿元，完成289个重点项目（任务），重点开展湘江株洲段综合整治，彻底关停拆除113家砂场，清运各类河道垃圾2000余吨，基本实现了“岸上垃圾不入河，水面垃圾不出境”，湘江株洲段水质持续保持三类标准。二是科学治霾。健全环境监测网络，市区建成7个环境空气自动监测子站，率先在全省实现县城PM2.5监测全覆盖。“三个基本行动”，拆除烟囱44根，关闭企业、生产线10家（条），完成燃煤锅炉除尘脱硫、挥发性有机物治理等大力治理项目45个，淘汰黄标车7745辆，全市空气质量优良率达77.0%，比上年提高12.9个百分点。三是修复土壤。清水塘老工业区搬迁改造，启动“株化”搬迁，柳化桂成及中成化工正在选择搬迁地，138家中小企业已有40多家确定了搬迁意向；完成霞湾港重金属污染治理、大湖治理等一批重金属污染治理项目；重金属污染修复及农作物种植结构调整试点区域扩大到5.47万公顷，完成粮油、经济作物种植结构调整面积

3000 公顷。

大力实施生态建设。实施城市绿荫行动，开展植树造林行动，绿化造林 14266.67 公顷，封山育林 10666.67 公顷，完成低产林改造 9666.67 公顷，“裸露山地”造林 1866.67 公顷；投资 3000 万元，建成 100 个街心小公园，提质改造绿化面积 13.42 万平方米，栽植乔木 2061 株；婆仙岭成功获批省级森林公园，省级以上森林公园达到 8 个；加强生态绿心保护，绿心地区新造林 233.33 公顷，林相改造 40 公顷。2015 年全市建成区绿化覆盖率达 42%，森林覆盖率 61.9%。加大湿地保护力度，全年新增湿地保护面积 4269 公顷，湿地保护面积达 22195.69 公顷，湿地保护率 67.08%。

大力提升城市品质。完成霞湾，龙泉一、二期，董家塅等污水处理厂提标改造，12 个建制镇完成污水处理设施主体建设，全市污水处理率达 89%；建成生活垃圾焚烧发电厂，城市生活垃圾减量 85% 以上；餐厨废弃物处理项目成功申报为全国第五批餐厨废弃物资源化利用和无害化处理试点城市。城市“动脉”更加顺畅，洞株路、铜板路、S330 武广株洲西站至沪昆韶山站连接线等 3 条城际道路建成通车；湘江株洲至城陵矶 2000 吨级船舶标准航道实现全线贯通；城际铁路和 5 个站场建设加快推进；莲株公路改建工程、湘江大道、株洲航电枢纽二线船闸等项目开工建设。“公交都市”创建加快推进，神农城首末站、栗雨公交基地投入使用，金山公交基地主体竣工，市区新开公交线路 3 条，优化调整 8 条，新增站点 20 个，建成农村招呼站 164 个，“掌上公交 APP”上线使用，成功入围申报绿色交通城市区域性试点。

抓节能降耗，资源利用节约高效

推进工业节能。开展百家企业节能行动，实施节能技术改造项目 11 个，年节约标煤 4.01 万吨，减少二氧化碳（CO_2）排放约 9.98 万吨。除保留 20 吨 / 小时以上的大吨位燃煤锅炉外，市区内 20 吨 / 小时以下燃煤锅炉基本淘汰到位。推动 4 家企业开展资源综合利用，综合利用煤矸石 124 吨，石英矿渣 82 万吨，实现产值 3670 余万元。加强重点企业能耗监测，中材水泥等 2 家企业建成能源管理中心，株硬集团等 6 家企业建成能耗在线监测平台。2015 年，全市万元 GDP 能耗同比下降 8.05%，全市万元规模工业增加值能耗下降 19.5%，超额完成“十二五”下降目标。

推广应用绿色建筑。出台《株洲市绿色建筑推广实施方案》，完成可再生能源应用项目 52 个，应用面积 192.65 万平方米，节能设计及实施率均达 100%。启动 40 栋公共建筑能耗监测系统建设，城市建设管理及公共信息平台建成试运营。建筑新材料、新技术得到进一步推广应用，推广铝合金模板工程图项目 4 个，应用建筑面积达 80 多万平方米。成功获批中欧低碳生态城市合作项目绿色建筑、绿色交通试点城市。

实施交通节能。建成公用充电站 3 个，充电桩 36 个；推广新能源公交车 100 台，出租车 200 台，社会车辆 872 台，百公里油（气）耗减少 50% 以上，综合能耗降低 40% 以上，成为全省首个批量投用纯电动出租车的城市。水运在综合运输中的比重得到进一步提升，2015 年水路运输总量、总周转量分别增长 29%、61%。

突出节约用水。实施株洲时代新材、北汽、南车时代电气、株洲科瑞变流等 4 个企业节水改造项目，2015 年单位 GDP 用水量为 99 立方米 / 万元，同比下降 7.4%。

突出应用新能源。建设余热发电机组 15 台，全市总装机容量达 10.13 万千瓦，超额完成年度目标。株洲县渌鸿风电项目一期工程 25 台 2 兆瓦风力发电机组实现并网发电。5 个县城基本实现路灯节能改造全覆盖。

抓全域创建，示范引领效应凸显

示范创建全面铺开。开展“三百工程”，创建 100 个市级两型机关单位、100 个市级两型企业、100 个市级两型社区。开展市级两型示范单位的认定工作，制定《株洲市两型示范单位认定管理办法（试行）》，认定 26 个市级两型示范单位、20 户两型示范家庭。

综合示范片区创建形成集成格局。天元区神农片区基本形成省级两型综合示范片区，职教园省级两型综合示范区稳妥推进，8 个市级两型示范区创建效果良好。其中神农片区内社区实现“两型爱心交换站”建设全覆盖，泰西、大湖塘、广场、云里等 4 个两型社区，全面实施片区内节能路灯改造工程，主要交通干道的路灯全部更换为 LED 灯；职教园片区内的分布式能源基地获得省级两型示范基地。

典型示范效应强化。进一步总结全市两型创建经验模式，提升和完善两型建设标准（试行），编制《两型公众场所的建设标准》，形成两型机关、学校、医院、社区等 14 类《株洲市两型建设标准》体系。全年 16 个社区和 12 个村庄获评省级两型示范创建单位，西子社区、时代新材 2 个单位获省级两型示范单位、6 个单位获省级两型示范基地。

抓差异发展，示范区建设纵深推进

云龙示范片区。着力推进生态建设，率先成为湖南省强制推行绿色建筑试点区域，新建建筑全部达到一星级绿色建筑标准，公共建筑全部达到二星级绿色建筑标准；“磐龙湖绿色生态城区”成为全省当前规模最大的绿色建筑群；云龙发展中心获批为“全国三星级绿色建筑”。着力推进重点项目建设，云龙水上乐园、云龙大道二期、玉龙路二期、微软创新中心、云田学校一期、职教城分布式能源站等 6 个项目全面竣工，轨道交通城、龙母河大项目顺利推进。建设 500 公里的绿道系统，建成全国首个城乡绿道网络体系城区。云龙示范区被列为全国 10 个重点智慧城市试点示范之一，并被确定为国家 5 个绿色生态示范城区之一。

天易示范片区。两型产业集聚发展步伐加快，新能源汽车产值超过12亿元，北汽第50万辆整车生产下线；建成标准厂房67万平方米；获批国家轨道交通装备制造业标准化试点。重点项目加快推进，中国动力谷自主创新园顺利开园，15个项目成功入园，成立清华大学中国动力谷自动化技术研究中心成果转化基地；万丰湖生态水系景观工程一期基本成型；大汉·惠普软件信息产业园等12个项目开工。创新投融资机制，7家企业在新三板、新四板挂牌，科技银行增至6家，天易科技城自主创业园等PPP项目试点进行。启动农村土地确权登记颁证工作。关停6家灯饰玻璃企业，新建和改造绿化街心小游园20个，新造林地200公顷，生态环境明显改善，人均公共绿地面积达到11.69平方米，万元GDP能耗下降至0.62吨标煤/万元。高新区综合排名跃升至全国第28名，并成为全省首批实现全面小康社会的县市区。

清水塘示范片区。关闭取缔搬迁污染企业14家，拆除烟囱25根，区内化工、建材、火电等高耗能行业比重从22.8%下降到18.1%，工业能耗实现总量、单耗“双下降”，万元规模工业增加值能耗下降32.4%。中车株机不锈钢城轨车辆生产线、联诚轨道牵引部件基地等11个项目竣工投产，25万平方米标准厂房全面开建，轨道智谷一期标准厂房投入使用，保税物流中心（B型）获批，中车物流基地、湘江金属物流城顺利推进。强力推进环境治理，霞湾港治理二期、大湖治理、乌丫港治理、废渣治理、霞湾新桥低排渠污染治理工程全面完成。2015年，区域重金属总排放量较2008年相比净削减35%；新增绿地面积68万平方米，绿化覆盖率达到52%。成功获批“国家级可持续发展实验区”。

抓文化培育，两型理念深入人心

完善两型宣传载体。与株洲电视台、报社、政府门户网站联合开展3次集中采风活动。在株洲电视台开设了《株洲话——两型创建·引领未来》、“两型大家谈”等大型访谈节目；在《株洲日报》设立36期两型专栏。同时，天元区、芦淞区全体小学生实现两型读本全覆盖，并实现了义务教育阶段每学期6堂以上两型课程的目标。

开展主题鲜明的活动。利用“世界地球日”“世界无车日”“植树节”等国际、国内重大节日，开展节能宣传周、“1135”绿色出行、节能技术产品展览、“甩油大作战”千人趣跑活动等主题活动；开展“2015株洲市‘两型生活随手拍’手机摄影大赛”，收集5000多幅作品，让人民群众在记录两型元素的同时，感受两型魅力。开展“两型生活进社区”服务活动，在城市4区和株洲县举办38场志愿者活动。

积极宣传推介两型成果。在《人民日报》上发表《两型社会建设，株洲发展升级的强大引擎》《生态宜居的八年穿越——工业株洲两型社会建设实录》《大美株洲 打造中国绿色动力谷》3篇文章，系统宣传株洲市两型社会建设成果。《清水塘老工业区搬迁改造升级、生态绿心保护》等工作模式作为长株潭城市群绿色发展的经验和启示，被国务院研究室采用以参阅件的形式报国家领导人。

（张　旭　王琳芝）

机构编制工作

【概况】 2015年是株洲市深化改革之年。面对复杂多变的改革形势和从严从紧的用编环境，市机构编制委员会办公室深入推进专项改革，大力简政放权，严控机构编制，各项工作稳中有进、进中向好，为促进全市经济社会发展提供了高效服务和有力保障。

（檀伟祥）

【政府职能转变和机构改革】 新一轮政府机构改革开展以来，市编办积极响应全省改革总体工作部署，及时启动新一轮政府职能转变和机构改革工作。严格按照《株洲市人民政府职能转变和机构改革的实施意见》精神，以转变政府职能为核心，大力简政放权，优化机构设置，理顺职责关系，严控人员编制，提高行政效能。2015年11月，市本级机构改革基本完成，市政府工作部门三定规定已全部印发，机构整合、干部配备均已到位。各县市区于年底基本完成本级机构改革工作。

（李景林）

【行政审批制度改革】 按照“简政放权、放管结合、优化服务”的要求，行政审批制度改革工作致力于降低制度性交易成本，优化地区发展环境。继续做好事项承接下放工作，开展第8轮行政审批事项清理精简工作，再次向县市区已下放市级经济社会管理权限29次，取消了非行政许可审批这一审批类别。在全省率先公布“三清单一目录”（即：权力清单、责任清单、涉企收费清单和外商投资准入管理目录），出台《关于推广随机抽查规范事中事后监管有关工作的通知》，明确责任主体，督促市场监管部门积极开展“双随机”抽查。协调推动株洲市建设投资项目审批改革试点，通过改革，预计整个建设投资项目审批时间由过去的200天以上缩短到仅需70个工作日左右。改革经验得到省长杜家豪、副省长张剑飞的批示，并在省政府办公厅内刊《调整与研究》刊发，全省推广。

（王颖异）

【事业单位分类改革】 坚决执行事业单位分类政策标准，以社会功能为分类原则，将现有事业单位划分为三个类别。对承担行政职能的，逐步将其行政职能划归行政机构或转为行政机构；对从事生产经营活动的，逐步将其转为企业；对从事公益服务的，继续将其保留在事业单位序列，强化其公益属性。2015年7月全面完成事业单位分类归位工作。共计36家纳入分类归纳工作，并下发文件，其中行政类16家（含行政职能回归撤销4家）、公益一类195家、公益二类59家、经营类19家、缓不分类55家、不纳入分类范围的17家。同时，顺应转变政府职能要求，整合撤并事业单位38家。根据社会服务发展趋势，新组建公共资源交易中心、投资促进事务局、重点建设项目办公室等公益单位，弥补政府职能短板，补强社会公共服务能力，为全市公共事业发展注入新活力。（滕　玲）

【机构编制督查工作】　加大机构编制违规违纪查处力度。联合市财政局下发《关于在全市机关事业单位实行人员编制与经费预算联合管控的通知》和《关于在市直机关事业单位开展财政供养在编在职人员核查工作的通知》，对市直机关事业单位人员实行联合管控。联合审计局出台《株洲市关于开展机构编制管理和执行情况审计工作的实施办法》，对各单位一把手任期内的机构编制管理情况开展审计，实现审计监督与机构编制监督检查紧密衔接，推动各部门切实履行机构编制管理职责。（龙　飞）

【服务社会经济发展】　坚持严控机构编制的同时，把有限的编制资源向经济社会发展重点领域和薄弱环节倾斜，办理一批保民生、保稳定、保重点的机构编制事项。调剂100余名编制支持公共资源交易中心、投资促进事务局、不动产登记中心等一批事业单位组建，满足社会公益需要。对政法队伍建设给予更多关注，及时下达编制计划，确保公检法司政法单位补充人员89人，警力不足矛盾得到进一步缓解。及时设立政府和社会资本合作中心，盘活社会资本，减轻公共财政压力。设立了新媒体中心，有效地增强了宣传部门在互联网领域传播主流文化、引导社会舆论的能力。

（滕　玲　杨晖霞）

民政工作

【提升基础民生保障水平】　救助配套政策及时跟进。2015年，株洲市民政局积极贯彻落实国务院《社会救助暂行办法》，报请市政府出台相关政策文件。3月，以政府办名义下发《株洲市城乡困难群众临时救助实施办法》。这是全省14个市州第一个以政府名义出台的临时救助实施办法。社会救助工作兜底有力。城乡低保工作在实现动态管理和应保尽保的基础上，保障标准和补差水平不断提高。市区城乡居民最低生活保障线标准达420元/月，全市城镇低保月人均补差水平289元；农村最低生活保障线标准不低于180元/月·人，月人均救助水平111元。全市最低生活保障水平在全省处于第一方阵。新建和改扩建农村敬老院14所。完善城乡医疗救助"一站式"服务系统，实现困难群众住院救助即时结算，住院救助比例提高到70%，农村五保对象在县、乡级新农合定点医疗机构住院基本医疗费用全额减免。救灾救济工作扎实有效。4月株洲市降雨集中，全市有71个乡镇、街道办事处不同程度受灾，受灾人口27.2万人，紧急转移安置7472人。及时启动自然灾害应急预案，保证全天候信息畅通，并分赴5县5区查灾、核灾，转移受灾群众，全市共下拨救灾资金2565万元（中央、省下拨1750万元，市本级配套100万元，各县市区配套715万元）、救灾棉被2600床、棉衣200件、帐篷40顶，确保灾民基本生活。（吕俊杰）

【启动第二次全国地名普查工作】　3月，市政府召开常务会研究，启动全市第二次全国地名普查工作。5月，市政府办印发《株洲市地名管理办法》，这是除长沙、衡阳外，全省第三个以政府名义印发的地名管理办法。

（吕俊杰）

【推进区划调整】　9月，全省乡镇区划调整改革工作启动后，株洲市民政局抽调精干力量，深入县市区调研摸底，提出合并乡镇的初步设想和测算应合并村的数量，牵头组织召开全市乡镇区划调整改革动员大会，制定《株洲市乡镇区划调整改革工作方案》。全市9个县（市）区的乡镇区划调整改革工作方案已于11月20日、11月26日分两批一次性全部获得省里的批复。此轮乡镇区划调整，全市共合并33个乡镇。调整后，全市有33个街道，7个乡，61个镇。其中：荷塘区有5个街道1个镇；芦淞区有7个街道1个镇；石峰区有6个街道1个镇；天元区有3个街道3个镇；株洲县有8个镇；攸县有4个街道13个镇；茶陵县有4个街道10个镇2个乡；炎陵县有5个镇4个乡1个民族乡；醴陵市有4个街道19个镇。（吕俊杰）

【积极做好边界联检】　开展省际界线赣湘线和株醴、攸醴、攸茶等3条县际界线联合检查工作。承办赣湘线边界联检会议，株洲市在会上作典型发言。会同市综治委完善平安边界建设考评机制，着力解决边界重点纠纷隐患，开展界线模糊专项排查，株洲市边界矛盾纠纷联防联调工作经验在全国推广。（吕俊杰）

【养老服务体系建设】　出台养老《实施意见》。2014年12月，市政府常务会议研究并原则通过《株洲市关于大力发展养老服务业的实施意见》。2015年3月，以市政府名义印发《株洲市关于大力发展养老服务业的实施意见》。《意见》在土地规划、财政补贴、税收优惠等方面作出明确规定，为促进养老服务业发展提供了良好的政策环境。落实责任，完成养老实事。将落实省新增养老床位1549张的考核指标分配到各县市区，要求各县市区成立相应领导班子，指定专人负责。12月，1549张养老床位已超额完成。全市有各类养老床位14351张，每千

名老年人床位数约22张，处于全省领先水平。（吕俊杰）

【基层社会治理】 基层民主建设不断完善。制定《株洲市村务公开和民主管理办法》，并报请市政府统一登记、统一编号、统一公布，从制度上切实保障农民群众的知情权、决策权、参与权和监督权。出台《株洲市清理规范村（社区）承担的公共事务上下联动整改工作方案》，切实减轻村（社区）工作负担，回归村民自治。推进社区服务场所建设，提请市委市政府出台《株洲市社区服务场所提质改造三年行动计划（2016—2018）》。社会组织发展活力不断激发。主动简化登记程序，取消筹备工作环节，对“四类”社会组织开展直接登记，全市社会组织登记数量同比增长10%以上。全市依法注册的社会组织已超过2350个，每万人拥有社会组织接近6个，实现“十二五”规划中每万人拥有5个社会组织的目标。全省首家引进全国知名社会工作服务机构——广州市大同社会工作服务中心在芦淞区、荷塘区开展试点，为培育社会工作组织、推进政府购买服务及社会工作组织承接政府职能打下基础。（吕俊杰）

【双拥优抚安置政策有效落实】 深化双拥创建工作。继续抓好拥军“蛋奶果工程”，全年共投入资金580多万元，为驻株部队送鸡蛋、牛奶、水果共120多万份。成功创建省级双拥模范城并顺利完成双拥模范城创建迎国检工作。全市享受待遇的优抚对象48216人，2015年共下拨各类优抚资金20916万元。落实安置军休政策。严格执行《株洲市关于进一步做好退役士兵安置工作的意见》，做好“四类对象”岗位安置和自主就业退役士兵教育培训、地方一次性经济补助发放工作。全年共安置“四类对象”81人，培训退役士兵812人，发放自主就业退役士兵一次性经济补助1200多万元。（吕俊杰）

创建工作

【概况】 2015年，株洲市创建办全力抓好“湘江保护治理一号重点工程、创建公交都市示范城市、全国文明城市国检复评、城市创建长效管理”四大重点工作，全市创建工作继续保持良好发展态势，创建成果进一步巩固提升。

“一号重点工程”彰显成效。重点项目圆满完成。投入83亿元资金安排的289个重点项目（省政府下达项目208个，株洲市自我加压项目81个）均按计划完成任务。区域整治实现突破。清水塘累计关停搬迁企业80余家，完成了清水塘工业废水综合治理利用工程、霞湾港重金属污染治理、大湖治理工程等一大批重金属污染治理项目。综合整治成绩斐然。为期一个月的湘江株洲段综合整治行动，一举拆除非法砂场112家、违法建筑100余处，清除菜地瓜棚5.33余公顷，清运各类河道垃圾2000余吨，关闭搬离了一批饮用水源保护区内与供水设施、保护水源无关的建设项目，在湘江株洲段水面及堤内实现了基本看不到乱采乱挖、看不到乱搭乱建、看不到乱扔乱排、看不到乱堆乱放、看不到乱停乱摆现象，广大市民拍手称快。阶段目标全面完成。第一个“三年行动计划”下达的“堵源头、畅河道”工作任务全面完成，湘江水质明显好转，空气质量持续向好，节能减排成效明显，主要污染物排放总量、万元GDP能耗逐年下降，重金属污染物排放量大幅削减，株洲市成功获评“全国节水型社会建设示范区”，入选“全国第一批河湖管护体制机制创新试点城市”和“全国第二批水生态文明城市建设试点城市”。

“公交都市创建”稳步推进。一是宣传造势如火如荼。与交通频道、法制频道、《株洲日报》及晚报协作推出的《关注“公交都市”创建》系列报道，引起强烈社会反响。通过“9·22”世界无车日开展的“甩油大作战”千人趣跑活动以及“12·2”交通安全宣传日开展的“最美驾驶员”评选，使“绿色交通”出行理念更加深入人心。二是领导重视全力推动。贺安杰书记、毛腾飞市长、刘力量主任、黄曙光主席、赵文彬常务副市长、何剑波副市长等领导均对公交都市创建工作给予了重点关注和倾心指导，先后多次听取情况汇报并主持召开市委办公会、人大主任会议、政协主席会议以及专题调度会，研究解决工作推进过程中的重点难点问题。三是重点工程循序渐进。全长22.4公里、投资40.5亿元的轨道交通示范线2号线2016年上半年将启动施工；“掌上公交APP”推广顺利，在线用户达7万余人，每天点击量2万人次以上，市民基本可以实现掐秒出门；栗雨纯电动公交充电站已建成完工即将投入使用；公交站场建设全面推进，金山公交基地正在建设，工业大学首末站完成选址，神农城北站投入使用。四是体制机制顺畅高效。建立《公交都市创建工作协调联席会议制度》，印发《株洲市创建公交都市实施方案》（2014—2018年），下发“任务分解表”，明确“信息报送制度”，建立“公交都市”创建工作QQ群、微信圈等工作交流平台。五是合作交流愈发频繁。邀请国内知名交通研究机构和专家召开专题论证会，对株洲交通把脉问诊、出谋划策；赴厦门、苏州、长沙等地学习借鉴先进经验；接待宜春、柳州等兄弟地市来株考察交流；促成世界资源研究所与市政府签订《共同推进公交都市建设合作备忘录》，使株洲市公交都市创建获得了更为广阔的资源平台和更加强大的技术支撑。

“文明城市创建”保持常态。国检测评一举通过。在1月4日至10日国检迎检期间，作为“一对一应急服务组”组长单位，创建办较好地起到了上传下达、联系左右、指挥调度、统筹协调作用，为保障株洲市成功夺得“全国文明城市”金字招牌做出了重要贡献。日常督查力度不减。在7月8日全市“创建全国文明城市工作推进会”召开以后，市创建办迅速搭建市创文办督查组班子。据统计，督查组年度督查里程达7000公里以上，先后对城市小区、农贸市场、主次干道、交通秩序、校园周边环境、街巷基础设施等17个项目、近1100个现场点进行了实地督查和回访复查，共下发《整改通知书》129份、《督办通知》28份，交办问题800多个，问题整改率近95%，为国检（省检）年度复查顺利过关打下了坚实基础。

“城市长效管理”力度加大。扩大了考评范围。把城市创建和长效管理工作任务纳入市直机关年度绩效考核范围，提高考核分值，加大考核权重。调整了考评重点。修订《株洲市城市管理考核评比办法（试行）》及实施细则，下发《关于加强城市创建交办工作的通知》，以创文、创公交都市、湘江保护治理等全市中心工作为导向，实时调整考评重点，对城区政府坚持每月一次明检和一次暗检。加强了督办落实。出台《市民来电（信）、微博、微信投诉处理工作规定》，开通微博、微信公众号，公开投诉电话和邮箱，关注网络舆情。对市民、网友的投诉及时交办、认真处理。全年下发《交办函》102份，着力解决了二中校园周边工地扬尘、南苑小区物管瘫痪、顺鑫佳园污水堵塞、财富小区和谐农贸市场管理缺失、金域半岛垃圾清运等一批影响市民日常生活的老大难问题。（王忠祥）

中国人民政治协商会议株洲市委员会

综　述

【概况】 2015年，市政协及其常委会践行“忠实履职、奉献株洲”的工作理念，认真履行职能，为推动经济发展、促进民生改善、推进协商民主、维护社会和谐做出积极贡献。

一、发挥独特优势，服务改革发展大局。

紧紧围绕市委、市政府中心工作，精选课题，深入调研，咨政建言。

为“十三五”规划和深化改革建言。围绕科学编制“十三五”规划，从产业转型、文化教育卫生事业、“三农”问题、生态文明建设、创新驱动等方面，深入开展调查研究。组织市政协委员开展“为‘十三五’规划和改革建言”活动，委员通过网络平台、书面材料、会议协商等形式，提交各类意见建议249条（篇），为编制“十三五”规划和深化改革提供决策参考。

为旅游再升温献计。为推进株洲旅游再升温，开展以旅游产业发展为题的重点调研。调研分成四个专题，分别由主席会议成员牵头，市县两级政协联动，采取实地考察、问卷调查、微信调查等方式，召开各类协商座谈会30多次，发放调查问卷近700份，形成综合调研报告、专题调研报告和政协常委会议建议案。市委书记贺安杰在建议案上作重要批示，要求有关部门认真研究采纳建议。市政府对建议案进行专题研究，部分建议进入相关规划，建设工业博物馆等建议已写入“十三五”规划纲要草案。

为全民健身造势。为营造全民健身良好氛围，市政协八届三次会议上，全体市政协委员向全市人民发出“全民健身行”倡议书。市政协组织机关干部、政协委员开展“秋行湘江·绿色健康”徒步行活动。开展“加强城区公共体育设施建设与管理”的专题调研，走访50多个企事业单位和住宅小区，形成主席会议建议案和调研报告，提出的公共体育场馆免费或低收费向市民开放等建议被采纳。

为经济社会发展出力。按照市委要求，市政协主席会议成员积极参与“五个一”活动，在通用机场等重点项目建设、联系重点企业、帮扶贫困村等工作中，深入实际，积极协调，真诚服务。发挥政协优势，争取省政协主席会议成员视察株洲公立医院改革，大力宣传推介株洲。不遗余力争取上级支持，就渝长厦长赣段高速铁路途经株洲问题主动向省政协汇报，请省政协领导牵头，联合湘潭市政协、驻株省政协委员和驻湘全国政协委员，向全国政协、省政协提交《建议渝长厦长赣段高速铁路线路采用“长沙—湘潭—株洲”通道》的提案，得到省政府及有关部门的高度重视。发挥驻株省政协委员作用，积极为株洲发展鼓与呼，组织委员视察职教园。驻株省政协委员积极主动履职，围绕加快推进“湖南东大门”建设、加快株洲县撤县设区步伐、支持株洲生物医药产业发展等重大问题，提交47件提案，为株洲发展争取了各方支持。

二、丰富协商层次，推进协商民主实践。

深入贯彻落实中央和省委关于加强社会主义协商民主建设的文件精神，制定并实施年度协商计划，积极推进协商民主实践。

认真开展全会协商。在市政协八届三次会议上，委员们通过大会发言、联组协商、小组讨论等形式，围绕行政审批制度改革、大众创业、公立医院改革、精准扶贫、推进中小企业技术创新、加快基础设施建设等重要问题协商建言。市委书记、市长分别对大会发言作重要批示。

首次开展专题议政性常委会协商。围绕科学编制“十三五”规划，首次召开专题议政性常委会。市委副书记、市长毛腾飞参加会议，与委员面对面协商交流。委员们从科学确定株洲城市发展定位、加快推进新型城镇化、推进军民融合产业发展、加快规划建设大湘东（株洲）旅游经济带、加快启动部分行政区划调整、突出综合交通体系建设等方面开展协商建言。会议邀请了县（市）区政协委员代表、市民代表、网友代表旁听会议，增加了协商的开放度，扩大了参与面。

深入开展“双月协商”。就“推进行政审批制度改革”“加强农村分散供养五保户养老保障”“加强公共停车场建设与管理”等议题召开“双月协商”座谈会，形成主席会议建议案和“双月协商”意见4件。推进行政审批制度改革的部分建议被吸收到

《株洲市建设投资项目审批改革实施方案》。

积极开展提案办理协商。实行提案分类集中面商，推进提案全过程协商，增强提、办双方的协商互动，推动办理落实。主席会议成员以专题调研视察、召开督办会议和提案办理协商会议等方式，督办10件重点提案，成效明显。《加大对轨道交通装备产业链建设的扶持力度》《充分发挥我市龙头企业在轨道交通产业中的作用》等重点提案，市委、市政府分管领导、承办单位主要负责人与提案人面对面协商，形成了专题协商意见，市政府召开专题会议研究，拓展轨道交通产业发展空间、强化基础设施建设等建议得到了采纳。2015年，市政协各参加单位和广大政协委员，共提交提案482件，立案362件。

广泛开展对口协商和界别协商。依托各专门委员会，探索开展以调研为基础、以座谈为主要方式的对口协商。界别特色和作用进一步发挥，很多界别与相关部门开展有主题的协商，市直有关部门主动征询界别意见，形成良性互动。对口协商和界别协商更加经常，更为有序，扩大了政协协商民主的影响力。市政府对市政协常委会议建议案、主席会议建议案、双月协商意见、提案办理协商意见及全会协商建议分别进行专题研究，作出书面答复，并在市政协常委会上通报相关办理情况，有力提升了协商成效。

三、完善工作机制，增强民主监督实效。

充分发挥政协民主监督重要职能作用，不断完善民主监督制度，丰富民主监督形式，民主监督组织化程度明显提高。

完善民主监督小组委派工作。主席会议定期研究委派民主监督小组工作，建立健全 “一机制、两评议、三反馈、五统一”的工作制度。向市公安局、市中级人民法院、市人民检察院、市财政局、市水务局、市商务和粮食局等6个单位委派民主监督小组。全年，各民主监督小组向受派单位提出意见建议78条，各受派单位认真研究和吸纳民主监督小组所提建议，答复反馈及时，落实措施有力，一批民生实事得到妥善解决。市政协主席会议对部分受派单位办理委员提案和承办“民生100”工程的情况进行专项民主评议，委员们亮观点、摆问题、提建议、议措施，被评议单位诚恳接受评议，在开放评议、互动交流中达到了促进工作的目的。

开展专项视察。市政协主席会议先后就重点在建项目、公共体育设施建设与管理、社区矫正等，开展寓知情、议政、建言、监督于一体的专项视察。专委会和各界别就城区小游园建设、城乡教育均衡发展、食品药品安全等组织视察活动。视察形成专题报告和协商意见，助推了相关工作的落实。

畅通社情民意渠道。升级社情民意信息网络提交系统，加强信息反馈。全年共收集社情民意信息850多条，向省政协和市委、市政府报送信息专报110期，《关于加快志愿服务立法的建议》等10篇社情民意信息被省政协采用。《建议把炎帝陵打造成海峡两岸交流的重要基地》得到了省政府领导的批示。

四、坚持团结民主，促进社会和谐稳定。

市政协常委会一班人坚持大团结、大联合，为推动全市改革发展广泛凝聚智慧和力量。

深化团结合作。注重发挥民主党派、工商联和无党派人士在政协中的重要作用。密切同港澳台同胞和海外侨胞的联谊交往，召开市政协“三胞”联谊座谈会。全年，各民主党派、市工商联积极参与政协组织的重大活动，形成调研成果70多项，提交集体提案30多件，反映社情民意信息90多条。各民主党派、工商联开展一系列有影响、有意义的活动，民革市委主办湖南省首个纪念抗日战争胜利70周年3D图片展；民盟市委开展以心灵呵护和人文关怀为主题的系列社会服务活动；民建市委开展“坚持和发展中国特色社会主义道路学习实践” 活动；民进市委开展“文化惠民、同心共进”系列活动；农工党市委开展义诊活动；致公党市委主办“株洲青年海归创新创业发展论坛”；九三学社市委开展金融风险防范和“三农”问题调研；市工商联开展“访民企、解难题、保增长”企业大走访活动等等。

加强联系指导。召开县（市）区政协工作座谈会，交流基层政协工作经验。与县（市）区政协联合开展调研，共享成果。完善县（市）区政协主席、秘书长联席会议制度，通过工作研讨、信息沟通，加强了上下联动。全年，各县（市）区政协开展形式多样的履职实践。天元区政协延伸政协工作触角，因地制宜建设各具特色的“委员之家”；炎陵县政协对全会和常委会议委员发言实行交办制，促进了履职成果的转化；茶陵县政协将重点提案办理情况制成专题片在媒体上公开，让群众评议办理效果；攸县政协在委员中开展“竞技、竞赛、竞争”活动，充分调动委员履职的积极性；醴陵市政协紧扣发展中的热点难点问题开展调研，取得了良好成效；株洲县政协评议工作适时有度，增进了委员、群众与有关部门的有效沟通；芦淞区政协探索建立调研建议跟踪转化机制，保障了议政成果的有效落实；荷塘区政协加强提案工作信息化管理，提案办理实效进一步提高；石峰区政协举办丰富多彩的文化交流活动，为区域文化发展增添活力。各县（市）区政协还直接参与党委、政府中心工作，积极投身经济建设一线，为区域发展做出重要贡献。

扩大宣传交流。全年编辑出版《株洲政协》4期和《株洲市人民政协理论研究论文集》，开办广播、电视专题访谈20多个，《株洲日报》刊登各类专版12个，《人民政协报》《湘声报》等各级媒体刊发各类报道420多篇，在省政协网站发稿105条，发出了株洲政协好声音。

五、加强自身建设，夯实政协履职基础

市政协常委会坚持把夯实工作基础作为加强政协自身建设的重要保障，政协履职能力和水平不断提高。

委员主体作用进一步发挥。年内举办一期委员培训班，提升委员履职水平。积极为委员履职创造条件、搭建平台、提供保障。在各类履职活动中，注重发挥委员主体作用，让委员唱主角、挑大梁。“委员接待日”和主席会议成员联系委员企业等活动更加规范有序。建立向委员通报政情的机制，为委员知情明政创造了条件。

专委会基础作用进一步彰显。市委高度重视市政协专委会建设，调整充实委室领导班子，优化人员结构。各专委会充分发挥自身优势，完善联络机制，定期与对口联系部门进行协商交流，加强对所联系界别和委员的履职指导，形成专委会“忙起来、实起来、活起来”的良好氛围，基础作用进一步发挥。（李小东）

【政协株洲市委员会八届三次全体会议】 中国人民政治协商会议株洲市第八届委员会第三次会议于2015年1月19—22日在株洲召开。会议听取并审议政协株洲市第八届委员会常务委员会工作报告、政协株洲市第八届委员会第二次会议以来提案工作情况的报告；提案委员会书面报告政协株洲市第八届委员会第三次会议提案审查情况；听取并协商市人民政府工作报告和市计划、市财政、市中级人民法院、市人民检察院工作报告。会议补选政协株洲市第八届委员会副主席2名、常务委员会委员2名。会议赞同毛腾飞市长代表市人民政府所作的《政府工作报告》，认为《政府工作报告》总结2014年工作客观实在，谋划2015年工作指导思想明确、工作重点突出、保障措施有力，充分体现了全面深化改革和依法治市的要求，全面反映了全市人民的心声和社会各界的期望，切合株洲市经济社会发展实际。会议赞同市计划、市财政工作报告以及市中级人民法院、市人民检察院工作报告。（唐开世）

【政协株洲市委员会八届十次常委会议】 1月21日，市政协第八届委员会召开第十次常委会议。市政协主席黄曙光主持会议。会议听取了联组协商政府、计划、财政、法院、检察院工作报告情况汇报；听取了各小组审议常务委员会工作报告、提案工作报告及协商政府、计划、财政、法院、检察院工作报告情况汇报；听取并讨论了《“全民健身行”倡议书（草案）》的情况汇报；听取酝酿候选人建议名单、总监票人和监票人建议名单（草案）及讨论选举办法（草案）的情况汇报。会议协商通过了候选人建议名单、总监票人和监票人建议名单(草案)及选举办法（草案）。协商通过了《中国人民政治协商会议株洲市第八届委员会第三次会议政治决议（草案）》和《中国人民政治协商会议株洲市第八届委员会第三次会议关于政协株洲市第八届委员会常务委员会工作报告的决议（草案）》，决定提请政协株洲市八届三次会议审议。

（唐开世）

【政协株洲市委员会八届十一次常委会议】 6月30日，市政协召开八届十一次常委会，协商建言株洲旅游产业发展。市政协主席黄曙光主持会议。会议审议并原则通过《关于推进我市旅游产业发展的常委会议建议案》。会议针对近年来株洲旅游产业总收入增长速度呈逐年下滑趋势，存在重视不够、体制不顺、品牌不响、配套不全等问题，建议积极对接省委、省政府打造大湘东旅游经济带的重要契机，实施“旅游再升温”三年行动，提升旅游产业地位，推动管理升级；创新机制，推动投入升级；紧扣项目，推动设施升级；加大宣传，推动品牌升级。市委常委、常务副市长赵文彬称，市政协的课题选题好，契合了市委、市政府的发展思路。他表示，发展旅游产业是实现经济转型升级的重要途径，应该成“十三五”期间政府投资重点。要认清旅游产业特质及株洲市现状，明确定位，以提升现有景区发展为突破口，尽快做强大京水库、酒埠江及炎陵旅游景点等。市委常委、组织部部长、统战部部长、市政协党组副书记彭爱华表示，要以此为契机，提高认识，认真研究，加快推进全市旅游产业发展。（唐开世）

【政协株洲市委员会八届十二次常委会议】 7月24日，市政协召开八届十二次常委会议，围绕株洲市“十三五”规划编制工作进行协商。市委副书记、市长毛腾飞出席会议，市政协主席黄曙光主持会议。会上，毛腾飞向市政协常委会通报全市上半年经济社会发展情况。会议听了市发改委关于株洲市国民经济和社会发展“十二五”规划实施情况及“十三五”规划编制工作有关情况的汇报。肖长海等19名市政协常委、委员围绕轨道交通产业发展、新型城镇化建设、生态文明建设、文化体育事业发展等主题，对“十三五”规划编制工作提出意见和建议。会议邀请了5名市民代表列席会议。

（唐开世）

【《株洲武术简史》出版发行】 为了记录历史，以史育人、资政，在市体育局的协助下，株洲市政协港澳台侨外事和文史学习委员会挖掘、整理、编辑《株洲武术简史》一书。该书38万字，定价58元，已由湖南人民出版社出版。该书详细记载株洲武术的起源、传承、发展，系统介绍株洲武术的门类、特点。（蔡业海）

民主党派

中国国民党革命委员会株洲市委员会

【概况】 中国国民党革命委员会株洲市委员会下设参政议政、经济、祖统、文宣、妇女、青年等6个工作委员会，有1个县级市委会——民革醴陵市委会，基层支部26个，小组1个。2015年发展新党员25人。截至2015年12月31日，党员548人，任湖南省人大代表1人，县（市）区级人大代表11人，其中区人大常委会副主任1人，常委1人；湖南省政协委员1人；市政协委员17人，其中常委2人，专委会副主任2人，专委会委员1人；县（市）区级政协委员45人，其中区政协副主席1人，常委10人。有近60人担任政府等行政、事业单位副科级以上职务，其中正处级实职干部1人，副处级实职2人；高校正处级实职1人，副处级实职2人。

2015年，民革株洲市委会的各项活动主题突出，内容丰富，做到了工作有思路、有举措、有成效。8月21日，民革株洲市第六届委员会第八次全体会议在株洲市天台山庄举行，蒋涤非因工作需要辞去民革株洲市委主委，当选为民革株洲市委主委。年内，常虹被评为民革全国思想宣传理论工作先进个人。 （常　虹）

【提高参政议政水平】 提高参政议政水平，增强服务履职能力。在株洲市政协2015年度评比中，民革株洲市委会两件集体提案被评为优秀提案，专职副主委汪迎伟等4名委员的个人提案被评为优秀提案。调研文章《株洲市城市地下综合管廊建设》被评为市政协优秀调研成果一等奖，《株洲市殡葬管理情况调研报告》被评为三等奖；民革界别连续三年被评为优秀界别，开创了市政协界别工作的先例。全年市委会征集社情民意46件，其中被民革省委采纳12件；株洲市政协采纳12件；株洲统一战线网采纳27件；三湘统战网采纳1件。 （常　虹）

【开展“纪念抗日战争胜利70周年”系列活动】 8月，民革株洲市委会主办“纪念抗日战争胜利70周年诗词征稿”活动和湖南首个纪念抗日战争胜利70周年3D图片展；11月26日，举办“战争胜利70周年·感恩抗战老兵”书法名家作品慈善义卖活动，所得善款全部捐赠给健在的原国民党抗战老兵，取得了较大的社会影响，同时组织青年党员参观芷江中国人民抗日纪念馆。为株洲68名健在抗战老兵申请发放“抗战胜利70周年纪念章”，并对健在的抗战老兵开展走访慰问。在民革全省抗战老兵纪念文章、图片、音像征文活动中，市委会获抗战老兵图像征集二等奖。两件作品及两篇文章分别获全省抗战老兵图片展和纪念文章二、三等奖。 （常　虹）

【服务社会】 民革株洲市委以基层组织为载体，通过捐款捐物、关爱抗战老兵、提供法律援助等方式牵手困难群众，促进民革组织与社会的广泛联系，丰富了新时期民革社会服务工作的形式和内容。2015年，民革组织基层支部和党员为醴陵碧山社区39户特困家庭、醴陵玉潘村的7户特困户、2名贫困学生及株洲县龙凤乡敬老院16户孤寡老人、10名贫困学生等捐款捐物达10万余元。组织有美术专长的党员主动走访特困高考生张梦洁，帮助辅导其专业课，并捐助1万元学习费用。党员张超为两位大一新生每人捐助5000元学习生活费。民革中心医院支部到株洲县仙井乡凳头村，开展“健康伴您行，专家在身边”下乡义诊活动。民革天元支部把天元区“我与群众交朋友”活动与民革工作结合起来，对口帮扶90多岁的抗战老兵、无劳动能力的老人、母女双残疾的家庭以及在对越自卫反击战中受伤致残的英雄等4名群众。 （常　虹）

【开展“观故居，走多党合作之路”活动】 12月18—20日，民革株洲市委组织参加第17期新党员学习班的党员32人赴南京开展“观故居，走多党合作之路”活动。这是民革株洲市委积极响应民革中央号召，深入开展坚持和发展中国特色社会主义学习实践活动的举措。活动的主旨是追寻民革伟人的足迹，缅怀伟大的民主革命先驱，进一步探究走好多党合作之路。江苏省政协领导陪同学习班成员参观南京总统府，观看“革命的先行者孙中山”展厅，拜谒中山陵。这次新党员培训班，学员们通过理论学习与实地参观相结合，重温历史往事，进一步了解多党合作的历史和民革的优良传统，更加深刻理解中国政党制度的合理性和优越性。 （常　虹）

中国民主同盟株洲市委员会

【概况】 截至2015年年底，中国民主同盟株洲市委员会有成建制基层组织44个。2015年，发展32名新盟员，全市在册盟员691人，平均年龄54.8岁，民盟中具有中高级以上职称的555人；担任副处级以上职务32人，其中副厅3人；省、市、区县（市）三级人大代表、政协委员80人。

（罗卫云）

【组织建设得到加强】 年内42个基层组织全部顺利完成换届工作。进一步加强人才队伍建设。年内审批新盟员32人，增选盟市委副主任委员1人；对2014年度先进基层组织、先进个人、优秀参政议政成果进行表彰。重新梳理和进一步完善民盟市委后备队伍人才库；对部分支部进行调整，成立民盟株洲县总支委员会；撤销原机关支部和天元区支部，分别成立盟市委机关第一支部、盟市委机关第二支部和天元区第一支部、天元区第二支部。积极开展日常活动，增强盟员凝聚力。妇女工作委员会在国际妇女节，组织全体女盟员开展活动；青年联合会先后组织“五四”青年节活动和慰问炎陵县坪坑村活动。年内，举办了新盟员培训班、骨干培训班；邀请民盟中央原参政议政部张冠生部长讲盟史盟章专场报告会。

（罗卫云）

【履行参政议政民主监督职能】 2015年共完成22个参政议政调研课题，其中在盟省委立项的1个，盟省委委托课题2个，参与盟省委立项课题调研的2个，盟市委立项8个，基层支部向区统战部门申报的6个，市政协民盟界别向市政协申报的3个。充分利用党委、政府重要文稿的协商和两会平台建言献策。在市政协八届三次会议期间，民盟提交提案36件。省人大代表建议8件，省政协委员提案1件，县市区人大代表建议5件，县市区政协委员提案29件。8位盟员被评为优秀政协委员；盟市委的《启动基本良田重金属污染治理工程》和《启动第二水源建设》获优秀集体提案；8件获优秀委员个人提案和联名提案；优秀调研报告一等奖1篇，二等奖1篇，三等奖1篇；市政协理论征文二等奖1篇，三等奖3篇。积极参加株洲市政情通报协商会。盟市委领导和相关盟员先后参加市法院、检察院工作通报协商会，市教育、财政工作通报协商会，株洲市党风廉政建设和反腐败工作情况通报协商会等，率先积极发表意见。鲁立彬主委等提出法院的人民陪审员制度、检察院的人民监察员制度要克服“为我所用”的倾向；运用现代技术，提升办案手段等建议，引起强烈反响。

（罗卫云）

【社会服务有特色】 成功举办4场同心讲堂。同心讲堂由中共株洲市委统战部、民盟株洲市委主办，云龙示范区党务工作部、职教园管理办公室、民盟职教工委承办，由相关职业院校协办。同心社区活动形式多样。株洲县松西子社区是盟市委“同心社区”创建点，盟市委先后在该社区组织开展建“同心超市”“大爱株洲·为‘同心’社区特困群众送年货活动”“关爱独居孤寡老人，义诊、送手机活动”“浓情端午·亲情关爱五保老人”等创建活动。该社区被评为湖南省“万企联村、共同发展”活动省级示范点。农村教育“烛光行动”得到延伸。在张家界永定区阳湖坪黄家铺九校，开展心理辅导，捐赠价值2万元的体育用品和学习用品，“一对一”认领资助3位贫困生，解决3个孩子一年的生活费。与株洲市特殊学校联合开展“庆“六一”文艺会演暨民盟株洲市委企业家联谊会捐赠仪式”的爱心公益活动，捐赠一台钢琴与“同心”心理咨询室，为学生赠送价值16480元的节日礼物。年内被株洲市文明办授予2015年度爱心助考“爱心集体”称号。“黄丝带”帮教活动有序开展。围绕“6·26”国际禁毒日，以心理咨询为切入点，开展一系列“黄丝带”帮教活动。走访强制隔离戒毒所5户特困学员家庭；组织12位国家二级心理咨询师对12位学员进行个体心理辅导；策划社区禁毒宣传，到天元区大岭社区开展禁毒宣传活动、组织了“珍爱生命，远离毒品”签名活动；发放禁毒宣传资料几百余份；集中展出禁毒知识宣传板报。

（罗卫云）

中国民主建国会株洲市委员会

【概况】 截至2015年12月31日，全市共有民建会员379名，4个总支，18个基层支部。2015年，中国民主建国会株洲市委员会发展新会员14名，平均年龄为34.3岁，其中研究生学历1人，新会员中有非公经济代表人士、政府部门人员等。

切实加强思想建设。民建株洲市委将学习和领悟党的十八大以及十八届历次全会精神，学习领会习近平总书记系列重要讲话精神，作为当前和今后一个时期内加强思想建设的重要内容，以召开会议、举办培训班、举行演讲比赛和主题征文等形式全面系统深入地学习相关精神。

积极参加湖南民建首届运动会并取得佳绩。4月25—26日，湖南民建首届运动会在益阳举行。比赛共设羽毛球、乒乓球、气排球、射击、拔河五个项目，有11个代表队、340余名运动员参加比赛。株洲市代表团的运动健儿们在两天的比赛中，斩获颇丰，获得气排球比赛金牌、羽毛球团体第六名、精神文明奖等。

加强基层组织建设。年初，民建株洲市委各总支分别召开总结表彰大会，全面总结总支以及各支部各项工作，不断加强与区委统战部门的沟通交流，进一步增强基层组织的活力和凝聚力。

进一步加强"同心社区"建设工作。2015年，民建株洲市委进一步抓好株洲市荷塘区石子头"同心社区"建设工作，加强与荷塘区委统战部的沟通联系，为更好地建设石子头"同心社区"提出合理意见和建议；充分发挥民建自身资源和优势，提供法律援助、慰问特困群众等，为石子头"同心社区"的建设工作贡献力量。（詹　昱）

【切实履行参政议政职能】 政协全会积极建言献策。在年初召开的市政协八届三次全会上，民建17名市政协委员积极履职，围绕株洲市经济发展和社会民生的热点难点问题积极建言献策。会上，周石旺代表民建界别作题为《推进全民创业的几点建议》的大会发言；李跃纲代表民建界别作题为《加强农村小水利建设，提升农业综合生产能力》的联组发言，均得到市委、市政府主要领导的高度关注，引起强烈的社会反响。《加快电动汽车产业升级，打造电动汽车之都》《建立过期药物回收处理机制》《全面推进农村实施基本药物制度》《推进专项资金管理和使用改革》《进一步加大湘江污染治理力度》等集体提案和个人提案被评为市政协优秀提案。民建界别获得2015年度市政协优秀界别。反映社情民意和宣传信息工作取得佳绩。卞武宗被民建湖南省委评为反映社情民意工作先进个人二等奖、参政议政工作先进个人二等奖，詹昱被民建湖南省委评为新闻宣传工作先进个人二等奖。（詹　昱）

中国民主促进会株洲市委员会

【概况】 截至2015年12月，中国民主促进会株洲市委会有会员411人，其中女会员186人。会员中大学及以上学历的有227人，具有高级职称的150人，平均年龄47.3岁。全市共设26个基层支部小组，其中2个总支19个支部，5个活动小组。市委会设置办公室、组织科、参政议政科和宣传信息科等职能部门，下设参政议政工作委员会、统战理论与多党合作理论研究委员会、信息与宣传工作委员会、老龄与妇女工作委员会、社会服务工作委员会等专门工作委员会。配备专职干部4人。会员中有省政协委员1人，市人大代表3人（其中市人大常委2人），市政协委员15人（其中市政协常委3人），县区人大代表2人（其中区人大常委1人），区政协委员37人（其中县区政协副主席1人，县区政协常委8人）。

思想建设有新提升。民进委深入开展坚持和发展中国特色社会主义学习实践活动。先后举行"重温会章会史 践行价值追求"主题报告会、"我身边的先进"宣讲活动、"传承与奉献"主题报告会等。以多形式、多渠道的学习培训，提升全会牢固树立习总书记所倡导的理论自信、道路自信和制度自信。加强理论研究工作。专职副主委刘朝晖撰写的《中国特色协商民主的问题与对策研究》荣获2014年度全市统战调研优秀成果特等奖，另有4篇调研成果分获一等奖、二等奖和优秀奖。代表会省委进行的"政治体制改革与民主党派参与社会管理初探"的课题成功中标会中央选题，论文入选2015湖南省统战理论与实践创新研讨会。

组织建设有新举措。加强基层组织建设。2015年，湖南工大总支获全国先进地方基层组织称号。机关干部谭正香获民进全国社会服务先进个人称号。2015年年初在全省组织工作会上，专职副主委刘朝晖代表会市委在会上作"激情履职 有为有位打造高素质参政党地方组织"的发言。株洲市工大总支、醴陵总支等6个支部荣获全省先进基层组织，陈代陆、胡春生等3名会员荣获全省先进个人。3月份，民进委召开年度总结表彰大会，对民进全国、全省先进基层组织进行授牌表彰，并通报表彰会市委各项会务工作的优秀成果。以经验交流促进基层组织发展。民进常德、益阳、佛山等地兄弟市委先后到株洲开展经验交流。抓好后备干部队伍建设。对会内代表性人士和后备干部实行动态管理，着重加强后备干部的培养和举荐力度，为2016年的换届工作提供人才保障。开展多层次的专项培训和会内活动。年内先后开展新会员培训、青年会员培训、后备干部培训等培训工作。

参政议政有新成效。扩大全会建言献策参与度。开展专题建言献策征集活动，对优秀建议予以宣传推介、成果转化与专项表彰。加强发声力度。主委谢一明、专职副主委刘朝晖参与"十三五"规划、市政府工作报告听取意见座谈会等重大政治协商，会内各类特约监督员还参加相关部门的开门纳谏座谈会，先后参与株洲市教育局的阳光教育恳谈会、职务犯罪案件监督活动等。充分发挥政协平台作用。会市委调研报告《我市权力下放至园区现状调查及对策研究》《大力发展移动互联网的建议》被评为2014年度优秀调研报告二等奖；大会发言《加大简政放权力度 推动园区发展升级》得到市长毛腾飞批示。切实增强界别视察实效。先后就株洲县渌鸿风电项目、秋瑾故居等开展视察，市政协主席黄曙光就秋瑾故居的修复和管理情况率民进界别委员一同视察。

社会服务有新作为。以"同心创建"为载体，积极开展系列活动。以"大爱株洲"为契机，帮扶困难群众。走访漂家井社区和报亭社区，为50户特困家庭送去新春的祝福和慰问。以"微公益"为平台，引导全会形成社会服务就在身边，人人可以参与的氛围。会市委开创微信公共平台，及时发布会市委相关社会服务信息，引导基层组织与广大会员发挥各自优势，开展形式多样、丰富多彩的公益活动，形成株洲民进服务社会的叠加效应。开展"文化惠民、同心共进"传统文化进校园大型公益活动。走进株洲市一中和体育路中学送上"家庭教育是一

切教育的根本”和“中国文化的教育智慧”两堂课。（尹冰也）

【承办西部教师培训活动】 9月20～27日，民进湖南省委“同心·彩虹”第十期西部教师培训在株洲市体育路中学开班。民进株洲市委继2008年第三期西部教师培训之后，再次承办西部教师培训，旨在推进西部地区教育事业的发展和师资队伍建设，加强中西部地区之间的教育交流与合作，打造“同心”工程品牌，开展“同心”教育帮扶。参加培训班的10名老师分别是来自贵州省毕节金沙县的九所学校的音体美三科教师，培训由株洲市体育路中学选派优秀的学科骨干担任导师，开展分科指导，并通过采取跟班听课、跟岗学习、交流座谈、导师研讨、观摩社团、感恩讲座等丰富多样的教学方式进行培训。（尹冰也）

【召开中国民主促进会成立70周年庆祝大会】 12月25日，株洲民进召开中国民主促进会成立70周年庆祝大会。会上对致力于会务工作的会员进行分类表彰，陈代陆、谭正香等获评“十大会务之星”，株洲县支部等3个获评“示范性支部”，另还有45名优秀会员和8个优秀基层组织受到表彰。市委常委、组织部部长、统战部部长彭爱华出席会议，市政协副主席、民进株洲市委主委谢一明作主题报告。省政府参事、民进湖南省委副主委汤泽培，市政协副主席、致公党株洲市委主委余群明出席大会并讲话。

（尹冰也）

中国农工民主党株洲市委员会

【概况】 中国农工民主党株洲市委员会成立于1986年，至2015年年底有基层组织13个，党员359名，基层总支、支部13个。2015年，株洲市农工党党员担任省政协常委1人，省政协委员2人；市人大代表1人，市政协副主席1人，市政协常委4人，委员13人；区人大常委1人，代表1人；区政协常委5人，委员10人。担任副处以上实职的党员有15人，有61人出任全市各大医疗机构的科室主任或学科带头人。（王雨青）

【积极参政议政】 农工党株洲市委围绕党和政府关注、人民群众关心的突出问题，认真调研议政，积极建言献策。2015年向株洲市政协共提交提案10件，提交社情民意18条，在“我为改革建言”和“我为‘十三五’规划建言”提交建议7条，向农工党省委和中共株洲市委提交社情民意10条。在市政协八届二次会议上，市委会集体提案《拓展升级我市农民专业合作社》《加强文化市场执法》荣获优秀提案，市委会调研报告《公立医院引入社会资本探究》《株洲市公立医院改革与医患关系改善》分别荣获二、三等奖，在年度全市统战宣传信息工作评选中，市委会荣获杰出贡献奖，市委会机关干部有3人分别获得全市统战理论调研成果一、二、三等奖。4人被农工党省委授予反映社情民意信息工作先进个人，市委会被农工党省委评为2015年度参政议政先进单位和宣传工作先进单位。（王雨青）

【开展“铭记国耻，爱我中华”系列爱国主义教育活动】 为纪念和迎接中国人民抗日战争暨世界反法西斯战争胜利70周年，6月23—28日，农工党株洲市委开展“铭记国耻，爱我中华”系列爱国主义教育活动。23—24日在市委会主委、市政协副主席周恕的带领下，市委委员和机关干部走访全市13个基层组织，发放“学精神、学党章、学党史”问卷和答题卡300份，并召开支部主委动员会议。27日，由市委委员和政协委员组成的考察团赴怀化开展学习调研，与怀化市委会举办座谈会，就参政议政、社会服务、机关建设等工作进行探讨、学习。28日，考察团赴芷江参观抗日战争受降旧址和纪念馆，激励全体党员熟悉党章、铭记党史，珍惜今天来之不易的和平，自觉弘扬党的优良传统，立足岗位履行好党员职责。（王雨青）

【广东省清远市农工党主委到株洲考察交流】 6月23日，广东省清远市政协副主席、市农工党主委李雨松率农工党清远市委一行8人到株洲考察交流。24日，在市政协召开交流座谈会，株洲市政协副主席、农工党市委主委周恕向清远一行介绍株洲农工党近两年在参政议政、社会服务、民主监督等方面的工作情况，表示希望进一步加深两地市委会的交流、学习。24、25日，清远市委会一行分别调研株洲城市自行车建设管理项目、方特欢乐世界、芦淞服饰城。（王雨青）

【农工党湖南省委、株洲市委2015年度工作交流座谈会】 12月5日，农工党湖南省委、农工党株洲市委召开农工党湖南省委、株洲市委2015年度工作交流座谈会。会议由省委专职副主委蒋秋桃主持。株洲市政协副主席、农工党株洲市委主委周恕致辞并介绍2015年度农工党株洲市委工作开展情况；农工党省委介绍全省农工党2015年度组织建设工作、参政议政和社会服务等情况。蒋秋桃对农工党株洲市委会的工作给予肯定，她重点提到民主监督工作是株洲市委会工作的一个亮点，能深入基层了解民情民意，并督促对口联系单位提高服务水平改进工作作风，将工作落到了实处，也得到中共湖南省委统战部的高度评价，希望今后能够再接再厉，不断创新，取得佳绩。（王雨青）

中国致公党株洲市委员会

【概况】 截至2015年年底，中国致公党株洲市委员会有成建制的基层组织23个，其中总支1个，支部22个。有市直工委1个，区工委4个。有党员388名，其中男党员212人，女党员176人，平均年龄49.8岁，归侨、侨眷、归国留学生及其他有海外关系的代表性人士占69%，具有中级、高级职称285人，在各级政府和职能部门担任副处级以上领导干部18人，在编机关干部5人。（皮贻茂）

【自身建设】 积极开展创先争优活动。结合致公党成立90周年纪念活动，举办党史党章知识抢答赛，在省委举办的知识抢答赛中株洲代表队获二等奖；开展"我心目中的致公党"有奖征文活动；举办骨干党员、宣传信息、参政议政等培训班。成立株洲市石峰区工作委员会、致公党株洲市直属工作委员会和致公党株洲市机关支部；完成区工委、支部的换届工作。开展特色支部的评选活动，对区工委和基层支部加强考核。全年发展新党员22名，其中有海外关系的16人，侨海比例达73%，突出"侨""海"特色。

（皮贻茂）

【思想宣传】 学教活动持续开展。2015年，致公党株洲市委有39篇新闻稿在中国致公网站刊登；有169篇新闻稿在湖南致公网站刊登；有20篇新闻稿在三湘统战网站发表；有15条信息被湖南统战信息电子专网采纳；有150篇新闻稿在株洲政协网站刊登；有71篇新闻稿在株洲统战网站刊登；在《株洲日报》《株洲晚报》、市电视台等媒体上，发表了《致公党基层去年写了18篇调研报告》等4篇新闻报道。成立《株洲致公》刊物编委会，编辑《株洲致公》刊物两期，成立了理论研究会，编印了党员通讯录，编印了《共铸辉煌》纪念画册。以"纪念中国致公党成立90周年"为契机，向致公党中央上报3篇散文作品，向致公党湖南省委上报6篇征文作品。市委荣获"2014年度株洲政协网站信息宣传工作考评一等奖"。（皮贻茂）

【参政议政】 扎实开展课题调研工作。完成《重金属污染转移视角下农民的权益保护问题探讨》《人民陪审员参与民事执行问题调研》等两个省委重点招标课题，并形成调研报告；完成《新常态下株洲实施创新驱动发展战略的调查与思考》《高铁对株洲经济社会发展的影响分析及对策建议》《加快发展株洲农村电子商务的思考》等3篇调研报告。22个基层支部完成《发展非公经济增长新动力》《大力推进株洲制造业发展》等24篇调研报告。两会建言成效显著。市政协八届三次全会上，致公党市委向大会递交《促进株洲新生代海归就业创业的对策建议》等集体和个人提案40余件，其中，《关于进城务工人员随迁子女接受义务教育有关情况的调研报告》《关于加快株洲节能环保装备制造业发展的调查与思考》两篇调研报告分获二等奖和三等奖；《健全环卫工人权益保障机制》《加强物业管理工作》两件提案被评为优秀集体提案；《尽快建立株洲市新传染病公共卫生临床中心》等5件提案被评为优秀个人提案。向市政协报送社情民意信息近20条，围绕株洲市城市建设、社会主义新农村建设和民生问题提出有针对性的意见和建议，其中《建议拆除泰山东路株洲市工商局大门前的人行道路上设立的铁门、围栏、花坛，让附近的市民有路可行》《海诚东路、天伦东路、滨江路的人行道被机动车占用的现象情况严重》两条社情民意得到中共市委主要领导批示，关于《全面升级我市网上审批与电子监察系统》的调研成果在株洲市政协"双月协商"座谈会进行了交流发言。党员陈佳撰写的《关于创新社区治理途径和方法的几点建议》被中央统战部《零讯》刊物采用。市委荣获2014年度株洲市统战信息工作特别贡献奖。（皮贻茂）

【联络联谊】 联络联谊活动丰富多彩。2015年，市委1名机关干部随致公党省委代表团访问菲律宾首都马尼拉，参加菲律宾中国洪门致公党换届选举暨宣誓就职典礼，并代表致公党株洲市委将党员萧旭画家创作的4幅国画作品赠送菲律宾洪门致公党，传递中华文化，表达致公情缘。各工委、支部开展丰富多彩的联谊活动30余次。加强"侨""海"平台建设。积极开展"侨""海"特色课题调研，完成《全面提升留学人员在实施人才强国战略中的地位和作用——对株洲归国留学人员创新创业情况的调查与思考》的调研报告。举办"2015株洲青年海归创新创业发展论坛"，来自全市的200余名海归及株洲青年创业者协会、株洲青年商会、各地州市海归协会的代表参加会议，市发改委等8个部门领导应邀到会，为海归创业解读相关政策并答疑解惑。（皮贻茂）

【社会服务】 与田心社区结成"同心社区"，与西岭村结成"同心乡村"，开展"大爱株洲，为特困群众送年货"大型公益活动，为田心社区和西岭村46户困难群众分别送上价值200元的米、油等生活物资及200元红包。为株洲市实验学校、荷塘区仙庾中心学校、炎陵县沔渡镇、田心社区等7名贫困中小学生和两名大学生送上助学金和学习用品，价值20000余元。为湘潭县中路铺村一特困家庭、姚家坝乡10名贫困儿童送上爱心基金与物资，价值10000余元。向株洲市癌症俱乐部捐款1200元，向三个特困的癌症病人捐赠了3000元医疗费，向身患肠肿瘤的党员赵湘桂捐助6500元医疗费，捐赠救助金15100元。（皮贻茂）

九三学社株洲市委员会

【概况】 截至2015年年底，九三学社株洲市委下辖5个工作委员会、1个基层委员会、19个支社、2个直属小组，有社员381人。全市社员中，高级职称181人，占47%，女社员144人，占38%。全年发展新社员32人，其中硕士以上学历7人，博士1人。社员中担任省政协委员4人；市政协副主席1人，市政协委员18人，其中常委4人；区人大代表3人，其中常委2人，县（区）政协副主席2人，县（区）政协委员25人，其中常委8人。年内，社市委被社中央授予“优秀市级组织”称号，被社省委授予“组织工作先进集体”和“机关建设先进集体”称号。在社中央庆祝九三学社创建70周年表彰活动中石峰区工委获“全国优秀基层组织”称号，张国浩、周建明获“全国优秀社员”称号，肖运平获“全国优秀社务工作者”称号。谢松炎被社中央授予“2011—2015年社会服务工作先进个人”。（宋道燕）

【参政议政有实效】 社市委紧紧围绕市委、市政府的中心工作，发挥优势，注重实效，深入调研，积极履行参政议政职能，参政议政工作取得实效。1月18—22日社市委18位社员参加株洲市政协八届三次全会。会上，由社员张湘彦撰写的《炎帝文化与株洲炎帝陵旅游开发研究》被市政协评为优秀调研报告三等奖；社市委集体提案《农村养老问题应当引起重视》《加强中小学校体育工作 改善中小学生体质》《农民工生活状况亟待改善》《加强高素质农业科技人才队伍建设》被市政协评为优秀提案，张国浩个人提案《关于创建全国“中华诗词之市”的建议》、邓群个人提案《建立过期药品回收处理机制》和《加大政府投资建设公共租赁住房力度》、周红兵个人提案《尽快建立株洲市新传染病公共卫生临床中心》、肖运平个人提案《加强对预付费消费市场的监管》被市政协评为优秀提案。九三学社界别被评为2014年度先进工作界别。李蓓、黄建国、周红兵3人被评为“优秀市政协委员”。社市委于5月召开参政议政专题会议后，多次组织社员深入南4县1市开展调研，全年共完成调研报告20余篇。（宋道燕）

【民主监督】 民主监督活动有序开展。年内，黄建国、李蓓、谢松炎被市政协委派担任市职能部门民主监督员，分别对市财政局、市经信委、市教育局进行民主监督。同时，肖运平、李蓓还被市纪委聘为株洲市“优环境、提效能、促升级”活动明察暗访员，对全市各单位不良作风、不良现象进行监督，黄向阳被聘为株洲市检察院的特约检察员。担任各级监督员、检察员和行风评议员的社员们认真履行职责，充分行使权利，很好地发挥了民主监督作用，充分展示了九三学社社员的风采。（宋道燕）

【庆祝九三学社创建70周年、九三学社株洲市委成立30周年暨总结表彰大会召开】 9月2日，九三学社株洲市委在市政府礼堂隆重召开九三学社创建70周年及九三学社株洲市委成立30周年庆祝暨总结表彰大会。省人大常委、社省委专职副主委王仁祥，省政协经科委主任、社省委副主委吴金明，中共株洲市委常委、组织部部长、统战部部长彭爱华，市政协副主席、社市委主委张国浩，市人大常委会副主任、民盟株洲市委主委鲁立彬以及市政协副主席、农工党株洲市委主委周恕出席会议。

会上，社市委主委张国浩作大会报告，回顾了株洲九三学社30年成长历程及取得的成绩。彭爱华部长和社省委吴金明副主委先后讲话，肯定了社市委在这30年里取得的成绩，同时希望全市社员要坚定地高举中国特色社会主义伟大旗帜，凝聚全社会的智慧和力量，为实现中华民族的伟大复兴做出新的更大贡献。（宋道燕）

【开展送戏下乡活动】 10月9日，社市委由专职副主委肖运平带队，开展送戏下乡活动，活动走进茶陵县腰陂镇布庄村。50多位株洲市戏剧传承中心的演员们在村活动中心临时搭建的舞台上载歌载舞，为乡亲们表演歌曲、脱口秀、舞蹈、乐器等节目。九三学社社员们奉上了精彩的表演。中共醴陵市委统战部常务副部长谭晓辉，九三学社株洲市委委员颜映雪、谢松炎等参加了活动。（宋道燕）

群众团体

株洲市总工会

【概况】 株洲市总工会内设11个部室，干部职工42名，下辖2个工人文化宫。截至2015年年底，全市有基层工会组织12761个，工会会员1001466人。市总工会围绕“三个率先”和“三个贴近”总体要求，开拓创新，扎实工作，圆满完成2015年各项工作任务，在全省市州、省直工会考核中获评“优秀单位”。 （聂伟平）

【努力构建和谐劳动关系】 市总工会认真履行好维权的主责主业，切实维护职工合法权益，推动构建和谐劳动关系。年内，继续规范企事业单位特别是改制企业职代会工作，探索推广区域职代会制度，规模以上非公企业职代会建制率达88%。全年开展工资集体协商的企业6564家，覆盖职工41.2万人。顺利完成2015—2018年餐饮行业工资集体协议续签，协议覆盖城区5000多家餐饮企业、17万从业职工。充分发挥设在市职工维权帮扶中心的“株洲市劳动人事争议调解仲裁二庭”的作用，建立访、调、裁、诉、援职工通道，全年参与审理劳动争议调解仲裁案件64件，成功调解46件，工会参与劳动仲裁的做法和成效获得港澳工会“五一”代表团高度称赞。组织开展“中国梦·劳动美”职工法律知识竞赛，荣获省赛一等奖，并代表湖南进入全国决赛。 （聂伟平）

【深入开展帮扶服务】市总工会继续深化“双联”帮扶工作，全年筹集“送温暖”资金3200余万元，走访慰问困难企业700家次、困难职工（农民工）家庭6万多户次。筹集430.5万元，资助761名贫困大一新生。市总本级发放日常救助金124.6万元，惠及613名职工。14.2万名职工参加第二期职工医疗互助活动，全年发放互助金856.1万元，8528名住院职工直接受益，其中8人补助达5万元。联合市人社局开展“春风行动”，举办12场招聘会，7260名大中专毕业生、城镇失业人员找到了就业岗位。全年共走访、慰问三级劳模534人次，发放慰问救助金320.6万元；组织5批146人参加疗休，150多名困难劳模得到免费体检。打造工会心理咨询师队伍，拓展职工心理关爱服务，纾解职工身心压力。成立株洲市EAP中心，重点致力开展企业及大型社区员工的心理关爱系列服务，打造心理知识普及宣传平台，提供心理援助服务，服务人数超过千人，为20余人次提供了个案咨询服务。 （聂伟平）

【积极开展职工文体活动】 成立书法、美术、舞蹈、篮球等6个职工文体协会，投资100余万元修缮市工人文化宫职工之家活动中心，职工文化交流有了更新更好的平台和场地。组织书画名家开展3场“进企业、访劳模、送文化”创作实践活动，举办职工书画大赛、职工篮球赛、职工书画优秀作品暨中国名家书画作品邀请展，产生了较好的社会影响。85家单位、5000余名职工参加第三届职工健步行活动，健步行在越来越多的基层工会中得到推广和践行。扎实开展“送文化·惠职工”系列主题活动，组织慰问演出4场，免费发放电影票2000张、剧院入场券5000张。举办“雅韵三湘、艺动四水”——纪念抗战胜利70周年株洲专场音乐会，给现场600余名职工奉上了“文化大餐”；举办《关爱你身边的人》大型文艺会演，500名一线职工观看演出。积极参加全省“芙蓉杯”竞赛十年回顾征文活动，获得2个一等奖、1个二等奖、3个三等奖。全年举办4次大型室内交友派对、8次户外拓展联谊活动。举办“青春有约·情定三八”未婚职工交友派对活动，有近500名未婚职工参加。首届职工相亲文化艺术节取得圆满成功，近40对伉俪在炎帝广场举办集体婚礼。 （聂伟平）

【深化职工之家建设】 全年新建工会组织2080家，发展农民工会员10.8万人。成立市餐饮行业工会联合会，17万餐饮职工有了真正的“娘家”；成立全市首家乡镇（街道）总工会——建宁街道总工会，辖区10万职工更有归属感。投入207万元重点奖扶“职工之家”建设，实施示范“职工之家”建设工程，以点带面，着力推动建家工作向非公企业、联合工会延伸，向乡镇（街道）、工业园区拓展。天元区与株洲高科集团投入1.2亿元联手打造“中国动力谷职工之家”，中航南方公司斥资1亿元建设“职工之家”文体活动中心。市公交公司工会等15家单位获评“全国模范职工之家（小家）”，江山置业公司工会荣获全省唯一的“全国模范职工之家红旗单位”。

扎实开展县级工会工作规范创优竞赛，深入开展创建“六好”乡镇（街道）工会活动。攸县总工会获评“2014—2015年度全省先进县级工会”。荷塘区茨菇塘街道、桂花街道和芦淞区建宁街道、攸县桃水镇等4个乡镇（街道）工会被评为“全省六好乡镇（街道）工会”。（聂伟平）

【成功承办全省和全国职工职业技能大赛焊工决赛】 7月11—15日，全省第五届职工职业技能大赛在株洲市职业教育科技园举办，全省15支代表团、290人参加。株洲代表队获得团体第1名，并包揽焊工比赛前4名和数控装调维修工比赛第1、第2、第4名，计算机程序设计员比赛第2名，动画绘制员比赛第5、第7名，取得优异成绩，彰显了株洲的技能实力。10月30日—11月1日，第五届全国职工职业技能大赛“中国·动力谷杯”焊工决赛在株洲职业教育科技园举行，来自全国各省（市、自治区）的31支队伍、94名选手参赛。株洲市派出4名选手代表湖南代表队参赛，夺得团体第1名，其中3名选手进入前10名。实现了株洲甚至湖南在全国职工职业技能大赛历史性的突破，充分展示了株洲工人的风采、株洲产业的魅力。在焊接决赛闭幕式上，中国职工焊接协会宣布，授予株洲市创新创业指导中心“中国职工焊接技术协会株洲焊接培训基地”。（聂伟平）

2015年全国劳动模范和先进工作者

陈喜红　南车株洲电力机车有限公司 副总工程师
易　冉　南车长江车辆有限公司株洲分公司组装车间班长
柳祥国　株洲冶炼集团有限责任公司锌电解厂副工段长
袁健松　中国南方航空工业（集团）有限公司416中心综合管理室班长
肖勇民　株洲联诚集团有限责任公司董事长、总经理
叶志钢　醴陵市孙家弯乡孙家湾村村支部书记
肖义华　中国工商银行股份有限公司株洲新华路支行行长
唐才喜　株洲市中心医院外科主任兼肝胆胰外科主任
颜金仲　株洲市民政局副局长

2015年湖南省劳动模范和先进工作者

邓元山　中国南方航空工业（集团）有限公司精密加工中心班长
廖丽萍　国家电网株洲供电公司变电运营室副主任
汪毅刚　大唐华银株洲发电有限公司发电部主任
邹　毅　株洲九方装备股份有限公司立车班班长
桂志红　南车株洲电力机车有限公司转向架事业部工人
刘志国　攸县公安局联星派出所治安巡防队队员
罗　伟　湖南省烟草公司株洲市公司物流配送中心主任
廖定元　株洲百货股份有限公司百货部店长
杨卫东　南车长江车辆有限公司株洲分公司工人
胡　贵　南车株洲电机有限公司牵引变压器研发部经理
徐　涛　株洲硬质合金集团公司科技部部长
袁兆才　北京汽车股份有限公司株洲分公司副总经理
帅　亮　中国邮政储蓄银行股份有限公司株洲市分行营业部总经理
谭　勇　湖南省农村信用社联合社株洲办事处副主任
李学军　湖南省地质矿产勘查开发局四一六队副队长
肖长江　株洲市公共交通有限责任公司总经理、党委书记
杨志刚　株洲市城市建设发展集团有限公司房地产开发公司董事长
付祖德　茶陵县富盛针织公司总经理
彭礼华　攸县丫江桥镇严良村村支部书记
杨　耀　株洲市唐人神集团邵阳湘大骆驼饲料有限公司生产部主任
邓满福　炎陵县建筑公司项目部主任
赵建新　株洲市芦淞区利坤科技有限公司副经理
刘祖治　茶陵县万樟园林苗木种植农民专业合作社理事长
孟平山　炎陵县法院王家渡法庭庭长
瞿知泉　株洲市检察院政治部副主任、宣传综合处处长
肖国平　醴陵市国家税务局局长
王　莹　株洲市住房公积金管理中心归集提取科科长
李玉林　株洲市环境保护局监察支队副支队长
徐之乐　株洲市二中高中部教师
龚新胜　株洲市荷塘区环卫处主任
曾江华　株洲市芦淞区建设街道沿河社区居委会党支部书记、主任
廖积仁　株洲市妇幼保健院儿科主任
陈德浩　中共株洲市委办公室市委督办专员
李湘怀　中共株洲市委宣传部副部长、市文明办主任
刘希山　株洲市房产管理局局长

2015年株洲市劳动模范和先进工作者

王　鸽　中国移动株洲分公司城区营销中心政企片区天元集团班班长
罗智颖　湖南金正方企业集团股份有限公司副总工程师、总师办主任
吴进超　中国南车时代新材绝缘产品事业部伸缩缝班组班长
张　健　株洲市绝缘材料有限责任公司材料班班长
马术奇　株洲冶炼集团股份有限公司锌浸出厂直浸工段浸出一班

班长
杨学军　南车株洲电机有限公司牵引电机事业部工艺技术员
邱永龙　湖南千金卫生用品股份有限公司总经理
蒋馥芳　株洲市茶陵县邮政局局长、党总支书记
黄先晃　国网湖南省电力公司醴陵市供电分公司总经理
滕德明　株洲湘银物业管理有限责任公司安全服务员
李淑春　株洲市天元区环卫处天台路清扫班班长
廖润芝　五矿二十三冶建设集团第二工程有限公司项目部经理
刘晚苟　湖南海利株洲精细化工有限公司总经理
邓民慧　株洲宏信科技发展有限公司董事长、总经理
周七二　中国工业航空动力机械研究所发动机总体研究所副总师、副部长
赵华山　株洲百货股份有限公司天元超市店长
谢中良　株洲市农业科学研究所良种繁育中心主任
彭森森　南车株洲电力机车研究所有限公司时代电气制造中心主任
冯江华　南车株洲电力机车研究所有限公司总工程师、研究院院长
张忠健　中国五矿集团钨事业部副总监
龙辉平　炎陵县神农茗茶叶种植专业合作社理事长
陈　飞　茶陵县飞鹏竹木业有限公司董事长
陈炳胜　攸县科丰水稻种植专业合作社理事长
陈友平　醴陵市大塘生态养殖基地
文干斌　株洲县洪宜特种种养殖专业合作社理事长
陈国云　炎陵县石洲乡卫生院护士
李艳平　株洲市广播电视台公共民生频道副总监
谭新艳　株洲市天元区泰山学校校长
刘迎春　醴陵市地税局局长
陈　民　株洲市公安局刑侦支队法医室主任
钟鸣芝　株洲市石峰区科学技术局局长
刘和平　株洲市二医院呼吸科主任

（聂伟平）

共青团株洲市委员会

【概况】 共青团株洲市委员会内设办公室、团务部、组织部、联络部、宣传部、纪检监察室6个部室，专职团干17人。截至2015年年底，全市共青团系统有团委384个，团支部（总支）4094个，覆盖团员16.8万名。

2015年，团市委围绕构建“凝聚青年、服务大局、当好桥梁、团要管团”四维工作格局，坚持“强基础、强服务、强队伍”工作思路，树立改革意识，从严改进作风，扎实推动工作，各条战线都取得了新成绩。

积极探索创新，“凝聚青年”取得新成效。一是在强化理想信念教育中凝聚青年。以“红领巾相约中国梦”“与人生对话——我的中国梦”“我为社会主义核心价值观代言”“奋斗的青春最美丽”等为主题，开展主题教育实践活动，引导大中专学生、社会各界青年准确理解中国梦、社会主义核心价值观的本质内涵和重大意义，全市共开展各种类型的教育活动221场，覆盖团员青年14.3万人。二是在弘扬志愿服务精神中凝聚青年。利用春节、学雷锋活动月、端午等节假日和时段，围绕创建全国文明城市、保护母亲河等工作，组织1万多名青年志愿者、200多支志愿者服务队开展系列志愿服务活动，服务青年群众逾10万人次。整合青联、青企协等外围组织资源，开展“大爱株洲·金秋助学”“希望工程一元捐”活动，筹资70余万元，资助660名贫困大中小学生。三是在加强新媒体宣传中凝聚青年。以“青年之声”互动社交平台建设为抓手，进一步畅通团组织、团员双向联系的互动渠道，全面完成了平台客户端建设并投入使用。广泛招募团干部、专家学者组建平台服务团队，致力构筑线上答疑，线下解决的O2O工作格局。该平台目前使用活跃，留言数、互动数节节攀升。同时，积极动员网络文明志愿者，利用微博、微访谈、微信等新媒体宣传团队工作，增强舆论影响力，团市委官方微信公众号跻身全国50强。

紧扣党政中心，“服务大局”展示新作为。一是服务青年创新创业创优。以“青春创业季”活动为总揽，引领青年创新创业创优。着眼传播创业意识，组织青年创业天使导师团进校园、进社区、进农村，开展“青年创业大讲堂”14场。依托阿里巴巴株洲产业带、利坤学校、动力谷企业成长学院，开展以电商、互联网+、众筹、众创空间为主题的创业培训，全年培训1216人，新增市县两级青年就业创业见习基地89家，接收青年上岗实习2100人。加强创业平台建设，举办“青春创客 赢在株洲”第三届青年创新创业大赛，建设青年创业园区5家，吸引入园孵化青年400名。着力破解青年创业资金瓶颈，联合市邮储银行推出“青创贷”项目，打造全市首个青年创业绿色通道。抓住两会契机，积极提交人大建议并进行访谈宣传，以“掀起全民创业创新热潮”为题作政协大会发言，为进一步从体制上营造宽松创业环境营造了舆论氛围。二是优化青少年成长环境。持续开展重点青少年群体建档帮扶，建立“一对一”帮扶档案，加强服务管理和预防犯罪调研工作，深入少年法庭调研。创新青少年事务社工人才建设模式，招募组建合适成年人志愿者队伍，依法维护涉案未成年人合法权益，积极履行监督教育感化挽救职责，全年参与案件审理25起，开展监督考察、社区矫正活动51次，相关经验作法在

2015年12月15日的《中国青年报》头版予以报道。加强“12355”青少年服务平台建设，以“12355与你同行—阳光行动”为主题，在全市开展心理咨询、高考减压等活动30余场次。加强未成年人工作制度建设，就株洲未成年人保护工作向市政府第54次常务会议专题汇报，提请审议通过了《关于进一步加强未成年人保护工作的实施方案》等制度性文件。三是深化“号手”创建工作。深化青年文明号创建活动，开展“青年文明号集体送温暖”活动，为182名留守儿童和贫困学子捐助25万余元物资。开展青工“创新创效创优”等系列推优活动，国网株洲供电公司林鸿志获全国“最美青工”提名奖。深化青工技能竞赛活动，联合人社、财政等部门连续5年开展“劳动技能月”电视大赛，选拔培养了一大批青年岗位能手，有效促进了企业创新创效。

着力完善机制，“当好桥梁”发挥新作用。一是畅通沟通渠道。围绕构建下情上传、上情下达传达渠道，形成零距离倾听、面对面沟通、制度化反映的沟通机制，着力深化“12355”青少年服务平台、“共青团与人大代表、政协委员面对面”等活动，市县两级共提交相关建议、提案16件。二是积极反馈青年诉求。开展“青春聚力改革”献智献策活动，通过座谈、征文等形式，广泛收集社会各界青年的意见和建议，为市委提供决策参考。围绕深化行政体制改革，推进国家治理能力现代化，开展青年干部思想状况大调研活动，撰写并提交《机构改革背景下株洲市青年干部队伍建设状况调查报告》，为市委深化干部人事制度改革提供思路。以“青春恋爱第二季”为主题，开展多场次相亲联谊活动，积极指导基层团组织开展婚恋交友活动，累计参与青年人数1.2万人次。三是认真履行以团带队职责。深化少先队活动课程建设，推动少先队活动进课程表，全市98%以上的学校开展了丰富的课外活动。加强少先队辅导员队伍建设，通过专题培训、以会代训提升业务素质。2015年，石峰区九方小学少先队大队被评选为全国优秀少先队集体，天元区白鹤小学少先队辅导员颜平被评选为全国优秀少先队辅导员。四是积极培育青年社会组织。提高社会组织政治待遇，市九届青联专设青年社会组织界别。联合市民政局成立株洲市青年社会组织孵化培育中心，举办株洲首届青年社会组织公益项目展示会，共吸引40家社会组织54个项目参展，为共青团参与政府购买服务和社会治理创新拓展了空间。五是积极开展青年对外交流。先后接待了韩国青年代表团、澳门“追梦·飞翔”青年领袖培训计划交流团、第十五批博士团来株考察交流。开展共青团援疆援藏工作，为西藏扎囊县吉汝完小援建少先队活动室一间、电脑两台。积极促进株洲—新疆吐鲁番托克逊县、西藏山南地区扎囊县“学生手拉手”，共结对3044对，往来书信1708封，有效增进了与新疆、西藏地区青少年民族感情。

突出严实导向，“团要管团”迈出新步伐。一是扎实开展“团干部健康成长大讨论活动”。着力巩固党的群众路线教育活动成果，把大讨论活动与“三严三实”专题教育活动有机结合，引导和教育团干部严格做到自省自励、懂得感恩，克服弱点、虚功实做，坚定信念、远离贪腐。全市各级团组织开展各类大讨论活动156场次。按照抓早、抓严、抓实的要求，加强廉洁从政教育，组织集中参观桥头堡警示教育基地。定期开展“走进青年、转变作风、改进工作”大宣传大调研活动，活动有效推动了工作重心从机关转向基层，广大团干部在基层的摸爬滚打中接地气、长才干。中车株机公司团委被评为“全国五四红旗团委”，省直中医院青年钟快乐荣获“全国优秀共青团员”称号。二是着力加强团干部队伍建设。严格团干部培训，按照“下跨一级、分类培训”的原则，把党风廉政教育纳入重要培训内容，建立了团干部任职培训、常规轮训制度，培训经费由市财政兜底，予以全额保障。基本实现了“应训即训，不留死角”。全年开展团干培训45场，培训团干2453人。强化团干部协管，定期通报县市区专职团干部配备情况，通过发函、面对面沟通等方式积极督促基层配齐配强团干部。三是注重建设机关文化。强化干部素质提升，坚持每周五下午集中学习，支持机关干部提升学历，考取专业技能。着力增强干部体质，增强机关凝聚力，举行“青春动力”竞步行、素质拓展训练、广播体操比赛、太极拳比赛等系列活动，在机关上下营造了健康生活、快乐工作的和谐氛围。（李怡娴）

株洲市妇女联合会

【概况】 株洲市妇女联合会（以下简称“市妇联”）有干部职工15人。设5部1室。2015年，市妇联坚定“妇联组织平台化、妇儿事业项目化、妇女工作产品化”的工作理念，实施素质提升工程、创新创业工程、依法维权工程、美丽家园工程、强基固本工程五项工程，先后获得省禁毒工作先进集体、省妇女宣传工作先进单位、省妇联系统调研工作先进单位、省妇联系统绩效考核婚姻家庭纠纷调解工作创新单位、市综治工作先进单位、市普法依法治理暨法治株洲建设工作先进单位、市信访工作先进单位、市公文处理工作先进单位、天元区计划生育红旗单位和优秀辖区单位等10项荣誉。（杨　媛）

【助推女性创业创新】 市妇联指导成立株洲市农副产品女经纪人协会，充分发挥女性创业龙头作用，带动下岗失业妇女、农村富余女劳动力、女大学生等困难群体创业就业。全年举办市级女性专场招聘会31场，提供38800个就业岗位，促成12485名女性实现就业。承办省“我创业 我美丽”女大学生创业指导巡回报告会，引导广大妇女转变择业观念，实现自主创业。新增株洲天一焊接技术有限公司、湖南建业会计服务有限公司等8家市级以上女大学生就业见习基地，为女大学生创业就业提供指导和帮助。全年各级妇联组织协调金融部门为妇女发放小额贷款4299万元，帮助509名女性实现创业梦。开展SYB、手工编织、家政、种养殖技能等各类培训135期，培训5700余人，帮扶1.7万名妇女实现创业就业。创建炎陵县神农谷土花猪绿色生态养殖基地等10个基地成为第三批市级“巾帼现代农业科技示范基地”，湖南仙水生态农庄有限责任公司被授予“全国巾帼现代农业科技示范基地”。市女企业家联合会被授予全国“巾帼建功先进集体”，涌现了株洲市规划展览馆等5个全国巾帼文明岗，株洲市中心医院病友服务中心等20个市级巾帼文明岗，怡和禾丰源餐饮管理服务公司总经理覃艺，芦淞区贺家土街道党工委副书记、妇联主席李肖春评为全国“巾帼建功标兵”。

（杨　媛）

【实施女性素质工程】　一是提升素养。3月，举办庆三八国际劳动妇女节105周年暨国学智慧与人生修养主题报告会，邀请武汉大学中国传统文化研究中心教授、国学院教授、博士导师欧阳祯人授课，全市480余名各行各业、各条战线的妇女姐妹参加了活动。讲座立足国学经典，倡导广大妇女重视家庭建设、提升经营家庭能力。4月，联合市总工会组织市直机关单位妇委会、女工主任赴“女杰之乡”——娄底市双峰县学习培训，邀请曾国藩研究会刘建海教授讲授《曾国藩家教的现代借鉴意义》，提高了妇联干部经营家庭、服务家庭建设的能力和水平。二是优化环境。3月，联合市委组织部组织召开全市女性成长成才座谈会。会上，7名优秀女性人才代表围绕新常态女性参与经济发展的主题各抒己见，从不同层次、不同角度阐述了实现女性成长、成才的做法和看法，进一步凝聚了促进男女平等、关心爱护妇女、支持妇女工作的社会共识。积极助推市委加大对女干部培养、选拔和使用工作力度。在全市机构改革启动前，及时向市委汇报全市女干部队伍建设情况，确保市女性一把手和县市区四大家班子女干部配备比例不下降。7月，全国妇联组织到株洲调研妇联组织建设和培养选拔女干部工作，得到好评。9月，联合市委组织部、市人才办在青岛大学举办高级研修班。10月，在市委党校开办优秀女干部培训班。全年选派19名女干部参加省、市党校调训任务，引导妇女岗位建功立业。

（杨　媛）

【依法维护妇女儿童权益】　重调研。针对全市婚姻家庭问题现状，向市委办、市政府办报送《构筑幸福家庭 维护社会稳定》的专题调研报告，并在人大、政协两会上，提出《关于在民政窗口增设婚姻家庭辅导服务功能》等涉及妇女儿童发展及权益维护的议案和提案12条，完善城乡妇女“两癌”和困境家庭儿童数据，促使相关问题从机制上加以解决。抓信访。健全领导接访、心理专家和专业律师接访制度、特殊信访案例回访制度。全年接待来访案件237件次，调解矛盾纠纷227起，提供心理咨询65件次，举办亲子教育、受家暴妇女干预辅导沙龙8次，心理团体辅导32次，提供法律援助86起。强机制。创建市级示范“妇女之家”工作被列入2015年度政府实事工程。年内，创建攸县大同桥镇观背村等2个省级示范点，茶陵县洣江街道办事处渡里村等10个市级示范点。9月，协调市妇儿工委召开全体委员会议，落实“两个规划”（2011—2015）的执行情况。10月，省终期评估督导组对株洲市妇女儿童发展规划实施情况进行督查，促进了全市妇女儿童事业的长足发展。加强与司法、民政、法院等部门合作，实施维权工作考核评比，各县市区相继建立“婚姻家庭纠纷调解专业委员会”，炎陵县调解工作特色鲜明，对各乡镇（场）的妇联主席进行婚姻家庭纠纷调解实操轮训。株洲“等等吧”模式作为创新典型在全省进行推介。结合全市农村土地承包经营权确权登记工作，加强与市农办等部门的协调，从源头做好妇女维权工作。与市中级人民法院就“出嫁女”权益保障工作进行磋商，使妇女权益得到保障。完善反家庭暴力多部门合作机制。5月，联合市公安局开展“反家暴”培训，“反家庭暴力”课程首次纳入市警校培训内容。

（杨　媛）

【强化家庭文化建设】　选树典型。株洲市作为贯彻实施男女平等基本国策20周年代表，被央视新闻联播焦点访谈栏目进行专题报道。市妇联做实“家”字文章，先后推荐60户省级两型综合示范片区两型示范创建家庭，评选表彰90户市级最美家庭、两型示范家庭、十大爱粮节粮家庭、文明家庭。涌现了省第五届“书香家庭”天元区颜小梅家庭和芦淞区姜野军家庭、全国三八红旗手南车株洲电力机车有限公司高楠等一批先进家庭和个人典型。联合《株洲晚报》开设“我爱我家”专版。专版以“家庭建设”为纲，每周定期宣传讲述本土家庭故事，聚集社会正能量，再塑传统之美。专版连续报道42期。发展志愿队伍。深化“平安家庭”创建，家庭教育情景剧“交通安全红绿灯”荣获全省展演第二名。株洲市“禁毒妈妈联盟”“心理咨询团队”“常春艺术团”等巾帼志愿者队伍在重大节日期间，积极开展节日慰问和爱心帮扶活动。围绕主题“弘扬‘四自’精神，共建美丽株洲”，筹划组织开展了形式多样的庆“三八”系列活动，积极宣传男女平等基本国策。组织深入到企业、街道社区、乡村开展“家庭律师社区行”、“不让毒品进我家”等普法宣传活动

108场次。提供普法维权、心理疏导、禁毒知识宣讲、12338妇女维权热线等服务658人次，发放宣传资料和书籍近16000册。至2015年底，全市实名注册的巾帼志愿者达2.8万人，各级组建的巾帼志愿服务队伍220支，参与各类志愿服务活动9万余人次。

（杨　媛）

【开展寻找“三个最美”活动】 2015年，市妇联在全市开展寻找“最美家庭”“最美创业”“最美女性”活动，经验做法被写入全国妇女工作经验综述并刊登在《中国妇女报》。推荐刘天健家庭、罗立新家庭等典型事迹先后被《中国妇女报》《今日女报》等媒体报道。郭拥华、李娥美、胡红霞等“最美创业”典型接受《今日女报》专访。全市27473户家庭、99533人次参与推选“最美家庭”304户，举办家庭故事会、分享会、评议会和家风家训展示评议会391次，晒出最美家庭照片1982幅。

（杨　媛）

【提升家庭教育科学水平】 持续推进儿童国医启蒙教育、“少年讲坛”，引进洪淑慧亲子共读道德大讲堂、经典素读等项目，招募志愿服务者150余人，在太阳宫小学，株洲县、攸县、茶陵、炎陵等地区，在大岭、七斗冲、南苑、石子头、三门五个社区及国学大讲坛开办亲子共读班，在天元区科艺花园开办养正国学馆，全年举办活动210场次。5月29日，市妇联举办庆“六一”国际儿童节暨“家庭·家教·家风”主题吟诵会，全市近800名少年儿童、家长等欢聚一堂，共同与传统对话、与经典对话，市委书记贺安杰出席活动并致辞。

（杨　媛）

【推进儿童关爱体系建设】 关爱农村留守家庭是株洲市扶贫攻坚三年行动计划实事之一。为此，市委、市政府出台《株洲市关爱农村留守家庭工作实施方案》。5月，争取省妇基会“农村留守儿童心理健康项目”示范点落户茶陵县城东学校。9月，在荷塘区赵家冲社区成立春蕾爱心屋第9个分部。该项目今年为贫困、流动、孤残儿童提供书法、美术、阅读等免费特长培训64课时，培训128人次。新增设的“4点半课堂”备受欢迎，3600人次参与其中。200余名留守、流动、贫困孤残儿童参加了暑期梦想达人免费成长体验营，株洲市绿野家园心理咨询团队全程指导。市妇联联合建宁中学、天元中学、株董路小学、市新华书店、市财政局等10个爱心单位，在全市捐建6个乡村爱心书屋。100多位爱心人士积极参与，捐书近万册。争取“同一世界足球”项目落户茶陵县和炎陵县，400个项目足球丰富了万余名中小学生的课余生活。

（杨　媛）

株洲市归国华侨联合会

【概况】 2015年，株洲市归国华侨联合会采用专题学习、座谈研讨等丰富多彩的形式，使中央、省委统战工作会议精神深入侨界，进一步激发海内外侨胞爱国爱乡、情系桑梓的热情。

发展友好交流。市侨联深入拓展工作主体，全面做好“请进来，走出去”工作。9月7—9日，中国在韩侨民协会总会长、韩华中国和平统一促进会总会长韩晟昊一行4人，对株洲进行考察。韩晟昊博士对株洲经济社会发展所取得的巨大成就给予高度评价，表示将动员更多的在韩华侨来株考察投资。10月15日，株洲市侨联与重庆市九龙坡区侨联缔结友好单位签约仪式在天台山庄举行。友好单位的建立对两地在经济、贸易、资源、科技、人才等方面有着广泛的合作前景。

服务侨界人士。深化“真情为侨、用心架桥”侨联服务品牌，打造“倾情型侨胞之家”，全面实现、维护、发展侨界群众的根本利益。充分发挥老侨群体信息互通联系网络，定期召开归侨联络员会议，动态掌握侨界需求，提供及时服务。全力为侨胞侨眷排忧解难，侨力、侨心得到有效的维护。9月24日，市侨联在西苑宾馆举办“2015株洲侨界迎中秋、庆国庆联谊会”，侨界140人汇聚一堂，共同迎中秋、庆国庆，共话实现中华民族伟大复兴的“中国梦”的美好愿景。年内，市侨联机关组织老归侨120人进行免费体检；发放各类帮扶资金27万元，有力地维护侨界的稳定和谐。积极与浙江商会、福建侨商会、海归商会等归侨侨眷较集中的团体积极沟通交流，寻求合作的有效途径和共同发展的空间。

服务经济建设。通过招商引资，争取侨眷王兴武在湖南工大河东校区投资4亿元（一期项目实际到位资金8000万元）建设“卧龙湾小区”。开展引资助学。引进华人华侨捐资，在炎陵、茶陵开展助学活动，共计引资40万元，扶助两县困难中小学生近200人。

（王　珩）

株洲市社会科学界联合会（株洲市社会科学院）

【市社科联获国家级荣誉】 2015年10月，在四川宜宾市召开的全国大中城市社科联第26次工作会议上，株洲市社会科学界联合会、株洲市社会科学院继2013年、2014年连续三年荣膺“全国先进社科联组织”称号，并获得2016年全国大中城市社科联第27次工作会议主办权。11月，在广州召开的全国社科院第25次院长联席会议上，市社科院被评为“全国城市社科院先进单位”，这是市社科院挂牌以来取得的最高荣誉。

（张秋华　吴劲松）

【课题研究】 组织市级社科课题研究工作。2015年，收到申报课题280项，立项课题116项；完成2014年（2年期）、2015年（1年期）立项课题结题任务，评出优秀课题10项，并对优秀课题给予经费资助。组织团队参与省级重大课题研究。市长毛腾飞牵头负责、市社科联具体组织实施的省社科规划评审委十大重大课题之一——《株洲建设“中国动力谷”对策研究》理论研究，其系列研究成果由省社科联以内部专刊形式呈报省四大家主要领导批阅。（张秋华　吴劲松）

【学术活动】 5月25日，与左权将军研究会联合主办“弘扬主旋律·传播正能量”纪念抗日战争胜利70周年暨左权将军诞辰110周年《左权传》《左权年谱》读书座谈交流会，贺龙、杨开慧等革命志士后人及株洲左权将军研究会副会长王孝柏等与近百名市民现场互动交流，真挚表达株洲市民对革命先烈的崇敬之情。6月12日，与湖南省侨商联合会、中国株洲炎帝服饰文化研究会（筹）等单位联合举办首届天下服饰人共祭始祖炎帝活动——祭拜炎帝暨发表《天下服饰人（株洲）宣言》，共同祭拜“治麻为布·制作衣裳”普天下服饰人——炎帝始祖。11月20日，组织召开“学习贯彻十八届五中全会精神座谈会”，来自全市社科理论界、高等院校的10余位专家学者参加座谈，畅谈学习体会。（张秋华　吴劲松）

【理论宣传】 深入开展理论宣传下基层微宣讲活动。4月，组织社科专家到茶陵县界首镇朱岭村等地开展面向干部群众的微宣讲、微咨询，推动理论武装工作进乡村下基层。同时，党组书记、主席（院长）周文杰，调研员陈建光主动加入市委宣讲团，深入市直有关部门、部分高校及县市区巡回宣讲党的十八届四中、五中全会精神，为推动全市学习贯彻党的十八届四中、五中全会精神发挥了示范引领作用。配合《株洲日报》开辟“株洲践行社会主义核心价值观·故事系列篇”专栏，组织社科专家畅谈对社会主义核心价值观的理解和感受，充分发挥社科界培育和践行社会主义核心价值观的理论先导作用。

（张秋华　吴劲松）

【攸县石山书院晋升省级科普基地】 12月，攸县石山书院晋升第四批湖南省社会科学普及基地，这是全市继株洲市规划展览馆、炎陵县红军标语博物馆、茶陵县工农兵政府旧址纪念馆、株洲市戏剧传承中心之后的第五个省级科普基地，进一步拓展了群众性、社会性、公益性、经常性的社科普及活动平台。（张秋华　吴劲松）

【社科平台构建】 打造“一刊”“一网”“一论坛”宣传平台。“一刊”：即《株洲社会科学》，2015年出版4期。“一网”：即“株洲社科网”，网站累计点击率超过38万人次。“一论坛”：即“神农大讲坛”，2015年共举办各类公益讲座和专题讲座31次。筹划新型智库建设平台。市社科联（社科院）牵头组织，市委政研室、市政府经济研究和金融工作办公室、市委党校、湖南工业大学等13个单位，近100名专家入选联盟专家库，智库分设政治、经济、文化、综合四个类别，并按照《智库工作规划》开展相关理论研究工作。5月18日、19日，在“红网——论道湖南”栏目，先后推出市委书记贺安杰《“一带一部”战略背景下的湖南东大门建设》、市社科联（社科院）主席（院长）周文杰《打造“用得上、信得过、离不开”的新型智库》的访谈文章，展示智库建设成果。

（张秋华　吴劲松）

【周文杰当选湖南省两个学会（研究会）副会长】 2015年5月，市社科联（社科院）党组书记、主席（院长）、国家一级作家周文杰当选湖南省报告文学学会副会长；6月，周文杰当选湖南省省情研究会副会长和文化研究部首席专家，这是全省14个市州社科联（社科院）唯一当选的副会长和首席专家。（张秋华　吴劲松）

【开展优秀成果评奖工作】 株洲市第十二届哲学社会科学优秀成果评奖工作于5月底开始启动，9月经市规划评审委员会初步评审，共评出一等奖4项，二等奖27项，三等奖33项。

（张秋华　吴劲松）

株洲市残疾人联合会

【概况】 株洲市残疾人联合会是全市残疾人联合性群众团体组织。机关下设办公室、教育就业部、康复部、组织宣传文体基金部，二级机构3个，即残疾人劳动就业管理中心、残疾人权益维护中心和残疾人康复中心，有在编在岗干部职工26人，退休干部10人。全市有各类残疾人24.5万人，占总人口的6.44%。按残疾情况分类，肢体残疾7.12万人，视力残疾3.64万人，听力残疾5.92万人，言语残疾0.38万人，智力残疾1.64万人，精神残疾1.81万人，多重残疾3.99万人；按地域分布情况，城区5.57万人，农村18.93万人。

2015年，株洲市残疾人工作以残疾人“保障体系和服务体系”建设为重点，办实事，求实效，奋力打造全市残疾人事业发展升级版。（宁召东）

【全面完善组织体系】 2015年，全市基层残疾人组织机构、队伍实现全覆盖，基层残疾人组织的服务能力和水平得到了大幅提升，经过三年的乡镇（街道）规范化建设活动，达到了各乡镇（街道）党政领导有认识、专职委员有压力、社区残疾人有实惠、残疾人工作有氛围的工作效果。全市所有乡镇街道残疾人组织建立率、专（兼）职干部配备率，专职委员选聘率均达100%；村级残疾人组织建立率、残协主席配备率100%；专职委员配备率93%，1975名残疾人专职委员管理工作更加规范。继续启动“2015—2017年全市残疾人工作示范乡镇

（街道）”建设活动。经过各界的共同努力，全市有16个乡镇（街道）成为“示范”单位。推进残疾人专门协会组织建设，各专门协会紧密联系残疾人群体，组织开展丰富多彩的活动。目前市、县两级残联领导班子配备齐全，人员结构合理，9个县市区残联均达到“机构单列、理事长专职、正科级单位”要求，被中国残联确定为基层残疾人组织规范化建设达标县。全市10个志愿助残服务队和1700多名在册志愿者为全市24.5万残疾人朋友奉献爱心、提供服务。（宁召东）

【完善残疾人社会保障】 深入推进政府购买残疾人居家托养服务启动工作。与市财政联合出台《株洲市残疾人居家托养服务项目实施办法》，向各区下达2015年政府购买托养服务430名任务数，明确经费补助标准和承担比例。在城区全面启动政府购买残疾人居家托养服务。与财政联合出台《株洲市政府购买残疾人居家托养服务实施方案》，经3个月的调研摸底，9月份完成政府采购手续，至年底，城区共有政府购买残疾人居家托养服务430名，市本级承担经费12.9万元，已拨付到位，正在全面铺开实施过程中。同时下达阳光家园居家服务850名任务至各县市，各县市根据要求均制定实施方案细化任务分解。继续开展城区重度残疾人特殊生活补助工作。对城区持有第二代残疾人证且生活贫困的一级、二级重度残疾人，按照农村户口每月40元/人，非农业户口每月60元/人给予特殊生活补助。全市有6182名重度残疾人享受特殊生活补助，发放重残补助267.73万元。全面实施重度残疾人护理补贴工作。从2014年8月开始启动全市重度残疾人护理补贴发放工作，首批资金2015年元月底发放到位，发放人数19321名，发放金额782余万元。全年全市新增补助人员近6500名，共有25676名重度残疾人享受重残护理补贴，发放金额770余万元。（宁召东）

【提升残疾人康复服务】 2015年“贫困残疾儿童抢救性康复”和“为残疾人免费提供辅助器具服务”纳入市“民生100”工程，其中残疾儿童抢救性康复还被纳入2015年省为民办实事康复救助工程，株洲市分配任务为抢救性康复贫困残疾儿童227名，为残疾人提供辅助器具适配服务800件/例。全年株洲市完成抢救性康复贫困残疾儿童258名，为残疾人免费提供辅助器具1212件（例）。开展两期辅具流动车“走近残疾人，服务千万家”活动，组建康复专家服务队，奔赴10个县市区上门为广大残疾人开展辅具适配服务。活动历时半个月，行程近3000公里，为残疾人朋友提供服务1000多人次，为352人安装假肢、矫形器，筛查脑瘫、智力、自闭症儿童、低视力、听力等康复对象400人，发放宣传资料近千份。（宁召东）

【发展残疾人学校教育】 完成2014年残疾人大学生及贫困残疾人家庭大学生子女的资助审批工作。全年有98名残疾大学生和贫困残疾人家庭子女申请了资金补助，其中县级64人，城区34人，7月前市级资助资金发放到位。配合市教育局做好适龄残疾儿童少年随班就读工作。在城区确立9所残疾人儿童少年随班就读示范学校，协助做好配置资源、教室建设、相关教师前往市特校的培训及县市开设残疾儿童随班示范学校的指导工作。继续开展省特教中专在株洲市招生的宣传工作，将省残联分配的15名特教中专招生任务下达到各县市区，积极宣传动员符合条件的学生报名，并设立年度招生工作奖。9月底，株洲市在省特教学校报名人数16名。（宁召东）

【促进残疾人就业创业】 一方面，以人为本抓好残疾人培训。免费培训残疾人作为市“民生100”工程项目，市残联承担培训任务1000名，全年全市实际培训人数1765人，其中，本级举办培训班29期，培训人数768人。培训与就业相结合。通过订单定向培训，115名残疾人实现就业。创业扶持城乡残疾人100名被纳入到市“民生100”工程，该项目筛选的120名对象已接受创业培训，市残疾人劳动就业管理中心积极为扶持对象开展创业指导。结合社会发展和区域实际不断创新残疾人培训的形式和项目。继续严格执行培训工作分析会制度，全年召开12期培训工作分析会，对培训机构申请的29个培训班进行分析讨论。因地制宜地举办各类残疾人培训班，在巩固“一区一优、一县一品”培训模式，积极开展适合残疾人从业的培训项目基础上，重视残疾人就业指导员远程教育培训，提升残疾人就业指导员的专业水平，确保其能为更多残疾人提供优质服务。另一方面，以资源整合促进残疾人就业。开展“就业援助月”活动。通过社区残疾人专职委员和就业指导员摸排援助对象范围和一对一结对帮扶等形式广泛开展走访帮扶活动，为25户帮扶对象送服务、送温暖，送慰问。积极开展征求意见座谈。组织开展支持性就业帮扶、社区盲人按摩门店帮扶等项目。召开2015年残疾人专场招聘会，近300名残疾人参加，46家招聘单位参与，提供岗位165个，127名残疾人与用人单位达成就业意向。各县市区也积极举办9场残疾人专场招聘会，为百余名残疾人解决就业难题。省盲人按摩进社区工作新申报20家门店，并对6家2013年合格门店进行年检。医疗按摩资格证考试工作正在积极申报。（宁召东）

【扶持农村贫困残疾人脱贫】 配合省残联做好残疾人创业提升培训项目调研检查工作。实施“连千村帮万户”扶贫工程，制定项目方案，将任务分配到各县市区。计划到2020年，全市各级残联帮扶80个村、扶持1000户贫困残疾人家庭收入达到或接近当地平均收入水平。多次前往帮扶村茶陵县·舫乡中洲村开展入户帮扶，确定20户贫困残疾人家庭，制订帮扶计划，将对象分配到部室。做好湖南省残疾人创业小额贷款贴息项目申报工作，向省残联申报荷塘区、茶陵县2200万元的残疾人创业贴息贷款项目。做好省残联2015年财政专项扶贫资金项目申报工作，为茶陵县、炎陵县共申报5个扶贫村，申报资金20万元。配合住建局启动2015年度农村残疾人危房改造工作。（宁召东）

【繁荣残疾人文化体育】 做好残疾人艺术人才的摸底工作，充实市级优秀艺术人才库。全市现有资格加入中国残疾人艺术家协会的有书法家2人、美术家4人。加强盲人阅览室的建设，提供盲人阅读服务。与文化部门合作加强各级公共图书馆盲人阅览室建设，市图书馆盲人阅览室现有无障碍电影100多部，有声读物100GB、盲文书籍400多册，常年向残疾人免费开放。市政府门户网站推出“无障碍浏览”功能，为视障群众打造了一条便捷的网络信息“盲道”。积极协调市特教学校创作编排节目，选送舞蹈、小品、智障综合类3个节目参加7月份的第七届全省特教学校学生艺术会演。在2014年残疾人艺术会演中获得一等奖的聋哑男子群舞《涌动的图腾》被省残联挑选为优秀节目，代表湖南省参加第七届全国特教学校学生艺术汇演。配合市关工委、市文广新局、市教育局对全市18岁以下的残疾青少年艺术人才进行摸底和培训，并组织参加省里的“梦飞扬”残疾青少年才艺展，获得银奖1个，铜奖3个。在第九届全国残疾人运动会上，市选送的射击运动员黎敏获2金1铜的佳绩，其中混合自选手枪团体超世界纪录，女子SH1气手枪团体创全国纪录；乒乓球运动员罗泽江获得个人第四名。市残联被中残联和国家体育总局授予“2011—2014年全国残疾人体育先进单位”称号。加大残疾青少年艺体人才的挖掘力度，邀请专业老师到各县市区和各基层单位进行选拔，17人入选市训队伍，5人入选省队。进一步加强基层残疾人文化事业的投入与发展，积极开展基层群众文化工作，提升基层文化服务能力。荷塘区袁家湾社区成立专门的残疾人文化活动中心，石峰区北岭社区专门设立残疾人心理咨询室，定期邀请心理咨询师上门提供服务。（宁召东）

【促进无障碍设施改造】 完成省2015年“贫困残疾人家庭无障碍设施改造”项目指标50户，以及市“贫困残疾人家庭无障碍设施改造”项目指标60户工作任务。4月底在醴陵市举行项目启动仪式，各县市通过人员筛查、对象公示、一户一改造方案的制定，110户家庭全部按要求完成改造。向中残联报送株洲市8265人申请2016年度的残疾人机动轮椅车燃油补贴，并按要求所申报人员全部输入中残联数据库。做好向省残联肢体残疾人C5驾照培训班人员输送工作，全市有13名肢体残疾人报名参加培训。与公交总公司联系协调残疾人爱心卡年检事宜，共办理爱心卡10000余张，确保了残疾人免费搭乘公共交通工具出行。（宁召东）

【增强全社会扶残助残意识】 发挥新闻媒体舆论引领作用，创造良好的宣传氛围。全年市级报纸刊登新闻、专访等150余条，头条新闻27条，图文新闻50条，整版宣传10余个版面，电视新闻170余条；广播专栏、新闻130余篇；网络宣传200余条。《株洲日报》以“与春天同行，希望从这里延伸”为题，专版介绍全市残疾人事业发展情况。结合“残疾人示范乡镇（街道）”的创建工作，各乡镇（街道）残疾人工作越来越多地呈现在报纸、电视、广播等公共媒体上。5月17日，“关注孤独症儿童，走向美好未来”大型公益活动在炎帝广场举行。来自同心圆自闭症康复机构、自闭症家长支援中心、特教学校的师生们、家长们和志愿者以及全市各大媒体近300人参加活动。5月份“助残爱心月”系列的助残活动形式多样。“融入社会、自强创业、共奔小康”残疾人创业经验交流、日报社校园记者“热爱公益·关心身边残疾朋友”大型公益活动、政府购买残疾人居家托养服务启动、市残联2015年“连千村帮万户”扶贫工程等活动在全市进一步营造了扶残助残的良好氛围。积极开展无障碍环境建设工作，继续开办电视台手语栏目。开展以“温暖2015”为主题的大规模春节走访慰问困难残疾人活动，慰问困难残疾人近3000户，慰问资金100余万元。（宁召东）

【残疾人信访和维权工作】 全年，市本级残联接待来信来访150余人次，救助资金近4万元；处理市长信箱来电来信13件，回复来电来信50余次；提供法律救助2次；积极协调司法行政部门、法律服务部门，处理残疾人与用工单位因工作或待遇不满发生矛盾纠纷调解近10起。没有发生一起集体或个人进京、进省非正常上访事件，没有发生一起越级到市委、市政府非正常上访事件。畅通残疾人信访渠道，利用维权电话、网络平台等多种方式，认真解决好残疾人热点、难点问题。做好残疾人各项保障制度和优惠政策宣传工作，编印5万份现行残疾人各项保障制度和优惠政策宣传册，下发各街道和社区及残疾人活动场所，受到残疾人、残疾人家庭及相关人员一致好评。参与创建文明城市、开展未成年人思想道德教育、预防青少年犯罪、综治维稳、创建文明窗口、开展法律救助等活动，更好地维护和保障了残疾人的权益。做好人大建议和政协提案回复工作，所办理的两份市人大代表建议和两份市政协委员提案受到代表和委员充分肯定。（宁召东）

【率先完成残疾人基本服务状况和需求专项调查工作】 经过各级残联的

共同努力，株洲市在全省率先完成专项调查工作。市残联成立市“专调办”统一调度协调。2015年1月1日零时启动入户调查工作，并于3月20日全部完成专项调查工作任务。通过调查，全市完成调查录入的持证残疾人57503人，0～15周岁未持证残疾儿童396人。进行入户调查54503人，电话调查3000人，入户调查率95%。底册中不需填写残疾人调查表的有2436人，其中查无此人303人，占12.43%；已搬迁273人，占11.21%；空挂户284人，占11.66%；外出580人，占23.81%；死亡996人，占40.89%。参与调查的行政区划有1939个，其中主城区173个，城乡结合区113个，镇中心201个，城乡结合区237个，特殊区域2个，乡中心区96个，村庄1117个。（宁召东）

株洲市老龄工作委员会

【概况】 据初步统计，截至2015年年底，株洲市有60周岁以上老年人口68.59万人，占常住人口比例17.15%，人口老龄化程度逐渐加深。其中：5城区老年人口约20.35万人，5县市老年人口约48.24万人。全市有65周岁以上老年人口约51.23万人，80周岁以上约9.24万人，100周岁以上约97人。全市有失能、半失能老年人约11.98万人，城镇“三无”老人约0.3万人，农村五保老人约1.4万人，城乡低保老人约4.55万人，老龄工作情势愈发复杂。

2015年，株洲市老龄工作委员会紧密围绕“六个老有”的工作目标，以推进城乡养老服务示范点建设、健全基本养老服务补贴制度、加强基层老年协会建设和推广老年人意外伤害险工作为重点，创新思路，狠抓落实，健全社会养老服务体系。加强基层督查和调研工作，围绕养老服务业发展、《中华人民共和国老年人权益保障法》贯彻落实、农村留守老人问题、“十二五”规划完成情况和“十三五”规划制定等主题，承接参与了省民政厅、市政府、市人大等部门的专题调研7起，答复反馈市卫生局、市民政局、市妇联等单位意见征询5起，前往各县市区实地考察7次，进一步掌握和了解基层实际情况和群众意见，为政府出台涉老惠老政策提供了依据。（唐　珂）

【推进城乡养老服务示范点建设】 2015年，全市进一步加大工作力度，将“推进居家养老服务设施建设，完成新增养老服务床位建设”列入株洲市政府民生实事工作项目和“民生100”工程，并纳入政府工作绩效考评。各级老龄办对基层养老服务设施状况、老年人服务需求和特殊困难老人情况等各项数据进行了摸底，更新完善了项目储备库。通过前期考察、申报审定、月报跟进、资料汇编、实地验收等环节，2015年建成省级城市社区居家养老示范点22个、农村养老服务示范点24个、老年协会示范点10个，市级居家养老服务示范点6个，全市新建养老服务床位194张以上。各省级城乡养老服务示范点统一挂牌上墙，对现有场地进行改造装修，设立图书室、棋牌室、休息室、医务室等室内场所和室外活动场地，增添空调、床位、健身活动器材等基础设施，组建能够向社会老人提供日常家政服务的服务队伍，开展休闲娱乐、文化健身等活动，进一步推动了社会养老服务体系建设。（唐　珂）

【落实基本养老服务补贴制度】 自2014年起，株洲市正式开展基本养老服务补贴工作，由政府出资为65周岁及以上失能半失能的低保老人提供基本养老服务补贴，每人每月不低于20元。各县市区老龄办积极筹备，展开区域性试点，不断向县市区政府反馈汇报，以政府名义出台具体的、有操作性的方案细则。截至2015年年底，9个县市区全部实现发文，补贴标准为每人每月20元～100元，从高位推动基本养老服务补贴工作开展，并将补贴经费纳入财政预算，建立了长效的资金保障。2015年，全市有符合补贴条件的老人约1.16万人，其中已享受补贴老人9104人，投入财政资金约335.7万元，全市覆盖率达78.4%。各县市区均已完成2015年基本养老服务补贴覆盖率达50%以上的任务目标，其中天元区、石峰区、荷塘区、芦淞区、攸县和株洲县率先实现100%覆盖。（唐　珂）

【推广老年人意外伤害保险】 株洲市民政、老龄工作系统和中国人寿保险工作系统进一步加强合作，联合下发《2015年株洲市老年人保险工作推广实施方案》（株民发〔2015〕1号），并于1月和7月组织前往常德和醴陵进行业务培训和学习。通过“市—县（区）—乡镇（街道）—村（社区）”上下联动，加大宣传，在全市推开老年人意外伤害保险工作。各县市区老龄办积极向政府汇报，争取财政为五类特殊困难老人提供资金支持。2015年，全市有符合参保条件的五类特殊困难老人约5.25万人，政府投保人数约3.9万人，出资约145万元，覆盖率约74.3%（天元区、芦淞区、醴陵市和茶陵县的政府为五类特殊困难老人参保覆盖率达100%），为特殊困难老人带来了实惠，提升了安全保障。2015年，全市总参保金额约324万元，较2014年有了大幅增长。（唐　珂）

【贯彻落实老年人优待政策】 2015年，各级老龄办认真做好百岁老人和高龄老人的复核工作，按时按量发放百岁长寿保健补助和高龄老人补贴约837.9万元（含天元区80～89周岁老人基本生活补贴及芦淞区80～89周岁的低收入老人生活补贴）。全市开放10个“老年人优待证”办证窗口（市本级和九县市区各1个），免费为65周岁及以上的老年人办证，全年新增、更换、补办老年证约3.22万本。加强信访接待工作，维护老年人合法权益。全市设有法律援助中心（站）213个，2015年办理涉老案件164件，各级老龄办及法律援助机构接待老年人来信来访约0.22万次，答复满意率100%。做好敬老爱老文化宣传，积极筹备策划“敬老月”主题活动，开展“关爱空巢老人”等敬老志愿者服务工作。认真组织开展湖南省首届敬老志愿者评选推荐工作，刘晚仔等7人获“全国优秀敬老志愿者”称号。加强典型人物的宣传，大力弘扬敬老爱老助老的中华民族传统美德。（唐　珂）

株洲市工商业联合会（总商会）

【概况】　株洲市工商业联合会机关设5个部室，正式职工22人。2015年，全市新增会员1569个，全市市、县（市区）两级会员总数达11113个。乡镇和街道办事处商会组织85个，覆盖率84.15%，其中，城市4区和醴陵市、株洲县的乡镇街道基层商会组建实现100%全覆盖，天元区和醴陵市工商联被评为全国和全省“五好”县级工商联。（黄　尊）

【强化经济服务】　年内，按照省委统战部、省工商联统一部署，市委统战部、市工商联组成6个工作组，联合开展“访民企、解难题、保增长”千户民企大走访活动，对全市各县市区工商联、32家商会、113家民营企业进行走访调研，了解企业情况，帮助民营企业解决融资、用地、法律维权、子女入学、非公党建等方面的问题40多件；与市总工会、市人社局、市经信委建立劳动关系三方四家工作协调机制。拓展“株洲民企人才网”服务网络，为企业提供用工招工信息。积极服务后备上市企业，与邮政银行建立金融合作机制，帮助会员企业开展银企对接，实现有效融资。组织会员企业的法律顾问成立法律顾问团，依法维护会员企业合法权益；协助相关职能部门服务企业走完“最后一公里”“最后一步路”。先后协调处理江山置业中威药业第二期调规、大豪药业法律纠纷等问题。依照2015年株洲市“项目攻坚年”活动要求，协调服务茶陵强强陶瓷内墙砖生产项目和天元区盈通硬质合金项目两个重点项目，做好项目前期调研和跟踪服务。（黄　尊）

【注重教育引导】　巩固完善省、市、县（市区）工商联和会员单位三级宣传网络，全年向省市报送宣传信息130余条。建立重点工作、重大活动、重要成果及时报道宣传机制，《人民政协报》以《凝心聚力打造非公经济升级版》为题，全面推介株洲市工商联的工作；省工商联《工商大观》和市委组织部网站专刊、《株洲组工》等刊物，以《创新培训服务，引导健康成长》为题，推介株洲市非公经济代表人士党校培训的经验和做法；市委《株洲工作》全文刊发《推进政协履职能力建设》理论文章，充分肯定株洲工商联在推动非公人士有效参政议政上的理论探索；《株洲日报》对株洲市14家异地商会进行系列专题报道；5名会员成为全省创新创业先进典型，言继春、刘庆晖代表株洲参加全省巡回报告团，演讲达30多场次；先后举办“实效管理之战略执行系统”“绩效的力量”等多场专题论坛讲座，有500多位非公人士参加学习；组织58名非公人士参加市委党校“非公经济代表人士培训班”；组织推荐6名企业家参加第6届湖湘财富峰会；与华制国际教育集团合作，组织会员企业家参加海外标杆企业学习；组织引导全市非公人士投身各类公益事业。会员企业在2015“大爱株洲·送温暖·为特困低保户送年货”“大爱株洲·金秋助学”、电商扶贫等活动中，共筹措资金60多万元，组织并推荐30多家会员企业参加全市党建帮扶和“一进二访”扶贫攻坚活动，实现驻村人员到位，帮困结对到位，扶贫资金到位。（黄　尊）

【积极议政建言】　全年市工商联就非公经济发展、异地商会建设、典型支柱产业现状、推进非公党建、服饰品牌打造等开展专题调研。其中，《正确面对当前形势，促推民营企业发展》、《关于芦淞服饰品牌建设的调研与思考》获省工商联优秀调研报告奖；《关于推进异地商会更加健康有序发展的调研报告》等3篇调研报告分获市政协优秀调研报告奖；向市政协提交提案70件，立案采用31件。其中《推动产业提升，培育行业商协会》、《大力推进中小企业技术创新》等4件提案被评为市政协优秀提案，政协工商联界别因工作成效突出，被市政协评为“2015年度优秀界别”；在重点收集和反映非公企业发展共性问题的同时，针对会员企业光明重机发展中遇到的困难，工商联向市委呈报《关于帮扶光明重机走出困境的建议报告》，引起市委书记贺安杰等领导的高度重视，要求市政府协调，帮扶支持企业渡过难关。积极引导非公人士关注民生、关心社会，反映群众最直接、最迫切需要解决的突出问题。2015年共提交社情民意64件，其中，市长毛腾飞对《预防保障性住房小区成为未来的贫民窟》作专门批示，《关注永久性失独家庭》被省政协采用，并纳入重点议题。（黄　尊）

【推进非公党建】　2015年，全市有20618户非公经济组织党建工作，通过制定完善工商联班子成员带头联系服务一县一企制度，建立非公党建工作制度和考评体系。编发开展非公党建工作和发展党员“一本通”“一册通”，为2300名“口袋党员”找到娘家。通过“六建”模式、“四送四帮”活动、打造“八有”阵地，推动党组织组建。筛选树立56个规范化建设示范点，7个省级示范点，芦淞区在全省非公党建品牌展示活动中获三等奖。组织一

批以党建促发展的企业家现身说法，提高非公人士对党组织在非公企业发展中的地位作用的认识。 （黄 尊）

株洲市消费者委员会

【概况】 2015年，全市消委系统共受理消费者投诉2586件，为消费者解决2575件，到期办结率为99.6%，为消费者挽回经济损失131.82万多元；接待来访来电咨询7857人次；发布消费警（提）示15件次，市消委会为保护消费者合法权益、维护社会和谐稳定做出了积极贡献。 （刘漫江）

【"3·15"宣传活动】 3月12日，市工商局副局长李俊做客《株洲话》栏目，节目现场，李俊就汽车消费中消费者投诉的热点，以及针对这一热点进行专项消费维权评议。该访谈节目于3月15日晚8：00在株洲电视台新闻综合节目播出，得到了广大消费者的好评。3月12日下午2：30，市消委会与《长株潭报》合作举行"3·15"消费维权恳谈会。市工商局、市消委会有关领导、长株潭报律师帮帮团的二位律师和来自各行各业的经营者代表40多人参加座谈会。会上，各位代表就如何开展本单位的消费维权工作进行畅谈和承诺。并在诚信经营倡议书上郑重签名。下午4：00参加《长株潭报》政务"一线通"活动，通过热线"2867001"、《长株潭报》新浪官方微博，与读者一起畅聊"携手共治 畅享消费"，共接热线电话20多个。3月11—14日，市消委会、市工商局与《株洲晚报》、红网株洲站联合举办"3·15"维权直通车栏目，工商、质检、水电气、公交等40多家单位参加这档节目，现场接听消费者来电和网民在线咨询、投诉并通过媒体连续4天进行转载刊登。3月14日，市消委会、市工商局联手电视台、报社、电台、网络等多家媒体，通报2014年株洲市十大消费维权案例、2014年十大投（申）诉热点。3月15日上午，市消委会牵头，联合各行政职能部门、公用企事业单位、金融保险、通信运营商、媒体等46家单位，在市中心广场开展"3·15"消费者维权日维权活动，现场受理消费者投诉、咨询，发放相关法律法规宣传资料，为广大消费者提供帮助。同时组织湖南化工职业技术学院30多名学生组成学生维权社团，参加社会实践。株洲市人大常委会副主任杨宋虎和市政府副市长谭可敏、市政协副主席余明刚在市消委会会长、市工商局局长吉振君等陪同下，到市中心广场"3·15"活动现场进行调研考察，参加"携手共治 畅享消费"现场专题节目并发表讲话。活动当日共受理投诉219人次，接受消费咨询2900人次，发放宣传册1万多本，宣传资料2万余份。 （刘漫江）

【开展消费评议活动】 2014年7月，由株洲市工商局、交通局、质监局、消委会联合主办，《株洲日报》和株洲广播电台交通频道协办的品牌汽车销售及服务企业消费维权评议活动全面启动。活动为期5个半月，评议对象为城区设立1年以上的从事品牌汽车销售及服务的企业。评议内容包括商品及服务质量管理、诚实信用、公平交易、价格收费和广告宣传、格式合同、争议解决、信息管理八个方面。活动分宣传发动、评议调查、督促整改及评议总结四个阶段。

2015年2月4日，召开"株洲市品牌汽车销售及服务企业消费维权评议报告会"，市人大副主任杨宋虎，市工商局、市交通局、市质监局和《株洲日报》、株洲广播电台负责人以及40多家品牌汽车4S店的负责人和销售主管、各大媒体参加会议。

会议通报了此次评议情况。消费评议反映出的主要问题是宣传促销"忽悠"多、格式合同"霸道"多、订购途中"陷阱"多、维修保养"猫腻"多。为此，株洲市消委会和株洲市工商局联合发布"慎选商家 提防陷阱"汽车消费警示。同时，工商部门对汽车销售及维修保养中出现的霸王条款、虚假宣传、强制交易、欺诈消费者等不法行为主动作为，严肃查处。对经营规模大、信誉良好的4S店设立消费维权服务站，有序推进社会化维权，以点带面，积极引导企业诚实守信、依法经营。 （刘漫江）

【参加中消协组织的旅游市场调研】 2015年9月7—10日，中消协组织召开全国消协组织旅游市场调研工作会议，安排部署100条线路旅游体验调查。株洲市消委会派人参加株洲某旅行社组团的桂林三日游体验行程。调查人员发现导游利用佛教暗设陷阱、擅自增加自费项目、车上推销商品和土特产，带消费者进购物点，以及团餐标准低、卫生状况差，签订的旅游合同承诺与实际不一致等问题。根据要求，调查人员将发现的问题进行录音、视频和照相，当天即将资料上传给中消协督导人员。体验行程结束后，市消委会根据调查人员实际体验情况，针对旅游市场存在的问题、产生的原因和整改建议形成调研汇报材料上报中消协。此次活动通过国家相关媒体进行公布报道后反映强烈，影响很大。同时，株洲几家媒体也对市消委会作了专题采访，引起广大消费者共鸣，涉及面很广。 （刘漫江）

株洲市慈善总会

【开展"大爱株洲·为特困户送年货"活动】 2015年，市慈善总会联合《株洲晚报》、市委统战部，开展"大爱株洲·为特困户送年货"活动，慰问特困户2500户，支出金额100万元。

（张 灵）

【联合开展"大爱株洲·金秋助学"活动】 为切实保证2015年株洲市内

考取高校的家庭经济困难学生不因贫困而失学，年内由市慈善总会联合市教育局、市财政局、市教育基金会、市总工会、市妇联、市工商联、团市委、市民政局、《株洲晚报》等多家单位开展“大爱株洲·金秋助学”牵手贫困大学生大型助学活动，资助1518名学生，全市发放金额759万元。

（张　灵）

【开展“两癌”贫困母亲帮扶救助项目】 针对近年来，因宫颈癌、乳腺癌（以下简称“两癌”）妇科疾病导致患病妇女因病致贫，因病返贫现象，市慈善总会联合市妇联在全市开展“两癌”贫困母亲帮扶救助项目。救助对象为株洲市户籍人口中经县级以上医院确诊、宫颈癌ⅡB以上或乳腺浸润性癌的贫困患者。全年救助1064人，支出金额112.25万元。

（张　灵）

【慰问抗战老兵及孤寡老人】 市慈善总会联合千金药业慰问抗战老兵及敬老院孤寡老人158人，由市慈善办和千金药店带医生上门，为抗战老兵做免费体检；由千金药店送上保健品。体检后市慈善办针对老兵的不同情况进行赠药，援助药品48万元。（张　灵）

国　防

株洲军分区

【概况】 2015年，株洲军分区紧紧围绕“聚焦强军，固牢根本，提升能力，转变作风，确保稳定”的工作思路，紧跟新常态谋发展，紧扣实战化抓准备，军分区部队和后备力量建设稳步提升。

政治思想工作富有成效。把学习贯彻全军政治工作会议精神作为全年政治工作的红线，增强政治工作的时代感和感召力。坚持用习近平主席系列重要讲话凝聚共识、引领思想，采取与上级同步组织和授课辅导、研讨交流等形式，组织6个专题的集中学习，把所有党员干部轮训一遍。深入开展肃清郭伯雄、徐才厚流毒影响工作，剖析反思郭徐案严重危害，彻底划清了与郭徐界线。以“三严三实”专题教育整顿为抓手，着力整顿思想、组织、用人、作风，师团两级党委班子成员共讲专题党课23次；认真开展干部工作、财务工作等“八项”清理整治，清退借调干部7名，重新认定40名干部的档案年龄；组织党员干部到茶陵监狱开展警示教育，到炎陵追寻红色记忆，唱革命歌曲、重温入党誓词、上专题党课，感悟政治工作优良传统。按照抓“调整配备、培训帮带、考核监督”的步骤，把10个团级党委班子抓建一遍并逐一考核，石峰区人武部党委被广州军区党委表彰为先进党委，醴陵市人武部被广州军区表彰为全面建设先进团级单位。紧贴干部现实思想问题和内心世界搞教育，引导干部切实树立起“大进步观”，理性看待军队调整改革、职务晋升、转业等问题，确保了干部队伍整体思想稳定。开通运行株洲市全民国防教育网站，落实市县两级国教干事军地合署办公，组织了市县两级国教委成员单位领导、国教专干业务集训，国防教育的覆盖面影响力持续增强。妥善受理涉军维权案件5起，较好地维护了军人军属合法权益，军地平安创建工作获得满分。落实了党委抓党风廉政建设的主体责任和纪委的监督责任，加大了训练、征兵等重点工作的监督监察力度，全年没有官兵因违纪违规受到党纪政纪处分。

军事斗争准备扎实推进。以如期形成大规模防卫作战能力为目标，狠抓战备工作落实，组织对全区重要目标进行现地勘查，明确防卫任务，细化行动方法，落实防卫力量，确保方案与任务和辖区实际相匹配；先后两次组织战备方案修订与对接，修订完善军分区、人武部方案计划，确保方案衔接紧、行得通、能顶用；组织师团两级对辖区战场环境进行分析研究，并制作战场环境分析录像片，为指挥员组织指挥提供数据支撑。着力转变训风演风，训练水平不断提升，超额完成上级赋予的训练任务；组织4期首长机关在职训练和个人研究作业讲座考核，有效提高干部队伍学习研究和履职尽责能力；参加上级各类考核和集训成绩优异，个人研究作业考核获得第1名，合成参谋集训获得军区第11名、省军区第3名，选送36名专武干部参加省军区集训，9人进入全省前50名，被评为优秀学员；军分区先后组织森林防火、抗洪抢险两期民兵骨干集训演练，同步参加“湘江—2015”防卫作战和国防动员实兵演习，分区部队应急应战和国动委国防动员能力得到实质提升。先后出动民兵21次2000余人次遂行森林扑火、抗洪抢险、安保执勤等任务，保卫国家和人民群众生命财产安全，多家新闻媒体予以报道，部队遂行使命任务能力得到有效检验。按照大纲标准，严密组织全区现役干部年终军事训练考核，促进军事训练落实。分区本级连续4年被省军区评为“军事训练先进师级单位”。

国防后备力量建设稳步发展。按照“编组布局就是作战部署”的要求，着眼任务需求研究细化兵力编成，优化编组布局，基干民兵组织落实，退伍兵比例和专业对口率明显提升。按照省军区“三化”标准和达标要求，完成市民兵应急营配套建设，各县(市、区)政府统筹安排专项经费，加快推进应急连、排装备器材建设，“市建营、县(市、区)建连、乡(镇)建排”的应急力量体系进一步完善。贯彻落实“湘潭会议”精神，召开全市基层正规化建设观摩研讨部署会，规范制定标准，典型示范引领，制定基层正规化建设两年规划，强力推动基层正规化建设。继续深化军区国防重点动员潜力统计调查试点，出台《株洲市国防动员潜力统计调查暂行办法》，组织动员潜力统计调查，更新潜力数据库，依托国防科技大学展开潜力统计调查信息系统的研发工作，迎接军区验收得到充分肯定。牵头协调推进株洲油库战备输油管线建设，为工程建设施工创造了条件。参加省国防动员领导干部业务集训，组织本级国防动员指挥业务培训，增强了国防动员领导干部的履职意识和业务能力。积极适应网上征兵改革，强化征兵宣传、把严征选标准、落实廉洁征兵要求，圆满完成新兵和直招士官征集任务，征兵质效明显提高。

党管武装氛围更加浓厚。严格依照《关于进一步加强新形势下征兵工作的意见》《关于加强新形势下民兵工作的意见》和《关于加强专武干部队伍建设的措施》等文件规定，规范落实兵员征集、民兵预备役工作和专武干部队伍建设，依法抓建水平不断提升。市委书记贺安杰在省委议军会上作党管武装工作述职，市长毛腾飞被广州军区评为第七届“国防之星”，党管武装工作影响更加深远。召开市委议军会，传达学习省委议军会议精神，分析株洲市党管武装形势，研究解决部队和后备力量建设重难点问题。协调市委督查室，对9个县市区贯彻落实2013年、2014年市委议军会议情况进行专项督查，促使会议精神落地。强化考评监督，通过市对县市区、县市区对乡镇街道考评工作的全覆盖，有效推动党管武装落实。组织市委常委和市国动委成员单位领导过“军事日”，协调民政局向军分区捐赠一批价值10万元的图书，组织部队团以上领导干部深入机关、学校、企业开展国防教育讲座31次，邀请李莉、易金务等军队知名专家为市、县两级党委中心组授课8次，双向交流机制更加完善。选派石峰区干部罗桥勇参加全省首届全民国防知识电视大赛获得第三名。按照省军区和市委要求，积极参与新时期扶贫开发工作，筹集400多万元资金支持精准扶贫，群众对武装工作更加认同。

部队安全管理不断正规。军分区党委始终把安全工作作为全局性、基础性、长期性的工作紧抓不放。扎实开展“条令月”活动，组织参加军区网上“条令知识千题竞赛”，经常性组织安全防护教育，每季度组织一次安全工作讲评，广泛开展谈心交心活动，层层签订《安全工作责任书》，安全意识不断强化；制定下发《军分区部队日常管理规定》和《勤务分队日常管理规定》，建立人武部主官每天报告人员在位情况制度、机关干部轮流查铺查哨和夜间巡查制度，安全制度有效落实；扎实开展“重大安全隐患问题整治”“排查消除训练未爆弹药安全隐患”“网络信息安全专项治理”“燃爆危险品清查清理”和“保密安全专项清理检查”等整治活动，安全隐患有效排除；严格落实大项活动安全风险管控，弹药调运、“湘江—2015”演习、年度军事训练考核、新老兵运输等安全顺利。

后装保障能力逐步提升。加强财经运行管控，严把预算编制、调整关口，强化预算执行，经费保障向战备聚焦。强化党委依法管财意识，集体理财制度有效落实，进一步加大行政消耗性开支管控力度，经费投向投量更加科学合理。扎实抓好各项清查整改，突出抓好财务大清查、资产清查、住房清理、房地产资源专项整治和基本建设项目清查整改，确保了清理见底不留死角，问题整改不留隐患，后勤保障效益得到整体跃升。充分发挥后勤指导职能，积极指导株洲县、醴陵市人武部新营院建设，天元区、攸县人武部的新营院建设报批立项和干休所综合整治等工作。积极落实上级关于对外有偿服务相关政策规定，国安市场等租赁场所顺利移交地方，国安山庄停止一切对外有偿服务。

（胡喜林　刘建军）

【市委召开议军会议】　8月25日，中共株洲市委书记、株洲军分区党委第一书记贺安杰主持召开市委议军会议。会议重点就贯彻落实省委议军会议精神，进一步抓好军分区部队和全市国防后备力量建设进行了研究。会议形成了四个方面的共识，议定了两个具体事项。

一、要牢固树立全民国防的大局观念。会议认为，推进国防和军队建设发展是全党全国人民的共同事业，地方各级党委政府在国防和军队建设发展中负有义不容辞的重要责任。各级要牢固确立“任何轻视武装工作、漠视国防责任，只忧经济下行、不忧国防安全，甚至把武装工作当负担、当分外的思想和行为，都是政治上不成熟的表现”的观念。各级要把武装工作纳入全市经济社会发展大局统筹考虑，把履行党管武装职责作为衡量领导班子和领导干部政绩的重要指标予以落实。对履行党管武装工作职责不好的领导班子和领导干部，要进行约谈、问责和调整。

二、要进一步明晰地方党委政府在国防建设中的责任。会议强调，各级党委、政府要按照《中华人民共和国国防法》《中华人民共和国国防动员法》等规定要求，履行好抓党管武装、国防动员和后备力量建设的职责。要抓好征兵工作，征兵工作的主体是政府，政府负责管任务，兵役机关负责管质量，完成不了任务的县市区，严肃追究县市区人民政府和分管领导责任。要重视国防动员工作，国防动员的主体也是地方政府，各级政府在统筹经济社会发展规划时，要充分考虑国防动员建设需求。要搞好基层武装阵地建设，解决好基层专武干部空缺和兼职过多的问题，缺编的专武干部年底前必须配齐，兼职过多的问题要按规定统筹协调解决。

三、要不断强化工作举措，持续推进国防后备力量建设。要抓好全民国防教育。各级党委（党组）中心组学习时，要将国防知识、国防法规学习纳入其中。要不断拓展全民国防教育渠道，加大力度，创新形式，综合运用传统和新型传媒手段，切实强化全民的国防意识和国防观念。要坚持依法抓建。军地各级要牢固确立依法抓建的思想，不断健全完善法规制度体系，研究破解依法抓建难题，切实形成依法抓建合力。各级人大组织执法检查时，要把国防法规制度贯彻执行情况列入检查范畴；各级机关组织考核考评时，要把履行国防职责义务作为一个重要内容，切实实现武装工作建设的“三个根本性转变”。要深化军民融合发展。要科学制定融合发展规划计划，建立健全融合发展体制机制，加快推进融合发展法治建设，重点在力量体系、基础建设、新兴领域、文化资源、平安社会等方面深度融合，使经济实力和军事实力相互促进、同步提升。要争创全国双拥模范城“六连冠”。各级要认真组织自评，需要制定的配套政策要抓紧时间制定，需要研究解决的问题要抓紧时间研究解决，特别是需要安置的转业干部、退役士兵和随军家属，要按照有关规定予以落实。因为哪一个单位、哪一个人的工作失职或是不作为，影响了创建工作，市委、市政府将严肃追究相关领导和直接责任人的责任。

四、军分区系统要适应军民融合发展要求，积极发挥职能作用。军分区系统要积极响应市委号召，动员和组织广大官兵和民兵预备役人员，在围绕中心、服务大局中积极作为，高标准完成上级军事机关赋予的使命任务，助力全市经济社会发展，积极促进社会和谐稳定，积极遂行急难险重任务，不断彰显职能作用。

会议同意根据军分区干休所实际需要，从2015年起，市财政支持干休所的保障经费从每年的40万元增加至80万元。从2016年起，按每年80万元列入年度预算。（胡喜林 刘建军）

【黄跃进到株洲检查调研】8月4—5日，省委常委、省军区司令员黄跃进深入株洲军分区机关和4个人武部检查调研，实际感受株洲经济社会发展变化，了解掌握军分区、人武部全面建设形势，检查调研征兵工作。通过与部分市县主要领导交谈，听取军分区、人武部情况汇报，实地查看基层人武部和征兵工作组织实施，召开征兵工作座谈会。感受到党管武装工作持续发展，集体领导作用有效发挥，工作落实标准明显提高，征兵工作准备深入扎实。（胡喜林 刘建军）

【马必强到株洲调研指导工作】 3月4日，省军区政委马必强带省军区司、政、后机关各1名处长，先后到军分区机关和石峰区、芦淞区人武部调研指导。首长在军分区机关视察指导期间，察看军分区新营院，听取军分区工作汇报，与军分区主要领导进行个别交谈。（胡喜林 刘建军）

【召开株洲市高校征兵工作会议】 5月6日，株洲市召开高校征兵工作会议。军分区在家常委，市政府副秘书长刘方，市征兵领导小组成员单位领导，市内8所高校领导，城区人武部主官、副部长，以及市征兵办公室相关工作人员参加会议。会议由市征兵领导小组副组长、株洲军分区政治委员胡鹏飞主持。会上，湖南工业大学副校长罗定提介绍该校征兵工作经验。市征兵领导小组成员、市教育局局长钟燕组织与会人员学习省政府办公厅、省军区司令部联合下发的《关于加强高校征兵工作的意见》。市征兵办主任、株洲军分区参谋长张龙慧对2015年高校征兵工作进行动员部署。湖南铁路科技职业技术学院副院长陈彬、湖南化工职业技术学院副院长王为、湖南有色金属职业技术学院副院长谷远志、湖南中医药高等专科学校主席黎敬章、南方航空高级技工学校部长钟顺利、湖南工业大学副校长罗定提、湖南汽车工程职业学院副书记彭举、湖南铁道职业技术学院副校长方明忠先后就如何做好2015年大学生征兵工作进行讨论发言。胡鹏飞强调：深化思想认识，增强工作动力；加强组织领导，形成军地合力；坚持依法征兵，规范征集秩序；坚决改进作风，巩固良好局面。（胡喜林 刘建军）

【株洲以多种形式纪念抗战胜利70周年】 2015年9月3日，是中国人民抗日战争胜利70周年纪念日。在抗日战争胜利70周年纪念日到来之际，全市举行多种形式的纪念活动，弘扬伟大的抗战精神，为打造株洲发展升级版凝聚正能量。2014年5月开始，湖湘文化志愿者协会多次慰问抗战老兵，收集抗战老兵的手印，并制成老兵“手印拓片”，将“手印拓片”和株洲抗战老兵遗物及展现株洲抗战历史的相关物品集纳在一起，建成抗战老兵情操馆。2015年6月始，活动进入高潮。市70名少年在流芳公园内集体创作百米书画长卷，纪念抗战胜利70周年；两名95后大学生在株洲大桥河西桥下绘制巨幅“抗战胜利日”涂鸦，以年轻人特有方式，致敬先烈、缅怀先辈的丰功伟绩；炎陵县作家协会和炎陵县文艺志愿者协会发起纪念中国人民抗日战争胜利70周年征文大赛，收到稿件数百篇，获奖作品和部分优秀作品将结集为《烽火壮歌》出版发行；荷塘区89岁的抗日离休干部张庆功到市景炎学校进行革命传统教育宣讲；举办纪念抗战胜利70周年图片展、诗词会、邮票展等；8月，株洲各主要媒体推出纪念抗日战争胜利70周年大型专题报道，以行、记、对话的方式，重访英烈故里，走访抗战老兵，从史料记载、亲朋乡邻口述中，还原那段“一寸河山一寸血”的历史。9月1日，市委书记贺安杰，市委副书记、市长毛腾飞等走访慰问郁宝云等抗战老同志，给他们送去党和政府的温暖与祝福，与他们共庆中国人民抗日战争胜利70周年。市委老干局对市本级其他抗战老同志及遗属进行慰问。10月4日，由市委老干部局统一安排，市老年大学举办的株洲市纪念抗日战争胜利70周年老年书画展在全市巡展，展览精选出市、区、县老年大学师生书画作品132幅。（胡喜林 刘建军）

【召开全民国防教育工作会议】 5月22日，株洲市全民国防教育工作会议召开。会议总结回顾2014年国防教育工作，发布2015年全民国防教育工作要点。市委常委、宣传部部长、全市国防教育委员会主任张雄出席会议并讲话，市委常委、株洲军分区政治委员胡鹏飞主持会议，军分区政治部主任、市国教委副主任梅先清做全民国防教育工作报告。会上，就株洲市开展组织开展“国防教育大家谈”征文，“情系国防”主题巡回演讲，“军营开放日”“情系国防好家庭”“情系国防好军嫂”评选、纪念中国人民抗日战争暨世界反法西斯战争胜利70周年、开展“弘扬伟大抗战精神，同心共筑强大国防”主题宣传教育活动、宣传株洲籍抗日英烈的光荣事迹，以及组织对健在的株洲籍抗战老战士、老同志、抗日领袖及其遗属慰问等工作进行了部署。张雄强调，要充分认识加强国防教育的重要意义；要通过推动融合教育、拓展教育平台、重视典型引领等方式，大力推进国防教育创新发展；要切实增强抓好国防教育的政治责任，从领导力量、统筹协调、后勤保障、队伍建设等方面着力发力，真正把各项工作落细落小落实。会议还对受省国教委表彰的3个先进单位、4名先进个人和受市国教委表彰的8个先进单位、12名先进个人予以通报表彰。（胡喜林 刘建军）

【军分区为7位抗战老英雄颁发抗日战争胜利70周年纪念章】 9月1日，株洲军分区在干休所举行“中国人民抗日战争胜利70周年纪念章颁发”仪式。仪式以“铭记历史、缅怀先烈、珍爱和平、开创未来”为主题，市委常委、株洲军分区政委胡鹏飞出席仪式并为在干休所离养的张玉书、陈炳毅、裴文亨、宣世明、田法参、张润堂和邵泽波7名抗战老英雄和遗孀颁发纪念章和慰问金，干休所所长王细毛主持仪式。70多年前，他们与无数抗日先烈一道浴血奋战，打败了穷凶极恶的日本侵略者，赢得了近代以来中华民族抗击外敌入侵的第一次完全胜利。胡鹏飞表示，抗战老英雄是党和国家的宝贵财富，我们要关心好照顾好他们的生活，传承他们的抗战精神，为中华民族伟大复兴贡献力量。9月3日，86岁的老战士张茂宜作为株洲市抗战老兵代表、颜建明作为湖南省仅有的2名公务员代表，受邀参加在北京天安门举行的中国人民抗日战争暨世界反法西斯战争胜利70周年纪念日阅兵活动。（胡喜林 刘建军）

【召开全市征兵工作电视电话会议】 6月26日，市政府、军分区组织召开株洲市征兵工作电视电话会议，总结上年征兵工作情况，部署年内征兵工作任务。会议由市委常委、军分区政治委员、市征兵领导小组副组长胡鹏飞主持，市委常委、常务副市长、市征兵工作领导小组组长赵文斌，军分区司令员、市征兵领导小组副组长张杰，出席会议并讲话。赵文斌要求：认清形势任务，增强使命责任意识；抓住关键环节，着力提高兵员质量；加强组织领导，确保征兵任务圆满完成。（胡喜林 刘建军）

【雷鸣调任株洲军分区司令员】 7月8日，株洲军分区司令员调整命令大会在一楼多功能军分区会议室举行。省军区工作组成员，市委、市人大、市政府、市政协主要领导及市政府常务副市长、市委组织部长，军分区党委常委，军分区机关、城区和株洲县人武部、干休所全体干部，勤务分队全体战士参加会议。会议由市委常委、株洲军分区政委胡鹏飞主持，随着奏《中华人民共和国国歌》后，湖南省军区政委马必强宣读中央军委命令和省军区党内任职通知。任命株洲军分区司令员张杰为湖南省军区后勤部部长，益阳军分区司令员雷鸣为株洲军分区司令员。（胡喜林 刘建军）

【毛腾飞被广州军区评为第七届“国防之星”】 毛腾飞，湖南省株洲市人民政府市长，市国动委主任。2013年5月任职以来，认真履行动员工作职责，株洲市第六次创评“全国双拥模范城市”，连续两年获评全国人防、征兵工作先进单位。一是真担国防动员发展之责。始终把国防动员作为一项重要的政治任务，做到规划融合、依法抓建等重大事项亲自决策把关，演习演练等重大活动亲自筹划部署，整组、征兵等重大工作亲自督导落实，指挥平台建设、综合保障等重大问题亲自研究解决；二是善谋国防动员创新之策。研究制定民兵建设、国防动员工作绩效纳入党政“一把手”政绩考核等制度措施，积极组织参加“中南—13”、“湘江—2014”等演训活动，有力推进了军区战略输油管道建设、国防动员潜力调查试点等大项任务，巩固军区“炎陵会议”成果，建成31个国防教育基地；三是倍增国防动员保障之效。加大经费投入，用于各级军事机关新营院建设。（胡喜林 刘建军）

【军地协调出实招】 2015年，株洲军分区加强与市民政局、“双拥”办联系。进一步完善蛋奶果工程，抓好每年春节、“八一”期间的慰问活动，协调民政局支援株洲军分区图书馆一批价值10万元的图书。积极参加市三年扶贫攻坚工作，组织驻军扶贫工作协调会，积极协调驻株部队按省军区要求参与扶贫工作。按照株洲市统一安排，分区负责指导醴陵市扶贫工作，5个常委带城区和醴陵市人武部、驻株部队以及相关后盾单位进行定村帮扶，对贫困村组织深入调研和一进二访工作，制定扶贫工作方案，工作有序展开。（胡喜林 刘建军）

【冲锋舟操作骨干集训】 5月24—30日，为提高株洲市民兵抗洪抢险舟桥分队遂行任务能力，株洲军分区和市防汛抗旱指挥部联合在湘江株洲段四桥至五桥之间水域举行由各县（市、区）人武部、保障人员等70人，以民兵队伍遂行抗洪抢险应急行动为背景，着力提高各级指挥员防汛救灾组织指挥能力和民兵骨干冲锋舟操作技能及水上救护能力的冲锋舟操作骨干集训。市委、市政府、军分区领导和防汛抗旱指挥部成员单位相关人员现场观摩，检验集训成果。经检验，集训达到预期目的。（胡喜林 刘建军）

预备役步兵师炮兵团

【概况】 2015年，湖南陆军预备役步兵师炮兵团紧贴使命任务，提升应急应战质量效应。坚持把如期形成大规模机动支援防卫作战能力作为硬任务硬指标，真抓实备，真训实练，进一步提高部队应急应战能力。严格正规战备秩序。定期组织战备形势教育，严格落实各类值班制度，组织战备值班分队进行应急演练，确保遇有情况及时处置。开展“两项评估”，先后4次召开常委会和首长办公会，统一思想、明确分工、部署工作、制定措施。军事训练成效明显。完成团首长机关在职训练、入队训练、舟桥骨干训练、合成参谋集训、全省预备役部队现役营连长集训、预备役军官集训、炮兵专业骨干集训、实弹射击集训、防暴恐袭击训练等各类训练和集训16期，训练基础不断夯实。帮训工作富有成效。大胆摸索预备役部队承担军训任务方法路子，军训成果汇报得到省军区黄跃进司令员和地方领导的高度评价，经验做法得到省军区首长的充分肯定。

夯实基层建设发展根基。强势推进求益性编组扶持性抓建工作，协助预编单位和编组地域建强基层班子、帮找致富路子、注重解难帮困，推动军地协调发展、互促共赢。持续巩固基层安全发展良好局面，抓好安全教育管理，开展安全隐患排查，落实安全工作制度，加强安全设施建设，提升部队安全管理水平。

依法从严治军，确保部队高度安全稳定。贯彻强军之基重大战略思想，把部队安全管理作为经常性基础工作。强化安全意识。制定贯彻落实措施，强化“管为战”意识。依法从严管理。定期组织官兵学习安全常识和相关法规制度，引导官兵澄清“突击抓安全”等模糊认识。注重针对军队改革即将实质启动官兵思想活跃的实际，抓好针对性教育管理，突出对“人车枪弹密网院”的安全管控，从严落实一日生活制度和办公秩序。下半年，结合实际，先后出台《车辆使用管理规定》《手机网络使用管理规定》《兵器室管理规定》，部队管理更加正规。加大经费投入。官兵保密意识和防范能力得到大幅提高。

从严从紧管控，增强后装综合保障能力。坚持按战斗力标准花钱办事，加强经费使用管理，压缩行政消耗性开支，把经费物资向“能打仗、保障打胜仗”倾斜。加大装备人才队伍建设，持续抓好武器装备经常性管理和保养，提高装备保障水平。团装备股股长龙云在省军区装备骨干业务集训中，取得第一名的好成绩。（朱继威）

武警株洲市支队

【概况】 中国人民武装警察部队株洲市支队（简称武警株洲市支队）由原武警湖南省总队第二支队和株洲市支队于2005年5月合并成立。2015年，支队牢牢把握“稳中求进”总基调，突出依法抓建设，着力创新发展，各项任务完成圆满。

推行政治引领。支队开展主题教育和经常性思想工作，强化官兵“听党话、跟党走”政治信念。扎实做好一人一事思想工作，及时发现并清退一名重度抑郁症患者，经验做法在总队推广。

严格贯彻军事训练“八落实”要求，大力开展实战化训练，抓好战训法成果转化，支队在总队遂行任务能力评估暨军事训练考核中综合成绩排名第二，新兵军事训练考核成绩全总队排名第一；彭俊杰、刘爱国分获总队教练员比武一、二名，李涛被总队评为训练标兵。全年出色完成刘云山等中央领导人到株视察安全警卫、两会安保、春运执勤、网岭监狱囚犯转监押解等重大临时勤务。支队司令部被总队评为“先进司令部”。

夯实安全基础。开展安全工作大检查和“百日安全竞赛”，下派工作组逐单位、逐库室进行“地毯式”检查，对检查出来的问题，建立台账，明确整改措施、责任人和时限，消除安全隐患143个。支队连续11年实现“三无”。

加强基层建设。全年，先后安排4批96人次常委带队的工作组指导帮带和6批督查组下基层突击检查，着力解决抓建秩序不正规、经常性基础性工作不落实的问题，持续打牢基层建设基础。二大队，一中队、二中队、醴陵市中队、茶陵县中队、勤务中队被总队表彰为基层建设先进单位，炎陵县中队被表彰为武警部队基层建设先进单位、总队标兵中队，并荣立三等功。

提高综合保障。积极构建军地医疗协作机制，解决官兵就医取得实质突破。完成茶陵县中队配套设施建设，新建驻网岭监狱中队营房，对机关、一中队、三大队等单位营房及营具进行维修改造。（周 湘）

【警地医疗协作启动仪式】 9月11日，株洲支队举行支队和市卫计委、中心医院签订共建协议仪式，全面启动警地医疗保障支援协作机制。

（周 湘）

人民防空

【人民防空指挥通信体系建设】巩固训练试点成果。2015年，市人防办继续深化《人民防空训练与考核大纲》

试点成果，进一步推进全市人防专业队伍训练、城镇居民训练。组织拍摄《城镇居民紧急救护演示片》，代表广州军区向国家人防办进行成果汇报，得到国家人防办的高度肯定，训练试点成果得到进一步巩固和深化。提升通信保障水平。参加全省首次军地联合开展的无线电、卫星通信综合应急演练，完成各项参演任务，增强了军地联动应急通信保障能力，有效提升了信息通信军民融合水平。组织市本级和各县（市）区人防办业务人员参加全省人防指挥业务集训暨“湘防—2015”人防行动演练；组织市本级机动指挥通信系统参加“湘防—2015”全省人防机动指挥通信跨区演练。参加市国动委组织的“湘江—2015”演习国防动员指挥业务集训。组织赴桂林开展“株防—2015”全市人防机动指挥通信系统跨区联合演练。认真开展通信值勤常态训练，确保随时拉得出、用得上。完善信息系统建设。推进北斗卫星导航定位系统、时统系统建设和应用，完成相关设备的安装和初步调试。积极转化“中南 -2014”研讨观摩活动成果，在前期考察的基础上，上报市本级人防基本指挥所智能化集成管理项目建议书。完成市本级人防指挥信息集成系统改造。加强指挥平台管理。抓好市县两级各类指挥平台的维护管理，定期开展设施设备巡查，确保人防指挥通信硬件基础牢固。启动全市人防通信警报普查工作，健全人防通信警报台账，为升级通信警报建设提供事实依据。

（蔡叶仙）

【人民防空防护工程体系建设】 加快推进市人防疏散基地建设。市人防疏散基地项目一期工程主体工程基本完工，人防工程部分已验收，进入园林绿化施工阶段。从严管理防空地下室建设。对全市结建（结合民用建筑修建防空地下室）工程严格进行从立项到施工到竣工验收的全程监管。年内，共对22个项目下达建设意见，对13个项目进行初步设计审查，对7个项目施工图设计进行批复，29个项目完成竣工验收。有序推进人防工程规划编制工作。编制完成地下空间开发利用规划和人防工程规划，其中，株洲市人防工程规划获审查通过并报上级备案。扎实做好工程维护管理。严格落实人防工程维护管理制度，对早期人防工程设施以及3个主要泵房开展经常性巡查，及时进行维护检修，并定期开展消防治安检查。石峰山地下人防指挥所维护改造项目完工。

（蔡叶仙）

【人民防空行政执法】 深化审批改革。根据市政府关于建设投资项目审批改革的相关要求，结合人防行政审批实际，主动压缩审批时限，实现即时受理即时审结，并实行单位内部“一家审批、多家备案”，将行政审批科出具的审批文件同时抄送工程科、质量监督站、行政法规处，便于事中事后监管。严格依法审批。依法落实人防前置审批机制，从源头上杜绝减免缓现象。强化执法监督。开展对合同及结建项目的合法性审查，办结行政处罚案件1起，切实强化事前事后执法监督。

（蔡叶仙）

【人民防空宣传教育】 积极开拓宣传渠道。在高速路主要出入口设置人防标牌，并在2015年新建的公共自行车站点广告位布设人防宣传橱窗，实现城区交通要道、公共场所人防宣传标牌全覆盖。大力强化外部协作。保持与市教育局的人防教育协作机制，确保人防知识纳入全市5县4区中小学教育考试计划和素质教育考评内容，全市中小学人防知识教育普及率达100%。强化人防报道协作，与株洲电视台、株洲新闻网（红网株洲站）等主流媒体续签合作协议，与株洲日报、株洲晚报、株洲广播台保持长期协作关系。保持人防知识宣讲协作，稳定和充实由市委讲师团、市委党校、市政府法制办的专家学者和实际工作者组建的人防知识宣讲团，保证能随时满足各个层次人防宣传教育的师资需求。持续开展宣教活动。连续第七年开展“5・12”防灾减灾日防空防灾应急宣传活动，全市共设置12个集中宣传点，展出宣传图板60余块，向公众免费发放《防空防灾安全手册》《防空防灾安全知识随身应急手册》等宣传资料约20000余份，增强民众自救互救的能力。

（蔡叶仙）

【株洲市人防工作获全国表彰】 2015年，株洲市人民防空办公室再次成功争创“全国文明单位”荣誉，并先后获得“全省人防工作绩效先进单位”“全省政务信息工作优秀单位”“《湖南人防》通讯报道先进单位”等10多项省、市级荣誉。株洲市作为广州军区唯一的全国人民防空试训城市，完成试训工作大纲任务，探索符合人民防空实际的训练方法和规程，在全国大纲集训会议上作经验介绍，受到国家人防办、各省人防办领导及与会人员的高度评价。

（蔡叶仙）

法　　治

政法委及综治

【概况】 2015年，全市政法机关深入推进平安株洲、法治株洲建设，全市社会大局持续稳定，治安秩序平稳可控。株洲市荣获“全省维护稳定工作先进市”。

落实责任保稳定。各级党委、政府认真履行维稳第一责任，全面落实各项源头预防措施，深入开展“化解信访积案专项行动”，妥善处置城区房屋发证历史遗留问题等一批突出信访问题和重大矛盾纠纷，最大限度地将矛盾化解在基层、解决在初始状态。株洲“边界矛盾纠纷联防联调”工作经验在全国推介。坚决打击敌对分子的渗透破坏活动，坚决防范和遏制“颜色革命”的各种图谋，成功破获一批危害国家安全的案件。全面加强反恐怖工作，防范制止一批恐怖威胁。加大防范处理邪教力度，市防范办荣获“全国防范处理邪教工作先进单位”。全市没有发生影响恶劣的治安案件，没有发生规模性非法聚集活动，没有发生重大群体性事件，完成了“纪念抗战胜利70周年”等重大活动的维稳安保任务。

平安创建促和谐。以平安创建为抓手，深入开展打击整治百日会战、禁毒会战、打击处置非法集资等专项行动，全市刑事发案平稳可控，抢夺、抢劫、八类恶性案件发案大幅下降。强化重点地区、重点行业的排查整治，对治安问题突出的2个街道予以“一票否决”；深入开展危爆物品寄递清理整顿等专项行动，狠抓醴陵烟花危爆物品管理、芦淞区市场群消防隐患等突出问题专项整治，进一步加强公共安全问题的综合治理。创新社会治理方式，积极对接“智慧城市”项目，规划城区电子眼布局，不断完善立体化社会治安防控体系。加强特殊人群服务管理，全市排查登记和救治救助重性精神病患者600名。严格落实“四条追责措施”，健全对综治民调落后的县市区和责任单位负责人诫勉约谈机制。广泛开展“平安医院”“平安学校”“平安社区”“平安家庭”创建活动，深入开展“访民情、解民忧、转作风、促发展”大走访活动，人民群众对平安创建的知晓率、参与率不断提升。

践行法治树公信。按照中央和省委部署，积极稳妥推进司法体制改革，建立违反法定程序干预司法登记备案通报制度，健全公正司法联席会议制度，理顺法学会管理体制，探索人民监督员制度改革试点工作。建立涉法涉诉联合接访中心，完善司法救助机制和信访终结制度，努力将信访纳入法治化轨道。坚决治理执法顽疾，组织开展集中打击拒不执行判决裁定犯罪行为、清理纠正违法减刑假释暂予监外执行等专项行动。组织开展“千百案件评查”活动，严肃查处执法办案中的违法违纪行为。扎实推进“法律六进”活动，圆满完成“六五”普法任务。

优化服务助发展。认真抓好涉企矛盾纠纷大排查、大化解工作，及早介入和稳妥化解“中盐株化”改制、南岳岭片区棚户区改造、清水塘工业区搬迁等一批重大矛盾纠纷。公安机关在户政、出入境管理等方面，推出错时延时等优质服务举措，相关工作经验得到省公安厅充分肯定和推介。检察机关主动服务重大项目建设，立案查处一批工程建设领域的职务犯罪。审判机关依法调处矛盾纠纷，认真开展征地拆迁和房屋征收非诉行政案件执行工作，全力保障了湘江风光带河东项目等重点工程建设。司法行政系统认真组织实施《株洲市重大项目法律服务试行办法》，积极为经济社会发展提供优质高效的法律服务。

（陈凯敏）

【评选2015年度见义勇为先进个人】 2015年，在创新社会治理、深化平安株洲建设中，涌现出一批先进典型。他们面对违法犯罪行为、灾害事故等，临危不惧，挺身而出，有效保护了人民群众生命财产安全。为表彰先进，弘扬正气，市社会管理综合治理委员会决定，追授黄申喜“株洲市见义勇为先进个人”称号，授予文同义等14人为“株洲市见义勇为先进个人”称号。

（陈凯敏）

株洲市2015年度见义勇为先进个人

文同义，男，1948年9月出生，住攸县上云桥镇侯市社区。

2015年8月6日7时许，文同义听说沙陵陂农商行内有一男子行凶，迅速赶往事发现场。只见一名30多岁的男子，手持弯刀，正在恶狠狠地砸柜台玻璃，大厅玻璃门和ATM已全部砸烂。突然，男子转身冲出营业大厅，对着人群一通乱砍，农商行的工作人员和周围群众见状纷纷躲避，均不敢上前阻拦。文同义见此情形不顾年老体弱的身体，迅速从背后抱住该男子，两人扭打在一起，行凶男子被彻底激怒，像一头斗红眼的疯牛，挥舞着长弯刀向文同义乱砍，文同义接连躲避，瞅准空档，伺机扼住他的脖颈，在扭打中，男子抱住文同义的手臂狠狠地撕咬，瞬间鲜血直流。但文同义并未放手，忍痛奋力将其手中的长弯刀夺下。这时有几位大胆的年轻男子冲上来，协助将行凶男子制服在地。经查明，该名行凶男子为精神疾病患者，已被送往医院治疗。

王志钢，男，1987年11月出生，住芦淞区康和山庄1栋。

文正平，男，1970年11月出生，住芦淞区码头杜区7栋。

谢跃敏，男，1970年2月出生，住芦淞区楠竹居委会生活一区59号。

2015年1月22日16时许，王志钢、文正平两人正在株洲市芦淞区碧玉花园小区附近一仓库工作，突然听到一女子的救命声，两人立刻放下手中的工作，迅速向呼救声的方向跑去。与此同时，正在附近路过的谢跃敏也听到了呼救声。3人一同循声往碧玉花园小区后门的保安亭跑去，看见一名男子正与一名女子撕打在一起，走近一看，发现女子满脸鲜血，男子手持匕首朝一名女子的腹部、颈部等部位乱刺，3人立即冲上前大吼一声："放下刀，不许伤人"。听到制止声，男子并没有停止行凶，反而又用匕首朝女子的腰部、腹部等部位乱捅，并挥刀指向三人，威胁道："不关你们的事，不要过来，哪个过来捅哪个"。在这生死攸关的时刻，3人似乎形成了一种默契，文正平、谢跃敏在正面转移男子的注意力，王志钢悄悄绕到行凶男子的身后，猛蹬男子背部两脚，将男子踢倒在地，然后猛扑到男子身上，迅速用左臂勒住男子的颈部，右手抓住男子持刀的手腕部，朝地上上下猛击，将男子的刀子打落。文正平、谢跃敏随即手持木棒压住男子的胸部，并将男子制服。该名男子因伤害罪已判刑。

陈爱民，男，1976年10月出生，住炎陵县霞阳镇深坑村雷家组

2015年3月5日零时许，陈爱民下晚班回家途经九龙工业园社会事务管理局，发现两名男子推着一辆红色摩托车，神情慌张地从商店旁出来。陈爱民立即想到"偷车贼"，于是大喊："不好了，有人偷车，大家快帮忙抓小偷……"小偷见状，拔腿就跑。陈爱民边跑边喊，奋力追赶，终于抓住一男子后背衣服，将男子揪倒，两人扭打在地，男子的另一名同伙骑上摩托车从后面直冲过来，迅速拉起地上扭打的男子准备逃离现场。陈爱民再次扑过去，由于车速较快，陈爱民和其中一男子连同电动车一起摔倒在一旁，另一男子则飞出几米远。陈爱民的行为彻底激怒了再次被他扑倒的男子，该男子掏出随身携带的锐器狠狠地砸向他头部，顿时鲜血直流。趁陈爱民头部受伤之际，两名小偷伺机骑车逃跑。陈爱民强忍疼痛，艰难地爬起来，扑上去，把两个小偷连同摩托车再次掀倒在地，两名男子爬起来，对着陈爱民头部狠命猛击，幸好旁边的群众闻讯赶到，一名男子见状驾车仓皇逃走，另一名男子仍被陈爱民死死抓牢。赶来的群众一起把小偷制服并拨打"110"和"120"，陈爱民因头部受重伤昏倒在地，随即被送往医院紧急救治。

文爱兵，男，1969年1月出生，住荷塘区馨香小区3栋。

何优明，男，1964年9月出生，住荷塘区馨香小区3栋。

2015年9月2日凌晨2时许，文爱兵、何优明分别被呼喊声惊醒，原来是他们这一楼栋104号房遭窃了。他们俩立即赶到楼下，见一鬼鬼祟祟的年轻男子站在104室门口四处张望。见有人来，男子拔腿就跑。文爱兵立即追上去，何优明配合文爱兵对其进行围堵。男子见无路可逃，凶相毕露，叫嚣着"识相的就让开，谁敢拦我就搞死谁！"文爱兵向何优明使眼色，示意他跟犯罪嫌疑人周旋，分散男子的注意力，自己则悄悄地绕到男子的身后，并迅速从身后一把抱住男子。男子手抓脚踢，企图挣脱。何优明见状，立即飞奔上去一把将男子扑倒在地，成功将犯罪嫌疑人制服。

李才建，男，1966年12月出生，住醴陵市白兔潭镇田心村。

陈仕计，男，1963年10月出生，住醴陵市白兔潭镇田心村。

2015年11月4日晚8时许，李才建观看醴陵市白兔潭镇举办龙王庙的祭祀活动后，众人相继结伴回家途经澄潭江时，忽然听到江中有人喊"救命啊！"发现有人在河水里挣扎，李才建率先站出来，朝着人群大呼一声："还有没有会游泳的？跟我一起去救人！"说完后，来不及脱掉身上的衣裤，猛地扎进水中。村民陈仕计随着也跳入水中，参与救人。两人迅速游到落水者附近，发现其身上背着自制的电鱼机的电瓶，并且穿着橡皮防水裤，橡皮裤灌水后，就像水底伸出的手，死死地拽着落水者。李才建和陈仕计一人用力托住电瓶，另一人奋力托住他，防止头部被水淹没，并用力往岸边拉。但由于落水处是一个十余米深的大沙坑，沙子不断下滑难以攀附，加上冬季河水刺骨、电瓶又死死地系在落水者身上，李才建和陈仕计拼尽全身力气，在岸边村民的协助下，终于成功将落水者救上岸。

黄申喜，男，1951年5月出生，生前住醴陵市黄獭嘴镇隆兴坳村。

2015年8月7日11时许，黄申喜途经本组村民江召德家门前，听到有人喊救命。黄申喜随声发现江召德和一头小牛掉在废弃杂屋一个红薯窖中。

红薯窖深逾3米，洞口狭窄仅可容一人通过，下窖救人十分困难。他大喊江召德的名字，对方没有任何回应。事态紧急，黄申喜一边大声朝周围住户呼喊，一边毅然跳入窖中，奋不顾身去营救。周边村民闻讯赶来后，一边施救一边拨打“120”急救电话和“110”电话。由于红薯窖太深，通风条件差，窖内严重缺氧，给营救带来了极大的困难。直到消防队员赶来，戴上氧气瓶等专业设备才将窖内的黄申喜和江召德救出，但两人均已不幸身亡。

尹建辉，男，1969年2月出生，住醴陵市西山街道南门社区。

王雪元，男，1969年1月出生，住醴陵市西山街道南门社区。

陈志江，男，1976年2月出生，住醴陵市西山街道南门社区。

漆星明，男，1975年10月出生，住醴陵市西山街道南门社区。

2015年7月26日零时许，醴陵市西山街道南门社区吴治宇家里突然着火。正在中山南路吃夜宵的尹建辉听到救火的喊声，立即往火灾现场跑去。尹建辉到现场后，大火正肆虐着吴治宇家的房子，家中年老的吴母正在沉睡中。得知情况后，尹建辉一边踹门一边大声呼叫。急促的呼叫声及踢门声把吴母从睡梦中惊醒，她惊恐万分，茫然不知所措。尹建辉冲入火海，将吴母以半拖半背之势将她拽向门外安全之处。此时，附近居民王雪元、漆星明和陈志江三人也急切赶到现场。大火愈烧愈烈，在这关键时刻，尹建辉、王雪元、漆星明和陈志江四人迅速组织围观的居民救火，在他们4人的带领下，大家全力进行扑救，有效控制了火势，直到消防队员到达现场。

钱新文，1953年2月出生，住天元区滨江南路船厂宿舍。

2015年9月9日9时许，钱新文和妻子袁银玉正在天元大桥南侧湘江边干活。妻子袁银玉看到一年轻女子走向水中，以为这女子去捡东西，后看到越走越远，水已快没过头顶，顿时意识到不对劲，赶紧大声呼喊钱新文。听到老伴的呼喊，钱新文立即带着救生轮胎跳上停放在江水中的筏子，快速划到女子身边，并将救生圈扔给女子，但女子不愿戴上，钱新文跳入水中，强行给女子套住，再爬上筏子，奋力将女子往岸上拉。半个小时后，终于将女子带到江边自家屋子。进屋后，女子挣扎着要再次跳江，被钱新文夫妇及时拉住，一边安抚一边拨打“110”报警电话。（陈凯敏）

法治政府建设

【概况】 2015年，株洲市人民政府法制办公室促进依法科学民主决策，发挥在政府依法行政方面的参谋、助手和顾问作用，加强组织协调、督促指导和考核评价，全面推进法治型政府建设。

12月4日，经省十二届人大常委会第十九次会议表决通过，株洲市成为《立法法》修订之后，全省第一批被授权行使地方立法权的城市。

推进依法科学民主决策。建立健全决策。为了从制度上进一步促进依法科学民主决策，市政府出台《株洲市人民政府重大行政决策程序规定》和《株洲市人民政府重大行政决策目录管理暂行办法》。积极举行行政决策听证会。严格执行公开产生听证代表、如实记录听证笔录、向社会公布听证意见采纳情况等听证程序。全年，市政府法制办指导、协助、参与出租车运价调整、城区基准地价调整等重大行政决策听证会21次。开展重大行政决策合法性审查。加强政府合同审查，出台《株洲市政府合同审查管理办法》，审查《全面推进新型城镇化战略合作协议》《市政府与市棚改投资有限公司委托代建协议》等政府合同19件，参与处理政府法律性事务24件。推荐选聘新一届市政府法律顾问。5月，推荐并经市政府常务会议审定通过，市本级聘请15名市政府法律顾问，并续聘某律所继续作为市政府法律顾问机构。

规范行政执法行为。全面推行权力清单制度。按照省、市政府的统一部署，对市直行政执法部门上报的行政权力清单，通过取消、划转、下放、整合等方式，由2014年清理公布的4898项减至2910项。其中行政许可136项，行政处罚1977项，行政强制142项，行政征收37项，行政给付11项，行政确认59项，行政奖励26项，行政检查60项，行政监督142项，其他行政权力320项。此外，实行县市属地管理53项，审核转报类105项。出台《株洲市行政执法监督办法》，明确行政执法监督的范围、重大行政执法决定法制审核和集体讨论决定制度、行政执法监督的方式及处理、责任追究等。加强行政执法案卷评查。修订行政处罚案卷评查、行政许可案卷评查计分标准，邀请市政府法律顾问等共16人组成行政执法案卷评查组，对29家单位的54卷行政处罚案卷和26家单位的28卷行政许可案卷进行评查，评查结果在全市进行通报。继续推行行政执法案例指导制度。对市直行政执法单位报送的执法案例进行评选，最终选取4个处罚案例和1个许可案例作为2015年度行政执法指导案例，以市政府办的文件进行发布。在全面推行行政处罚裁量权的基础上，开展行政许可裁量基准试点。2015年，市无线电管理部门制定实施了《株洲市无线电管理行政许可裁量权行使规则（试行）》，市农委制定了《株洲市农业行政许可裁量权办法》。

加强规范性文件管理。市政府法制办对2010年3月公布的《株洲市规范性文件管理实施细则》进行修订，明确规定规范性文件合法性审查期限、增加规范性文件不得创设规定的两种情形，经市政府常务会议审定后重新公布。认真开展规范性文件的“三统一”和报备工作。2015年，审核市政府（市政府办）规范性文件99件，出具修改意见和建议200余条；受理部门报请“三统一”的规范性文件28件，经审查予以登记的26件，不予登记2件；备案审查县市区政府规范性文件73件。严格落实规范性文件有效期制度。10月，结合立法权申报，市政府法制办对2011年以来市政府、政府办颁布施行的199件规范性文件进行全面清理。经清理，9件规范性文件有效期届满自动失效，190件规范性文件符合上位法和上级政策规定，继续有效。

认真办理行政复议案件，进一步化解矛盾纠纷。2015年，市政府法制办共收到行政复议申请93件，受理90件，全部审结，其中，维持55件，驳回6件，撤销4件，责令履职2件，确认违法1件，移送1件，中止2件，调解1件，终止17件，其他1件。不断完善案件审查方式，注重通过现场踏勘、当面听取意见、举行听证会等方式查明案件事实，全年共举行听证会1次，召开协调会2次，对林地权属及违章建设限期拆除纠纷现场踏勘40案次。严格执行行政复议应诉案件统计制度，继续将审结的行政复议案件及时在网上公开，对典型案例及时通报。首次开展行政复议案卷评查。9月，对县市区政府、市政府工作部门的25件行政复议案卷，进行评查，将评查结果进行通报。依法办理行政应诉案件。2015年，市政府法制办应诉行政诉讼案件40件，通过及时举证、答辩，依法出庭应诉，较好地维护了公共利益和政府合法权益，当年结案的28件均胜诉。充分发挥仲裁工作优势。2015年，株洲仲裁委共受理仲裁案件287件，涉案标的6.16亿，已审结172件，其中调解和解114件，调解率66.3%。

提升依法行政的意识和能力，加强领导干部法律知识学习。制订《2015年度株洲市人民政府常务会议学法计划》，按照“谁执法、谁普法”的原则，结合市政府常务会议议题学法。11月29日—12月5日，组织县市区法制办主任、市政府工作部门法制科长共50人赴西南政法大学参加“依法行政专题培训班”，学习《立法法》《行政诉讼法》和《合同法》等。举办依法行政研讨班。6月15日，举办“加强行政应诉和政府合同审查”依法行政研讨班。邀请专家授课答疑。市政府工作部门有关分管领导和法制科长、执法支队长、县市区法制办主任、市区两级法院行政庭法官等120多人进行交流讨论。9月28日，组织召开“政府合同审查管理工作”研讨会，市政府相关工作部门、县市区法制办主任、市政府法律顾问等30余人就政府合同审查工作中存在的问题、怎样做好审查工作进行交流学习。

加强行政执法人员培训。11月份，举办一期136人参加的新上岗行政执法人员培训班，邀请省法制办有关领导授课，对经考试合格的134人发放执法证件。（傅　南）

【市政府常务会议听取依法行政工作汇报】 5月7日，株洲市政府召开第49次常务会议，市政府副秘书长、法制办主任龙松林就全省法制工作会议精神及株洲市的贯彻落实意见作汇报。会议审议并原则同意了市级权力清单、《2015年度依法行政工作安排》《2015年度依法行政考核方案》《株洲市规范性文件管理实施细则》《2015年株洲市人民政府常务会议学法计划》和市政府法律顾问成员名单。会议要求，要高度重视政府法制工作，加快推进法治政府建设。（傅　南）

【全市推进依法行政工作会议召开】 5月26日，株洲召开全市推进依法行政工作会议，市政府副秘书长、法制办主任龙松林作工作报告，市委常委、常务副市长赵文彬出席会议并作重要讲话，市政协副主席贺夏盛参加会议。会议指出，株洲将进一步完善各级政府及部门的权利清单，建立责任清单，推行收费清单制度和外商投资准入管理目录，并将“三清单一目录”向社会公布；继续减少和规范行政审批行为，推进网上审批，提升审批效率；明确应当举行听证的重大行政决策事项的标准和范围，克服以现场办公、文件签批等形式作出重大行政决策，重大决策未经合法性审查不得提交审议；按照十八届四中全会《决定》中“依法赋予设区的地级市立法权”精神和《立法法》的规定，做好行使立法权的法律宣传、人才培训、制度建设等准备工作；减少市县两级执法队伍种类，建立行政执法全过程记录制度，确保所有执法环节有据可依，执法资格考试未合格者，不得授予执法资格，不得从事执法活动。（傅　南）

【组织政府常务会前学习《立法法》】 5月29日，株洲市十四届政府第五十次常务会议召开，市委副书记、市长毛腾飞主持会议。市政府法制办邀请省人大法制委副主任委员、省人大常委会法工委副主任吴秋菊讲授新《立法法》。（傅　南）

公　安

【概况】 2015年，株洲市公安机关围绕“平安警区、智慧警务、法治警营、活力警队”建设，扎实推进基础信息化、警务实战化、执法规范化、队伍正规化，确保全市社会治安大局和谐稳定。执法规范化建设、打击处置非法集资、警务督察、监所安全管理、便民利民服务等工作经验在全省作典型推介，市局荣获创建全国文明城市先进单位，全省公安民警基本功大赛团体二等奖，全省“打击盗骗毒、全力保民安”、“压事故、保安全”两个专项行动先进单位、并获评全省公安机关2015年度“四项建设”暨绩效评估先进单位、全省公安机关人民群众满意单位。

维稳保安。建立健全情报信息研

判及反恐处突维稳长效机制，强化情报信息预警、矛盾纠纷排查化解和重点要害部位武装巡逻等工作，成功劝返非访人员362名，进京访同比下降14.81%，成功侦破公安部督办的涉恐案件，抓获涉恐犯罪嫌疑人8名，确保特别防护期等敏感时期的社会大局稳定，全年没有发生重大信访案事件和群体性事件，“9·3”维稳安保工作获得全省先进；健全警保卫勤务机制，确保到株洲中央领导视察等警保卫任务万无一失；深入推进“压事故、保安全”和交通整治“百日大会战”专项行动，全年未发生重特大治安与交通安全事故，实现连续17年未发生重特大火灾事故，局本级连续13年、县市连续6年实现监所无安全事故。

打防管控。整合分县局刑侦、派出所等侦查力量，构建“优势互补、信息互通、警力互动”的“大侦察”格局，力推合成作战；先后组织开展“反扒”、禁毒会战、打击整治“百日会战”等专项行动，全年共破获刑事案件8523起，较2014年同比增长61.76%，命案发27起破27起，并成功侦破一批大要案件；同时，积极构建主、次干道及社区三级“大巡防”网络，进一步加强网吧、旅馆、寄递物流和危爆物品管理，切实加大对多发性侵财犯罪的打防力度，全市刑事发案平稳可控，抢夺、抢劫、八类恶性案件分别同比下降42.89%、16.74%、10.45%，命案下降幅度为全省第一，株洲县、董家塅实现2015年命案“零”发案。

规范执法。在全省率先探索执法档案建设，建立涵盖执法办案积分制、执法管理委员会、主办侦查员、法制员和执法过错责任追究五位一体的执法管理机制，自主研发积分管理模型，根据案件类别、破案数、打击处理数、案件质量、主办协办情况、公诉判决结果等量化对办案民警的考核排名，有效激发民警“多办案、办好案”的热情；组织开展立案突出问题专项治理，严格落实个案执法过错责任追究，全市没有出现重大执法过错案件，立案突出问题专项治理排名全省第一。

落实便民举措。全力落实省厅30项便民利民举措，在延伸出入境办证服务基础上，实行“5+2”工作制，推出全年365天24小时出入境证照自助办理服务；推进网上公安局应用，对接株洲公安微信便民服务，新开通交通违法信息查询、罚款网上缴纳、车驾管业务网上预约等便民项目，网上办事项目增加到129项，网上办结各类事项10.5万余件。（宁　君）

交通警察

【概况】 株洲市公安局交通警察支队位于市荷塘区华南路321号，支队下设21个正科级二级机构，即办公室（加挂道路交通指挥中心牌子）、政工科（含团总支）、警务保障科、纪检（监察）组织、安全宣传科、警务督察大队、执法监督大队、交通秩序管理大队（行政审批科）、交通事故预防与处理大队等9个内设机构；车辆管理所、驾驶人管理所、机动车安全技术检测监督管理所、交通管理科技所、客运车辆交通安全管理所、直属大队等6个下属机构；即荷塘大队、芦淞大队、天元大队、石峰大队、云龙大队、快速环道管理大队等6个派出机构。6个下属机构和6个派出机构中又下设61个内设单位，均为副科级机构。担负着全市74.18万辆机动车，86.11万名驾驶人，11000多公里城乡道路的交通安全管理任务。

2015年，全市各级公安交警部门以事故预防为核心，以疏堵保畅为重点，以优质服务为中心，深入推进公安交管建设，努力打造“便民、效能、法治、忠诚”四型交管。以优良的道路交通秩序通过了全国文明城市国检复评，在全市公安工作、全省公安交警系统绩效评估考核中获评优秀，全市交警服务水平、工作效能、规范执法水平、群众满意度均明显提升，支队荣获省级文明建设先进单位等16项市级以上先进集体称号。

以交管信息化为重点构建便民交管，服务品质有新提升。建设机动车查缉布控系统并将数据接入省级平台，全市新建30个卡口，正常上传数据的卡口数达84个。实现互联网自助办理非现场交通违法处理，累计网上缴纳罚款93.6万元。在城区建设4个机动车登记服务站，做到机动车上户、拍照、验车、选号、领取牌证整套流程在30分钟内完成。全市驾驶人考生通过网上车管所自主预约考试达27万人次。全面实现异地检验和核发检验合格标志，大力提升四类重点车辆定期检验率，全市四类重点车辆检验率达89.5%。

以疏堵保畅为核心构建效能交管，通行效率有新提高。全面实施勤务改革，路面见警率和管事率进一步提升，道路交通秩序持续好转，城区交叉路口阻塞率为零，主干道机动车、非机动车、行人守法率分别达98.27%、96.99%、93.58%。主干道违停车辆控制在每5公里1.54辆。针对危化品运输车辆、校车、客运车辆、出租及公交客运等重点车辆，加大日常监管和违法查处力度，对全市2661台重点车辆进行交通违法清零，“清零”率达98.76%。全市交通事故四项指数同比分别下降14.61%、持平、下降16.89%和下降22.09%。

以规范执法为基础构建法治交管，执法能力建设有新突破。以开展交通秩序整治“百日大会战”为契机，全年全市共查处道路交通违法行为84.7万起（其中现场执法9.25万起），暂扣驾驶证3389本、吊销驾驶证194本、扣留违法机动车33271台、行政拘留222人；城区查获无牌无证违法行为1365起，查获盗抢车辆5台，抓获网上逃犯18人，办理刑事案件188起、刑事拘留25人、取保候审156人、起诉196人。深化执法规范化建设，开展立案突出问题专项治理，自查问题60余处，补立刑事案件30余起。全面推行执法档案制度，严格落实“四个一律”，推进执法办案区建设，推进事故处理规范化建设。快处快赔交通事故占事故总量的24.24%。侦破交通肇事逃逸案件31起，侦破率达91.18%。加强“一乡一站”建设，积极开展志愿者活动，完善交通违法举报奖励机制，开展“最美驾驶员”等主题宣传活动203次，发放各类宣传材料20万余份，通过主流媒体及“三微”平台，发布信息报道5000余条。

（夏　乐）

【启动2015“交通礼仪第一课”活动】 3月24日，交警支队联合市文明办、市教育局，以北师大株洲附校作为首个试点学校，开展2015“交通礼仪第一课”活动，上午在北师大株洲附校举行隆重的启动仪式。市政协党组副书记、副主席贺夏盛、市人民政府副秘书长洪卫、市委宣传部副部长、市文明办主任李湘怀、市公安局党委（组）副书记、副局长彭冬明、市交警支队支队长黄耀斌、市教育局副局长李建国等领导出席启动式。北师大株洲附校师生代表、交警支队民警代表及省市媒体记者参加启动式。启动式上，出席活动的领导为学生、家长代表戴上“文明交通志愿者”的袖标；给首批参与文明交通执勤的“校园小交警”授衔；为本次活动的体验培训基地——天元交警大队和首个试点学校——北师大株洲附校授牌。北师大株洲附校小学部的孩子们集体表演三字经，用特别的方式向同学和家长们诠释文明交通知识。

（夏　乐）

【开展城区交通秩序整治“百日大会战”行动】 9月21—12月31日，支队在城区组织开展交通秩序整治“百日大会战”行动。机关警力全面下沉，最大限度充实路面勤务警力。支队机关70%、各大队90%、中队民警和协警100%在路面执勤，积极履职。各大队以摩托车、电动车、危化品运输车、大客车为重点，从严查处闯红灯、违法停车、违法穿越双黄线、不按规定线路通行等各类影响通行秩序与效率的违法行为。整治期间，城区查处违法行为为17.15万起（其中现场执法3.80万起），查处摩托车违法1.66万起、闯红灯7225起、违停9.17万起、醉驾56起、酒驾438起、毒驾8起，查扣违法摩托车11138台，拘留28人，查获网上逃犯1名。

（夏　乐）

公安消防

【概况】 2015年，株洲市共发生火灾1115起，亡10人，伤4人，直接财产损失1697万余元，火灾四项指数稳中有降，连续17年未发生重大以上火灾事故。

2015年，株洲市公安消防支队紧紧围绕株洲经济发展和社会稳定大局，忠实履行防火、灭火和应急救援工作职责，为全市经济社会发展营造良好的消防安全环境。支队连续三年被部局评为安全工作先进单位，先后被市政府荣记集体二等功、市精神文明委评为“株洲市文明单位”；有5个单位、4人获得省市级以上荣誉，23人次记功。

（李　杰）

【实战化训练及灭火救援工作】 积极推进全勤指挥部和整建制中队实战化训练工作，常态化开展战评总结、战例研讨以及类型火灾扑救和事故救援示范教学，增强部队初战制胜能力，成功承办长沙片区大型物流仓储场所灭火救援跨区域演练。突出抓好业务培训和练兵竞赛，建立健全部队全员考核机制，充分调动了官兵练兵热情，在2015年全省消防田径大比武中，支队夺得团体总分和全部6个单项平均分的第一。全年，全市部队共接警1922次，出动车辆2829台次，出动警力1.8万人次，营救被困群众411人，成功处置“5·31”芦淞区建宁街民房火灾等一系列急难险重任务，为保护人民群众生命财产安全做出了贡献。

（李　杰）

【消防管理社会化】 不断优化消防管理服务工作，集中精力破解重点单位“难管理”、非法违法建筑“难转正”及标准化厂房“难验收”等问题，推动株洲成为全国解决房屋发证历史遗留问题首个发证的城市。依据社区服务中心、警务室和单位消防控制室等场所，全力推进微型消防站建设工作，年内共建成微型站586个，取得良好效果。全市微型消防站建设和消防管理服务方面的创新做法分别被公安部消防局和省公安厅推广。（李　杰）

【火灾隐患整治】 强势推进夏季消防检查和冬春季节火灾防控工作，全面开展石化企业、福利机构、中小学校等领域的消防安全集中整治行动。2015年，全市公安、消防部门检查社会单位1.6万余家，责令三停187家，罚款649万元，拘留22人，始终保持消防治理的高压态势。提请政府挂牌督办11处重大火灾隐患，7家单位完成整改销案，特别是持续推进芦淞市场群重大火灾隐患整改，基本完成全部11个市场的公共部分消防整改任务，并对8个市场的内部消防设施实施整改。支队推进服饰物流中心火灾隐患整改工作经验获公安部消防局简报推广。

（李　杰）

【消防宣传教育】 全面铺开“消防宣传进军训”“社区宣传大使评选”、消防宣传车“进村入企”驻点集中宣传工作，努力推动消防主题APP、微信微博公众号推广，全市重点单位安全负责人、管理人“掌上消防”APP安装率达100%，“株洲消防”官方微信微博公众号订阅人数达1.2万余人。提请市委党校将消防安全培训纳入党员领导干部培训必选课程，指导株洲市青少年军校承办第二届湖南省青少年应急救援比武大赛，在全社会营造共同关注、参与、支持消防的浓厚氛围。支队拍摄的微视频《生死营救》在公安部消防局微信、微博视频作品征集中被评为“十佳”微视频；制作的课

件《消防安全我知道》在第二届全国中小学“消防安全示范课”征集评选活动中被评为优秀课件。（李　杰）

检　察

【概况】　2015年，全市检察机关忠实履行检察职能，全力维护司法公正，努力促进经济社会发展，各项检察工作取得了新的进展。

维护社会和谐稳定，深入推进平安建设。严厉打击严重刑事犯罪。全市检察机关共批准逮捕各类犯罪嫌疑人2069人，同比上升11.8%，起诉3583人，同比下降1%。坚决打击故意杀人、强奸、抢劫等恶性暴力犯罪，共批捕125人，起诉124人；突出打击盗窃、抢夺、电信诈骗、合同诈骗等多发性侵财犯罪，共批捕964人，起诉1219人；加大对毒品犯罪惩治力度，共批捕449人，起诉634人。从宽处理轻微犯罪。正确把握宽严相济刑事政策，坚持当严则严、当宽则宽，对主观恶性较小、犯罪情节轻微的初犯、偶犯、过失犯和未成年人、老年人犯罪案件，决定不批捕324人，不起诉207人。特别是对涉罪未成年人贯彻教育感化挽救方针，对16名涉罪未成年人决定附条件不起诉，帮助12人重返校园，天元区检察院与专业心理咨询师团队建立心理援助机制，对涉罪未成年人进行心理疏导和心理矫正。积极推进轻微刑事案件快速办理机制，在遵循法定程序前提下，对轻微刑事案件快速、简化、从轻处理，审查批捕、起诉时间由过去平均7天、21天缩短为3天、6天，提高了办案效率，增进了社会和谐。注重化解社会矛盾。改进信访工作方式，引导当事人依法律、按程序表达诉求，妥善处理涉检信访案件41件次。部分基层检察院推行律师参与化解和代理涉检信访案件制度，由律师代理信访人申诉，维护了信访秩序，有利于息诉罢访。为促进案结事了，积极引导当事人实行刑事和解，共办理刑事和解案件224件。大力推进检务公开，强化释法说理，对26件复杂疑难、分歧很大的案件，邀请人大代表、政协委员、人民监督员及群众代表等参与公开听证、公开评议，统一认识，定纷止争。积极参与社会治理。实行工作重心下移，充分发挥乡镇检察联络室作用，及时受理信访举报，服务基层群众。配合有关部门加强对社区服刑人员的帮教管理，监督纠正漏管脱管、监管不严及帮教不力等问题128件。结合办案深入分析犯罪规律、特点和趋势，先后对集资诈骗犯罪、骗取新农合资金犯罪、涉农职务犯罪等问题开展专题调研，向党委政府和相关部门提出加强管理、防范的检察建议5件。石峰区检察院在办理一起伪造发票骗取新农合保险金案中，对发现的有关情况向长沙、株洲、岳阳、娄底、怀化等地医保部门发出建议函，避免了同类案件的发生。广泛开展法制宣传教育，推动法律进机关、进企业、进学校、进社区、进乡村，共举办法治宣讲57次，发放法制宣传资料5万余份。

推进反腐倡廉建设，依法惩防职务犯罪。严查大案要案。坚持反腐无禁区、全覆盖、零容忍，有腐必惩、有贪必肃，共立案查处各类职务犯罪137人，起诉113人，其中涉嫌贪污贿赂犯罪98人，涉嫌渎职侵权犯罪39人。查处大案75件，厅级干部3人，处级干部7人。重点查处中冶科工集团副总裁黄丹（正厅级）、张家界市政协副主席高建国（副厅级）、中国移动湖南有限公司副总经理郭小明（副厅级）、醴陵市委原副书记林伯芝（副处级）、株洲市人民医院副院长杨猛（副处级）等人的贪腐案件。严惩司法腐败。坚决惩治执法不严、司法不公背后的腐败问题，共立案查处涉嫌徇私枉法、徇私舞弊等犯罪的司法人员12人。茶陵监狱管教干警廖某等6人滥用职权、徇私舞弊，芦淞公安分局建宁派出所尹某徇私枉法受到刑事追究。同时开展对司法人员的渎职行为调查，共立案调查10件，依法向被调查人所在单位发出检察建议8份、纠正违法通知书2份。严查侵害群众利益的职务犯罪。立案查处征地拆迁、社会保障、医疗卫生等民生领域职务犯罪42人。立案查处乡村等基层组织工作人员职务犯罪8人。立案查处惠农扶贫领域职务犯罪20人。如茶陵县检察院查处了该县农业局副局长龙某等7人贪污国家种植结构调整项目补贴资金案。深化职务犯罪预防。结合查处案件开展预防，帮助发案单位和相关部门行业分析职务犯罪特点、发案原因，提出预防建议45件。加强廉政教育，到有关单位举办廉政教育讲座55场次；在市检察院网站上建立了预防职务犯罪警示教育网络展馆，以文字、图片、视频等形式，通过虚拟3D展厅的手法将有关反腐论述、法律法规、典型案件、忏悔感言、廉政文化等内容予以展现，突破了传统廉政教育的时空限制，扩大了教育覆盖面，已有2万余人次点击观看。

保障法律正确实施，不断强化法律监督。加强侦查活动监督。对侦查机关提请逮捕、移送起诉的案件严审细查，对事实不清、证据不足或不构成犯罪的，依法不批捕323人，不起诉183人；排除非法证据37件；对应当立案而不立案的，监督立案30件，对不应当立案而立案的，监督撤案8件。炎陵县检察院监督立案的一起盗窃、诈骗案，被告人被判处有期徒刑11年6个月。对应当逮捕而未提请逮捕的，追捕69人，对应当起诉而未移送起诉的，追诉72人。对侦查活动中的违法情形提出纠正意见134件，已纠正120件。加强刑事审判活动监督。对认为有错误的刑事判决、裁定提出抗诉16件，已改判10件；出席二审案件开庭63件；两级检察院共列席同级法院审判委员会48次，参与讨论疑难复杂案件71件；对刑事审判活动中的违法情形提出纠正意见12件，已纠正11件。加强民事行政诉讼活动监督。

对认为有错误的民事行政生效裁判提出抗诉或再审检察建议12件；对不服正确裁判的当事人，耐心做好释法说理工作，成功息诉36件；对执行工作提出监督意见4件；对行政机关怠于行使职权的提出督促履职建议48件；对涉及国家和社会公共利益的案件支持起诉49件。如株洲县检察院支持信用合作社追回不良贷款1300余万元。加强刑事执行活动监督。对看守所监管工作中的违规行为提出纠正意见32件；对监狱监管工作中的违规行为提出纠正意见41件；监督纠正不当减刑、假释、暂予监外执行128件；对判处实刑后未收押服刑的罪犯进行了专项清理，监督收押执行28人；对不需要继续羁押的84名犯罪嫌疑人，建议释放或变更强制措施。

促进经济社会发展，积极营造良好发展环境。服务“两型社会”建设。为进一步回应人民群众对环境资源保护和食品药品安全的迫切要求，市检察院联合食药监局、国土局、环保局等8个行政机关在全市开展了环境资源保护和食品药品安全监管领域行政执法专项检察监督活动。共起诉污染环境、破坏能源资源等犯罪嫌疑人57人，起诉制售有毒有害食品、假药劣药等犯罪嫌疑人11人。查处有关国家机关工作人员滥用职权、玩忽职守、徇私舞弊等犯罪案件6件8人，提出检察建议14件。服务经济转型升级。充分运用法律手段优化发展环境，维护市场经济秩序，立案查处国有企业经营管理中的职务犯罪13人；打击侵犯知识产权、制售假冒伪劣商品犯罪，起诉21人；打击虚开增值税专用发票犯罪，起诉68人。特别是针对一些地方非法集资情况突出，严重破坏金融秩序、损害群众利益、危害社会稳定的问题，与有关部门密切配合，集中打击了集资诈骗、非法吸收公众存款等犯罪，已批捕37人，同比上升640%；已起诉35人，同比上升600%。服务重大项目建设。围绕自主示范区建设、重大产业和基础设施建设、县域经济发展等重大项目，立案查处工程建设领域职务犯罪嫌疑人14人。充分发挥行贿犯罪档案作用，为有关单位在项目招标、政府采购、金融信贷等过程中提供查询服务，阻隔有行贿记录的企业进入市场，共向社会提供行贿犯罪档案查询4141次。主动服务区域经济发展，醴陵市检察院与相邻的浏阳、平江及江西省的有关检察院签署了协作框架协议，共同服务湘赣边界区域经济开发合作。改进服务方式方法。正确运用法律政策稳妥处理经济社会发展中出现的新情况新问题，查案中慎重使用强制措施，慎重查封扣押冻结企业涉案财物，慎重披露企业涉案信息，维护企业的正常生产经营，保障企业的合法权益。在办理某国企采购人员受贿窝案时，主动与企业沟通，在采取相关措施前，对犯罪嫌疑人进行岗位调整，避免了对企业产生负面影响，同时督促该企业完善采购管理等制度，堵塞漏洞，亡羊补牢。

提升执法办案水平，坚持规范执法与改革创新。强力解决司法不规范问题。在全市检察机关开展了为期一年的规范司法行为专项整治活动，重点围绕执法作风简单粗暴、执行办案纪律不严格、不依法保障律师执业权利、违法取证、追求考评成绩弄虚作假、利益驱动、违法干预办案、以案谋私等八个方面，共查摆问题47个。对近三年来全市判决无罪的案件、撤回起诉的案件和不起诉的职务犯罪案件逐案进行了评析，坚持有错必纠，有责必追。同时，对每个部门、每个岗位的工作要求和规范进行了细化，厘定权力边界，形成长效机制。切实加强内部监督。全面实行网上办案，严格执行案件网上流转、网上审批，做到全程监控、动态管理。强化对查办职务犯罪工作的监督，严格执行讯问职务犯罪嫌疑人同步录音录像制度，严防不文明不规范执法；严格执行职务犯罪案件审查逮捕上提一级制度，加强质量把关，市检察院共审查基层院办理的职务犯罪49人，决定逮捕42人，不捕7人；对75件职务犯罪案件的办理情况进行了回访。加大检务督察力度，严格落实案件质量终身负责制，对错案和瑕疵案件严肃追责，促进公正廉洁执法。主动接受外部监督。认真贯彻落实市人大常委会关于查办职务犯罪工作的审议意见，采取有效措施加强和改进工作；接受市人大常委会对检务公开工作的审查；主动配合市人大常委会对有关副检察长进行述职评议；定期向政协通报工作情况。认真开展“司法公正株洲行”活动，主动邀请各级人大代表、政协委员、人民监督员、特约检察员、政协委派民主监督员列席重大会议，开展听庭评议，现场监督职务犯罪案件讯问。认真执行最高检察院《关于依法保障律师执业权利的规定》，支持律师依法履职，接受律师监督制约。两级检察院组织律师座谈听取意见14次，安排律师阅卷354件次，受理会见等申请171件次，接收律师意见书165件。推进检察改革和工作创新。市检察院成立检察改革工作领导小组，围绕检察人员分类管理、检察官办案责任制、检察官职业保障、省以下地方检察院人财物统一管理等改革内容，开展调研论证和队伍思想状况调查，测算基础性数据，完善岗位职责清单。与市司法局联合开展人民监督员选任和管理制度改革，由司法局新选任人民监督员80人，对全市14件职务犯罪案件实施审查监督。指导炎陵县检察院开展内设机构整合改革试点。（刘 扬）

【开展两个领域行政执法专项检察监督活动】 全市两级检察院联合市食药监局、国土局、环保局等8个行政机关开展环境资源保护和食品药品安全监管领域行政执法专项检察监督活动，积极回应人民群众对环境资源保护和食品药品安全的迫切要求。活动中，查阅相关行政部门2013年以来的执法案卷和台账，对行政处罚、行政许可和行政审批等环节发现的问题提出整改意见；起诉污染环境、破坏能源资源、制售有毒有害食品、假药劣药等犯罪嫌疑人68人，查处有关国家机关工作人员滥用职权、玩忽职守、徇私舞弊等犯罪案件6件8人。重点调查攸县上云桥中心完小突发公共卫生事件，市区中小学校周边“五毛食品”问题，炎陵县华苑铁合金厂非法开工、违法排污问题，天元区一些地方非法毁林采砂问题，石峰区个别企业违法偷排废气问题等，并督促有关部门依法履职，加强监管。（刘 扬）

【开展规范司法行为专项整治工作】 全市检察机关开展为期1年的规范司法行为专项整治工作，围绕高检院列举的八个方面的问题和各业务部门的规范化要求，组织各部门认真开展对照检查，共组织专项督察5次，督察案件422件，评查案件300件。对督察中发现的问题进行认真整改，受利益驱动办案、违法扣押冻结涉案款物、执法作风简单粗暴等司法“顽症”治理初见成效。（刘 扬）

【查办湖南省交通厅党组书记、副厅长陈明宪受贿案】 经湖南省检察院指定，株洲市检察院对陈明宪受贿案进行侦查并提起公诉。经查，2007—2011年，陈明宪分别利用担任湖南省交通厅党组副书记、副厅长，党组书记、副厅长和矮寨大桥建设指挥部指挥长的职务便利，在湖南高速公路土建、绿化、供电、补勘工程及材料供应、保险业务等项目招投标、临长高速收费员小区电梯采购、湖南路桥建设集团公司香樟小区房建工程招投标等方面为相关单位或个人谋取利益，单独或伙同妻子周茜、胞妹陈明珍以及刘晓东、周湘政非法收受或索要他人财物共计折合人民币4941.9万余元，其中已实际收取钱物价值3493.9万余元，尚未收取人民币1448万元，另有美元1万元、港币4万元。同时，陈明宪的财产、支出明显超过其合法收入，差额达人民币1281.5余万元，陈明宪不能说明来源。经法院审理认定，陈明宪犯受贿罪和巨额财产来源不明罪，一审判处陈明宪死刑，缓期2年执行，剥夺政治权利终身，并处没收个人全部财产。（刘 扬）

【查办衡阳市城市规划局副局长欧黎明受贿案】 经湖南省检察院指定，株洲市检察院对欧黎明受贿案进行侦查并提起公诉。经查，2008—2014年，欧黎明利用担任湖南省衡阳市城市规划局党组副书记、副局长，主管规划执法、规划审批、主持规划项目会审会、执法案审会等职务便利，为他人在项目规划建设等方面谋取利益，收受他人送给的财物，共计折合人民币222.8万余元，其中索贿14.6万元。经法院审理，欧黎明犯受贿罪，判处有期徒刑11年，剥夺政治权利1年，并处没收财产10万元。（刘 扬）

法 院

【概况】 2015年，全市两级法院围绕“努力让人民群众在每一个司法案件中都感受到公平正义”目标，践行司法为民公正司法工作主题，积极投身“平安株洲”和“法治株洲”建设，为全面深化改革、打造株洲发展升级版依法提供了有力的司法保障与服务。全市法院共受理各类案件44791件，审执结38485件，同比上升53.02%和42.99%；其中中级人民法院受理各类案件6000件，审执结5412件，同比上升39.57%和33.43%。株洲市中级人民法院获评“2015年度在司法新闻宣传工作中做出突出成绩的人民法院”“全省文明单位”。炎陵县法院孟平山获评“全国模范法官”，中院刘蕾获评“全国法院先进个人”。（汪明卓）

【刑事审判】 坚持惩治犯罪与保障人权并重，坚持实体公正与程序公正并重，落实宽严相济的刑事政策，全市法院审结一审、二审刑事案件2661件。依法打击杀人、爆炸、抢劫、涉黑涉毒等严重影响人民群众生命财产安全的犯罪，提升公众安全感。醴陵市法院积极参与“扫黄毒、清火患、保畅通”百日整治行动和“两打三治”专项行动，促进“平安醴陵”建设。依法严惩生产销售伪劣商品、非法吸收公众存款、集资诈骗等破坏市场经济秩序的犯罪，营造公平竞争的市场环境。依法惩治贪污、贿赂等职务犯罪，审结省交通运输厅原党组书记、副厅长陈明宪受贿、巨额财产来源不明案等一批大案要案，促进反腐败斗争深入开展。积极参与社会管理综合治理，开展关爱未成年人和“6·26”国际禁毒日宣传活动，健全少年审判和犯罪预防工作机制，推动非监禁刑适用与社区矫正的有效对接。（汪明卓）

【民商事审判】 主动适应经济社会发展新常态，依法调处矛盾纠纷，平等保护各类市场主体的合法权益，全市法院审结一审、二审民事案件21204件。发挥司法保护知识产权的主导作用，审结知识产权案件102件，知识产权审判工作在全省法院知识产权暨涉外商事审判工作座谈会上作典型发言。注重司法审判工作与社会生活的融合，努力增强司法为民的实际效果。高度重视和依法审理房屋买卖、劳动争议等案件2767件，切实回应人民群众对住房、就业、劳动保障等问题的关切。注重弱势群体利益保护，妥善审理涉妇女、儿童、老年人案件4013件；依法维护农民权益，审结涉及农村土地承包经营权流转、宅基地纠纷、拖欠农民工工资等案件350件。（汪明卓）

【执行工作】 认真执行市人大《关于加强人民法院民事执行工作若干问题的决定》，切实加大执行力度，着力破解执行难题，全市法院共执结执行案件10734件。充分发挥司法查控信息系统的查控功能，共查控存款8380.85万元、车辆6578台、房屋3020套，土地使用权100宗，有力地促进了执行工作。落实“转变执行作风、规范执行行为”活动要求，积极推行失信被执行人名单制度，及时发布限制被执行人高消费令和关于对被执行人及财产实行悬赏举报奖励公告，将1008名失信被执行人的信息发布在《株洲日报》上，并在中心广场、长江广场室外电子屏上滚动播出；深入推进打击拒执犯罪、反规避执行、反消极执行、反干预执行“一打三反”专项行动以及“百日执行大会战”活动，全年司法拘留、处罚案件被执行人和协助执行人337人次，有4案4人因拒不执行判决、裁定罪被追究刑事责任，进一步强化了执行威慑力，维护了当事人的诉讼权益。（汪明卓）

【服务大局工作】 认真审理行政诉讼案件，努力化解行政争议，共审结行政诉讼案件1368件，执结非诉行政执行案件705件。大兴调研之风，继续开展“调查研究月”活动，院领导带队深入重点工程、重点企业和基层走访调研。认真开展征地拆迁和房屋征收非诉行政案件执行工作，指导和监督基层法院协调29件，司法强拆20件，全力保障重点工程建设。攸县法院加强国土资源保护，协助国土部门收回土地出让金1亿余元，成效显著。（汪明卓）

【涉诉信访】 严格落实立案登记制度改革要求，做到有案必立、有诉必理，进一步降低诉讼门槛、强化诉权保护，切实解决立案难问题。天元区法院返聘退休法官开展立案咨询、调解工作，尽力解决当事人反映的问题，得到省司法厅、信访局主要领导的高度评价。完善多元化纠纷解决机制，加强诉讼调解与非诉矛盾纠纷解决机制的联动对接，快捷化解纠纷，维护社会和谐。荷塘区法院建立即保、即调、即判的立案保全调解速裁机制并审结92件案件，平均审理周期仅为1.5天。切实加强诉讼服务中心建设，严格执行统一的工作流程、司法礼仪和服务规范，努力为人民群众参与各项诉讼活动提供文明、高效的服务。畅通信访渠道，坚持院长接访、驻京接劝访、带案下访和法官判后答疑相结合，中院共接待处理来信来访950余人次，引导人民群众理性表达诉求。（汪明卓）

【司法公开】 以开展“司法公正株洲行”活动为契机，不断完善司法公开的制度和举措，全面、充分、及时公开。依托“阳光司法”平台，及时发布审判执行信息4500余条。举办“法院开放日”活动、新闻发布会、庭审网络图文直播和视频直播45场次，发布原创微博2200余条。继续对拟减刑、假释的案件网上公示，对58件“三类罪犯”减刑、假释案件公开开庭审理，并邀请人大代表、政协委员旁听。认真落实裁判文书上网要求，发挥司法裁判宣传法律知识、引领社会风尚的功能，中院裁判文书上网率达100%。推进执行指挥中心建设，中院和攸县法院、荷塘区法院、芦淞区法院、醴陵市法院、茶陵县法院、株洲县法院已完成执行指挥中心建设，其他基层法院正在稳步推进中，进一步推动了执行公开，提高了执行实效。（汪明卓）

【便民诉讼】 加强诉讼指导和提示，通过发放便民手册、设立POS机等便民方式，最大限度为群众参与诉讼提供服务。大力开展巡回审判，各基层法院人民法庭通过进村入户巡回审理案件1640件，进一步方便了人民群众诉讼。落实司法救助，认真执行刑事被害人、申请执行人以及涉诉信访救助资金制度，继续对劳动争议及追索抚育费、抚养费和赡养费等案件免收诉讼费，全年为经济困难的其他案件当事人依法缓、减、免交诉讼费498.5万元，体现司法的人文关怀。积极开展“一进二访”活动，认真部署和落实扶贫帮扶工作要求。深化“大走访”活动，通过开展法律咨询、发放宣传资料、以案说法等方式，深入开展法治宣传，提高人民群众的法制意识，促进依法维权。石峰区法院拍摄微电影《獬豸》并在腾讯网播出，社会效果良好。（汪明卓）

司法行政

【概况】 株洲市司法局下辖直属副处级二级机构2个，即：市强制隔离戒毒所、市国信公证处。机关内设科级机构11个，行政编制58名，事业编制16名，有在岗人员58人；市强戒所行政编制115名，有在岗干警职工98人；市公证处事业编制25名，有在岗人员24人；全市县市区司法局9个；律师事务所32个，执业律师574人；司法鉴定所19个，司法鉴定人员228人；基层法律服务所36个，基层法律服务工作者236人；人民调解组织2207个，人民调解员7922人。

2015年，全市司法行政系统紧紧围绕全市发展大局，依法履职履责，为促进全市发展转型升级，营造和谐稳定的社会环境、公平正义的法治环境做出了积极贡献。

普法依法治理创新推进。一是着力打造法治宣传新平台。不断创新普法手段，广泛运用新媒体技术，普法形式更加多样。在电视台开播“律师说法”“和事佬”栏目，在株洲新闻网开通普法专栏，按要求启动“法治株洲”微信平台和“民生100工程”神农法治主题公园建设。株洲市首部法治微电影《獬豸》和法治动漫作品《清欠》等，均取得了很好的宣传效果。二是着力构建社会普法新格局。突出抓好重点对象普法。加强领导干部学法用法，注重培育公务员的法治思维。采取“点菜式”法治讲座、党校专题法治培训等形式，突出学用结合、以考促学。加强学生普法教育，注重培育青少年的法治习惯。继续推广法制副校长、青少年“模拟法庭”、大学生“法制乐园”、大学生“法律服务志愿者”等叫得响的品牌，努力实现普法教育的全覆盖。加强社会法治宣传，注重培育市民的法治信仰。先后组织“送法下乡”、农村法治宣传教育月、“法治人物”推选等活动，现场解答法律咨询、发放宣传材料，提升市民法律知晓度。三是着力促进依法治理新发展。深入开展“民主法治示范村(社区)”“法治乡镇(街道)”“平安乡镇”等基层法治创建活动，不断加强基层民主政治建设。积极开展专项依法治理活动。围绕党委、政府和人民群众关心的社会热点难点问题，有针对性地开展维护农民工合法权益、环境保护、校园周边环境整治等专项依法治理活动。9月15日，《湖南日报》专版刊登《法治建设助跑“动力之都”》，全面推介法治株洲建设的经验做法。9月18日，省委“六五”普法验收工作组到株洲检查，高度评价株洲在法治宣传和法治建设方面的做法和经验。

法律服务品质明显提升。着力打造公共法律服务平台。按照十八届四中全会关于推进覆盖城乡的公共法律服务体系建设的要求，“民生100工程”市公共法律服务平台已完成立项、财评、评审工作。炎陵县公共法律服务实体平台已完成建设并通过省厅验收。株洲县公共法律服务中心已建成。不断提升法律援助工作水平。部署开展“法律援助进社区”活动，进一步降低受理标准，简化程序，扩大范围，加强监督，办案数量和办案质量实现新突破。全年办理法律援助案件2616件，完成年度任务的130.8%，超额完成“民生100工程”工作任务。大力拓展法律服务领域。认真组织实施《株洲市重大项目法律服务试行办法》，发挥法律服务机构专业优势，为全市经济社会发展提供优质服务。2015年度司法考试工作圆满完成，报考人数达862人。2015年，全市32家律师事务所，461名律师担任法律顾问1034家，代理各类案件3878件，办理非诉讼事务635件，咨询和代写法律文书8641件。全市6家公证处办理各类公证事项16096件。全市19家司法鉴定所办理各类司法鉴定事项7164件，采信率达98%以上。全市36家基层法律服务所、236名基层法律服务工作者担任各类法律顾问425家，代理诉讼和非诉讼案件899件。

矛盾纠纷调解积极有为。扎实开展专项调研活动。深入开展“三调联动化矛盾，息诉息访促平安”专项调解活动，切实抓好涉法涉诉和基层矛盾纠纷排查化解，做到“小事不出村居、大事不出乡镇、矛盾不上交”，达到了无一起纠纷激化、无一起因此引发的上访事件、无一起投诉的“三无”效果。全年调处矛盾纠纷13603起，成功调解13562件，成功率达99.7%；防止民转刑54起、群体上访173起、群体性械斗54起，有力促进了社会和谐稳定。不断完善三调联动机制。积极筹建全市“预防和化解社会矛盾纠纷协调指挥中心”，确保各项工作“联得起，推得动”。7月，召开“环株6+1”边界矛盾纠纷联防联调工作会议，促进调解工作信息联网共享，边界联防联调工作整体深入推进。全市专业性、行业性人民调解工作进一步发展壮大，“和事佬”调解委员会、物流纠纷调解委员会先后挂牌成立，温州商会人民调解委员会的经验做法被《瞭望》周刊报道。逐步加强基层工作保障。天元区率先落实人民调解经费“以奖代补”办法和政府购买服务聘请专职调解员政策。司法所缺编少人、经费短缺问题逐步解决，基层工作活力明显增强。

特殊人群管理切实规范。社区矫正管控逐步规范化。完善联席会议制度和各部门衔接配合机制，工作合力明显增强。加强社区服刑人员的日常教育和心理矫治，全年未发生矫正对象重大重新违法犯罪现象。按照“民生100工程”的要求，积极推进4个县区的社区矫正中心建设，炎陵县、茶陵县、株洲县、芦淞区完成建设并投入使用。截至2015年年底，全市累计接收社区矫正人员7383人，在册2378人，未发生社区服刑人员重大重新违法犯罪。安置帮教服务趋于社会化。加强衔接管控，规范信息管理，深入开展“三帮一促”活动和“情暖高墙、关爱孩子”联合帮扶活动，有效加强了对刑满释放人员和解除矫正人员的帮教管理。2015年年底，全市在册刑释解矫人员9228人，其中刑满释放人员4606人、解除矫正4622人，安置率90%以上，帮教率100%，重新违法犯罪率控制在3%以内。戒毒矫治工作更加有序化。针对戒毒人员既是违法者又是受害者和特殊病人的特点，树立科学戒毒、综合矫治、关怀救助理念，努力提高戒断率、降低复吸率。戒毒场所持续安全稳定，并探索建立强制隔离戒毒和戒毒康复、社区戒毒的“无缝衔接”机制。至2015年年底，市强戒所收治在所558人。6月29日，株洲市芦淞区董家塅街道社区戒毒（康复）工作站暨社区戒毒（康复）指导站揭牌成立，标志着戒毒、戒毒工作进入一个新的阶段。

人民监督员制度改革试点工作取得阶段性成果。作为全省人民监督员选任管理改革工作唯一试点市州，株洲市司法局以“大胆改革、力求突破、试出成效、提供借鉴”16字工作目标为导向，通过主动汇报争取，多方协调沟通，取得了市委、市政府和省司法厅的高度重视和大力支持，建立与市人民检察院、财政、编办等部门的沟通协调机制，与市人民检察院联合印发《株洲市人民监督员选任管理方式改革试点工作方案》。10月11日，召开人民监督员宣誓仪式暨初任培训会议，并向人民监督员颁发选任证书，选任的80名人民监督员具有广泛的代表性，正式启动了改革试点后的人民监督员工作。（喻心仪）

【株洲市2015年度司法行政工作会议召开】 3月13日，株洲市2015年度司法行政工作会议召开，会议全面总结2014年工作成绩，安排部署2015年司法行政系统工作任务。市委常委、市委政法委书记谢清纯，市政府副秘书长洪卫出席会议。会议要求全市司法行政系统工作人员，要认真贯彻四中全会精神，增强推进依法治市的责任感和使命感，积极发挥职能作用，争当法治株洲建设的先行者和主力军，打造一支奋发有为的法治工作队伍。（喻心仪）

【株洲市在全省率先启动人民监督员选任管理方式改革试点工作】 4月16日，湖南省人民检察院、湖南省司法厅《关于转发最高人民检察院司法部关于印发〈深化人民监督员制度改革方案的通知〉的通知》（湘检发〔2015〕9号），正式将株洲市定为人民监督员选任管理方式改革试点工作的全省唯一试点市州。株洲市于5月份正式启动人民监督员选任管理方式改革试点工作，以“大胆改革、力求突破、试出成效、提供借鉴”16字工作目标为导向，积极推进改革试点相关工作，市司法局与市人民检察院联合印发《株洲市人民监督员选任管理方式改革试点工作方案》，选任80名具有广泛代表性的人民监督员，改革试点工作取得阶段性成果。

（喻心仪）

【炎陵县成立株洲市首个县级涉军法律援助工作站】 6月5日，炎陵县举行涉军法律援助工作站挂牌仪式，这标志着株洲市首个县级涉军法律援助工作站正式成立。炎陵县涉军法律援助工作站设在炎陵县法律援助中心，由炎陵县人武部和司法局共同管理，工作站建立涉军案件登记和来信来访登记制，专门安排人员为部队和军人军属提供优质高效的法律服务。

（喻心仪）

【环株“6+1”边界矛盾纠纷联防联调工作座谈会在醴陵召开】 7月30日，环株“6+1”边界矛盾纠纷联防联调工作座谈会在醴陵市召开，湖南省司法厅基层处副处长刘委东，株洲市司法局党组书记、局长张格林，江西省萍乡市司法局党组书记、局长胡自国，醴陵市委副书记、市长康月林，环株边界县市区13个司法局分管基层工作有关领导以及媒体记者共30余人参加会议。会议形成了推进环株“6+1”边界矛盾纠纷联防联调工作的新思路，成立了环株边界矛盾纠纷联防联调工作协调委员会，确定了边界矛盾纠纷联防联调工作协调委员会的主要职责，明确了开展边界矛盾纠纷联防联调工作的基本要求，推动了边界联防联调新理念不断创新。（喻心仪）

【株洲市顺利通过省委“六五”普法检查验收】 9月18日，省委组织部副厅级纪检员梁平，省司法厅党组副书记、副厅长黄春阳等领导一行到株洲检查验收“六五”普法工作。验收组先后深入市国税局石峰分局、株洲千金药业股份有限公司、市交通局、株洲县交警大队及松西子社区5个迎检点，实地检查株洲市“六五”普法工作开展情况，并召开座谈会，听取株洲“六五”普法工作汇报，反馈检查验收意见。验收组从领导重视，机制健全；围绕中心，亮点突出；普治并举，推进有序三个方面高度评价了株洲普法工作所取得的成绩，充分肯定株洲在依法治市方面的做法与经验。

（喻心仪）

【株洲市律师协会高校毕业生就业见习基地运行】 依托于市直19家律师事务所，株洲市律师协会于2015年8月获批为“株洲市高校毕业生就业见习基地”。见习基地每年为取得律师实习证且两年内未就业的高校毕业生提供约40个就业见习岗位。9月6日，市律协已与第一批符合申报条件的25名实习律师签订了就业见习协议。就业见习基地的运行，为青年律师打造了成长新平台，为法治株洲建设提供了强有力的人才保障。（喻心仪）

【株洲市2015年度国家司法考试首次启用“人脸识别系统”】 9月19—20日，株洲市2015年度国家司法考试在建宁实验中学举行，报名人数862人，实际参考人数701人，参考率81.32%。2015年，株洲市司法考试首次启用“人脸识别系统”，考点实行考生“裸考”制度，杜绝了考生使用假准考证、假身份证入场，杜绝“枪手”替考现象的发生，保证司法考试的公平有序。（喻心仪）

【全市首个公共法律服务中心在炎陵县建成】 10月，株洲市首个公共法律服务实体平台——炎陵县司法局筹建的公共法律服务中心建成并投入使用。公共法律服务中心设有接待柜台区、等候休息区、公证服务区、法律咨询区、人民调解区、法治宣传教育区、资料档案区七大功能区域，实现了法律咨询、公证、法律援助、人民调解、司法鉴定、基层法律服务等事项的一体化服务，旨在为人民群众提供优质、高效的“一站式”法律服务。

（喻心仪）

【株洲市举行“12·4”国家宪法日暨“法润三湘”公共法律服务志愿者活动启动仪式】 12月4日，株洲市在神农广场隆重举行国家宪法日暨“法润三湘”公共法律服务志愿者活动启动仪式。市委政法委书记蔡溪，市人大常委会副主任刘柏生，市人民政府副市长李晓葵出席活动。司法行政人员、国家机关工作人员、大学生，以及市民等近千人进行了诵读宪法活动。法治株洲建设成员单位在炎帝广场布置参观展板和咨询台，进行法治宣传，提供法律咨询，全市“法润三湘”公共法律服务志愿者活动也随之启动。据统计，现场共计发放宪法单行本2000余册，其他各类宣传资料10000余份。（喻心仪）

【株洲市4个社区矫正中心全部建成】 12月28日，株洲市举行“加强社区

矫正 维护社会稳定”新闻发布会。根据《株洲市县市区社区矫正中心建设方案》和省司法厅部署，株洲市炎陵县、茶陵县、株洲县、芦淞区列入全省首批社区矫正中心建设规划，已全部建成并通过验收，年底投用。集社区服刑人员刑罚执行、监督管理、教育矫正、社会适应性帮扶为一体的综合性工作平台——社区矫正中心的建成，对健全完善社区矫正工作制度、规范社区矫正工作流程具有重要意义。

（喻心仪）

湖南省茶陵监狱

【概况】 2015年，茶陵监狱改造秩序持续安全稳定。监管基础设施和物防技防水平得到提升，完成围墙、电网、监控、AB门卫、周界报警、消防等9个项目建设。加强罪犯行为规范养成教育和考核奖惩，建立狱政管理、刑罚执行、生活卫生、监区等共管罪犯紧急就医、外出送诊、保外就医等管理责任机制，有效预防罪犯自杀事故发生，病亡率持续下降。完善防脱逃、防哄监闹事、防袭警伤害等突发情况应急预案，与茶陵公安局、驻狱武警开展了一次大型联合防逃演练，突发事件应急处置能力得到提升。

教育改造不断深化。投入20多万元建成视频网络教学系统，开展爱国敬业诚信友善为主题的社会主义核心价值观教育，并开展教学观摩、教师培训、教学比武活动，罪犯思想教育、文化教育、技术教育水平、职业技能培训进一步提高。同时以深化“在希望中改造、在快乐中劳动”活动为契机持续加大社会帮教、监区文化、心理咨询、个别转化、玩危攻坚等工作力度，开展教育转化工作。“情暖高墙关爱孩子”活动得到服刑人员家属和社会各界点赞表扬，监狱领导带队先后走访慰问7名特困服刑人员家属，发放困难帮扶款10万多元，促使服刑人员安心改造。

公正文明执法进一步规范。全年呈报减刑假释案件4批1031件，裁定3批，裁定率94.4%、95.2%，假释文书交付率100%。办理暂予监外执行4人，与地方社区矫正机构的对接畅通。呈报特赦5人，2人获得法院裁定释放。加强执法执纪考核评估，执法办案质量进一步提升。推进劳动改造规范化、制度化，优化劳动考核，加强劳动改造执法，营造公平公正劳动改造环境，开展罪犯劳动改造能手评选和劳动改造竞赛，提高劳动报酬发放标准，发挥劳动报酬激励作用，加强罪犯劳动保护，落实511劳动时间，规范6S管理，劳动改造持续规范。

（唐 建 谭军明）

综合经济与管理

发展和改革

【概况】 2015年机构改革，原市物价局职责划入市发改委，市发改委对外可使用市物价局名称开展工作；市园区管理办公室的职责划入市发改委；原市人口和计划生育委员会的研究拟订人口中长期发展规划和年度计划职责划入市发展和改革委员会；市经济技术协作中心（市援藏和对口支援办公室）的援藏和对口支援职责划入市发改委；成立市公共资源交易管理委员会，办公室日常工作由市发改委承担；市重大项目前期工作办公室、市铁路建设工作办公室、市重点建设工程管理办公室的职责整合，组建市重点建设项目办公室。机构改革后共有21个内设机构：办公室（市援藏和对口支援办公室）、人事教育科、财务科、发展规划科、法规科（市公共资源交易管理委员会办公室）、国民经济综合和运行调节科、经济体制综合改革科、固定资产投资科（利用外资和境外投资科）、行政审批科、农村经济科、工业与高技术产业科、园区发展科（地区经济科）、财政金融贸易与服务业科、资源环境科、社会发展科、能源与基础产业科、重大项目稽查特派员办公室、价格调控科、收费管理科、服务价格管理科、商品价格管理科；3个行政机构：市国民经济动员办公室（市国防动员委员会装备动员办公室）、市价格监督检查局、市价格成本调查队（市价格监测中心）；5个所属事业单位：市重点建设项目办公室、市经济研究信息中心、市政府投资项目代建管理办公室、市价格认证中心、市价格调节基金征管办公室。其中市重点建设项目办公室和市经济研究信息中心为副处级事业单位。现有编制人员152人。

2015年，株洲市发改委紧扣全市工作重点，积极开展经济运行调度，认真当好市委、市政府的决策助手，争资引项先锋，项目建设推手，经济体制改革主导，价格监管服务主力，扎实推进各项工作，确保全市经济社会稳步发展，呈现总体平稳、稳中有进的良好态势。

抓项目，着力扩大投资。“项目攻坚年”扎实推进。通过创新模式、严格责任，加快推进项目落地、开工、竣工，并进行全程督查、定期通报、及时交办、适时问责，项目建设卓有成效。全年全市固定资产投资同比增长18.7%，全市重点项目完成投资466.2亿元。争资引项成效显著。向上级争取资金，全年共争取中央和省级预算内资金9.8亿元；积极申报国家专项基金，前四批共争取项目基金38亿元，到位34.33亿元，占全省比重9.2%，居全省第三。债券融资再创新高。在国家严格控制平台公司债券申报的大背景下，及时关注对接政策，积极创新债券申报。全年共获批四支企业债券58亿元，居全省第2位，创年度历史新高。

抓参谋，着力服务大局。扎实推进“十三五”规划编制工作。积极开展宏观发展大势研究，多途径、多方式加强与国家、省衔接，认真分析株洲经济社会发展在新常态下的阶段性特征，科学编制《株洲市国民经济和社会发展“十三五”规划基本思路》和《“十三五”规划纲要》。全市十三五规划《纲要》正在修改完善。及时开展全市经济形势分析。主动加强全市经济运行态势监测，每月进行全市经济形势分析，提出有效意见建议，形成分析材料。年末所有干部职工深入各县市区、各部门、各企业开展覆盖全市的大调研，全面分析全市年度经济态势走势，提出2016年经济社会发展初步思路。积极研究对接国家和省重大政策。对国家、省出台的稳增长、促发展系列政策及时反应，研究出台符合株洲市市情的相关政策措施。其中，稳增长方面，代政府拟定《关于进一步稳增长促发展的若干措施》，得到中央、省领导的重视，同时株洲市被国务院列为受表扬的落实有关政策措施成效较明显的20个地市之一，首次荣获国务院表彰“稳增长”先进单位。

抓园区，着力加快转型升级。大力推进园区“146”工程建设。牵头制定《创新创业园区“146”工程实施方案》，争取4批共计7256万元的省专项建设资金，有效促进了园区发展。全年建成标准厂房264万平方米，为企业“拎包入驻”提供便利条件。续建项目建成面积214.6万平方米；引进项目100个，企业110家（其中77家为市外引进企业）。合同引资273.1亿元。着力促进产业园区升级。成功争取轨道交通装备特色产业园、航空航天特色产业园、新型陶瓷材料特色产业园、复合新材料特色产业园等4个省级特色产业园。积极开展国家级经济技术开发区申报前期工作和长江经济带国家级转型升级示范开发区创建工作。

抓改革开放，着力增强发展活力。深入推进经济体制改革。积极对接国家和省改革工作，加强协调，代拟《株洲市2015年"改革创新年"活动实施方案》，明确十大改革攻坚重点，同时建立分工负责、分类实施和督促落实制度。推进行政审批制度改革，加快简政放权，取消或暂停前置中介服务12项、行政审批事项7项，取消4个专家评审环节，调整或合并审批程序13处，精简各类受理资料65项，向各县市区下放29项市级经济社会管理权限。投融资体制、价格机制、公共资源交易平台建设等稳步推进。加快推进湘赣区域合作发展。经过积极争取，湘赣边界合作示范区成功列入《长江中游城市群发展规划》当中，并积极开展与江西萍乡的区域开放合作。新型城镇化试点有序推进。编制《株洲市推进国家新型城镇化综合试点工作方案》，确定株洲市新型城镇化的发展目标，细化责任分解，各项试点工作有序推进。在国家新型城镇化综合试点工作经验交流会上，市长毛腾飞就株洲市通过设立新型城镇化建设基金，推行多元投融资格局工作做经验介绍。

抓价格调控，着力服务民生。认真做好价格监测、成本监审和价格认证工作。完成340多种商品和服务价格监测以及10项成本监审工作，核减不合理成本费用6000多万元。全年共办理价格鉴定、价格认证、价格认定业务136件，价格鉴证总金额2.85亿元，为市财政增收1400多万元。不断规范行政事业性收费。对全市行政事业性收费目录进行清理，编制《株洲市行政事业性收费项目清单》和《株洲市涉企行政事业性收费项目清单》，并及时在网上进行公示。下放生猪屠宰服务费审批权限至各县市，切实加强收费审核工作。继续加强价格管理。规范全市二类及以上公立医院和部分非公立医院的医药价格日常管理及医药费用监测工作。修订出台《株洲市城区物业服务收费实施意见》。全面实施居民生活阶梯水价、阶梯气价，调整株洲市城区出租车运价。下调非居民用气价格、工商业用电价格，直接为工商用户减轻用气负担1500万元、电费负担7900万元。扎实抓好价格监管。依法开展涉农、涉企、教育、医疗、节日市场监管以及执法、监管、公共服务等窗口行业和领域等价格和收费专项检查。积极对接全国价格举报信息管理平台，畅通群众利益诉求渠道，全年共接听来电3818个，正式受理投诉、举报件40件，市长热线（信箱）180件，办结率100%。（朱军霖）

统　计

【概况】 株洲市统计局有人员编制70个，在职62人，内设10个行政科室（办公室、人事教育科、政策法规科、工业和科学技术统计科、第三产业统计科、社会事业统计科、投资统计科、环境和能源统计科、农村统计科、综研核算和设计管理科），两个科级事业单位（计算站、经济考核评价办公室），管理普查中心（副处级）和经济社会调查中心两个二级机构。

2015年，全市统计系统围绕市委、市政府的中心工作，积极推进和深化统计改革，提升统计数据质量和服务效果，加强统计基层基础建设，统计法治建设和统计队伍建设，各项工作取得良好成绩：成功跻身省级文明单位行列；荣获第三次经济普查全国先进集体；获评省统计工作先进单位，28项业务工作中有25项进入全省先进行列；首次荣获市"三八"红旗集体；在全市学习新修订的《中国共产党廉洁自律准则》和《中国共产党纪律处分条例》知识电视抢答赛中获得第一名。年内《中国信息报》先后两次以《文明韵统计 扬帆新征程》《科学把脉 精准服务》为题刊载株洲市推进文明统计、科学统计、服务发展的创新做法。全年统计系统上下协同为株洲市获国务院"稳增长"督查表扬提供了有力的统计服务。

积极服务发展大局。一是加强形势研判。创新性建立和完善每月数据跟踪制度，健全经济发展监测协调机制，按月组织经济形势分析会，充分发挥全市统计工作协调委员会的作用；建立产业运行监测体系，设立相关行业的经济专家库，启动近百家重点企业监测，不定期召开各行业发展形势调研座谈会、专家论坛、学术节等；完善信息快速反馈机制，搭建起各类数据库、信息库、资料库、专家库，开设书记市长直通车直呈经济运行态势信息。二是重视考核服务。市县两级都加强了全面建成小康社会监测、民生实事和绩效考核评估等考核评价工作，积极开展"十二五"成就回顾和"十三五"规划指标体系前期研究，市局提交的课题报告荣获全市一等奖，在全面建成小康社会推进工作中荣获市直部门第一名。三是做好统计发布。与株洲电视台、《株洲日报》《株洲晚报》、株洲信息网等媒体联合，规范季度经济形势新闻发布会制度、县市区月度主要经济指标通报制度和"十强""十大"发布活动。在株洲政府网、株洲统计信息网及时公布统计数据和信息，为社会公众提供了大量数据服务。四是提高统计产品质量。全年为统计用户编印《领导专报》《统计月报》《统计年鉴》等12种统计产品；为重点企业开发符合其个性需求的各行业《季刊》《月卡》，特别编印《实用工业企业统计工作手册》等，获得良好反响。市县两级累计撰写各类统计分析报告424篇，被《中国信息报》、国家及省统计信息网、各级党委政府两办及其他媒介采用270多篇次，各级领导批示百余篇。

周密组织调查监测。一是开展常规调查。推进统计改革，改进统计方式，提高统计质量，农业、工业、能源、建筑业、房地产、服务业、投资、贸易、人口、就业、劳动力、劳动工资、社会科技、文化产业、开发区、基本单位等统计调查都做到全面、及时、准确上报，并实现了科学核算 GDP 和能源消费总量，特别是全市 4000 多家联网直报单位，实现了上报、直报、验收、审核四率均达到 100%，为全市经济社会发展争先进位做出积极服务。二是精心组织重大普查。为做好全国 1% 人口抽样调查，全市共投入 320 万元，圆满完成各节点工作，在全省率先优质高效完成数据采集和上报任务。全国第三次经济普查圆满收官，认真进行总结表彰，发布普查公报，编印和开发《株洲市经济普查数据集》等一系列统计产品；作为市州唯一中标的省三经普重点课题，已按期结题并荣获二等奖。启动全国第三次农业普查各项准备工作，市政府已下发《关于做好第三次全国农业普查工作的通知》，普查方案设计前期调研、组织经费预算编制和业务培训等前期工作有条不紊地开展。三是创新开展专项调查。围绕全市重点产业、支柱产业发展状况，组织开展文化体育产业、健康养生产业、轨道交通产业等多个专项调查，形成的调查结果获得市委、市政府及相关部门的充分肯定。其中《关于株洲市轨道交通装备产业配套发展的几点思考》荣获市政协优秀调研报告一等奖；《“火车头精神”引领株洲新型工业化进程》被国家统计信息网采用。四是搞好民意调查。相继开展社会管理综合治理模拟民调、县市区委书记抓基层党建满意度、公共自行车用户满意度、“数据通”公众满意度、民生满意度、国家安全感、“十二五”时期宣传思想文化工作评价等 9 项民意调查工作，为各级各有关部门掌握社情民意、进行科学决策提供有效参考。《2015 年株洲市社会管理综合治理民意调查报告》《株洲市民生问题调研报告》等多篇民调报告得到市委、市政府主要领导和多位其他市领导批示。

深入推进课题研究。一是拓宽调研领域。全年确立了服务业发展研究、株洲产业发展经验及教训研究两个重大课题，并安排全市就业现状及潜力研究、企业法人发展现状研究、市州经济综合实力研究等十几个研究课题，为全市经济转型升级发展作出积极贡献。二是创新调研方式。推动程序合规。局内所有课题全部采取公开招投标方式立项，被财政局招投标办评价为全市第一家；突出横向交流，以课题为导向，先后派出多个课题调研组，远赴浙江、江苏、湖北、贵州、广西、广东等 6 省 11 市开展广泛调研和交流。探索联合调研。首次采取与省社科院合作的方式，对株洲市重点工业行业优化发展进行深入研究。三是重视发挥研究成果作用。全年 20 余篇课题调研报告获得省、市奖励及市委、市政府主要领导批示，数量、质量均创新高。其中，《株洲市产业振兴统计指标体系研究》被省统计局列为 A 类立项课题，荣获全市社科优秀课题；《株洲服务业发展研究》《各市州经济综合实力的实证分析》《株洲市企业法人发展研究》等多个课题研究成果得到了市主要领导的批示肯定。

大力创新双基建设。召开全市统计基础工作会议，出台《关于进一步加强统计基础工作的意见》，边探索，边推进。一是推进建好“三网”。力推数据采集网覆盖全部法人单位，统计管理网覆盖全部部门、信息技术网覆盖全市统计部位。二是建设“四支队伍”。在市一级统计工作层面形成专业素质较高的统计分析、调查服务、课题研究、统计执法等四支队伍。三是配齐“五员”。推动各社区（村）、联网查报单位、行业管理部门、街道（乡镇）和园区设立统计员（主办统计员），县市区统计局配备统计巡查员，市统计局配备统计稽查员。四是落实“六个工作机制”。市局形成全口径业务职能机制，推行月度预安销号工作机制，创建基层统计清单制度，落实学习交流机制，推进教育培训机制，创新人才储备机制。五是营造统计法制环境。强化市、县两级统计执法职能，市局政策法规科加挂统计稽查科牌子，配备 8 名骨干，形成规格最高、规模最大、人数最多的科室。新建了人员分片联系和责任包干的执法工作机制，多次组织开展县区乡镇巡查、企业检查、项目核查，全年清理 164 家达不到“四上”标准的企业退库，执法检查 324 家统计基本单位，查处统计违法案件 18 件，网上通报曝光 6 件，同时将上年统计违法举报案件移送纪检部门处理。（阙宏升）

【开展 1% 人口抽样调查工作】 9 月 22 — 23 日，株洲市 1% 人口抽样调查现场会议在株洲县召开。市局人口就业与社会科技统计科、计算站及各县市区业务骨干 40 余人参加会议。会上全面部署调查宣传、业务培训、整理编制村级抽样框和入户登记等工作。本次 1% 人口抽样调查工作涉及全市 10 个县市区、107 个乡镇（街道）、181 个调查小区，调查样本达到 4 万人，共选聘“两员”379 人。（阙宏升）

【首次开展文化体育产业调查工作】 为认真贯彻落实十八大提出的“文化强国”战略和国务院《关于加快发展体育产业促进体育消费的若干意见》以及株洲市人民政府《关于加快文化产业发展的若干意见》，全面、准确掌握全市文化体育产业发展的规模、结构、布局等各方面的发展特征，进一步促进全市文化体育产业发展，株洲市统计局在全市开展一次文化体育产业全面调查工作，并专门印发《关于开展全市文化体育产业调查工作的通知》，这在株洲统计史上尚属首次。调查的对象为全市所有与文化、体育及相关产业的生产经营和服务活动相关的各类法人单位、产业活动单位及个体经营户。调查内容包括各单位的基本情况、生产经营场地面积、从业人员、资产及生产经营财务状况、非企业单位经营支出情况、个体经营户从业人员及经营情况等。调查时间为2013年至2015年9月30日。调查采取全面调查与抽样调查相结合的方式进行，即各类法人单位和产业活动单位实行全面调查，个体经营户按一定比例进行抽样调查。（阙宏丹）

【建立工业经济运行监测分析专家库】为了及时准确预判全市工业经济形势，为市委市政府科学决策提供参考依据，株洲市统计局在全省率先建立工业经济运行监测分析专家库。专家库成员由市政府办、发改、经信、税务、交通、电力、统计等部门负责人和有关工业企业高管等100人组成。市统计局给每一位专家颁发资格证书，不定期组织召开工业经济形势分析联席会、专家论坛及年会等，年底表彰了一批高质量的专家论文和优秀专家。《中国信息报》统计导刊全文刊发《科学把脉 精准服务——株洲工业经济运行分析专家库见闻录》一文，全面报道株洲工业经济运行分析专家库这一创新举措。（阙宏丹）

【创新服务业统计】 株洲市政府下发《关于进一步加强和完善服务业统计工作的通知》，全面加强限上批发零售业、住宿餐饮业、房地产业、规上服务业统计以及限下批发零售业、住宿餐饮业抽样调查制度，并决定创新实施规下服务业抽样调查制度。株洲市统计局广泛开展调研，全面管理运输仓储邮政业、金融业部门统计工作，形成第三产业全行业、全口径、全领域统计制度体系。（阙宏丹）

【株洲市在全市乡镇街道办事处及村建立统计清单制度】 为进一步加强乡镇（街道）和村（社区）两级统计基础建设，株洲市统计局发文《关于在全市乡镇街道办事处及村（社区）建立统计“清单”制度的通知》。一是建立工作清单。文件要求各乡镇街道办事处统计站和村（社区）必须建立统计工作清单，以确保统计员更快、更全面明确其工作职责和基本要求。工作清单内容包括报表任务、建立健全统计基础工作、印制“数据卡片”、撰写统计分析、普查和调查工作、统计法制工作和其他统计工作等。二是建立资料清单。要求各乡镇街道办事处统计站和村（社区）必须建立统计资料清单，及时对统计资料进行整理归档。资料清单包括文件和制度、单位名录、历年来的基层报表、纸介质台账和其他资料等内容。三是建立设备清单。要求各乡镇街道办事处统计站必须将电脑、打印机、传真机、空调等设备及使用情况登记在册，并确保设备作统计专用。（阙宏丹）

【株洲市统计开放日首次走进社区】9月23日上午，株洲市统计局、国家统计局株洲调查队联合在石峰区田心街道南峰社区开展“第六届中国统计开放日”宣传活动，并现场开展了民生满意度调查。活动以“依法统计、服务民生”为主题，旨在进一步宣传统计，加强公众对统计的了解和支持，提高统计服务水平。活动拉近了统计与民众的距离，为民众走进统计、了解统计提供了良好的平台，真正体现了统计服务民生这一主题。（阙宏丹）

统计调查

【概况】 作为国家统计局垂直管理的政府统计机构，株洲调查队围绕经济社会发展大局，提高统计调查数据质量，提升统计调查服务水平，较好地完成了全年工作任务。在全省调查系统2015年度综合考核中排名第二，16项业务考核评比有14项获奖。

常规调查工作高质完成。2015年，株洲调查队按照国家统计局、省总队的制度要求，结合实际在工作方法上进行积极探索，推进城乡住户调查、CPI调查、粮食产量监测等16项常规抽样调查工作，按要求提供城乡居民收入、CPI、PPI等常规统计调查数据。同时，通过健全工作制度，维护调查网点，狠抓数据来源，严格数据审核，强化业务培训，定期考核督查，加强统计执法等措施，确保调查工作的按期完成和调查数据的真实准确。

专项调查测评圆满完成。根据省总队的统一部署，组织完成2015年国有企业反腐倡廉和党风廉政建设满意度调查。积极选派业务骨干参加全国文明城市测评、湖南省绩效评估民意调查、湖南省城市文明程度指数测评等。组织开展2015年株洲市绩效考核民意调查，调查涉及全市各级党政机关单位、大中小型企业、街道乡镇、服务窗口、城乡居民等3万多个样本，及时为市委、市政府提供了全市85个市直部门、9个县市区和云龙示范区、12个市管学校、7个直公立医院、7个国资平台公司的公众评价信息，为市委、市政府开展绩效考核提供了民意参考。组织实施株洲市文明城市模拟测评调查和未成年人思想道德建设工作测评，为城市4区、云龙示范区以及10个专业组的考核排名提供依据，及时反映文明城市建设工作进展。

重点调查工作得到认可。完成小微企业税收减免调查。小微企业税收减免政策落实情况调查是国家统计局和省总队部署的一项重点难点工作，株洲调查队召开专题会议进行研究部署，成立调查工作组，指定责任科室，明确职责分工；以国家统计局《小微企业税收减免政策落实情况调查制度》为依据，发挥国税、地税、银行等部门联动合力，上门面对面调查，确保了调查工作的按期完成和调查数据的真实准确。完成农民工市民化动态监测调查。此项调查范围广，难度大，调查内容包括全市334个居委会的核实、10个小区所有建筑物的清查、150个样本量573个调查指标的搜集。株洲调查队创新方式，采取督导员、联络员、调查员“1+1+2”联动工作机制，两次召开工作布置会和业务培训会进行集中部署和培训，加强调查现场跟踪督查和责任追究，规范调查行为。

参谋服务作用充分发挥。为使数据指标真实反映全市经济社会发展现状，株洲调查队加强居民可支配收入、消费价格指数等重点数据的动态监测，对有特殊情况和异常变动数据深入挖掘、开展专题分析，充分发挥统计调查数据预警功能。每月开展一次信息要点专题研讨，每季开展主要经济指标走势分析，不定期组织召开热点要点座谈会，准确研判经济运行态势。全年共完成株洲调查46篇，调查快讯11篇，重要信息50篇。统计分析文章质量不断提高，有的被中央、省、市各级领导批示，有的被国家局、省总队、省办、《株洲信息》采用。在湖南调查队系统重要信息采用得分考核中排名第一；在全市信息工作中质量系数得分在中直单位中排名靠前。

（周　虎）

审　计

【概况】　2015年，株洲市审计局人员编制83人，有在职人员64人。设有办公室、人事教育科、审计技术科等15个职能科（室），及株洲市国家投资审计处1个二级机构，并按规定和章程设立机关党委、纪检监察室。

2015年，全市审计机关完成审计项目280个，查处违规金额11.64亿元，出具审计报告及专项调查报告305篇，提出审计建议563条，被采纳审计建议498条；提交审计报告、信息、要情等被党政主要领导批示39篇次；移送各级纪检监察、主管部门案件线索33起。市审计局先后荣获湖南省文明单位、省依法行政工作先进集体等多项荣誉称号，连续第9年被评为市依法行政工作先进单位。

积极转变观念，推动审计转型升级。2015年，全市审计机关进一步强化问题导向理念，牢固树立“发现问题是天职，发现不了问题是失职，发现问题不揭露是渎职”的意识；在审计管理上，取消审计经费与收缴任务挂钩的办法，真正实现从重审计罚没向注重发现问题、整改问题、促进制度机制建设和改革完善、保障经济社会健康运行转变；审计执法上，坚持“凡审必严、严格整改、严肃问责”的基本原则，真正做到“发现问题不放过，发现问题不整改不放过，严重问题不追责不放过”，努力打造“审计铁军”。

认真履行职责，推动审计全覆盖进程。

一、着力开展预算执行审计，促进依法理财。2015年，市审计局主动适应新《中华人民共和国预算法》，改革完善财政同级审计的组织方式，开展2014年度财政预算执行情况审计、2014年度地税征管情况审计以及市教育局、市交通局等5个部门预算执行审计。同时，组织开展对全市城镇保障性安居工程、社会抚养费、“三公”经费、城市污水处理费等专项资金进行审计及审计调查。7月30日，市委副书记、市长毛腾飞主持召开市政府常务会议，专题部署财政同级审计的整改落实工作，有力推动了全市财政预算体制改革，促进了公共资金的安全高效使用。市人大常委会高度评价《2014年度市本级预算执行和其他财政财务收支情况审计工作报告》和同级审计整改工作，认为报告有“辣味”，整改有成效。

二、稳妥推进经济责任审计，规范权力运行。2015年，全市审计领导干部102名，查出领导干部负直接责任金额0.33亿元，负主管责任金额1.6亿元，向纪检监察、司法机关等部门移送案件线索14件。为进一步提高经济责任审计工作质量，市审计局积极探索对经济责任审计实行规范化、模块化、标准化管理，制定领导干部经济责任审计操作办法，将领导干部履职涉及的重大经济政策措施落实、单位重大经济决策、机构编制、财政财务收支情况等十个方面的内容纳入审计范畴，并试点实施领导干部离任经济事项交接审核项目11个，有力促进了经责审计全覆盖，发挥了“正党风、强监管、促发展”的积极作用。

三、大力加强政府投资项目审计，促进规范管理。2015年，市审计局全面实现建设项目审计监督的转型，从重工程结算审计向对项目建设的决策审批、概预算审批、招投标、工程变更和工程决算、运营效益进行全过程的审计监督转变，审减和节约投资2.38亿元，充分发挥了审计为政府投资把好最后一道关和扎紧政府“钱袋子”的积极作用。市委副书记、市长毛腾飞在湘江株洲城区河东段综合治理工程三期项目、株洲市消防应急指挥中心项目等审计调查报告上做出：“重新审批可研，认真吸取教训，提出防范措施，避免类似问题再发生”等重要批示。市政府常务会议专题听取政府投资项目审计发现问题有关情况汇报，研究布置审计整改工作，对严重超概算和违规不审批预算、不按规定招投标等问题，移送纪检监察部门对有关人员进行追责，有力促进了政府投资项目建设程序的规范。

四、全面开展稳增长等政策审计，保障稳定发展。2015年，市审计局按照审计署和省审计厅的统一安排，深入开展株洲县、茶陵县、炎陵县、高新区和攸县的稳增长等政策跟踪审计，重点审计简政放权政策执行情况、涉企优惠政策执行情况、重大项目建设情况、重点资金保障情况，并将中小微企业融资难、融资贵问题作为攸县稳增长政策审计的关键点。针对审计发现的问题及建议向市委、市政府提交稳增长等政策审计专报，有效促进了政策落地生根和不断完善。同时，牵头组织全市审计机关开展各县市区中小企业融资情况专项审计调查，摸清中小企业融资现状，了解国家、省、市有关政策执行情况，分析中小企业融资难、融资贵的原因，促进金融机构落实对中小企业相关融资政策。根据审计建议，市人民政府印发《关于全面开展稳增长等政策措施落实情况审计监督的通知》，着力构建“落实省厅部署审计、开展专项审计、结合其他项目审计、定期汇总专报”的稳增长等政策审计监督新格局。在全省稳增长等政策跟踪审计工作会议上，株洲市审计局作为14个地州市审计局的唯一代表作典型发言。

五、深入开展行政审批改革和中介服务清理规范专项审计调查，促进制度规范。为顺利推进株洲市项目建设行政审批改革，2015年，市审计局专题开展建设项目行政审批改革和中介机构清理规范专项审计调查，主要审查各种审批的合法性、是否存在违法设置审批项目和环节、是否存在随意扩大审批范围，中介结果是否真实有效、审批是否起到真实作用、是否存在利益关联和廉政风险等问题，分析审批是否必须保留。审计调查发改、住建、水务、环保等14家单位的审批事项和中介服务，发现建设领域行政审批领域存在的大量弊端和问题，并认真研究提出了一系列修法修规、精简审批项目和依赖审批的中介服务、加强事中事后监管和规范中介机构管理的审计建议，有力促进了株洲市建设领域行政审批改革和中介机构清理规范工作，株洲的行政审批时限由原来平均一个项目300余天下降至70余天。

六、切实开展融资平台公司审计，防范债务风险。政府平台公司是资金量巨大、建设项目多，且倍受关注的行业，针对它的审计监督相对缺乏。2015年，市审计局在前期认真研究的基础上，通过解剖麻雀的方式开展了市交发集团的试点审计，对其资产情况及分类的认定、负债情况及分类计算、公司经营管理运行情况、政府授予的土地及资源的开发情况、承担政府项目的建设全过程情况进行全面梳理，并研究提出了6个对平台公司的评价指标及债务风险指数等指标。并于11月起，全面铺开了对市城发集团、市湘江建设集团等公司的资产负债损益及其项目投资情况的审计调查，开创了政府平台公司审计监督新纪元，对促进政府加强平台公司的规范管理、增进平台公司自我约束、有效防控和化解政府债务风险起到积极作用。

七、充分发挥国家审计的指导和监督作用，规范内部审计。全年完成各类审计项目2845个，审计总金额748.11亿元，增收节支金额35.43亿元；提出建议意见被采纳2505条；向司法机关移送案件2起。全市有31个内部审计单位和24名个人受到市政府表彰，充分发挥了内部审计在强化经济管理、防范经营风险等方面的作用。同时，认真做好省厅、市委、市政府、市纪委临时交办工作任务12项，较好地服务宏观管理和决策。

形成审计监督新常态，成效显著。2015年，全市审计机关积极主动适应全面依法治国、全面从严治党的新形势，落实国家和社会对审计工作的新要求、新部署，突出以问题为导向，立足发现问题、整改问题，严肃追责问责；对重大违法违纪问题和案件线索，及时向市委、市政府报告，向纪检监察等部门移送，形成审计监督新常态。年内，市审计局发出审计督促整改通知书6份，查询被审计对象银行账户2个，下达行政处罚决定书1份，向各级纪检监察及行业主管部门移交移送重大问题案件线索13起，涉及2名正处级领导干部，真正达到了“审计一个点，规范一个面；审计一个单位，规范一个行业；问责一个，教育一片”的效果。

（冯　立）

人力资源和社会保障

【概况】 2015年，全市人社系统紧扣“民生为本、人才优先”工作主线，主动适应经济社会发展新常态，突出创新创业、加强民生保障、深化人事制度改革，各项工作取得实效。

就业创业成效显著。始终把就业工作摆在优先位置，坚持将鼓励创业与促进就业有机结合，制定完善《关于促进全民创业创业带动就业工作的实施意见》等系列就业创业政策，助力大众创业、万众创新，保持了城乡就业局势基本稳定。全市实现新增城镇就业6.2万人，新增农村劳动力转移就业1.7万人。扶持大中专学生开展微创业280人，新增创业主体数2.69万户，带动城乡就业10.72万人。零就业家庭动态就业援助100%，城镇登记失业率保持在2.7%的较低水平。充分就业社区创建、基层平台提质升级工作有序推进。全市创业孵化基地、创业园区、创业街路（市场）、创业扶持网点160余个，其中省级创业孵化基地5家、市级创业孵化基地11家。坚持将劳动者充分就业与技能就业有机结合，组织实施农村人力资源开发三年行动计划，加大职业技能培训力度，全市完成培训8.2万人，其中创业培训2.45万人，有效提升了劳动者就业创业技能。开展“春风行动”“就业援助月”等公共就业服务品牌活动近10项，举办就业人才招聘会202场，送政策、送岗位、送信息、送技能，帮助2.95万人实现就业。

社会保障不断强化。扎实开展社会保险缴费基数申报、社会保险登记证集中年审、社会保险诚信等级评定和全民参保登记等工作，推动扩面征缴。启动机关事业单位养老保险制度改革，破解“双轨制”。认真落实养老保险缴费费率过渡试点政策，完成13家企业2亿元养老保险预留、欠费挂账申报工作，助力企业发展和国企改革。连续11年调整提高企业退休人员待遇，全市人均养老金达到1827.8元/月。城乡居民养老保险制度整合并轨，基本养老金发放标准提高到75元/月。全力推进职工医保参保扩面，新增参保单位近400家、参保人员4.1万人，其中中车集团等相关单位27家、3.1万人。居民医保参保缴费人数比上年增加3.12万人，增长4.9%，基金比上年增加6091万元，增长25%。继续推行“三个不得”总额控制管理办法和全市联合监管行动，保证了困难企业职工医保待遇和基金收支平衡。个人账户管理和异地就医结算工作经验得到省厅肯定，并在全省推广。生育保险待遇标准大幅提高，减轻了女职工个人负担。大力实施工伤保险“同舟计划”，深入推进建筑行业参保，完成工伤认定2000人次，保障了工伤人员合法权益。下调失业保险缴费费率至2%，每月为企业减负420万元，市本级失业保险金发放标准提高至1182元/月。认真落实扩大失业保险基金支出范围政策，拨付稳岗补贴7500万元。全市五项社会保险参保总人数516.9万人，征缴基金60多亿元，争取上级养老保险转移支付和补助资金20.6亿元、医疗保险补助资金2.8亿元。社会保障卡持卡人数209万人。

人才支撑不断加强。实行党政机关公务员、法检两院工作人员和选调生“四考合一”，考录公务员264人。指导事业单位公开招聘工作人员1339人。争取省级引智项目27个、引智示范基地1个，引进海外人才112人。牵头实施“株洲市万名人才计划”中公共服务人才、蓝领精英人才两个子计划，培训公共服务人才500人、优秀高级技术工人1107名。精心组织第七届“技能月”活动和第二届“技能天下”职业技能电视大赛，全市2万余人参加，评选表彰“株洲市技术能手”16名。组织职业资格全市统一鉴定5.97万人次，取证4.78万人次。

人事管理规范有序。全面推进事业单位公开招聘工作，推行人员聘用制度，全市聘用合同签订率达96%。稳妥做好机构改革人事管理工作，协同组织、编制部门在全市开展“三超两乱”、机关事业单位编外聘用人员及在编不在岗人员专项清理整治，取得积极成效。完成机关事业单位工作人员基本工资标准调整和离退休人员增发离退休费工作，做好乡镇工作补贴发放工作。接收安置军转干部37人、随调随军家属22人，全面落实企业军转干部解困政策，全市企业军转干部保持整体稳定。安全有序组织各类人事考试19次，参考6.8万人次。

劳动关系和谐稳定。扎实推进工资集体协商，已建工会组织企业工资集体协商建制率达92%。全面推行劳动用工备案网络化管理，网上备案信息的企业1829家，涉及职工14万人。推进企业职工工资收入稳步增长，市本级最低工资标准由1265元/月调整至1390元/月。积极组织开展农民工工资支付、清理整顿人力资源市场秩序等专项行动，加大保障建设领域农民工工资支付工作力度，受理建设领域拖欠农民工工资举报投诉190余件，为3900余名农民工追讨工资4700余万元。新开设建筑施工企业农民工工资保障金账户58个，通过保障金账户为1.2万余名农民工发放工资6100万元。加强基层劳动争议调解组织实体化建设，全市各级劳动人事争议仲裁机构及基层调解组织共受理劳动人事争议案件1350件，其中仲裁机构立案受理1059件，当期结案1029件，结案率97.2%。

“民生100”工程全面推进。牵头实施全市“民生100”工程，理顺工作机制，明确责任分工，完善考核体系，加强督查调度，确保各项实事任务按时保质完成。全市八大类105项省、市考核指标，均全面或超额完成年度目标任务。（贾宝锋）

【“民生100”工程提升百姓获得感】 市人社局认真履行“民生100”工程的牵头职能，科学设置指标体系，加强工作督查调度，强化考核结果运用，确保了2015年省、市105项考核指标按时保质完成，有效解决了一大批人民群众最关心、最现实、最直接的利益问题，取得了八个方面的成效：实施就业增收工程，实现了社会就业更加充分，城乡居民收入较快增加。实施社会保障工程，覆盖城乡的社会保障体系基本建成，实现了全市人民生活有基本保障。实施素质提升工程，市民文化素质和文明素养进一步提升。实施全民健康工程，实现了人人享有基本医疗卫生服务，“看病难”、“看病贵”的问题得到有效缓解。实施安居宜居工程，城乡居住条件和人居环境明显改善。实施畅通出行工程，城乡群众出行更便捷、更经济、更安全。实施安全保障工程，人民群众生活更踏实、更有安全感。实施扶贫解困工程，努力使每一个困难群众都能得到帮扶救助，让弱势群体体面生活。（贾宝锋）

【全市创新创业暨促进非公有制经济发展大会召开】 5月29日，株洲市召开创新创业暨促进非公有制经济发展大会。会上，市委书记贺安杰作重要讲话，市委副书记、市长毛腾飞对株洲创新创业工作和促进非公有制经济发展作全面部署。贺安杰书记强调，政府要勇于自我革命，给市场和社会留足空间，为公平竞争搭好舞台；要大力培育创新创业主体，加快促进非公有制经济持续健康发展；要强化服务保障，厚植创新创业文化，营造大众创业、万众创新的浓厚氛围。毛腾飞要求要准确把握推进创新创业、发展非公经济的新形势，着力打造推动经济增长的“双引擎”（掀起创新创业新热潮和推进非公经济发展新跨越），切实为创新创业和非公经济发展提供坚强保障。市人社局党组书记、局长蒋湘晖作了表态发言。会上对创业典型以及促进非公经济发展先进单位进行了通报表彰，创新创业、非公经济典型代表作了发言。（贾宝锋）

【举办第二届“技能天下”职业技能电视大赛】 6月9日，株洲市第二届“技能天下”职业技能电视大赛启动仪式在湖南工贸技师学院举行。大赛由株洲市人民政府主办，株洲市广播电视台、株洲市人力资源和社会保障局承办，株洲电视台新闻综合频道执行承办。本届大赛以“行行出状元，技能闯天下”为主题，设置餐厅服务员等8个工种进行比赛，有215家企事业单、

22150人参加。通过激烈角逐，13名选手获得“株洲市技术能手”荣誉称号；8名选手获得“株洲市五一劳动奖章”；7名选手获得“株洲市青年岗位能手”称号；5名选手获得国家职业资格二级证书；164名选手获得国家职业资格三级证书；16名选手获得国家职业资格四级证书。（贾宝锋）

【国家联合督查组到株督查建筑业工伤保险工作】 9月9日，人社部副部长游钧、全国政协社会和法制委员会驻会副主任吕忠梅率国家联合督查组到株洲督查建筑业工伤保险工作。省委组织部副部长、省人社厅党组书记、厅长胡伯俊，市委书记贺安杰陪同督查。近年来，株洲市全面落实人社部、住建部、安监总局、全国总工会《关于进一步做好建筑业工伤保险工作的意见》，强力推进建筑业参加工伤保险工作，取得明显成效。游钧副部长对株洲市相关工作给予充分肯定。人社部相关司局领导刘梅、聂明隽，省人社厅领导王运柏，市领导赵文彬、王建之、贺夏盛参加了督查座谈会。（贾宝锋）

【举办第三届“医保惠民进社区”公益活动】 9月25日，由市人社局主办的第三届“医保惠民进社区”公益活动在天元区滨江社区启动。市委副书记阳卫国出席启动仪式并讲话。该活动旨在宣传医疗保险政策，让社区居民全面了解医疗保险政策的主要内容，引导参保人员“首诊在社区，小病到社区，康复回社区”，提升社区居民的医疗保险待遇水平。5场活动共吸引社区群众逾4000余人参加，现场接受医疗专家义诊1000余人。（贾宝锋）

【启动社会保险全民参保登记】 4月8日，根据人社部、省人社厅的有关要求和部署，株洲市制定下发《株洲市全民社会保险参保登记工作方案》，正式启动全市参保登记工作，并计划于2016年全面完成。全民参保登记，是依据《中华人民共和国社会保险法》等法律法规规定，以社会保险全覆盖为目标，通过信息比对、入户调查、数据集中管理和动态更新等措施，对各类群体参加社会保险情况进行记录、核查和规范管理，从而推进职工和城乡居民全面、持续参保的专项行动。2015年，全市重点完成制定工作方案、数据采集上报、开展集中宣传和组织业务培训工作。（贾宝锋）

国有资产监督与管理

【概况】 株洲市人民政府国有资产监督管理委员会（以下简称市国资委），设国有资本经营预算、产权管理与规划发展、改革改组等9个科室。管理企事业单位33家，其中株洲市政府明确直接监管企业13家。截至2015年年底，其13家直接监管企业资产总额1284.2亿元，较年初增长26.2%；负债总额777.5亿元，较年初增长31.3%；所有者权益506.7亿元，较年初增长19.1%；资产负债率60.5%；完成收入102.15亿元，同比增长30.5%；实现利润12.19亿元，同比增长20.2%。

深化国企改革稳步推进。出台国企改革总体方案和相关配套文件。印发《株洲市政府投资公司改革重组方案》，制定《株洲市人民政府关于推行国有资本经营预算的实施意见》《关于完善政府投资公司投融资事项管理的通知》《中共株洲市委办公室印发〈关于在市管企业中坚持党的领导加强党的建设的实施办法〉的通知》《株洲市企业专职国有产权代表管理办法》等相关配套政策文件。积极推进各项改革措施的落实。对改革重组所涉及的14家企业的资产、负债、所有者权益情况开展清产核资。督促指导各公司制定改革重组方案，批复8家政府投资公司的重组方案和新的公司章程。部分重组企业已完成移交。其中，市国投建宁公司移交市公交公司，市神农粮食集团及子公司移交市湘江集团，市保安公司移交市国投集团；上一轮企业改革全面完成，安置职工10340人。中央、省属企业“三供一业”等社会职能分离移交工作得到湖南省国资委的肯定。截至2015年年底，供水分离移交41659户，占比64%；供电分离移交36169户，占比47%。

监管企业投融资额上新台阶。2015年，市国资委直接监管的6家政府投资公司完成投资169.19亿元。其中政府计划投资76.99亿元，自主经营投资92.2亿元。完成融资292.87亿元。

规范国资监管。完善业绩考核。完成12家监管企业2014年度经营业绩考核和企业负责人薪酬核定兑现，调整优化2015年的考核指标和考核方式；规范产权管理。对市国资委直接监管的6家政府投资公司的年度经营计划进行审核。审核批准资产处置事项6项，完成资产评估立项16项，评估报告备案14项。审核并报送株洲市政府批准的融资项目10项，融资总额度173亿元。加强财务监督。推进国有资本经营预算，《株洲市人民政府关于推行国有资本经营预算的实施意见》正式出台，首次完成25家企业的国有资本经营收益收缴。简化对企业担保和融资事项的审批。对投资公司债务进行清理。

加大央企对接项目服务力度。牵头组织赴京走访央企。湖南省、株洲市相关领导就驻湘驻株央业转型升级发展、做大做强轨道交通产业、大力发展株洲市电子信息平台等事宜分别与中盐总公司、中国南车、中国电子、中国中车等央企进行交流；组织开展项目招商洽谈。对接中铁投资集团的轨道交通城和老火车站商业中心开发项目。组织招商湘江、市国投集团与上实投资、上海固信招商就共同发起产业并购基金进行的招商洽谈会议。对接招商湘江产业公司，其参与投资的中科技创新基金管理公司已注册成

立；强化对4个服务项目的落地协调力度。其中株硬精密工具产业园项目完成年度投资1亿元。（宋 斌）

安全生产监督管理

【概况】 2015年，株洲市安全生产工作迈上新台阶。全年全市共发生各类生产经营性安全事故死亡38人，同比下降25.49%（省下达全年控制指标为77人），实现了自2003年以来未发生较大及以上安全生产事故的工作目标，安全生产形势平稳可控。株洲市获评"全省安全生产工作先进单位"。

严格落实安全生产监管责任。由株洲市安全生产监督管理局牵头，下发《关于加强县乡安全生产监管能力建设推进落实"四级五覆盖""五落实五到位"安全生产责任制度的通知》，不断强化"党政同责、一岗双责、齐抓共管"的责任体系。一是进一步明确市级领导责任。市委、市政府出台《株洲市党政领导干部安全生产"一岗双责"暂行规定的通知》《关于进一步落实领导干部带队检查安全生产工作制度的通知》等文件，按照"党政同责、一岗双责"要求，所有市委常委、副市长负责带队检查一个行业领域，所有副市长按照职责分工，抓好分管行业的安全生产工作。二是进一步细化部门监管职责。市政府出台《株洲市安全生产监督管理职责规定的通知》，按照"管行业必须管安全、管业务必须管安全、管生产经营单位必须管安全"的要求，强化各负有安全生产监督管理职责各部门的安全监管责任。三是进一步深化县市区属地责任。各县市区党委分别明确一名领导联系安全生产工作，所有县市区由常务或常委副县市区长分管安全生产工作，并明确各级党政主要负责人是"打非"（打击非法生产经营建设）工作的第一责任人，责任分级分层进一步细化。四是进一步强化企业主体责任。在全市高危企业推行隐患自查自改月报工作，通过推行企业安全生产黑名单制度，促进企业的主体责任进一步强化。截至年底，全市9个县市区和云龙示范区、140乡镇（街道）、有工矿企业的543个行政村五覆盖率100％，纳入统计的2919家企业。五是落实覆盖率100％。

着力构建政企互动共同治理安全隐患体系。一是建立企业责任主体排查治理安全隐患的常态机制。企业通过按时自查、及时自改、准时月报，主要负责人在隐患排查报表上签字等一系列措施，有力地从源头上消除了安全隐患。二是构建政府监管主体推动企业排查治理安全隐患的长效机制。各级安全监管部门每月随时对企业的月报情况进行随机抽查和执法检查，实现了政企良性互动，并形成了"分工明确、人人有责、层层负责、环环相扣"的安全隐患治理常态和长效机制，有效地克服了安全生产工作时冷时热、时紧时松的现象。省安委会将此项工作作为先进经验在全省推广。2015年全市四大高危行业安全生产经营企业自查隐患总数16969项，整改完成16108项，整改完成率94.93%。同时，结合安全生产不良记录"黑名单"制度，警示约谈13家被列入黑名单的企业，起到了很好的威慑力。

不断强化打击非法生产网格化实名负责工作制度。株洲市下发《中共株洲市委办公室株洲市人民政府办公室关于印发株洲市打击非法生产经营建设行为工作方案的通知》（株办〔2014〕7号），成立由市长担任组长，纪委、法院、检察院等为成员单位的打非工作领导小组，以村（社区）行政区域为基本网格，建立全面覆盖、分级管理、责任包干、实名负责、群众参与、舆论监督、打击到位的安全生产打非网络。建立打非责任片区网格化实名负责制度、打非工作挂号销号制度、打非工作信息月报制度、打非举报奖励制度、打非工作督导制度、打非工作考核制度6项制度，规范和保障打非工作。全年组织执法集中行动4165次，检查企业11850家，责令停产整顿企业215家，取缔非法生产经营建设单位246处，提请关闭企业61家，抓捕涉嫌犯罪人员58人，经济处罚135.75万元，问责领导干部7人，是历年来打非力度最大的一年。

科技创新提升本质安全水平。在烟花、煤矿、非煤矿山、危险化学品四大高危行业推行科技兴安"四化"工程，企业安全保障能力大幅提升。烟花爆竹行业强制推行涉药工序机械化，推广使用自动插引机、结鞭机、封装机和装药机等机械设备，实现人机分离、人药分离。全年全市爆竹生产企业全部完成涉药工序机械化改造，安全系数大幅提高；其中，醴陵市金利来出口礼花弹厂进入全自动组合烟花生产线试生产阶段。同时，加强信息化监管平台建设，实施烟花爆竹生产24小时不间断视频监控，攸县监控平台建成并投入使用，醴陵市投资1500万元建设的县、乡、企三级联网的视频监控系统投入使用。煤炭行业大力推行煤矿掘进机械化和开采机械化，所有煤矿机械化装岩率达90%以上，机装工作面112个，全市创建了54个三级安全质量标准化煤矿企业。危化企业大力推行危险工艺装置自动化，全市规模以上危险化学品生产企业，全部完成关键生产部位的自动化控制及安全连锁技术改造，全市二级、三级标准化危化企业分别有15家、30家。非煤矿山行业大力推行企业开采水平正规化。稳步推进露天矿山分台阶（分层）正规化开采，整治优化地下矿山通风和提升两大系统，增强安全生产保障能力，全市二级、三级标准化非煤矿山企业分别有2家和123家。

开展安全生产专项整治行动。安全生产专项整治扎实推进。道路交通方面：扎实开展道路运输、农村公路、在建工程、水上交通、城市客运、铁路专用线6个方面专项整治。查处超速交通违法14945起、酒驾交通违法

259起、闯红灯交通违法13547起。建筑施工方面：以工程质量治理两年行动为契机，全面展开联合执法与专项治理。全年责令限期整改项目256个，责令停工整改项目86个，罚款163.2万元。校车整治方面：组织相关职能部门对学生用车进行集中整治，对超员超载、非法营运车辆进行严厉打击。醴陵市、攸县、炎陵县、芦淞区等单位充分利用智能化监控管理平台，有效加强校车安全管理工作。水上安全方面：重点打击取缔非法河道取砂，全市共组织水行政执法行动60余次，检查企业300余家，打击河道采砂非法违法行为40起、水土保持非法违法行为为8起。危险化学品方面：开展油气管道等危险物品输送管道隐患攻坚战工作，同时规范整治危险化学品经营市场，集中力量开展危险化学品经营专项整治，在天津港“8·12”特别重大事故发生后，对全市危险化学品企业开展地毯式、全覆盖、无缝隙的安全生产大检查。粉尘防爆安全专项整治方面：下发《关于立即开展粉尘防爆专项整治工作的通知》（株安发〔2015〕29号），对唐人神集团股份有限公司、株洲硬质合金集团有限公司等粉尘防爆重点企业进行检查，加强和规范了现场的粉尘作业安全管理。特种设备方面：以自动扶梯、自动人行道和单机械部件制动器为重点开展电梯安全专项整治，共检查电梯853台，责令整改109台，依法查封64台。烟花爆竹方面：组织开展烟花爆竹非法生产闪电、飓风和亮剑行动，醴陵市各乡镇主要领导带队深入村、组，全面排查清理非法生产烟花爆竹窝点，销毁废旧机械设备143台，打击取缔非法生产户、工区114户，立案打击68起，刑事拘留19人，行政拘留67人，有效遏制了烟花爆竹非法生产。矿山方面：重点打击非法开采、挖山采砂、乱搭乱建、矿山企业超深越界开采等，对无证开采、乱采滥挖行为始终保持零容忍和高压打击态势。同时，加强对醴陵王坊、攸县峦山、茶陵高陇及湘赣边界等重点区域的监管，严防非法开采行为死灰复燃。消防方面：广泛发动社会单位积极履职，组织全市1200余家重点单位和场所进行消防安全工作自查自纠。同时，燃气、民爆物品、电力、涉氨涉氯等安全生产专项整治扎实推进。

加强安全宣传培训。通过开展安全生产月活动、安全进企业、进校园、进机关等系列活动，在全市营造浓厚的安全生产舆论氛围。活动期间，全市共展出各类安全宣传展板400余块，制作宣传标语牌2550块，悬挂漂浮气球条幅600多个，横幅400多条，发放宣传资料3万多份，宣传咨询会共举行105场次，参加人数6万余人。开展新《中华人民共和国安全生产法》的宣贯工作，组织召开新《中华人民共和国安全生产法》宣贯暨乡镇（街道）安监站人员监察执法培训，并将株洲煤田地质技工学校、湖南轻工高级技工学校和攸县煤校确定为全市安全教育培训基地，聘任30名考评员加强对“三项岗位”人员资格考核发证工作的管理。全年全市各安全培训机构累计培训“三项岗位”人员12500余人。

（刘泰谊）

工商行政管理

【概况】 截至2015年年底，全市共有各类市场主体171267户，比2014年同期增加27296户，增加18.96%。其中，各类企业38814户，比2014年同期增加6910户，增加21.66%；个体工商户132453户，比2014年同期增加20388户，增加18%。

着眼宽进严管，深化商事制度改革。“三证合一、一照一码”改革率先启动。认真落实《国务院办公厅关于加快推进“三证合一”登记制度改革的意见》，于2015年9月20日实施“三证合一、一照一码”的改革，较全国提前10天。自实施该项改革以来，截至年底，全市新办理“三证合一、一照一码”营业执照2266户。后续监管持续跟进。按照国务院《关于“先照后证”改革后加强事中事后监管的意见》要求，在放宽准入条件的同时，不断强化后续监管。扎实推进市场主体信用信息公示工作，建立健全并严格落实公示信息抽查制度、经营异常名录制度、严重违法企业名单制度，凡被列入经营异常名录或者严重违法企业名单的企业，均要求各相关部门在政府采购、工程招投标、国有土地出让、授予荣誉称号等工作中，依法对其予以限制或者禁入。通过以上措施的逐步实行，有效推动了企业信用约束机制的构建，初步形成了社会协同共治的监管新模式和“一处违法、处处受限”的信用监管格局。商事制度改革红利逐步释放。随着商事制度改革的有序推进，市场主体呈现良好的发展势头。

服务创业创新，促进经济发展升级。助推市场主体提质增量。配合相关部门全力服务株洲市“新型工业化”“十百千”工程、项目建设和第三产业发展等工作。积极开展“个转企及小升规”工作，截至年底，全市共实现“个转企”9350户，完成“小升规”企业582户。实施商标战略。全市新增注册商标2794件、中国驰名商标5件、湖南省著名商标40件、地理标志证明商标1件、马德里国际商标2件。至此，全市企业累计有效注册商标13872件，其中中国驰名商标41件、湖南省著名商标178件、地理标志证明商标12件、马德里国际商标32件，均居全省第三。指导企业诚信建设。全市申报2014年度省级“守合同、重信用”企业196家，公示通过196家，申报数和通过数均排全省第二。万博珑家居建材购物广场、华丽服装批发大市场、攸县湘东家居城、红星美凯龙家居市场被评为湖南省诚信示范市场，其中万博珑家居建材购物广场被评为全国诚信示范市场。服务上级决策。充分发挥工商部门掌握市场主体登记信息的优势，有针对性地加强全市传统支柱产业、战略新兴产业、现代服务业等领域市场主体发展动态的信息分析，坚持每季度向市委、市政府报送市场主体统计分析报告，为上级领导决策提供依据。

强化监管执法，整顿规范市场秩序。打击制售假冒伪劣行为。组织开展打击农村和城乡接合部假冒伪劣商品专项整治行动，共出动执法人员407人，检查农村和城乡接合部市场经营主体11786户。大力开展商品质量抽检工作，从全市商场、超市、专业（批发）市场、个体户经销的家用电器、小家电、鞋类、皮具、大芯板和油漆涂料等商品中抽检样品221组，查处销售不合格商品案件46起。为增强经营者查验进货商品质量的意识和能力，从进货环节遏制劣质商品流入市场，株洲市工商局采用群众喜闻乐见的诗歌形式，编写好懂易记、朗朗上口的《进货查验自律歌》印发给广大经营者，确保进货查验制度深入人心。开展"红盾护农"行动。出动执法人员1326人次、执法车辆175台次，检查市场153个次，检查农资经营户2353户，发放宣传资料1800份，查处各类农资经营违法案件42起，罚没入库14万元；受理投诉7件，为农民挽回经济损失4万余元。全市农资经营主体信息录入率100%。开展竞争执法工作。以电信、银行、保险、水电气和医药等行业为重点，大力开展竞争执法工作，共查处商业贿赂、限制竞争等不正当竞争案件84起。其中立案查处医药购销领域涉嫌商业贿赂案件14起，涉案金额1174万元。打击传销高压不减。共捣毁传销窝点62个，遣散传销人员305人次，解救误入传销人员5人；处理传销头目骨干110人，其中移送公安机关12人。传销现象与往年相比大幅减少，远远少于周边城市，市工商局被评为全省打击传销优秀单位。强化网络交易市场监管。新录入网络经济户口38671户，全市累计录入网络经济户口57662户，均居全省第二。采取网络巡查与实地巡查相结合的方式，大力开展红盾网剑行动，共巡查网络经济户口4300户，实地巡查网络商品经营者540户，查处违规网站18家，并以房地产和医疗卫生行业为重点，着力整治互联网广告和虚假宣传行为。全市共立案查处网络经营违法案件10起，罚没入库19万元。整治虚假违法广告。立案查处虚假违法广告案件45起，罚没入库49万元。在国家工商总局大数据库广告监测统计中，株洲电视媒体广告严重违法率保持全省最低。综合治理烟草市场。下发整改通知书485份，清理取缔无证无照经营68户，立案查处违法经营卷烟案件51起，罚没入库11.45万元。

关注民生热点，提升消费维权工作效能。拓展维权网络。深入开展消费维权进社区、进学校、进商场、进农村、进景区的"五进"工作，全市设立消费维权站已达308家，方便了广大消费者就近投诉、就近解决消费纠纷。创新维权方式。组织开展品牌汽车销售及服务企业消费维权评议活动，为消费者挽回经济损失230余万元，有效增强了经营者诚信经营意识。加强数据分析。强化"12315"数据统计分析预警功能，针对消费者申诉举报热点、难点问题，发出监管提示，发布消费警示，切实将消费维权关口前移。提升维权效能。全市系统共受理消费者咨询、投诉、举报27613件，其中受理投诉3415件，办结率99.45%，为消费者挽回经济损失1071万元；受理举报990件，办结率96.78%。处理"12345"市长热线（信箱）转办件618件，满意率98.56%。

（江广念）

质量技术监督管理

【概况】 2015年，株洲市质量技术监督局大力推进质量强企。组织企业管理人员参加高级质量研修班，帮助企业提升管理水平。强力推进品牌战略，组织8家企业申报湖南名牌产品。市长质量奖、株洲名牌产品申报工作顺利进行。落实国家工业产品生产许可证制度改革，强化证后监管，全年共完成12家工业产品生产许可证换发证工作，对80余家有效期内的获证企业开展年度审查工作。加强质量管理工作建设，市政府印发《质量发展纲要（2015—2020年）》，并着手制定质量工作考核细则，争取将质量工作纳入政府目标考核管理中，推动全市产品、工程、环境、服务质量的全面提升。

11月8日，国务院质量工作考核组对株洲市质量工作进行现场核查，先后实地考察中车株洲电力机车研究所有限公司、株洲鹏程家政公司、省第五工程有限公司等8个企业，充分肯定株洲市质量工作取得的成绩。

（肖利花）

【加强质量监管】 2015年，株洲市质量技术监督局坚持以质量为核心，以安全为重点，监管工作及时跟进，努力构建质量提升新格局。着力推进简政放权，减少对企业的检查、干预，涉企检查一律报批报备，并实行涉企检查评价反馈卡制度；主动与工商、税务对接，协调并网工作，完成三证合一工作；加强能源计量，对天然气汽车改装公司开展专项督查；完成重点工业产品的监督抽查，对7批次不合格产品进行处理；开展机动车车检站和校车的专项检查，对车检站存在的问题一一要求整改到位，全市18台"黄河"牌校车，已全部由厂家召回；确保了划转期间生产领域食品的安全监管；着力探索大质量治理模式，对职能、职责进行全面清理，公布权力清单和负面清单，逐步开展企业质量信用档案数据库建设工作，在网站及时公示企业信用信息，充分调动全社会力量，形成质量社会共治的强大力量。

（肖利花）

【开展质量安全大检查】 为坚决落实中央、省、市关于加强安全生产的指示，按照“全覆盖、零容忍、严执法、重实效”的总体要求，2015年，市局采取全面排查集中纠治、全力出击集中查处、全程监测集中防控的措施，开展“拉网式、过筛式、地毯式”质量安全大检查，共检查电梯7578台，其中扶梯1053台，锅炉406台、压力容器1426台、油气管道企业8家、游乐设施103台套、危化品生产企业18家、气瓶充装单位32家、机动车安检机构14家、车用气瓶改装单位6家、汽车修理企业2家、食品相关产品生产企业20家。现场发现隐患286个，现场整改215个；下达监察指令14份，立案查处案件10起。扎实开展危化品及包装物和烟花爆竹的安全大检查，强化质量安全生产工作，确保产品质量安全。（肖利花）

【提升服务能力】 加速建设应用系统，推进自动化办公和远程监管，力争实现审批、服务事项的网上全程办理，全面提高工作效率。实行上门服务、预约服务等服务举措，为中小微企业、大学生创业、残疾人就业减免组织机构代码、计量检定、产品检测费用600余万元。组织开展“3·15”消费者权益日、“5·20”计量日、“6·9”认可日等宣传活动。9—11月，市局与各区政府、街道办、乡镇、学校协作，在全市各社区、学校、乡镇组织历时3个月的消费品质量安全“进社区、进学校、进乡镇”消费者专题教育活动。通过发放宣传资料、接受现场投诉、开展免费检测、组织知识抢答等生动活泼的形式向广大市民、学生广泛宣传消费品质量安全常识，同时在社区、乡镇设立消费品质量安全风险信息监测点，搭建质检部门与社区、学校、乡镇之间的消费品质量安全信息通道，有效地引导了科学消费、理性消费、绿色消费，促进了消费品质量安全社会共治。（肖利花）

【夯实计量基础】 围绕产品质量控制和产业转型升级，完善计量溯源体系，对县级社公标进行监督检查及摸底，提高企业计量器具的检定校准率，配合市政府完成2000多台出租车计价器机打票改造，完成计量检定1.8万余台（件套），产品检测1000多批次。深入推进标准化战略，市政府拨付标准化专项工作经费，积极发挥在株洲的国家标准化专业委员会秘书处的作用，扶持优势企业申报国标、行标、地标项目，完成企业标准备案22家。加强对认证认可工作的监督管理，全市共有通过检验检测机构资质认定的单位100余家，获得各类体系管理证书共2000余张。（肖利花）

食品药品监督管理

【概况】 2015年，株洲市有“四品一械”（食品、药品、保健食品、化妆品、医疗器械）市场主体32874家，其中食品生产企业583家、经营企业18245家，餐饮服务企业8143家，药品生产企业13家、经营企业1187家，保健食品生产企业6家、经营企业878家，化妆品生产企业5家、经营企业661家，医疗器械生产企业41家、经营企业631家，医疗机构制剂单位5家、小诊所2459家。

株洲市食品药品监督管理局作为市人民政府工作部门，加挂市食品药品安全委员会办公室牌子。市本级有各类编制283名，较改革前增加编制130名，划转人员97人；保留食品药品检验所、稽查支队、药品不良反应监测中心、培训中心4个事业机构，新设立投诉举报中心；继续在城市4区设立4个监管分局，新设12个城区中心所；5个县市均成立市场与质量监督管理局，新设42个乡镇（街道）监管所，各村（社区）基本配备食品药品协管员。

严综合治理，市场秩序持续好转

严把生产经营准入关。全面深化行政审批制度改革，顺利承接省局下放的14大类25小类38个单元的食品生产行政审批权。2015年，共受理办结许可事项428件，其中不予许可5件，生产经营许可得到有效控制。

稳步推进药品GSP和GMP认证工作，完成GSP认证1211家，现场认证不予通过13家，依法公告注销105家。

大力开展专项整治。以“规范一批经营单位，打击一批违法行为，解决一批突出问题”为总体目标，集中开展小餐饮、小食品、小作坊、小门诊、酒类等五项整治，检查各类食品生产经营单位9585家，责令整顿2852家，捣毁非法制售经营窝点9个，查扣不合格食品1682.92公斤、不合格酒类1003瓶，立案98起，涉案金额共计724.25万元；检查各类小药店、小诊所1671家，责令改正1014家，立案查处52件，涉案金额共计30多万元。

重拳打击违法犯罪。全市查办食品药品违法案件607起，涉案金额超3000万元，立案处罚金额583万元，涉刑案件17起。查处大案要案数量创历史之最，列入省局督办案件3起，列入省公安厅督办案件3起，刑事拘留52人。

强技术支撑，防控体系逐步完善

加强检验检测。市政府将原市物价局约5000平方米办公楼划作市食品检测中心，计划投入2000万元购置设施设备及实验室改造，致力于打造全省一流的食品药品检测中心。完成食品扩项1166项，食品检测项目、检测能力领先全省市州检测机构。全年完成检品1582批次，超额完成了省市食品药品抽验计划。围绕大宗消费食品开展600余批抽检，抽检出39批次不合格产品。

加强风险监测。全年完成2258个食品样品的监测，上报药品不良反应报告3849份，上报医疗器械报告数量1374份，上报药物滥用报告数量1807份，均超额完成省级目标任务。建立市县两级应急队伍和应急监测报告制度，市县一体的食品安全监测体系基本形成。

加强投诉受理。累计投入50万元，打造覆盖全面、市县联动的“12331”食品药品投诉举报平台，做到第一时间受理、第一时间处置、第一时间反馈。出台《株洲市食品药品违法行为举报奖励办法（试行）》，明确拿出100万元作为食品药品有奖举报奖金，激励群众积极参与食品药品安全监督。2015年，“12331”投诉举报中心共受理来电来访2205件，较2014年增加95.31%，其中投诉举报受理696件，办结率达100%。

重群防共管，共治氛围日渐浓厚

科普宣传更全面。2015年，投入30万元作为食品药品宣传专项经费，与市内主流媒体建立合作关系。组织省内外20余家新闻媒体召开“6·30”假郎酒案新闻通气会，获得社会极大关注。先后举办了“3·15”“3·31”“食品安全宣传周”“安全用药月”等一系列大型主题宣传活动；在《株洲晚报》上开辟专版普及食品药品安全知识；在两会、高考、端午节、中秋节、国庆节等重大活动和节日期间发布食品药品安全“温馨提示”，不断提升人民群众的安全意识和维权意识。

部门联动更深入。在市食药安委的统一领导下，联合市农委、市教育局先后开展农产品、学校食堂专项整治，均取得较好成效。与市公安局在全省率先成立公安局驻食药监局联络室，5县市公安部门均建立打击食品药品安全犯罪的专门机构，各区均成立食品药品安全执法中队，进一步凝聚打击食品药品违法犯罪行为的合力。

社会监督更主动。全年主动办理食品药品安全的人大建议、政协提案达15件，为历年之最。贯彻落实市人大科教文卫委食品安全问题审议意见书，着重解决审议意见书提出的9个方面主要问题。督促全市食品药品行业协会、学会主动向社会公众作出诚信宣言，不断强化行业自律，倡导诚信经营。

抓保障投入，监管基础更加牢固

加大财政投入。2015年，株洲市食品药品监管财政预算2600万元，增加预算600万元，另追加机构改革等专项经费1100万元，其中设立500万元食品安全专项经费，300万元药品安全专项经费。株洲市在食品药品监管方面的财政投入得到国务院食安办督查组的充分肯定，并作为经验做法上报国务院食安办。

改善执法条件。投入500万元作为机构改革专项经费，为新组建单位的基层监管机构添置新办公场地、新办公设备、新执法装备，进一步改善办公和执法条件。花费约200万元，为城区分局和基层监管所配备了12台执法执勤车辆。

摸清监管家底。部署食品药品“主体大普查、风险大排查、执法大检查、问题大清查”等“四查”工作，共普查录入食品药品生产经营主体32874户，统一张贴监管信息公示牌2274家，处置风险隐患2554处，下达责令改正通知书3359份，查办违法案件198起，摸清“家底”，为日常监管奠定良好基础。（向章琳）

海关缉私

【概况】 中华人民共和国株洲海关业务管辖范围为株洲全境，现有关员25名。内设机构3个：办公室、综合业务科、监管科；驻外机构1个：驻醴陵办事处，业务管辖范围为醴陵市、茶陵县、炎陵县、攸县。

株洲海关深化关市合作，将服务“做实、做细、做到位”，全力支持和促进株洲开放型经济发展。2015年，株洲海关共审结进出口报关单2345份，同比（下同）减少6%；监管货运量40.1万吨，增长78.6%；货物进出口总值11.6亿美元，增长45.2%；新办理企业注册备案98份；税收入库7.85亿元，增长17%。

全面开展关地合作。6月，促成长沙海关关长黎对贞一行到株洲调研，并与市政府签署合作备忘录，出台12项专项政策，大力支持株洲市开放型经济发展。此外，黎对贞还针对株洲市政府提出的5个方面请求，一一给予回应，与企业开展座谈，现场解答所提问题，帮助解决了硬质合金出口归类等10余个问题。成立炎陵县海关工作站。深入开展株洲县域经济调研，与炎陵县沟通，提出成立合作工作站的建议，定期为企业开展海关业务培训，指导办理海关业务，宣传优惠政策，推广外贸成功经验，解决外贸发展难题。10月14日，株洲海关与炎陵县签订合作备忘录，成立全国第一家“海关工作站”，在没有增加海关人员编制和经费的前提下，延伸海关服务触角，实现“一对一”的贴身服务，真正将海关服务送到了企业家门口，成为炎陵招商引资的金字招牌。得到了总署和总关领导的认可。积极协助招商引资。参加了东盟商品展销会调研和第118届广交会。

积极参与特殊监管区域和物流平台建设。对接株洲市委市政府提出的需求，多次组织保税物流中心建设、港口建设、物流发展三位一体建设的专题调研。全程参与和推动保税物流中心（B型）的申报工作。从申报方案的制定，到申报材料（提纲）的起草和审核把关，再到省政府和海关总署审批环节，株洲海关全程协调，配合支持，得到市领导和相关部门的多次肯定。株洲保税物流中心（B型）成功通过由海关总署牵头的四部委联合批准。全力协助株洲市做好铁路口岸建设工作，大力推动醴陵公路、铁路海关监管场所建设，积极疏通醴陵到深圳的“铁海联运”通道，大力开拓醴陵至宁波的“铁海联运”通道，积极呼吁湘渝新欧快线延伸至株洲，进一步将株洲“铁通中国”的优势发展至“铁通天下”。

积极建言献策，力促株洲外贸发

展。针对株洲市对新一轮对外经济贸易发展机遇抓得不准、发展对外经济贸易的合力还不强等薄弱环节，株洲海关精心组织课题研究和调研分析，多次提交报告、建议。向市委、市政府报送的株洲外贸经济发展形势分析、对策研究及产业发展相关建议均被地方政府采纳和具体推动落实。向市委、市政府编发《海关要情》10期，及时编发和报送轨道交通、航空动力等相关海关重要统计分析文章18篇，对相关产业的外贸发展提出针对性的意见和建议。

全力优化通关环境。推进落实海关总署推行区域通关改革，帮助重点进出口企业基本实现在株洲属地报关，节约报关运输成本。实行税费电子支付、税收总担保和集中纳税等优惠政策，株洲海关区有电子支付企业18家，税收总担保备案企业2家，集中汇总纳税企业备案1家，2015年，电子支付的税单比例达88.3%，提高了通关效率。加强企业分类管理，让企业享受海关便捷通关服务。株洲高级认证管理企业5家，一般认证类企业总数48家，在全省各地市名列第一。

大力支持株洲企业快速发展。全面落实国家各项税收优惠政策。对市政府确定重点支持的优势产业、重要的招商引资项目，实行下厂宣讲、现场办公、跟踪服务、依法减免，确保国家税收优惠政策落实到位。2015年，为株洲企业审批减免税507批次，减免税款9800万元。切实为企业减负增效。加大简政放权执行力度，实行“一个窗口”制度，规范和完善业务审批程序，强化办事时限，提高工作效率。落实文件政策，优化重大技术装备货物担保审批流程，推出凭保进口货物实施总担保措施，简化了办理手续。每票货物至少减少2次三级内部核批，业务办理从原来的1小时缩短至最快10分钟。切实解决企业实际困难。加强与上级海关沟通，促进国家调整部分硬质合金商品出口退税率，有6项硬质合金产品出口退税率由9%提高到13%，该政策将惠及株洲50多家硬质合金进出口企业，在不增加地方财政负担前提下，每年将为株洲企业增加近2000万元的出口退税政策补贴。

全力维护市场公平竞争环境。2015年，株洲海关办结稽查8起（常规稽查6起，专项稽查2起），其中移交缉私3起，案值8258万元；办结保税核查5起，其中查发3起，补税8.5万元；办结行政案件3起（含简单案件2起），案值956万元，涉税68万元，罚款入库16.4万元；移交涉嫌走私、违规线索7条，案值1.54亿元。有力地打击了走私违法犯罪行为，规范企业管理，维护了正常的净出口环境。

（张卓贤）

【署长于广洲率督查组到株洲督查】 6月7日，署长于广洲率国务院第十督查组在株洲督查重大政策措施落实情况，前往南车株机、时代电气调研，对株洲市推动国家重大战略和重点扶持项目发展的做法成效予以肯定。长沙海关关长黎对贞等陪同调研。

（张卓贤）

【株洲市政府与长沙海关签订合作备忘录】 6月15日，株洲市人民政府与长沙海关签订“共同推进株洲市开放型经济发展”合作备忘录。市委副书记、市长毛腾飞和长沙海关关长黎对贞分别代表双方签字。签约仪式上，黎对贞高度评价株洲市委、株洲市政府对海关事业发展的大力支持，表示长沙海关将积极做好工作，为株洲市经济社会快速发展做出更多贡献。毛腾飞市长希望双方进一步深化合作，共同推进海关事业与地方经济快速发展，实现互利共赢。根据备忘录，双方将通过建立会商和联络协调、信息共享交流、干部双向交流机制和设立县区海关联络服务办公室等方式，进一步建立和完善合作机制，逐步完善多层次、宽领域和经常性的沟通平台，不断提升合作水平，共同推进株洲市扩大开放。（张卓贤）

出入境检验检疫

【概况】 2015年，株洲出入境检验检疫局共受理出入境货物报检5784批、38336.9万美元，同比批次下降13.74%、货值下降23.27%，其中出境货物报检5172批、30692.7万美元，同比批次下降10.18%、货值下降7.24%；入境货物报检612批、7644.2万美元，同比批次下降35.37%、货值下降54.71%。包装鉴定4125批、830万件，同比批次下降7.72%，件数减少31.1%。受理集装箱报检5830个标柜。签发各类检验检疫证单10293份、电子通关1662份。签发各类原产地证书7131份，签证金额1.42亿美元，签证份数同比增长37.48%，签证金额同比增长6.06%，其中各类优惠原产地证书2146份、5926万美元。

（李东芝）

【实验室能力建设】 2015年株洲出入境检验检疫局加强实验室建设，8月完成实验室改造，11月1日成功通过CNAS组织的实验室认可、计量认证和食品检测机构资质三证现场监督评审。全年实验室检测各类样品568批，2211项。（李东芝）

【有害生物及疫情疫病监测】 2015年，株洲出入境检验检疫局在出口果蔬种植基地等区域设置实蝇监测点53个、扶桑绵粉蚧监测点6个、斑翅果蝇监测点6个，捕获各类食蝇1208头；截获进境有害生物51批次15种类，其中截获检疫性有害生物假高粱、苍耳（属）（非中国种）21批次。成为湖南出入境检验检疫局系统首个截获南方三棘果和首个在进境粮谷中截获假高粱的分支机构。（李东芝）

【实行通关业务一体化】 2015年，株洲出入境检验检疫局被纳入湖南出入境检验检疫系统“长江经济带检验检疫通关业务一体化”试点。6月18日，实现符合条件出口产品在长江经济带“出口直放”和“通关单无纸化”。11月9日全面实施“湘粤出口直放”。11月20日实施全国检验检疫通关一体化。（李东芝）

【大力推行无纸化报检】 2015年，株洲出入境检验检疫局大力推行通关单无纸化模式，已有12家企业获得无纸化报检资质，全年无纸化申报比例占总报检量的53%，产地证无纸化申报数量占签发总数的75%。（李东芝）

【帮扶企业出口】 2015年，株洲出入境检验检疫局主动作为，积极帮扶辖区企业出口。为南车株机出口马其顿的动车组部件进口提供便利，并配合企业掌握TSI（欧洲铁路互联互通技术规范）等标准和认证要求，助推中国自主研发生产的动车组首次进入欧洲市场，世界最快的米轨动车在马来西亚成功运行。允许北汽株洲公司采取“产地散件发货、口岸拼成整车”的出口方式，极大降低其出口物流成本。对株洲湘春农业科技公司予以政策支持和工艺改进、重金属控制等方面的技术指导，促进其从季节性加工作坊向全年生产加工型企业转变，出口蕨菜产品占领韩国市场份额15%。

（李东芝）

【探索出口质量建设】 2015年，株洲出入境检验检疫局大力推进出口质量建设。开展专题调研，撰写并向湖南出入境检验检疫局报送支持株洲自主创新发展建议，部分被采纳进《质检总局关于支持长株潭国家自主创新示范区建设的意见》；与洞口县政府签署《关于推进洞口县出口肉制品质量安全示范区建设合作协议》，稳步推进质量安全示范区建设；与相关部门沟通，中车株机被株洲市政府、湖南局向总局推荐申报“中国出口质量安全示范企业”，有望成为第一个获此殊荣的湖南企业。（李东芝）

资产经营企业选介

株洲高科集团有限公司

【概况】 株洲高科集团有限公司（简称“高科集团”）是高新区管委会1999年出资成立的国有独资企业，主要负责河西示范园的开发建设，拥有土地一级开发权、经营权和收益权。公司设行政管理部、党群办等12个职能部室，下辖全资公司8家：株洲高科发展有限公司、株洲高科房地产开发有限公司、株洲高科建设工程有限公司、株洲汽车园投资发展有限公司、株洲高科汽博园开发有限公司、湖南园创企业管理服务有限公司、株洲高科火炬非融资性担保有限公司、株洲高科物业管理有限公司；控股公司9家：株洲汽车园经营管理有限公司、株洲高科企业孵化器有限公司、湖南高科时代发创投资管理有限公司、湖南高科发创智能制造装备创业投资有限公司、株洲高科火炬资产管理有限公司、株洲高科火炬非融资性投资担保有限公司、株洲正融投资有限公司、株洲高科火炬信息服务有限公司、株洲高科火炬创业服务有限公司；参股公司7家：株洲钻石切削刀具股份有限公司、株洲中车时代高新投资有限责任公司、株洲市美的高科房地产发展有限公司、湖南新能源创业投资基金、湖南省广信创业投资基金有限公司、湖南弘高高科投资管理有限公司、湖南弘高高技术服务创业基金。公司业务涉及土地开发、工程建设、商住房产、工业房产、企业孵化、创业投资、金融服务、物业管理等领域，形成土地开发、园区综合配套、创新创业综合服务三大平台。

截至2015年年底，公司注册资本20亿元，总资产314亿元，净资产138亿元，实现营业收入17亿元，净利润3亿元。公司拥有员工346人。

（王文武）

【融资工作】 拓宽融资渠道，优化融资结构。2015年获得融资审批额度118.03亿元，融资到位62.03亿元，实现协会AA+信用评级。先后通过发改委、交易商协会、证监会发行企业债10亿元、短融10亿元、公司债8亿元。（王文武）

【土地开发】 完成投资40.8亿元，批回用地指标189.9公顷，完成征地拆迁237.47公顷，平整土地162.87公顷，新建道路11公里，续建道路14公里；土地挂牌135.20公顷，营销土地69.27公顷，收回广洋闲置地6.93公顷并安排新项目入驻，完成中都物流、紫金科技、元创精密等5家企业的交地。（王文武）

【项目建设】 动力谷自主创新园（一期）北片区8月底正式开园，南片区全面启动建设；万丰湖基本建成蓄水；北汽二工厂12月底顺利开工；汽车博览园3家4S店开业、6家4S店及汽车交易中心开工建设；S330项目长2公里，6月启动，半年时间完成报批、征拆、施工，元旦通车；新马学校12月中旬开工建设；总部壹号6月份投入使用，11月高科·总部壹号被评为“2014—2015年度中国建设工程鲁班奖”，成为株洲地区在近两年上榜的唯一项目；园创大厦（汽配园D15）完成主体封顶；新马金谷1.2期2栋、2.1期（共12栋）11栋完成主体工程，三期商贸总部9栋启动建设；慧谷阳光二期交房，三期主体封顶；万丰上院·左岸完成1栋主体封顶、2栋6层主体。（王文武）

【金融投资服务】 金融方面，科技银行在贷授信余额2.05亿元，其中浦发11370万元，建行6405万元，邮政3088万元。投资方面，完成商砼物流、汇升生物、四兴机械、方心科技四个项目投资实施，投资金额5800万元。

（王文武）

【新设子公司】 湖南高科园创企业管理服务有限公司，成立于2015年9月，注册资金12500万元，是高科集团的全资子公司，是园区综合服务和轻资产运营管理平台。公司整合与拓展高科集团下属的各项轻资产类企业服务，重点推进创新、创业类企业服务，逐步建立起集成式服务的业务标准、管理模式，实现业务扩展，全力向资本市场迈进。株洲高科火炬信息服务有限公司，成立于2015年10月，注册资本200万元，是由株洲高科集团有限公司控股，联合湖南方心科技有限公司、湖南易通科技有限公司和上海巧房信息科技有限公司共同打造的一家专业信息化服务和互联网咨询公司。株洲高科火炬创业服务有限公司，成立于2015年11月，注册资本100万元，是由株洲高科集团有限公司控股，联合湖南今朝会创业服务有限公司和湖南智尚科技发展有限公司共同打造的一家专业信息化创业服务公司。（王文武）

【S330（高科段）快道开工】 2015年6月6日，连接武广高铁株洲站与沪昆高铁韶山南站之间的城际干线S330高科段（武广高铁株洲站至沪昆高铁韶山站）开工。S330项目位于长株潭“两型社会”建设核心区南部，是连接武广高铁株洲站与沪昆高铁韶山站之间的城际干线，已纳入省“十二五”国省干线公路网规划及2015年省重点建设项目范围。其中，S330（K2+457.88 ~ K4+426.381）段由高科集团负责建设，项目总占地面积约17.47公顷，拆迁建筑物约4585平方米，项目总投资约33147万元。项目设计里程为1969米，含55米桥梁一座，通道2处，涵洞4处；路幅宽度为60米，主路双向六车道，两侧辅道双向两车道。（王文武）

【首届株洲高科项目联展会开幕】 2015年6月29日，首届株洲高科项目联展会开幕式暨总部壹号入驻仪式在高科·总部壹号前坪举行。首届株洲高科项目联展会是由株洲高科集团独立举办的一场地产领域品牌盛会，也是株洲高科集团携全体子公司以及品牌项目的首次亮相。联展会为期两天。期间，高科集团旗下商住地招商、精装写字楼、工业厂房、工业别墅、精品住宅等10大类产品进行了集中展示。（王文武）

【非公开公司债发行】 2015年7月14日，株洲高科集团的8亿元非公开发行公司债券通过深圳证券交易所审核。8月6日募集资金一次性到账，该债券发行利率为5.9%。本期非公开发行公司债券主要用于补充流动资金、偿还公司债务，调整负债结构。（王文武）

【中国动力谷自主创新园开园】 2015年8月31日，中国动力谷自主创新园正式开园，众创空间、标准厂房、咖啡屋等投入使用。市委书记贺安杰宣布中国动力谷自主创新园开园，并与市委副书记、市长毛腾飞，中国科学院谭铁牛院士，中国工程院刘友梅、尹泽勇、丁荣军、桂卫华、宋君强等院士为中国动力谷自主创新园开园推杆开幕。市有关领导以及清华大学、北京航空航天大学等院校、城市4区、市直相关部门、有关高新技术企业等单位负责人参加开园仪式。中国动力谷自主创新园位于长株潭“融城”核心位置，是中国动力谷引进和培育企业研发机构的核心载体，总用地面积358.80公顷，总投资超过200亿元，遵循“生态、人文、科技”建设发展理念，致力营造“山、水、林、园”于一体的生态研发与生产环境。项目一期占地66.67公顷，建筑面积100万平方米，主要包括“一圃两器三中心”，即创业苗圃，孵化器、加速器，研发中心、公共技术中心和管理服务中心。2015年，园内已签约引进创新创业项目13家，高校办事机构14家，平台机构12家。（王文武）

【北汽二工厂建设启动仪式】 2015年12月29日，北京汽车株洲基地二工厂建设启动仪式举行。省委副书记、省长杜家毫出席仪式并致辞，副省长张剑飞出席，北汽集团党委书记、董事长徐和谊致辞，市委书记贺安杰讲话，市委副书记、市长毛腾飞主持仪式。启动建设的二工厂，占地面积116.7万平方米，规划年产能30万辆，整车、相关零部件及物流总投资超过60亿元，年直接经济效益在210亿元以上。（王文武）

【株洲首届众创论坛成功举办】 2015年12月21日，株洲首届众创论坛在株洲市天元区中国动力谷自主创新园新动力咖啡拉开帷幕。本次交流会由株洲高科集团有限公司和株洲高新区动力谷科技创新服务中心指导，株洲高科火炬创业服务有限公司主办。本次论坛会邀请株洲市科技局李建荣副局长、株洲市经信委万晖副主任、株洲高新区动力谷科技创新服务中心鲁俊主任进行创业指导。来自不同行业的创业者与投资人代表出席了本次论坛会。（王文武）

株洲国有资产投资与控股集团有限公司

【概况】 株洲市国有资产投资控股集团有限公司注册资本10亿元。主要经营范围为：国有资产投资、经营；基金管理；企业经营管理咨询。公司内设综合管理部、董事会办公室、证券事务部、党群工作部、人力资源部等机构。2015年年末，集团公司本部在职员工114人，出资企业65家，其中全资子公司9家、上市公司6家。全年实现经营收入7.55亿元，利润总额7684万元。年末，公司资产总额142.82亿元，负债总额104.99亿元，净资产37.83亿元，资产负债率73.51%。

2015年，公司紧扣“产业发展和

金融服务商”功能定位，树立市场竞争意识、完善业务板块布局、加速改革重组落实，创新经营机制、强化项目运作、做大资产规模，为公司健康、持续发展奠定了坚实的基础。一是推进改革重组工作，优化整合资源。按照市委、市政府及市国资委要求，公司制定改革重组方案，确定“成立金融服务集团，重组产业发展、地产与旅游开发、园区建设与运营三个业务板块”的发展思路；顺利完成国投健宁公司移交公交公司工作；加快推进兴业公司、保安公司划入工作；探索建立股权投资退出机制。二是加强出资企业管理，夯实产业发展基础。加强参控股上市公司市值管理，促进科学发展；成立株洲市国投保税物流经营有限公司与株洲市国投创新创业投资有限公司两家全资子公司，拓宽经营领域；完善全资子公司考核体系，加强经营能力；加强出资企业和委派人员管理，提升管理效率；加强重点子公司内控审计核查，严格防范风险。三是积极开展项目和股权投资，善用机遇全面发展。围绕公司业务布局及株洲市重点项目，公司全年完成投资42.67亿元，增强公司发展后劲的同时为全市产业转型升级做出了重大贡献。四是强化融资工作，不断降低融资成本，做大公司资产规模。积极与金融、证券等机构开展合作，全年共筹集资金64.985亿元。其中发行票据融资17亿元，非公开发行债券融资30亿元，申请银行贷款12.985亿元，其他方式融资5亿元。年内，公司获“株洲市征地拆迁和房屋征收工作‘2015攻坚行动’先进单位”、市委法制办“2015年度诚信守法企业”等荣誉称号。

（刘守军）

【助力株洲轨道千亿产业】 2015年，公司全面启动轨道交通城项目工作：成功报批土地11.72公顷，征拆土地260公顷，完成投资11.29亿元；成功募集轨道交通产业基金30亿元，到位首批出资款17.5亿元；获得农发行25亿元项目贷款批复；成功实施路网工程PPP模式招标，引入社会资本方投入，成为株洲市首批成功实施的PPP项目；启动田林路二期B标建设，田心大道、中车大道、卧龙路、云霞大道正式开工建设。该项目在促进产城融合的同时，将引领轨道产业发展，打造株洲宜居宜业的项目标杆。

（李　姝）

【投资升级株洲洗水产业】 2015年，公司加快推进洗水工业园的投资和建设，全年完成投资1.1亿元，成功融资4.5亿元；年内一期工程进展顺利，标准厂房1号、2号、3号、4号、5号、6号楼完成封顶，预计2016年可完成主体工程建设。项目建成后，将极大地保护株洲的生态环境，推动株洲服饰产业转型升级。（李　姝）

【出资组建保税物流公司】 2015年，公司出资5000万元设立全资子公司株洲市国投保税物流经营有限公司。该公司以株洲铜塘湾保税物流中心（B型）项目申报、建设为龙头和突破口，切入现代物流业务，将与株洲铁路物流园及长株潭现代物流中心项目一道，联合打造株洲大物流格局。（李　姝）

【出资组建通用航空公司】 2015年，公司出资1.2亿元参与组建株洲通用航空产业发展有限公司。年内完成机场项目48.8公顷土地征拆工作和航站楼土方施工；完成项目选址意见书、用地规划许可证、施工图审查备案、总图评审工作，完成项目施工、监理招标。该项目是株洲市重要的通用航空基础设施项目，将带动和引领株洲相关产业的快速发展。（李　姝）

【加强上市公司市值管理】 2015年，公司出资4.24亿元参与千金药业、天桥起重两家上市公司定向增发；出资2.32亿元通过二级市场增持两家上市公司股票。公司在千金药业、天桥起重的持股比例分别由20.21%、22.32%增至26.39%、25.59%，进一步巩固了公司在两家上市公司的控股地位。出资10亿元参与国海证券定向增发，增发完成后，公司持股比例为4.36%。出资1740万元通过二级市场增持株冶集团股票，增持后，公司持股比例由0.2%增至0.38%。适时处置潍柴动力、国海证券股票，实现收益6.1亿元。

（李　姝）

【加快推进农商行筹建工作】 2015年，公司积极参与和支持株洲农商行重组工作，完成了市城郊联社、市天元联社的清产核资和整体资产评估，在对所有资产进行重估增值的前提下，筹建工作各项指标已基本达标。

（李　姝）

【增资株洲丰叶担保】 2015年，公司向株洲丰叶担保有限公司增资5亿元，增资后，公司持股比例由47.78%增至75.24%，丰叶担保注册资本由4.5亿元增至9.5亿元，担保额度大大提升，为株洲市中小企业融资担保提供强有力支持。（李　姝）

【加强基金运作与管理】 2015年，公司出资2亿元设立全资子公司株洲市国投创新创业投资有限公司，作为株洲市中小企业创业成长基金的投资主体，着力解决中小企业融资难题；出资175万元组建株洲科创创业投资有限公司，发起组建“国家科技成果转化引导基金株洲市创业投资子基金”，重点扶持创业期新型中小企业。2015年完成总规模1.35亿元株洲科技创新创业投资基金的前期申报工作。

（李　姝）

【统筹推进土地开发】 2015年，公司成功取得水竹湖综合开发用地范围内10.67公顷项目用地和10.4公顷土地的农用地转用、土地征收审批单；完成水竹湖片区综合配套储备用地项目二一期16.8公顷土地及天元区文体艺术中心、安置小区29.87公顷土地征拆工作。以全资子公司水木公司为开发运作平台，在云龙示范区摘牌20.8公顷土地，为云龙新城有关产业园区项目作配套；策划了“水沐春风”高端房产项目，完成一期项目立项工作、设计方案等前期工作。以方元公司、洗水工业园公司、玉城置业公司、云龙总部经济园公司等为运作平台，加快推进工业园区建设。（李　姝）

【成立文化艺术品线上交易平台】 2015年，公司全资子公司株洲市产权交易中心有限公司策划的文化艺术品互联网交易平台已基本搭建完成，该平台上线将有力推动文化艺术品市场的发展，产生较好的社会效益和经济效益。（李　姝）

株洲市城市建设发展集团有限公司

【概况】 株洲市城市建设发展集团有限公司是经市政府批准并出资设立的国有独资大型城建类企业，由市政府授权市国资委履行出资人职能，注册资金40亿元。公司经营范围涉及城市基础设施投资建设、片区开发、公用事业投资经营、城市资源开发经营、微金融等五大板块。截至2015年年底，公司总资产规模549亿元，信用等级为AA+级，是株洲目前资产规模最大、信用等级最高的政府投资类企业。集团下辖19家子公司，其中包括株洲市城发集团建设开发有限公司、株洲市武广新城建设有限公司、株洲市城发集团房地产开发有限公司、株洲市凤溪建设开发有限公司（开元公司）、株洲市管线资源经营有限公司、株洲市城市建设投资控股有限公司、株洲市棚改投资有限公司、湖南省国信财富融资担保有限公司、株洲市城市建设发展集团置业有限公司、湖南省国信融资担保有限责任公司、株洲市天元区国信财富小额贷款有限公司、煤气公司等12家核心子公司，株洲市自来水有限责任公司、株洲市城市排水有限公司、株洲市政建设有限公司、株洲市湘江大桥维护管理有限公司等4家授权型子公司，株洲市公共交通有限公司、株洲市行政资产经营有限责任公司、株洲市水务发展有限公司等3家分权型子公司。

2015年，集团本部和集权型子公司完成融资124.28亿元，完成投资52.93亿元。

创新驱动发展，助推公司转型升级。推动公司改革重组，完成三年经营规划和“十三五”规划编制，为集团公司转型发展提供了方向指引和决策支持。转变建设模式，打通社会资本进入通道，探索PPP+EPC建设模式，推动铁东路核心段、酒埠江生态旅游等PPP项目实质性落地。完成类金融板块布局，先后成立国信小贷、国信资管公司，为集团对接资本市场奠定了基础。推进人力资源及薪酬制度改革，探索人才竞聘上岗新模式，为公司转型发展提供了人才支撑。

拓宽融资渠道，千方百计筹措金。强化公司信用能力，夯实融资基础。公司信用等级从AA提升到AA+，成为湖南省非省会城市政府投资公司唯一的一家AA+企业。信用提升后，可为公司后续融资降低近50BP成本，每年可节约近五千万的融资成本；清理政府性债务，积极对接财政置换债券资金。最终确认政府性一类债务85.6亿元，2015年已置换7.3亿元，极大地减轻了公司历史债务压力，为公司可持续融资释放了空间；创新融资方式，多方筹集资金。在政策性贷款方面，积极对接国开行，棚改项目获批45亿棚改资金；积极争取棚改、枫溪地下管廊、污水处理厂专项建设基金2.5亿元。在股权式融资方面，对接长沙银行设立20亿元的棚改基金。在土地经营部和城投控股公司成功办理12.6公顷国有土地出让证的基础上，对接建行设立20亿元的城市发展基金。在直接融资方面，通过证监会发行20亿元非公开公司债，通过交易商协会发行8亿中票、7亿短融，全年完成融资124.28亿元，再创历史新高。

推进项目建设，促进城市扩容提质。2015年公司强力推进各项政府性项目建设进度。年内建成项目3个，新开工项目13个，完成前期项目10个。其中，火车站改建、有轨电车、物流西路、铁东路（新华路—白石港路）等项目前期工作扎实推进。湘江六桥、七桥整体形象进度过半；城际铁路株洲段白马垄、时代、云龙、七斗冲站配套工程已于9月29日开工建设；全市第一个采用PPP模式建设铁东路核心段项目已于12月17日开工建设；武广湘潭联络线达到省、市政府要求通车的目标；芦淞路铁路涵洞、栗雨南路、站前北路顺利建成通车；东环北路二期、长江西路按计划完成任务。（陈　辉）

【全国城投联络会2015年信息工作会在株洲召开】 5月26日，中国城发城投研究会暨全国城投公司协作联络会2015年信息工作会在株洲召开。全国96个会员单位近200余名代表齐聚一堂，共同交流投融资经验、探讨行业难点、沟通热点问题。全国城投协会秘书长王晨艳作2014年信息工作总结及2015年意见报告。会议表彰2014年信息工作先进单位和先进个人并由获奖代表交流发言。时任集团公司董事长武忠就集团公司转型发展经验作了分享交流。中国现代集团总裁丁伯康博士作《新常态城投公司的债务化解和发展转型》专题讲座。此次信息工作会对于加强各城投公司交流投融资经验、反映行业难点、沟通热点问题具有重要的意义。（陈　辉）

【株洲市城市建设发展集团置业有限公司正式成立】 8月5日，株洲市城市建设发展集团有限公司完成对株洲市金麟房地产有限公司剩余50%的股权收购，公司变更为株洲市城市建设发展集团置业有限公司，注册资本2000万元。是一家主要从事房地产开发、经营，并集房屋租赁、建材营销为一体的综合性房地产开发企业。股东为株洲市城市建设发展集团有限公司和株洲市城市建设投资控股有限公司。（陈　辉）

【芦淞路铁路涵洞改造竣工通车】 芦淞路铁路涵洞改扩建工程于2014年5月20日正式开工，2015年7月31日竣工开放。改造前的涵洞，通行区域净宽14.4米，双向四车道，却承担了23%的跨铁路交通量，高峰时每小时通过车辆达到4468辆。加上涵洞与周边道路交叉口距离较近，机动车、非机动车、行人混行，行车秩序混乱，成了河东片区严重的城市交通拥堵点。改扩建完成后，芦淞路铁路涵洞原有的单孔框架变成四孔框架，双向两车道改造成机动车、非机动车、人行道分离的双向六车道，通行净宽扩建到32.5米。彻底解决了涵洞交通拥堵的问题，同时也缓解了周边地区的交通压力，赢得了广大市民的好评。（陈　辉）

【铁东路核心段正式开工建设】 株洲市铁东路核心段PPP项目新建工程（新华路—石宋大道），位于荷塘区境内，北至新华路，南至石宋大道，紧邻株洲火车站和芦淞大市场，穿越南岳岭棚户区，处于铁东路的中心位置，位于株洲市的中心城区，是株洲市老城区棚改项目，也是城铁株洲段株洲站配套工程和株洲市第一批以PPP模式建设的城市基础设施项目。道路全长约1.6千米，建设内容主要包含道路、桥梁、地道等工程，项目概算总投资8.93亿元。株洲市铁东路核心段PPP项目新建工程，有利于完善株洲市城市道路体系，缓解中心城区交通压力；有利于提升即将建设的株洲火车站城市综合体服务能力、打造长株潭半小时经济圈。该项目采用PPP模式建设，利用了社会资本，有效缓解了政府建设资金压力，推动了城市基础设施建设步伐。工程于2015年12月17日开工建设，正式进入施工实施阶段，建设期限两年，预计2017年12月完工。（陈　辉）

【S330武广连接线项目半幅通车】 2015年12月30日，S330武广连接线项目完成了半幅顶层沥青砼及标志标线施工，实现了半幅通车目标。S330武广连接线湘芸路至京港澳高速公路段（含京港澳跨线桥）全长2.45公里，含跨武广高铁、京珠高速的桥梁各一座，其中跨武广高铁进行桥梁施工在湖南省尚属首例。项目预算总投资39906万元。

该项目得到了市政府的高度重视，成立了市一级的协调指挥部，及时协调、处理征地拆迁以及施工过程中存在的各种重大问题。集团公司更是将本项目列为今年的“一号建设任务”，要求举全公司之力确保年底通车目标的实现，抽调了由总工程师李云华、原分管建设副总经理王安牵头的一批业务骨干组成优秀的项目管理团队，对项目建设实行专业化、科学化、精细化管理。

2015年5—12月，项目完成总投资22595万元，其中征地拆迁投资8290万元，工程形象进度产值14000万元，其他投资305万元，顺利实现项目当年年底通车目标。（陈　辉）

【东城大道城区段开工建设】 2015年12月31日，东城大道城区段开工建设。该路段由迎新路、铁东路900米段两个子项目组成，概算总投资54190万元，建设期两年，计划2017年年底竣工。其中，迎新路西起铁东路，东至南华路，对接机场大道，全长1200米，双向6车道，路幅宽34米，设置两座跨枫溪港桥梁。工程概算36705万元；铁东路900米段北起江渌路，南至迎新路，全长990米，路幅宽40米，双向六车道，上跨枫溪港处梁桥一座，工程概算17485万元。东城大道城区段的建设将完善芦淞区南部交通骨架路网及航空城内外交通路网的构建，对加快芦淞区特别是航空城、服饰城的发展具有重要作用。（陈　辉）

湖南天易集团有限公司

【概况】 2015年，湖南天易集团有限公司深入实施市委、市政府“南向发展”战略，率先启动天易科技城自主创业园项目开发建设，实现长城电脑株洲基地项目的签约入驻。成功引进港资，顺利完成神农太阳城商圈整租。衡山路已竣工通车。全面完成神农太阳城北区及神农文化休闲街建设，基本完成神农大剧院、神农艺术中心工程建设等。截至年底，公司资产总额230亿元，净资产107.6亿元，资产负债率53.1%。总收入15.9亿元，净利润3.2亿元，税收1.3亿元。全年融资授信104亿元，融资到位61.2亿元。实现增收节支3500万元。

抓政策融资机遇，确保公司运转安全。夯实融资基础。年初董事会对公司注资30亿元，公司注册资本增加到15亿元；资本市场融资到位18亿元（其中PPN15亿元、公司债3亿元），另获批企业债14.9亿元；争取国家政策性银行贷款16.7亿元，其中国开行4.7亿元、农发行12亿元；尝试平台公司现有投融资模式突破，推动与东方园林、中轨集团、中建五局和湖南建工等PPP模式项目合作，与平安银行、华夏银行、华融湘江银行等基金项目（名股实债）合作。

推进项目开发建设，夯实公司发展基础。11月底全面启动自主创业园项目一期建设，长城电脑株洲基地项目开工；神农城项目工程扫尾基本完成；推进月塘生态新城新建续建路网工程建设；完成衡山中路（原长江西路六七八街区）建设，并于12月举行通车仪式。

转变经营管理思路，推进公司转型发展。由资产经营向资产管理模式转变，引进香港高德公司整租神农太阳城商圈28万平方米，静态计算合同期内可收入27亿元，实现平均年租金、年税收1亿元以上，解决3000人以上就业。正式移交后每年可节省运营成本3000万元；做大做强二级子公司，将建设公司升级为建设发展公司作为自主创业园开发建设的主体，并对其注资11.06亿元，公司注册资本由2000万元增加到5.2亿元；组建自主创业园孵化器公司，着力将其打造为国家级园区产业综合性服务平台可向其他园区低成本复制的轻资产公司，将其培育成为未来上市的主体。

（唐　贝）

【神农太阳城商圈整租】 为确保国有资产保值增值和促进战略转型，公司结合神农太阳城商圈实际，提出将商圈整体出租，由资本管理向资产管理模式转变的经营思路。经公开招商甄选，香港高德置地控股有限公司成功入选整租合作单位。10月14日，举办神农太阳城商圈整租签约仪式，正式将神农太阳城南北区及神农文化休闲街（总建筑面积28万平方米）的商业物业整体租赁。此举在合同期内可收入27亿元，实现平均年租金、年税收1亿元以上，解决3000人以上就业。正式移交后每年可节省运营成本3000万元。

（唐　贝）

【天易科技城自主创业园项目建设】 将天易科技城自主创业园项目作为株洲向南发展和未来产业承载的主阵地。在十个月时间内，完成项目规划、立项、报批和51.67公顷产业用地征拆等工作。11月底全面启动自主创业园项目一期及长城电脑株洲基地项目建设，启动33.33公顷土地平整和湘芸路、创业一路、响泉路及创智路部分路段建设。成功申报株洲市“146”工程和省“135”工程，并引入长城电脑100万台套/年和深圳贝尔信众创产业项目落户园区。

（唐　贝）

【衡山路竣工通车】 12月30日，天元区衡山路竣工通车。衡山路是株洲市总体规划的城市主干道，工程于2010年10月开工，西起湘芸路，下穿西环线，东接珠江南路，全长5.5公里，路幅宽60米，双向8车道，行车速度设计为60公里/小时。工程投资约3.4亿元，由湖南天易集团与市城发集团共同承建。衡山路与森林路、神农大道、湘湾路、昆仑山路、株雷路等相连。衡山路通车后，将有效缓解泰山西路交通压力，进一步缩短主城区和武广新城、栗雨工业园、新马工业园之间的距离，提高天元区路网的完整性。

（唐　贝）

株洲市地产发展中心（地产集团）

【概况】 2015年，株洲市地产发展中心（地产集团）收购国有存量土地17.20公顷，同比增长58.6%；批回新增储备土地61.07公顷，同比增长24.2%；实现融资36.75亿元，同比增长149%；开征续征储备土地64.22公顷，在全市平台公司征拆工作考核中获得满分，名列第一。同时，中心2015年成功发行16亿元城投类债券，所属今添公司被评为AA级公司，推动其向公众公司转型；年度土地储备融资超过长沙、湘潭等地，为全省规模最大。

项目建设顺利推进。水竹湖公租房全面扫尾，项目将于2015年上半年投入使用，可解决2000多户低收入家庭的住房困难问题。金山保障房进展顺利。一期已于12月完成项目主体建设。政和大厦持续推进。已完成新建部分主体工程结构和暖通、消防、弱电、幕墙施工，内部装修正在有序进行。江渌路顺利启动。项目征拆工作已于2015年年中完成，第二期工程于2015年6月动工，道路工程、铁路框架桥工程建设已全面铺开。

自主经营实现突破。龙母河水利综合开发工程，已完成株洲市龙母河生态新城开发有限公司的组建等前期工作，项目规划设计、开发范围、开发时序和总体目标已基本确定，相关融资工作正在有序推进。其中，交通银行15亿元融资已完成银行内部所有审批；华融湘江银行已明确39亿元的基金股权融资方案，取得总行投行部书面同意并通过该行投资决策委员会审批。泰山西路商业地产项目，已完成方案设计、项目报建，取得立项批复、土地证、建设用地规划许可证、建设工程规划许可证。

社会服务不断深化。积极开展市本级批而未供土地的清查工作，共清理出批而未供土地总面积4424.46公顷，占批准用地的47%。其中：非平台公司批而未供土地279.19公顷，占未供总量6.31%；14家平台公司批而未供土地4145.27公顷，占未供总量93.69%。服务全市各融资平台公司，为交发集团、高科集团、新芦淞集团等平台公司申办报批用地预审16宗，面积139.74公顷；办理高科集团、天易集团、新芦淞集团等平台公司申报用地规划蓝线38宗，面积309.12公顷，较好地保证了市本级经营性用地的报批。

（崔　戈）

株洲市湘江建设发展集团有限公司

【概况】 株洲市湘江建设发展集团有限公司（以下简称“湘江集团”），于2011年10月18日成立，是市政府批准组建的国有独资企业。截至2015年12月，公司资产总额150亿元，净资产81.8亿元。公司集团本部设6个部门，下属全资子公司9家，控股公司3家，参股公司2家。公司定位为“湘江流域株洲段沿线资源综合开发运营商”，主要业务包括湘江沿线资源综合开发、湘江流域治理、商业地产、旅游开发、粮食收储与经营等。

公司以湘江风光带旧城改造形成商业性资产为主体，以文化旅游和金融服务为两翼，拓展业务板块增加经营性资产，打造多个利润增长点。公司通过开放经营性项目股权，引入战略合作伙伴，广招人才，构建务实争先的赛马机制等措施，实现了滚动式发展，在完成公益性项目同时，实现战略转型升级。

公益性项目建设。打造精品工程、两型示范工程。主要有：湘江株洲城区河东段综合治理工程、建宁闸扩建工程、“三个中心”项目。

商业地产业。以株洲市旧城改造与城市提质任务为基础，引入商业战略合作伙伴，在旧城黄金码头开发建设城市商业综合体，打造一批经营性资产，为企业转型升级与城市公益建设提供强大资金支持。

金融服务业。以公司项目融资与基金为载体，与国内知名基金管理公司合作，充分集聚社会资源，投入到拟上市或商业潜在价值较大的项目，实现社会资本与商业资本的有效融合，开拓金融服务业新板块。

文化旅游业。以现有湘江风光带旅游资源为载体，立足株洲地域特色，开发岛屿资源，发展水上旅游、工业旅游、为壮大株洲旅游产业贡献自己的力量。

粮食收储与经营。以湖南神农米业有限责任公司、株洲军粮发展有限公司等为主体，做好国家粮食收储与经营工作。

2015 年，公司累计完成投资 13.12 亿元，其中公益性项目实现投资 10.99 亿元，经营性项目实现投资 2.13 亿元。

公益性项目中，湘江株洲城区河东段综合治理工程累计完成投资 9.8 亿元。项目成功拆除反修桥和彩虹桥；沿江路主车道一水厂至四桥段、桥梁厂至石峰大桥段建成通车；四桥至彩虹桥段征地拆迁工作基本完成，涉征 665 户，已完成 651 户，签约率 96.73%；自行车道一水厂至四桥段、神农公园至永利码头段、石峰公园至石峰大桥段已完成。“三个中心”项目累计投资 1.1 亿元，征地拆迁工作完成 80%，开工准备工作已经完成。

经营性项目中，文化旅游项目正以四桥码头、湘水湾亲水平台项目为试点，正式打造湘江两岸文化旅游项目。逐步建设湘江水上旅游客服中心和水上风情街，丰富经营业态，做活水上文章。（贺　舒）

株洲市云龙发展投资控股集团有限公司

【概况】 株洲市云龙发展投资控股集团有限公司于 2010 年 2 月 4 日正式挂牌，前身为 2009 年 6 月 11 日成立的株洲云龙新城投资有限公司，是株洲市人民政府为支持株洲云龙示范区“两型社会”建设而组建的国有独资企业，由株洲云龙示范区管委会领导和管理。主要承担株洲云龙示范区基础设施的投融资和开发建设、国有资源（资产）运营管理、土地一级开发、发展“两型”产业的任务。公司注册资本 5 亿元，截至 2015 年年底，公司总资产为 198 亿元，净资产 80 亿元。公司设立董事会、监事会、党委、纪委、工会及团委，下设 7 个部门，拥有 10 个全资子公司、2 个控股子公司、10 个参股子公司。有员工 158 名，其中各类专业技术和经营管理人才 85 名。

土地储备方面，根据株洲云龙示范区管委会的授权，按照土地平衡项目投资的原则，公司对湖南华强文化科技产业基地、云龙大道、龙母河水城等重点项目周边约 1000 公顷配套土地拥有一级开发权，对管线、加油站、户外广告、污水处理等资源拥有独立经营权。2015 年，项目征拆总面积 101.07 公顷，审核拨付征拆资金 38489 万元，完成交地 55.6 公顷，其中基础设施用地 11 公顷，储备土地 44.6 公顷。

积极探索多元化的投融资模式，拓宽融资渠道。通过银行、信托、BT、债券等多种途径，2015 年，实现融资 58 亿元，完成投资 16.7 亿元，确保公司平稳运行，为云龙示范区的开发建设奠定了坚实的经济基础。

着力理顺安置房建设管理机制，拓宽安置资金渠道，逐步解决安置遗留问题。2015 年，公司完成安置房续建 8.7 万平方米；新开工五星、龙升一期二批、马鞍、龙头二期、大丰有色低层联排共计 5 万平方米；完成大丰有色 22 栋，聚龙生态小区一期安置房和公租房共计 5.1 万平方米的竣工验收；完成投资 1.35 亿元。（施　璐）

【云龙大道竣工通车】 云龙大道是长株潭城市群城际主干道“洞株路”的株洲段，向北延伸至长沙市城区，向南与株洲市红港路相接，全长 17.4 公里，总投资 16.5 亿元，采用Ⅰ级城市主干路技术标准建设，设计速度为 60 千米 / 小时。全线采用 LED 节能灯照明，中央分隔带、机非分离带人行道侧及上下边坡全面绿化覆盖。该道路施工本着“以人为本、环保节能”的理念，在道路建设的节地、绿化、排水、照明工程等方面均树立了两型样板。云龙大道二期（老洞株路至长株两市接壤处）于 2015 年 6 月动工，11 月竣工通车。

云龙大道通车后，加快云龙示范区与株洲其他四区，长沙、湘潭两市的融城步伐，将打开株洲的“北大门”，成为长沙市东南部与株洲市北部区域的重要交通走廊，为长株潭三市一体化发展的东线——长株轴线的融城提速增添新动脉。（施　璐）

【公司子公司获首届湖南房企“诚信经营十强”】 2015 年 1 月 27 日，湖南省房地产业协会委托中国房地产测评中心，以企业规模、信用评级、资产规模、相对盈利能力、绝对盈利能力、销售增长能力等 19 个二级指标为标准，全面衡量全省 500 多家房地产企业的综合实力。历经 3 个月的测评，株洲市云龙发展投资控股集团有限公司旗下子公司株洲市云龙发展投资控股集团置业有限公司荣获“全省诚信经营十强”称号。（施　璐）

【聚龙生态小区顺利通过竣工验收】 聚龙生态小区一期（1—20 号楼）位

于株洲云龙示范区龙头铺镇龙头社区，是株洲云龙新农村建设投资发展有限公司于2012年4月开始建设，2015年12月22日竣工验收的安置项目。项目用地面积3.89公顷，总建筑面积47000平方米，包括两栋公租房在内共20栋，多层224套，联排22套，总投资8800万元，主要用于龙头社区133.33余公顷征拆的安置，属于云龙示范区三大攻坚行动的项目。

（施　璐）

株洲新芦淞产业发展集团有限公司

【概况】 株洲新芦淞产业发展集团有限公司是经株洲市人民政府批准，由芦淞区政府与株洲市国有资产投资控股集团有限公司共同出资组建，总资产10亿元，主要承担株洲航空城、服饰城土地一、二级开发、基础设施及配套建设、产业园区建设、商业开发、国有资源（资产）运营管理等职能，是市、区两级政府唯一授权统筹株洲航空产业城、服饰城投资开发建设的运营商和打造航空、服饰两大千亿产业的产业发展商。下辖株洲高新区董家塅高科园产业发展有限责任公司、株洲新芦淞服饰投资经营有限公司等17家全资、控股、参股子公司。

2015年，新芦淞集团各项工作卓有成效。全年实现融资到位14.3亿元；批回土地45.8公顷；资产总额突破50亿元。公司先后荣获“湖南省标准厂房建设突出贡献奖”“湖南省航空航天特色产业园”等荣誉称号。

报批出让取得新进展。2015年，公司在土地政策偏紧、土地指标不足形势下，新报、续报土地18宗、面积166.4公顷。产业用地方面，洗水工业园、罗特威直升机、北航小蜜蜂等6个项目用地实现出让；商住用地方面，德政储备地块一项目、二项目用地实现挂牌，央视动漫小飞龙，龙泉储备地块一等、二等商业用地取得实效；安置用地方面，罗塘安置房3.27公顷用地完成划拨手续，沙堤安置房一期、二期和道田安置房一期等3个项目基本完成供地手续。

项目建设获得新成效。2015年，公司强化项目的资金、组织、机制三重保障，推进项目建设。在道路建设方面，服瑞大道一期、外环路一期、创业二路延伸段、航空大道西延伸段、服饰二路延伸段等5条道路竣工通车；标准厂房、安置房方面，白关标准厂房1.1期投产，沙堤安置房一期、罗塘安置房1.1期竣工并实现部分交房；通用机场方面，航站区土方工程完成60%，飞行区清表完成70%。其他重点项目方面，推进服饰大道一期、机场大道一期一标段、航空大道望云路段、董航路、千亿大道、服瑞大道二期6条道路及道田安置房一期、沙堤安置房二期、龙泉安置房3个安置房项目建设。

招商推广呈现新状态。强化客户需求分析和招商工作定位。狠抓白关标准厂房招商，有30多家企业签约入驻，园区食堂园区服务中心正式运营；龙泉总部基地招商对接中建五局、复星集团和义乌商城集团等意向单位；公司土地招商工作，首次携优质地块参展第10届中国（深圳）城市土地展。强化产业推广和项目包装策划。成功参展第23届中国国际服装服饰博览会、广州白马服装采购节和湖南中韩经贸文化活动周，芦淞服饰品牌得到推广；成功参展张家界国际航空旅游节。

（刘　斌）

【新芦淞（白关）国际服饰产业园首批15家企业签约入园】 8月18日，新芦淞（白关）国际服饰产业园企业入园签约仪式在园区内隆重举行，勿用男装、晨洲诚服饰等首批15家优秀企业签订入园协议，其涉及服饰生产、面辅料生产、服饰机械等行业，投资总额约10亿元。

（刘　斌）

【株洲市芦淞区创新创业园区服务中心挂牌】 12月25日，株洲市芦淞区创新创业园区服务中心正式挂牌成立，该服务中心位于新芦淞（白关）国际服饰产业园内，其主要职责是搭建连接市、区两级政府与入园企业的桥梁，以服务入园企业生产经营需求为目标，为入园企业提供专业化的服务平台。

（刘　斌）

株洲市教育投资集团有限公司

【概况】 株洲市教育投资集团有限公司（以下简称“教投集团”），为市政府成立的国有独资公司。集团是市委、市政府明确的职教科技园建设经营服务商。根据市委、市政府工作部署，教投集团于2015年7月启动改革重组，跨入发展新篇章。集团设综合管理部、党群和人力资源部、融资财务部、战略规划部、资产运营部、工程建设部和审计合约部，下辖5家全资子公司即株洲市云龙房地产开发有限责任公司、株洲市就业创业资产经营有限公司、株洲职教城物业园林建筑工程有限公司、株洲市智谷信息产业开发建设有限公司、株洲市智慧谷建设开发有限公司；1家控股子公司湖南智谷焊接技术培训有限公司，以及2家参股子公司，即株洲新奥职教城能源服务有限公司、湖南中科智谷教育科技有限公司。

2015年，教投集团发展态势良好，全年完成投资10亿元，总资产达72.1亿元，全年增加资产11亿元。

（刘明策）

【重大赛事相继举办】 7月13—15日，湖南省第五届职工职业技能大赛在职教科技园开幕，省总工会党组书记、副主席刘革安，市领导阳卫国、王建之、赵文彬、何剑波参加开幕式。10月30日—11月1日，2015年中国技能大赛第五届全国职工职业技能大赛，“中国·株洲动力谷杯”焊工决赛在湖南（株洲）职业教育科技园隆重举行。

（刘明策）

【园区建设加速推进】 3月31日，市职业教育工作会议召开，会议明确2017年职教科技园基本建成目标。5月18日，常务副市长赵文彬、副市长毛朝晖主持召开职教科技园建设工作会议，研究市属三所职业院校整合方案并原则通过。8月6日，市长毛腾飞在教投集团召开职教科技园建设工作推进会议，专题研究职教科技园各项工作。9月21日，副市长毛朝晖在市政府二楼会议召开职教科技园院校建设工作协调会。（刘明策）

【企业实力不断增强】 8月27日，教投集团成功争取国家农发行13.5亿元政策性贷款。10月2日，集团与东莞中国科学院云计算产业技术创新与育成中心签订《湖南（株洲）职业教育科技园云智慧项目框架合作协议》，共组合资公司。12月9日，集团名称由“株洲市教育资产投资管理有限公司”正式变更为“株洲市教育投资集团有限公司”。（刘明策）

工　业

综　述

【概况】 2015年，株洲市工业战线坚持“稳中求进，好中求快”工作总基调，积极应对全国工业继续下行和清水塘企业搬迁改造的“双重挤压”，全力推进项目建设，倾心抓好企业服务，切实加强运行调节，全市工业经济实现平稳增长，并获评全省唯一、全国首批信息消费示范城市。

全年，全市完成规模工业总产值3305.5亿元，增长9.0%；完成规模工业增加值1086.8亿元，增长8.2%，增速高于全国2.1和全省0.4个百分点；实现规模工业主营业务收入3045.48亿元，增长10.6%，增幅是全国的17.6倍、全省增幅的1.6倍；实现利润总额144.8亿元，增幅在全国负增长形势下，增长6.6%，增幅是全省的22倍。

工业投资有增长。全年全市工业固定资产投资首次突破千亿大关，完成工业固定投资1112亿元，增长17.4%，环比提高2.2个百分点，高于全省平均增幅0.6个百分点。其中，工业技改投资902亿元，增长17.2%。一批重点项目加快推进。南车株机整机扩容、新品研发及产业化工程中的磁浮、不锈钢、超级电容、轨道交通装备三维工程化、储能式有轨电车等9个项目完成竣工。旗滨玻璃生产扩能项目完成投资10亿元，配套设施自氧站和仓库已建成，四条生产线生产正常，其中一线日熔化量800吨，二线日熔化量600吨，三线日熔化量500吨，四线日熔化量600吨，五线日熔化量600吨，已经具备点火条件。11月27日，年产200万台自主可控计算机的长城电脑项目落地建设；12月29日，投资超60亿元的北汽二工厂项目开工建设。

非公活力有增强。全年，全市规模以上非公有制工业实现增加值683.6亿元，增长10.4%，高于规模工业增速2.2个百分点，对规模工业增长的贡献率78.7%，拉动规模工业增长6.4个百分点。中小微型工业企业实现增加值737.8亿元，增长8.5%，高于全市增幅0.3个百分点，对规模工业增长的贡献率为71.5%，拉动规模工业增长5.9个百分点。

结构调整有成效。以轨道交通为代表的战略性新兴产业发展较快。轨道交通产业收入1003.7亿元，成为株洲市首个千亿产业。电子信息、医药制造分别完成增加值83.3亿元和27亿元，分别同比增长9.7%和13.9%，高于规模工业增幅1.5和6.7个百分点。清水塘老工业区企业搬迁改造步伐加快。株冶、中盐株化等已开展转移转型相关工作。全市万元规模工业增加值能耗下降率19.5%，高于全省7个百分点。

企业帮扶有亮点。深入实施工业“十百千”工程，协调解决608所周边通信基站建设等一批问题。向社会公布株洲市本级涉企经营服务性收费项目清单，切实减轻企业负担。启动实施“千家企业帮扶行动”，两批共走访企业1134家，梳理汇总有效问题909个。截至年底，已办结或反馈问题906个，正在处理的问题3个，办结反馈率为99.7%。已办结159个。扎实开展“百日惠企政策推送”活动，从1999年以来国家省市促进企业发展的500多个政策文件及法律法规中，筛选出153条惠企政策“干货”，通过手机短信、微信公众号等渠道，累计向企业有关负责人精准推送惠企政策“干货”115条，累计发送短信350多万条次，该项工作得到广大企业，国务院研究中心和国务院督查室领导的高度肯定。开通株洲市长热线——企业服务专线，建立企业反映问题的收集、交办、督办、考核和通报的常态化机制。自2015年8月5日试运行开通至年底，短短5个月时间，就接到966家企业咨询求助电话，其中当场答复727个，网上交办239个，办结202个。

产业对接有作为。牵头起草《株洲市先进硬质合金材料产业集群发展行动计划（2015—2020年）》等政策文件，开展IGBT应用及产业化等研究工作。积极主动抓好宏观政策和经济形势的分析研究，向市政府提出《中国制造2025》《关于积极推进“互联网+”行动的指导意见》的贯彻实施意见建议，得到市政府的高度肯定，并向全市进行推介。加强产业对接，国家首批93个智能制造专项项目中，湖南省入围的4个项目全部为株洲项目；湖南首批40个制造强省建设重点项目中，株洲占10个；湖南首批10家智能制造示范企业，株洲有4家企业入选。“株洲制造2025”首批40个重点建设项目发布，总投资达117亿元。

（邱　彬）

轨道交通产业

【概况】 2015年，株洲市轨道交通产业共有规模工业企业47家，其中主机企业6家。2015年，全市轨道交通产业收入突破千亿元大关（其中工业实现总收入907亿元，第三产业实现总收入96.7亿元），达1003.7亿元，成为株洲市首个过千亿的产业、全国首个轨道交通产业过千亿的地级市。其中中车株机、中车株洲所等6大主机企业实现总产值844.1亿元，占轨道交通产业总量的84.4%，中车株机和中车株所产值均突破300亿元大关，分别增长16.4%和25.5%。（雷学文）

【轨道交通科技城建设】 按照建设国际一流产业园区要求，提质老园区，拓展新基地，打破行政区划，在石峰区、云龙示范区规划建设轨道交通科技城。成立了轨道交通科技城发展有限公司，组建50亿元的轨道交通产业发展基金，为轨道科技城建设提供资金支持。启动建设田心大道、中车大道、卧龙路、云霞大道等重大基础设施，改造提升水电气、网络通信等原有基础设施，为轨道交通企业创造宜业宜居的良好环境。同时，加大项目供地力度，加快推动中车株机、中车株所、中车电机三大企业国际研究院，南车物流、联诚大部件制造基地等一批签约项目落地建设。（雷学文）

【技术创新再创佳绩】 根据轨道交通产业发展需求，引导设立公共研发平台，推进企业协同创新、产业链技术创新。建立国家轨道交通高分子材料及制品检测中心等公共服务平台；建立轨道交通产业技术创新战略联盟、株洲市轨道交通中小微企业技术转移综合服务平台等公共技术服务平台。全市拥有机车轨道牵引与控制国家重点实验室、变流技术国家工程中心等15家省级以上研发机构；拥有2名中国工程院院士，46名享受国务院特殊津贴，万余名轨道交通产业技术人才队伍。通过引进消化吸收创新，创造一大批具有国际影响力的科技成果。自主设计建造的国内首条、世界第二条8英寸IGBT专业芯片生产线竣工投产；世界第一台储能式电力牵引轻轨车辆、超级电容储能式100%低地板有轨电车成功投入运营；国内第一台中低速磁悬浮列车在长沙成功试运行；永磁高铁牵引系统通过首轮线路试验考核获评全国十大科技进展新闻；中车株机制造的动车组首次出口世界最高端的欧洲市场。在国家首批94个智能制造专项项目中，湖南省入围的4个项目全部为株洲的轨道交通产业项目；湖南首批40个制造强省建设重点项目中，株洲入围的10个项目有8个是轨道交通产业项目；湖南首批10家智能制造示范企业，株洲入围的4家企业有3家是轨道交通企业。（雷学文）

【轨道交通企业走出去发展】 重点支持中车株机、中车株所等企业走出去、引进来，加速全球化发展进程。7月9日，中国铁路装备首个海外制造基地——中车株机东盟制造中心在马来西亚正式建成投产。株洲生产的电力机车、城轨车辆、铁路货车和城市轨道交通产品，已出口北美、南美、东欧、东南亚和澳大利亚等70多个地区和国家，成为中国制造走出去的“代表作”。株洲电力机车产品已经占全球市场的27%，市场份额全球第一，株洲已成为国内最大的轨道交通装备生产基地和出口基地。株洲市轨道交通企业在大力开拓国际市场的同时，相继收购整合海工巨头英国SMD公司、德国博格公司。通过“走出去”战略，以及推进IGBT器件应用、新能源汽车等优质资源延伸产业，大力发展维保运营、工程总包和现代物流等产业，有力促进了产业链的完善，已形成产品研发—生产制造—售后服务—物流配套于一体的完整成熟的产业链条，成为国内最大的轨道交通装备产业发展集聚区。（雷学文）

【全省轨道交通产业合作对接会在株洲举行】 2015年11月27日，近百家企业齐聚株洲，参加湖南省轨道交通产业合作对接会。合作对接会上，中国铁建重工集团有限公司、中车株洲电机有限公司等企业共同签署湖南轨道交通装备制造产业联盟暨联合创新中心发起协议；中车株洲电力机车有限公司等企业签署硫化垫板采购项目、铸件采购项目战略、战略合作协议、轨道交通车体零部件产业配套项目、轨道交通车辆直线电机型式试验装置开发研制项目、产学研合作项目等8个合作协议。（雷学文）

【时代电气荣获“2015年全国电子信息行业领军企业”】 7月9日，中国电子企业协会公布“2015年全国电子信息行业优秀企业”名单，时代电气荣获“全国电子信息行业领军企业”称号。通过对传统电传动技术与高端电力电子、信息化软件技术的嫁接，时代电气确立了中国轨道交通牵引传动系统集成技术领军者的行业地位，核心部件进军相关电力、冶金、石油、工业传动和海洋装备等应用领域，形成了独有的技术创新体系和创新能力。（雷学文）

【国内首条中低速磁浮线试运行】 2015年12月26日，中国首条完全自主知识产权的中低速磁浮铁路在长沙开通试运行。长沙磁浮快线是国内首条具有完全自主知识产权的中低速磁浮商业运营示范线，也是目前世界上规划线路最长的中低速磁浮线路。长沙磁浮快线由中国中车株洲电力机车有限公司牵头自主研发，具有安全、噪声小、转弯半径小、爬坡能力强等特点，车辆在防火安全、隔音降噪、乘坐舒适性等方面达到国际标准，运行时无烟尘排放。中低速磁浮列车的成功研制，填补了中国中低速磁浮自

主知识产权的工程化和产业化运用领域空白，在世界中低速磁浮列车技术领域居一流水平。（雷学文）

汽车产业

【概况】株洲拥有北汽株洲分公司、南车时代电动、南方宇航工业有限公司3家整车生产企业。株洲有汽车零部件生产企业50多家，电动汽车传动系统、汽车齿轮、火花塞等关键零部件在国内占有重要地位。2015年，全市有汽车产业企业184家，其中规模以上企业29家，实现总产值129.8亿元，其中整车企业产值88.03亿元（北京汽车股份有限公司株洲分公司49.69亿元，湖南南车时代电动有限公司24.01亿元，南方宇航14.33亿元）；汽车零部件企业产值41.95亿元（其中，易力达5.3亿元，株洲齿轮有限公司15.27亿元，火花塞5.35亿元等），本地配套率为33%。（王 军）

【“百家零部件企业走进重点整车企业”活动在株洲北汽举行】6月24日，由省加速推进新型工业化工作领导小组办公室、省汽车工业发展领导小组办公室、省经信委共同主办的“百家零部件企业走进重点整车企业”系列活动之“走进北汽”专场活动在北汽株洲分公司举行。省经信委总经济师、党组成员熊琛，株洲市人民政府副市长何剑波出席并讲话。省内有关汽车整车企业、株洲市重点零部件企业、株洲市有关部门和重点园区代表100余人参加活动。会上，株洲市经信委介绍株洲市汽车产业概况及有关招商政策，北汽株洲分公司、株洲齿轮有限责任公司等企业代表作交流发言。海纳川海拉（三河）车灯有限公司、柳州六和方盛机械有限公司等意向落户株洲的零部件企业与北汽现场签订合作框架协议。（王 军）

【北汽株洲二工厂开工建设】12月29日，北汽株洲二工厂建设举行启动仪式，省委副书记、省长杜家毫实地调研北汽在株洲的发展，副省长张剑飞和省直相关部门负责人陪同调研。市委书记贺安杰讲话，市委副书记、市长毛腾飞主持仪式。北汽落户株洲后，一工厂一期2009年6月开工建设，仅用18个月建成具备10万辆/年产能的整车基地；二期项目2012年3月启动，2013年6月底全部建成，包含整车冲压、焊装、涂装、总装四大工艺，发动机总成及公用动力配套设施，具备年产20万辆整车和10万台发动机生产能力。5年来，产销超过50万辆整车，总产值达250多亿元，实现税收9亿元，解决当地就业10000余人。二工厂全面达产后，株洲分公司将成为北汽集团在华中拥有50万产能的巨型航母。（王 军）

【新能源汽车得到快速发展】时代电动是国家首个核准的新能源汽车生产企业，全线建成年产10000台以上新能源客车整车与年产20000套电机驱动系统等关键零部件的产业化规模。2015年，时代电动生产、销售新能源汽车3218辆，其中插电式混合动力客车1661辆，纯电动客车1557辆。完成产值24.01亿元，同比增长85%。（王 军）

航空产业

【概况】株洲航空工业起步于20世纪50年代初期，是中国“一五”期间重点建设的六大航空工业基地之一。经过60年的发展，株洲成为全国唯一的中小航空发动机特色产业基地。株洲先后引进了山河科技轻型飞机项目、南方宇航高精传动产业项目、罗特威直升机公司、中航湖南通用航空发动机公司、中航动力零部件公司，中航动力株洲精密铸造有限公司、山河华翔通航、湖南翔为通航等多家企业，省、市国有资本参股航空发动机相关企业达6家，投入股权资金总额达5亿元，向中小航空发动机产业项目建设供地达120公顷。2015年累计新建15个航空类重点项目，山河智能、高精传动、中航发动机维修中心等项目相继投产，翔为通航获民航中南局运营审定许可证并成为全省首家飞机6S店，阿若拉SA60L、罗特威直升机、飞虎无人机等3款整机下线、“玉龙”发动机工程获国家科技进步一等奖。

截至2015年年底，全市有航空类企业25家，初步形成集发动机研制、整机制造、通航运营、配套衍生于一体的航空产业体系。总产值达100亿元，实现税收1.24亿元。中小型航空发动机国内市场占有率达90%以上。（王 军）

【省市大力扶持株洲航空产业】2014年，湖南省政府办公厅出台《关于支持航空装备产业发展的若干政策措施》《湖南省通用航空产业发展规划（2013—2020）》和《关于加快推进军民融合产业发展的若干政策措施》，确定株洲航空产业园为湖南省唯一的航空航天特色产业园。通用航空产业项目集中布局在株洲建设，配套建设通用机场，打造长株潭地区航空应急救援综合服务中心。株洲市为对接和落实湖南省的产业政策，将航空产业纳入株洲市五大千亿产业集群，并制定《株洲市通用航空产业发展规划》《株洲市航空发动机和燃气轮机产业发展规划》《株洲市产业振兴实施纲要》、株洲航空产业智能制造发展行动计划。（王 军）

【打造株洲通用航空城】按照产业发展规划的思路，株洲市规划布局占地57.6平方公里的通用航空城。株洲通用航空城由331厂和608所所在的航空发动机核心产业区、董家塅高科园所在的民用航空发动机与燃气轮机产业区和株洲通用机场周边20余平方公里的航空新城等三部分组成。2015年，株洲市委托中国航空规划建设公司的专业团队对航空新城的通用机场核心片区进行功能性布局规划和控制性详规，将机场核心区重点规划为整机制造与配套产业区、通用航空企业总部与综合服务区以及通航运营区等三个功能区。（王　军）

【完善航空产业基础设施】　株洲市全面推进航空城基础设施建设。至2015年底，累计投入建设资金近70亿元，航空城基础设施建设已经初具雏形：机场大道一期路建成通车，建成千亿大道和联通醴陵的株洲东城大道等一批主干道路；株洲通用机场全面施工。株洲通用机场飞行区等级标准为1B，跑道为800米×30米，可起降运12、运5等通用飞机。（王　军）

陶瓷产业

【概况】　醴陵是全国八大陶瓷主产区之一，是世界釉下五彩瓷原产地，被评为“中国陶瓷历史文化名城”。醴陵市陶瓷产业已被列入湖南省“四千工程”范畴，成为全省规划优先发展的产业集群、第一轮特色县域经济强县重点县。2015年，醴陵陶瓷产业产值达555.9亿元，同比增长13.5%，其中年产日用陶瓷87996万件，同比增长13.5%，年产工业陶瓷1192534吨，同比增长13.6%，年出口陶瓷301089万件，同比增长13.2%。（于武文）

【产业园区集聚效应不断增强】　省级经济开发区形成了以现代陶瓷产业为主特征的特色园区，2015年完成技工贸收入401.33亿元，同比增长17.16%；完成固定资产投资135.87亿元，同比增长37.68%；完成工业增加值145.31亿元，同比增长17.58%；新引进企业15家，合同引资额18.13亿元；批回4批次土地，共计99.73公顷；完成征地拆迁85.56公顷。新开工项目24个，续建项目9个，竣工项目17个，被评为“湖南省特色园区”和“国家新型工业化产业示范基地”。（于武文）

【骨干企业发展规模不断扩大】　2015年，华联瓷业实现由负转正增长，全年实现销售收入达6.19亿元，同比增长14.2%；泉湘陶瓷完成产值9400万元，同比增长10.5%；振美工艺美术瓷厂销售收入同比增长65%；红玉红瓷以珐琅彩、佛禅瓷为特色的湘瓷系列产品受到市场欢迎，销售收入同比增长17.2%；正阳精密陶瓷实现年产值4200万元，比上年翻两番，销售收入同比增长260%。组织陶瓷企业统一使用“中国醴陵·瓷彩天下”标识参展春秋两季广交会，实际成交11869万美元，增长8.6%。（于武文）

【重点重大项目建设不断推进】　2015年，醴陵出台“工业十条”助力产业提质升级，用好特色县域经济重点县政策资金，陶瓷标准泥釉模配置中心、醴陵·世界陶瓷艺术城等产业平台建设扎实推进；陶瓷博物馆等主体场馆及周边配套设施建设全部完成；瓷器口古街全面启动建设；1915陶瓷文化特色街区建设已全面动工。高性能环保陶瓷膜、陶瓷3D打印等高新技术项目和湖南陶瓷技师学院新校区项目履约。釉下五彩瓷生产基地（陶瓷艺术大师创作基地）已有振美、精陶、醴泉窑艺3家企业建成投产；天鑫、红玉红瓷、瓷宝斋厂房主体建设已完成，正在安装设备；正华瓷艺、尚方窑、陶润文化等3家企业正在进行设计，即将启动建设。（于武文）

电子信息产业

【概况】　2015年，株洲市电子信息制造产业实现工业总产值为275亿元，同比增长12.4%；其中电子元器件制造业实现总产值212.34亿元，同比增长12.8%；通讯光、电缆及通信设备制造业完成总产值31.68亿元，同比增长12%。电信业务总量46.48亿元，同比增长18.7%。全市软件企业产值167.08亿元，同比增长39.2%，软件业务收入96.76亿元。（徐　宙）

【龙头企业】　作为全市电子信息产业的龙头企业，株洲中车时代电气股份有限公司2015年主营业务收入160亿元，同比增长11%，应用在动车、城轨上的电传系统、电气系统、网络控制系统业务是2015年主要增长点。株洲易力达机电有限公司2015年以强化经营管理理念为切入点，大力推进企业管理战略转型、研发转型、运营转型、文化转型，在产品和服务设计、制造、分销、市场营销等方面进行变革，2015年实现总产值5.09亿元，同比增长14.6%；软件产品收入2亿元，同比增长7.52%。（徐　宙）

【软件产业多元化发展】　株洲软件产业结构由原先的嵌入式系统软件为主，发展为现在的软件产品、嵌入式系统软件和信息技术服务三大类，分别占软件业务收入的88.24%，10.27%和1.48%。湖南经天纬地网络有限公司的“阿里巴巴产业带”成功塑造株洲“世界裤城”和“世界瓷城”的形象。2015年阿里巴巴株洲产业带平台入驻商户1930家，全年完成总体交易额约19.7亿元，同比增长93%，产业带综合排名在全国保持前十。（徐　宙）

【加大研发拓展市场】　2015年，株洲华通科技有限责任公司实现销售收入约7900万元，比上年提高约11%；利润585万元，与上年降低约3%。全年申请获得8项软件著作权，高清混合矩阵产品通过欧盟CE认证。高清混合矩阵等3项产品被认定为株洲市两型产品。醴陵恒茂电子科技有限公司是湖南省唯一一家可以提供完整商用三层交换机模型与算法能力的企业；是国内较早研发出POE交换机的企业，POE交换机、AP和电力猫的出货量均为全省最多；2015年的产值已突破2.38亿，2015年的增长率超过11%。（徐 宙）

【项目建设】 2015年，株洲有代表性的项目有：大汉惠普信息产业园项目，总投资约10亿元，项目选址高新区栗雨工业园，总用地面积5.45公顷。拟投资建设惠普在中国区域内唯一动力产业一体机研发，株洲首个产业服务综合体、重点电子信息产业项目，新建信息技术研发中心、连体式新产品生产中心、裙楼式信息技术会展中心、复合型物流展示配送中心、云计算中心等。11月27日，长城电脑自主可控整机项目开工建设，是湖南省与中电集团深化战略合作第一个实施的项目，占地3.33公顷，总投资1.2亿元，建成后可实现200万台/年生产规模，将实现年产值80亿元。长城电脑自主可控整机项目标志着湖南在国家自主可控计算机研发制造领域将处于领先地位。同时，该项目作为长株潭国家自主创新示范区的重要项目之一，也将为湖南省电子信息产业发展提供有力支撑。（徐 宙）

【株洲首届互联网大会召开】 12月11日，株洲首届互联网大会在万豪大酒店三楼会议召开。大会以“新趋势——新动力”为主题。会前中国动力谷互联网创客中心揭牌。来自株洲机械制造、服饰、食品、软件服务、电子信息、农业等不同行业和湘潭、长沙等周边城市互联网企业负责人等1300多名嘉宾与会。会上，嘉宾就如何与“互联网”紧密结合展开交流，共谋互联网发展与治理之道。大会设置两场讲演，10名企业负责人分享了各自的成功经验，以互联网产业模式创新和技术创新为题，分析互联网发展的现状和新机会，探讨如何进行“互联网 ”布局。（徐 宙）

新材料产业

【概况】 株洲有规模以上新材料企业76家，其中，通过省里认定39家，正在认定的11家。以株洲时代新材为代表的先进复合材料，以株硬集团为代表的先进硬质材料优势突出，拥有国际知名的品牌，集约化程度较高，装备、技术、管理水平国内名列前茅。2015年，株洲新材料产业实现规模工业总产值296.5亿元，同比增长13.9%；实现规模工业增加值82.8亿元，同比增长17.2%，高于株洲市规模工业增速9个百分点。（刘利辉）

【株硬集团3项目获湖南省科学技术奖励】 2月28日，湖南省科学技术奖励大会在长沙召开，株洲硬质合金集团有限公司“超细晶粒整体硬质合金纳米涂层系列精密铣刀”项目获湖南省科学技术进步一等奖，“含周期性涂层的复合涂层刀具及其制备方法”专利获湖南专利奖一等奖，“抗热裂预应力结构组合轧辊的技术及应用”项目获湖南省科学技术进步二等奖。由株硬切削刀具公司牵头实施的“超细晶粒整体硬质合金纳米涂层系列精密铣刀”项目获授权发明专利7项，发表学术论文20余篇；项目针对PM/HM系列铣刀的应用需求开发超细晶粒硬质合金新材料，解决了高硬度材料加工的高端刀具及通用性能强的高性能精密铣刀的设计制造和应用问题；项目产品已在模具、汽车、航空等行业得到应用。“含周期性涂层的复合涂层刀具及其制备方法”项目由株硬切削刀具公司具体负责研发并申请专利；该专利技术制备的多元、多层纳米涂层力学性能、高温抗氧化性能优异，与基体的结合强度好；该涂层改善了切削刀具的使用性能，提高了国内涂层刀具在国内外市场的竞争力；该专利属于国际先进刀具PVD涂层技术的核心专利，申请了7项外围专利，构建了专利池，其中1项外围专利申请了国际专利。“抗热裂预应力结构组合轧辊的技术及应用”项目由株硬硬质材料研发中心大制品学组负责。该轧辊解决了硬质合金大轧辊制造的关键、共性技术，其抗热裂性好，耐磨性高，克服了原硬质合金轧辊易掉块、裂辊的缺点，过钢量比铸铁轧辊大幅度提高；抗热裂组合轧辊具有整体结构可靠以及成本优化的技术特色，较国内外同类产品有明显优势，整体技术达到国际先进水平。（刘利辉）

【时代新材获中国橡胶协会多个奖项】 4月8日，在广州举办的2015中国橡胶年会上，中国橡胶工业协会表彰协会成立30年来对协会和行业发展做出贡献的人员和企业及优势品牌。时代新材公司囊括表彰活动“行业杰出贡献奖”“企业创新发展奖”和“优势品牌奖”全部3个奖项，成为中国橡胶协会30周年颁奖礼的“大满贯”企业。（陈慧兰）

【国内首条化学亚胺化法制膜中试线完成带料试车】 5月，国内首条化学亚胺化法制膜中试线在中车株洲所旗下时代新材完成带料试车，这标志着国内聚酰亚胺薄膜生产工艺实现了从热亚胺化法向化学亚胺化法的成功跨越，攻克了中国高分子化工行业50年未解的一大难题。这将彻底结束杜邦、钟渊化学等国外寡头对这项技术和市场的长期垄断，使国家轨道交通、航空航天和电子信息行业摆脱对国外上游关键原材料的依赖。（陈慧兰）

医药食品产业

【概况】 2015年，株洲医药食品产业总体经济形势平稳，生产销售保持增长、但受原材料与人工上涨等不利因素影响，企业普遍感到经营困难增大。截至2015年年底，全市共有规模以上医药企业 15 家，完成主营业收入为 63.78 亿元，同比增长 20.3%，增加值 27 亿元，同比增长 13.9%；规模以上食品企业达 73 家，完成主营业务收入为 144.9 亿，同比增长 4.8%，增加值 43.4 亿元，同比增长 11.6%。

（陈慧兰）

【诚信体系建设】 全市食品工业企业诚信体系建设稳步推进，形成以保障食品质量安全和促进行业健康发展为目标，通过政府指导推动，协会加强行业自律，企业履行主体责任，社会各界参与并监督的建设体系。通过推进诚信建设，企业诚信意识明显增强，企业诚信管理制度正在加快建立，企业诚信管理体系逐步完善，诚信建设取得了初步成效，已完成锦波实业和唐人神的国家诚信管理体系的认证授牌。（陈慧兰）

【千金药业上榜“国家技术创新示范企业”】 株洲千金药业股份有限公司上榜“国家技术创新示范企业”公示名单，这是千金药业继获得国家基本药物、国家中药保护品种等荣誉以后，即将再次得到 “国字号”荣誉。本次认定的国家技术创新示范企业共 75 家，湖南省仅 2 家。（陈慧兰）

【拉米夫定片获奖】 10 月 20 日，第十七届中国专利奖评审结果公布，千金湘江药业的发明专利“拉米夫定非对映选择合成方法”荣获国家知识产权局授予的第十七届中国专利优秀奖。拉米夫定是第一个临床用于治疗病毒性肝炎的核苷类药物，千金湘江药业在进行大量专利分析后，于 2003 年启动拉米夫定原料和片剂的国产化研究，攻克了关键技术，发明了新的具有自主知识产权的制备技术，并实现拉米夫定片国内首仿。产品于 2011 年 5 月 1 日上市，降低了国内 9300 万慢性乙肝患者的医疗费用。（陈慧兰）

【千金净雅】 千金净雅妇科专用棉巾进驻天猫商城，并启动微商运营。同时，在“2015 年度中国卫生巾十大品牌评选”活动中，以 50089 票荣居“2015 年度中国卫生巾十大品牌”第二位。实现年度销售 1.25 亿元。

（陈慧兰）

【唐人神集团首次上榜“中国上市公司 500 强”】 2015 年 7 月 8 日，《财富》杂志发布中国上市公司 500 强排行榜，唐人神以 100.7 亿元的收入和 8127.71 万元的利润首次上榜，排名 431 位，湖南 82 家上市公司中仅有 8 家企业入围。做种猪行业“龙头”。唐人神集团已与全国 400 多家生猪育种及相关企业建立“生猪育种产业联盟”，形成资源互补、技术升级、联合育种、共同发展的格局。切入生猪养殖终端。8 月 18 日，唐人神集团与龙华农牧控股股东龙秋华，拟共同出资 8000 万元成立合资公司湖南唐人神龙华农牧有限公司，从事种猪繁殖、生猪养殖、销售和饲料加工，采取“公司 + 家庭农场”的模式，完善公司生猪产业链。

（陈慧兰）

【第二届食品科学与人类健康国际研讨会在株洲举办】 2015 年 7 月 25—26 日，第二届食品科学与人类健康国际研讨会在湖南株洲成功举办。大会邀请了来自美国、加拿大、澳大利亚、韩国、日本、爱尔兰等 10 余个国家 20 余位国际食品专家及国内 30 余位权威专家参会发言，并有来自全国各地的高校食品专业、科研院所和企业的 400 余人参加会议。会议致力于促进国内外食品科学技术的交流，会议主题为食品科学与人类健康基础理论研究。会议由北京食品科学研究院、中国食品杂志社《食品科学》杂志、《Food Science and Human Wellness》杂志、国际谷物科技学会（ICC）主办，唐人神集团股份有限公司以及华美食品学会（CAFS）共同主办。出席会议的重要嘉宾有：北京食品科学研究院院长、中国食品杂志社社长、中国肉类食品综合研究中心主任王守伟教授；国际谷物科技学会（ICC）主席、河南工业大学国际粮食研究中心主任、国家粮食加工装备工程技术研究中心主任王凤成教授；国际谷物科技学会（ICC）秘书长 Michaela Pichler 女士；美国国际谷物化学家学会（AACCI）主席、爱尔兰农业与食品发展署阿什敦食品研究中心、爱尔兰都柏林大学 Gerard Downey 教授等。北京食品科学研究院王守伟院长和唐人神集团股份有限公司陶一山董事长致辞。

（陈慧兰）

新能源产业

【概况】 株洲近年来加大技术创新和品牌建设力度，大力培育和发展新能源产业，逐步形成了新能源装备制造为龙头、新能源汽车制造为亮点、新能源开发利用为重点等多点支撑的绿色发展产业体系。2015 年，全市有新能源企业 17 家，实现增加值 20.8 亿元。（谭小洋）

【新能源装备制造】 中车集团在株洲已形成较为完整的风电产业链条，初步形成从风电整机到叶片、发电机、变流器的产业集群。旗下中车株洲电力机车研究所有限公司风电事业部是目前中国极少数拥有核心技术和自主研发能力的风电整机制造商。2015 年，中车风电实现销售收入 10.24 亿，其中高海拔风电机组市场份额为国内第一。

（谭小洋）

【新能源汽车制造】 依托“节能与新能源汽车试点示范”机遇，新能源汽车蓬勃发展，已形成以中车株机、时代电动、南方宇航等核心企业为支撑，以纯电动客车、混合动力轿车、多用途电动车等产品为主的绿色交通生产体系。其中，时代电动是国家首个核准的新能源汽车生产企业，全线建成了年产 10000 台以上新能源客车整车与年产 20000 套电机驱动系统等关键零部件的产业化规模；南方宇航生产的小微型电动汽车有绿色休闲、绿色物流、绿色环卫、绿色巡逻等4个“绿色”系列二十多种型号产品，已广泛投入使用。2015年，株洲实现城区公交车平均节油率达15%以上，每年可节油近220万升，减少二氧化碳等各类有害物质排放14730吨。

（谭小洋）

【新能源开发利用】 积极落实国家金太阳示范和分布式光伏发电示范工程，依托先进工艺和技术，大力推动光伏发电、风力发电和余热发电项目建设，2015年装机容量达243兆瓦，年发电量达5.65亿千瓦时，占全市工业用电比重为9%，同比增长18.2%。水力发电稳步推进，主要集中在炎陵、茶陵、攸县和醴陵等地，形成了多点布局、共同开发的发展体系，2015年发电29.17亿千瓦时，同比增长7.4%，占全市发电总量的57.16%。垃圾焚烧发电进入发展快车道，城市5区项目建设进展迅速，其中荷塘区已建成投产；生物质能源开发再上台阶，利邦生物、迪凯生物等行业龙头企业利用木屑、秸秆等垃圾生产生物质燃料，迅速做强做大。同时，神农城、云龙职教城分布式能源匹配系统管网预埋即将实现集中供冷供暖全覆盖，旗滨玻璃二期4.5兆瓦余热发电项目正在加紧建设，炎陵银太纺织10兆瓦屋顶光伏项目已全面启动，茶陵、攸县、炎陵风电场已正式签订合同，正在进行现场勘察、风力测试等基础性工作。

（谭小洋）

服饰产业

【概况】 服饰产业是芦淞区的两大主打产业之一，被列为全省重点培育产业以及市重点壮大的千亿产业集群之一。经过近几年快速发展，该产业已初步形成集研发设计、生产加工、仓储物流、品牌推广、展示销售、电子商务于一体的全产业链。2015年，服饰产业技工贸总产出达800亿元。全年芦淞区规模以上服饰工业企业完成工业总产值26.2亿元，同比增长比2.8%。

（刘　宁）

【产业园区建设】 新芦淞（白关）国际服饰产业园：项目1.1期已建成竣工、1.2期全面封顶，已有勿用男装、纯美年华、金德利等30多家品牌服饰企业签约入驻，获评全国纺织产业转移试点园区。新芦淞洗水工业园：项目占地20.73公顷，分两期建设，一期11.42公顷完成征拆工作正在加紧建设当中。

（刘　宁）

【发展骨干企业】 董家塅高科园内服饰骨干企业：株洲市奔狐制衣厂，2015年完成工业总产值8950万，同比增长0.11%；株洲和盛服装厂，2015年完成工业总产值8578万，同比负增长1.4%。龙泉服饰工业园内服饰骨干企业：湖南省恒星汇服饰有限公司，2015年完成工业总产值8778万，同比增长22.99%。

（刘　宁）

【服饰重点项目建设】 大美新芦淞商贸物流园：项目分两期进行，一期已完工，二期正处于征拆扫尾及启动基建施工阶段，预计在2016年下半年开工建设，将建成现代仓储区、多式联运区、配送服务区、办公区等，打造成“互联网+”的现代商贸物流园。株洲小巨蛋品牌发布中心：项目分两期建设，项目一期已建成试运营，成功举办中国（株洲）裤业展览会，引进上海自贸区进口商品直销中心落户，获评中国服饰品牌孵化基地。项目二期预计在2017年年底全面建成投入使用。

（刘　宁）

行业离退休干部管理

【概况】 株洲市行业办公室成立于2003年，主要职责是服务和管理因政府机构改革而先后被撤销的冶金、化工、电子、建材、物资、包装、纺织、食品、一商、二商、一轻、二轻、体改委、乡镇企业局、住房办、汽车总公司、醴陵瓷业、人武中心等18个单位的离退休老干部，是一个离退休干部构成单位多、人数多、层次多，参照公务员法管理的正处级单位。行业办在职干部编制49名，有在职干部37名，离退休人员316名。（袁　杰）

【开展“零距离”服务】 召开“求贤会”，同时通过上门走访和发放330份“零距离服务情况调查表”进行调查摸底，根据老干部身体状况、居住情况、服务愿望和生活方面的基本情况，确定了五种个性化“零距离”服务模式：①对身体健康能坚持参加集体学习活动的老干部，以学习、活动见面方式为主，上门走访为辅；②对身体欠佳，不能坚持参加集体学习活动的老干部，以上门看望为主，电话联系为辅；③对定居株洲市区外的老干部，以电话联系为主，上门慰问为辅；④对喜欢静养和在外再创业的老干部，尊重个人愿望，适时上门走访；⑤对思想活跃的老干部，以多交流沟通为主。2015年，为离退休人员“零距离”服务21300人次，到医院探视慰问老干部103人次，上门生日祝寿196人，协助家属为10名去世老干部办理了丧事。春节期间组织慰问困难家庭52户，“七一”前夕慰问30名困难党员，“八一”前夕走访慰问9户抗战老兵及家属。筹集近20万元资金组织全体老干部进行健康体检。

（袁　杰）

【老干活动丰富多彩】 年内，通过市财政的支持，筹措90余万元，更新换建两个老干活动室，方便老干部学习和活动，丰富他们的离退休生活。先后召开迎春座谈会，组织妇女开展“三八妇女”节座谈，组织全体老干部参观市二中、株洲西武广高铁站等城市建设新成果。端午节开展节日庆祝活动。召开庆“八一”暨纪念抗战胜利70周年座谈会。举办中秋、国庆学习交流活动。老年节组织全体老干部参观秋瑾故居，举办10场老年健康知识讲座。5月，召开“畅谈株洲改革与发展”离退休老干部代表座谈会。6月，积极组织老干部参加市“美好株洲·阳光生活”主题征文、摄影比赛活动，并取得4个一等奖、3个二等奖、4个三等奖的优异成绩；有的作品在《株洲日报》和相关网站上进行刊登。9月，组织全体老干部开展“发挥老干部余热，为党的事业增添正能量”的座谈交流活动，邀请3位优秀老干部代表作经验发言。 （袁 杰）

工业企业选介

中车株洲电力机车有限公司

【概况】 2015年，中车株洲电力机车有限公司组织架构设有3个分公司、5大生产事业部、7大营销、研发、运营中心及20个职能管理部门，建有28个子公司。年末在册员工10032人（含各分、子公司员工），其中株洲本部员工8178人（含分公司员工）。各类专业技术人员3137人，其中工程技术人员2576人。高级技术职称人员398人，其中教授级高工62人（含工程院院士1人）。高级技师人员118人。株洲本部占地面积（含生活区）119.38万平方米，建筑物面积共41.01万平方米。年末资产总计为242. 26亿元。主营业务有电力机车、城轨车辆、城际动车组及磁浮车、双源制机车、轨道工程车、有（无）轨电车等产业，年内共完成75个项目生产，机车和城轨车辆年产量均过千台（辆）大关，生产的动车组成功驶进欧洲，产品实现南非、马来西亚的本土化经营，海外营业收入占公司销售收入总量的三成。2015年，公司实现工业总产值232.94亿元，营业收入为260.77亿元，利润总额为16.96亿元。公司荣获全国文明单位、第十二届国家技能人才培育突出贡献单位、湖南省智能制造示范企业，公司技术中心工业设计室荣获全国“五一巾帼标兵岗”荣誉称号。

在新产品研发与技术创新上，全年共执行各类整车车辆技术开发项目41个。其中，机车项目8个、城轨车辆项目25个、动车组项目5个、工程车项目6个。系统规划和部署公司科技创新平台建设，促成公司一批科技创新平台建设项目获批：7月，公司“轨道交通装备三维工程化建设及示范应用项目”入选产业转型升级项目2015年中央预算内投资计划，获中央投资补助资金3800余万元。公司通过工信部标准化研究院两化融合管理体系评定，成为全国首批通过两化融合管理体系认定的企业之一。8月27日，湖南省轨道车辆转向架工程技术研究中心经湖南省科技厅批复组建；9月30日，大功率交流传动电力机车系统集成国家重点实验室经国家科技部批复组建；12月28日，轨道交通装备国家级工业设计中心经国家工信部批复组建；公司转向架智能制造项目在全国51个智能制造入选项目中位列第1名，6月26日，公司大功率交流传动电力机车工程实验室项目、转向架智能制造车间项目入选全省40个重点智能建设示范项目。与中南大学联合成功组建“碰撞安全保护技术湖南省工程实验室”。4月15日，公司100%低地板国产化转向架落成，成功实现西门子100%低地板转向架国产化制造。10月9日，公司自主研制的新一代大功率石墨烯超级电容问世，其性能指标鉴定为国际领先水平。10月19—21日，公司国际铁路标准（IRIS）V02版质量管理体系通过国际权威验证机构——法国·贝尔审核专家组监督认证审核，继续持有IRIS证书。全年实施科研项目408项，安排费用计划2.8亿元，科研项目计划实际完成率超过90%。组织完成湖南省级科技成果鉴定项目11个。授权发明专利2件、实用新型专利4件，共获专利资助40余万元。公司项目《搅拌摩擦焊新工艺在轨道车辆上的应用》获中国节能减排科技进步二等奖；公司发明专利用于蓄电池电力工程车制动系统分配阀的控制系统获第十六届中国专利优秀奖；高黏着重载货运机车Co转向架荣获第十七届中国专利优秀奖；120千米/小时速度等级米轨城际动车组荣获株洲市科技进步奖一等奖。

市场营销方面，年内机车动车组共新签合同90.95亿元，实现销售105.4亿元，完成回款135亿元。其中，国铁机车市场新签机车订单共274台，合同金额共计65.54亿元；非国铁机车市场继续保持神华市场占有率100%；机车配件市场共参加投标19次、中标17次，共签订大部件合同3.5亿元；机车检修市场共完成HXD1型机车转向架检修275台，总金额5.28亿元。城轨车辆营销方面，全年共参加招投标项目38个，成功获得9个项目共计853辆车订单，并获签城轨车辆配件销售合同19个，配件销售金额约7800万元。国内工程车市场共中标40台车，囊括了国内所有蓄电池工程车市场订单。海外市场营销共实现销售收入约13.5亿美元（88.4亿元人民币），利润2.8亿美元。 （俞鸣霞）

【中国首个海外铁路装备制造基地投产】 7月9日，公司在马来西亚投建的东盟制造中心暨中国在海外投建的首个铁路装备制造基地正式建成投产。马来西亚由此成为东盟第一个拥有轨道交通装备产品新造能力的国家。当天，马来西亚马华党主席、交通部长廖中莱率马华党党代表、马国铁以及二十多家马来西亚本土新闻记者共180余人到东盟制造中心考察，并试乘公司生产的米轨动车组。公司东盟制造中心具备每年新造100辆动车组的能力，并兼营电力机车和轻轨车辆等全系列轨道交通装备制造能力。至此，公司在马来西来已全面实现由产品输出向产品加技术加服务加投资的转变。 （俞鸣霞）

【储能式现代无轨电车研制与市场开拓】 2015年4月16日，公司研制的全球首创的十秒级闪充超级电容储能式现代电车在公司宁波基地正式下线。7月28日，全球首条超级电容储能式现代电车运营示范线——浙江省宁波市196路公交线路正式开通运营，标志着宁波产业基地研制生产的超级电容储能式现代电车正式投入公交运营。9月底，公司研发的“3伏/12000法拉石墨烯/活性炭复合电极超级电容器”和“2.8伏/30000法拉石墨烯纳米混合型超级电容器”在浙江省科技成果暨新产品鉴定会上被鉴定为性能指标居于国际领先水平。11月5日，以公司为主的产业联合体与兰州市签署《新能源客车应用及产业发展务实合作协议》，双方商定2016年春节前后在兰州启动1条储能式无轨电车运营示范线，3～5年内储能式无轨电车在兰州市推广运营超过1000台，后续将在甘肃全省其他重点城市推广应用。（俞鸣霞）

【公司发展倍受社会关注】 1月22日，工业与信息化部部长苗圩一行到公司调研。3月24日，湖南省委副书记、省长杜家毫，副省长黄兰香、张剑飞等到公司调研。4月28日，湖北省委书记李鸿忠、省长王国生率党政代表团到公司考察。5月9日，中共中央政治局常委、中央书记处书记、中央党校校长刘云山到公司考察调研。5月13日，国资委监事会主席杨坚到公司宁波产业基地调研。5月15日，中共中央书记处书记、全国政协副主席杜青林到公司调研。5月21日，全国政协常委、经济委员会副主任，工业和信息化部原部长李毅中到公司调研。5月26日，国务委员王勇到南车（马来西亚）轨道交通装备有限公司考察。6月10日，黑山共和国副总理武伊察·拉佐维奇到公司宁波产业基地考察。9月18日，出席第十二届中国—东盟博览会和中国—东盟商务与投资峰会（南宁）的中共中央政治局常委、国务院副总理张高丽在巡视博览会展馆时，到公司展台考察，并了解公司相关产品研发情况。10月20日，全国政协常委、经济委员会副主任、原国家工信部部长李毅中到公司宁波产业基地调研。（俞鸣霞）

【全球最长无网现代有轨电车项目开通试运营】 12月28日，公司研制的储能式现代有轨电车在江苏淮安市试运行，标志着世界首创的全球最长的无网现代有轨电车项目开始试运营。这种车辆运行无须架接触网，完全利用车载超级电容提供动力，利用乘客上下车的时间，在站台30秒内快速完成充电，一次充电后能连续行驶至少4公里，到达下一个站台后再行充电，如此反复。它还能将85%以上的制动能量转换成电能存储起来再利用，节能环保。淮安储能式有轨电车采用四节编组，最大载客360人。一列这样的有轨电车载客量约相当于7台载客50余人的大巴车、72台载客5人的家用小汽车，每投入一列这样的电车，就相当于避免了上述数量的大巴车、小汽车运行所带来的环境污染。（俞鸣霞）

【中国首列出口欧洲动车组成功下线】 7月7日，中国首列出口欧洲（马其顿）的动车组在中车株洲电力机车有限公司竣工下线。该动车组是该公司采用欧洲TSI（欧洲铁路互通互联技术规范）标准，为马其顿量身打造的时速140公里低地板动车组。项目实现了中国动车组产品首次采用低地板设计技术、首次采用铰接式转向架，首次在出口动车组产品上按照欧洲标准采用三级防撞设计。（俞鸣霞）

中车株洲电机有限公司

【概况】 中车株洲电机公司（原南车株洲电机有限公司，以下简称公司）是中国中车旗下一级子公司。公司主要从事牵引电机、牵引变压器、风力发电电机、高效电机和特种变压器的研制，是中国电力机车高速动车组、城轨车辆电机和变压器专业化科研、生产基地；是国内风力发电电机最大规模生产企业之一，电力、冶金、石油、造纸、新能源汽车等高效能电机产品专业化研制基地，国内油浸式和干式高端变压器一流企业。2015年末，公司在册员工3845人（含子公司），其中本部员工2495人。各类专业技术人员共1229人。高级技术职称人员111人，其中教授级高工25人。公司组织架构由管理中心、营销中心、项目中心、技术中心、物流中心、制造中心、新产业中心和子公司构成。本部占地面积68.08万平方米，建筑面积约21万平米。主营业务牵引电机、牵引变压器、风力发电电机、高效电机和特种变压器等产业。固定资产原值13.88亿元，净值8.91亿元；总资产50.83亿元。

2015年，公司确定以轨道交通装备、风能、高效节能、新能源汽车和新材料五大战略性新兴产业为方向，以轨道交通、风力发电机、工业特种电机、工业特种变压器为四大产品和服务平台，以国内、国际两个市场为目标。全年实现经营收入65亿元。新签合同85亿元，同比增长30%。机车市场，全年新造主机、主机外路用配件以及检修新签署合同18亿元，实现销售收入14.35亿元。动车市场，完成新签合同13.46亿元，实现销售收入12.78亿元。城轨市场，完成新签合同5.34亿元，完成销售收入2.64亿元。风电市场，累计新签合同达41.47亿元，创历史新高。高效电机，积极抓住发展机遇，大力开拓新兴市场，收获宁波电动汽车两批共计200台批量订单、电动汽车订单、90T绞卡电机项目批量订单；在船舶电机“油改电”领域实现突破，标志公司成功进入船舶领域。海外市场，独立出口实现零的突破，获得出口欧盟5兆瓦风电电机订单。年内，公司获评“2015年度全国企业文化建设先进单位”，执行董事周军军被授予"2015 年度全国企业文化建设先进个人"称号。公司成果"1+2+7TnPM 模式应用"斩获第十三届全国 TnPM 大会管理创新一等奖。（周 娜）

【科技创新】 全年共执行科研项目 246 项，其中 2015 年初新立项 172 项、追加立项 12 项，结转 62 项，国家级项目 1 项，南车重大项目 2 项，南车重点项目 26 项。项目主要分布在轨道交通、风力发电、工业特种、特种变压器领域以及支撑产业领域的基础技术，其中重大科研项目的计划完成率 100%。以科技研发项目、科技成果产业化及科技平台建设等为依托，为公司的科技创新工作争取 1010.7 万元。并完成申报国家科技进步奖 1 项，湖南省科技进步奖 2 项，铁道科学会科技进步奖 3 项，完成省级成果鉴定 5 项。提升专利保护能力，严格把控专利申请数量与质量，全年完成专利申报 160 件，其中发明专利 60 件，软件著作权 2 件，组织申报国家专利奖 2 项、省级专利奖 2 项；成功申报"湖南省十大知识产权领军企业"，湖南省专利大户，并成功列入省"百项专利转化推进计划"，经湖南省经信委推荐，已被评为国家"知识产权标杆企业"。全年组织完成《高速列车牵引变压器技术条件》等 7 项国家标准和《机车转速传感器 第二部分：霍尔式速度传感器》等 9 项行业标准报批；完成《机车车辆高压互感器 第一部分：电流互感器》等 4 项行业标准发布。

轨道交通领域，完成八轴客运机车、出口埃塞俄比亚机车、温州市域线、多种规格城轨地铁，以及开展唐车 CRH380B 动车组、出口澳大利亚矿用机车、宁波低地板车等 20 余种配套牵引电机和牵引变压器的研制工作；搭建基于轴功率 1400 千瓦的大功率机车电机产品技术平台；开展低地板轮边永磁同步牵引电机、轮毂永磁同步牵引电机、基于非金属夹件牵引变压器、高频变压器等 16 项技术储备项目研究工作。风力发电领域重点开展出口欧盟 5 兆瓦半直驱永磁同步风力发电机、3 兆瓦直驱永磁同步风力发电机、南车 2.5 兆瓦双馈风力发电机等 25 项订单产品研制工作。

工艺技术研究方面，突破现有产品制造工艺瓶颈，确保产品工艺可操作性，完成《电机关键部件表面质量提升》《NX 三维软件初步应用于工装设计技术研究》及《铜焊接标准文集汇编》等 3 个工艺攻关项目。（周 娜）

【公司产品助推中国高铁革新】 10 月份搭载着公司研发制造的 TQ-600 永磁同步牵引电机的中国首列"永磁高铁"，通过整车首轮线路运行试验考核，标志着中国成为世界上少数几个掌握"永磁高铁"牵引技术的国家。11 月初，搭载公司研制的核心动力牵引电机和牵引变压器的中国标准动车组顺利通过 350 千米 / 小时线路阶段性试验大考，标志着拥有完全自主知识产权的中国高铁驱动技术迈出了决胜性的关键步伐。12 月 26 日，中国首条中低速磁浮列车商业运营示范线（简称长沙磁浮快线）正式开通试运行，公司研制的牵引直线电机、电磁铁以及整流变压器再次担当核心动力角色，助力该磁浮快线列车平稳飞翔。（周 娜）

【国内首个国际维修联合会 TPM 示范线落户中车株洲电机】 2015 年 12 月 8 日，国际维修联合会 (IWE) 中国区主席李葆文教授率专家组评定授予中车株洲电机公司牵引电机焊接 TPM 示范线、牵引电机绝缘 TPM 示范线星级 TPM 示范线荣誉证书。该证书是国际维修联合会在中国颁发的第一份 TPM 示范线荣誉证书。专家组对 TPM 示范线进行评定，中车株洲电机公司通过推进牵引电机焊接 TPM 示范线与牵引电机绝缘 TPM 示范线 TPM 示范线建设，使示范线停机时间降低 20%，在制品库存降低 45%，可视化定置化率均达到 85% 以上。株洲电机公司推进 TPM 创建活动 5 年以来，设备管理工作走过导入、扩散、飞跃、提升、稳固、深化 6 个阶段，已经进入全面推进自动化、智能化、信息化、数字化装备建设阶段。公司已连续 4 年在全国 TnPM 大会斩获 TnPM 信息化应用一等奖、"TnPM 卓越班组奖"、"TnPM 卓越推进者"、TnPM 金点子优胜奖、六项改善案例优胜奖等奖项。（周 娜）

【中国首台高速永磁变频电机系统在南车株洲电机有限公司下线】 4 月 28 日，中国首台高速永磁变频电机系统在公司成功下线，其技术达到国际领先水平。这是公司在 2013 年自主研制出中国首台高速动车组用 TQ-600 型永磁同步牵引电机后，取得的又一重大创新成果，标志着"南车电机"已全面掌握高速永磁变频电机系统核心技术，成为国际电机巨头在此领域垄断地位的"终结者"。"南车电机"此次研制成功的高速永磁变频电机系统，包括电机、变频器与高速滑动轴承等。这是"南车电机"首次自主研发实现永磁电机与变频器、高速滑动轴承系统集成。（周 娜）

【中国首台出口欧盟的兆瓦级风电电机下线】 7 月 31 日，公司为德国阿海珐风能股份公司研制的 5 兆瓦风力发电机下线 。这是中国兆瓦级风电电机首次出口欧洲，是有史以来中国风电产品首次代表顶级工业水平进军欧盟市场。此次公司为德国阿海珐公司研制的 5 兆瓦永磁同步发电机是 5 兆瓦集成半直驱机组配套的一款新型发电机，是将来海上风电的主流风机。其采用了全密封耐盐雾结构接线盒、海上盐雾环境绝缘结构、中压永磁等先进技术，成功解决了海上风电防腐绝缘等关键问题。它的成功研制，标志着公司风电产品正式迈入国际市场，并通过与国际巨头阿海珐公司的合作，实现了与欧洲风电电机研制标准的成功对接。（周 娜）

北京汽车股份有限公司株洲分公司

【概况】 北京汽车股份有限公司株洲分公司（以下简称北京汽车株洲分公司）是北京汽车第一个自主品牌乘用车外埠基地，位于湖南省株洲市天元区栗雨工业园57区，主要专注于北京汽车品牌旗下交叉型乘用车、轿车、新能源汽车和小型发动机业务的发展。

2009年6月，承载着光荣与梦想的北京汽车在中国株洲掀开北汽自主品牌乘用车建设的序幕。产品同步设计、基地同步建设、到团队同步组建，北汽株洲人仅仅用时18个月完成了一工厂一期项目建设，实现北汽自主品牌“零”的突破。2013年6月，北汽株洲人完成株洲一工厂二期项目建设，北京汽车株洲分公司20万产能全面达成。

2015年，北京汽车株洲分公司主要产品有：北京汽车绅宝D20、X25系列轿车，威旺M20、M30 2个平台多用途汽车(MPV)产品，北汽新能源EV200、EV160等2款纯电动产品和BSE A12系列发动机产品。（朱祺君）

【株洲造新能源汽车实现投产和上市】 7月30日，株洲分公司制造的首款新能源汽车——EV200在总装分厂投产下线。11月，顺利交付用于国家机关提供公务新能源车辆分时租赁业务的300台专属用车，“北汽株洲制造”从此开进中央国家机关和各委办局。

（朱祺君）

【绅宝X25】 9月25日，绅宝X25在株洲分公司总装分厂隆重下线，这是株洲分公司在转型新常态下推出的又一款创新力作。11月10日，董事长徐和谊在试驾绅宝X25后赞许：“这才是真正的自主品牌，真好！”。12月12日，绅宝X25闪耀上市且当月实现销量5571辆，创造了北汽自主新品上市销量新神话。上市不到1个月，绅宝X25就斩获包括轩辕奖全新体验奖在内的一系列大奖。株洲分公司迅速实现绅宝X25月产能从500到5000到8000的跨越。（朱祺君）

【最强北京汽车团队】 9月28日，在北京汽车成立5周年庆典上株洲分公司凭借长期以来“优的品质”和“实的业绩”获评“最强北京汽车团队”，公司党委委员、副总经理袁兆才获评“最美北京汽车人”。（朱祺君）

【株洲基地第50万辆整车下线】 11月10日，历经6年的高效运营，株洲基地第50万辆整车隆重下线，标志着北京汽车株洲基地运营管理和生产制造能力得到全面提升。截至2015年12月，株洲分公司累计实现整车生产55.6万辆。（朱祺君）

【绅宝D20问鼎J.D. Power2015年度APEAL评选】 11月18日，作为新车魅力指数方面的行业基准，中国汽车性能、运行和设计研究SM（APEAL）发布2015年度评选结果，北汽绅宝D20产品问鼎J.D. Power2015年度APEAL评选紧凑型轿车细分市场第一名。（朱祺君）

【株洲基地二工厂项目建设启动】 12月29日，株洲基地二工厂项目正式建设启动。根据规划，株洲基地二工厂项目占地面积116.7万平方米，规划产能30万辆，整车、零部件及物流总投资超过60亿元，项目预计2017年投产，投产后年直接经济效益将突破210亿元。届时，株洲基地将形成50万产能。期间，北汽集团与中国中车还正式签署新能源项目战略合作协议。

（朱祺君）

湖南华联瓷业股份有限公司

【概况】 湖南华联瓷业股份有限公司成立于1994年，是一家从事陶瓷制品设计、研发、生产与销售的专业化陶瓷集团公司。公司注册资金1.7亿元，总资产8亿余元，员工近5000人，构建了以日用陶瓷、艺术陶瓷、新材料陶瓷和电瓷等四大系列产品为主的陶瓷产业体系。2015年，公司实现营业收入7.2亿元，产值5亿元，上缴税金7274万元，实现工业增加值3.5亿元。

公司拥有日用陶瓷行业唯一的国家认定企业技术中心，在色釉炻瓷、高温陶瓷、特种陶瓷和电瓷研制方面具有强大的技术实力。公司在国内率先开发颜色釉炻瓷，色釉炻瓷成为国际色釉陶瓷界旗帜性品牌，研制工艺国际一流。华联红官窑是一个有着百年文化历史、红色传奇故事、独特毛瓷技艺及人文艺术价值的中国现代正统官窑，在高端日用艺术瓷领域具有强大的影响力。近年来，科技陶瓷板块正成为公司发展另一个重要方向。通过10年的技术储备，公司突出发展的结构陶瓷主要性能能够比肩日本京瓷公司，公司陶瓷新材料产业已初具雏形，正借力电子行业蓄势待发。华联火炬传承中国电瓷行业老字号品牌和强大的技术实力，借助新厂搬迁、装备升级和电力工业发展，将迎来新的发展机遇。适应网络经济的发展，公司建立华联亿嘉网购平台，打造新商业模式，把传统产业带向信息时代。

围绕产业战略布局，公司成功打造“华联”“红官窑”和“火炬”三大中国驰名商标品牌，并获得“国家商务部重点培育和发展的中国出口名牌”、高新技术企业等殊荣，在国内外享有较高的市场影响力和美誉度。

（石曙光）

【突出精准营销、价值营销】 2015年，华瓷国际市场拓展实现了从追求量向追求质的变革，重点培植、服务价值客户、战略客户，通过高层对接、资源倾斜、政策支持等，锁定宜家、吉普森、邦实等一批优质客户，深化了合作关系。在国际市场疲软的环境下，这些优质客户为公司订单、利润

增长提供了非常大的支撑，全年前20名客户收入占总收入80.5%，贡献毛利13160万元。（石曙光）

【打造“互联网+平台”模式】 2014年年底，通过推动供应链、物流及店铺外包，华联亿嘉逐步形成了平台公司的雏形。经过2015年一年运行，该模式已取得初步成功。全年华联亿嘉实现销售收入达6000万元，其中，2015年“双十一”华联亿嘉实现销售达910万元。（石曙光）

【提质增产】 进一步提升产品的技术含量和设计美感，提高开发精准度，放大企业在颜色釉领域的创新优势。2015年，平均每件样品接单928美元，同比增长28%。通过解决宜家釉面刀叉划痕问题，大大增强了宜家客户合作的信心，后续订单大幅增加。新开发的红官窑餐具、火炬高铁棒瓷、特陶生物陶瓷都具有较强的市场竞争力。华瓷依托订单优势，全面铺开提质增产活动，由注重规模生产向注重价值生产转型，所有生产指标呈现上升趋势。全年产量指数同比增长7.36%；质量综合指数同比增长2.80%；产值同比增长13.6%。（石曙光）

【放大外购模式】 2015年，外购模式得到进一步放大，全年对外采购达730万美元。未来，华瓷将以深耕国际市场20多年的品牌背书，逐步改变自产自销模式，逐步实现产销分离，成为真正的品牌运营商。（石曙光）

【整合产业链资源】 2015年，基于各自发展战略、资源优势和对物流产业发展前景的共同看好，公司通过增资方式入股湖南安迅物流运输有限公司，占股比例35%。（石曙光）

株洲硬质合金集团有限公司

【概况】 株洲硬质合金集团有限公司是国家“一五”期间建设的156项重点工程之一，是国内大型硬质合金龙头企业，主要生产金属切削工具、矿山及油田钻探采掘工具、硬质材料、钨钼制品、钽铌制品、稀有金属粉末制品等六大系列产品。公司下设2个专业产品事业部、12个生产厂、5家控股子公司，有国家级技术中心、分测中心和博士后科研工作站，建有国际先进水平的硬质材料研发中心、切削刀具研发中心、微型钻头研发中心，同时是硬质合金国家重点实验室建设单位，被湖南省认定为“十大标志性工程”企业。年内，株洲硬质合金集团有限公司首次获得全省环境信用评价诚信企业称号，成为湖南省30家环境诚信企业之一。

2015年，面对宏观经济换挡减速、硬质合金市场低迷不振、钨精矿等主要原料价格一路走低的严峻形势，公司稳定产销规模，优化产品结构，深化精细管理，增强企业活力，全面提高公司可持续发展能力和科学发展水平，经受住了各种风险挑战，公司总体呈现稳中有进、稳中向好的态势。全年硬质合金产量达4745吨，且产品结构进一步朝主导优势产品、精深加工产品、高技术高附加值及深加配套产品方向发展。数控刀具、棒材、微钻、盾构刀等产品均实现较大增幅。出口产品结构进一步优化，棒材实现历史性突破，轧辊销售实现逆势增长，在国际市场占有率继续排名国内第一，异型模具合金出口同比增长195.2%。（李四兴）

【技改工作】 组织棒型材生产线异地升级改造项目，株洲钻石切削刀具股份有限公司金属切削刀具提质扩能项目、欧洲子公司设立法国子公司等项目的申报，完成型材PCB棒材及混合料生产线技术改造项目、新工艺球齿技术改造项目和数控刀片生产线技改项目的竣工验收，实现数控刀片生产线技术改造项目等项目的后评价，完成向株洲钻石切削刀具股份有限公司增资扩股项目。（李四兴）

【科技创新】 公司承担的国家“十二五”科技支撑计划“盾构刀用超粗晶硬质合金及其关键原材料制备产业化技术”项目完成研究任务，通过国家科技部验收。“大型掘进与深部钻探用新型硬质合金”等国家战略性创新产品计划项目稳定实施。“新型高强度和高耐磨性盾构刀具的研发与应用”项目被列入湖南省战略新兴产业重大核心技术研究计划。突破新品碳化钨粉、原料转型钴粉项目、螺旋孔棒制备新技术等新技术，取得一批科研创新成果，“高性能钨基复合材料”项目获国家技术发明奖二等奖，“超细晶粒整体硬质合金纳米涂层系列精密铣刀”项目获湖南省科学技术进步一等奖；“含周期性涂层的复合涂层刀具及其制备方法”专利获湖南专利奖一等奖；“抗热裂预应力结构组合轧辊的技术及应用”项目获湖南省科学技术进步二等奖。硬质合金重点实验室通过四年建设，顺利通过国家科技部的现场验收，实现国内硬质合金行业“国家重点实验室”从无到有的历史性突破。公司全年申请专利105项，授权专利117项。加大公司优势产品在国外专利布局的力度和速度，申报PCT国际专利1项，获国外授权1项，申报国防专利3项。（李四兴）

【刘云山到公司调研】 2015年5月9日，中央政治局常委、中央书记处书记刘云山到公司调研，公司总经理吴国根，党委书记、副总经理王辉平等陪同调研。刘云山在调研时指出：“硬质合金产业是一个基础性产业，关系到我国基础工业发展的水平和质量。你们的企业很重要，要好好发展。”（李四兴）

【徐涛获批享受国务院政府特殊津贴】 2015年4月，公司科技部部长徐涛被国务院批准为享受政府特殊津贴人员。自1990年至今，该公司已有26人获此殊荣。同时，徐涛荣获湖南省劳动模范称号。（李四兴）

株洲冶炼集团股份有限公司

【概况】 2015年，面对中国经济增速放缓、行业产能过剩、市场竞争异常激烈的复杂形势，株洲冶炼集团股份有限公司全体职工以“精耕细作保盈利，转移转型促发展”的工作方针为指导，积极主动适应经济发展的新常态，降成本、拓市场、强管理，保持了生产经营稳定运行，实现了转移转型工作有序推进。全年公司完成铅锌总产量63.4万吨，实现营业收入139亿元。 （肖建成）

【规模生产平稳运行】 2015年，公司加强工艺控制和技术攻关，实现生产的高效平稳运行。铅系统以效益为中心，紧跟市场，及时调整生产组织模式，经济运行能力逐步优化，整体盈利能力得到改善。四季度，铅产品毛利实现由负转正，扭转了长期以来的亏损局面。全年累计处理各类渣料12.1万吨，完成电铅11.31万吨。粗铅、析出铅、烟化炉氧化锌均超预算目标。直铅系统技术经济指标持续优化，基夫赛特炉单、双线作业率同比分别提高4%和3.6%；渣含铅平均4.3%，低于预算目标0.2个点。成功开发GX系列合金并实现规模化生产，高峰期月产量达2000吨。全年系统高产稳产实现新的突破，完成电锌52.07万吨，其中析出锌39.44万吨，同比增长2.4%，创历史新高。沸腾炉系统克服株化停产和锌铅制酸项目投产的冲击，保持较高作业率，自产焙砂超预算目标，并成功开启搭配处理硫渣模式。硫酸产出实现提质提量，98%酸比例达70%，为公司带来了增值效益。直浸高酸渣含锌、硫渣含锌、铁渣品位等关键指标优于预算目标。

综合生产精耕细作产量保持稳定。氧化锌系统、浸出系统加强工艺改进和操作控制，有效提升了银浮选、富集铟、铜的回收率。粗铜系统提高铜熔炼炉及转炉作业率，搭配处理铜锍及铅冰铜，完成粗铜4926吨，创历史最好水平。金银生产炉窑作业率基本稳定。铋生产完成扩能及收尘改造，产出精铋386吨，同比增长192%。铟直萃系统开展质量、工艺攻关，克服锡对产品质量的影响，后期精铟质量一次合格率100%。全年公司产品质量维持较好水平，铅锭、锌锭、银锭、金锭、镉锭、铋锭等产品的一次合格率100%，铅钙合金、热镀锌合金、铸造锌合金一次合格率分别达98.5%、99.1%、99.6%。 （肖建成）

【实现安全环保平稳目标】 公司贯彻落实安全环保法律法规，加大检查力度，着力隐患问题排查整改，实现全年安全环保平稳目标。实施安全环保网格化管理，实现安全环保风险进一步管控。实施废水处理工艺改进，开展了高氟氯废水分开集中处理等多个攻关项目，实现废水处理率、外排水重金属达标率、在线监测净化水外排达标率“三个100%”。 （肖建成）

【品牌营销】 面对市场承压，公司发挥“火炬”品牌的价值效应，持续深化合金战略，在大中型钢企总需求减少的情况下，火炬牌产品市场份额实现增长，特别是铸造锌合金销售引入电商网络营销和微信营销，全年销量达4.64万吨，同比增加13.7%；铅合金销售通过技术服务主动跟进，提升产品质量，实现销量8.8万吨，在铅产品中占比提高2%。硫酸销售通过扩大区域、扩大格局、扩大直发生产厂客户的比例，全年实现销量52万吨。华北锌合金项目成功投产。各子公司全年实现自营收入45亿元，利润1019万元，货款回笼100%。

（肖建成）

【加大新产品研发】 公司加大环保产业、新材料产业的研发力度，充分利用技术中心、博士后工作站等平台，努力寻求价值链的延伸，氧化铋、锰基超级电容器电极材料、铅稀土中间合金等产品已进入研发后期阶段。ITO靶材、超级蓄电池铅炭材料等系列产品性能有所完善。技术服务市场化运作取得成效，全年开展技术服务十余项，签订对外技术服务合同245万元，中标两个环保项目实现收入450万元。

（肖建成）

【节能降耗】 动力系统保证电、风、汽优质稳定供应，能源使用效益有所提升。公司全年节约能源2718吨标准煤，外排水总量同比减少3%，废水含锌量同比下降8.3%，实现新水节约113万吨。析出锌降电耗攻关持续推进，四季度成效明显。直铅电解实施阳极系统排距机改造，铅电解直流电单耗同比下降9%，电铅综合能耗同比下降2.4%。加大修旧利费力度，回收废旧物资创效300万元。 （肖建成）

株洲钻石切削刀具股份有限公司

【概况】 株洲钻石切削刀具股份有限公司成立于2002年6月，位于湖南省株洲市国家级高新技术产业开发区内，注册资本74193.57万元，在美国、德国设有全资销售子公司，是国内领先的硬质合金切削刀具综合供应商，集产研销于一体。作为湖南省高新技术企业、国家创新型企业、国家火炬计划重点高新技术企业、全国刀具标准化技术委员会数控刀具组组长单位，公司引领和推进国内硬质合金切削行业的发展。株洲钻石产品门类齐全，提供各种标准的和非标准的物理涂层、化学涂层、金属陶瓷和超硬材料等牌号的高精度车削、铣削、镗削、钻削、切断切槽和螺纹铰削加工的数控刀片及配套刀具、硬质合金整体刀具及工具系统，并生产各类切削工具，为机械加工制造提供整体配套解决方案。产品远销60多个国家和地区。产品广泛应用于机床行业、汽车制造行业、模具制造行业、航空工业、国防军工行业、钢铁行业、电子行业等众多领域。公司研发中心是硬质合金国家重点实验室的核心组成部分，自主研发、授权专利的数量居国内硬质合金切削刀具制造企业之首，其中多项核心技术达到国际领先或国际先进水平。公司先后承担课题8项，合作参与课题15项，课题涵盖航空航天、模具制造、汽车行业、高速铁路、能源工程等多个应用领域，取得一系列具备自主知识产权的研究成果，大部分成果已成功实现产业化。（汤　蓉）

【科研工作】　2015年，积极推进技术创新、关键工艺改进与优化工作，汽车行业、航空行业国家重大专项成果逐步实现产业化，推进航空复合材料加工刀具的开发。积极完成新产品开发和产品改进工作。针对日韩企业，稳定实施重点产品生产，推出“金钻”“银钻”等3个新牌号，形成新的增长点。应用汽车行业、航空行业国家专项成果，不断提升行业刀具配套和横向推广能力，进一步搭建机床厂家刀具配套平台，围绕重点机床厂家深化合作。公司“超细晶粒整体硬质合金纳米涂层系列精密铣刀”项目获株洲高新区、天元区优秀科技成果奖。“含周期性涂层的复合涂层刀具及其制备方法”专利获得湖南专利一等奖。公司全年申请专利32项，获得授权专利13项。（汤　蓉）

【系列精密铣刀项目获省奖】　2月28日，在长沙召开的湖南省科学技术奖励大会上，钻石切削“超细晶粒整体硬质合金纳米涂层系列精密铣刀”项目获得湖南省科学技术进步一等奖。株洲市仅2家单位获评一等奖。“含周期性涂层的复合涂层刀具及其制备方法”专利（专利号：ZL201110176393.8）获得湖南专利奖一等奖。该专利技术制备的多元、多层纳米涂层力学性能、高温抗氧化性能优异，与基体的结合强度好。该涂层改善了切削刀具的使用性能，提高国内涂层刀具在国内外市场的竞争力。该专利属于国际先进刀具PVD涂层技术的核心专利，申请了7项外围专利，构建了专利池，其中1项外围专利通过PCT途径申请了国际专利。（汤　蓉）

【刘云山到公司调研考察】　5月9日，中央政治局常委、中央书记处书记刘云山到公司调研。湖南省委书记、省人大常委会主任徐守盛，湖南省委副书记、省长杜家毫等陪同调研。公司总经理吴国根、副总经理王辉平、李屏等陪同调研。刘云山详细了解公司发展历史、生产经营、未来发展以及硬质合金国家重点实验室建设的有关情况。在了解到主营作为我国硬质合金龙头企业，随着企业自主创新能力和产品质量的提升，产品远销至欧美日等发达市场，同时越来越多的高端产品发挥了进口替代的作用后，刘云山说：“我国是钨资源大国，但还不是钨产业强国。硬质合金产业是一个基础型产业，关系到我国基础工业发展的水平和质量。要好好发展。”（汤　蓉）

【公司获德国“北威州投资奖”】　6月22日，2015年度德国“北威州投资奖”颁奖典礼在德国杜塞尔多夫老州议会大楼——施坦德宫举行，株洲钻石切削刀具有限公司欧洲子公司（ZCC Cutting Tools GmbH）摘得此项荣誉。“北威州投资奖”由德国北威州经济部和投资促进署共同评选，此前已评出10届，中资企业徐工和华为分别在2013年和2014年获奖。株洲钻石切削刀具股份有限公司欧洲子公司是中国第三家获得此殊荣的企业。（汤　蓉　李四兴）

【公司入选首批“湖南省智能制造示范企业”】　6月26日，在长沙举行的湖南第一批制造强省建设重点项目启动仪式上，公司等10家企业被湖南省经济和信息化委员会和湖南省加速推进新型工业化工作领导小组办公室授予第一批“湖南省智能制造示范企业”称号。（汤　蓉　李四兴）

株洲时代新材料科技股份有限公司

【概况】　2015年，株洲时代新材料股份有限公司（以下简称时代新材）生产总值顺利跨越百亿，其中海外销售收入、资产规模等均超过50%。风电产品事业部株洲光明基地正式运营投产，时代新材风电叶片获得首张国际认证证书，时代新材非公开发行股票获中国证券监督管理委员会发行审核委员会审核通过。公司作为株洲市2015年唯一入选企业，荣获“湖南省文明标兵单位”荣誉称号。（刘佳欣）

【中国橡胶协会成立30周年颁奖“大满贯”企业】　4月8日，公司囊括中国橡胶协会成立30周年纪念表彰活动“行业杰出贡献奖”“企业创新发展奖”和“优势品牌奖”全部三个奖项，成为中国橡胶协会30周年颁奖礼的“大满贯”企业。（刘佳欣）

【新材国贸成为省外贸综合服务企业】　10月26日，时代新材下属全资子公司新材国贸公司顺利通过株洲市和湖南省相关商务主管部门、财政主管部门的审批，被湖南省商务厅、财政厅联合认定为湖南省外贸综合服务企业，成为株洲地区唯一一家获此资质的企业。（刘佳欣）

【跨境外汇资金池正式上线运行】　12月15日，时代新材成功实现跨境外汇资金池系统自动归集境内外资金总额超过3000万美元，跨境外汇资金池正式上线运行。这也是湖南境内第一家实现自动化归集的资金池。（刘佳欣）

【承办首届以轨道交通复合材料为主题的国际性研讨会】　12月2—3日，首届轨道交通装备复合材料国际学术研讨会在株洲召开，此次交流是时代新材在中车中央研究院指导下承办的首届以轨道交通复合材料为主题的国际性研讨盛会。（刘佳欣）

株洲千金药业股份有限公司

【概况】 2015年，株洲千金药业股份有限公司全年实现营业收入24.47亿元，同比增长11.50%，其中：化学药生产收入同比增长12.22%，药品批发零售收入同比增长20.91%，卫生用品收入同比增长146.14%；归属上市公司股东净利润9295.96万元，同比下降11.55%。（卢诗婕）

【“一种妇科千金胶囊”发明专利获湖南省优秀专利一等奖】 2月28日，千金药业发明专利——“一种妇科千金胶囊”获得了湖南省优秀专利一等奖。该专利技术实施后，累计为千金药业实现销售收入20余亿元，创造利税10余亿元。该专利技术，与公司自主研发的“一种妇科千金胶囊的质量控制方法”相得益彰，围绕本专利技术共申请专利25件，构建了完善的专利池。借助该专利技术的成功实施，千金药业组建了“湖南省女性健康药物工程技术研究中心”，确定以女性健康为宗旨的产品开发路线，提升千金药业在湖南省内知识产权领域的领军地位。（卢诗婕）

【千金药业“女性酒饮”项目荣获广东省科学技术奖一等奖】 2015年，千金药业“女性酒饮”项目荣获广东省科学技术奖一等奖，申报的研究课题名称为“果汁果酒与水果提取物绿色加工技术与装备”。“女性酒饮”项目于2013年年初立项，由千金药业联合华南理工大学合作研究开发，是千金药业中药衍生领域的又一项新技术。该项目刷新了国内果酒行业的技术制高点，从产品配方、水果前处理、果酒酿造、杂醇油的处理、低温灭菌等方面都有技术创新，开发出5款风味独特、适合女性养生的创新类低度果酒。（卢诗婕）

【千金药业非公开发行股票申请获证监会通过】 2015年4月3日，中国证监会发行审核委员会对千金药业非公开发行A股股票的申请进行审核。根据审核结果，公司该次非公开发行A股股票的申请获得无条件审核通过。千金药业于2014年9月9日公告非公开发行预案，拟非公开发行股票4317万股，发行价格11.58元/股，募资5亿元用于补充流动资金，其中：控股股东株洲国投集团出资3亿元认购2590万股，长安平安富贵千金净雅投资计划出资2亿元认购1727万股，分别占发行总股数的60%和40%。该次发行股份均锁定3年。（卢诗婕）

【妇科千金胶囊位居中国城市中成药妇科药物市场份额第一】 在“2015年全国医药周第10届中国制药工业百强年会”上，标点信息PICO发布《2015年度中国医药市场发展蓝皮书》。妇科千金胶囊以9.26%的市场份额，位居中国城市社区卫生中心/站中成药市场妇科药物市场份额第一。妇科千金片以7.23%的市场份额紧随其后，位列第二。（卢诗婕）

【千金药业被评为国家技术创新示范企业】 2015年，千金药业被国家工业和信息化部、财政部联合评定为“国家技术创新示范企业”。本次认定的国家技术创新示范企业共75家，湖南省仅2家企业通过认定，千金药业为湖南省唯一一家进入该名单的医药企业。（卢诗婕）

【“千金净雅”销售额过亿元】 2015年，“千金净雅”销售发货金额达1.19亿元，荣登“2015年度中国卫生巾十大品牌”第二位。“千金净雅”已在全国15省4市的大型商超、药店和医院销售，其中与沃尔玛、家乐福、香港华润万家、大润发等形成战略合作，同时还进驻天猫商城，并启动了微商运营。（卢诗婕）

湖南千金湘江药业股份有限公司

【概况】 湖南千金湘江药业股份有限公司是集化药研发、生产、销售为一体的现代制药企业。1998年由株洲千金药业股份有限公司控股，是千金集团发展最快，实力最强的子公司。公司固定资产原值7289万元，净值3583万元，有员工806人。2015年，公司销售发货及回款均突破7.2亿元，利润破5000万元，规模连续5年增长超过1亿元，位居湖南省化药生产企业规模第一名。公司是湖南省高新技术企业和小巨人计划企业。

公司有生产批文54个，其中原料14个，制剂40个。主导产品拉米夫定片、缬沙坦胶囊、马来酸依那普利片、阿魏酸哌嗪片、蒙脱石散、罗红霉素胶囊等均在国内占有较大的市场份额。有17项发明专利申请，38项外观设计专利和31项商标。其中，1项发明专利被评为湖南省重点发明专利；“湘江”“健甘灵”两件商标列为湖南省著名商标。拥有吉非罗齐胶囊、盐酸地芬尼多片、曲匹布通片、酒石酸唑吡坦片、盐酸奥昔布宁、复方益肝灵胶囊、非那雄胺片、拉米夫定片8个国家级新药，2项国家火炬计划项目，3项高新技术产品，5项主持制定的国家药品标准。2015年，公司再次入选中国化学制药工业企业百强，并荣获湖南省专利一等奖、国家专利优秀奖等诸多荣誉。

公司经历多年发展，逐步形成以抗感染药、消化系统药、心血管系统用药、内分泌系统药及专科用药为主的五大产品群，先后组建株洲市缓控释制剂工程研究中心、湖南省抗病毒药物工程研究中心等科研平台，有湖南省认定企业技术中心。公司拥有8条通过GMP认证的生产线，生产原料药、片剂、硬胶囊剂、颗粒剂、散剂、溶液剂（外用）6种剂型，原料药年产能60吨，制剂年产能为片剂10.6亿片，胶囊剂4亿粒，颗粒剂3亿袋，散剂1亿袋，溶液剂130万瓶。市场方面，公司组建专业的营销团队，形成了以第三终端营销为主体，连锁药店及医院销售并进的立体营销体系。

（毛文祥）

【湘江药业高端药物制剂研发产业主体建设顺利完成】 5月28日，千金湘江药业高端药物制剂及研发产业基地口服固体制剂车间全面封顶。这是新基地首个封顶的项目。8月12日，综合楼主体项目顺利封顶。至此，一期建设工程中包括的固体制剂车间、综合楼、倒班宿舍及食堂、动力中心等项目全面完成主体建设任务。千金湘江药业高端药物制剂及研发产业基地一期工程于2014年5月份动工，计划于2016年上半年完成全面建设及车间GMP认证工作。（毛文祥）

【湘江药业荣获“2015中国化学制药行业工业企业综合实力百强”】 11月9日，在南京举行的“2015中国化学制药行业年度峰会”上，湘江药业再次跻身“中国化学制药行业工业企业百强”称号，由此前2014年的94名跃升至第80名。（毛文祥）

【湘江药业荣获第十七届中国专利优秀奖】 12月2日，千金湘江药业的发明专利——拉米夫定非对映合成方法（ZL200910043203.8）获国家知识产权局授予的第十七届中国专利优秀奖。拉米夫定是第一个临床用于治疗病毒性肝炎的核苷类药物，中国于1999年批准进口，近些年一直被进口药物垄断，患者年治疗费用近万元，需承担较大经济负担。湘江药业国产拉米夫定的上市销售降低了中国慢性乙肝患者的医疗费用，减轻了国家的医疗支出，产生了良好的经济效益和社会效益。（毛文祥）

唐人神集团股份有限公司

【概况】 唐人神集团是一个以品种改良、安全饲料、健康养殖、肉品加工、价值服务五大产业一体化经营的首批农业产业化国家重点龙头企业。集团销售收入过100亿元，有员工5000余人。集团在全国15个省市拥有60余家子公司，年饲料生产能力已达800多万吨，肉制品加工能力达10万吨，年生猪屠宰能力100万头。“骆驼”牌饲料、“唐人神”肉品先后荣获中国驰名商标，唐人神品牌价值23.59亿元。“美神”种猪通过美国NSR认证，达到美国同步育种水平，同时获得“国家生猪核心育种场”荣誉称号，是中国第一个世界级原种猪场。集团全面推进互联网+生猪生态产业链经模式，融合供给侧结构性改革，整合现代信息技术和移动互联网技术，实现从硬件到软件完美结合，打造出生猪三维溯源体系（食粮安全溯源、饲养安全溯源、基因安全溯源），确保肉类食品的安全。集团成功打造种猪饲料生产研发与管理、肉品加工与研发、互联网交易，金融服务四大平台，实现从饲料生产到生猪养殖到肉品消费的一体化经营，全力推进种猪、饲料、肉品、发展四大板块有竞争力的商业模式的打造。2011年3月25日，公司首次发行A股在深圳证券交易所成功上市，成为中国生猪全产业链经营第一股的上市公司。集团跨入全国饲料行业前十强企业、全国肉类行业前十强企业。

2015年，中国生猪养殖由上半年亏损到下半年盈利，但小规模养殖户补栏积极性不高，规模养殖户增加产能需要一定时间，能繁母猪数量和生猪出栏数都出现持续下降，低于近几年的历史平均水平，导致行业猪饲料产销量同比下降，市场全面转型带来全新挑战。公司始终坚持“让养猪赚钱不再成为难事”、“让百姓吃上安全、美味、快捷实惠的食品不再成为难事”的梦想，构建TRS互联网+生猪生态产业链平台发展雏形，成功实现阿米巴经营机制及激励分配方案的改革，实现并购重组与资本运作新的突破，建立高效的计划营运管理体系，进一步完善饲料、种苗、肉品产品营销上量模式，在管理模式与产业模式创新上做出全新的探索。全年公司实现营业收入94.13亿元，较上年同期下降6.52%。年内，公司通过并购重组、合资合作与自身发展，进一步完善生猪生产、肉品加工、互联网共享、金融服务四大平台的布局，提升企业价值服务能力。通过加速商业模式转型升级，实现三大产业融合发展，实现养猪产业从单一种猪研发、生产、销售逐步转型到种猪研产销、苗猪生产与终端养殖并举；饲料产业从单一关注饲料销售、关注经销商转型到渠道与终端发展并举；同时肉品产业也开始形成从单一区域销售、关注传统渠道到全国区域与互联网新型渠道并举的发展雏形，建立了良性、封闭运行的商业模式与开放互利的共享平台，全面提升产业协同效益。（邓祥建）

【唐人神购买湖南龙华农牧发展有限公司股权】 5月15日，唐人神董事会通过以发行股份及支付现金的方式购买湖南龙华农牧发展有限公司90%的股权，发力终端养殖，以保障食品安全。

（邓祥建）

湖南太子奶集团生物科技有限责任公司

【概况】 湖南太子奶集团生物科技有限责任公司创建于1997年5月，是国内最大的发酵型乳酸菌奶饮品研发生产企业，中国乳酸菌奶饮品行业的开拓者、倡导者和率先实践者。公司拥有“日出”“太子”两个驰名商标，全行业领先的乳酸菌发酵核心技术，遍布全国的营销网络，其主导产品“日出”牌太子奶以其回味无穷的独特口感、科学合理的营养价值和稳定过硬的产品品质，备受市场的认可和消费者的推崇，历经十余年畅销不衰。

重整后的新太子奶，充分发挥公司股东在资金实力、行业经验、技术质量等多方面的优势，结合自身良好的品牌基础、先进的生产技术、充足的生产能力等基础条件，携手社会各界的合作伙伴，重新做大做强太子奶品牌。

公司有员工 700 人。其中管理人员 71 人，技术人员 63 人。2015 年，公司逐步完成销售资源的整合，实现品牌升级、产品升级。全年实现产品销售总量 6 万吨，同比增长 20%；全国经销商客户数达 865 家；新品增长超过 40%；株洲市场突破 3000 万，实现 10 倍的增长，市场铺货率超过 95%，商超铺货率 100%。新品“蜜蜂少女”“卡洛菲尔”等常温酸奶系列，投放市场累计销售 100 万件。公司分期推进设备提质改造，一期技改投资 8000 万元，分期推进完成 10 万级灌装洁净车间改造和发酵准洁净车间改造。二期拟投资 1.3 亿元从瑞士购置全套先进装备。（李平平）

【新产品研发】 2015 年，公司继续大力推进新品开发，可以嚼着吃的乳酸菌已申请国家发明专利，进入实质审查阶段。同时在三元总部的技术支持下，研发常温炭烧酸奶，行业领先。（李平平）

株洲中铁电气物资有限公司

【概况】 株洲中铁电气物资有限公司拥有固定资产 3291 万元，占地面积 26 万多平方米，其中厂房面积 2.6 万多平方米，仓储面积 10 多万平方米，铁路专用线 1.157 千米，年物资吞吐能力 40 万吨。有“电气化制品、钢结构产品、物流仓储和战备物资”四大专业板块，生产设备共计 542 台（套）。公司下设 8 个职能部门，4 个生产经营单位。职工人数 212 人，其中，中级以上职称 30 人，大专以上文化程度职工 83 人。公司先后被湖南省经委评为“五星级货场”，成为株洲市第一家“五星级货场”铁路专用线单位；被国家交通战备办公室评为“国防交通物资储备优秀仓库”，并通过“三标一体”认证和复审。

2015 年，公司实现营业收入 1.21 亿元，同比增长 4.31%；实现净利润 611.97 万元，同比增长 103.73%；完成产值 1.25 亿元，同比增长 17.92%。（叶 华 顾 菁）

【革新产品技术】 公司产品不属于自主研发类型，公司技术革新以更好地服务生产和客户为原则。2015 年初，海西线客户急需供应 Φ350 60kNm 组装杆 112 件。此前公司从未有过生产此类产品的经历。客户仅能提供加工件的一些不完整图纸和一个连接法兰样品，但技术部和砼支柱分厂协力攻关，在 3 天内完成该产品的设计和试制工作，并得到客户的认可。因生产原材料水泥和减水剂变更，公司于 3 月份向中铁检验认证中心作出变更申请。在工程技术部组织下，砼支柱分厂筹备生产 H40170/12+3.5 和 ф350160/9.7 两种规格支柱，全部通过实验，公司于 9 月 17 日获得中铁检验认证中心同意变更的批复。（顾 菁）

中材株洲虹波有限公司

【概况】 中材株洲虹波有限公司为中材集团的直属企业，是湖南地区最大的建材国有企业之一。是中国混凝土与水泥制品协会理事单位，公司拥有国家级守合同重信用单位、绿色企业等多项荣誉。公司充分发挥企业研发中心和五十多年立足建材的优势，不断开发新产品、新技术，公司产品整体技术与工艺居于国内领先水平。公司已通过 ISO 9001：2008 质量管理体系和职业健康安全管理体系认证，具备年产 500 万平方米纤维水泥波瓦、100 万平方米彩色纤维水泥波瓦、3 万立方膨胀玻化微珠防火保温轻质砂浆、20 万根托辊的生产能力。公司的“虹波”牌纤维水泥波瓦多次荣获部优、省优及湖南名牌产品称号，“虹波”商标被认定为中国驰名商标。公司在湖南建成的国内装备和技术最先进的膨胀玻化微珠生产基地项目，已列入国家“十二五”星火计划、国家发改委国家重点节能技术推广目录。

2015 年，公司产品销量虽然下降，但销售价格稳中有升。全年新发展波瓦一级经销商 5 家，二级经销商 10 家，同时尝试利用“互联网 +”助推产品销售，营销工作在光大传统基础上，出现了新变化。全年销售波瓦 24.55 万张，实现营业收入 4549.7 万元。

加强设备改造，提升产能水平。年内，公司完成 2 号线提质改造工作，改造后的生产线产能将提高 78%。改造中利用多项行业首创技术，废除多个脏、累工作，减轻员工劳动强度。

全年，公司获得 6 个实用新型国家专利；无石棉纤维水泥瓦（板）、膨胀玻化微珠节能产品成功入选株洲市两型技术及产品。膨胀玻化微珠产业化获得市、区政府科技创新引导资金支持。（钟春秀）

株洲醴陵旗滨玻璃有限公司

【概况】 株洲醴陵旗滨玻璃有限公司位于醴陵市东富镇东富工业园，项目投资约 50 亿元，拥有员工 1300 多人，占地面积 84.80 公顷。根据株洲市清水塘地区清水湖生态新城总体规划要求，旗滨集团遵照株洲市委、市政府政策性搬迁的决定，于 2014 年 6 月 30 日起将株洲公司全部 3 条生产线停产放水，并在不到 4 个月的时间内完成拆除交地及搬迁工作。在 2014 年醴陵公司投产建成 3 条生产线的基础上，2015 年株洲醴陵旗滨玻璃有限公司带领全体员工，努力克服天气和交通不便等因素的影响，醴陵四线于 6 月 6 日建设完成并点火投产，醴陵五线也已具备点火条件。至此，醴陵公司顺利完成了所有五条生产线的建设任务，从而宣告旗滨集团株洲玻璃生产基地整体搬迁工作顺利完成。

旗滨玻璃项目在三年内建成投产，生产规模达3000多吨/天，2015年产量1887万重箱，销售1729万重箱，产销率91.67%，实现产值9.6亿元，实现利税1426万元，安排就业1300多人。该项目的建成投产，促进带动了醴陵市物流运输、三产业的发展，为东富工业园的建设和发展起到了良好的示范和引领作用。（李 凯）

【株洲旗滨集团在马来西亚投资建立生产基地】 2015年1月26日，株洲旗滨集团股份有限公司在马来西亚森美兰州投建浮法玻璃厂、收购三星康宁精密材料（马来西亚）有限公司签约仪式在旗滨福建东山生产基地举行。马来西亚基地将是旗滨集团在海外建立的首个生产基地。旗滨集团将出资1600万美元，购买三星康宁公司位于马来西亚森美兰州的工厂，并投资建设两条优质浮法玻璃生产线。工程分二期进行建设。一期总投资约12亿元，建设2条优质浮法玻璃生产线，二期计划投资建设1条光伏玻璃生产线。建成投产后，年可实现销售额9亿余元、利润4850万元。三星康宁公司是世界500强企业美国康宁与韩国三星的合资企业。（李 凯）

【提升产品档次】 2015年，醴陵公司根据市场需求将产品线进行扩张，能够生产3–12毫米厚度各种高档优质浮法玻璃原片、着色（绿、蓝、灰）原片、六种热反射镀膜玻璃原片，满足各类深加工要求。

利用生产线搬迁的机会，公司通过大量使用新型的、先进的设备与装备，不仅使工人劳动强度、单位能耗大幅下降，而且产品档次实现了提升换代。除原有的优质浮法玻璃、着色（绿、蓝、灰）原片质量得到提高外，还能生产在线Low–E节能镀膜玻璃、在线TCO（光伏太阳能）镀膜玻璃、阳光控制镀膜玻璃（旗滨蓝）、阳光控制低辐射镀膜玻璃（Solar–KB）、超白优质浮法玻璃等节能玻璃和绿色能源玻璃。醴陵基地将成为中部地区品种最全、品质最高、技术最先进的节能玻璃、绿色环保玻璃生产基地。（李 凯）

【技术改造实现节能环保】 旗滨公司注重在节能环保上的不断创新。生产线实施低温余热发电项目改造，所有窑炉都实现了余热能源综合利用；与环保公司共同开发干法脱硫除尘一体化技术，使烟气排放达到国家标准，从而达到节能、降耗、减污、增效的目的，提高平板玻璃企业清洁生产水平，实现了对社会负责、对企业负责、对员工负责的承诺。重视环保设施的投入使用，工厂用水基本全部采用封闭式循环冷却，只需每天补充少量自来水用于补充冷却时蒸发损失的水量。工厂废水排放主要是一部分生活用水，经过厂内污水处理后达标排放。（李 凯）

大唐华银株洲发电有限公司

【概括】 2015年，大唐华银株洲发电有限公司生产持续稳定，安全生产纪录再创历史新高，机组全年实现零非停；全年机组利用小时3324小时，连续7年领跑全省统调火电厂；全年累计完成发电量20.61亿千瓦时；超额完成华银公司下达的利润考核指标；综合绩效考评排名进入华银公司系统前三；第2次荣获集团公司“十佳基层党组织”称号，保持2015年—2016年度“湖南省文明标兵单位”称号；荣获“全国电力职工技术成果奖”等市级以上集体荣誉35项，“全国五一巾帼标兵”等市级以上个人荣誉38项；刘显旺光荣当选第五届集团公司“十大杰出青年”，刘显旺、刘勇军被推荐参选“2015湖南好青年”。

保安全强效益。降非停，保安全。强化反违章管理，加强安全监管体系与监管队伍建设，安全基础管理得到进一步夯实。强化设备治理。深入落实“降非停、灭缺陷”活动措施，月消缺率达到90%以上。通过技术攻关解决了输卸煤设备故障频发等一批困扰生产的突出问题，为全年安全、稳定发供电提供有力支撑。抓掺烧，降煤价。坚持以燃单成本最低为目标，开展经济配煤掺烧试点，动态调整掺烧方案，有效解决锅炉稳燃等技术难题，全年未发生因掺烧原因造成的锅炉灭火和影响电量情况，全年配煤掺烧产生经济效益2033.58万元。对标杆，提效益。强化效益导向，深入开展区域、“达设计值”和历史最优值多维对标，开展对标排查和整改。2015年，在全省经济持续走低、火电产能释放严重不足的情况下，公司全力组织好机组燃烧调整和设备检修维护，全年累计完成发电量20.61亿千瓦时；反平衡煤耗同比下降1.65克/千瓦时，锅炉效率91.5%，3号、4号机组汽机额定负荷平均热耗达同类机组的优良水平；飞灰可燃物年度平均值3.2%，最低值达1.0%以下，屡创新低。（蒋 蓉 张 虹）

【严守环保“红线”】 大力推进环保改造。完成3号机组脱硝改造项目后续整改；启动废水治理改造项目实施准备工作；4号机组超低排放、通流改造项目获集团批复，并已完成招标和部分标段初步设计。严格达标排放。强化环保设施运行维护和污染物排放管理，加大脱硝退出、氮氧化物超排考核，全年未发生环保污染事件，实现达标排放，圆满完成华银公司下达年度目标和“十二五”节能减排目标。（蒋 蓉 张 虹）

【夯实企业转型基础】 致力打造电力综合服务提供商。城区供热项目正在争取武广新城和职教城采用以电厂余热利用为主的供热方案。中山代运项目的实施为下一步承接大型代维代运项目积累经验。攸能燃运系统代维代运项目已签订合同，并完成第一批人员进场工作，打造攸能“大后方”工作全面起航。致力项目化管控模式持续优化。对公司内部检修与消缺工作全面实行工时定额项目化管理；对外部检修项目重点开展全流程项目化管控模式的重新优化设计和试行工作。

（蒋　蓉　张　虹）

株洲天桥起重机股份有限公司

【概况】　株洲天桥起重机股份有限公司成立于1999年，是国内专业从事高端智能装备制造的上市企业，注册资本56216万元，拥有天桥配件、舜臣煤机、优瑞科、杭州华新机电4家控股子公司。公司致力于为客户提供物料搬运装备，有色冶炼智能装备，选煤机械研发、设计、制造、销售、维保等整体解决方案，公司产品的销售市场和工业服务范围覆盖亚洲、欧洲、美洲和非洲等多个国家和地区。2015年，公司先后切入风能发电和新能源电动汽车领域，逐步实现公司业务的横向拓展和产业的升级转型。

2015年，公司合并主营业务收入9.17亿元，同比增长83%；合并净利润8172万元，同比增长496%，其中母公司天桥起重完成订货6.06亿元，同比增长25%；回款5.18亿元，同比增长38%；产值5.01亿元，同比增长37%；营业收入5亿元，同比增长17.3%；净利润3924万元，同比增长95%。

（陈　学）

【加快技术升级】　2015年，公司为加快技术升级和产品提质步伐，积极推进新产品新项目研发工作。全年重点完成：TQH低净空葫芦、TQHF固定式葫芦设计，20~100T减量化起重机系列技术模块分解及型谱规划，5~80TLH葫芦起重机系列设计开发，400KA大型槽易地检修搬运设备研制及型式试验验证，马来西亚铝电解多功能天车通过验证并投入试运行，铜精炼地面机组、阴极板、自动吊车完成技术开发及样机制造；开展铜、锌专用起重机智能化关键技术、铝电解多功能网络新技术应用、远程控制管理技术、阳极测量技术、水平捞渣机构开发等项目研究，形成部分核心技术，提高了产品的技术水平。（陈　学）

【打造科研平台】　2015年4月，风电塔架产品通过质量管理体系认证和电能（北京）产品PCCC认证。2015年9月，桂卫华院士专家工作站正式挂牌成立。全年公司完成科技计划与项目申报13项，科技奖励项目验收3项，申请受理发明专利6项、实用新型专利4项，软件著作权8项。其中：龙门车电气控制同步与纠偏方法及装置发明专利荣获国家专利优秀奖；铜电解多功能吊车、400KA大型铝电解槽易地检修搬运系统获批湖南省2015年百项重点新产品；有色金属精炼搬运装备的智能化系列控制技术成功入选湖南省战略性新兴产业重大关键共性技术；起重机核心零部件加工建设项目，成功通过湖南省推进新型工业化专项引导资金项目验收。（陈　学）

【推进战略转型】　为助推公司战略转型，实现单一化的生产经营向综合多元化转变，公司加大投资并购力度，取得重大进展。2015年5月，与珠海英搏尔电气有限公司达成增资扩股协议，认缴英博尔注册资本75万股，持股比例5.95%。2015年6月，公司通过向特定对象发行股份及支付现金购买资产并募集配套资金的方式，成功收购华新机电100%股权。积极介入新兴战略行业项目研究，先后开展电动汽车驱动总成调研、锂动力电池战略调研、动力电池制造装备领域调研、光伏发电装备调研，并尝试参与锂动力电池装备产业基金投资。全年完成投资立项报告2项，完成投资可行研究报告2项，对3家目标企业进行调研。

（陈　学）

园区建设

综　述

【概况】　至2015年年底，株洲市有各级开发区8个。其中，国家级开发区1个，即：株洲高新技术产业开发区，该园区分为一区三园，即河西示范园、田心高科园、董家塅高科园。省级开发区及省级工业集中区7个，即：株洲经开区、醴陵经开区、渌口经开区、茶陵经开区、攸县工业集中区、炎陵工业集中区和荷塘工业集中区。

2015年，全市园区经济运行止跌企稳、稳中有进。全年实现技工贸总收入2650亿元，增长12%；规模工业增加值698.3亿元，增长10.5%，占全市规模工业比重67.8%；高新技术产品产值1452.5亿元，增长10.7%；完成固定资产投资1059.2亿元，增长22.9%；上交税收123.6亿元，增长19.5%。

项目建设稳步推进。全年全市园区完成固定资产投资总额占全市比重48.6%，同比增长22.9%。其中，高新区完成固定资产投资393.2亿元，占全市园区的37.1%，醴陵、攸县固定资产投资增幅分别为37.7%、31%。全市新开工标准厂房面积达245万平方米，建成面积264万平方米；新开工项目133个，其中，醴陵经开区新开工项目24个，时代金属检测中心、国际陶瓷商贸城、旗滨玻璃第五条生产线顺利开工；竣工项目103个，其中，荷塘工业集中区21个，金龙东路、金龙西路、枫丹路、车辆段、铁达轨道交通装备制造配套项目完成建设；引进企业124个，期内实际到位资金202.3亿元；园区公司新增资产171.4亿元，新增融资162.9亿元。（王敏成）

【打造专业特色园区】　2015年，为促进长株潭产业一体化发展，株洲市积极打造专业特色园区。依托株洲高新区，设立的轨道交通装备产业园、航空航天产业园，依托株洲荷塘工业集中区建设的复合新材料产业园，依托醴陵经开区建设的新型陶瓷材料产业园4个园区被授予省级"特色产业园"称号，可获得省政府资金和政策扶持。（王敏成）

株洲市产业园区发展情况

表11

园区名称	现有产业	发展方向
株洲高新技术产业开发区河西示范园	汽车、信息、新能源产业	国内知名的电动汽车、光伏、风力发电装备基地
株洲高新技术产业开发区董家塅高科园	通用航空装备产业	国内领先的中小型航空发动机研制基地、通用航空制造基地和通航运营中心
株洲高新技术产业开发区田心高科园	轨道交通产业	世界一流水平的轨道交通装备研发中心和制造基地
株洲经济开发区	文化旅游产业	世界一流水平的轨道交通装备研发中心和制造基地，生态城、旅游城、文化城
荷塘工业集中区	硬质合金、医药产业	具有国际先进水平的新材料产业基地，健康城
渌口经济开发区	机加工、新材料产业	装备制造基地
醴陵经济开发区	陶瓷、建材、汽车零配件产业	集陶瓷研发设计、生产制造和展示交易于一体的具有国际影响力、国内领先水平的产业园区
攸县工业集中区	新材料、建材、新能源产业	有色金属深加工基地、建材基地、新能源基地
茶陵经济开发区	农产品加工、建筑陶瓷、家具产业	农产品加工基地、建筑陶瓷、家具生产基地
炎陵工业集中区	纺织、新材料产业	新材料基地、棉纺织基地

（王敏成）

园区选介

株洲高新区

【概况】 株洲高新区成立于1992年5月，同年11月经国务院批准为国家级高新技术产业开发区。1997年7月成立天元区，实行园政合一体制。2000年，经科技部批准同意并不断完善，株洲高新区实行“一区四园”的发展格局。“一区”，即株洲国家高新技术产业开发区，“四园”，即河西示范园、田心高科园、董家塅高科园、金山科技工业园，构筑了“株洲新区”。2008年12月，成为全省“两型”社会建设五个核心示范区之一（株洲天易示范区）。2014年12月成为长株潭国家自主创新示范区。现辖3个街道、3个镇，总面积328平方公里，户籍人口30万。

产业布局上，坚持高新技术产业先导、环境发展、项目带动发展战略，累计开发工业用地1000公顷，建设了一座现代科技新城。占地2.36平方公里的天台工业园全面建成，园区内有时代新材、钻石切削、时菱交通、时代电子、南方阀门等70余家工业企业，年产值超过90亿元。规划面积14.17平方公里的栗雨工业园基本建成，中小企业促进园、硬质合金园、汽车零部件产业园等专业园区分布其中，北汽集团、唐人神、南车风电、炎帝生物、太子奶等各类企业260余家，年产值超过180亿元，与之配套的中央商务区加快建设，引进香港佳兆业、美的房产、万豪酒店等一批知名配套项目，实现了由纯工业园向综合性产业园区的华丽转型。规划面积27平方公里的新马创新城是近几年开发建设的主阵地，累计投入开发资金45亿元，湘煤立达矿山装备制造基地、中建五局光伏幕墙、株硬精密工具产业园、中国动力谷自主创新园、新马EBD、汽车博览园等一批重大项目入驻建设。237平方公里的天易科技城作为未来产业承载的主阵地，已经启动自主创业园建设，长城电脑株洲基地入驻开工。经过多年发展，新区逐步形成了先进制造、新材料、电子信息、食品医药等主导产业和轨道交通装备、通用航空、硬质合金深加工、汽车及零部件、新能源装备等特色产业集群。

2015年，高新区完成地区生产总值665亿元，工业总产值1766亿元，分别增长8.5%、8.1%，在114家国家级高新区中，综合实力位居第28位。

科技创新驱动转型升级。2014年底，长株潭国家自主创新示范区获得国家批复挂牌，为高新区享受多个层面的国家政策支持，以及在各方面先行先试探索经验，带来重大历史机遇。科技创新体系不断完善，新区先后承担国家“863”计划项目55项，国家火炬计划74项，国家重点新产品项目90项，国家创新基金项目195项，拥有国家级企业技术中心7个、省级21个，国家工程中心4个、省级18个，国家重点实验4个、省级12个，国家和省部级质量检验中心4个。创新创业环境显著改善，实施“万名人才计划”“5211人才计划”等集聚创业创新人才行动，出台《关于加强企业研发机构建设的意见》，对具有国际、国内领先水平的科研创新团队，可一次性获得最高1000万元、500万元的资金支持，中国动力谷自主创新园开园，14个创新型项目签约入驻，聘请8位院士为创新创业导师。制定瞪羚企业扶持办法，对瞪羚企业给予50~200万元的科技引导资金，累计向20家“瞪羚企业”发放扶持资金3700万元。设立“创新奖”、“优秀科技成果奖”，累计发放奖励3260万元。创业孵化、投融资和社会服务“三位一体”的创新创业服务体系初步建立，建成各类孵化场地及标准厂房260万平方米。加速推进金融与科技融合，先后组建8家融资性担保公司、6家科技银行、15家风投机构，为高科技企业提供融资服务，贷款规模达到10亿元。引导支持企业进入资本市场，7家企业在新三板、新四板挂牌，3家企业在区域股权交易市场挂牌。

重大项目催生发展活力。2015年完成固定资产投资393亿元，园区企业融资规模超过200亿元，区级平台公司融资超过120亿元。全面推进中国动力谷自主创新园、新马EBD、汽车博览园、汽车产业集群、月塘生态新城、天易科技城自主创业园等六大百亿工程建设。 （田　光）

株洲金山科技工业园

【概况】 2015年，株洲金山科技工业园推进项目建设，完善园区配套，想方设法融集发展资金，园区形象明显改善，被评为全市园区工作先进单位，成功获批湖南省复合新材料特色产业园。全年完成固定资产投资65.1亿元，同比增长25.1%；完成技工贸收入171.3亿元，同比增长7.7%；完成工业增加值65.7亿元，同比增长4.2%；完成高新技术产品产值152亿元，同比增长4.2%；上缴税金6.5亿元，同比增长12.9%。

全力加快项目建设。全年共开工项目22个，其中产业项目17个，基础设施项目5个；竣工项目21个，其中产业项目16个，基础设施项目5个；顺利推进续建项目7个。金龙东路、金龙西路、枫丹路竣工通车，金山新城纵横骨架路网成型；招商中心、喜盈门一期等项目完成建设；荷塘大道延伸段、金塘路、金精路、金城东路、逸都花园、明照安置房、公租房、天台宅基地等有序推进。车辆段、铁达轨道交通装备制造配套项目等16个产业项目已完成建设；千金湘药固体制剂车间、员工宿舍、动力车间、办公楼正在进行室内装饰装修。

着力加快标厂建设。重点推进嘉德工业园、金城·国投新材料产业园和金城集团自建标厂建设。全年新开工标厂24.6万平方米，建成33.3万平方米。

大力推进策划招商。全年引进企业19家，到位资金29.72亿元。规划策划上，完成2个控规（金山新城、荷塘商贸城）和4个专项规划（自来水、电力、排水、燃气）成果定稿，包装策划了轨道交通产业基地、金山工业园一期整体形象提质改造、日月湖中央商务区、置信国际新城等涉及产业招商、城市配套、基础设施建设三大板块的重点项目十余个。招商引资上，投资5亿元的中美医院项目和投资3.6亿元的南华生物干细胞项目成功签约，南车时代电气轨道工程项目已与株洲车辆厂签订合作协议，即将落户荷塘轨道交通产业基地。

不断强化土地保障。全年批回土地80.19公顷，其中工业用地71.56公顷；完成土地出让37.63公顷。完成征地拆迁99.79公顷，其中工业用地85.78公顷。

强力拓宽融资渠道。积极融资，利用并创新银行融资、项目引资、投资代建、股权合作等有效渠道，全年累计融资23.32亿元。（陈春贵）

湖南醴陵经济开发区

【概况】 湖南醴陵经济开发区（以下简称经开区）原名为湖南醴陵陶瓷产业园区，是2003年获批的省级开发区，已纳入长株潭"两型社会"改革试验区核心区，2015年2月，被工信部确评为"国家新型产业化示范基地"，2015年5月，成功获批"省级特色产业园区"。是醴陵"一城三片区"的重要组成部分，是市委、市政府重点打造的产城融合新区。经开区地处醴陵城市的西北片区，规划面积50平方公里，是醴陵与株洲融城的对接区域。经开区党工委、管委会作为醴陵市委、政府的派出机构，负责对全区进行统一管理。机关内设党政办公室、产业发展局、招商合作局、规划建设局、社会事务管理局5个正科级机构，财政所1个副科级机构；受市委、市政府委托管理醴陵市陶瓷研究中心、醴陵市高新技术产业发展中心2个正科级机构；醴陵市高新技术产业发展有限公司（以下简称公司）全面承担园区建设和开发任务；国土、公安在经开区设派驻机构；机关有工作人员84人。2015年，全区共实现技工贸总收入401.33亿元，同比增长17.16%；完成工业增加值145.31亿元，同比增长17.58%；累计完成固定资产投资135.87亿元，同比增长37.68%。年内完成15亿元的资产注入工作，公司总资产达51.9亿元，净资产30.72亿元。（余　里）

【项目推进】 积极推进新建项目尽快落地建设，在建项目尽快投产达效。全年，经开区新开工项目24个，续建项目9个，竣工项目17个。醴陵·世界陶瓷艺术城项目的陶瓷博物馆等主体场馆及周边配套设施建设全部完成，图兰朵酒店及其他场馆正在抓紧装修。旗滨玻璃第四条生产线已点火投产，全年实现产值9.6亿元。时代金属轨道交通部件生产基地项目5.6万平方米厂房已完成主体建设。瓷器口古街全面启动建设。1915陶瓷文化特色街区全面动工。振美、精陶、醴泉窑艺3家企业建成投产；天鑫、红玉红瓷、瓷宝斋厂房主体建设已经完成；正华瓷艺、尚方窑、陶润文化等3家企业正在进行设计，即将启动建设。（余　里）

【产业发展】 在加快传统产业发展的同时，继续加大对新型产业的扶持力度，积极与上级部门对接，落实特色产业奖补资金。以陶瓷产业为龙头的传统产业规模不断扩大，截止2015年底，经开区纳入统计口径的陶瓷规模企业144家，陶瓷产业产值突破300亿元，成为湖南省影响较大、特色鲜明、辐射带动明显的陶瓷产业特色示范基地。新兴产业规模日益壮大，交通装备、电子信息、玻璃、新材料产业成为园区经济发展的新增长点。旗滨玻璃实现年产值9.6亿元。时代金属全年实现工业产值3.32亿元。恒茂电子在长沙设立了新的研发基地，正在筹备上市。升华科技完成产值2.85亿元，同比增长158%。正阳精密销售收入同比增长260%。（余　里）

【招商引资】 积极开展"迎老乡、回故乡、建家乡"行动，加大战略型新兴产业、文化创意产业和服务产业的招商力度，2015年，引进企业15家，协议引资18.13亿元，到位资金15.9亿元。"146"工程标准厂房建设项目新开工面积23.62万平方米，建成面积38.44万平方米。（余　里）

【科技成果】 园区现有高新技术企业30家。恒茂电子有限公司研发出一件最新专利发明——健康路由器（healthy router）。该款路由器可以智能完成健康节能低辐射模式的切换，加上吸波陶瓷材料有效吸收、过滤辐射，使得健康路由的辐射和功耗总量降到普通路由器的10%，信号和性能却大大优于普通路由器。该专利由"恒茂电子"与中南大学组成项目团队，耗时3年研发完成。该路由器通过无线网络速率自适应算法，结合防辐射纳米吸波陶瓷和双核双频千兆硬件，成功研制出根据用户使用WiFi的位置和情况自动调整WiFi信号的健康路由。该发明专利已通过科技成果转化，正在进行大规模生产。（余　里）

攸县工业集中区

【概况】 攸县工业集中区前身为攸州工业园，始建于2003年，2009年批准为"省级综合性高新技术产业基地"，2012年升级为湖南省级工业集中区，含"一区两园"，即攸州工业园和网岭循环经济园，是以工业开发为主体，集办公、商贸、金融、生态休闲等多功能于一体的工业集中区。

2015年，集中区实现技工贸总收入181.6亿元，同比增长20.3%；固定资产投资39.2亿元，同比增长

31%；工业增加值57.8亿元，同比增长20.5%；规模工业增加值52.8亿元，同比增长16.1%；高新技术值62.3亿元，同比增长21.5%。

项目建设明显提效。绿钢华产、天睿精工、松本林业等一批优势项目签约落户；帕普特种材料、普拉皮具、鑫悦塑料、佳丰电器等一批中小企业入驻标厂；澳维高科、安特新材料、爱敬堂药业等一批在建企业竣工投产；龙昊二期、星都二期、酒江电线、日用瓷花等一批签约企业开工建设；智成化工、岩棉建材、昊华化工等一批规企项目正在跟踪洽谈。全年共落户企业15家，其中入驻标厂企业9家，落地企业6家，总投资额达40亿元，实现新开工项目12个，竣工项目13个。

产业集聚明显提质。依城建园，以园兴城，园区已成为县域经济发展的重要引擎。主导产业初步形成。截至2015年年底，入园企业76家，初步形成以宏信科技、明珠选矿、安特新材料、澳维高科等为龙头的新材料和以爱敬堂药业、鸿华鸭业、神农药业等为龙头的新兴健康两大主导产业。企业规模逐步增大。园区投资过亿元的企业9家。2015年新增规模企业6家。百里香、凯峰电线、威克尔生物科技、鸿华鸭业等4家企业通过上海股权中心成功挂牌上市；威克尔通过第一轮融资线下交易，获取1300万元的融资；爱敬堂竣工投产，签订产品订单3亿元，实现税收280万元，并与葵花药业、永通药业强强联合，发挥品牌效应。带动作用明显增强。生物医药、食品加工行业的发展带动农产品种植业的发展，促进了资源、资产、技术、人才的整合，“公司+基地+农户”模式形成产业链，经济呈现新的增长点。百里香建成200公顷香蕾草种植基地；鸿华鸭业建成300万羽的麻鸭养殖基地；松本林业欲打造2.67万公顷松脂林基地；大豪药业打造133.33公顷中药材种植基地；拉子豆腐带动6666.67公顷大豆种植；亚美科技带动6666.67公顷油茶种植基地。第三产业同步发展。星都物流前47.33公顷土地实施商住开发，以975万元/公顷的价格成功摘牌，售楼部已建成。商贸物流城12万平方米建筑和400个门面商铺以及2栋标志性建筑的高层板式电梯房的建成，形成人流、物流、信息流，打造以商贸物流为核心的新型商业圈，极大提高居民幸福指数，提升园区发展形象，快速推动第三产业同步发展。

科技创新明显提高。产品研发实现新突破。宏信科技获得湖南省企业技术开发中心的认证；神农药业、威克尔制药等企业平均每年开发新产品占全部产品的70%以上；爱敬堂药业取得生产“阿胶、龟甲胶、鹿角胶”的GMP认证；明珠选矿与中南大学建立企校联合研发中心，研发的新产品质量实现“质”的飞跃。宏信科技拥有水泥助磨剂、节煤剂等国家发明专利4项，实用新型专利8项；奥维高科取得国家专利7项；全园申请专利100余项，获专利授权数达60项。“安特”牌锑酸钠在国内太阳能光伏玻璃行业的使用占有率为70%，出口份额为45%；拉子豆腐远销国外市场，打造“攸县香干”品牌；洣水河电缆获中国驰名商标，全年园区有6家企业获省著名商标，8家企业申报“省高新技术”，12家取得“省科技民营企业”的称号。（李　衔）

茶陵经济开发区

【概况】　2015年，茶陵经济开发区围绕“打造茶陵发展升级版、建成湘赣边界中心县”战略目标，定位“工业新城，城市新区”，明确“搭平台、抓项目、促改革、搞服务”4个工作重点，开展项目建设、招商选资、优化环境、效能建设，助推园区发展升级。

提升经济总量。2015年，茶陵县“一区五园”完成技工贸收入127.08亿元，占目标任务的101%；完成固定资产投资38.42亿元，占目标任务的103%；完成工业增加值34.13亿元，占目标任务的110%；完成高新技术产值5.32亿元，占目标任务的105%。开发区核心区企业实现税收1.02亿元。

提速项目建设。开发区定位于建筑建材、农副产品加工、电子电器的园区产业，开展项目招商，2015年，引进中田大山楂深加工、南马电子、伟仕达电子、九方石业、东森服饰、盛泰门窗等企业项目11家，签约金额14.2亿元。同时，对已入园项目，实施“五个一”项目落地机制，助推项目落地，全年新开工项目22个，竣工项目11个。年内康圣堂药业、强强陶瓷、春程三期、雅派皮具、深港制衣等重点项目建成投产，中好光电、保灵生物、金益环保等项目完成厂房及办公楼建设。

提质园区配套。开发区秉承“园区+园林=家园”的理念，加强园区基础设施建设投入，完善园区配套，加快融城步伐。结合城中村改造与新农村建设，启动金星村、孟溪村安置点规划，完成南站新区安置区建设，保障当地村组百姓安居乐业。启动经济总部项目规划设计，高起点规划、高标准建设，打造园区“两化”融合点、提质样板点。投资8370万元完善园区交通架构，启动衡阳路、永新路、心桥路、茶水南路、二园区2号和5号支路等7条道路建设，拉通核心区两大外环和3个内环道路，实现规划范围内土地网格化。

提高基础保障。土地保障方面，全年批回土地48.93公顷，其中工业用地28.87公顷，商业用地20.06公顷；完成征地拆迁98公顷，其中工业用地征拆70.27公顷，综合用地27.73公顷。筹措资金，全年融资6.62亿元，同时，包装策划茶陵经济开发区污水处理及配套管网建设项目和茶陵洣水两岸新型城镇化建设项目对接农发行申报专项建设基金3.33亿元。（龙谭通）

炎陵工业集中区

【概况】　炎陵工业集中区于2001年

底筹建，位于炎陵县城西城区，衡炎高速、衡茶吉铁路、106国道贯穿全区。园区规划面积10.67平方公里，空间布局为“一区两园”，“一区”即炎陵工业集中区，两园指九龙工业核心园和中小企业创业园。其中核心园规划面积9.67平方公里，中小企业创业园规划面积约1平方公里。炎陵工业集中区发展定位为“产业新城、城市新区、产城融合”，产业定位为形成“三主多辅”（“三主”即做强做大的纺织服饰和新材料两大主导产业；同时努力把旅游产品及文创产业培育成主导产业；“多辅”即适时发展电子机械、装备制造、新能源新技术、商贸流通等产业）的产业体系。截至2015年年底，入区企业140家，投产企业达到91家，规模以上企业70家，占全县规模以上企业总数的75%。2015年完成技工贸总收入93亿元，同比增长18%；完成固定资产投资43亿元，同比增长26.5%；完成工业增加值29亿元，同比增长17%；完成高新技术产值16.9亿元，同比增长17.1%；上缴税收1.2亿元，增长18%。

炎陵工业集中区先后获评湖南省棉纺织产业基地、省级综合性高技术产业基地、湖南省承接产业转移特色园区，2015年在全省132家省级以上产业园区中综合排名第20位，经开区影响力不断提升。（黄建云）

【炎陵工业集中区跻身全省产业园区第一方阵】 全省产业园区综合评价工作于2012年启动，由园区办牵头，省发改委、省统计局、省商务厅等多个部门配合，对园区技工贸总收入、主导产业聚集率、上缴税收、高新技术产值、单位土地税收产出强度等10个指标进行综合评价。2015年10月，省园区办下发《关于湖南省2014年产业园区发展综合评价的通报》（湘园区办〔2015〕5号文件），炎陵工业集中区2014年度综合得分为43.8709分，在132家省级以上产业园区中排名第20位，比上年度上升12位，标志着炎陵工业集中区已跻身全省产业园区第一方阵。（黄建云）

【株洲市炎陵海关工作站正式挂牌成立】 2015年10月14日，株洲海关与炎陵县签订了《共同推进炎陵开放型经济发展合作备忘录》，株洲市炎陵海关工作站在炎陵工业集中区正式挂牌成立，继而成为湖南省第二家县级海关工作站，株洲海关将从贯彻落实优惠政策、加大外贸指导力度、支持扩大进出口等多个方面支持炎陵扩大开放，同时将针对外贸企业实行预约通关服务和预审价、预归类、提前申报等通关便利措施，帮助和协调企业解决通关难题。（黄建云）

【湖南诺忒光电科技发展有限公司高频扫频谐振式技术入选《湖南省节能新技术新产品推广目录》】 2015年，湖南省发改委下发《关于印发湖南省节能新技术新产品推广目录（第五批）的通知》，湖南诺忒光电科技发展有限公司的高频扫频谐振式技术入选目录，成为炎陵县首家入选该目录的企业。湖南诺忒光电科技发展有限公司于2014年11月签约进入九龙经开区，合同引资5亿元人民币。公司的高频扫频谐振式技术主要适用于量子灯具，拥有国家发明专利，与同类产品相比，具有显著的节能效果，符合环保节能要求，市场前景广阔。（黄建云）

农业和农村工作

种植业

【概况】 2015年，株洲市实现农林牧渔服务业总产值266.82亿元，增长3.9%；农业增加值183.32亿元，增长3.9%；农村居民人均可支配收入15946元，增长11%。全市新增农产品加工企业55家，总数达2810家，其中，国家级龙头企业2家，省级龙头企业25家，市级龙头企业107家。全市农产品加工业总产值预计完成335亿元，销售收入326亿元，利润11.6亿元，上缴税金6.1亿元，分别同比增长15%、15%、14%、13%。农产品加工产值与农业产值比得到较快提升，达到1.4∶1。县域综合实力提升。全年实现县域GDP1138.8亿元，增长10%。县域GDP占全市GDP总量比重达到51.8%，较上年提高0.7个百分点。醴陵跻身全国百强县82位，醴陵、攸县稳居全省县域经济"十强"，株洲县、茶陵县、炎陵县跻身全省县域经济发展先进县行列。

现代农业产业提效。粮食生产"十二连丰"。2015年，全市粮食播种总面积26.49万公顷，总产量183.4万吨。粮食单产达到每亩462公斤，继续保持全省领先位置。水稻机械化综合化水平达到71%，较上年增长2个百分点。全年全市出栏生猪471.4万头，养殖业总产值达104.3亿元，生猪规模养殖比重达73%。全市蔬菜播种面积6.4万公顷，实现总产量165万吨、总产值37亿元，同比增长1.3%、2.7%和3.2%。全市主要品种蔬菜市场占有量达到75%。全市经济作物种植面积（不包括蔬菜）4.6万公顷，总产值20.2亿元。休闲农业蓬勃发展。2015年，全市休闲农业企业新增10家，总数发展到320家，实现经营总收入8.76亿元，接待游客378万人次，同比增长22.5%、11.18%。

农村基础设施提质。以项目建设为抓手，投入水利建设资金6亿元，新解决27.21万农村人口饮水不安全问题，除险加固病险水库56座。徐家港排渍站重建工程进展顺利，年内完成主体工程。株洲作为全国第二批水生态文明城市建设试点获水利部正式批复。推进新农村示范村"213"工程，蛟龙村、响水村两个美丽乡村综合示范点建设成效显著。云田镇—龙头铺镇、荷塘月色示范片、五色九郎示范片、三门镇—雷打石镇、大京风景区、三河镇—鹿原镇、洣江乡—严塘镇、网岭镇—酒埠江镇、泗汾镇—孙家湾镇、渌口镇—南阳桥镇等地加强整体规划，突出连片开发，培植主导产业，着力打造一批以休闲产业为核心，以项目建设为载体，辐射带动面较大的示范片，涉及乡镇17个，行政村102个，目前已实施项目251个，建设资金2.16亿元，实现新农村建设由点到片的提升。32个美丽乡村建设全面推进，完成实事项目283个。实际到位资金28873.39万元。重金属污染修复及农作物种植结构调整试点区域扩大到4.47万公顷。全面启动封山育林，推进"三边"造林，森林覆盖率达61.89%。

深化农村改革提速。农村土地承包经营权、农村宅基地和集体建设用地使用权确权颁证加快推进。全面启动农村土地承包经营权确权登记颁证整市推进工作，全市农村土地经营权确权登记颁证整市推进工作全面铺开，涉及81万户农户、20.89万公顷耕地。全市农村耕地流转面积5.86万公顷，占家庭承包经营耕地面积39.21%。新型经营主体不断壮大。全市家庭农场发展到（含种养大户）1674个。经工商部门注册登记的农民专业合作社发展到2440家，同比新增648家。34家合作社被评为省级示范社。明晰国有林场资产权属关系，集体林场改革全面完成。水利产权制度改革有力推进，水利工程管理体制改革全面完成，全市964座水库均落实了一名管护员，一大批小型农田水利设施通过拍卖、租赁等形式，明晰了所有权，盘活了水利存量资产。

民生实事发展提标。新型职业农民培训全面推进，培训农民3000人。新品种培育、新技术新机具推广取得实效，全市农业科技进步贡献率达64%，比上年提高1个百分点。农村劳动力转移就业1.65万人。完成农村沼气池520户，其中大型沼气池2个，中型沼气池45个；大力实施蔬菜基地提质增效工程，完成蔬菜基地提质增效353.33公顷；完成农业科技示范户培育任务4000户目标。全市新申报绿色食品10个，无公害农产品20个。至此，全市"三品一标"认证农产品达320个，其中绿色食品68个，有机食品3个，地理标志农产品4个。无公害产地认定达9160公顷。新建10个市级农业标准化生产基地，标准化生产基地达69个。全年市县完成年抽检农产品11万批次以上，农残合格率保持在99.78%以上，全市没有发生一起农产品质量安全事故，确保了全市人民“舌尖上的安全”。

社会保障水平提高。精准扶贫大力推进，全年完成减贫任务5.16万人。城市5区最低生活保障线标准达到月人均420元的标准，11096名贫困人口实现整体脱贫。农村最低生活保障线标准不低于180元/月·人，全市共有农村低保对象12.68万人，月人均救助水平为112元。全市最低生活保障水平在全省处于第一方阵。全市共有农村五保对象约1.96万人，其中，集中供养约0.7万人，集中供养率约35.7%，集中供养标准年人均将达到6000元，分散供养标准年人均将超过3200元。完善城乡医疗救助“一站式”服务系统，实现困难群众住院救助即时结算，住院救助比例提高到70%，农村五保对象在县、乡级新农合定点医疗机构住院基本医疗费用全额减免。全市共筹集城乡医疗救助基金5528万元，累计救助对象21万多人次。全市共发放临时救助资金1330万元，救助临时生活困难对象1.6万户次，平均救助标准约830元/户。新建和改扩建农村敬老院14所，超过10所实事考核标准4所。全市10个居家养老服务示范站点均已完成建设。现有养老机构17家，农村敬老院119家，农村幸福院447家，共有各类养老床位13684张，每千名老年人床位数约21张，在全省处于领先水平。深化双拥创建工作，继续抓好拥军“蛋奶果工程”，全年共投入资金580多万元，为驻株部队送鸡蛋、牛奶、水果共120多万份。推广“双带双促”经验，创建“退役军人之家”62家。

（史　齐）

【“十二五”株洲市农业农村工作主要成效】 “十二五”期间，株洲抢抓中部崛起、“一部一带”、新农村建设、城镇化综合试点等重大机遇，切实强化工作举措，农业生产稳速增长，农民收入稳步提高，农村社会稳定和谐。

农业产业结构优化、综合生产能力明显提高。5年，粮食播种面积年均稳定在26万公顷以上，总产180万吨以上。年平均单产居全省首位，开创了连续“十二连丰”的局面。经济作物面积发展到11.13万公顷，经济作物设施栽培面积发展到2.47万公顷。蔬菜播种面积发展到6.52万公顷，2012年荣获“湖南省‘菜篮子’市长负责制先进单位”称号。畜禽水产养殖量稳步提升，2015年全市肉类总产量38.93万吨，总产值为95.1亿元，蛋品产量5.04万吨，水产品产量9.15万吨，渔业总产值10.3亿元，出栏生猪471.4万头，生猪规模养殖比重达73%，生猪良种覆盖率98%。全市农产品加工企业发展到2780家，2015年完成加工业总产值335亿元，5年年均增长16%，培育了18家过亿元的农产品加工龙头企业和48个国家、省知名品牌。全市休闲农业企业发展到320家，2015年接待游客378万人次，实现经营总收入8.76亿元，初步形成一批科技示范型、特色产业型、观光采摘型、庭院经济型、民俗文化型、景区依托型等为主体的休闲农业发展格局。

县域经济快速发展、农业综合实力明显壮大。5年，农村社会固定资产投资总额超过350亿元，年均增长15%，农村居民人均纯收入达15946元，超额完成农民收入五年倍增计划。县域GDP达1138.8亿元，年均增长10%，县域GDP占全市GDP总量达51.8%，提高3.8个百分点，醴陵、攸县连续14年稳居全省县域经济“十强”。

农业发展转型升级、农业现代化水平明显提升。规模化经营迈出新步伐。全市农村耕地流转面积6.26万公顷，耕地流转率达到39.6%，高于全省水平4个百分点，居全省首位。水稻规模种植面积达60%，生猪规模化养殖比重达73%，粮食种植大户6600户，数量居全省第二位。机械化生产实现新突破。5年，全市农业机械达48.78万台（套），农业装备总动力达329.96万千瓦。水稻生产全程机械化率达71%。社会化服务取得新成效。全面完成乡镇农技推广体系改革。全市专业化统防统治组织达35个，完成农作物病虫害统防统治面积12万公顷，实现每亩增效190元。农民合作社发展到2055家，带动农户26.3万户，连接基地25.67万公顷，农产品销售量占全市农产品销售量的38%。农业科技创新有新进展。在全省率先与中国农科院签订“院地”合作协议，开通中国农科院与农业企业、农产品生产基地科企“联姻”的直通车，“两型”农业获得长足发展。全市主要农作物良种覆盖率达95%，农业科技贡献率达64%。

农业基础不断夯实、农村环境面貌明显改善。5年共建成和改造乡村公路和机耕路10000余公里，100%的行政村通上水泥路；完成农田整理6000多公顷，建设高标准农田4.85万公顷。共投入水利建设资金41.3亿元，78%的耕地实现排灌自如，农田有效灌溉率提升到95%。解决农村100.82万人饮水不安全问题。5年共完成人工造林5.09万公顷，森林覆盖率达61.98%，湿地保护率达67.08%，成功创建“国家森林城市”。启动实施农村环境综合整治三年行动计划。开展重金属污染耕地修复治理2.6万公顷，调整种植结构2134公顷。攸县城乡同治经验在全国树立影响。五年重点建设了32个美丽乡村和10个新农村示范带，22个村被授予省级示范村，网岭镇被定为全省“百城千镇万村”试点示范镇。全市广大农村呈现出“田园美、家园美、村庄美”的美丽景象。

民生事业持续发展、农民幸福指数明显增长。农村贫困人口大幅下降。5年共争取国家扶贫项目202个和资金508亿元，深入推进罗霄山株洲片区扶贫攻坚和片区开发，市县共筹集资金10560万元，实施项目1240个。2015年，全市贫困人口减少5.16

万人，贫困发生率降至6.01%。社会保障更加完善。五年农村五保集中率达36.3%，新农合参合率达99%、农村养老保险实现全覆盖。全市农村低保月均保障13万人，基本实现应保尽保。建立完善城乡医疗救助“一站式”服务系统，住院救助比例提高到70%。农村社会事业大力加强。共完成农民技能培训5.68万人和农业实用技术培训66万人次，培育新型职业农民5000人，新增农村劳动力转移就业32.4万人。全市800多个村修建了休闲娱乐健身广场，1220个村兴建了农民书屋，行政村宽带网络覆盖率达100%，广播电视实现城乡全覆盖。

农村改革稳步推进、农村发展活力明显增强。农村土地改革强力推进。农村土地承包经营权确权登记颁证整市推进工作有序推进，涉及81万户农户、20.89万公顷耕地。农村金融改革稳步推进。农商行、村镇合作银行实现县域全覆盖。探索试点农村土地承包权、林权、农民住房财产权、农村集体土地使用权等抵押、担保、转让、入股、出租等融资新途径。国有林场、水利改革扎实推进。集体林权制度改革全面完成，林改发证率达100%。林地流转6.09万公顷，流转率达10.2%。水利产权制度改革有力推进，全市964座水库均落实了一名管护员。农村社会管理改革有力推进。稳步推进镇村体制向街道社区体制转变，全市1008个村进行农村社区建设，覆盖率65%。全市村（居）100％建立村（居）务公开制度，100％成立村（居）务监督委员会。建立防汛抗旱、森林防火、动物疫病防疫防控的预警和处理机制，全市广大农村和谐稳定。（史　齐）

【开展重金属污染耕地修复治理和种植结构调整试点工作情况调研】 1月7—9日，市农业局党组书记、局长费水牛带领工作组赴攸县、茶陵，对株洲市重金属污染耕地修复治理和种植结构调整试点工作情况调研。农业部、省政府部署重金属耕地修复治理和种植结构调整试点工作以来，在省政府的正确领导和省农委的精心指导下，市委、市政府高度重视，多措并举，上下联动，株洲市重金属污染耕地修复治理和种植结构调整试点工作初战告捷，查清了耕地及产品超标情况，完成了水稻VIP及VIP+n控镉技术修复模式试点，开展了耕地质量提升与重金属污染修复工作，实施了农作物种植结构调整工作。调研工作组通过听取汇报、实地查看、走访农户，全面了解重金属污染耕地修复治理和种植结构调整试点工作进展情况，同时也发现了一些问题，如应用区域确定难，项目资金少且慢，实施进度差异大等问题，在2015年深化改革进程中，将根据调研中发现的问题，采取行之有效的措施，有针对性的开展工作，逐一解决。（史　齐）

【农业科技培训】 组织开展农技人员的培训需求调查，下发《关于开展2015年基层农技推广人员培训需求调查的通知》，组织全市农技人员分产业、按岗位进行培训需求申报，分期分批采取异地研修、集中办班、现场观摩方式组织培训，多途径提高农技人员的能力；组织开展新型职业农民基本情况调查，全面掌握全市种养业的生产大户、家庭农场、农业企业、合作社骨干等新型农业生产主体基本情况，提高农民培训的针对性和适应性，组织基层农技人员采取进园、到场、入户，现场登记填表等方式，对职业农民进行全面摸底调查，为农业科技培训作准备；积极开展科技示范户的遴选与服务，下发《关于开展2015年基层农技推广补助项目实施的通知》，要求各农技推广站尽快落实技术指导员和科技示范户按1∶10的比例进行有效对接，签订好技术服务协议，落实好主导品种、主推技术以及技术培训指导；开展农业科技培训指导工作，组织开展蔬菜春季提早栽培、油菜高产栽培等技术的培训，共开展培训45期，培训3700多人次。组织开展农业技术跟踪服务，对服务时间、服务方式、服务内容、服务效果、服务照片实行留痕化管理。（史　齐）

【大院“高山软枝乌龙茶”荣获第三届“国饮杯”一等奖】 2015年，第三届“国饮杯”全国茶叶评比获奖结果揭晓，炎陵县大院农场龟龙窝高山乌龙茶园的“高山软枝乌龙茶”荣获一等奖。大院农场位于罗霄山脉中段，平均海拔1350米，土壤疏松肥沃，有机质含量高，无大气、水体、土壤污染。龟龙窝茶园的乌龙茶外形颗粒圆结，色泽青绿油润，香气浓郁、有花香，汤色蜜黄、清澈明亮，滋味醇厚、甘醇，叶底嫩软、绿亮，深受市场欢迎。（史　齐）

【炎陵县82位种粮大户获政府奖励】 2015年炎陵县拿出32万余元专项资金奖励给上年度县里82位种粮大户和6个种粮先进乡镇，奖励资金比上年增加10万余元。2014年，炎陵县委、县政府为鼓励农民种粮，出台扶持政策，对2公顷以上的粮食大户实行阶梯奖扶，极大地激发了农民的种粮信心，全年引进粮油新品种19个，落实水稻政策性保险9334公顷，查勘定损面积近333.33公顷，耕地抛荒治理工作有成效，全县耕地抛荒率严格控制在5‰以内，完成粮食播种面积1.58万公顷，完成粮食总产9.69万吨。（史　齐）

【官春云院士一行到茶陵考察观摩油菜生产】 4月13日，中国工程院院士、油菜遗传育种和栽培专家、湖南农业大学教授、博士生导师官春云，农业部农技推广中心油料处副处长汤松，经作处副处长姜正军等带领湖南、江西、浙江、湖北、安徽5省考察团一行到茶陵县考察观摩“稻—稻—油”三熟制早熟油菜生产。官院士一行深入茶陵县秩堂镇油菜“十里长廊”，详细察看油菜种植品种、生长情况，并认真听取了解茶陵县油菜大面积生产情况及油菜生产试验示范等情况。官院士一行对茶陵的油菜生产工作给予肯定，同时针对当地实际，提出意见和建议。他指出要通过加快研发、推广更适宜稻—稻—油种植模式的早熟油菜新品种和推广油菜全程机械化生产，促进南方稻区“稻—稻—油”种植模式大面积发展。（史 齐）

【省政协副主席杨维刚到株洲调研重金属污染耕地修复治理工作】 4月14—15日，省政协副主席杨维刚率队到株洲调研重金属污染耕地修复治理工作。市政协主席黄曙光参加座谈。杨维刚一行首先考察株洲县洲坪乡翻耕改土现场、五架桥苗木繁育基地、蛋白桑种植基地；天元区悠移山庄、大地蔬菜种植农民专业合作社。在调研座谈会上，副市长杨玉芳作工作汇报，调研组成员与市直相关部门负责人就当前治理工作进行了深入交流。黄曙光建议，在全省范围开展耕地分类普查，全面掌握情况，并实施分类指导，加强资源整合，建立科学合理的评价机制，推进工作开展。杨维刚对株洲市耕地污染修复治理工作给予肯定。（史 齐）

【醴陵市农业行政执法大队获全国示范窗口荣誉】 5月份，醴陵市农业行政执法大队获得2015年度“全国农业综合执法示范窗口”称号，湖南省仅此一家获此殊荣。醴陵市农业行政执法大队于2001年成立，大队公平、公正、有序、高效开展农业行政执法工作，推进涉农法律法规的实施，净化农资市场秩序，维护农民的合法益，确保醴陵市农产品质量的消费安全。其体系建设、程序规范执法效能、案卷制作等多次得到农业部的好评，并成功创建“2013—2015年株洲市市级依法办事示范窗口单位”。（史 齐）

【2015年中国·湖南“炎陵红茶”万阳山品茗会举办】 5月8日，2015中国·湖南“炎陵红茶”万阳山品茗会在大垸高山茶园举行。活动包括《请茶歌》《导游炎陵》、茶艺表演（古筝伴奏）、独唱《神农茶歌》等节目以及采茶、摄影、采风、茶艺交流等现场体验形式，展现炎陵茶叶的独特魅力，弘扬茶祖文化的精髓。2014年，大院茶叶基地被列为省果茶标准化创建项目，并成功创建成为农业部标准茶园。2015年，炎陵县茶叶面积已发展到553.33公顷，有3家茶叶企业为市级农业产业化龙头企业；省展博会，神农茗茶叶公司获全省茶叶“科技创新十强企业”；“高山乌龙茶”获第三届“国饮杯”全国名优茶评比一等奖；“万阳红·炎陵”红茶和“洣溪茗峰·神农白茶”均获2014湖南省第六届茶博会“金奖”；神农白茶获“2014中国（长沙）国际食品展览会湘茶大赛”金奖，炎陵茶叶的知名度得到提升。（史 齐）

【唐人神收购龙华农牧90%股权】 5月19日，唐人神发布公告，唐人神拟以发行股份及支付现金的方式向龙秋华、龙伟华购买其合计持有的湖南龙华农牧发展有限公司（简称“龙华农牧”）90%股权。这意味着唐人神强化了生猪养殖基地建设，直接控制养殖终端，更能确保肉品安全。公告称，龙华农牧100%股权的预估值为32528.22万元，合计持有的90%股权对应的权益价值为29275.40万元。经协商，拟确定龙华农牧90%股权交易对价最高不超过29250.00万元。其中唐人神以发行股份方式支付交易对价中的24862.50万元，股份发行价格为11.07元/股；以现金方式支付交易对价中的4387.50万元。位于茶陵县下东乡的湖南龙华农牧发展有限公司，始创于2005年，是湖南省生猪养殖领域的骨干企业，已具备商品猪12万头的生产能力。（史 齐）

【全国新型肥料试验示范现场观摩会在醴陵市召开】 6月26日，由全国农技中心组织的2015年新型肥料试验示范现场会在醴陵市泗汾镇农场村召开，来自全国各地160多名农业专家现场观摩土壤酸化改良及新型肥料田间试验。2015年早稻新型肥料试验示范安排在醴陵市泗汾农场，试验示范总面积共16公顷，开展8种土壤调理剂和土壤重金属污染修复治理技术的试验示范工作。现场会上，省土肥所专家重点讲解肥料田间试验数据处理与分析技术要领、土壤改良技术要点，与会专家们交流新型肥料试验示范工作经验。全国农技中心和省农业委员会领导对醴陵市新型肥料试验示范工作给予肯定，认为醴陵土肥工作走在全省乃至全国先进行列。（史 齐）

【株洲市茶叶栽培及加工技术研修班举办】 8月23日，株洲市茶叶栽培及加工技术研修班在省茶科所开班，来自全市的茶叶工作管理人员、茶企、茶叶专业合作社专业技术人员及茶叶种植大户共50人参加培训。本次培训为期7天，由省茶科所、湖南农大专家教授主讲。培训内容包括茶叶栽培、茶树病虫害及其防控、茶叶加工、茶叶审评、茶企营销等。培训以理论与实践相结合的方式，面对面、手把手地传授，重点解难释惑。培训旨在满足茶农们的技术需求，提高株洲地区茶业从业人员综合素质及服务水平，全面促进株洲茶叶产业提质升级与可持续发展。据悉，株洲市炎陵、茶陵、攸县、株洲县被纳入新一轮茶叶产业重点布局县，列入罗霄山脉“U型优质绿茶带”“红茶中心”。2014全市茶园面积恢复2866.67公顷；有市级茶叶龙头企业7家；有机食品、绿色食品认证产品4个，无公害认证茶产品10个；培育了“炎陵红”“洣江翠芽”“三湘红”“翠云峰”“云宵山白茶”等名茶。（史 齐）

【株洲5家企业进驻湖南股权交易所农业专板】 12月10日，在长沙华雅国际大酒店湖南厅，湖南股权交易所的第二个行业专板——农业专板正式开通，来自全省14个地州的60家涉农企业集体挂牌。株洲市有湖南云田园林市政建设集团有限公司（挂牌代码300863HN）、湖南醴陵市恒盛生态农业有限公司（挂牌代码300859HN）、湖南醴陵金桥生态林农实业有限公司（挂牌代码301337HN）、株洲市炎洣神糙米科研有限公司（挂牌代码300862HN）、攸县鸿华麻鸭业有限责任公司（挂牌代码300870HN）5家涉农企业进驻“湖南股权交易所农业专板”。“农业专板”的开通是湖南农口系统对接资本市场的第一步，有助于推动企业按照资本市场的要求进行股份制改造，从四板市场不断升到新三板、创业板、中小板等更高级别的资本板块。（史　齐）

【茶陵县农业局土肥站荣获“全国测土配方施肥标准化验室”称号】 在武汉市召开的2015年测土配方施肥标准化验室创建工作总结会上，茶陵县农业局土肥站化验室被评为“全国测土配方施肥标准化验室”，受到全国农技推广中心的表彰。2005年茶陵县被纳入国家测土配方施肥财政资金补贴项目试点县，县农业局及时成立茶陵土肥站化验室。该化验室有在编人员6名，其中专职化验员5名，中级以上技术职称3人，全部做到持证上岗。化验室检测土壤样品能力达1500个/年，肥料氮、磷、钾含量测定检测肥料能力达500个/年。2013年茶陵土肥站化验室通过部、省级化验室考核，并获得湖南省化验室考核第一名的好成绩。截至2015年，全县完成采集土样10422个，分析化验62532项次，采集植株样969个，测试养分2907项次，同时建立测土配方施肥水稻、油菜、大蒜等主要农作物施肥体系。据相关统计，自测土配方施肥创建工作有效开展以来，全县农作物节本增收达4.5亿元，实现了主要农作物技术覆盖率和到位率100%，全县农业综合生产能力显著提高。（史　齐）

【召开全市农产品质量安全监管工作新闻发布会】 12月23日，市农委召开全市农产品质量安全监管工作新闻发布会，党组书记、主任费水牛就全市农产品质量安全监管工作情况进行详细解读。近年来，通过“产、管”结合，强化生产标准化、监管常态化、流通标识化、经营品牌化、考核制度化，全市农产品质量安全监管工作稳步推进，农产品质量安全水平全面提升。2015年市县年抽检农产品110462批次，农残合格率达到99.8%，畜禽水产品合格率达到98.5%，瘦肉精检出率为零。全市已建立73个市级标准化生产示范基地；“三品一标”农产品达到337个；全市没有发生一起农产品质量安全事故，确保了全市人民“舌尖上的安全”。委党组副书记、副主任刘新宇，新闻发言人、副主任王佑云参加发布会，并回答记者提问。市农委全体职工及市农科所部分人员，农产品种植基地、加工企业、农产品合作社代表，市内主要新闻媒体记者以及消费者代表120余人参加发布会。（史　齐）

农业科学研究

【概况】 株洲市农业科学研究所建制于1962年，1995年加挂株洲市蔬菜研究所，2010年升格为正处级，为公益一类事业单位。有干部职工61人，其中，研究员3名，副高职称11人、中级职称17人。内设6个管理科室，1个党群管理部门，8个科研室。主要从事水稻、蔬菜、旱作果茶、花卉等农作物的科学研究工作；承担农作物新品种的原原种、原种、亲本种子、优质种苗的良种繁育；开展公益性农业技术培训与农业科技服务。

2015年，市农科所在提升科技创新能力、加速成果转化和强化“三农”服务等方面取得较好的成绩。审定水稻新品种（组合）1个，4个花卉新品种获国际登记，申报专利技术1项。（杨文福）

【水稻籼型两系杂交中熟早稻“株两优929”通过省级审定】 “株两优929”为湖南省水稻研究所与株洲市农业科学研究所合作培育的籼型两系杂交中熟早稻。全生育期109.8天。株高85.1厘米，株型适中，叶姿直立，生长势较强，叶鞘绿色，稃尖秆黄色，无芒，叶下禾，后期落色好。结实率87.6%，千粒重26.7克。抗性：叶瘟5.0级，穗颈瘟6.0级，稻瘟病综合抗性指数4.3，适宜在湖南省稻瘟病轻发区作早稻种植。该品种于2015年通过湖南省品种审定和品种登记，审定编号为湘审稻2015006。（杨文福）

养殖业

【概况】 2015年，株洲市畜牧水产系统以“努力打造养殖业升级版，率先实现养殖业现代化”为发展目标，保持养殖业的平稳健康发展。全市全年生猪饲养量729万头、出栏446.85万头、存栏282.15万头，与上年同比分别增长2.71%、2.38%、2.95%；牛饲养量25.16万头、出栏7.36万头、存栏17.80万头，同比分别增长3.28%、3.37%、3.28%；羊饲养量106.18万只、出栏58.08万只、存栏48.10万只，同比分别增长2.99%、3.2%、2.73%；家禽饲养量3919.02万羽、出笼2128.06万羽、存笼1790.96万羽，同比分别增长4.55%、5.16%、3.83%；全市肉类总产量37.33万吨、蛋品产量5.02万吨、水产品产量9.13万吨，同比分别增长2.98%、2.59%、2.9%。完成畜牧业产值92.25亿元，同比增长1.0%；完成渔业产值10.53亿元，同比增长6.3%。

转型升级步伐加快。龙头带动不断增强。唐人神集团、龙华农牧等是全市养殖业的领军企业，已成为全省乃至全国的典范。唐人神着力推动育种联盟及“互联网＋养猪”，将其产业链延伸到养殖终端，实现全产业链生产经营。龙华农牧继续发力扩建，与茶陵黄牛产业化和攸县桑草猪养殖等全市十大农业产业化项目携手并进，累计完成投资2.88亿元。福来喜鹅业、鸿华鸭业、吉泰禽业以及科兰冷鲜等一大批养殖龙头企业不断做强做大，为全市养殖业现代化发展助力。生产方式加快转变。生态园、家庭农场、休闲渔业、自然放养园等生产组织不断涌现，“企业＋基地＋农户”“合作组织＋农户”、产加销一条龙等经营模式不断发展和壮大，攸县桑草和菌草养猪、醴陵延时育肥、生态园养殖、家庭农场式养殖、合作组织养殖等先进的组织模式普遍推广。养殖的品种结构也出现转变，以林丰牧业为代表的规模大、起点高的养牛养羊大户多点开花。2015年，全省草食动物发展现场会在茶陵县召开。先进技术迅速推广。通过组织实施标准化规模养殖场和小区建设、畜禽养殖标准化示范创建活动，全市共创建国家级畜禽标准化示范场11个，省级示范场29个，带动引导各地规模养殖场的标准化建设与管理上水平，养殖综合科技水平大幅提高，养殖场面貌发生了可喜变化。自动投料系统、智能喂料系统、高床饲养系统、恒温环境系统、粪污循环利用系统、无害化处理系统等在市60多家养殖场广泛应用。

动物疫情保持清净无疫。通过加强领导、全面落实各项防控措施，重大动物疫病免疫密度、免疫抗体检测达标率、病死畜禽无害化处理率、生猪定点屠宰检疫率均达到100%。进一步强化动物春、秋防工作，全市共调运生猪口蹄疫疫苗784万毫升、猪瘟疫苗522万头份、猪蓝耳疫苗303.5万头份、牛羊口蹄疫疫苗84.5万毫升、小反刍兽疫疫苗21万头份、禽流感疫苗816万毫升。据统计，全市春秋防期间共计应免猪蓝耳病、猪瘟、猪口蹄疫466.2万头；牛羊口蹄疫46万头；禽流感1283.4万羽。已免猪蓝耳病、猪瘟、猪口蹄疫466.2万头，免疫密度100%；牛羊口蹄疫46万头，免疫密度100%；禽流感1198.8万羽，免疫密度93.4%。其他动物疫病的免疫密度比上年同期有所增长，并成功阻击了H7N9流感。近几年在周边省市动物疫情不断的情况下，株洲市始终保持清净无疫，实现“确保全市不发生区域性重大动物疫情”的目标，并顺利通过省局的检查考核。

肉品安全得到保障。畜禽水产品质量安全实行投入品生产、养殖生产、屠宰加工、市场销售等环节全程无缝隙监管。全年“瘦肉精”排查检测场点1518个，检测抽样4452个，产品合格率达99.5%，检出率为零。接受农业部4次在株洲市随机采样8批次197个水产品样，检测合格率均达100%。畜禽水产品质量安全信息平台为全省首创，抽取畜禽样品42批次5124个，检测合格率均为100%，在公示平台上发布信息42期。年内，炎陵县成功创建为“全省畜禽水产品质量安全监管示范县”，这是继攸县、醴陵后株洲市第三个示范县。醴陵漓源饲料有限公司通过了省级示范企业验收，成为株洲市第一家成功实施《饲料质量安全管理规范》的省级示范企业。株洲县的质量安全监管工作得到了省局的肯定。株洲市连续多年未发生重大畜禽水产品质量安全事件，该项工作在全省排名第二。

污染治理成效显著。按时完成省政府“一号重点工程”湘江养殖污染治理任务，并通过省市验收。湘江沿岸的株洲县、石峰区、芦淞区、天元区为此做了大量的工作，完成了关停拆除任务，为考核的通过作出应有的贡献。此外全市规模畜禽养殖场按照“雨污分流、干湿分离、有沉淀池、沼气池、化尸池、干粪棚”的标准进行污染治理；建设循环处理厂、高端粪污处理设施46座，基本杜绝了粪水直排现象，全面完成养殖减排任务。全市化学需氧量和氨氮排放量比2014年削减391吨、34吨，分别下降1.5%、1%。2015年，全市又有41个规模化畜禽养殖场完成污染治理目标任务。落实国家病死畜禽无害化处理政策，株洲市先行先试，投资600多万元率先在攸县、茶陵建成三个病死畜禽无害化处理中心，建设化尸池1400多个，杜绝了病死畜禽丢弃野外及江河现象。

渔政管理扎实有效。开展为期3个月的湘江干流春季禁渔工作。在禁渔期间，不但组织多次大规模鱼类人工放流活动，放流鱼种1000多万尾，还由各沿江县市区政府补贴解决了专业渔民的生活困难，生态补偿和民生补偿协调共进。广泛发动，群防群治，10个渔业队队长应邀参与了禁渔护渔工作。加大渔政执法，共出动执法船320次、执法车247次，查获电渔船36艘，收缴各种电鱼设备86套，没收烧毁非法网具6000米，立案查处74起，拘留10人，有效保护了渔业生态环境。强化责任，定期开展安全生产检查，排查整改了安全隐患，有效杜绝了事故的发生，全市未发生一起渔业生产安全事故。

综合管理不断加强。信息报送、统计报表、综治维稳等工作得到加强。醴陵市信息报送获得全省先进单位；攸县、株洲县等地针对原乡镇兽医站分流人员的上访，耐心细致做工作，安抚了上访人员情绪，维护了一方平安。争资立项和项目管理得到加强。争取国家投资和政策资金7800万元，其中全省21个单项补贴资金过400万元的草场项目，株洲市占3个。省里投资1.6亿元的原种猪场、原种公牛场也将在攸县落地。进一步加强项目管理，特别是“3·27”《焦点访谈》曝光醴陵事件后，各县市区对涉养项目资金进行了全面清理，在农业部、省、市关于涉养资金的检查中没有出现问题，炎陵县代表湖南省顺利通过农业部涉农项目资金的检查。基础动物防疫员队伍得到稳定。（丁尹浩）

【农业产业化项目圆满完成】 2015年，攸县桑草猪养殖、茶陵黄牛产业化、龙华农牧扩建等三个项目被列入全市十大农业产业化项目，三个项目的年度目标任务全部提前完成。“攸水桑草猪产业化项目”建成宁家坪养殖、鸟水垅农场种植和攸县工业园加工3个基地；投资0.4亿元，发展蛋白桑种养基地200公顷；建成年出栏3万头的攸县桑草猪现代化养殖场，年加工配送冷鲜肉6500吨；建立攸县桑草猪系列产品专卖店10家。“茶陵黄牛产业化项目”投资0.85亿元。配套溯源系统及电子商务平台，投资6000万元，建设为长株潭地区第一家清真食品物流及冷链加工和清真食品深加工的大型现代化综合型农业产业化基地。2015年，牧草种植66.67公顷、养殖小区建设、物流园选址及基础建设已经完成。“龙华农牧扩建项目”建设基础母猪2400头原种猪扩繁场一个，建设基础母猪800头核心原种猪场一个，建设基础母猪5000头商品母猪场一个，建设5000头母猪配套保育场2个，建设5000头母猪配套商品猪育肥场4个。通过三个项目的带动，促进了全市养殖业产业化程度的提升。

（丁尹浩）

【畜禽养殖标准化示范创建工作完成检验】 按照2015年畜禽养殖标准化示范创建活动方案，株洲市畜牧兽医水产局扎实开展迎检工作。8月份，省局对株洲市2015年申报的标准化示范场进行考评验收，对2012年已到期的省级标准化示范场进行复验。经过省局专家评审，确定株洲美神种猪育种有限公司为部级示范场；确定醴陵市显和氏农牧有限公司、茶陵县方源生猪养殖有限责任公司（生猪）、寨前生态养殖场（生猪）、张寨青养殖场（肉鸡）、醴陵汇泉牧业科技有限公司（肉羊）等为省级示范场。经复检已到期的8家省级示范场，全部符合标准，继续挂牌。（丁尹浩）

【畜禽养殖粪污治理】 2015年，株洲市湘江干流畜禽规模养殖企业粪污治理项目共有41个，通过实施项目治理方案，加强项目管理的督查，截至12月8日，41个治理项目全面完成并通过验收。建设粪污处理设施21300立方米，改造标准化栏舍27800平方米，铺设排污管12000米，所有治理场均达到雨污分流，养殖业废弃物实现了达标排放，并利用养殖废水浇灌山林、菜地和果园213.33公顷。

（丁尹浩）

【无害化处理长效机制全面启动】 为贯彻落实《国务院办公厅关于建立病死畜禽无害化处理机制的意见》文件精神，切实推进病死畜禽无害化处理长效机制建设，株洲市畜牧兽医水产局制定具体方案，市县两级按照多点布局、分散处理、政策补贴、市场运作的原则，由市级财政补贴400万元，计划用一到两年的时间建设11个病死畜禽无害化处理中心。攸县由新广安农牧公司承建病死动物无害化处理中心，总预算建设资金248万元，其中全省病死猪无害化处理长效机制建设试点县建设资金150万元，自筹98万元，占地面积0.27公顷，基础设施建设已于10月底全面竣工，冷库、无害化处理机等设备已安装完毕。攸县天心伍贰零畜牧攸县责任公司和茶陵县龙华循环农业科技有限公司分别建立了无害化处理中心。（丁尹浩）

【唐人神推进本土化战略】 在市畜牧兽医水产局的助推下，唐人神实施本土化战略，年内果断收购龙华牧业，全力推进50万头生猪发展规划。

龙华农牧是株洲市乃至全省最大的养猪企业，年出栏猪过10万头，养殖场设施条件全国一流，但资金瓶颈一直存在，谋求上市困难重重。5月19日，唐人神公司以2.93亿元购买龙华农牧90%的股权，每股11.07元，发行股份2245万股，并支付现金4387.5万元，一次性筹集资金2.5亿元，一举解决了企业的资金问题。这是养殖企业并购上市成功的案例，也为大中型养殖企业的发展壮大树立了一个很好的示范。

该规划是依托龙华农牧，在办好10万核心示范场的前提下，积极探索发展“公司+示范基地+家庭农场”的模式，另外40万头由养殖户饲养。公司与养殖户签署《委托养殖合同》，为养殖户提供猪苗、饲料、药物、疫苗等物料，实行“三统一”降成本，即统一品改，统一饲料（兽药），统一技术服务。养殖户自建场地和固定资产，最后把肥猪交付给公司，不论市场行情如何，都将取得每头100～150元的利润。（丁尹浩）

林　业

【概况】 2015年，株洲市林业用地面积73.02万公顷，占国土面积64.89%，有林地面积62.93万公顷，活立木蓄积量2339.60万立方米，森林覆盖率为61.85%。全市共有国家级林业龙头企业2家，省级龙头企业22家，林业总产值196.65亿元，同比增长15.6%，全年林业建设投入2.41亿元。

造林绿化工作成效显著。成功启动新一轮退耕还林工程，共完成退耕地还林433.33公顷，并已顺利通过省检。打响了绿化“裸露山地”歼灭战，已顺利完成通车和计划通车的高速公路、国省道和铁路两旁第一层山脊或平地100米内的“裸露山地”绿化1933.33公顷。加快造林绿化工作步伐，2014年冬季2015年春季营造林完成5.63万公顷（其中人工造林1.46万公顷，封山育林1.06万公顷，中幼林抚育2.13万公顷，低产林改造0.97万公顷），超额完成了指标任务。全年完成义务植树820万株，尽责率达84.2%。圃地苗批合格率达100%。林业测土配方信息系统造林使用面积1.35万公顷，使用率92.38%。

加强森林资源管护。全面提升森

林资源管护能力。成功组建武警市级和驻储备系统库区森林火灾救援队各一支，提高全市森林火灾的应急保障和扑救能力。武警株洲市森林灭火救援队以武警株洲市支队机动中队现役兵员为基础，规模为100人。武警驻市储备系统库区森林火灾救援队以武警株洲市支队一中队现役兵员为基础，规模为20人。制定生态保护方案。配合市两型办制定株洲市城区生态公益林保护补偿方案，由市财政每年安排专项资金422.4万元对8533.33公顷林地进行生态补偿。开展资源管护。全年林业有害生物发生面积1.34万公顷，发生率2.2%，成灾率0.16‰；防治面积6607公顷，其中无公害防治6014公顷，防治率91.0%；2015年湿地保护增长率为12.9%，全市湿地保护率达64.95%。全市火灾发生率、受害率和重特大森林火灾及人员伤亡事故率均为零，远低于省定考核标准，森林火灾控制在历史最低水平。开展林区"缉枪治爆"专项行动，对林区枪爆物品、枪爆隐患及制贩源头进行清理和打击；开展候鸟保护"利剑行动"，做好日常巡护和市场监管工作；治理整顿多个涉林场所和部位，依法打击处罚一批涉林违法犯罪行为。全年清理木材市场和木材加工场所160处；检查苗圃和育苗基地58个；清查野生动物驯养和经营场所73家，没收野生动物320只(条)；破获刑事案件39起，打击处理涉案人员39人，查处行政案件33起，行政处罚33人。为国家集体挽回经济损失800余万元。

推动林业产业发展。按照中央和省委、省政府要求，积极稳妥地推进全市国有林场改革，顺利通过省级评估验收。加快林业产业发展。全年完成林业项目投资2.41亿元，同比增长10%。新增国家级林业龙头企业1家，累计达2家。新增省级林业龙头企业2家，累计达22家。推动市政府出台《加快油茶产业发展的决定》。从2015年开始，每年安排500万元专项资金用于发展株洲本土油茶产业，第一批专项经费已经全部落实到位。全年实现林下经济产值16.5亿元，较上年增加近4亿元，林下经济产值增长率达35.3%。森林生态旅游综合收入25.3亿元，同比增长20%。提升服务水平。取消木竹经营加工许可证年审制度，变更为年度报告制度，全市上千家加工企业全部换发新证。合理调整木材检查站布局，撤销8个木材检查站，移址2个木材检查站，增设3个木材检查点。简化办事流程，全面推行林业站"一站式、全程代理服务"，提高基层林业站的社会化综合服务水平。局驻政务中心窗口开通林业内网专线，全面推行刷卡收费，实现办证电子化。精简下放林业行政审批许可项目，将原有13项林业行政审批许可项目通过合并下放等方式调整为8项，办理时限由原来的15个审批工作日压缩到10个工作日。（何　超）

【株洲市国有林场改革】　2015年4月30日，省委、省政府召开湖南省国有林场改革工作会议。下发《湖南省国有林场改革实施方案》，正式启动全省国有林场改革试点。按照中央、省市的要求，株洲市积极响应，迅速展开行动。株洲市林业局牵头组织开展全市国有林场改革工作。株洲市有国有林场10个（株洲市齐心岭实验林场、株洲县凤凰山和军山、醴陵市水口山和樟仙岭、攸县黄丰桥、茶陵县云阳、炎陵县青石冈和桃源洞与大院国有林场），经营面积8.56万公顷，其中国有林场土地面积5.84万公顷、租山造林等2.72万公顷；活立木蓄积2640392立方米；职工3371人，其中在岗2145人、离岗退休等1226人。

市林业局先后在各县市组织召开国有林场改革工作座谈会，开展讨论研究，广泛征求部门、县市区意见。编制起草《株洲市国有林场改革实施方案》，拟订《株洲市国有林场改革领导小组成员名单》。全市国有林场改革工作评估验收分两批完成。株洲市齐心岭实验林场的改革工作于2015年9月15日通过省级验收。醴陵市两个国有林场的改革工作于9月16日通过省级验收。炎陵县3个国有林场，茶陵县云阳国有林场、攸县黄丰桥国有林场和株洲县两个国有林场的改革工作分别于11月9—11日通过省级验收。（何　超）

水利水电

【概况】　株洲市水务局设水利工程建设管理、水政水资源等6个科室；下辖市防汛抗旱指挥部办公室、水库移民开发管理局、酒埠江灌区管理局、官庄水库管理局等19个事业单位。

2015年，株洲市计划投入资金13.56亿元，完成13个类别水利项目，重点是除险加固病险水库242座，新解决20.72万农村人口饮水不安全问题；完成3个"小农水"重点县、4个大中型灌区、1个大型水闸和泵站、3条中小河流、5处"四水"治理、3个水土保持整治和31处小水电增效扩容项目。列入"民生100工程"的3个项目顺利实施，徐家港排渍站重建工程年内完成主体工程。加强农饮工程建后管理，新建5个县级水质检测中心，组织水厂技术人员开展水质检测业务培训，水质检测能力逐步增强。启动河湖及水利工程划界确权工作。积极扶持"小农水"重点县项目区农民用水户协会建设，水利社会化管理水平进一步提高。（言求实）

【防汛抗旱】　加强汛前防备。汛前派出8个督查组深入各地开展汛前安全检查，发现并整改隐患问题41个。全市共组织修订和完善各类预案619个，组建3200人的专业防汛抢险队伍，联合军分区在湘江举行抢险救灾实战演练；完成5县山洪灾害预警设施续建项目。加强预警预报，累计发送防汛部署和预警信息6万多条，为群众及时避灾提供了有效服务；有效应对

"5·28""6·11""11·10"等强降雨过程，成功处置月塘水库、株洲县湘江河堤崩岸、湘江建宁港排渍"朝天口"等16处险情，安全转移被洪水围困群众600余人。（言求实）

【水资源管理】 推进节水建设，加强对节约用水指标监测考核，完成国控点第一期实时取水管控点的建设验收，开展株洲市湘江饮用水源地安全达标建设，实现对全市重点水功能区、饮用水水源地、县市交届断面水质监测的全覆盖。将水资源管理纳入湘江保护年度考核指标体系，严格"三条红线"管理，依法开展建设项目水资源论证。严把取水许可审批，依法征收水资源费。（言求实）

【湘江保护】 积极履行湘江保护职责。截至10月底，138个保护类项目已开工135个，完工率近90%。加大专项执法力度，对酒埠江和官庄水库、天元区湘江河段等重点水域乱象进行整治，集中查处各类水事违法行为为105起，强制拆除天元区马家河镇3家非法洗砂场设备和湘水湾附近迎水面多家违法夜宵摊临时板房，有效打击侵占水面、污染水质等违法行为。以政府购买社会服务为重点，大力推进河道保洁工作，全市已组建水上垃圾打捞队伍6个，醴陵、攸县等添置保洁船只9艘。实施重要水域和河道市县交界处视频监控系统建设，推进河道管理数字化建设。（言求实）

【砂场整治】 联合公安部门组成湘江巡逻队，连续40个月在湘江城区段近40公里河段开展巡查执法，巩固湘江砂石禁采成果。对城区段沿线砂场排查摸底，拟订《湘江株洲城区段砂场整治工作方案》，市政府常务会议、市委常委会先后进行专题研究。11月9日，市政府召开湘江株洲段综合整治工作推进会，由市水务局组建砂场整治工作指挥部，设立执法指导、信访维稳等7个工作组，实行集中办公、任务倒排。历时1个月，将湘江城区段沿线砂场全部关闭拆除到位。

（言求实）

农村能源

【概况】 2015年，株洲市共完成户用沼气池建设300户；农村太阳能热水器500户，补助资金15万元；高效生物质化炉灶200户；完成中央预算内固定资产投资大型工程1处，补助资金90万元；完成国债户用沼气建设4.5万口，小区联户沼气工程468处，全市户用沼气池拥有量达到8.65万个，沼气池拥有量100个以上的沼气专业村达120个。截至年底，株洲市拥有容积500立方米以上的大中型沼气工程26处，其中建成18处，在建6处，进入施工企业招标阶段项目2处，为企业生产大量的沼气能源、有机肥源，局部解决大型养殖企业对水源、地表土层及大气的污染，为企业创造了较好的社会、经济效益。全市有持证专业技术人员639人，其中在岗598人，85名沼气生产服务人员，太阳能利用服务人员4名。拥有服务车8辆，摩托车65辆，运渣液车61台，挖掘机4台，污泥泵134台。（欧阳义）

【农村新型清洁能源】 普及农村新型清洁能源作为"惠民工程"列入改善民生、新农村建设的重要内容。近年来，全市共推广普及节省柴灶具39.3万台（万户、第一代），安装太阳能路灯1500盏，安装太阳能热水器1.3万台；引进以锯木灰、秸秆为原料的立邦生物质燃料能源公司和以薯类为主要原料、生产工业酒精和沼气的金沙能源有限公司。其中金沙公司已经建成全国容积最大的沼气池，单体容积达到10000立方米，其沼气经过再处理后，既可以输入到城市天然气管网中，也可以压缩灌装后供新能源汽车使用。

（欧阳义）

农机农具

【概况】 2015年，全市共完成农机购置补贴资金6073.487万元，办理各类补贴机具9850台（套），受益农户7064户。在农机购置补贴政策的有力推动下，广大农民的购机用机积极性高涨，全市农机总动力达到48.78万台、329.96万千瓦，分别较上年增长5.4%和5.2%。

水稻生产全程机械化水平有提升。全市全年推广联合收割机、种植施肥机械、收获机械、动力机械等万余台（套），保持了传统机具的快速增长；插秧机、烘干机、植保飞机等薄弱环节的机具保有量显著增加，较好地补齐了全程机械化的短板。据初步测算，株洲市水稻生产全程机械化水平达71%，超出全省5个百分点。2015年7月，市人民政府在攸县召开全市水稻生产全程机械化现场演示会，展示株洲市水稻生产全程机械化水平。省农机局局长王罗方对株洲市推进水稻生产全程机械化所取得的成绩给予肯定。

农机安全生产局面持续稳定。全市基本形成农机安全生产属地化管理和一岗双责、"谁主管、谁负责""谁发证、谁负责"的安全目标责任常态化管理局面。围绕春耕、双抢、秋收等重点农时季节，扎实开展农机安全生产的执法检查、治理和宣传教育"三项行动"，有效排查治理农机安全生产中的各类隐患；各级农机监理部门坚持严把登记、培训、考试、收费关口，严格执行农机驾驶异地考官制，全面实施送检下乡，全市拖拉机上牌率、持证率、检验率全部高于全省平均水平；全市新创建"平安农机"示范乡（镇）11个，平安农机创建工作卓有成效地开展，确保了农机工作的安全健康发展和社会的和谐稳定，全市全年没有发生一起较大及以上农机伤亡事故；农机互保会员、互保会费逐年递增，会员覆盖率、保费总额均居于全省前列，农机安全互助保险稳步推进，提高了农机安全生产的风险保障能力；对乡镇农机员开展监理业务培训，并着手建立健全考核奖励机制，为下一步加强乡镇一级农机行政执法能力建设奠定了基础；全面启动清理外挂拖拉机并重点对省内运行的异地上户拖拉机登记核实工作，做到动作快、措施实，取得了初步成效。

农机专业合作组织发展壮大。大力推进农机合作组织的催生、培育、扶持工作。全市共有各类农机合作社194家，其中，2015年经工商新注册成立农机专业合作组织81家。为强化扶持建设现代农机合作组织工作的责任，市农机局积极向市政府争取到将扶持农机合作组织建设纳入株洲市2015年“民生100”工程项目，并将目标任务分解到各县（市、区），通过对政府的绩效工作考核，推动农机合作组织建设工作有序、健康发展。经与市财政部门联合审定，遴选出53家农机专业合作社向省局申报为2015年度扶持对象，有35家农机专业合作社得到省里的资金扶持，市、县两级财政有望对现代农机合作组织建设扶持项目实现资金配套。

农机科技教育培训工作扎实有序。在全市建立一个以县（市）农机局为主体，各乡镇农机站、乡镇农机社会化服务组织为基本教学点，村委会或村农机大院为补充的培训行动新机制，采取集中培训与分散培训相结合、示范基地建设与现场教育相结合等多种培训方式进行教学，确保培训工作落到实处。市局先后举办一期全市农机系统考试员、事故处理员培训和一期全市乡镇农机管理业务知识培训。同时，突出重点，加强对水稻、油菜生产，以及生产过程中薄弱环节的示范，先后两次在攸县成功举办株洲市无人植保飞机现场演示会和株洲市水稻生产全程机械化现场演示会，均取得了较好的社会反响。全市各级农机培训机构，加强与当地阳光培训工作部门衔接，开展阳光工程农机培训工作，共举办培训班43期，培训拖拉机、联合收割机、插秧机操作员等各类农机人员7156人。（卜天德）

气　象

【概况】 防灾减灾和各项气象服务保障有力。全力做好决策气象服务。面对年内异常春季低温阴雨天气，汛期4次较强降雨过程，秋季异常连阴雨寡照及冬汛等灾害性天气过程，全市气象部门认真履行灾害监测、预报预警、信息发布及应急联动响应职责，通过“气象专题服务”、手机短信等形式，将气象预警信息及应对建议第一时间告诉各级党政领导、政府部门和各级气象防灾减灾责任人，为党委、政府和有关部门组织防灾减灾救灾、群众避灾自救提供了有力气象保障。主动做好公共气象服务。深化部门合作，联合环保部门开展空气质量预报和重污染天气预警，服务大气污染防治和生态文明建设。与农业、水务、国土、林业、交通等部门建立信息共享、预报会商、应急联动机制，加强气象保障农业生产、防汛抗旱、地质灾害防御、森林防火等各项工作。为重要节假日、重大活动和重大项目建设提供优质气象保障服务。推进农业气象服务体系和农村气象灾害防御体系建设，针对特色农业、设施农业、生态农业提供更加精细的气象服务，及时发布农业气象服务产品和灾害性天气预报预警信息。市、县气象台站年内发布各类专题预报服务材料100余期，启动应急响应4次，发布暴雨、雷电、高温、大雾等灾害性天气预警信号142次，发布地质灾害气象风险预警38期；发布森林火险预警15期；接受媒体采访200余次；向公众发送气象手机短信8000余万条，96121主动服务800多万次。

气象现代化建设稳步推进。气象工作政府化有加强。市、县政府修订印发《突发性气象灾害预警应急预案》，市、县气象局与当地发改委联合印发《气象灾害防御规划》。防雷安全生产纳入对地方政府的目标考核。农村中小学校舍防雷工程列入全市“民生100”工程。市、县（市）局地方财政投入有不同程度增长。现代气象业务有进展。地面观测、农气观测、土壤水分观测等业务质量保持稳定，错情率0.00‰。气候评价获评全省二等。推进观测自动化，完成醴陵、攸县和炎陵国家级新型自动站建设。加强装备保障力度，确保仪器设备、通信网络正常运行，区域自动站数据可用率达99.5%。加强重要业务系统的本地化应用。开展《重污染天气预报预警系统》《地面资料应用系统》和《台风风险区划》等课题研究。山洪地质灾害防治气象保障工程项目通过验收。县级综合业务平台得到推广应用。科技和人才队伍建设有突破。选送干部职工参加学习培训30余人次，5人硕士学位在读，年内晋升副研级高工6人，中级职称6人。5人8篇论文参加省气象学会学术交流并获评优秀论文。组织召开全市气象学会年会，20多篇论文在会上进行学术交流。

气象依法履职能力不断提升。积极参加社会安全生产监管行动，联合安监等部门加强对石油化工、烟花鞭炮、煤矿、通信电力等防雷重点单位的专项检查整治。加强气象行政执法，探测环境得到有效保护。加强施放气球监管。推进为民办实事工作，全市按期完成“民生100工程”年内81所农村中小学校舍防雷工程建设任务。贯彻落实气象行政审批制度改革，取消“雷电灾害风险评估”等中介服务费用收取，规范防雷中介行为。推行服务承诺、限时办结等工作机制，运行网上行政审批服务，提高办事效率和服务质量。气象政务中心窗口被评为优秀窗口单位。依法行政工作全市考核为优秀等次。加强气象防灾减灾科普宣传。在“3·23”世界气象日，

"5·12"防灾减灾日、安全生产月、全国科普日期间开展内容丰富、形式多样的宣传活动。市气象台和观测站年内接待中小学师生及公众500余人次。株洲市外国语学校被评为"全国气象科普基地示范校园气象站"。

（廖莉芝）

扶贫开发

【概况】 2015年，株洲市高位推进扶贫开发工作，拉开三年扶贫攻坚战的帷幕，全年减少贫困人口2.56万户6.16万人，有31个贫困村预脱贫，其中炎陵县16个，茶陵县10个，攸县5个。（史 齐）

【驻村帮扶】 2014—2015年，市派32支党建帮扶（驻村帮扶）工作队，帮助所在村制定发展规划，改善基础设施，发展农业生产，累计投入资金1.35亿元，实施项目1240个，使贫困村的面貌发生显著变化，32个村的贫困发生率均低于4%，实现脱贫目标。2015年，开展新一轮驻村帮扶工作。省直单位派5支工作队，市派44支工作队、县派157支工作队进驻贫困村，实现194个贫困村驻村帮扶全覆盖。省驻村帮扶工作队投入资金2073万元，实施项目57个，市驻村帮扶工作队投入资金3800多万元，实施项目110多个。（史 齐）

【专项扶贫】 全年共实施财政扶贫项目372个，资金7282万元。基础设施建设方面，投入1820万元为37个贫困村新修改造村组公里28.2公里；实施水利工程84处。投入1900万元彩票公益金为炎陵、茶陵两县实施项目16个，有效改善了贫困地区生产生活条件。产业发展方面，投入5170万元发展产业，贫困户养殖牲猪1.86万头、养鸡6.5万羽、黄牛3600头，开发楠竹林1906.67公顷、种植油茶333.33公顷、果树570.6公顷，扶贫对象人均增收1350元。实施"雨露计划"，投入218万元用于贫困家庭"两后生"职业技能培训和农业实用技术培训，全市共培训农业实用技术2700人次、贫困家庭"两后生"109人。

（史 齐）

【行业扶贫】 交通运输部门全年下达片区干线公路项目3.74亿元，片区畅通工程项目3802.05万元，县乡道改造项目1.15亿元，危桥改造项目383.62万元，渡改桥项目360万元，农村公路养护经费1174万元，全市194个贫困村实现村村通公路。水利部门下达贫困地区"五小水利"建设项目4327万元，贫困地区农村饮水安全项目2277万元，惠及5.33万农村居民和学校师生。电力部门新增农村变电容量373.8兆伏安，新建及改造10千伏线路1535公里，新上变压器1440台，一户一表改造6000户，有效解决8万余户农村居民低电压问题。教育部门安排3.72亿元改善贫困地区义务教育办学条件，对炎陵县、茶陵县的小学、中学进行扩建改建；发放片区农村中小学教师人才津贴1172万元；面向贫困地区定向招生100名。卫计部门发放片区乡镇卫生院医疗卫生技术人员人才津贴专项342万元；开展医疗救助7.23万人次；新型农村合作医疗和农村居民医疗保险减少县级财政配套，提高新农合医疗费的报销比例和报销最高限额，全市99%的贫困人口加入新农合。住建部门积极争取上级危房改造资金，茶陵县在住建部门下达的危房改造项目之外，争取省财政专项资金1000万元，县级财政安排1000万元用于新建"幸福安居"工程808套，改建农村危旧土坯房1600户，启动易地扶贫搬迁，规划易地扶贫搬迁规划用地面积19.1万平方米，项目总投资3.69亿元。民政部门新建和改扩建农村敬老院14所，对茶陵县、炎陵县五保户集中供养补助资金提高到每人5400元、8000元，分散供养补助资金提高到每人2640元、2900元，超过全省平均水平；市区城乡低保在全省率先进行城乡统筹，最低生活保障线标准达到月人均420元的标准，城市5区11096名贫困人口实现整体脱贫；中央优待抚恤补助金、养老服务项目建设在原有基础上提高10%的标准安排补助资金，发放临时救助专项资金605万元，救助临时生活困难对象8100多户，资助19万人1038万元参加农村新型合作医疗。

（史 齐）

【社会扶贫】 在国家"扶贫日"，市举办电商扶贫暨株洲扶贫信息网启动仪式，倡导"购买一份贫困地区产品就是扶贫"和结对帮扶深度贫困农户理念，全市100多家企事业单位认购贫困地区农产品3060万元，社会团体结对帮扶深度贫困家庭232户，电商企业已完成贫困地区农产品销售额7000多万元。CCTV-7军事农业对株洲市电商扶贫的做法进行专题报道。市、县积极开展"扶贫日"活动。5县（市）向社会募集善款777.12万元，给危房改造贫困户"送钥匙"56片（户），举办纯农户大学生就业对接会，2000多名学生参加，563名学生成功签约；市、县广播电视台、爱心微信公众号为贫困地区的深度贫困家庭募集善款，超过80家企事业单位、4000名社会各界人士向贫困地区、贫困户捐款捐物，折算资金700多万元。在社会扶贫工作中，一批爱心企业和团体引人注目，株洲品牌服饰联盟为贫困学生和老人捐赠新衣服3000套；广东狮子会高尔夫服务队、晓雷爱心工作室常年关爱农村留守家庭和重大疾病患者。同时，株洲扶贫信息网正式上线运行，及时发布扶贫攻坚信息和深度贫困家庭需要援助的信息；《株洲日报》、株洲电视台、株洲新闻网开辟"扶贫攻坚在行动""扶贫攻坚进行时"专栏，社会扶贫氛围浓厚。

（史 齐）

商贸服务业

商务和粮食

【概况】 株洲市商务和粮食局于2015年由原株洲市商务局与原株洲市粮食局合并成立，原市商务局下属二级机构株洲市酒类产销管理办公室和株洲市牲畜屠宰管理办公室撤销，职能分别移交至株洲市食品药品监督局和株洲市畜牧兽医水产局，原市粮食局下属企业划入湘江集团。市商务和粮食局下设19个科室、2个事业单位（粮食质量监测站和株洲市投资事务促进局），在编干部职工共79人。主要职责包括：原市商务局除生猪定点屠宰监督管理以外的职责、原粮食局企业国有资产监管以外的职责和市军粮供应管理办公室职责和协调管理全市口岸工作职责。2015年，全市实际利用外资9.42亿美元，同比增长14.3%；内联引资305.04亿元，同比增长14.8%；对外经济合作营业额2亿美元，同比增长36.4%；进出口总额完成24.89亿美元，剔除不可比因素，实际增长5.22%，其中进口7.91亿美元，出口19.98亿美元；对外投资20067万美元，同比增长83.5%；对外承包工程和劳务合作营业额20025万美元，同比增长58.7%；社会消费品零售总额完成839.7亿元，同比增长12.1%。

（刘　征）

【招商引资总体质效优化】 全年，全市包装开发项目150个，投资总额3080亿元。至2015年年底，全市共完成项目签约148个，签约项目中：1亿～5亿元项目46个，5亿～10亿元项目19个，10亿元以上项目18个。重点在谈项目共140个，涉及投资额1472.75亿元，包含瑞丰光电、台商产业园、比克电池等项目。其中现代农业项目7个，制造业项目36个，现代服务业项目24个，能源和基础设施类项目18个。先后组团参加第九届中部投资博览会和2015年湖南（香港）投资贸易洽谈周、2015湖南经济合作洽谈会暨第七届湘商大会，举办湖南株洲（深圳）投资推介会，签约项目40个，合同引资308.6亿元。精准招商实效明显。结合株洲市产业布局，共牵头组织209次小分队招商活动，拜访对接香港旭日集团、香港铜锣湾集团、长城电脑等重点企业，有30多个项目初步达成投资意向。120个重点招商履约项目已有98个项目实现履约，履约率81.67。在已履约的98个项目中，有67个项目开工，占项目总数的55.83%。

（刘　征）

【外经外贸综合实力增强】 出口规模不断扩大。2015年，全市完成出口15.46亿美元，剔除出口代理因素，实际增长18.3%，出口目标市场达142个国家和地区。全市有71家外贸企业实现业绩破零，有57家企业实现外贸业绩倍增，剔除不可比因素，全市进出口总额实际增长11.9%。发展基础不断夯实。不断优化发展环境。积极落实上级一系列外贸稳增长文件精神，出台株洲市培育外贸新增点、增强外贸基础实力、加强服务平台建设、提高贸易便利化水平等促进措施；大力实施“外资、外贸和外经破零倍增”计划，千方百计帮助企业掌握外贸业务流程和挖掘市场潜在增长点。积极搭建发展平台。成功获批铁路综合口岸；保税物流中心（B型）申报取得关键性进展；中信保醴陵陶瓷企业承保服务平台运营情况良好；培育的首家外贸服务综合体通过省商务厅资质认定，为外贸企业提供通关、报检、物流、退税等一条龙服务和指导。大力提高服务水平。加强与海关、检验检疫等部门合作，积极协调提高全市陶瓷、轨道交通产品的出口退税率；指导南车株机等企业的通关整改；大力推广进出口信保业务。外经合作不断深化。对外投资和外经合作两项指标大幅超额完成年度目标任务，天元区、醴陵市、攸县实现外经业务倍增。中车株机、时代电气、时代新材、旗滨玻璃、湘安公司等企业纷纷走出国门抢占全球战略高地，对外投资项目涉及美国、马来西亚、南非等15个国家和地区。

（刘　征）

【内贸流通发展水平提升】 发展基础日益夯实。《株洲市城市商业网点规划（2005—2020）》通过专家评审；完成18家农贸市场改造；农产品批发交易市场建设进展顺利；中小商贸流通企业服务平台开始运营；监测样本企业实现县市区全覆盖，建立了市县两级肉、菜、生活必需品和成品油储备体系。万豪酒店、美的时代广场、大汉希尔顿商业广场、汇美小巨蛋、大美物流等一批促进内贸流通发展的重点项目陆续建成投入运营。居民消费持续活跃。活动促销有成效。全年安排全市大型商场、超市、专业市场促消费活动100余场，实现销售额200亿元。行业指导有收获。指导餐饮行业向大众消费转型，全市餐饮业实现零售额74.8亿元，同比增长16.4%。会展经济有突破。成功举办“株洲神农福地消费节”，中国国际服装服饰博览会、中国陶瓷艺术大展暨首届湖南（醴陵）陶瓷博览会等4个大型会展活动，实现销售额12.8亿元。电子商务蓬勃发展。阿里巴巴株洲产业入驻商家达1930家，实现销售额19.7亿元，较上年同期增长93%。芦淞服饰电子商务产业园被评为省级电子商务示范基地，湖南利坤科技有限公司等3家企业被评为省电子商务示范企业；株洲市电子商务产业园等5个项目被评为省级电子商务重点项目。成功申报全省唯一的电子商务与物流快递协同发展试点城市，炎陵县入选商务部公布第二批国家电子商务进农村综合示范县。（刘　征）

【粮食流通产业化水平不断提高】 收购市场持续活跃。连续三年6次启动最低价收购，累计收购稻谷56.4万吨，其中托市收购11.7万吨，直接为农民增收1亿元以上。粮油安全体系基本建立。投资4978万元，全面完成“危仓老库”维修改造任务，新培育52家“放心粮油”示范经销点，初步建立了中央、省、市、县（区）四级储备粮体系，全市有各级储备粮近30万吨、食用植物油储备1400吨。产业发展实现升级。基本建立以神农米业为中心库、县级骨干粮库为主体、一线收纳库点为补充的现代粮食仓储体系；全市粮油加工及物流总产值完成101亿元，突破“百亿元”大关；全市规模以上粮油企业84家，其中有年产值过20亿的企业1家，过亿元的5家，过5000万元的8家。品牌建设有效推进。全市有各级粮油龙头企业47家，国家级放心粮油示范企业6家，省高新技术企业2家，省级放心粮油示范企业7家；全市拥有粮油产品注册商标30余个，其中中国驰名商标2个（骆驼、唐人神），国家绿色产品认证2个（炎帝、喷喷香），全国供销合作社标准化产品1个（炎洣神），省著名商标10个。（刘　征）

烟草专卖

【概况】 株洲市烟草专卖局（公司）成立于1984年10月。下辖株洲县、醴陵市、攸县、茶陵县、炎陵县等5个县（市）局（分公司）。2015年，全市烟草系统销售卷烟18.56万箱，销售烟叶3730吨，“两烟”销售收入50.16亿元，实现税利14.9亿元，增幅为22.76%；查办各类涉烟违法案件706起，查获各类违法卷烟1817.54万支，总案值879.48万元。职工素质不断提升，引进硕士研究生已达21人，本科93人，获高级技术任职资格的员工有6人。市公司物流配送中心主任罗伟获得2015年度“湖南省劳动模范”称号。（陈文潭）

【QC课题获全省系统成果一等奖】 市局（公司）“向日葵”QC小组发布的《提高三员工作联动响应协同时效性》课题，获全省烟草系统QC小组活动成果一等奖。该成果主要结合GPS、GIS和NFC等移动互联网技术，基于株洲烟草自主研发的系统“容诚E平台”，在技术上采取移动办公公式，在管理上建立“一线”部门“三员”48小时快速响应、全程可控的市场监管服务机制，在省内率先将专卖、营销、物流业务整合到一个信息系统，有效解决部门间信息难共享、工作难联动等问题，全年共发起和处理工作协同信息8532条，“三员”工作联动超时处理完结率由18.79%降至2.3%，平均处理时长由1.7天降至1.4天，直接降低企业运行成本26.36万元。该课题成果已在全市卷烟零售户、专卖稽查员、营销客户经理，以及物流配送小组中得到推广运用。（陈文潭）

【真烟非法流通全省排名“双降”】 全年真品卷烟非法流通被省内、外执法单位查获量排名全省第13位，实现“双降”目标。筑牢全员专卖意识，建好长效机制。通过送培、自学、“师带徒”等多种形式，重点提升关键岗位人员的业务技能，对新上线的省烟草专卖内部监督管理信息系统进行操作培训，全面推动信息化监管落实。全市系统内管人员已全部取得专卖岗位技能资格，其中技师1人、高级3人、中级2人、初级4人，内管线持证上岗率为100%。对重点工作进行月度计划分解，坚持内管、专卖、营销、物流“四线”月度联动会议制度和上述四家加上烟叶、人劳、监察、经济运行部门的“八线”季度联席会议制度，内管人员定期参与货源组织与分配等重要环节，对相关规定执行情况及时通报。同时，完善卷烟定点投放、约定取货管理规定，进一步规范经营行为。规范流程，提升内管质量。探索“防线前移，重点下移”工作法，按痕迹化管理要求建立健全各类工作表格、台账，通过电话询问、市场走访、系统筛查、价格警示、定期报告、随机调控等办法，及时掌握卷烟市场真实动态，实现顺价促销。全市系统处理内管信息系统预警1.4万余条，电话询访3855户，实地调查2005户，形成检查工作底稿660份、内管报告报表512份。严格整改，抓好责任落实。通过会议研究、情况通报、案件分析、公开排名、实地走访、奖罚兑现等方式，加强管控，及时警示，落实责任抓整改。全市下达整改通知书（规范意见书）67份，整改回复率达100%。

（陈文潭）

【市场化取向改革取得进展】 12个市场化取向改革子课题顺利推进。全年共退出8个、引入10个品牌规格，省产烟占比72.35%，货源配置结构得到提升；探索互联网营销，指导客户构建微商圈102个，8毫克以下品牌规格销量同比增长0.75%，细支烟同

比增长324%，品牌培育有进展；现代卷烟零售终端达到2943户，终端示范引领作用得到发挥。（陈文潭）

【推进基层标准化专卖管理所建设】针对农村卷烟市场份额占比逐步提高，而市场监管存在"真空"，偏远乡镇零售户对优质证件服务的需求日益增长的现状，市局全面启动"基层标准化专卖管理所"试点建设与推广工作，在城区9个专卖稽查大队的基础上，规划在偏远乡镇建设8座专卖管理所。年内，已建成醴陵、茶陵等4个专卖管理所，其余4座选址工作已完成，相关配套正在完善中。重新修订新的贡献绩效考核方案，将客户基础信息、许可证后续监管、案卷制作等工作纳入专卖管理人员绩效考核，使绩效考核有重点、有节点、能量化、易考核，调动专卖管理人员工作积极性。醴陵市白兔潭专卖管理所深挖情报线索，成功破获标值240万元的"2015.10.12"罗霄山区贩售假烟国标网络案，专卖管理所延伸市场监管服务的效能逐步显现。（陈文潭）

贸易促进

【概况】 2015年，中国国际贸易促进委员会株洲市支会（中国国际商会株洲商会）紧紧围绕经贸中心，服务全市大局，以"政府满意，企业认可"为目标，创新服务，扎实工作，大力促进株洲市外向型经济发展。

经贸活动卓有成效。先后组织40多家企业参加2015中国（上海）国际轨道交通展、第十八届中国（北京）国际科技产业博览会以及2015年意大利米兰世博会、德国汉诺威工业博览会等国内外展会30多个。组织企业、园区参加德国黑森州投资推介会、2015长沙中欧B2B对接洽谈会等经贸推介活动6场次，有效帮助企业开拓国内外市场。意大利国际机床展由于其专业性强，市圣达切削刀具有限公司、贝特钨钢有限公司等6家企业积极参展，吸引了20多个国家800多名专业客户观展洽谈。在巴西工程机械展上，株洲联合进出口公司取得了非常满意的成效；2015年意大利米兰世博会湖南活动周期间，株洲市与长沙、湘潭联合举办"两型社会"主题活动日，深入宣传推介株洲，展示了两型建设的丰硕成果。

对外联络有效开展。先后邀请和接待德国黑森州经济部、俄罗斯联邦工商会、香港欧中友好协会、柬埔寨湖南商会等境内外商协会来访13批50多人次，并与其中8家建立合作关系，进一步拓展了外联渠道。成功组织市职业教育、航空产业、轨道交通装备等6个经贸团组36人赴瑞典、瑞士、巴西等12国考察访问，取得明显成效。市人大赴瑞典、瑞士团与瑞典SQC社会养老服务中心签订高等级健康养老社区项目合作意向协议书。高新区赴日本团促成了日本特科能热株式会社、日本中部高周波工业株式会社进一步加强在该区投资合作的意向。

涉外法律服务不断加强。先后调解涉外商事法律纠纷4起。通过中国贸促会（长沙）商事法律与投诉中心，成功处理醴陵观前瓷业有限公司与西班牙买家的10986美元欠款纠纷案。发挥中国贸促会湖南调解中心株洲办事处作用，有效协助株洲科瑞变电流有限公司成功处理出口孟加拉货物的信用证纠纷案。主动帮助盛迪威实业有限公司审核其与美国USP公司拟签订在中国采购多种产品的长期代理协议，降低了企业风险。全年新增一般原产地注册申领企业8家，出具一般原产地证明书1340份，代办领事认证57份，出口金额5974.18万美元，涉及阿联酋、沙特、越南、苏丹、科威特等国，主要产品为箱包、化工、电瓷及汽车配件等，办证量稳居全省各市州前列。按照要求，全面取消货物原产地证明书办证费，全年减免企业收费46900元。

招商引资扎实推进。先后邀请和接待重庆艺华集团、北京华宇飞龙投资有限公司、庞大集团、中体奥林匹克花园管理有限公司等到市投资考察，重庆艺华集团与高科集团、北京华宇飞龙与云龙示范区、庞大集团与高科汽车博览园等就相关项目合作正在洽谈。按照"项目攻坚年"活动要求，认真做好"消费信息产业园""中特物流基地""中能建设钢结构""天瑞精密钣金"等项目的协调服务工作，积极搞好协调，逐个解决项目建设中遇到的问题和困难，4个项目2个进展顺利，2个有较大突破。

服务企业成效明显。结合"三严三实"专题教育活动的开展，深入53家会员企业调研，积极为企业解难帮困，帮助12家企业协调解决2015年度出国展览补贴资金67万余元。为方便企业办证，实行企业办证邮寄送达50余次。为提高产品国际竞争力，及时向中国贸促会提出了开展优惠原产地签证业务授权的申请。结合企业实际，上报涉外法律援助项目4个，为株洲达越特、吉利烟花等3家企业争取法律援助资金4.29万元。围绕ECO电子原产地证书申领操作实务、自贸区优惠原产地证书申领操作实务等内容，专题举办"2015年株洲贸促会注册企业业务培训班"，免费为100余家涉外企业进行业务培训，深受企业好评。利用"会员企业基本情况数据库"和"外贸企业需求数据平台"，及时整合各类经贸信息，为会员企业提供最新经贸动态。通过QQ会员企业群、贸促网等，累计回复企业及境内外机构咨询函件108份，为企业提供各类外经贸信息240余条，带来间接贸易订单1260余万元。（吴玉云）

【参加2015年意大利米兰世博会】6月19—23日，以"洞庭鱼米乡"为主题的米兰世博会湖南活动周在中国馆举行，市人民政府副市长谭可敏率株洲市代表团参加。在"两型社会"主题活动日上，全面推介株洲市情，展示株洲文化。活动周期间，株洲市代表团广泛接触意大利对外贸易委员会、马尔凯大区政府、伦巴第大区政府等政府和企业负责人，为意大利特色品牌商品进入株洲市进行广泛对接。中国南车代表“速度湖南”在中国企业馆耀目展示，华联瓷业股份有限公司作为中国馆金牌赞助商之一，参展精品瓷器近百件，并与意大利诺威特公司签订了代理商框架协议。茶祖印象（湖南）茶业有限公司选荐的“茶祖·三印象”红茶在中国茶文化周闭幕式暨百年世博中国名茶评选颁奖晚会上获“百年世博中国名茶金骆驼奖”。

（吴玉云）

【成功推介中国动力谷】 借助第十八届中国北京国际科技产业博览会平台，2015长株潭国家自主创新示范区合作推介会于5月12日在北京湖南大厦举行，株洲市贸促会、株洲高新区密切合作，成功为株洲市轨道交通、通用航空、新能源三大动力产业进行推介，并与参会商现场签署了合作备忘录。（吴玉云）

供销合作贸易

【概况】 2015年，株洲市供销社围绕中心，服务“三农”。全市供销社系统实现年营业总收入58.08亿元、利润总额7743.1万元、农副产品市场交易额21.63亿元，同比分别增长11%、9.6%和57.9%。恢复重建20个产权多元、机制灵活、功能完备的新型基层供销社，新建农村流通网点101个。

各县市供销社开拓创新，全面提升惠农服务水平。2015年，株洲县供销社指导砖桥乡三家农民专业合作社成立株洲宏畅生态农业开发有限公司，注册资金1300万元。醴陵市供销社与金桥油茶专业合作社成立农产品收储加工中心，总注册资本300万元，项目占地0.67公顷，总投资约600万元（厂房、场地租赁）。攸县供销社组建供销惠农商贸有限公司，控股该县水稻专业合作社联合社，开展农村土地托管服务，共托管土地1066.67公顷，为农户提供农资供应、农机作业、统防统治、加工销售。茶陵县供销社加快供销大厦建设，2015年3月底可交付使用。炎陵县供销社建设占地面积约0.67公顷的黄桃储藏保鲜空调库，提升了该县农产品流通服务水平，基本消除了黄桃产业短期内市场销售压力。

加大兴办社属企业、恢复基层社建设。大力兴办社属企业。2015年，市社与省鑫瑞惠民供销（湖南）有限责任公司、株洲云惠电子商务有限责任公司以及湖南鑫瑞惠民投资有限公司四方共同出资组建株洲鑫瑞惠民供销有限公司，主要提升农副产品流通服务水平，打造城乡社区综合服务平台。攸县供销社惠农公司下辖的株洲供销云商贸易有限公司与省鑫瑞惠民有限公司共同出资1000万元成立了攸县鑫瑞惠民供销有限公司。整合县内电子商务公司，抱团发展，注册登记了攸县电子商务协会。恢复和重建基层供销社，健全基层组织体系。株洲供销系统从2000年改制后，基层社几乎全部撤销。根据全国总社建立健全供销系统基层组织建设要求，以及省社关于加强基层组织建设的文件精神，2014年以来，株洲供销系统共恢复重建40家基层社。大力发展综合服务社，推进公共服务向农村延伸。为了方便农民购销，近年来，建设了一批服务功能全、经营内容覆盖农资供应、日用消费品销售、农副产品收购、电子商务服务等生产、生活的综合服务社。2015年，成立镇级惠民综合服务中心两家（白关镇和仙庾岭镇）、村级惠民综合服务中心两家（大岭村和三八村），全市供销社系统综合服务社达69家。四是组织、引导、领办农民专业合作社，努力成为农民合作经济组织的带动力量。2010年全市供销系统组织、领办的农民专业合作社仅63家，经过5年的努力，已达140家，其中国家级示范社7家、省级示范社22家。

发挥供销社主渠道作用，保障农资市场供应。为保证农民增产增收，多年来市供销社高度重视农资供应工作。供销社经过改制，许多农资公司几乎解散，从2011年开始，由供销社控股，重新恢复市、县两级农资公司。2015年全市供销系统供应化肥22万吨、农药947吨，供应量比2010年翻了一番，市场占有率达65%，农资连锁配送网点达1290个，确保农资销售货源充足、品种齐全、价格稳定、质量可靠、服务优良。积极开展农资科技服务，全市供销系统共建有庄稼医院38个，指导农民科学种田，安全使用农药化肥。

搞好项目建设，壮大供销社综合实力。市供销社以项目建设为重点，充分发挥项目建设在经济发展中的支撑作用和拉动作用。2015年，指导帮助攸县供销惠农商贸有限公司争取2016年农开土地托管项目1个，托管土地面积1108.24公顷，预计项目资金420万元。完成2014年申报成功的农开项目——株洲县南洲绿色蔬菜种植农民专业合作社20公顷佐料菜基地改建项目的验收工作。全年共争取上级项目资金300多万元。5年来为供销系统社属企业争取中央、省财政“新网工程”项目建设资金共计1587万元。

（杨　永）

石油经销

【概况】 中国石化销售有限公司湖南株洲石油分公司，成立于1952年，1998年上划中国石化集团公司，2000年与原中国石化销售公司株洲分公司（即815油库）实现同城重组，成立中国石油化工股份有限公司湖南株洲石油分公司。2014年中国石化集团公司进行混合所有制改革，对销售业务进行重组，成立中国石化销售有限公司，公司正式更名为“中国石化销售有限公司湖南株洲石油分公司”（以下简称株洲石油）。至2015年年底，公司下辖醴陵市、攸县、茶陵县、炎陵县、株洲县5个县（市）公司。在营加油站150座，在营油库2座，有员工1628人。全年，销售成品油54.07万吨，完成销售收入32.94亿元，上缴税费3300万元。年内，公司获中国石化销售企业“油非双增长”销售竞赛活动先进地市公司、湖南石油2015年度信访稳定工作先进单位等荣誉称号。（李　炜）

【库站改造提升企业品牌形象】 2015年，公司率先将辖区所有加油站全部置换成国四车用柴油，努力为株洲市减排治污和改善环境质量做出贡献。深入开展加油站整治活动，全年投入600万元资金，全面整治加油站“脏、乱、差”形象，为广大市民提供更加舒适的加油环境。815油库顺利完成发油台下装付油油气回收改造，成为湖南省第一座全面启用油气回收付油系统的油库。（李　炜）

【加快向综合服务商转型步伐】 株洲石油在做大做强传统成品油业务的同时，不断加快向综合服务商转型步伐，形成以易捷便利店为核心的非油品业务和以发展加气站、油气合建站为突破的新能源业务。2015年年底，在营易捷便利店145座，实现销售收入1亿元。全年在加油站新开汽服门店3座，24座加油站与太平保险公司开展保险业务合作，积极与麦当劳公司洽谈快餐业务。通过开展系列营销活动，运用电子券、微信创新推广加油卡网厅业务。全力推进云龙07加油加气站、石峰桥加气站建设，争取早日投营。（李　炜）

盐业专营

【概况】 株洲盐业分公司始建于1984年，现全称为湖南省轻工盐业集团株洲分公司（株洲市盐务管理局）、湖南盐业股份有限公司株洲市分公司，局司一套班子、三块牌子、职能分开、合署办公，下辖醴陵市、攸县、茶陵县、炎陵县4个县公司。2015年，全系统员工共121人，负责供应全市400万人口的食用盐。全年全系统销售各类盐22352吨，同比增长13.46%。其中：销售各类小包盐14489.21吨，同比增长15.31%；销售新品盐3986.62吨，销售小工业盐3295吨，确保了民食工需。全系统实现营业收入8383.93万元，较2014年增长4.69%。其中，实现非盐商品销售收入1472.45万元。（刘姝秵）

【广泛宣传“雪天”盐品牌】 公司通过产品陈列、CP活动和利用路牌、公交车、电视等途径对“雪天”品牌进行广告宣传，在9—12月，通过招投标与湖南嘉木广告有限公司精心策划，以“食盐与健康”为主题，对“雪天”品牌和新品盐进行推介，在株洲市8个人口密集、流动量大的大型社区，采取互动活动与专家推介的形式，成功举办8场“科学用盐进社区”活动，重点推介“雪天”品牌多个品种食用盐产品，树立企业形象，加强消费者对“雪天”品牌的认知。（刘姝秵）

【终端网络建设】 加强网点建设，要求设立网点需满足“六个必须”，即：必须签订客户协议或合同、必须建立完善客户档案、必须建立双方销售台账、必须规范盐和非盐商品陈列、必须网点责任落实到人、必须POS机刷卡结算。做全客户档案，年初与各经销户重新签订《终端网点客户经营目标责任书》，并编号、归档；整理、完善客户档案，建立双方销售台账，对所有客户的基础信息、产品需求量、购进周期、库存情况等信息进行详细登记，根据客户经营情况变化及时补充、完善，为公司市场定位、产品定位、完善营销模式、设立销售网络提供决策依据。做细客情服务，定期按线路、区域对客户进行上门回访，做好信息登记，根据客户的销售规律，提醒客户及时补库，确保销售不断档。做实网点考核，根据工作总量和区域特点，合理科学地将网建工作任务按月划分到各经营单位，根据各单位网建工作完成进度按月进行考核。2015年底，新建有效终端网点1451个，累计达2407个网点。（刘姝秵）

【加大盐政执法】 坚持举办“3·15”“5·15”宣传日活动，提高群众食盐安全意识与营造食盐良性消费环境。两次宣传活动共发放资料2.8万余份，咨询接待4000余人次。年内，查获凌孝忠非法经营案、刘福荣涉嫌销售假冒“雪天”牌400克绿色加碘小包盐案等各类案件60余起，查获各类盐96.3吨，没收各类小包盐61.43吨，判实刑1人，留置4人，取保1人，罚金3万元，有力打击了涉盐犯罪行为。（刘姝秵）

民营经济

综　述

【概况】　截至2015年年底，株洲市共有个体工商户132152户，同比下降22.6%，从业人员207300人，同比下降23%；全市共有私营企业31145户，同比增长17%，从业人员110348人，同比增长12.04%。私营企业注册资本（金）达1240亿元，同比增长39.6%。其中注册资本（金）100万元～500万元的8837户，同比增长33.2%，500万元～1000万元的2558户，同比增长35.3%，注册资本（金）1000万元～1亿元的2531户，同比增长23%。全年设立登记注册个体工商户20925户，同比增长2.5%，注册资本31.8亿元，同比增长47.9%；2015年设立登记注册私营企业5771户，同比下降9.1%，注册资本270.7亿元，同比增长24.6%。深化商事制度改革有新突破，先于全国10天实施“三证合一、一照一码”改革。全年新办理“三证合一、一照一码”营业执照2266户。积极开展“个转企业及小升规”工作，助推市场主体提质增量。2015年，实现“个转企业” 3585户；完成“上升规”企业582户。个私经济的服务领域从传统的衣食住行服务项目向商务服务、高新技术产业服务、文化体育等全方位拓展，向诸如基础设施、公用事业、金融服务等领域拓展。一批具有竞争优势的私营企业开始注重产业结构优化升级，逐渐成为科技创新和高新技术产业发展的主力军，为转变社会经济增长方式发挥了积极作用。个体私营企业开始注重塑造企业形象，打造产品品牌，提高商标意识，企业经济实力不断增强，市场核心竞争力不断提升。全年全市新增中国驰名商标6件，地理标志证明商标1件，湖南省著名商标68件，马德里商标国际注册2件。截至2015年年底，全市共拥有驰名商标41件、湖南省著名商标178件、地理标志商标11件、马德里商标国际注册32件，均居全省第三。全市注册商标申请量2875件，商标注册2794件。全市累计有效注册商标量13872件，其中80%为个体私营企业所拥有。　（马国辉）

【拓宽会员融资渠道】　工商搭台，娘家做媒，银企牵手，为个私企业拓宽融资渠道。各级个私协会想方设法为会员拓宽融资渠道，搭建融资平台。通过与邮储、工商、农业、信用社等金融机构合作，为个私企业解决资金周转难的问题。全年为1316户个私企业获得贷款，解决其周转资金近亿元，缓解了个私企业融资难贷款难的问题。炎陵个私协会向县农村商业银行推荐个体户授信户567户，授信金额21790万元，企业授信户416户，授信金额226092万元，实现金融资本与个私企业需求的有效对接，受到广大会员好评。芦淞区个私协会与邮政银行签订战略合作协议，在分会理事会、小组会上请邮政银行人员到会宣讲融资策略，进行实地对接。醴陵市个私协会主动推荐优质客户资源到各大金融机构，为900余户个私会员解决周转资金0.8亿元，缓解个私企业经营资金周转难的问题。　（马国辉）

【积极搭建创业就业平台】　全市各级个私协会积极协助配合有关部门，落实各项创业就业优惠政策，以“再就业招聘”为纽带，开展大学生和下岗失业人员实现再就业活动。炎陵县个私协会利用各基层分会优势，广泛进行宣传发动，到乡、村、圩场等调查摸底，为会员搭建“用工”平台，帮助个私企业招收工人108人。

（马国辉）

【维护会员合法权益】　全市各级个私协会利用“3·5”学雷锋、“3·15”消费日和“10·18”光彩服务日等深入乡镇、走上街头，搭台设点咨询，宣讲法律法规，让会员不仅知法、懂法，还会用法来维护自身合法权益。认真开展信访维权工作，建立完善《来信来访接待制度》，对来信来访做到及时登记答复处理，对会员提出的问题及困难无论大小都高度重视。全年接待来信来访60余次，为会员挽回经济损失170万余元。　（马国辉）

旅游·外事侨务

旅　游

【概况】 2015年，株洲市接待旅游总人数3749.2万人次，同比增长22.74%，实现旅游总收入254.45亿元，同比增长26.73%。

截至年底，全市共有等级旅游景区17家，其中AAAA级景区6家，AAA级景区11家。有星级饭店23家，其中五星级1家，四星级4家，三星级18家。有旅行社11家。（陈　冰）

旅游项目建设

【概况】 旅游项目建设稳步实施。2015年全市重点旅游项目共32个，总投资478.4亿元，其中续建项目27个，新建项目5个。方特梦幻王国主题公园、湘江风光带河东段、神农谷国际文化旅游度假区等重点项目稳步推进；中华茶祖文化园已经开园，醴陵陶瓷艺术城完成陶瓷博物馆、陶瓷交易中心、大师楼建设，并正式开馆营业，云龙水上乐园、湘江游轮新业态开发等已对外试营业；美的万豪、大汉希尔顿酒店已顺利开业，方特假日酒店、方特快捷酒店、新华联丽景湾等品牌知名酒店建设快速推进。有序推进品牌创建。积极指导景区创建工作，云峰湖创建国家旅游度假区、炎帝陵创建国家AAAAA旅游景区正在有序推进，红军标语博物馆创AAAA旅游景区景观质量评定工作已经完成，悠移生态景区、杨得志故居成功创建国家AAA级旅游景区。（陈　冰）

【炎陵县炎帝陵神农园开园】 2015年11月2日，历时1年多时间建设的炎帝陵神农园建成开园。

神农园项目选址于炎帝陵阙门鹰鹿广场以西，项目涵盖圣德林、福林、福桥、福园，园区总面积9.33公顷，包括精品盆景展示区、管理培植区、景观配套设施及防洪泄洪设施等。园内有各类特色盆景1000余盆、景观树3000余株，由国内知名盆景大师设计，着重体现浓郁的炎帝文化和湖湘文化，展现出“天下揽月、橘子洲头、桃源仙境、武陵风光、巴陵胜状、崀山丹霞、九嶷翠微和邑有圣陵”潇湘八景。（陈　冰）

【攸县石山书院正式对外开放】 2015年1月26日，攸县石山书院正式对外开放。当天，“石山书院·攸州大讲堂”正式开讲。

石山书院原是南齐司空张岊读书之处，其故址在今莲塘坳镇凉江的阳升观，已复制移建至攸县县城文化园内。据研究，石山书院的创立最迟可推断为南梁初期，应为中国民间第一家书院。自石山书院始，攸县先后创办了凤山、金仙等20多所书院。

移建的石山书院于2010年开始重建，投入超过2500万元，总建筑面积1500平方米，为仿古园林建筑风格，主体有大成殿、大讲堂、御碑亭、学碑轩、藏书楼、劝善斋、山长斋、攸县书院史陈列室和攸县科举史陈列室。书院内陈列包括线装书、历史文献、石刻、雕像、浮雕等在内的700余件本土文化展品。（陈　冰）

【中华茶祖文化园在茶陵县正式开园】2015年12月26日，中华茶祖文化园开园仪式在茶陵县举行。全国政协原副主席罗豪才出席仪式并宣布中华茶祖文化园正式开园。

茶陵因茶得名，是国内唯一以茶命名的行政县。作为中华茶文化的发源地之一，近年来，茶陵县积极复兴茶祖文化、发展茶叶产业、打造特色经济。

中华茶祖文化产业园由茶祖印象茶业有限公司投资建设，自2011年开始，拟用6年时间投资20亿元打造茶祖文化园、茶叶交易市场、现代化茶叶加工厂、万亩生态优质茶叶种植基地、茶祖文化博物馆等，总占地853.33公顷。此次开园的茶祖文化园，以打造“天下名茶大观园、天下茶人寻根地、世界茶人精神家园”为定位，建设有谒祖圣道、中华茶史苑、中华茶技苑、茶祖印象广场等景观、文化设施。24米高的茶祖神农雕像是文化园的标志性工程。

当天下午，中华茶祖神农文化座谈会召开。中国国际茶文化研究会副会长沈立江等国内茶学专家集聚一堂，就中华茶祖神农文化的精神内涵、其对茶文化挖掘与弘扬的意义等进行深入交流。（陈　冰）

旅游市场开发

【概况】 2015年，全市举办一批大型节会活动，吸引众多国内外游客。3月26日—4月6日，中国陶瓷艺术大展暨首届湖南（醴陵）陶瓷博览会在醴陵·世界陶瓷艺术城开幕，展会期间，参观人数达38.6万人次，旅游收入达1.78亿元；攸县酒埠江举行2015年全球走钢丝总决赛，比赛期间，攸县酒埠江风景区共吸引游客近4万人。提出“株洲人游株洲”的新思路，打造炎帝陵祭祀大典、茶陵美食文化节、“5·19”中国旅游日大型公众宣传活动等一批具有浓郁地方特色的节会活动。赴东莞、广州、深圳等地举办旅游产品推介会。参加华中（武汉）旅博会、东盟旅博会、国际旅游交易会和第十届海峡两岸台北旅展，全年组织参加和举办交流合作会20多场次。深入融合省“大湘东文化旅游经济带”。积极参加各类大湘东旅游推介活动，签订大湘东文化旅游经济带合作联盟协议，并邀请大湘东文化旅游经济带大型主题采访团100余人到株洲采访。着手建立立体式宣传体系。既充分利用湖南卫视、湖南都市、湖南日报、株洲日报、株洲晚报，在高速公路出入口全面投放大型户外广告牌等传统媒体宣传株洲旅游，又运用网络、微信、微博等新兴媒体，不断提高株洲旅游受众面的知名度，不断深度挖掘特色文化，邀请“亚洲第一男中音”廖昌永演唱，录制音乐电影《我根是炎黄》，提升旅游宣传品质。（陈　冰）

【炎陵县举行“薪火相传·再创辉煌”长征精神红色旅游火炬传递活动】 9月9日，“薪火相传·再创辉煌”长征精神红色旅游火炬传递活动在炎陵县红军标语博物馆文化广场隆重举行。活动分火炬传递、万人签名、火炬交接等部分，整个活动气氛热烈、群众参与度高，全国30余家媒体全程参与报道，影响力广泛。活动进一步宣传推介了炎陵，丰富了红色旅游资源，提升了炎陵红色旅游品牌知名度。

“薪火相传·再创辉煌”火炬传递活动是为纪念红军长征胜利80周年。活动于2015年9月8日在江西瑞金启动，历时3个月，途径15省25市（县、区），11月9日最终抵达红军长征胜利落脚点终点——革命圣地延安。这次红色旅游火炬传递活动在湖南设炎陵、通道两站，炎陵县为火炬传递的第2站。活动自开展以来，长征沿线15个省份上千万群众积极参与，再现了当年红军长征的伟大历程，掀起了一场弘扬伟大长征精神和民族精神的新热潮。（陈　冰）

【中国陶瓷艺术大展暨首届湖南（醴陵）陶瓷博览会隆重开幕】 2015年3月26日，中国陶瓷艺术大展暨首届湖南（醴陵）陶瓷博览会在醴陵·世界陶瓷艺术城隆重开幕。株洲市委书记贺安杰致辞，株洲市委副书记、市长毛腾飞主持开幕式。

此次瓷博会由中国轻工业联合会、中国陶瓷工业协会、湖南省商务厅、株洲市人民政府共同主办，醴陵市人民政府承办，湖南省陶瓷行业协会、华泽集团醴陵·世界陶瓷艺术城协办。展会吸引全国400余家企业参展，收到来自全国各地陶瓷业内艺术人士参评作品3000余件。涵盖了艺术陶瓷、日用陶瓷、电瓷、特种陶瓷、酒瓶及陶瓷花纸色釉原辅材料等种类。（陈　冰）

【攸县全球走钢丝大赛】 2015年5月31日，在攸县酒埠江举行2015年全球走钢丝总决赛。最终，51岁的瑞士选手弗雷迪·诺克以11分40秒的成绩，荣获2015年全球“走钢丝王”桂冠。至此，为期3天的2015年全球走钢丝大赛的赛程全部结束。总冠军之争的比赛项目为“蒙眼倒走竞速”。参赛选手要在完全蒙住双眼、没有任何参照物的条件下，完成800米的高空走钢丝比赛。这也是整个系列赛中最为考验选手高空技艺的项目。

弗雷迪·诺克说，他来到中国已有多次，酒埠江是他觉得最美的地方，这里的山水和瑞士很像。更让他感兴趣的是攸县的溶洞景观。他希望还有机会再来到这里，好好游玩一次。在比赛空隙，诺克成了普通游客，拿着DV到处拍摄。赛后，他对记者说，非常高兴和前来参赛的高空走钢丝的高手们同台竞技；更开心的是还见到这么美的风景。（陈　冰）

旅游行业管理

【概况】 首先，加强依法监管。认真贯彻执行《中华人民共和国旅游法》《旅行社条例》和《湖南省旅游条例》，全年共开展联合执法检查2次，调解旅游投诉12起，结案率100%，满意率100%。其次，联合市安监、消防等部门对全市星级宾馆的消防安全、食品安全、用电用气安全和电梯安全使用等情况进行检查；联合交通部门，开展规范旅游团队、散客拼团租车行为的专项整治。第三，大力加强旅游人才队伍建设，组织旅游执法人员进行学习培训，提高依法行政能力水平，组织多家星级宾馆相关人员参加技能比武和培训。（陈　冰）

AAAA级景区选介

【炎帝陵】 炎帝陵风景名胜区位于湖南省炎陵县城西19公里的鹿原陂，陵区面积5平方公里，为全国重点文物保护单位和全国爱国主义教育示范基地。史载汉代以前有帝陵，唐代奉祀以昌，宋乾德五年（967年），“立庙陵前，肖像而祀”，同时诏禁樵采，置守陵户。北宋以降，历代不辍祭祀，不失修葺。有历史记载的修葺有：宋代一次，明代三次，清代九次，民国四次。1954年进行一次修复。1986年8月开始再次整修，1988年10月陵殿修复竣工。修复后的炎帝陵按清皇宫建筑格局布置，炎帝陵殿共分五进：一进为午门，二进为行礼亭，三进为主殿，四进为墓碑亭，五进为陵墓。至今，已恢复或新建开放的自然、人文景观20多处，主要有炎帝陵殿、御碑园、皇山碑林、天使公馆、圣火台、神农大殿、朝觐广场、神农大桥、白鹭亭、崇德坊、鹿原陂、龙瑙石、龙爪石、洗药池、邑有圣陵等自然景观，

均是引人入胜的去处。（陈 冰）

【神农谷】 神农谷位于炎陵县东部45公里的万洋山，天然"绿色宝库"和动物园。有6个景区和40多个主要风景点，山、水、石、林俱备，雅、趣、奇、险兼有，自然景观神奇而迷人。是避暑、休闲、疗养和探险的胜地。

区内万阳河溪流两侧空气负离子含量均在1.3万个/立方厘米以上，比闹市区高125—1200倍以上，楠木坝珠帘瀑布处负离子含量高达64626个/立方厘米，堪称世界之最。

神农谷国家森林公园位于中亚热带季风湿润气候区，年平均气温14.4℃。年平均空气相对湿度86%，区内日照少、气温低、云雾降水多、空气湿度大、风速小、气候垂直变化大、是典型的山地气候特征。公园内森林茂密，小气候环境优越、空气清新、负离子含量高，更能促进人体身心健康。境内四季分明，冬季寒冷、夏季凉爽、春秋季宜人，根据逐日平均气温与空气相对湿度的组合状况和对人体心理感觉及生活测试结果分析，公园境内使人感觉舒适的时间有114天，舒适的旅游期达196天，4月中旬—11月是神农谷国家森林公园的舒适旅游期。现在主要开发的景点有：落水源瀑布、珠帘瀑布、树抱石、黑龙潭、桃花桥、石板滩、龙潭天河、万阳河峡谷风光、神农飞瀑等。（陈 冰）

【株洲方特欢乐世界】 株洲方特欢乐世界位于株洲云龙示范区，地处长株潭城市群中心，是一个国际一流的第四代主题公园，以科幻和动漫为最大特色，可与当前西方最先进的主题公园相媲美。株洲方特欢乐世界由飞越极限、星际航班、恐龙危机、探险乐园等20多个主题项目区组成，包含主题项目、游乐项目、休闲及景观项目200多项，其中包括许多超大型项目，绝大多数项目老少皆宜。

方特欢乐世界是株洲华强项目一期的重要内容之一，于2011年9月开园。项目将动漫、卡通、电影特效等时尚娱乐元素和中国传统文化符号完美结合，一、二期公园汇集聊斋、水漫金山、猴王等大量以中国文化为背景的项目，所有室内项目完全拥有自主知识产权。2013年3月，株洲方特欢乐世界成功跨入国家AAAA级旅游景区行列。（陈 冰）

【云阳山】 云阳山位于湖南省茶陵县县城城西2.5千米处，海拔900余米，为茶陵县境内最高峰，是茶陵县主要风景区，为湘东名山，它的雄姿秀色，仅次于南岳衡山。每年7月，去南岳进香的香客有先到云阳山朝拜的习惯，所以云阳山又有"小南岳"之称。云阳山峰连七十二，方圆七十里，群峰耸立，丹崖流霞，飞瀑垂练，深谷笼幽，古洞藏奇。紫微峰峰峦叠翠，秀润雄浑，也是最佳观景点，素有"一峰观三县"之说；南岳宫、赤松仙、白云寺竹树掩映，幽深灵异，仿佛一幅"深山藏古寺"的写意国画，一遇雨天，舒展出"烟雨青山烟雨楼"的画面；老君岩涧谷藏幽，山石蕴奇；观音岩大石飞垒，驾空透隙；五雷池一泓清泉，澄碧迥异；麻叶洞溶岩景观千姿百态，钟乳石笋"光莹玉滴，垂柱倒莲，纹同镂雕，形若飞舞"，秀美的自然景观吸引了历史上不少文人墨客探幽揽胜，吟诗作赋。宋代诗人黄庭坚、明代"茶陵诗派"领袖李东阳、著名旅行家徐霞客、曾任国民政府主席的谭延闿等都留下了许多有关云阳山的名篇佳作。

云阳山是天然氧吧。云阳山生态环境优美，风光秀丽，空气清新，大气、地表水等环境质量均达一级标准。动植物种类繁多，各类珍贵动物常出没在溪涧、深谷中，栖息于陵谷间，各类林木构成一道道青翠葱茏的森林景观，是负氧离子含量极高的天然氧吧，是颐养天年、修身养性的理想之地。

2008年12月，云阳山景区顺利通过国家旅游局专家组评定验收，获得国家AAAA级旅游景区品牌。2009年云阳山预申报省级风景名胜区、自然保护区、地质公园等品牌。（陈 冰）

【酒仙湖】 酒仙湖景区位于湖南省攸县东部，是酒埠江旅游区的第一大景区。她包括酒仙湖、攸女仙境、宝宁寺、地质博物馆、大坝、官田古镇、水上乐园等景点，为国家级水利风景区。其中酒仙湖为国家大（2）型水库，总蓄水量3亿立方米，蓄水面积11.2平方公里。湖边群山绵延，树木繁茂；湖区沟汊幽长，空气清新；湖水晶莹透彻，波光涟漪；湖内水产丰富，鱼类繁多。攸女仙境是以"攸女文化"串联起来的一座主题性岛屿，在岛上既可探寻古老的湘东民俗风情，观赏酿酒、制茶、磨豆腐等民间技艺，又可漫步于水榭楼台之间，感受山的静谧水的温润。宝宁寺坐落在酒仙湖上游宝宁村，开创于唐天宝十年即公元751年，是湖南开创最早的佛教禅院之一，为佛教禅宗曹洞宗的祖庭，寺内殿堂楼阁林立，享有"北有少林，南有宝宁"以及中国佛教界的"三绝""三奇"的美誉。地质博物馆紧邻酒仙湖景区入口，展馆面积3200多平方米，以图片、文字、实物标本、模拟场景、影视介绍、多媒体演示等方法，展示酒埠江地质公园地质地貌特点和形成过程，融知识性、娱乐性于一体，是"国内一流、与国际接轨"的新型博物馆。

2011年2月24日，国家旅游局正式颁文公告，株洲酒仙湖被批准为国家4A级旅游景区。这是本次评选中湖南省唯一获评通过的旅游景区。酒仙湖国家AAAA级旅游景区的成功创建，不仅标志着酒埠江旅游区知名度、美誉度和影响力的提升，也标志着株洲旅游产业的发展又跃上了一个新的台阶。（陈 冰）

外事侨务

【规范出国（境）管理】 根据中央16号文件精神以及省委、市委相关文件要求，结合株洲市对外开放与交流实际需要，严格执行《株洲市因公临时出国管理办法》。做到出访有任务、办理有程序、审批有权限。明晰各级领导干部出访报批必须履行的3个程序，界定领导干部和团组获准出访的分级分类批准权限。规范报批程序。补充和完善因公临时出国方面的制度，形成关于业务操作流程一系列配套管理制度，从源头上杜绝一般性出访。2015年，株洲市党政干部出国团组批次和人数减少幅度比较大，出访经费也相应大幅度下降。全年，经市旅游外事侨务局审批、审核与呈报因公出国（境）业务共214人次，其中党政干部112人次，厅级党政干部17人次，自组团8批共计40人次，双跨团24批共计30人次。（陈　冰）

【涉外管理】　邀请外国人来湘审批工作坚持宽严结合。企业邀请外国人来访，不人为设卡，不故意刁难，严格履行外交部赋予的外事审批权，审批过程透明高效，做到材料审核细致，政策把握到位。全年共为30多家株洲涉外企业办理外国人来湘签证邀请函120批，涉及外商185人次，所邀客商分别来自美国、伊朗、巴基斯坦、日本等25个国家和地区，为株洲对外经贸交往和国际交流合作做出积极贡献。

（陈　冰）

【国际交流与合作】　不断提高外事接待服务水平。接待美国驻武汉总领事周重山先生率领的经贸代表团、住建部中欧低碳生态城市合作项目专家组考察团、美国维玛公司中国总代理考察团、瑞士沙夫豪森州环保考察团等多批来访外国团组。积极开展国际教育交流活动，市南方中学和市第八中学分别派遣师生代表团赴美国德拉姆市的创新实验学校和奥尼尔中学进行友好访问；法国达诗科中学师生代表团到市九方中学，展开校际交流活动；美国北卡州创新实验学校回访株洲市八中。加强友好城市交流合作。积极参加湖南省国际友城周活动；举办“在株外国友人国庆招待酒会”；市委书记贺安杰率株洲市高级代表团赴美国德拉姆市进行友好访问，双方就经济贸易、教育医疗、城市规划建设、旅游、产业发展、政务服务等话题深入交流。（陈　冰）

【为侨服务】　全面维护归侨侨眷权益。多渠道宣传侨法侨规，通过报纸、广播、电视宣传报道侨务工作情况，印发宣传材料、张贴宣传标语等方式，深入宣传侨法侨规，营造社会各界护侨氛围；通过走访和召开座谈会，加强与归侨侨眷的沟通联系，做好侨务信访工作，主动为归侨侨眷服务。一年来，共接待华侨华人、归侨侨眷来访来信来电78人次。利用春节、端午等节日走访慰问归侨侨眷，举办中秋茶话会，帮助部分归侨解决实际困难。积极为侨企服务，助推企业发展。相继走访远征集团、湖南斯迈尔特智能科技发展有限公司、湖南中欧置业有限公司等企业，了解企业经营现状、听取企业的呼声、寻求解决问题之道。2015年，为湖南斯迈尔特智能科技发展有限公司向国侨办再次争取到重点华侨华人创业团队扶持资金15万元；向省外侨办争取授予湖南中欧置业有限公司“湖南省侨港澳资企业挂牌重点联系服务单位”。（陈　冰）

【美国驻武汉总领事到株洲洽谈】2015年3月24日，美国驻武汉总领事周重山一行到株洲，就进一步加强株洲和美国之间的经贸往来与株洲市各界人士进行洽谈。近年来，株洲市与美国在冶金、化工、金属制品、机电设备、服装等经贸领域来往密切。2012年，与美国北卡州德拉姆市结为国际友好城市，两市在教育领域实现多次互访，为增进中美了解，加强友谊，促进合作做出积极贡献。加强双方在环保领域的合作是周重山此行的重要内容。座谈会上，周重山一行详细介绍了美国在统筹城市规划与环境、重金属污染治理等方面取得的成就。双方就如何开展这方面合作进行交流。

（陈　冰）

交通·邮电

交　通

【概况】 株洲市交通运输局系市人民政府负责交通运输行政管理的组成部门。局机关设12个科室，下辖市公路管理局1个正处级全额拨款事业单位；市道路运输管理处、市地方海事局（加挂船舶检验局、航务管理局牌子）、市交通行政执法监督处（加挂市交通建设质量安全监督处牌子）等3个副处级事业单位、交通战备办1个正科级行政机构和局资金管理中心、直属局（加挂市交通运输稽查大队牌子）、信息中心、机动车综合性能检验站、交通运输规划勘测设计院等6个正科级事业单位；对各县市交通运输局，市交发集团、市公交公司等进行行业管理和业务指导。

2015年，全市交通运输系统突出抓好“三个十”工程，保持平稳有序的良好态势。

重大项目取得突破。全年完成交通建设投资121亿元，同比增长6%。莲株公路改建工程开工建设，醴娄高速纳入国网规划。3条城际道路株洲段实现通车。干线公路建成64.56公里，开工建设86.8公里，推进建设56.1公里；600公里国省干线公路纳入省“十三五”规划。快速公交有轨电车、株洲火车站重建、铁路货场建设等项目前期工作有序推进。完成港口总体规划修编工作，湘江株洲段航道改造全线完工，湘江大道株洲航电枢纽二线船闸开工建设。圆满完成干线公路迎国检工作。国省干线公路优良率90%以上，农村公路综合好路率达86.62%。

运输行业稳定有序。重新修订局系统《行政处罚裁量权基准》，组织制定《株洲市交通运输局行政权力清单》，对全局286项行政权力、9项属地管理的行政权力以及9项审核转报类事项进行清理。全年完成审批事项4633件，满意率和办结率均为100%。深入开展公路超限超载、客运市场、道路危货、湘江株洲段综合整治等专项整治活动，全市车辆超限率控制在0.3%以内，实现站点零超载率排名全省第一。道路运输市场秩序良好，湘江风光带船舶违规停靠的历史遗留问题彻底解决。严格落实“三个责任”，推进安全生产标准化建设，全市“两客一危”企业安全生产标准化建设达标率85.7%，全系统安全事故起数、伤亡人数与上年同比下降60%和55%。运输指标稳中有增，主要港口货物吞吐量增长15.72%，邮政业务总量增长35%以上。

民生工程全面完成。成功申报绿色交通城市区域性试点，争取低碳项目19个资金2650万元。新增插电式新能源公交车80台、纯电动公交车120台，纯电动出租车100台、双燃料出租汽车385台、驾培模拟器173台。城区出租车起步价调整工作全面完成。完成农村公路建设149.69公里、危桥改造30座、渡口改造30处、农村老旧渡船标准化改造97艘。建成渡改桥1座、农村招呼站231个、公交车充电站2座、加气站5个，创建群众满意客运站2个，实施安保工程732.26公里。武广客运综合枢纽站正抓紧优化设计。严格落实省政府“一号重点工程”要求，为126艘客货运输船舶加装生活污水处置装置。创建全国“公交都市”工作全面推进，神农城首末站、栗雨公交基地投入使用，株浏公交基地主体竣工，中心医院、职教城公交综合枢纽、迎宾大道首末站前期工作有序推进。市区新增公交线路3条，优化7条，新增站点36个，用于解决田心工业园、高科慧谷阳光等园区交通出行问题。

改革稳步推进。以市场化、法治化、公司化为导向，继续推进公路养护市场化改革，完善农村公路养护考核机制；深入开展驾校、道路客运、出租车行业公司化改革；农村渡运公司化改革稳步推进，株洲县启动改革试点，醴陵市、攸县、茶陵县制定出渡运公交化管理实施方案。推进行业管理信息化，完成公交智能化应用示范工程、海事智能监管系统建设，“掌上公交”正式上线；积极稳妥推进机构改革和职能调整，制定局“三定”方案和“三个清单”，系统内部运行管理得到进一步优化。（彭　真）

【成功创建全国文明单位】 2月28日，在全国精神文明建设工作表彰暨学雷锋志愿服务大会上，株洲市交通运输局被授予“全国文明单位”荣誉称号，这是继2009年12月被国家人保部、交通运输部联合授予“全国交通运输系统先进集体”称号，2010年10月被交通运输部授予“全国交通运输行业文明单位”称号，连续17年保持“全省文明单位”称号后，获得的又一国家级荣誉称号。（彭　真）

【编制“十三五”交通综合运输发展规划】 市交通运输局通过广泛调研和网上公示，广泛征求社会各界对株洲市交通运输中远期规划的意见。完成《株洲市“十三五”交通综合运输体系发展研究》《株洲市航道发展和水上支持保障系统研究》和《“十三五”交通综合运输发展规划（初稿）》的编制。本次规划主要围绕株洲市铁路、高速公路、国省道干线公路、农村公路等多方面进行研究，规划到“十三五”末建成株洲通用机场、东西两大综合客运枢纽、航道“一江两水”、城际干线公路“两纵五横”、铁路“四纵四横”和高速公路“四纵五横”的主骨架网络，形成航空、铁路、公路、水运、客运等各种交通运输方式齐全、布局合理、衔接顺畅、层次清晰、设施完善、节约环保的综合交通运输体系。（彭　真）

【市公交公司启动改革重组】 2015年，株洲市城市公交行业加快改革重组步伐，进一步整合公共交通资源。国投健宁公司暨公共自行车租赁系统整体移交至株洲公交；株洲公交与北汽银建公司共同出资组建湖南北汽银建巴士汽车服务有限公司，专营电动出租汽车；株洲公交投资参股普天能源（株洲）公司，首批建成并投入使用充电桩160个，可基本满足现有公交车和出租车充电需求。（彭　真）

交通民生工程

【“掌上公交”APP正式发布】 4月9日，“掌上公交”客户端正式发布，株洲成省内首个开通“掌上公交”的城市。掌上公交APP是株洲市公交智能化服务的延伸，通过该软件，乘客不仅可了解所乘公交车实时位置、何时能到站以及到哪一站换乘等信息，还可通过设置“预约提醒”，准时到站乘坐，真正做到“便民公交、绿色公交、幸福公交、科技公交”。

（彭　真）

【株洲航电枢纽二线船闸及鱼道工程建设正式开工】 11月26日，株洲航电枢纽二线船闸及鱼道工程破土动工，标志着湘江二级航道二期工程正式开工建设。株洲航电枢纽2000吨级二线船闸项目位于湘江东岸，是湘江二级航道二期工程的子项目，是国务院确定的湖南省对接长江经济带重点建设项目，也是该省首个在已建航电枢纽扩建二线船闸的项目。项目建成后，将顺接已建成的湘江2000吨级航道建设一期工程（即湘江株洲航电枢纽至城陵矶281公里），使湘江2000吨级航道再向上游延伸154公里至衡阳蒸水河口，湘江蒸水河口至城陵矶河段航道将由原1000吨级全部提升至2000吨级标准。项目新设鱼道工程，为上下游的鱼类提供一个专门的通道，将有效解决鱼类洄游、产卵、栖息等问题，保护湘江生态资源。（彭　真）

【莲株高速改扩建工程全线封闭施工】 12月23日，莲株高速公路（原莲易公路莲花冲至株洲段）主线封闭，标志着莲株高速项目正式进入封闭施工阶段，预计封闭施工时间为3年。莲株高速公路是依托莲易公路（G320）拓宽而建，项目东起湘赣交界处莲花冲，与江西省萍乡至莲花冲一级公路相接，经醴陵市北、板杉、姚家坝、白关到红旗立交桥东，顺接株洲至易家湾公路，主线全长50余公里，总投资估算为29.7亿元，是湖南省第一个由原二级公路改高速公路的项目。项目建成后将贯通醴陵市和株洲市区，形成醴陵市与株洲市区间最便捷的快速通道。（彭　真）

【率先在全省实现电动出租汽车正式营运】 12月24日，100台纯电动出租车正式投入营运，株洲市成为全省首个电动出租汽车正式投入营运的城市。出租车是重要的服务窗口，也是城市交通的有力补充。此次上路的100台纯电动出租车车型为北汽新能源EV200三厢汽车，其续航里程为200公里，相比燃料车更加清洁环保。（彭　真）

【三条城际干线主体贯通】 12月30日，株洲市的3条长株潭城际干线（S330武广高铁株洲站至沪昆高铁韶山站连接线、铜板路和洞株路）主体全部贯通，顺利对接对应干线的长沙段和湘潭段。3条城际干线公路线路总长9.1公里，从7月全面开工建设，到年底圆满完成道路通车任务，创造了株洲工程项目建设审批、征拆、建设最快速度。（彭　真）

交通行政执法与建设质量安全监督

【概况】 株洲市交通行政执法监督处（交通建设质量安全监督处）是株洲市交通运输局下属二级机构，内设机构办公室、人事教育科、财务科、法规科（加挂城市客运非法营运治理办公室牌子）、工程质量监督科、工程安全监督科、监察室等。直属机构有株洲市城市客运行政执法一大队、株洲市城市客运行政执法二大队、处罚受理中心、株洲市交通建设造价管理站、株洲市交通建设质量安全监督处直属局、株洲县交通建设质量安全监督局、醴陵市交通建设质量安全监督局、攸县交通建设质量安全监督局、茶陵县交通建设质量安全监督局、炎陵县交通建设质量安全监督局等。主要职能：贯彻执行国家、省有关交通运输行政执法和交通建设质量安全监督的法律、法规和方针政策；拟订全市交通建设质量安全监督管理的规范性文件和管理制度；负责全市交通运输建设工程质量监督管理；按照权限组织对受监项目交（竣）工验收前质量鉴定；参与全市交通建设工程项目交（竣）工验收；查处违反交通建设质量安全的行为；负责全市交通运输建设工程施工安全监督管理；按照管理权限组织全市交通建设工程质量安全生产事故调查；承担全市交通建设工程设计、监理、试验检测机构与人员资质管理工作；负责全市交通建设造价管理工作；调解和仲裁全市交通基础设施建设工程造价争议；负责交通建设造价人员执业资格的管理；受交通运输局委托，承担城市客运非法营运治理的有关工作；负责道路旅客运输站场外行政执法。人员编制102人。

（刘 颖）

【交通行政执法】 2015年，客运执法严厉打击客运市场的各类非法营运行为，治理各种客运违规现象，查处非法营运的客运车辆306台次，违章客车184台次，结案率90%以上，无一起行政复议、行政诉讼案件，确保城市公共客运和道路旅客运输的安全、平稳。（刘 颖）

【建设质量安全监督】 质安监督受监项目76个，建设里程443.8公里。质量安全监督覆盖率为100%，共组织519次施工现场监督检查，实施各类工程实体及材料检测59次、数据618组，出具整改意见书96份并及时督促相关单位进行了整改，实现受监交通建设工程合格率100%、安全生产“零事故”。（刘 颖）

铁 路

株洲火车站

【概况】 株洲火车站建于1905年12月12日，地处京广、沪昆两大主要铁路干线的交汇点，站中心里程为京广线K1618+678，沪昆线K1103+313，是广州铁路集团公司直管特等客运站。2015年4月10日湘潭车站成建制划归株洲火车站管理。车站设人劳科、技术科、安全科等12个职能科室；运转、客运、行包及湘潭站4个车间。2015年，在岗职工845人。其中干部117人，具有技术职称的64人。

株洲火车站有7个站台，5个候车室，其中3个普通候车室、1个“VIP”商务候车室、1个软席候车室，总面积3520平方米。5条正线，6条到发线，5个方向接发列车，日均接发列车448列，平均每3.21分钟办理一趟列车接发，日均客流量1.60万余人。2015年，发送旅客584.96万人，同比减少82.66万人，下降12.4%。实现运输收入52605.24万元，同比减少5558.24万元，下降9.6%。中转窗口售票19.57万张，票款635.41万元。出站口到补人数12436人，到补收入32.02万元。（朱宏忠）

【实现安全年目标】 株洲火车站不断强化安全管理，确保车站安全稳定运行。进一步明晰“高定作业标准、严控作业过程、提升保障能力”的安全工作思路。标准化作业水平持续提升。现场岗位做到作业过程定岗定位、语言清晰、动作规范。车站被铁路总公司评为标准化直管站。在技术规章清理完善、作业流程控制、工作行为规范等方面，加强安全基础工作。车站在广州铁路集团公司年度综合安全评估中位居车务系统第二名，劳动安全评估在广州铁路集团67个单位中排名第三。安全投入力度加大。车站积极向集团公司争取项目和资金，先后开发运用电子打铃系统、外勤发车尾部确认系统、标准化作业自动控制系统、管理规范化平台，提升安全保障能力。2015年12月14日，车站实现安全生产4000天。胜利实现安全年目标。

（朱宏忠）

【开展技术培训与技能竞赛】 开展作业标准化建设。车站组织编写客运、行车、上水（保洁）、广播等作业标准，拍摄教学视频，并把视频光碟下发到班组，利用班前一问、班后学习等形式大力开展作业标准建设培训，让职工熟悉标准、掌握标准、达到标准。11月份，组织开展全站作业大对标。通过对标活动，各重点岗位作业环境、作业标准有较大的改观和提升。全年组织培训24期，参培人员7231人次；组织开展应急演练10次，参加人数428人次；送外培训102人次。通过理论与实践相结合的培训方式，干部职工的素质得到显著增强。

（朱宏忠）

株洲北站

【概况】 株洲北站位于湖南省株洲市东北郊，为双向纵列式三级七场布局，成立于1964年，前身是田心车站，是长江以南最大的路网性编组站。管辖范围为株洲北站、湘潭东站以及田心、白马垅和十里冲3个卫星站，主要办理京广、沪昆两大铁路干线四个方向货物列车的到发、解编作业。同时担负株洲、湘潭两市58条铁路专用线、150多家厂矿企业的货物到发和取送作业以及各方向旅客列车的通过作业，是沟通华东、华南、西南和北方的交通要道。株洲北站设安全科、车站值班室等10个科室。下设上行车间、下行一车间、下行二车间、设备检修车间、货检车间、湘潭东站、调度车间等7个车间和田心、白马垅、十里冲3个中间站。

完成生产经营。2015年，发送货物460.5万吨。运输收入61354.6万元，日均办理车16613辆；中时7.2小时，停时33.1小时，累计正点率98.7%，日均解体123列，日均编车120.3列。运输支出21743.6万元。

确保安全运行。2015年，车站高度重视标准化体系的建设和完善，全面修订完善“三书一卡”，作业标准化和管理规范化的程度有提高。车站以多方向接发列车安全为龙头，调车作业及劳动安全为重点，货检安全为突破，强化过程安全风险控制；加强职工教育培训、现场监控分析、完善规章制度体系建设、狠抓安全风险隐患整治。同时，开展单身宿舍改造、劳动安全警示室建设、上行车间院内改造、场间通道建设等一大批旨在改善职工生产生活条件的项目，全年用于安优线建设资金 957.6 万元。

提升职工素质。年内，先后举办春运、劳动安全、施工安全、新《技规》《行规》等各类培训班 35 期，培训 13253 人次；开展货检、调车人员、管理人员接发列车 3 个专业的技能竞赛和 8 个工种岗位练兵，李群、阳刚山、邱羿升等一批技术能手在技能竞赛中取得优异成绩；对全站各工种 98 名技师的专业水平进行理论实作鉴定。

（陈　祥）

株洲机务段

【概况】 株洲机务段位于株洲市石峰区清水塘，成立于 1949 年 9 月，下辖株洲、郴州、衡阳、永州 4 个生产地区，管辖湘潭东、耒阳、许家洞、祁阳北 4 个机务调车点。设有行政办公室、党委办公室、技术科、运用科等 18 个科室，设株洲运用车间、衡阳运用车间、郴州运用车间、永州运用车间、株洲调小车间、株洲检修车间、衡阳检修车间、株洲整备车间、衡阳整备车间、衡北整备车间、郴州整备车间、株洲设备车间、株洲救援车间等 13 个车间。2015 年年末，职工 5399 人，其中管理人员 357 人。固定资产总值 653128.35 万元。

截至 2015 年年末，全段共配属 SS6B、HXD1C、HXD1、HXN5B、DF4、DF4K、DF4C 、DF5、 DF7C 、DF7G 、DF12 等 13 种型号机车 424 台，共有机械动力设备 556 台，固资原值 18406.19 万元。主要担当京广线、沪昆线、湘桂线、石长线、资许线、广深线机车牵引任务，牵引总里程 4269 公里（其中客运机车牵引里程 1613 公里、乘务里程 1613 公里，货运机车牵引里程 2656 公里、乘务里程 1000 公里），担任图定客车牵引任务 60 对、图定货车牵引任务 188 对、调车作业任务 48 台日；承担 HXD1、HXD1C、HXN5B 型 249 台机车 C1–C3 修程，DF4B、DF4C、DF7C、DF7G、DF12 型 97 台机车小辅修任务。

2015 年机车总走行 4438.59 万公里，牵引总重吨公里达 5288767.6 万吨公里，货运机车日车公里 464 公里 / 台日，日产量 118.2 万吨公里 / 台日，列车平均牵引 2888 吨 / 趟，技术速度 56.2 公里 / 小时。共完成机车大修送修 5 台、中修送修 13 台、C4 修送修 16 台，C1 修 585 台、C2 修 312 台、C3 修 300 台，小修 122 台、辅修 165 台。

（魏久翔）

【安全优质标准线建设】 全面推进安全优质标准线建设，按照“建成一段、达标一段、维持一段”的要求，保持和巩固建线成果，重点完成郴州、衡阳片区及株洲调小车间安优线建设任务，总计完成 20 项改造项目，投入资金总额 1242.66 万元。整治机车达 614 台次，处理较大质量隐患 423 个，编制作业指导书 380 个，作业流程图 74 个。共清理出 2006 年以来的有效机务规章制度 255 个（其中技术规章 95 个），废止、失效机务规章制度 372 个（其中技术规章 129 个）。完善全段 30 个车间、科室的安全管理职责及 326 个管理岗位的安全管理职责和工作标准。新修、扩宽主干道、消防通道共 2020 余米，增加绿化、硬化面积 14000 多平方米，新装路灯 69 盏，有效促进了设备质量、安全管理、现场作业、队伍素质和职场环境“五个达标”，建线建家成果喜人。

（魏久翔）

【技术培训与技能竞赛】 以行车工种人员为重点，以加强培训能力建设为主线，围绕“提高职工技能”的总体目标，全面落实培训规范要求，抓好以基本规章、作业标准和应急处置为重点内容的业务培训。全年完成春运、防洪、规章等十大类培训，共举办各类培训班 825 期，培训 114918 人次，开展岗位练兵 194 场，共有 6373 人次参加。通过强化培训过程管理和质量控制，不断提高培训的针对性和实效性，有效提升了职工作业技能。2015 年，在集团公司机务系统职业技能竞赛暨大学生技术比武中，株洲机务段选手获得 22 个单项名次，名列团体冠军；在全路机务系统职业技能竞赛中，机务段周杜涛、宋小虎分获全能第三名、第五名；在全路救援起复工职业技能竞赛中，机务段刘宽夺得全能第一名。

（魏久翔）

【防洪工作】 2015 年，株洲机务段坚持以列车安全特别是客车安全为重点，强化防洪工作制度和责任追究，全面开展汛期风险研判，普查机车复轨器和防护用品，购配防洪物资。制定机车乘务员防洪提示卡，结合历年防洪案例制作培训课件，加强人员培训，抽查关键时段、区段的量化检字牌，加强乘务员运行中瞭望和防洪措施执行情况的卡控；成立两个常态化防洪添乘队，确保启动防洪预案后开行列车全覆盖添乘。汛期，全段共有 8237 列列车在运行途中接到 22290 条注意警戒通知、3496 列列车在运行途中接到 8785 条限速警戒调度命令（通知）、14 列列车接到封锁警戒调度命令（通知）、开行检查单机 26 列，无不良反映发生，实现“杜绝旅客列车撞压坍体责任事故，杜绝货物列车脱轨责任事故，确保汛期运输安全和秩序稳定，实现防洪安全年”的防洪工作目标。

（魏久翔）

公　路

公路管理

【概况】 株洲市公路管理局负责株洲市境内 2300 公里国省干线和 1.1 万余公里农村公路的管理任务。下辖株洲市公路路政管理处（副处级）、株洲市城郊公路一局、株洲市城郊公路二局、株洲县公路局、醴陵市公路局、攸县公路局、 茶陵县公路局、炎陵县公路局、株洲市公路应急物资储备中心、株洲市公路应急指挥中心、株洲市公路工程质量监督中心、株洲市公路建设开发总公司等二级机构，有在职职工1163人、退休职工545人。

截至2015年年底，全市公路总里程为13794公里。其中，按行政等级划分，国道735公里，省道2454公里，县乡道路10605公里；按技术等级划分，高速公路458公里，一级公路67公里，二级公路992公里，三级公路108公里，四级公路11922公里，等外路247公里。

全年，累计完成工程建设产值1.62亿元，列入省、市工作目标的S910红星大桥工程竣工通车，长期制约株洲炎陵至郴州桂东的交通“瓶颈”顺利打通。S339攸县柏市至东塘公路31.6公里进展顺利，已交工通车。所有项目质量、安全管控到位，没有发生重大质量、安全责任事故。

在全省公路系统年度工作目标考核中，市公路管理局获评2015年度全省目标管理考核红旗单位；在省公路局10个单项表彰中，有8个获“红旗单位”称号，并在全省公路工作会议上作典型发言。欧国荣被评为全国公路系统先进党务工作者，胡勇辉等6人被评为“全省公路系统十佳”。2015年全系统共获得市级以上荣誉24项，获得市有关部门荣誉15项，保持全省交通系统唯一连续四届的“全国文明单位”称号，并荣获“全国交通运输行业先进集体”称号。（文　洁）

【顺利通过“国检”】 年内，顺利通过5年一次的交通运输部路况检测，并以此为契机，争取省补资金1.2亿余元，实施大中修和灾毁重建工程81.57公里、安保工程144公里，改造危桥9座，既有国省干线公路优良率90%以上，市公路管理局荣获2015年度全省干线公路迎国检工作红旗单位。

（文　洁）

【“治超”工作迎难而进】 全市“治超”工作迎难而上，强势推进。交通、公路、公安交警、城管、经信等部门齐抓共管，各县市、乡镇上下联动，对超限超载车辆形成合围歼灭之势。公路部门充分发挥主力军作用，全市站点车辆平均超限率控制在0.1%以内。市公路管理局荣获2015年度全省公路系统治理车辆超限超载工作红旗单位。

（文　洁）

【农村公路进展顺利】 自2015年9月农村公路行政职能划入株洲市公路管理局后，市公路管理局紧紧围绕目标抓进度，完成通畅工程162公里，完成安保工程583公里，改造危桥66座，农村公路列养率100%，路面优良率67%。（文　洁）

【新红星大桥竣工通车】 红星大桥老桥跨越洣水上游斜濑水65米的深谷，为钢筋混凝土特大型双曲拱桥，桥高67米，单孔跨径107.3米，于1967年12月建成通车，是当时亚洲最大跨度的单孔双曲拱桥、亚洲第二高桥，湖南省第一座双曲大跨径拱桥。也是国家重要的战备公路桥，还是株洲南大门咽喉，是桂东县、炎陵县和郴州市两县一市的重要出行通道。

老桥在安全运营四十多年后，由于设计标准与经济发展不相匹配，于2011年7月被认定为四类危桥。2013年5月，省交通运输厅批准在老桥下游30米处重建一座新桥。新红星大桥总投资1400余万元，全长181.04米，桥面宽9～10.5米，上部构造为5×35米预应力混凝土T梁，下部构造为桩式墩和薄壁空心墩。于2015年9月25日顺利建成通车。（文　洁）

农村公路管理

【概况】 株洲市农村公路管理处是全市农村公路的主管部门，主要负责编制并实施全市农村公路中长期规划、年度计划；负责全市农村公路建设、养护和管理工作，指导、协调、督促和考核全市农村公路建设、养护、管理。机关在职职工31人。设有办公室、财务审计科、养护工程科、路政管理科、城区农村公路管理站，各县（市）设有农村公路管理站。

2015年3月28日，中共株洲市委、株洲市人民政府印发《株洲市人民政府职能转变和机构改革方案的实施意见》（株发〔2015〕8号），将市农村公路管理处承担的行政职能划入市交通运输局，其余职能划入市公路管理局，不再保留市农村公路管理处。市农村公路管理处全力推进机构改革，于6月配合市审计局完成单位经济责任审计，7月底将工作顺利移交到市公路管理局。（彭　真）

高速公路管理

【概况】 湖南省高速公路管理局株洲管理处管辖里程615千米（行业管理240千米），全处直辖24个收费站、12个路政中队、4个治超站、5个桥隧管理所、3个养护应急分队、2个养护所共50个单位，管辖服务区（停车区）14对。

2015年，株洲管理处加强规范管理，推进依法行政，各项工作平稳、高位、快速运行。荣获全省高速公路运营管理目标考核优胜单位、纪检监察工作先进单位、全省执法评议考核先进单位、劳动竞赛先进单位、收费环境整治工作先进单位和先进工会等。

2015年，株洲管理处强化内部管理，大力开展岗位练兵，提升文明优质服务水平，扎实开展路域环境治理，强化堵漏增收措施，积极推进黑名单录入管理，增强防逃技术，通行费收入稳中有升，逐年递增。

路域环境持续向好。积极构建和谐的路地关系，加强与辖区地方政府、高速交警的协调，加大偷逃通行费行为的打击力度，形成“地方政府+高速交警+管理处”三方联动的工作格局，路域环境继续保持全省前列。

护路保畅能力明显提升。大力开展路政“学习年”活动，加强法律法规学习；加大“两超”专项治理力度，加快金鱼石治超站基地建设，完善炎陵、高垄治超站设施，推动“源头”治超和“关口”劝返；试行巡逻包干责任制，开展违法广告和违章建筑清理工作，加强施救队伍监管，依法治路、护路能力不断提升。在2015年全省交通执法评议检查中，株洲管理处路政大队排名第一。

养护作业精细化。大力开展精细化养护年活动，规范日常养护；加强对小修保养施工单位的监管和考核，推行“五定”和快速保洁模式；对全线高危边坡、隧道、桥梁等重点部位跟踪观测，实行一桥一隧一档；大力推进养护作业的标准化、精细化、科技化，在新材料、新技术、新工艺、新设备上寻求突破。

服务区工作不断改善。严格履行对服务区的监管职责，围绕创建“文明示范和花园式服务区”的总体目标，联合路政队伍参与管理，定期召开暗访通报会，督促服务区完善各项“硬件”“软件”，通过颁发红色嘉奖令和黄色警示令，甚至出“重拳”实施关停，有效地实现了服务区的监管。2015年，辖内官庄、炎陵东服务区成功创建“优秀服务区”，其他9对服务区均为“达标服务区”。

信息化建设继续推进。全面推行路段集中监控，通过全省机电设备平台化管理检查，实现与局监控中心的对接，形成局、处、站三级数字管理模式。

安全应急管理增强。设立专门的应急值班室，推行领导班子、中层干部24小时值班制。举办应急管理培训班1次，开展大型综合应急演练1次，小型专项应急演练13次；开展施工安全检查834次，安全培训280人次，确保全年没有发生一起安全生产责任事故。（胡　爽）

道路运输管理

【概况】　至2015年底，株洲市有道路运输企业1623家，其中客运企业23家、三级以上客运站11个、货运企业1178家、货运个体经营户12117个、物流运输备案企业79户、驾校49家、维修企业267家、出租车企业16家；有道路运输车辆21858台，其中客运车辆1984台、货运车辆15433台、驾培教练车2286台、出租车2155台；有道路运输执证从业人员51039人。

全年，完成道路运输客运量1.445亿人、客运周转量61.48亿人公里、货运量1.68亿吨、货运周转量195.65亿吨公里；完成城市客运运输量8525万人次；完成农村站场建设投资577.5万元，建成农村客运招呼站231个；醴陵汽车站成功创建全省群众满意站，其他5个群众满意站通过省局复核成功保级；新增及改造农村客运班线3条，建制村客运班车通车率达97%；新增及更新中高级客车137台；新增甩挂运输车辆34台；在重型普货车辆上推广安装北斗车载终端系统1282台；驾校培训学员12万人，新增驾培模拟器173台；置换双燃料出租车385台，双燃料出租车保有率86.8%，新增新能源出租车200台；受理行政许可业务3364件；审验营运车辆11547台；开展营运车辆二级维护8万余台次。春运工作安全畅通，日均投放客车1945台、客位48676座，核发春运证143张、加班牌430张、包车牌448张，运送旅客873万人次，同比增长0.3%。

依法行政，安全生产形势平稳有序。全年出动执法人员4000余人次、执法车辆1500余台次，处理群众举报案件200余起，查扣违规道路营运车辆300余台、牌证2000余本。联合公安、交警、工商、城管等部门查处非法安装出租车客运设施或标识标志车辆60余台次；组织各类安全生产检查200余次；先后开展“三不进站、六不出站”“两客一危”车辆凌晨2点至5点停车休息、营运车辆非法改拼装、危货运输市场、出租车市场等专项整治行动；全面启动源头治超工作，各运输企业全部签订杜绝超限超载承诺书、责任状，设立11家货运企业、8家维修厂为重点源头监管企业，定期开展驻点和巡查，全市源头超限超载率控制在0.618%以下，成功通过省治超办验收；配合相关部门开展湘江流域株洲段综合治理，专门抽调执法力量对沿江砂场、近岸卸货区进行巡查和值守；开展道路运输从业人员继续教育培训班30期，培训学员3400余人次；组织出租车驾驶员在岗培训12轮、360场次，培训学员43000人次，参学率为95%。

转型升级，运输市场活力释放。武广西综合客运枢纽站建设、株洲火车站综合客运枢纽站建设、株洲汽车南站搬迁等工程进入政府规划设计和前期筹备阶段。公车公营改造持续推进，客运企业、驾校公车公营率分别达40%、60%；贯彻落实驾培新国标，全市47所驾校自筹3000余万元对教学场地进行改造，通过相关部门联合验收。开展2014年度农村客运燃油补助申报工作，申报车辆1181台、座位2914个，确保国家油补资金全面落实到位；积极与市财政协调，及时向2155个出租车经营者发放国家燃油补贴。大力推广全省驾培“一站式”服务、汽车维修与救援网手机APP服务；与市政府、发改委、物价等部门积极汇报和协调，完成城区出租车起步价调整工作，维护行业稳定；全市2155台营运出租车全部安装信息系统车载终端设备，实现了出租车智能化管理。

创树结合，行业文明形象提升。先后在交通运输部、省运管局网站，《湖南道路运输》《株洲交通运输》杂志，在株洲电视台、株洲广播电台、《株洲日报》《株洲晚报》等新闻媒体宣传报道300余次，为道路运输发展营造了良好的社会舆论环境；加强舆情应对、实现问政于民，全年回复市长热线105条，处理网络舆情21条，公示行政审批34条，实现了接处率、好评率100%；在全行业开展质量信誉考

核，评选出AAA企业33家，其中客运企业9家、客运站11家、货运企业5家、维修企业8家。（钱鹏熙）

水 路

【概况】 2015年，市地方海事局对湘江、渌江、洣江等10条通航河流，558公里航道（其中省管航道88公里、市管航道470公里），108道渡口（学生渡口7道、汽车渡口1道），4座有船水库（大京、官庄、酒埠江、茶陵青年电站），477艘运输船舶（15.3万载重吨），3座千吨级码头、12个泊位，21家各类水运企业，7家港口经营企业实施行业管理和安全监督。（沈豫湘）

【水运建设】 2015年11月，湖南省首个在已建航电枢纽扩建二线船闸项目——湘江株洲航电枢纽二线船闸开工建设，对促进湖南省融入长江经济带、湘江流域经济社会发展、完善综合交通运输体系、促进沿江产业布局、船舶大型标准化等均具重要意义。12月，湘江2000吨级航道一期工程竣工，全市株洲航电枢纽以下湘江航道通航能力提升至常年2000吨级标准，本港千吨级船舶可直接通江达海。4月协同市湘江发展集团，出炉《湘江株洲段水上旅游码头布局规划及重点岛屿城市设计》，在湘江株洲段177公里岸线上规划设置30个水上旅游码头和4个游艇港区，以支撑构建株洲湘江文化旅游产业带。（沈豫湘）

【安全监管】 持续强化安全基础，不断健全长效机制，加快推进渡运公司化改革试点，安全监管正由“治标”向“标本兼治”转变。建立金字塔式责任体系。建立健全海事巡航制度。试行“智能监控+联动执法”的监管模式，及时发现问题，快速处置问题。天津“8·12”爆炸事故发生后，组织开展以危险品港口和水路危货运输为重点的全市水上交通安全专项检查行动取得实效。新建97艘“不沉”渡船配备辖区渡口，彻底解决株洲市渡船老旧问题。醴陵铁河口渌江大桥、株洲县渌水二桥等渡改桥项目开工建设，进一步改善当地百姓出行条件。全年成功救助遇险船舶4艘次，挽回经济损失200余万元。（沈豫湘）

【水环境治理】 落实省政府“一号重点工程”，拟订第一个“三年行动计划”及工作方案。严格执行400总吨和15客位以上新建船舶加装油水分离器和生活污水处理装置。2015年11月9日—12月9日，开展全市湘江综合整治行动，出动人员882人次、船艇178艘次，拆除天元大桥西岸的3艘“水上人家”水泥趸船，驱离非法卸砂的运砂船176艘次，取缔钓鱼平台7座，拖离餐饮船6艘，加装船舶生活污水处理装置121艘。（沈豫湘）

【水运信息化建设】 2015年1月，株洲智慧海事一期项目基本完工。VHF、CCTV等现代化海事监管系统相继建成，市县两级安全监控中心正常运转；水运数字管理网络框架基本形成，局、处、船公司可互连互通；辖区16个AIS基站全部建成，重点水域AIS监控网络全覆盖，船舶动态监控平台投入运行；辖区30客位以上客船全部安装移动视频监控，25处视频监控渡口启动建设电子气象显示屏；建设面向公众的水运服务网站，逐步实现政务公开、网上办事、行业服务的一站式管理目标。（沈豫湘）

运输企业选介

湘运集团有限责任公司

【概况】 2015年，湘运集团有限责任公司经营呈现良好发展态势。全年营业总收入2.39亿元。公司申报的“湘运”注册商标被国家工商总局认定为中国驰名商标，这是目前全国道路交通运输行业唯一的驰名品牌。年内，成功在香港注册“湘运香港有限公司”。

2015年，公司广泛开展市场调研，捕捉市场信息，开发客运班线，抢占客运市场。全年新增班线2条，办理车辆更新23台，办理延续经营手续298台，投资500万元收购炎陵县城14台公交车，成功取得炎陵县城市公共汽车12年的特许经营期限。9—11月开通网络微信售票和小件快运业务，初始运作取得较好的经济效益，为企业转型升级拓展发展空间。将攸县至株洲班线上的车辆及线路经营权收回，由攸县分公司实行公车公营，统一管理。严格落实安全管理一岗双责，实行科学管理，全面实施科技创安工程，建立GPS监控平台及大型电子监控显示屏，对全司所有营运车辆普及安装GPS终端设备和车载视频监控装置，与全国、省局监控平台联网联控对接，实行24小时动态有效监控，有效遏制超速、超员、疲劳驾驶等违法违规行为。健全完善车辆承包经营合同的发包、变更、解除程序和评审程序及纪律规定，维护企业合法权益。（陈瑞阳）

【成功承办2015年度中国交通企业管理协会发展工作委员会理事长扩大会】 5月9日，由中国交通企业管理协会主办，株洲市交通局和湘运集团公司承办的2015年度中国交通企业管理协会发展工作委员会理事长扩大会在湘运公司召开。会议由中交企协发展战略工作委员会秘书长王诗杨主持，中国交通企业管理协会会长李科浚发表讲话。中交企协发展工委理事长赵忠义等及来自15个省市地区的交通企业理事单位的代表共40多人参加会议。会议围绕“研判新形势，把握新机遇，共谋新发展”主题，就如何共同推动“四个交通”发展和开创交通运输工作新局面进行学习交流和探讨。（陈瑞阳）

【集团公司荣获中华全国总工会“模范职工之家”】 2015年11月，湘运集团公司工会被中华全国总工会授予“模范职工之家”荣誉称号。同时、株洲客运分公司工会也被全总授予“模范职工小家”荣誉称号。（陈瑞阳）

邮　政

【概况】 2015年9月，原“湖南省邮政公司株洲市分公司”正式更名为“中国邮政集团公司株洲市分公司”，更名后，原市邮政企业所属的5个县（市）级邮政企业统一更名为“中国邮政集团公司湖南省××县（市）分公司”并正式以新的公司名称开展工作，标志着邮政系统彻底由“母子分公司制”调整为“总分公司制”。截至2015年底，全市邮政有从业人员1388人，有营业网点103个（金融网点91个），“三农”服务站145个、综合便民服务站1337个、报刊发行站420个、报刊亭134处。2015年全市邮政累计实现业务收入2.88亿元，同比增长4814.7万元，增幅为20%。截至2015年12月31日，全市邮政储蓄余额达121.01亿元，年新增余额14.72亿元，增幅达13.85%。代理储蓄网点点均新增余额1618万元，点均规模达1.33亿元。新增亿元网点12个，达59个，亿元网点占比64.8%。新增余额超过1千万元以上的高效网点占比77%，较上年同期增长59%。新增余额市场占有率为11.32%，在全市金融机构中列第3位。余额规模市场占有率达9.1%，较年初提高0.26个百分点。累计实现保费8.35亿元，市场占有率55%，在全市银行代理保险渠道中，业务量稳居第一。（何　芳）

【全面推进农村电商发展】 分公司以服务民生为目标，积极打造功能强大、运行高效的邮政服务网络，加速建设综合服务平台，全面提升邮政服务地方、服务民生的基础能力。综合服务平台建设加速。2015年，株洲邮政与市委组织部联合发文《株洲市村级集体经济发展三年行动计划》，首次将邮政便民服务站建设纳入政府发展计划。茶陵县、炎陵县分公司均与县政府签订电子商务进农村项目框架协议，构建“市—县—乡—村”四级供应链式的运输网络布局，政府给予政策支持及资金扶持，确定了邮政在县级农村电商发展中主力军的地位。平台业务种类日益丰富，达20多种，在政府公共部门与群众之间搭建起“绿色服务通道”。截至12月31日，全市累计建设空白乡镇网点42个，累计建设便民服务站1337个，建设进度列全省第1位，累计交易笔数861万笔，交易金额达到9.3亿元。同时，充分发挥邮政在广大农村的网络优势，整合资源、创新业务，从服务“三农”的积极参与者一步步成长、提升，成为深植农村、服务政府、方便百姓的国家队、主力军。2012年10月起，中国邮政整合内外资源，以邮乐网为基础，开发“邮掌柜”农村电商系统，采取农村小商超加盟的方式，推广“村邮乐购”农村电商服务点，成为中国最早介入并大力推进农村电商发展的企业。通过线上依托邮乐网，线下联接“村邮乐购”店、综合便民服务站、邮政农村支局，构建涵盖渠道平台、双向物流、普惠金融、创业孵化为一体的邮政特色农村电子商务全产业链服务模式，形成了“网络代购＋平台批销＋农产品返城＋公共服务＋普惠金融＋物流配送＋电商培训”的邮政农村电商服务体系，让农村居民体验到购物不出村、销售不出村、生活不出村、金融不出村、创业不出村。让现代化的生活方式和经营模式深入到了乡村，畅通农村商品流通体系，实现工业品下乡、农产品进城，真正达到“惠民惠商、政府支持、百姓满意”。（何　芳）

【打造强大的寄递翼】 2015年，中国邮政全面实施包裹快递业务改革，做大做强包裹快递业务，确立市场主导者地位，打造强大的“寄递翼”。株洲邮政抓住电子商务蓬勃发展带动包裹寄递快速增长的机遇，采取“仓储＋配送＋供应链金融”模式，加强能力建设、推进网运改革，加快做大快递等包裹类业务。为方便广大群众，株洲邮政坚持客户走访，服务上门，在学校、社区、写字楼等区域设立多个服务代办点，网点覆盖全市。随着电商事业的飞速发展，为株洲各大网商客户提供个性化的优质服务，与政府职能部门合作，推出一系列为民、便民、利民服务。截至2015年12月31日，累计完成收入2060万元，增幅达86.2%，进度与增幅均列全省第1位；揽收快递包裹210万件，规模列全省第2位，业务量同比增幅237%，列全省第1位。综合排名列全国第38位，成为全国快递包裹业务发展58个重点城市之一。市场占有率达11.3%，较上年提高9.14个百分点。（何　芳）

通　信

无线电管理

【概况】 湖南省无线电管理委员会办公室株洲市管理处，作为2015年机构改革的涉改单位，2015年7月，株洲市机构编制委员会决定撤销湖南省无线电管理委员会办公室株洲市管理处，其职能划入株洲市经济和信息化委员会，在株洲市经济和信息化委员会增设无线电管理科（加挂湖南省无线电管理委员会办公室株洲市管理处的牌子），行使辖区内无线电管理职能；增设具有独立法人资格的事业单位——无线电监测站，负责辖区内无线电信号的监测和部分无线电发射设备的检测。移交工作于2015年10月完成。（杨　扬）

【加强频率台站管理】 开展无线电频率使用情况核查专项活动。根据省无委办转发的《关于全国无线电频率使用情况核查专项活动数据填报有关问题的通知》精神及要求，核查全市无线电频率使用情况，重新登记、核实、更正和补充台站数据库，提高台站数据管理的质量，建立了完整、准确、实时、规范的无线电台站数据库。加强频率台站日常管理。严格遵守频率审批规定和权限，规范无线电台（站）的设置、使用、报废、报停，对闲置不用或利用率不高的频率进行及时调整和回收，提高频率利用率。对衡茶吉铁路在株洲市境内53个台站、美的城时代广场、时代集团等申请的台站进行审批，指配安管网频率4对；更换执照6个，发放执照63个。

（杨　扬）

【维护空中电波秩序】 开展日常无线电监测。对重要业务、重点频段进行保护性监测、监听，全面掌握全市无线电频谱资源的使用情况和电磁环境的变化态势。全年完成值班监测11120小时。排查不明信号有害干扰。对干扰申诉、不明信号排查做到及时响应、及时发现、及时查处，共查处各种干扰8起。1月份查处1起铁路对讲机干扰；2月份查处株洲地区第一起“黑广播”电台；及时快速查处多起运营商基站、民航导航通信、高铁调度通信等有害干扰，维护了辖区内空中电波秩序。开展通信基站设备的年检工作。开展对株洲市辖区内的中国电信、中国移动和中国联通2015年基站的年检工作。历时1个多月，出动人员50余次、出动车辆20余台次、行程1000多公里，共抽检52个基站设备。（杨　扬）

中国电信

【概况】 2015年，中国电信株洲分公司市场份额逐步提升，多领域拓展行业应用，企业稳健发展。

随着市场竞争的日趋激烈，各运营商此消彼长，2015年株洲通信行业发展同比增幅低于全省；其中电信实现了正增长，增幅高于湖南电信行业平均水平。2015年中国电信株洲分公司实现收入，收入份额稳步提升，排名湖南电信行业第2；同比行业内主营收入累计份额提升值行业第一，排名湖南电信行业第一。（谭毓琦）

【推进网络转型】 加强光网能力建设，提高网络保障。2015年，中国电信株洲分公司完成城市小区光网覆盖99.4%；政村光网覆盖率达68%。光网能力基本具备“20兆起步，100兆普及”的宽带提速条件，为4K电视业务发展和存量保有奠定良好的基础。优质高效推进4G网络建设。2015年以网络优化为抓手，以客户感知为核心，开展“建设大提速、质量大提升”4G建设“会战”行动。基站安装率、室分安装率、基站开通率、覆盖类问题解决率均为100%。坚持开放合作，积极推动光网合作经营。2015年中国电信株洲分公司光网建设重点为以他建他营为主农村区域，城区则侧重于查漏补缺、关注新建楼盘和社会原因没有进线的小区、争取城中村散户。宽带合作项目的光网用户总数一直在稳步增长，与上年同期相比，分成用户数量提高438%。加快端局退网及退铜，提高网络运营效益。截至2015年12月底，株洲顺利完成市局E10B、攸县EWSD、茶陵SP30、市红旗路E10B四个端局退网目标任务；累计完成模块局退网178个；株洲县、茶陵县实现全光网。全年，退铜任务完成比例为92.78%。（谭毓琦）

【打造互联网+基础】 2015年，公司投入资金对原有IDC机房改造，机房面积扩容至原有面积的一倍，新增机柜、服务器及相关设备，IDC出口带宽由80G扩容至120G。新接入10G以上大客户3家，托管业务服务器320台。为承接全省第三大云中心建设项目落地株洲，已着手将原信息港五楼整层按照三星级标准改造成IDC云中心。公司在政务云方面成功续签株洲市政府的电子政务网建设(含内外网)；在教育云方面开展基于“数字校园”三通两平台类合作；在企业云方面着眼智慧产业与经济，积极开展互联网+合作，为企业大数据传送提供稳定可靠通道；在智慧农业方面公司与株洲市农委开展试点合作，在株洲具有代表性的株洲县松西子、悠移山庄建立基于物联网、视频技术的农业溯源系统的试点，制定农业信息系统的建设方案。（谭毓琦）

【组织召开信息安全论坛】 2015年4月22日，株洲电信公司举办“株洲移动互联网手机信息安全论坛”。论坛邀请市政府办、市委机要局、市公安局、市财政局等20多家政府部门，南车株机公司、南车电机公司等企业单位、客户负责人参加论坛。在论坛会上，中国电信株洲公司总经理、党委书记彭韧向在座的党政军机关事业单位及企业代表介绍株洲电信在信息安全方面所做的努力。来自国内移动互联网和手机安全方面的专家就如何提高网络安全、信息安全意识、应对信息泄露风险进行交流。（谭毓琦）

【株洲市协同及移动办公平台】 “株洲市协同及移动办公平台”是市政府办遵循“数字株洲”总体框架的建设要求，集中部署在中国电信电子政务外网和天翼手机终端平台，运用现代通信网络等信息技术，打造的具有协同、集约、高效、低碳的一体化政府办公平台。该平台由市政府通过财政支出搭建，三大运营商的智能手机终端都可以作为移动办公的承载终端。

株洲电信作为唯一与市政府签订合作推广协议的通信运营商，2015年度通过政府移动平台，发展了市财政局、市国土资源局、市环保局、市教育局、市粮食局、市人社局、市检察院、市法院等单位的C网集团。

（谭毓琦）

【醴陵市烟花爆竹安全视频监控系统】 醴陵原部分烟花爆竹生产企业安装了生产监控摄像头，品牌杂，型号不统一，功能不完善。2015年中国电信株洲分公司与醴陵市安监局联合开发建设市、乡镇、企业三级联网的可视化烟花爆竹行业安全监管平台。通过监管平台实现醴陵市烟花爆竹行业安全生产静态信息正确采集、动态信息随时调取、执法过程有据可溯、应急处置迅捷可视、事故调查科学追溯，全面提升醴陵市烟花爆竹行业安全监管监察信息化的效能。此类项目不仅可拉动中国电信的传统电路收入，而且将视频监控移植到手机客户端，亦将带动C网的发展。 （谭毓琦）

【炎陵电商平台正式上线】 2015年9月18日，炎陵分公司投资建设的炎陵本土电商平台——“醉美炎陵”正式上线，“醉美炎陵”是一个针对炎陵实际情况量身定制的O2O电子商务平台，通过该平台专门服务于炎陵的企业、商户与农户，能够有效实现炎陵旅游产品与特色农产品的线上线下互动推广。通过醉美炎陵电商平台增加了广告收入，带动宽带新增，手机用户的新发展，促进平台收入的提升。 （谭毓琦）

移动通信

【概况】 2015年，中国移动通信集团湖南有限公司株洲分公司积极落实国家网络强国战略、“互联网+”行动计划，抓住万物互联趋势，加快信息化发展与能力布局，全面构筑4G领先优势，推动宽带后发赶超，推进企业持续、健康发展，实现收入14.06亿元、上缴利税1.79亿元。截至2015年年底，株洲移动通话客户达201.35万户，期末市场份额60.54%。其中4G客户数达63.91万户。 （李淑成）

【全面构筑4G领先优势】 2015年，株洲移动把握3G向4G换挡的先发机遇，在4G发展上全面发力，成为株洲4G网络与客户规模最大的电信运营商。坚持入网一批、优化一批、交付一批，全年开通4G基站1164个，累计建成第四代移动通信网基站3400余个，实现了乡镇以上的连续覆盖，农村数据热点的有效覆盖，基本实现了高铁、地铁、重点景区的全面覆盖。株洲移动坚持换卡先行、套餐先行，夯实4G客户发展基础，坚持终端销售一体化，推动4G客户规模发展、价值提升。年内净增4G客户47.84万户，累计4G客户达63.91万户；4G客户ARPU值达96.44元，DOU值达798MB，分别为整体客户的1.68倍和2.17倍。 （李淑成）

【持续推进宽带能力建设】 2015年，株洲移动抓住“宽带中国”的战略机遇，以规划为指引、以市场为导向，加快宽带能力建设，移动光宽带接入能力得到大幅提升，全年新增小区318个，新增端口101072个；发挥铁通公司宽带营销优势，引入“建营装维”优质社会资源，快速拓展移动宽带业务，全年净增家庭宽带客户数2.63万户，家庭宽带收入1459万元。截至2015年年底，株洲移动光宽带已覆盖全市500多家小区，端口能力达195168个，覆盖家庭用户58.77万户，用户数已达7万户。全年累计开通集客专线3371条，同比提升28.86%。（李淑成）

【不断改善客户服务水平】 2015年，株洲移动围绕“窗口服务提升、业务规范管控、服务优势传播”三项核心内容，持续深化窗口服务管理，营业厅短信测评满意率97.39%，同比提升0.04PP；窗口服务质量投诉同比下降21.59%。着力加强投诉管控，梳理优化业务办理流程，严厉打击增值业务不知情定制，不知情投诉同比下降42.43%。完善提醒服务体系，为客户免费提供70多项提醒服务，提醒服务满意度为88.92%；健全星级客户服务体系，开启星级客户业务办理绿色通道，电话经理由单一客户服务关怀转向电话主动营销+服务关怀。截至2015年年底，株洲移动客户满意度领先强势对手9.88PP，移动客户整体净推荐值领先强势对手38.94 PP。 （李淑成）

【多举措推动信息化发展】 2015年，株洲移动以行业产品为抓手，发挥手机终端应用及无线网络覆盖优势，面向教育、机械、电力等行业推广标准化信息化应用产品，为地方信息产业发展作出应有的贡献。推出“IMS固话+专线+工作手机+信息化服务+N”全业务融合产品，以工作手机为载体，全新打造智能办公平台；细分客户功能需求，打造酒店行业融合通信标杆，实现集IMS、互联网电视、专线等信息化产品全覆盖；积极探索物联网在电动车定位、智能手表、车载前装等领域应用，大力推进物联网新产品新应用。全年完成通信和信息化收入9255万元。 （李淑成）

【全面落实网络提速降费】 为落实国家加快建设高速宽带网络促进提速降费的有关要求，2015年，株洲移动本着“服务民生、感恩客户”的原则，上线流量银行业务，陆续推出夜间/假日流量套餐、4G流量卡、套外安心服务、语音短信不限量套餐、流量共享等八大举措降网费，推动流量资费不断下降，促进流量转赠、流量不清零等服务，流量资费同比下降35%以上。从打造4G精品网、拓宽骨干传送网、扩容和优化CMNET网等四大工程着手，不断提升网络能力和网络速率，LTE/4G下载速率达42.95Mbps，县城平均下载速率达35Mbps以上，平均CSFB全程成功率达99.68%，城区4G MR覆盖率均超过90.27%；客户端到端业务体验进一步提升，4G客户净推荐值行业领先。 （李淑成）

财政·税务

财　政

【概况】　2015年，株洲市财政全市完成一般公共预算收入290.43亿元，比上年增长10%。其中：地方收入完成191.36亿元，增长14.3%。全市税收收入首次突破200个亿，达202.35亿元，增长8.9%。株洲市财政收入总量、地方收入总量、税收收入总量、财政收入人均均量、地方收入增幅、地方收入中税比增幅等6个主要指标在全省的排名靠前。在加强收入征管的同时，合理安排调度财政资金，切实加快支出进度和优化支出结构，千方百计推动财政资金加快形成实物工作量，促进了经济稳定增长和社会和谐稳定。全市一般公共预算支出首次突破300个亿，达346.11亿元，增长18.5%。

转型升级稳步推进。围绕稳增长、调结构、促升级，充分发挥财政投资的拉动作用、财税政策的引导作用和财政资金的撬动作用。积极落实“稳增长43条”政策措施，确保重大政策、重要项目的资金需求。争取中央和省基本建设资金5.7亿元，支持水利基础设施、重大产业项目和民生项目建设。大力推广政府与社会资本合作（PPP）模式，重点推进11个示范项目，其中轨道交通科技城路网工程、铁东路核心段项目已正式开工建设。落实产业转型升级的一系列财税扶持政策，统筹整合产业类财政专项资金，投入产业发展专项资金5.3亿元，重点支持园区建设、特色产业、中小微企业和现代服务业发展。设立科技创新引导资金2000万元，重点支持高新技术企业培育、重大科技成果产业化和科技成果转化，推动自主创新。设立中小微企业贷款风险补偿基金2000万元，完善中小微企业融资风险分担机制，有效缓解了中小微企业融资难、融资贵问题。

民生保障持续改善。大力支持实施“民生100”工程，坚持保基本、兜底线，切实保障好重点民生，支持办好民生实事，促进民生福祉的持续改善。全市一般公共预算支出中，用于教育、三农、社保、医疗卫生等民生领域的支出249亿元，占一般公共预算支出的比重为72%。教育支出42.5亿元，重点提高基础教育经费保障水平，统筹改善各类学校办学条件，支持职业教育健康发展，健全家庭经济困难学生资助政策体系等。社会保障和就业支出46.5亿元，重点支持提高企业退休人员基本养老金，确保职工医疗保险待遇，提高新型农村合作医疗和城镇居民医疗保险财政补助标准，支持就业创业等。医疗卫生与计划生育支出26.7亿元，重点完善基本公共卫生服务政府投入机制，支持医药卫生体制改革，落实人口和计划生育政策等。住房保障支出12.3亿元，重点支持廉租房、公租房建设和城市棚户区改造。文化体育与传媒支出4.4亿元，重点支持基层公共文化服务体系建设、文化惠民工程，保障“四馆”免费开放等。农林水支出29.6亿元，重点落实各项惠农补贴政策，支持改善农村道路、水利等基础设施建设，促进农业产业化经营。节能环保支出16.3亿元，重点支持节能减排和“两型”项目建设，推进城市污水、垃圾治理等。

体制机制不断完善。加强财税体制改革总体设计，研究提出“1+X”改革方案，即《株洲市全面深化财税体制改革实施方案》加若干个配套改革文件，明确改革时间表、任务书、路线图。加强全口径预算管理，加大“四本预算”统筹力度，建立将政府性基金预算中应统筹使用的资金列入一般公共预算的机制，加大国有资本经营预算资金调入一般公共预算的力度。积极盘活财政存量资金，统筹用于保障重点支出或补充预算稳定调节基金。深入推进预决算公开，除涉密信息外，所有部门预算单位全面公开部门预算和“三公”经费预算，29家市直预算单位公开2014年度部门决算。深化预算绩效管理改革，出台大额专项资金评估考核办法，推进绩效评价与预算安排有机结合。规范政府债务管理，组织完成政府性债务清理甄别工作，设立偿债资金6亿元，争取国家置换债券资金额度80.7亿元，其中市本级34.8亿元，有效防范了政府债务风险。推广政府购买服务，出台《关于推进政府购买服务工作的实施意见》，选择与民生密切相关的保障性住房后续管理、机关后勤服务、养老服务、法律援助等11个项目先行试点。

加强财政专项资金管理，制定《株洲市产业发展专项资金管理办法》。完善财政监督体系，开展节假日期间纠正“四风”财政监督检查，进一步规范预算单位财务行为。严格公务支出管理，严把国库集中支付关口，推进厉行节约常态化，全年行政性办公经费和“三公”经费开支进一步下降。

加强资产管理，深入开展党政机关办公用房清理，启动了公务用车制度改革。进一步加大政府采购信息对外公开力度，扩大定点采购范围。强化财政投资评审，市本级完成财政投资评审项目572个，审减金额5.9亿元，审减率为18.8%。（唐　森）

【《株洲市全面深化财税体制改革实施方案》出台】　为贯彻落实中央、省关于深化财税体制改革的部署要求，2015年12月29日，中共株洲市委办公室、株洲市人民政府办公室印发《株洲市全面深化财税体制改革实施方案》。《实施方案》包括指导思想、总体目标、基本原则、主要任务、组织实施五个方面，核心内容是构建“七项机制”、出台30条举措。在改革进度上，提出力争2016年基本完成改革的重点工作和任务，2020年各项改革基本到位，现代财政制度基本建立。在改革任务上，主要是构建量质并重的收入管理机制、规范透明的预算管理机制、权责对等的财政体制机制、效益优先的绩效管理机制、科学监管的资产管理机制、规范可控的债务管理机制、运行有序的财务管理机制。在改革实施上，通过提高思想认识、加强组织领导、明确部门责任、注重宣传引导、强化督促督办，确保各项改革有序推进。（唐　森）

【深化预算编制改革】　预算管理改革是财税体制改革的重要内容。在2015年株洲市本级财政预算编制中，株洲市进一步深化预算改革，主要内容是“四个全面”和“四个提高”。“四个全面”：一是全面规范部门预算。进一步加强部门预算收支的统一管理，完善支出标准体系，规范和细化项目预算编制，加强项目支出的分类管理，统筹安排各项支出。二是全面推进预决算公开透明。全面、具体地公开部门预决算信息，积极推进重大专项资金使用情况、政府采购和财政政策公开。三是全面启动跨年度预算平衡机制。一般公共预算当年超收当年不安排支出，全部用于化解政府债务或补充预算稳定调节基金。跨年度项目实行分年度安排预算，为编制三年滚动财政规划作准备。四是全面开展预算绩效管理。建立健全大额专项资金预算评审论证和绩效评估制度，推动预算绩效提质扩面，强化绩效评价结果运用。“四个提高”：一是提高资金的归集度。规范收支行为，健全审批流程，明确管理权责，做到统一预算分配，统筹配置资源，构建完整统一、有机衔接、互通互补、规范透明的全口径政府预算管理新机制。二是提高年初预算到位率，减少年度执行中的调整追加。三是提高资金使用效益。项目安排遵循“事业支出讲公平，产业投入讲效益”的原则；教育、文化、医疗、养老等社会事业的发展与经济发展相协调；强化财政投入的财税贡献导向，切实提高财政投入的实效性。四是提高政策性待遇。确保机关事业单位养老保险和工资制度改革、公务用车制度改革等顺利实施。（陈柱华）

【积极推进预决算公开】　2015年，除涉密信息外，株洲市所有使用财政资金的部门预算单位均公开本部门预算和“三公”经费预算，公开45项重大民生专项资金的分配使用情况。此外，除涉密信息外，公开2014年度市本级政府决算、“三公”经费决算，以及29个试点单位的部门决算和“三公”经费决算，政府预决算支出均细化到功能分类的项级科目。

（陈柱华）

【减税清费促发展稳增长】　积极落实减税清费各项政策措施，减轻企业负担，更大程度地激发市场主体活力。一方面，按照中央和省里的统一部署，深入实施“营改增”、简并增值税征收率、提高个体税收起征点、扩大小微企业所得税优惠政策范围、煤炭资源税改革等税收政策。另一方面，积极落实各项清费降费政策。近几年，全市累计取消、停征、减征涉企收费多达483项，1360小项，减轻企业负担17亿元。其中，2015年取消或停征9项，小微企业（含个体工商户）免征32项，并在执行中央和省政府规定之外，另取消或停征15小项涉企收费，实现减轻企业负担7000万元。

（康人湘　黄　昆）

【财政惠农资金助推村镇建设】　2015年，株洲市共投入“一事一议”财政奖补资金1.16亿元，完成奖补项目864个。修建村内道路1126千米，小型水渠397.8千米，其他小型水利设施69个，维修整治堰塘水库137口，安全饮用水线141千米，村内绿化植树3598株，其他公益事业项目59个。争取芦淞区白关镇被评为全省4个国家级建制镇示范试点镇之一，获得6000万元的试点资金的支持；争取茶陵县成为全省农村公共服务运行维护机制建设试点县，获得省财政300万元试点资金的支持；此外，醴陵市枫林乡枫林村、株洲县洲坪乡田家垅村被推荐为全省美丽乡村建设的试点村，分别获得省级资金200万元的支持。

（叶中祥）

【农业综合开发助推农业产业发展】　2015年，株洲市农业综合开发部门努力抓住上级加大产业扶持力度的机会，积极争取项目支持农业产业发展。全年，在株洲实施的农业综合开发财政补助项目共20个，扶持农业产业化龙头企业5个，农民专业合作社15个。共争取中央财政补助项目资金1450万元，地方配套580万元，企业自筹资金2909万，总投入比上年增长42%。此外，农业综合开发产业化经营中央财政贷款贴息项目成功备案5个项目，备案贴息金额492万元，比上年增长75%。（黎宇忠）

【国库集中支付规范化建设跃上新台阶】　2015年，株洲市国库集中支付工作以推进集中支付规范化建设为抓手，紧紧围绕“巩固改革成果，提高管理水平”两大目标，贯彻实施新修订的《中华人民共和国预算法》，认真执行按预算对应经济分类科目办理财政资金集中支付的原则，严格做到“先有预算，后有支出”。通过稳步推行国库集中支付电子化管理，继续深化公务卡改革，完善部分支出项目内控制度和标准，对基建项目实行“分期付款”管理等各项措施，极大地增强了部门预算执行的准确性和有效性，为规范预算管理、推进依法理财、全面提升财政管理水平打下了坚实基础。2015年，在集中支付涉改单位增加，资金覆盖范围扩大的前提下，株洲市本级国库集中支付资金总量同口径较上年首次呈现出下降趋势，特别是社会普遍关注的“三公”经费、办公性行政经费等项目支出继续明显回落，国库集中支付工作对全面深化预算管理改革的基础性支撑作用进一步显现。

（廖蓓薇）

【大力推广运用PPP模式】 出台《株洲市关于推广运用政府和社会资本合作（PPP）模式的实施方案（试行）》，建立PPP项目库，率先在公共服务、基础设施等领域推广运用PPP模式，重点推进11个示范项目。其中：投资8.9亿元的铁东路核心段新建工程、投资28亿元的轨道科技城路网工程两个PPP项目已开工建设，项目建设和经营周期均为2+15年，投资回报率分别控制在6%和5.5%；这两个项目首开株洲市基础设施建设PPP模式的先河。

（洪敏翔）

国家税务

【概况】 2015年，株洲市国税局围绕推进税收现代化主题，坚持依法治税，强化税收征管，优化纳税服务，改进工作作风，各项税收工作取得明显成效。

税收收入实现预期目标。2015年，面对经济下行压力持续加大的严峻形势，市国税局坚持依法组织收入原则，强化税收收入质量管理，加强对重点税源行业和企业的监控分析，准确把握税源现状和变化趋势。在传统产业增长乏力、县域经济没有特色的情况下，全市国税部门组织入库各项收入110.65亿元，同比增收5.85亿元，增长5.58%。按考核计划口径（不含海关代征和车辆购置税）的国税收入完成97.33亿元，同比增收4.18亿元，增长4.49%，其中完成株洲地方财政收入97.07亿元，同比增收3.97亿元，增长4.09%。车辆购置税入库6.11亿元，同比增收479万元，增长0.79%。醴陵、天元、株洲县和芦淞分别增长17.47%、14.66%、14.23%和12.67%。

提升税收征管质量和效率。落实《征管规范》《国税、地税合作规范》，取得新进展。税收风险管理有新成果。风险应对完成1071户，其中税务稽查226户，纳税评估566户，大企业税务审计11户，其他风险核查268户，共入库税款1.27亿元，其中通过税务稽查入库税款8262万元，纳税评估2934万元，大企业税务审计1421万元，其他核查91.37万元，调减留抵税额1521万元，调减亏损金额2937万元。税收信息化建设有新成效。金税工程三期优化版推广应用工作正式运行，全面完成各项任务，为税收业务工作提供保障。完成增值税发票管理系统升级版推行工作，覆盖所有新认定的增值税纳税人和所有增值税发票。全市共纳入升级版企业8143户，其中增值税一般纳税人7129户，小规模纳税人1014户。积极推进信息管税，落实税收保障办法，涉税信息采集、加工和处理能力明显提高，从综合治税信息平台获取疑点数据20410条，入库582万元。各税种管理有新亮点。在大企业管理方面，组织开发“税易通”APP平台，建立“移动互联网+税务”的新模式，在总局创新项目评比中获得满分。加强国际税收征管，完成税收7544万元，同比增长53.28%。在所得税管理方面，主持开发“固定资产加速折旧管理信息系统”“企业所得税风险分析平台”受到纳税人的好评。

优化纳税服务。各项税收优惠政策得到落实。落实小微企业税收优惠政策，有19.70万户次小微企业和个体户享受增值税税收优惠，减免增值税9622万元；共有5142户小微企业享受所得税税收优惠，受惠面100%，减免企业所得税1558万元。落实《出口退税管理规范》，及时办理出口退税，支持外向型经济发展。全年共办理免抵调库14亿，其中出口退税7.2亿元，免抵6.8亿元，同比分别增长135%、95%、200%。落实固定资产加速折旧优惠政策，办理固定资产加速折旧优惠3389万元，办理高新技术企业、残疾人就业、再就业扶持等其他减免共计9.02亿元。加强营改增试点行业企业的跟踪管理服务。目前营改增试点纳税人入库增值税31961万元，同比增收6887万元，增长27.47%，97%的试点纳税人税负持平或不同程度下降。落实《纳税服务规范》。由标杆单位芦淞区局试点，制定《税收业务后续管理办法》，加强事中事后监管成效明显。该局在创建全省标杆单位考核中列为一档。深化“便民办税春风行动”。落实“便民办税春风行动”系列创新性服务措施，落实首问责任和一次性告知，拓展网上办税服务平台功能，纳税人满意度不断提高。

规范税收执法行为。深化行政审批制度改革，权力清单制度得到落实。在行政审批改革过程中，对取消下放的每一个项目都同步研究、同步提出加强事中事后监管的措施，并同步落实。税收执法质量不断提高。依托税收执法管理信息系统，加强执法信息监控。2015年，全局通过“税收执法考核信息管理系统”考核税收执法256963人次，执法正确数256959人次，执法准确率达100%。开展法治税务示范基地创建活动。石峰区局代表市局接受省“六五”普法和依法治理工作检查组现场验收，获得省、市委领导的高度肯定。醴陵市局、荷塘区局被省局评为“法治税务示范基地”，在市政府法制办组织开展的行政执法案卷评查工作中，市局稽查局的1个处罚案卷被评为优秀案卷，受到通报表扬。开展执法督察工作。落实执法责任制和过错追究制，防范税收执法风险。税务稽查实现新突破。全年稽查部门完成稽查收入11263.48万元，其中税款9844.66万元，滞纳金983.37万元，罚款435.45万元，查处253户，移送公安部门案件97起，公安部门抓捕犯罪嫌疑人106人，其中法院已经做出判决15人。发票打假方面，荣获总局“2015年打击发票违法活动成绩突出单位”。（高　岛）

地方税务

【概况】 株洲市地方税务局内设17个科室（中心），下辖2个直属单位、4个城区局和5个县市局。基层局下设33个税务分局，负责全市80256户纳税户（其中企业22847户、个体54626户、其他2783户）13个地方税种和“5费3金”的征管工作。截至2015年年底，在职干部职工1027人，“三师”资格人员56人次，其中注册会计师5人次，注册税务师47人次，律师4人次。2015年，获得“全省系统绩效考评优秀单位”“三基建设先进单位”等厅局级荣誉16项，省地税局处室单项荣誉20余项。

2015年，面对经济下行、税收政策调整、房地产量价齐跌等不利因素影响，市地税局按季召开税收分析会，紧盯税源抓收入；开展欠税清缴专项行动，挖掘土地税收潜力；入库各项税费115.47亿元，其中税收106.36亿元、费金8.72亿元，同比增长12.44%。收入总量和增幅位居全省第四，占全市财政收入比重达38.23%，比上年提升2.1个百分点。（郭　星）

【“金税三期”顺利上线】 10月8日，全市地税系统成功上线“金三”（金税三期工程优化版应用系统）系统，实现了税收业务全覆盖、执法过程全监控、涉税信息全共享，信息管税水平大幅提升。2015年，市局召开3次专题会议，组织5次专项督查，制发30余期情况通报，加强推动落实“金三”上线工作。领导带领相关科室，深入120个基层分局（科室）进行宣传动员，开展调查研究；组成工作团队，清理数据，推送异常数据4批次、7.7万余条，处理率达94%以上，入库税收1.87亿元。加强业务培训。10月8日，“金三”系统成功上线后，全面加强运维管理和优化，系统运行平稳、办税流畅有序，没有发生重大突发事件、没有触发应急预案。市局被评为“全省系统金三推广上线先进单位”，直属局、石峰区局、茶陵县局被评为“全市系统金三推广上线先进单位”。（郭　星）

【推进依法治税】 强化税收征管。紧扣《税收征管规范》，强化业务培训，清理表证单书，优化征管流程。加大欠税清缴力度，清理欠税6.35亿元，得到省局表扬。规范芦淞市场税收管理，按月公开定税和缴税情况，缓解了征纳矛盾。开展大企业现场审计，降低企业风险，得到省局肯定。严格税费管理。开展建安、房地产、金融保险及市政投资项目等税收清查，清理营业税1.5亿元。加强土地增值税清算审核，收入同比翻番，获得省局先进；认真落实城镇土地使用税等级调整，入库税款4亿元，同比增长82%。强化股权转让个人所得税监管，入库个税8200余万元；落实全员全额个税明细申报，代扣代缴个税2.5亿元。实行税费同征同查同考核，工会经费代征得力，获市总工会表彰。规范税收执法。开展税收执法督查，发现薄弱环节，及时进行整改；清理税收规范性文件，加强税收文件合法性审查，厘清执法依据。组织土地增值税专项检查，入库税收8亿余元，实现以查促收、以查促管。实施“一案双查双报告”，追责13人次，经济处罚6600元。实行“黑名单”制度，曝光涉税案件6起，净化税收环境。（郭　星）

【便民惠民优服务】 优化纳税服务。落实《纳税服务规范》，全面梳理140项办税业务，优化办税流程。落实“三证合一，一照一码”登记制度改革，减轻纳税人负担。推行办税服务综合管理系统，开展办税厅“流动红旗”竞赛，提升服务品质，石峰区局、茶陵县局、芦淞区局、醴陵市局先后被评为“红旗单位”。落实税收优惠。为小型微利、创新创业、高新技术企业等减免各类税款2.1亿元，助力“大众创业、万众创新”。依法减免困难企业房产税、土地使用税，重点群体就业税收220户次、税款3700万元。定点帮扶“株洲芙蓉机械厂”等10余户企业，帮助解决实际困难，扶持企业发展。加强税收宣传。开展“换位升级送春风”主题活动，邀请纳税人代表体验办税，上门送政策600多条次，解决纳税人难题100多个。开展“老百姓身边的税收”“最美地税人”专题宣传，提升地税形象。倡导诚信纳税，在株洲日报、门户网站等公布A级纳税人名单，增强社会依法诚信纳税意识。（郭　星）

金　　融

金融工作

【概况】　株洲市人民政府经济研究和金融工作办公室是根据《中共株洲市委株洲市人民政府关于印发〈株洲市人民政府机构改革方案的实施意见〉的通知》（株发〔2015〕8号）和《中共株洲市委株洲市人民政府关于株洲市人民政府机构设置的通知》（株发〔2015〕9号）而新组建的单位，为市人民政府工作部门，承担全市经济研究和金融有关工作，原株洲市政府金融工作办公室、株洲市政府研究室不再保留。核定行政编制人员25名，单位内设综合科（法规科）、综合调研一科、综合调研二科、综合调研三科（院士专家咨询工作联络科）、银行科、保险证券和企业上市指导科、金融稳定科（小额贷款公司管理科）等7个科室。

2015年，市政府经济研究和金融工作办公室深入贯彻金融政策及市委、市政府决策部署，促投放、抓改革、优环境，金融发展成效显著，金融支持力度不断增强。一是金融业实力不断增强。全年金融业增加值达51.9亿元，占GDP比重为2.22%，占第三产业比重为6.34%；缴纳税收达14.2亿元，增长35.6%，占全市税收总额的6.5%，在第三产业中排在房地产和批发零售业之后居第三位；全市银行业金融机构各项存、贷款余额分别为2411.92亿元和1234.06亿元，分别较年初新增352.45亿元和181.2亿元（含政府债券置换银行贷款61.36亿元），分别增长16.78%和16.26%，存、贷总量均居全省第三位；全年实现保费收入49.55亿元，同比增长21.6%；各项理赔支出14.36亿元，同比增长3.8%。实现股票代理交易额为7381.27亿元，同比增长204.6%；新增开户数95771户，同比增长249.3%。实现期货代理交易额4254亿元，同比增长147.6%；新增开户数426户，同比增长50%。二是资本市场发展对接提速。筛选100家拟上市后备企业实行动态管理，新增7家企业登陆新三板，新增16家企业（共32家）在“四板”市场挂牌融资，新增直接融资246.26亿元，增长29.07%，规模居全省第二。三是金融改革创新扎实推进。全面推进农信社改革，茶陵农商行已完成组建和挂牌；稳步推进攸县、炎陵县村镇银行组建；继续推动荷塘区省级农村金融综合改革试点工作；建立和完善小微企业信贷风险补偿分担机制即银行、保险、担保、政府四方风险分担机制，积极发展普惠金融，强化金融服务和产品创新。四是金融生态环境持续优化。加强非法集资防范和打击，规范发展小额贷款公司和融资性担保公司，协调开展全市国家公职人员拖欠银行贷款清理工作，集中力量开展恶意逃废银行债务专项行动，继续推进省、市级金融安全区创建和巩固工作，株洲在湖南省2015年金融生态评估综合排名第一，金融生态环境持续优化。　（毛志胜）

【出台《株洲市人民政府关于规范市本级政府性项目投融资管理的意见》】　为规范政府投融资管理，切实防范投融资债务风险，促进株洲市经济持续健康发展，制定《株洲市人民政府关于规范市本级政府性项目投融资管理的实施意见》，建立“借、用、还”相统一的地方政府性债务管理机制，并设立6亿元政府偿债准备金，防范政府债务风险。明确适度举债、分清责任、规范管理三原则。政府性债务实行年度债务总规模控制，在省下达的债务规模内依法适度举债；政府债务不得通过企业举债，企业债务不得退给政府偿还，切实做到“谁借谁还、风险自担”；严格规范项目申报、项目审批、举债程序、资金用途和项目管理，做到融资计划与举债计划相衔接，实现“借、用、还”相统一。

（毛志胜）

【设立信贷风险补偿基金】　市本级设立1亿元小微企业贷款风险补偿基金（先期到位2000万元），筛选98家企业列入株洲市2015年度产业园区小微企业扶持名录予以重点信贷扶持，建立小微企业信贷风险补偿分担机制即银行、保险、担保、政府四方风险分担机制。自2013年以来，高新区科技银行为园区92家企业提供了4.67亿元的信贷支持，通过增加政府信用和风险补偿，采取全信用方式（无抵押担保）扶持园区创新、创业型、高科技小微企业发展，着力缓解园区高科技企业融资难。　（毛志胜）

【全面推动县域农信社改革组建农商行】　按照《株洲市农村信用社改革实施方案》的要求，全面启动县域农信社改革组建农商行工作。在成功组建炎陵、攸县、醴陵等3家农商行的基础上，2015年年底茶陵农商行组建成功并挂牌，城区（天元、城郊）、株洲县农信社也正在加快改革筹建步伐。（毛志胜）

【政银企合作不断深化】 2015年9月11日，成功举办株洲市“项目攻坚年”重点项目银企洽谈签约会，株洲市与17家银行签订协议，融资授信金额达469.3亿元，有力支持了全市2015年“项目攻坚年”活动；策划筛选22个新型城镇化建设项目，获得农发行授信200亿元支持并已投放到位34亿元，争取国开行棚改项目信贷支持39亿元；与长沙银行、建设银行、交通银行等银行合作设立棚改基金、产业发展基金、城市发展基金85亿元；促成市政府先后与农发行、邮储银行、兴业银行等三家金融机构达成战略合作协议，将在未来3～5年内累计对全市经济社会发展提供不少于550亿元综合金融支持。通过积极培育金融市场，强化政银企合作，大力创新融资方式，较好地满足了重点项目、重点产业和实体经济的融资需求，金融要素保障作用不断增强。（毛志胜）

【新增直接融资规模居全省第二】 为拓宽融资渠道，支持企业进入多层次资本市场直接融资，引导企业上市及挂牌，制定了《株洲市人民政府办公室关于鼓励企业在场外市场挂牌有关事项的通知》等资本市场发展扶持政策，积极向省、市政府申报获得资本市场引导资金535万元（其中省政府235万元），开辟企业改制上市“快捷通道”。筛选100家拟上市后备企业实行动态管理（其中有29家入选省重点上市后备企业资源库，15家入选省新三板后备企业资源库）。推动企业到场外市场挂牌融资，新增7家和16家企业在“新三板”和“四板”市场挂牌融资。不断拓宽直接融资渠道，积极支持企业通过上市公司再融资、债券、票据、基金、私募股权等多方式多渠道直接融资。2015年，全市企业通过对接资本市场全年新增直接融资246.26亿元，较2014年增长29.07%，直接融资规模居全省第二。（毛志胜）

【积极稳妥发展小额贷款公司】 新申报3家小额贷款公司并获省金融办批筹；加强市、县（区）两级日常监管，对现场检查和非现场检查中存在问题下达督办函进行认真督导整改；完成小额贷款公司分类监管评级工作，全市小额贷款公司A级有5家，B级9家、C级2家。已开业17家小额贷款公司，注册资本金12.76亿元，年末贷款余额11.15亿元，较年初增长6.2%，全年发放贷款5.16亿元。自开业来累计发放贷款47.1亿元，金融补充作用显现。（毛志胜）

【政策性融资性担保公司实现县域全覆盖】 进一步规范融资性担保行业，上报省办拟取消3家不合规融资性担保公司资质和新申报1家融资性担保公司筹建；推动丰叶担保公司、国信财富担保公司各增资扩股至10亿元，增强其担保能力；不断整合民营资本，指导湖南中小企业融资性担保公司和湖南农村信用担保公司在炎陵、醴陵、攸县设立办事处，实现了株洲市县域政策性融资性担保公司的全覆盖。（毛志胜）

【开展全市不良贷款清收工作】 2015年11月27日，市政府经济研究和金融工作办公室联合人民银行株洲中支、市银监局、市中级人民法院等单位召开新闻发布会，启动全市恶意逃废银行债务专项行动和国家公职人员拖欠银行贷款清收工作。全市自开展集中打击逃废银行债务专项行动以来，各行社已上报拖欠银行贷款1034户，涉及金额14.98亿元，其中已诉讼户数520户，诉讼金额标的12.71亿元。同时，全市共清理了321名公职人员不良贷款本息合计704.32万元，完成清收本金任务的85%，切实降低全市银行不良贷款率。（毛志胜）

【2015年金融生态评估综合排名居全省第一】 积极创建“湖南省金融生态良好城市”，协同人民银行株洲中支推动炎陵、醴陵、攸县获创省级金融安全区及茶陵、株洲县获创市级金融安全区，大力促推了信用园区、信用乡镇、信用社区、信用农户创建工作，信用乡镇、信用社区的创建率达到31%以上，信用农户的创建率达到75.8%以上，株洲在湖南省2015年金融生态评估综合排名第一，金融生态环境持续优化。（毛志胜）

银行管理

【概况】 截至2015年年末，全市各项存款本外币并表余额2411.9亿元，同比增长16.8%，较年初增加352.4亿元，增速提高4.8个百分点；各项贷款本外币并表余额1234.1亿元，同比增长10.8%，较年初增加119.8亿元，增速下降8个百分点。

创新“两支一扶”金融模式。2015年，中国人民银行株洲市中心支行累放支农再贷款12.75亿元、支小再贷款1.4亿元、再贴现6.83亿元，增加合意贷款规模0.71亿元，定向降准释放流动性3.32亿元，为“两支一扶”地区提供有力的资金支持。根据“央行引导、政府支持、银行聚力、市场导向、精准投入、互利共赢”的基本思路，建立“两支一扶”“1+N”工作机制，成功探索出金融“两支一扶”三种创新模式，促进地方经济稳增长、调结构、惠民生。一是“唐人神”全产业链融资模式。推广唐人神“再贷款+担保公司+合作银行+养殖户”的融资模式，支持现代农业发展。此模式在攸县麻鸭产业中成功复制，全年攸县农商行获得支农再贷款2000万元，由行业担保公司担保，发放贷款3600万元。二是轨道交通供应链金融模式。依托中征应收账款融资服务平台，建行、中信等5家主办银行达成融资意向45亿元。创新开发轨道交通配套企业金融产品，中信银行出台电力机车按揭贷款方案，精准支持轨道交通装备制造业发展。推出“续力贷”项目，累计发放“续力贷”19笔1.61亿元，为配套企业节约利息500余万元。三是商业金融产业扶贫模式。落实支农支小再贷款利率优惠等政策，引导商业金融加大对炎陵、茶陵两县罗霄山特困连片开发的力度，重点对茶陵县黄牛养殖、炎陵黄桃种植业的仓储、销售等薄弱环节进行扶持。10月末，两县涉农贷款同比增长13.88%，为农户减少利息600万元。

维护辖区金融稳健运行。积极推进存款保险制度实施。搭建存款保险制度实施工作机制，与地方政府协调做好存款保险制度实施相关工作，确保辖内10家法人金融机构顺利完成投保手续办理和首期保费缴纳工作。切实强化金融市场监督管理。开展省内首次保险公司高现金价值业务稳健性现场评估，开展银行负债管理稳健性现场评估和利率敏感性压力测试，积极推动辖区内农商行改制。做好金融消保工作，全年共受理各类有效投诉8起、咨询141起，及时办结投诉8起，办结满意率达90%以上。加强反洗钱监管，对辖区内新华人寿、华夏银行及工商银行开展反洗钱现场检查。创新完善风险监测预警机制。加强利率债券市场监测管理，清理中期票据和短期融资债券2笔16亿元。创新区域风险分布监测预警机制，构建纵向横向协调联动机制，加强监管合作和信息共享。对有色金属、房地产等行业开展重点企业监测，把握行业发展情况。深入开展社会信用体系建设。稳步推进社会信用体系建设，出台《株洲市社会信用体系建设实施方案》，形成“1+N”个人信用报告查询布局，推进炎陵县农村信用体系试点建设。推动两类机构评级和接入工作，全市6家融资性担保公司全部完成续评工作。积极开展辖内县域金融生态评估，株洲市金融生态评估综合结果在湖南省综合排名第一，辖内5县（市）均进入综合排名前五十。重点推动茶陵、株洲县省级金融安全区创建工作，茶陵开展清收农村信用社不良贷款和严厉打击恶意逃废债行为，攸县成立首个金融审判巡回法庭。

提质金融服务。优化支付结算服务水平。开展“零差错竞赛季”活动，促使ACS业务差错率控制在全省领先水平。大力推广电票业务发展，全年累计办理电票再贴现43笔，金额1.38亿元，笔数和金额均居全省首位。着力农村支付综合服务平台试点工作，督促金融机构全面清理助农取款服务点。加强区域支付市场风险管控，联合公安部门成功告破银行卡盗刷案件，有效维护社会公众对支付体系的信心。做好银行结算账户管理工作，圆满完成辖区内18家银行网点存量个人人民币银行存款账户相关身份信息真实性现场核实验收工作。推进国库履职新突破。加强财政账户管理，开展财政账户核查，审核批准新增备案财政账户79户，撤销26户，变更47户，堵住违规账户申请3户。探索开展财政支出对账工作，制定《株洲国库支出对账工作管理办法》。推动国债销售，全年累计组织发行储蓄国债14期，金额累计增长8.5%，3家金融机构突破国债“零”销售。深化外汇管理改革转型。推动贸易投资便利化，积极承担全省跨国公司外汇资金集中营运改革试点任务，落实资本金意愿结汇及保险外汇管理改革新政，推进直接投资登记管理改革，推动时代新材公司顺利获批总局第二批试点单位，并获省分局3000万元短期外债指标。积极探索经常项目主体一体化监管试点，完成国际收支统计申报非现场核查31164笔。加强企业与个人交易行为监管，全年核查货物贸易项下企业397家、服务贸易项下企业20家、资本项下企业251家，个人项下外汇交易3000多人次。探索基层央行科技管理新模式。推动金融IC卡项目落地，在全省率先通过在出租车计价器上进行技术改造实现金融IC卡消费一机方式，该方式在三三一医院、职教城及醴陵公交公司等项目有序推进。推进反假工作。建立公安、金融假币犯罪信息快速反馈网络。同时，对缴存人民银行发行库现金全额清分工作、冠字号码查询贴标工作进行专项检查，在金融机构建立防假反假壁垒。

（段晨曦）

外汇管理

【概况】 2015年，株洲市外贸登记企业678家，发生进出口业务企业344家，外商直接投资企业202家，对外投资企业22家，外债企业19家，办理对外担保业务企业3家，有境外放款业务8家，有经营外汇业务资格银行16家，实际发生业务15家。办理服务贸易外汇业务72家，办理跨境人民币业务企业30家，5000多人办理个人外汇业务。

涉外收支规模出现下降。2015年，受美元升值预期和年底境外贸易融资余额大幅减少影响，株洲市涉外收支总额311689万美元，同比下降22.67%，其中涉外收入总额为171316万美元，同比下降14.17%，涉外支出总额为140373万美元，同比下降31%。收支顺差30943万美元。经常项目顺差43312万美元，其中：货物贸易顺差66042万美元，较上年扩大111.35%；服务贸易逆差17305万美元，同比减少27.16%；初次收入逆差3862万美元，较2014年扩大7.27%，二次收入逆差1563万美元；资本和金融项目逆差2369万美元，同比扩大40.27%；直接投资逆差6335万美元，同比减少82.88%，其中外商来华投资流入4695万美元，较上年增长38.37%，对外直接投资流出11030万美元，同比下降72.69%；其他投资逆差5153万美元。

银行结售汇量降幅较大。2015年，银行代客结售汇总额166247万美元，同比下降23.22%。其中结汇79169万美元，同比减少20.08%，售汇 87105 万美元，同比减少 25.85%。结售汇差额逆差 7936 万美元，同比下降 56.88%。其中经常项目结售汇逆差 2775 万美元，资本项目逆差 5161 万美元。收汇结汇率 67.56%，同比下降 1.67 个百分点，付汇购汇率 83.30%，同比增加 0.9 个百分点，受美联储加息，人民币降息预期等因素的影响，人民币持续贬值，对结汇意愿和购汇动机的影响较为明显。

人民币跨境收支规模下降。2015 年，株洲市跨境人民币收支总额 55691 万美元，同比下降 20.34%，其中跨境人民币收入 30167 万美元，同比下降 9.91%，跨境人民币支出 25524 万美元，同比下降 29.93%。从跨境人民币的交易项目来看，2015 年跨境人民币结算经常项目占主导地位，共 45375 万美元，占比 81.48%，提高近 30 个百分点，资本项目 10318 万美元，占比 18.52%，降低近 30 个百分点。其他投资—负债项下跨境人民币融资仅 382 万美元。

资本和金融项目总量减少。2015 年，资本项下涉外收支总额 25843 万美元，同比下降 76.08%。其中流入 3728 万美元，同比下降 86.42%，流出 19106 万美元，同比下降 67.31%。逆差 12369 万美元，同比增长 40.27%。其中，直接投资流入 4695 万美元，同比增长 20.94%。对外直接投资流出 11030 万美元，大幅下降 72.69%。其他投资大幅下降，主要是“获得 / 偿还境外贷款”大幅下降，该项流入 1601 万美元，流出 6754 万美元，同比分别下降了 96.49%% 和 61.62%。

外汇改革持续深化。开展跨国公司外汇资金集中营运管理试点。推动株洲时代新材公司纳入试点范围，支持时代新材公司获批省分局 3000 万短期外债指标。归集境内外 13 家成员公司外汇资金，显著壮大企业境内外资金融通能力，有利于时代新材公司打造株洲总部经济；实施资本金意愿结汇及保险外汇管理改革新政。简化外汇保险业务市场准入、退出的核准手续；落实直接投资登记管理改革。将直接投资登记权限全部下放银行柜台办理，推广资本项目信息系统的应用，清理滞留数据，大大简化企业办事程序。

外汇监管不断加强。积极探索经常项目主体一体化监管试点。摸索出一套简便、高效、标准化的监管模式。扎实开展跨境资金流动监测分析。依托监测系统的学习与应用，全年完成贸易、投资、个人跨境资金流动监测分析报告 47 篇，及时准确把握跨境资金流动风险状况。全面提升外汇数据质量。组织 50 多家企业开展国际收支网上直接申报；完成国际收支统计申报非现场核查 31000 多笔，金额达 23 亿美元；开展 4 次国际收支统计申报现场核查和 4 批次国际收支统计业务培训。加强对企业的监管。按月、按季对全市 660 多家涉外企业进行非现场核查，对其中外汇交易量大或有异常现象的 18 家企业实施现场核查，4 家企业从 A 类直接降级为 C 类，1 家企业降为 b 类；对 7 家异动企业实施约见谈话，予以风险警示；加强对个人的监管。定期对全市 5000 多名个人外汇交易行为进行非现场监测，对 10 余起涉嫌违规的交易进行现场核查；加强对金融机构的监管。先后开展外汇业务合规性专项检查、金融机构内部风险控制情况专项检查、银行执行外汇管理制度年度考核检查等。全年组织各类检查 30 余次，覆盖所有的外汇指定银行，立案 2 起，罚没款 11 万元。

外汇服务不断改进。制定外汇金融支持株洲市开放型经济发展指导意见；引导金融机构支持涉外企业特别是支持轨道交通装备产业“走出去”；定期开展外汇形势分析会，帮助企业把握形势，防范汇率风险；依托外汇金融学会开展常态化的岗位培训，利用各类媒介平台传导国家外汇新政。全年引导银行提供贸易融资约 4 亿美元，提供境外放款 6952 万美元，办理国际收支约 31 亿元，支持企业境外投资 3000 万美元，各项涉外发展指标继续稳居全省地市前列。（李日新）

银行监督

【概况】 截至 2015 年年末，中国银行业监督管理委员会株洲监管分局在职工作人员 50 人，内设办公室（党委办、宣传部）、银行监管一科（负责国有大型银行监管）、银行监管二科（负责政策性银行、股份制银行、城市商业银行、邮储银行监管）、合作金融机构非现场监管科（负责农村法人银行机构非现场监管）、合作金融机构现场检查科（负责农村法人银行机构现场检查）、统计信息科、人事科（组织部）、监察科（纪委）、财务会计科等 9 个部门。

银行业务规模稳步扩大。至 2015 年末，株洲银行业资产、负债总额均突破 2500 亿元大关，分别达 2569 亿元、2518 亿元，同比增加 317 亿元、314 亿元，增长 14.1%、14.3%。其中，存、贷款余额分别达 2411.92 亿元和 1234.06 亿元，同比增长 16.8% 和 10.76%。银行机构体系稳步扩大。至年末，株洲银行业金融机构总数 28 家，网点数 618 个，新增 10 个。中小商业银行共设立支行 10 家，其中包括社区支行 4 家、小企业专营中心 1 家。

2015 年，株洲银行业未发生重大突发事件和重大负面舆情，连续 5 年零发案，守住了不发生区域性系统性风险的底线。重点机构、业务和领域风险得到较好控制：法人机构股权结构指标、流动性指标逐步优化；地方政府平台贷款完成年度置换额度 80.66 亿元，即期偿债压力得到缓解；表外业务快速增长势头得到遏制；银行业资产减值损失同比多计提 6.2 亿元，风险抵补能力增强；加大不良贷款核销力度，为处置不良资产腾出了空间。

机构改革有新进展。法人银行机构“一县两行”建设有新成果，由茶陵县联社改制的茶陵农商行顺利完成筹建，辖内农商行总数达 4 家；城郊联社、天元联社、株洲县联社改制工作已取得实质进展，启动以 2015 年

12月末数据为基础的清产核资工作。辖内村镇银行总数3家，县域覆盖占比60%，在攸县设立村镇银行的规划已经银监会同意。银行分支机构服务架构进一步优化，工商银行、邮储银行等机构通过内部改革，建立了效率更高的服务架构。

金融服务持续提升。重点领域金融需求有效保障，融资平台公司在建项目后续融资问题妥善处理，未发现盲目抽贷、压贷、停贷现象。支持新型城镇化建设和轨道交通装备产业发展重点突出，贷款余额占比较高。薄弱环节金融支持不断增强，小微企业贷款余额404.6亿元，增长11.7%，涉农贷款余额413.9亿元，增长20.3%，均高于全部贷款增速。银行基础服务水平不断进步，网点服务持续改进，对客户投诉反应速度加快，处理效率提高，普惠金融观念较好体现。

监管效能不断提升。深入推进依法监管，严格执行行政许可、现场检查、行政处罚等法律法规及操作流程，确保监管措施事实清晰、依据合法、结果合理，没有引发行政复议或行政诉讼。建立银行监管统计数据质量双线考核问责机制，开展数据质量整治。加大违法惩戒力度，检查处理、行政处罚力度达历年之最，监管效能、监管权威和廉洁自律同步增强，促进银行业依法合规经营意识显著提高。

（贺晓云）

银行选介

中国农业发展银行株洲分行

【概况】 2015年，中国农业发展银行株洲市分行下辖4个县级支行，1个市分行营业部，1个业务组（炎陵业务组，实际并入茶陵县支行运行），全辖员工174人，其中在岗139人。全年累放贷款45.07亿元，各项贷款余额94.66亿元，比年初增加26.77亿元，增幅39.43%；投放农发重点建设基金9.4亿元；各项存款余额46.79亿元，比年初增加20.72亿元，增幅79.5%；实现中间业务收入1014万元，同比增加335万元；实现国际业务结算量538万美元；实现账面利润1.69亿元；存量贷款整体风险可控，连续5年无不良贷款，全年未发生任何经济案件和责任事故。在全省年度绩效考核中排名第二，被市委、市政府评为金融系统目标考核“红旗单位”和全市金融系统工作考评“先进单位”。

（何敬阳）

【开办贷款业务支持新型城镇化建设】 2014年，株洲成为全国新型城镇化建设“62+2”试点城市，市农发行主动作为，第一时间向市委市政府汇报，并促成市委市政府和省分行主要领导上京到农发行总行汇报对接，争取信贷支持。2015年3月，农发行湖南省分行与株洲市人民政府签订《全面推进新型城镇化战略合作协议》，意向贷款200亿元，分三年实施到位。在营销上，找准新型城镇化“两区同建”“城乡一体化”和“人的城镇化”项目作为切入点，抽调精干力量，组成专门营销班子，制定时间表，倒排日期和工作路线图。至年末，营销上报两批6个项目，贷款79.9亿元，按权限全部已审批，已投放贷款34.4亿元，支持10个市本级和县域重点项目建设。

（何敬阳）

【开办贷款业务支持精准扶贫】 将属于罗霄山扶贫开发片区的茶陵县和炎陵县作为信贷扶贫的重点区域，市农发行分别与两县人民政府签订支持易地扶贫搬迁战略协议，开辟办贷“绿色通道”，现场办公、现场解决疑难问题，确保项目早落地，早见成效。茶陵县的易地扶贫开发贷款从调查、审批到投放该行仅用7天时间，实现全省系统首笔易地扶贫搬迁贷款2.3亿元投放。2015年年末，全行共营销易地扶贫贷款项目3个，金额14.5亿元，已审批8.8亿元，实现投放4.9亿元，有力地支持了贫困县易地扶贫搬迁项目的实施。省政府易地扶贫搬迁启动仪式在株洲市茶陵县举行，助力精准扶贫，服务全面脱贫、实现全面小康。市农发行信贷支持精准扶贫的经验和做法先后在《人民日报》《湖南日报》刊发推介。

（何敬阳）

【投放基金支持市重点项目建设】 抢抓农发重点建设基金投资业务契机，在全省系统实现率先投放。按照国家进一步促进“稳增长、调结构、补短板、惠民生”要求，着力解决重点建设项目资本金不足，发挥农业政策性银行对社会资金的引导作用的创新举措。全年共营销选择农发行办理的经国家发改委审批的四批共30个农发重点建设基金项目，涉及金额13.1亿元，年内实现投放20个项目，金额9.4亿元。

（何敬阳）

【支持托市粮和市场粮收购】 2015年，株洲市早中晚稻均启动最低收购价的托市收购，市农发行与粮食局、中储粮合理布置收购网点，确保不留收购“空白点”，并按照“钱等粮”的要求，解决农民卖粮难问题，致力于农民增产又增收。至年末，共发放粮食收购贷款56153万元，收购粮食19.2万吨，其中发放早籼稻托市粮收购贷款23945万元，收购粮食8.26万吨；发放中晚稻托市粮收购贷款11320万元，收购粮食4万吨；同时发放市场粮收购贷款11752万元，支持粮食企业收购市场粮4.44万吨；发放轮换贷款1500万元，轮换粮食0.5万吨，确保全市粮食秩序和农村的稳定。

（何敬阳）

中国工商银行株洲分行

【概况】 截至2015年年末，工商银行株洲分行下设12个一级支行，13个直管二级支行，46个营业网点，30个离行式自助银行和19个部（室）中心，在册职工人数1057人（含劳务派遣工）。全行各项存款余额241.01亿元，净增30.02亿元，同业占比第二位。

各项贷款余额118.11亿元，净增8.82亿元，同业占比第二位。全年清收转化不良贷款2.79亿元，不良贷款余额、不良贷款率双升。实现拨备前利润3.36亿元，实现净利润1.83亿元。年内，株洲工行荣获省分行旺季劳动竞赛中间业务一等奖，储蓄存款三等奖，公司存款三等奖，机构存款三等奖，荣获株洲市内部治安保卫工作先进集体，荣获株洲市金融目标考核一等奖。株洲工行新华路支行被评为总行级精神文明建设先进单位。株洲工行新华路支行行长肖义华荣获“全国劳动模范”荣誉称号。 （常　勇）

【设立首家智能银行网点】 2015年8月13日，株洲工行首家智能银行服务网点在田心时代支行正式对外营业，这是株洲银行业第一家智能银行服务网点，开创了株洲银行业网点智能化的新篇章。株洲工行智能银行模式是充分依托工行信息化建设成果，应用互联网最新技术，以为客户提供自助办理一站式智能服务平台为基础，辅以网点人员现场指导审核或柜口联动处理先进的智能金融服务模式，客户可以全程自助办理，全程自主选择，全程免填单操作，相比传统网点，客户的业务处理时间更快、自主性更强、操作更便捷，等候时长更短。（常　勇）

【支持株洲实体经济转型发展】 2015年，株洲工行加大贷款投放力度，支持株洲实体经济转型升级发展。截至2015年年底，本外币各项贷款余额118.11亿元，比年初增长8.82亿元，总量同业第二，增量同业第二，其中法人贷款余额66.07亿元，比年初增长5.89亿元，总量同业第二，增量同业第一；个人贷款余额52.04亿元，比年初增长2.93亿元，总量同业第三，增量同业第三。全年，重点支持株洲醴陵旗滨玻璃有限公司株洲生产线整体搬迁改造升级二期项目、株洲土地储备中心木鱼塘土地项目、武广客运专线株洲车站配套工程项目、株洲市枫溪港建设开发有限公司凤溪生态城项目、新芦淞集团通用机场项目、株洲高科集团中国动力谷核心区一期、新马动力创新园2期项目和炎陵和一度假酒店项目等株洲市重点项目，累计发放项目贷款14.84亿元，有力地支持了株洲项目建设的推进。加快产品和制度创新，支持小微企业发展。全年，株洲工行新推出专门为小微企业量身定制的小微商户逸贷公司卡和财富账户卡透支业务，丰富小微企业融资产品，多渠道为客户解决融资难题；设立小微金融业务专营机构，重新组建小微金融业务中心，负责一站式办理辖内小微客户信贷业务及其他金融业务，承担包括小企业金融业务及个人经营性贷款业务的营销推动、尽职调查、业务审查、作业监督和非现场贷后管理等职责，提升服务效率。开展表外融资业务，为实体经济提供多样化金融服务。开展票据贴现、信用证、保函、黄金租赁和国际业务，为企业发展提供了高效的金融服务；为中车研究所开办“票据池”业务，满足其票据贴现、质押等需求；为产金用金企业提供黄金租赁服务，向株洲冶炼集团股份有限公司提供1020公斤的黄金租赁，满足了企业多样化的金融需求。 （常　勇）

中国农业银行株洲分行

【概况】 农行株洲分行是中国农业银行负责株洲地区所有分支机构管理和业务经营的二级分行，下辖9个县级支行和1个营业部，其中县级支行5个，市区管辖型支行4个。全行64个营业网点遍布城乡，在岗员工1156人。2015年年末，该行各项存款240亿元，各项贷款99亿元，实现中间业务收入1.4亿元。 （李照斌）

【代理第三方金融机构产品管理】 2015年，农行株洲分行多措并举，规范与第三方金融机构的业务合作，防范业务风险，确保业务持续健康发展。严格第三方产品准入。明确网点仅销售总行审批通过的基金、理财产品、“传世之宝”及代销公司指定贵金属产品，且均入系统内销售。加强第三方人员现场监管。对于进驻网点的第三方人员，规范着装、工牌、服务用语及其他礼仪标准。规范第三方产品代销。要求网点人员严格遵守产品销售适用性原则，提醒客户注意风险，确保客户知晓在代理行为中农行与被代理机构的法律责任再进行交易，积极做好代销产品售后服务。 （李照斌）

【普惠金融服务】 2015年，株洲农行从政策倾斜、资源配置、考核激励等多方面入手，做好县域普惠金融服务，“蓝海”市场的优势地位继续巩固。强化“民生代理工程”的持续营销，成功将茶陵支行新农合、新农保、涉农直补项目创新整合，攸县、株洲县两家支行顺利签订代理全县财政涉农直补协议，电费代收项目在县域支行全面实施，实现“惠农卡+民生代理+金融服务”有机融合。年内，新增惠农卡9万张，总量突破百万。继续加大自助机具、惠农通小额取款点的选点与布放。年末自助银行达到44个，各类机具140余台，“惠农通”小额取款点1063个。其中惠农通每日台均金融性交易130笔以上，年交易量在3亿元以上。对全行“惠农通”代理服务点进行摸底清查，对无代理业务的无效点进行撤机，对部分低效代理点进行业务宣讲与引导。同时按每100台机具配置1名专职客户经理的标准，做好“惠农通”的日常巡检维护。按季对业务量前30位的“惠农通”代理服务点给予300元奖励，确保“惠农通”工程实现提质增效。

（李照斌）

中国银行股份有限公司株洲分行

【概况】 截至12月末，中国银行股份有限公司株洲分行本外币存款余额218.91亿元，较年初增加16.54亿元。其中：人民币各项存款余额212.6亿元，较年初增加14.81亿元。人民币存款中，公司存款余额78.34亿元，较年初新增5.80亿元；人民币储蓄存款余额133.19亿元，较年初增加9.30亿元，人民币金融机构存款余额1.07亿元，较年初下降0.28亿元。外币存款余额9708万美元，较年初增加2226万美元。不良贷款余额为12937万元，较年初增加7749万元，增幅为149.36%。整体贷款不良率为1.14%，较年初增加0.64个百分点。

全行本外币贷款余额113.05亿元，较年初增加9.995亿元。其中人民币贷款余额111.86亿元，增长11.17亿元。外币贷款余额1825万美元，较年初下降2052万美元。

2015年，全行实现净收入68463万元，实现净利息收入54708万元，实现中间业务净收入13754万元。实现拨备前利润45024万元，实现净利润20711万元。（方可平）

【支持株洲重点项目建设】 2015年，中国银行株洲分行坚持“立足株洲，服务株洲”的理念，积极支持地方经济建设，加大对重点项目、基础设施和民生需求等方面的信贷投入，全年投放各类贷款73.6亿元。集中优势资源狠抓贷款投放，建立“一把手”工程重点授信项目库，对重点项目实行名单式管理，紧紧围绕株洲市“五大支柱产业”、市政工程与基础建设项目，统筹资源，加大投放力度，全年投放公司贷款51.22亿元、中小企业贷款4.78亿元，其中投放高科集团和武广新城8.5亿元，投放水务项目1.57亿元。加大房地产开发项目的支持，满足市民住房的需求，投放开发贷款2.84亿元，投放个人贷款17.6亿元，新增个人贷款9.30亿元。（方可平）

【支持企业海外拓展】 市中行根据株洲涉外企业的发展特点，创新融资模式，大力发展保函、保理和海外融资等新型融资业务，支持企业“走出去”。一是紧跟总行“一带一路”金融大动脉的构想，建立“走出去”重点项目库，组建“走出去”业务营销团队，密切跟踪株洲各大企业跨境并购项目、跨国资金运营管理以及境外工程承包等信息，合理运用产品，为客户量身定做综合金融服务方案。截至2015年12月，市中行对以交通轨道行业为主的“走出去”企业授信总额232亿元，其中使用授信额度达158亿元。二是推广创新产品，提供增值服务。市中行根据企业经营的需求，提供适应的金融产品，服务企业“走出去”，全年叙做通汇达业务2.11亿美元，叙做内购外结业务2300万美元，叙做全省首笔区域一体化通关保函业务。三是加大人民币融资业务营销和推广力度。通过为核心客户的上游供应商核定授信额度或占用核心客户的授信额度，做大国内商业发票贴现业务、融易达业务等供应链融资业务规模。截至12月末，本外币贸易融资余额达8.5亿元，日均余额新增2.69亿元，增长58.62%。国际结算市场份额62.71%，跨境人民币市场份额76.76%，完成省行任务的153.52%。（方可平）

【提高经营效益】 引导全行转变经营方式。把狠抓结构改善、提高全行利率定价水平作为日常工作的重点，开展增收创收竞赛，开展存贷利差改善竞赛，引导信贷资源向优质客户倾斜，促进了贷款定价水平的提高和收入水平的提高。通过产品销售抓收入。抓好基金、跨境金融服务、短信通等产品的销售。以新发基金销售为主，滚动销售做大销量，基金销售收入同比增长38%；为客户提供“一站式”出国金融服务，个人跨境业务中间业务收入同比增幅20.67 %；加大柜台新开客户的引导，短信通中间业务收入同比增幅31.24%。抓好金融资金业务增收入。大力发展表内外理财、金融机构同业投资、票据融资业务等业务，取得了良好的成效，全年实现票据收入1413万元。截至12月末，公司条线实现净收入27602万元，增长3.92%；国结条线实现净收入6700万元，增长5.02%；个金条线实现净收入35006万元，下降6.12%。（方可平）

【开立全省第一笔总担保保函】 9月24日，根据客户申请，株洲中行为株洲南车时代电气股份有限公司开立一笔金额3000万元的总担保保函（汇总征税），这是海关进出口税收进行集中汇总征缴模式改革后，省内金融机构开立以多家直属海关为受益人的第一笔汇总征税总担保保函。（方可平）

【叙做全国中行首笔期权及远期组合业务兰特汇率保值业务】 为更好地服务重点企业，中行株洲分行定期、不定期的上门为中车株洲电力机车有限公司提供兰特汇率走势分析及撰写汇率风险管理方案，邀请总行、省行金融市场部资深交易员上门服务。2015年9月，获悉中车株机公司将收到南非业主约36亿兰特的货款，中国银行株洲分行联动总行、省行向中车株机公司提供汇率风险管理方案，为客户量身打造一款新的外汇交易产品《兰特期权及远期业务综合报价业务》。9月17日，中车株机公司在中行叙做累计25亿兰特的（远期、卖出期权）保值交易，本次交易中车株机公司获取汇兑收益420万美元。该交易是中国银行系统内首笔新兴市场货币期权交易，受到总行市场金融部的通报嘉奖。（方可平）

【助力中车时代电气并购英国SMD项目】 株洲分行利用中国银行“全球化经营、多元化平台”的优势，助力株洲企业海外拓展。2015年4月，通过与中国银行总行、省行、海内外机构携手合作，为时代电气股份有限公司英国并购项目提供整体金融服务，助力其英国SMD并购项目圆满完成。（方可平）

华融湘江银行株洲分行

【概况】 华融湘江银行株洲分行下辖31个营业网点、14个机关部门，在岗员工655人。2015年年末，一般性存款余额达到220亿元，较年初新增27亿元，增长14.05%，在本地的市场份额排名提高1个名次。各项贷款余额123亿元，较年初新增9.4亿元，增长8.3%；实现净利润4.52亿元、FTP净利润4.58亿元、经济利润2.72亿元，三项利润指标均在华融湘江银行14家分行中排名居首。年内荣膺湖南省“A级纳税信用单位”，株洲市“监管统计工作先进单位”“征信管理优秀单位”“银行业综合管理先进单位”“治安保卫重点单位先进集体”。同时，辖下金山支行被评为“全国四星级网点”。（罗　希）

【支持地方经济发展】 2015年，华融湘江银行株洲分行加大市重点产业项目的支持力度，全年重点支持水利投湘江东岸治理、芦淞洗水工业园、云龙总部园区等五大项目，总金额达49.2亿元；护航小微企业发展成长，全年为700余家小微企业提供融资服务，小微贷款余额达37.57亿元；注重扶持民生行业，为23家民生机构金融服务，累计支持授信9.05亿元；“地方银行、政府银行、市民银行”口碑不断做响，实现了自身与地方经济转型发展的有机统一和同频共振。截至2015年12月末，分行表内外信用总量余额达201.7亿元，其中表内贷款余额122.7亿元，较年初新增9.4亿元，增幅8.3%。表内贷款规模在地方同业中排名前三，增量在地方同业中排名第六。年末存贷比达59%，新增存贷比达45%，实际存贷比达97%。全年上缴税费1.63亿元，全市排名第四，金融机构中排名第一。（罗　希）

【推进业务创新发展】 2015年，华融湘江银行株洲分行，大力推进产品创新和业务创新，成为全行多个创新产品的首办行，也是全行产品创新能力最强的分行。2015年进一步拓展新增东一支行（直接）国库集中支付、金丰支行社保卡、醴陵支行房维系统、五一支行高科集团现金管理系统等4个业务系统和业务资质，各类资质获取达到28个，基本实现全覆盖；通过总分支的有效联动，成功落地全行单笔中收最高的纯投行项目——循环经济12亿元非公开公司债；审批通过全行首笔政务类基金业务——28亿元龙母河项目；同时加强对直接融资产品的营销力度，快速推进公司债、私募债、私募基金、中票、短融等投行业务的拓展，两年来，累计落地创新业务13笔，金额达37.33亿元。近年来，分行对公存款市场份额始终稳居全市第一。（罗　希）

【结构持续优化】 2015年，华融湘江银行株洲分行存款结构中，零售存款占比由2010年年末的27.2%上升到32.4%，提升5.2个百分点；表内贷款中，大零售贷款占比由30.1%提高到34.3%，提高4.2个百分点；表内外资产结构中，表外资产由原来单一的承兑汇票业务，发展到保函、再保理、结构化融资、同业投资等多样化的业务产品体系，表外资产授信总量达到表内授信总量的40%；资产的成本收入中，成本收入比23.4%，大幅低于35%的监管要求。（罗　希）

湖南省农村信用社联合社株洲办事处（农商行）

【概况】 湖南省农村信用社联合社株洲办事处，下辖城郊、株洲县、天元区3家农村信用合作联社和醴陵、攸县、茶陵、炎陵4家农村商业银行。全市农村信用社共有员工2358名，营业网点216个，遍布株洲市所有乡镇，是辖内从业人员最多、营业网点最多、服务范围最广的地方金融机构。

2015年年末，株洲市农信社各项存款余额388.83亿元，较年初净增54.23亿元，增幅16.21%，市场份额16.12%。在全省农村信用社开展的存款专项竞赛活动中，株洲取得了第三名的成绩。各项贷款余额201.98亿元，较年初增加25.91亿元，增幅14.71%（考虑置换和核销不良贷款因素，实际净投放31.85亿元），市场份额16.36%。存、贷款总量、市场份额继续稳居全市金融机构首位。2015年，全市农信社实现总收入31.92亿元，同比增收4.70亿元，增长17.29%；实现利润总额8.37亿元，同比增加1.51亿元，增长21.99%；缴纳各项税金3.51亿元，同比增加1.18亿元，增幅50.28%，经营效益稳步增长。

（谭新亮）

【支农支小做出新贡献】 全年累放各项贷款207.33亿元，其中累放涉农贷款161.60亿元，占77.95%。涉农贷款余额167.62亿元，同比增加21.67亿元、增速14.85%；小微企业贷款余额129.27亿元，同比增加17.50亿元，增速15.66%；贷款客户净增1774户；申贷获得率为95.52%，同比增加1.39%。支持重点突出体现。信贷投放重点坚持向农业现代化、新型城镇化和县域经济倾斜，重点扶持农民专业合作社、家庭农场、种养大户、农业产业化龙头企业、“公司＋基地＋农户”等新型农业经营主体，贷款余额10.24亿元。对特色县域经济重点县的服务明显加强，醴陵、炎陵共对接重点项目39个，达成贷款意向5.88亿元，净投放贷款2.42亿元，累放贷款4.9亿元；对陶瓷、旅游两个特色产业，净投放贷款3.39亿元，累放6.86亿元，炎陵特色县域经济重点县金融服务工作的落实得到省联社及各级政府的充分肯定。金融产业扶贫扎实推进，茶陵联社作为省联社第二批金融产业扶贫整体推进县，先后在20个乡镇369个行政村开展金融支持产业扶贫试点工作，确定了21873户建档立卡贫困农户，评级1823户，授信1015户，授信金额670万元，发放贷款255万元。第三批试点推广的4家行社在积极推进。产品服务不断创新。积极开展“六个一百”“六个一”金融服务示范点活动，主动适应市场变化，满足客户需求，加大信贷产品创新力度。城郊联社为降低客户寻求民间“过桥资金”偿还银行债务的融资成本，打击民间非法集资和高利借贷行为，推出“续力贷”产品；株洲县联社、天元联社为解决成长型涉农企业、新型农业产业经营主体及农业开发项目有效抵押不足、贷款难的融资瓶颈问题，推出“农业科技银行”服务的运作模式；攸县农商行为服务在广东等地经商的老乡，创新推出“老乡贷”商会担保贷款。积极打造评级授信示范点，实施农村信用体系建设工程，优化农村信用环境，炎陵农商行支持该县信用体系建设取得明显成效，获得政府和人民银行的充分肯定。（谭新亮）

【推进产权改革】 2015年，全市农信社产权改革取得新突破。茶陵联社组建农商行工作顺利推进。完成清产核资、老股金处置和新股金募集工作，申筹获得银监部门批复，召开了茶陵农商行创立大会暨第一届股东大会。城郊、天元两家城区联社整合组建株洲农商行各项工作扎实推进。开展资产确权，两家联社需确权的房产、土地资产139处，已完成确权的有106处，占比76.25%；开展清产核资，以2015年3月31日为基准日开展第二次清产核资和整体资产评估，省银监局组织现场验收；完成申筹报告初稿和其他申筹资料的前期准备工作。株洲县联社清收不良贷款、资产确权、股金清理等各项改革前期准备工作有序开展，引进战略投资者取得实质性突破。

（谭新亮）

【转型创新呈现新亮点】 电子银行快速发展。积极推进“自助银行百千万”工程，加快推广网上银行、手机银行、电话银行、微信银行。全市安装ATM等自助设备312台，年内新增113台；设置助农取款点563个，布放POS机8783台。营销手机银行9.44万户，累计营销16.68万户。网银业务交易金额27.52亿元。大力开展“移动银行全覆盖”服务，电子银行替代率达46.03%。福祥卡品种和功能更加丰富，惠农一卡通、公务卡、惠民卡、金融IC卡、社保卡大力推广，富民卡成功试点发行，全年发行福祥卡36.51万张，累计发卡208.56万张。新业务强力拓展。ETC业务快速扩张，全年营销1.87万台。积极开展城乡居民保险代理业务和开通财政惠农补贴代发业务。资金营运业务成效显著。定期开展资金营运业务研讨分析会，积极搭建交流平台，大力指导全市系统开展资金业务。不断拓宽营运渠道，丰富业务品种，推动了资金营运业务快速发展。全年实现资金业务收入12.78亿元，占总收入的40.03%。（谭新亮）

兴业银行股份有限公司株洲分行

【概况】 截至2015年年末，兴业银行股份有限公司株洲分行内设有7个部室；下辖3家支行(含1家社区支行)、6家离行式自助银行。全行有75名员工。

2015年，兴业银行股份有限公司株洲分行加快推进业务转型，不断夯实发展基础和管理基础，提升效益水平，确保全行业务的稳步健康发展。全年，兴业银行株洲分行总资产49.45亿元，各项存款余额47.82亿元，较年初增加4.1亿元，增幅9.5%。各项贷款余额为27.75亿元，较年初增加2亿元，增幅7.8%。实现利润1.1亿元，同比增加0.29亿元，增幅36%。

（赖　敏）

【支持政府重点项目】 9月11日，兴业银行长沙分行与株洲市人民政府正式签署全面战略框架合作协议。兴业银行承诺，未来三年，将在节能环保、新型城镇化、基础设施建设、三农经济及县域经济、新兴产业等领域，为株洲市提供总额不少于150亿元的融资服务，推动株洲“锻造新优势、实现新发展、再铸新辉煌”。在重点项目方面，2015年先后支持株洲湘江集团、株洲城发集团、株洲国投集团等重点项目，加深了与主要市级平台及上市公司等重点企业的全面合作。

（赖　敏）

【服务于实体企业及中小企业】 2015年年末，小微企业信贷余额16.47亿元，占全部贷款余额的59%，全年累计新增投放1.8亿元，先后加强对硬质合金、轨道交通装备、鞋帽服饰批发零售、醴陵陶瓷企业等集群客户的扶植，不断优化客户结构，夯实小企业客户基础。（赖　敏）

【提供多元化的零售产品】 兴业行零售产品丰富多样，如兴业现金宝，即买即计息，赎回速到账，高年化净收益率，是炒股达人理财首选；私人定制高端理财产品，实现天天有售，量身定制，灵活起息，快速成交，迅速获益；“安愉人生”养老金融，构建理财、保险、医疗及法律综合体系，关爱老人，安愉人生；“兴人生”客户俱乐部、寰宇人生出国留学金融、代发工资“菁”资卡、兴业通POS机等依托全方位构筑的金融产品，为社会各界提供更高质的金融服务。

（赖　敏）

小额贷款

【概况】 2015年，株洲市的小额贷款公司总体保持有序、稳健和规范发展的良好态势，机构数量、实收资本、贷款余额和经营利润都有新突破。从2009年12月首家小额贷款公司开业，经历5年多的时间，已发展到19家，开业的17家，2家在筹建，2012年已实现小额贷款公司县域全覆盖。全市19家小额贷款公司为株洲市天元区银丰小额贷款有限责任公司、株洲市天元区鸿金小额贷款有限责任公司、株洲市天元区中融小额贷款有限责任公司、株洲市荷塘区日升小额贷款有限公司、株洲市荷塘区金汇通小额贷款有限责任公司、株洲市芦淞区华中小额贷款有限公司、株洲市芦淞区鑫汇小额贷款有限公司、株洲石峰区远大小额贷款有限公司、株洲市云龙金丰小额贷款有限责任公司、株洲县惠通小额贷款有限责任公司、醴陵市方银小额贷款有限责任公司、醴陵银隆小额贷款有限责任公司、攸县国泰小额贷款有限责任公司、茶陵县龙华小额贷款有限公司、茶陵县乐源小额贷款有限公司、炎陵县银太小额贷款股份有限公司、株洲市天元区国信财富小额贷款有限责任公司、株洲石峰区永乐小额贷款有限公司（筹建）和攸县正泰小额贷款有限责任公司（筹建）。

2015年，全市17家小额贷款公司12月末贷款余额11.15亿元，较上年增长6.2%；全年发放贷款5.16亿元，累计发放贷款47.1亿元，累计上缴税金0.46亿元；从业人员423人。

（吴　天）

融资性担保

【概况】 2015年，株洲市融资性担保行业不断规范发展，为中小企业提供担保服务，有效发挥融资桥梁作用。全市共有14家融资性担保公司：株洲丰叶担保有限责任公司、株洲南车时代高新投资担保有限责任公司、湖南兆富投资担保有限公司、炎陵县信用担保有限责任公司、株洲鑫鼎投资担保有限公司、湖南大农担保有限公司、湖南典金投资担保有限公司、湖南一路歌担保投资有限公司、湖南恒信投资担保有限公司、湖南子民融资担保股份有限公司、湖南省国信财富融资担保有限责任公司、湖南东泰融资担保有限责任公司、湖南华友融资担保有限责任公司、湖南攸洲中小企业融资担保有限公司。其中，湖南东泰融资担保有限责任公司、湖南华友融资担保有限责任公司、湖南攸洲中小企业融资担保有限公司在发展过程中因不正当经营已上报省办拟取消其融资性担保资格。

2015年，株洲市融资性担保公司注册资本金20.03亿元，从业人员243人，累计为3400余户在保企业提供担保80亿元，较年初增长33%，在保余额16.38亿元，较年初增长3.6%，融资担保收入4600万元。（吴　天）

株洲丰叶担保有限责任公司

【概况】 株洲丰叶担保有限责任公司成立于2008年11月，是由株洲市人民政府主导发起，株洲市国有资产投资控股集团有限公司控股的一家集担保、投资及咨询代理业务为一体的国有融资性担保机构，注册资本95,084万元，国投集团占股75.24%。公司成立以来，累计为363户中小微企业（或个人）提供融资或非融性担保724笔，累计担保金额40亿元。

2015年，公司乔迁至天元区森林路268号株洲国投大厦7楼。全年为138户中小微企业提供融资、非融资担保155笔，担保金额为11亿元，较上年增长40%；获批各类补贴及奖励资金总计643万元。获评《中国担保》杂志颁发的“最具成长力担保机构”称号。（陈乾轲）

【深化“政银担”合作】 11月6日，在株洲国投大厦公司与株洲兴业资产管理有限公司、长沙银行株洲分行联合签署战略合作协议，组成“政银担”合作联合体，以株洲小微企业信贷风险补偿基金为依托，以3∶2∶5的风险分担为合作机制，积极推动产业园区业务，为株洲市园区内优质企业提供融资担保服务。同时推出“银担”加保业务，以银行强抵押的存量客户为加保目标，以2∶8的风险分担为合作机制，加大小微企业信贷支持力度。签约仪式上，株洲市副市长何剑波高度肯定这种新的金融模式。市人民政府经济研究和金融工作办公室、市经信委、市财政局、人民银行株洲中心支行、株洲银监分局、株洲国投集团等单位领导及株洲市14家银行代表应邀参加会议。（陈乾轲）

【夯实存量业务，提升授信额度】 着重优化客户结构，资产质量稳步提升。公司以“保量增质”为原则，强化风险管理，加强项目核心抵押物要求，着重优化存量客户结构，全年主动淘汰不符合风控要求的项目93笔，担保金额12,430万元。稳步加强银担合作，授信额度大幅提升。公司转为国有控股以后，提升中国银行、北京银行、长沙银行、广发银行的授信额度总计3.7亿元，截至2015年年底，公司与19家金融机构建立了战略合作伙伴关系，综合授信额度达26.85亿元。

（陈乾轲）

【创新风险管控】 创新项目监管模式，有效落实保后管理。公司对部分在保企业，采取派驻专业财务人员进行全面财务监管，并配套制定《派驻财务人员监管联系实施细则》，建立监管人员与项目负责人工作交流群，财务监管人员在群内实时汇报企业生产经营、资金流向等信息。引进专业技术人员，搭建远程视频信息平台，对企业的生产经营、仓储管理进行实时信息共享，并配套制定《在保企业远程视频管控方案》《远程视频管控方案管理细则》《远程视频管控系统操作指南》，风险防控机制进一步健全，截至2015年年底，公司已将20%在保企业纳入管控平台。（陈乾轲）

【成功纳入征信系统】 公司继2013年成为株洲市首家在人民银行进行备案的担保公司后，在设备采购、专线搭建、协议签署及风险管控等方面做了大量准备工作，2015年12月最终取得人民银行同意授予公司数字证书的批复，成为湖南省首家接入人民银行征信系统的融资性担保公司，为公司充分了解客户信用信息，有效进行保前保后风险管理，建立健全风险管控机制开启了新篇章。（陈乾轲）

证　券

【概况】 受国家连续出台优惠政策和银行降息降准等利好影响，证券、期货交易额和开户数大幅上升。据金融机构统计，全年全市 11 家证券营业部累计代理交易额 7381.3 亿元，同比增长 204.6%，新增开户数 95771 户，同比增长 240.9%；2 家期货营业部累计代理交易额 4254.4 亿元，同比增长 147.6%，新增开户数 426 户，同比增长 50%。（段晨曦）

保 险

【概况】 2015 年，株洲市保险行业继续呈现出规模增长，质量提高，活力增强，环境优化，影响扩大的良好态势。据统计，全市有保险行业社团组织 1 个，即株洲市保险行业协会；有 44 家地市级保险主体：分别为经营财产险业务的中国人民财产保险股份有限公司株洲市分公司、中国平安财产保险股份有限公司株洲中心支公司、中国太平洋财产保险股份有限公司株洲中心支公司、中华联合财产保险股份有限公司株洲中心支公司、华安财产保险股份有限公司株洲中心支公司、天安财产保险股份有限公司株洲中心支公司、中国大地财产保险股份有限公司株洲中心支公司、太平财产保险有限公司株洲中心支公司、安邦财产保险股份有限公司株洲中心支公司、阳光财产保险股份有限公司株洲中心支公司、都邦财产保险股份有限公司株洲中心支公司、中国人寿财产保险股份有限公司株洲市中心支公司、中银保险有限公司株洲中心支公司、长安责任保险股份有限公司株洲中心支公司、永诚财产保险股份有限公司株洲中心支公司、亚太财产保险有限公司株洲中心支公司、英大泰和财产保险股份有限公司株洲中心支公司、华泰财产保险有限公司株洲中心支公司、紫金财产保险股份有限公司株洲营业部共 19 家；经营人身险业务的有中国人寿保险股份有限公司株洲分公司、中国平安人寿保险股份有限公司株洲中心支公司、新华人寿保险股份有限公司株洲中心支公司、中国太平洋人寿保险股份有限公司株洲中心支公司、泰康人寿保险股份有限公司株洲中心支公司、农银人寿保险股份有限公司株洲中心支公司、中国人民人寿保险股份有限公司株洲中心支公司、合众人寿保险股份有限公司株洲中心支公司、中英人寿保险有限公司湖南分公司株洲营销服务部、富德生命人寿保险股份有限公司株洲中心支公司、民生人寿保险股份有限公司株洲中心支公司、中国人民健康保险股份有限公司株洲中心支公司、阳光人寿保险股份有限公司株洲中心支公司、平安养老保险股份有限公司株洲中心支公司、华泰人寿保险股份有限公司株洲中心支公司、太平人寿保险有限公司株洲中心支公司、幸福人寿保险股份有限公司株洲中心支公司、长城人寿保险股份有限公司株洲营销服务部、光大永明人寿保险有限公司湖南分公司株洲营业部、吉祥人寿保险股份有限公司株洲中心支公司、华夏人寿保险股份有限公司株洲中心支公司、安邦人寿保险股份有限公司湖南分公司株洲营业部共 22 家；经营保险中介代理业务的有湖南泛华保险代理有限公司株洲分公司、北京联合保险经纪有限公司株洲市营业部、国泰诚信（湖南）保险代理有限公司共 3 家；保险四级机构（支公司、营销服务部）扩展到 99 家。

2015 年，株洲市实现保费收入 495509 万元，同比增长 21.63%。财产险保费收入 163685 万元，同比增长 16.62%。其中，机动车辆保费收入 121936 万元、企财险保费收入 7185 万元、农业保险 8491 万元；全年财产保险共赔付 82533 万元，同比增长 13.86%，全市财产保险业务呈稳步增长趋势。全年人身险保费收入 331823 万元，同比增长 24.27%；人身险赔付和给付共计 61106 万元，同比下降 7.36%，人身保险业务呈稳步增长趋势。以 2015 年株洲全市 GDP 2335 亿元，人口 400 万计算，全市保险密度为 1239 元 / 人，保险深度为 2.13%。全年上缴税收 16559 万元，代收代缴车船税 10883 万元，同比增长 22.68%，安置就业人员 15863 人，有效缓解了社会就业压力。（粟冬红）

保险企业选介

中国人民财产保险股份有限公司株洲分公司

【概况】 中国人民财产保险股份有限公司株洲分公司在各区县设有 15 个四级分支机构、在各区县的中心乡镇（街道）设有 16 个五级机构（营销服务部）。2015 年，人保财险株洲分公司累计实现保费收入 4.86 亿元，承担风险保额 1884 亿元。公司有员工 380 余人，持证营销员达 700 多人。2015 年，缴纳税收近 7000 万元，缴纳税额在全市所有保险公司中多年来连续排名第一，荣获市政府纳税大户 10 万元特别奖励，2015 年度被株洲市政府授予“先进单位”称号。

农业保险保障有力。全力服务社会主义新农村建设。全市共申报 12 家三农营销服务部，76 个三农保险服务站，240 个三农服务点。截至 2015 年年底，开业 10 家三农营销服务部。积极拓展财政保费补贴型农业保险业务，在依法合规经营基础上，全年有 75616 农户参保，共承保 1930 笔。其中，承保 64955 户农户水稻保险，全部签单到农户，实现依法合规经营。全年累计实现签单保费 2370 万元，完成实收保费 2347 万元，完成农险实收保费任务 103%。

2014 年—2015 年新开发特色农业保险三项，分别为茶陵支公司的烟叶保险，全年共有 1210 户农户参保，签单保费 110 万元，截至 2015 年 12 月 31 日支付赔款 75 万元；茶陵支公司的茶树保险，签单保费 52.5 万元；炎陵支公司的白鹅保险，签单保费 43 万元，截至 2015 年 12 月 31 日支付赔款 46 万元。

服务社会，经济补偿功能显现。2015年，公司累计支付赔款2.2亿元，其中株洲市出租车交通事故支付赔款813万元，赔付湖南电力系统219万元，茶陵新农合保险赔付713万元，芦淞区、天元区、茶陵县、炎陵县水稻、烟草等农作物因疾病及水灾造成损失支付280万元，芦淞区、天元区以及各县区白鹅、母猪、育肥猪等家禽因疾病造成损失支付赔款692万元，天元区、茶陵县、炎陵县森林因火灾等原因造成损失支付赔款71万元。

抓理赔管控，提升服务质量。加大查勘理赔服务内容的落地，加强疑案调查、打假防骗力度、远见系统运用和大案要案查勘复核制度。加强与公安交警司法职能部门的合作，打击骗赔骗保不法分子。大力推行理赔服务举措，推进全国系统四海通行服务的应用，让客户在任何地区都有保障都有依靠。以总公司《服务界面标准化操作手册》为指引，深入推动服务界面标准化培训，加强全市网点常态化的检查督导，强化基础界面员工的服务质量监控，规范理顺投诉管理机制，落实有效投诉责任人的处罚兑现；对典型客户投诉问题进行督导跟踪，客户投诉工作流程进一步优化。

（陈金海）

中国人寿保险股份有限公司株洲分公司

【概况】 2015年，中国人寿保险股份有限公司株洲分公司累计实现总保费11.51亿元，同比增长9.88%。其中，实现首年标保12411.28万元，同比增长34.8%；长险新单保费41326.06万元，同比增长8.74%；首年期交保费22091.83万元，同比增长34.50%；十年期及以上期交保费13798.65万元，同比增长33.31%；短期险8621.33万元，同比增长18.06%。累计支出各类赔（给）付款33001.86万元，缴纳各类税金1734.26万元。在全市22家寿险公司中，总保费市场份额为34.72%，领先主要竞争对23.61个百分点。公司经营绩效考核综合得分排名全省系统第二，蝉联AAA公司。荣获“中国人寿（集团）2015年度个险业务发展奖”、全省系统“先进分公司”“创新成果奖”“价值贡献奖”“人力发展成就奖”“竞争卓越奖”。

强队伍，不断提升市场竞争力。中层管理岗位全面推行竞聘制度，晋升用人机制日臻完善，管理人才梯队建设初见成效。在销售队伍建设方面，以队伍的有效扩张带动业务的快速发展，销售队伍实现了规模与质量的双提升。年底，全市系统销售队伍规模达5890余人。

公司坚持创新驱动发展，不断优化组织架构，减少管理链条，节约管理成本，提升工作效率。以创新销售为手段，根据发展需要，不断创新销售服务平台，创新销售管理模式，推动业务快速发展。以“产说会”“抢购会”“答谢会”等为推动手段，创造了提前一季度基本达成年度预算目标的好成绩。以创新管理为保障，持续创新制度管理、体制管理，提升经营效益。建立完善职场功能组体系，实行人力、业务“双轮运作”。倡导“职场经营、主管组织、伙伴参与、公司支持”的自主经营发展理念，职场管理及运作逐步实现自主化。以创新服务为依托，全力提升服务内涵。2015年，公司累计处理赔案15210件，给付理赔金3178万元；全面推广国寿“E保账”“云助理”、个性化E门店等一系列创新服务，为客户提供方便快捷的服务支持平台。（姚迎迎）

【全面推广国寿E宝账】 为了让客户获得更便捷的金融保险服务，中国人寿研发推广首款面向客户的“互联网+保险”的电子化服务产品——国寿E宝账，这是公司继便捷投保服务“国寿 E家”之后，推出的又一惠及广大新老客户的全自助电子服务的应用系统。国寿E宝账实现全流程互联网体，将销售、承保、收费、保险、理赔全流程线上走通，全面触网，一网打尽。让客户真正享受到服务“零距离”“零等待”“零手续”“零烦恼”，也标志着中国人寿成功实现“以保单为中心”向“以客户为中心”的服务转型突破。（姚迎迎）

中国平安财产保险株洲中心公司

【概况】 2015年，中国平安财产保险株洲中心公司在激烈的市场竞争和车险费率改革带来的巨大压力面前，实现了规模与效益的双优增长，个团客户增至7.3万个，保费规模更是历史性跨越至3亿高峰。公司市场地位持续提升，稳居市场第二，效益双优同步增长，全面达成双优目标。2015年公司整体市场份额20.3%，同比提升0.39%；车险市场份额21.6%，同比提升0.42%；财产险市场份额11.8%，同比提升0.88%，意外险市场份额19.8%，继续维持市场第一。综合成本持续优化，2015年公司整体综合成本率93%，实现利润同比增长43.1%，利润水平创历史新高，全部险种均实现盈利；实现税收同比增幅近20%，其中缴纳营业三税约1800万元，代扣车船税约2400万元，继被株洲市税务局评选为“株洲市2014年度纳税信用A级单位”后，12月又获株洲市政府颁发的“2015年度株洲市纳税50强企业”荣誉称号。攸县支公司获2015年度攸县政府授予的“最佳税收贡献奖”。

（许利珍）

【新型服务铸行业典范】 理赔服务日新月异，NPS不断提升。在实现规模和效益双增长的同时，公司不断整合资源，优化流程，建立完整的以客户为中心的端到端的“大服务”体系，实现“最优体验、用户首选”的公司战略品牌。2015年，公司利用互联网平台和新科技服务手段，全面推广电话直赔、小安服务、LCC电话平台、微信自助理赔、3G远程定损、“闪”垫服务、医疗费预赔服务、人伤调解服务等，让客户体验到较好的新型服务。（许利珍）

中国平安人寿株洲中心支公司

【概况】 2015年，中国平安人寿株洲中心支公司实现保费收入3.9亿。其中个险首期保费7241万元，续期保费2.63亿元，银保159万元，个销养保费684万元，个销产年度保费4633万元。全年累计给付生存金及理赔金5208万。公司保险代理人人力创纪录地突破千人平台，各项指标均有所突破。全省首家客服第三代智享门店落地株洲，为广大客户及业务员提供了高端、智能、舒适的服务。（张　玲）

城 乡 建 设

城乡规划

【概况】 2015年，株洲市规划局围绕重点项目建设，规划前期研究全部到位。针对产业发展、项目建设的重点区域、热点领域，组织开展具有前瞻性、指导性的规划研究，以规划编制引领和服务项目建设。着力助推轨道科技城发展，组织编制《轨道科技城及云龙示范区部分区域控规修改》，从用地调整、交通优化、控制指标、设施完善等方面对轨道科技城原有规划进行优化调整，通过集约整合用地，增加该区域247.67公顷工业用地，工业用地总规模达到687.67公顷，确保轨道科技产业做大做强的发展需要。完成《东部新城结构规划》《东城大道定线规划方案》以及西段道路设计，明确东部新城的发展框架和基础支撑。完成《天易科技城概念规划及北部自主创业园控规》，为城市南进发展提供规划依据。组织开展《株洲市综合交通规划发展策略》，统筹交通基础设施体系，制订道路交通建设3年行动计划，确定城区重要交通堵点治理方案，为打造公交都市、畅通城市打下良好基础。完成株洲市湘江风光带石峰公园段、栗雨新马段、湘江新城段等区域的城市设计，通过提升历史文化内涵、丰富城市空间形态、增强城市活力，促进湘江风光带沿岸相关产业的发展。组织开展酒仙湖旅游区、大京风景名胜区总体规划修编，推动相关区域旅游产业发展。

协调指导，加快推进村镇规划编制。2015年，有效落实村镇规划编制工作3年行动计划，按照“一核三轴三带”城镇空间结构和“1349”城镇发展分区结构，全部编制完成91个镇（乡）域布局规划和89个镇区总体规划。在村庄规划中创新分片联村模式，加快实现村庄规划全覆盖，为后阶段全市新型城镇化的推进和发展提供全面统筹的规划依据。

落实项目审批改革要求，提高规划审批效率。2015年，精简审批程序，实行规划审批时限由政务服务中心和市规划局“双控”，执行样板式、元素化审查程序，最大限度地压缩规划审批时间。进一步创新项目服务机制。在项目前期阶段，主动加强与各区政府、平台公司等项目建设业主的沟通交流，开展建设项目“批前辅导”，在进入规划审批程序前，从招商引资、项目选址、方案设计等多个方面，对城铁站场、置信嘉德工业园、天元城等进行提前介入、专业指导，在促进各类项目尽快形成高水平规划建设方案的基础上，逐步推行项目审批准备案制等服务方式，有力提升规划服务效能。2015年，株洲市规划局共核发规划条件通知书136件，用地面积1161.43万平方米；建设项目选址意见书49件，用地面积456.8万平方米；建设用地规划许可证74件，用地面积273.69万平方米；建设工程规划许可证114件，建筑面积613.58万平方米；竣工验收56个，建筑面积259.43万平方米，收取城市建设配套费3.6亿元。

服务园区“146”工程，保障产业项目落地。2015年，市规划局实行园区工业项目规划审批手续全程代办，限时办结，送证上门；对芦淞区、荷塘区、石峰区共7个工业园区法定控规范围内可出让工业用地进行全面摸底清查和规划研究，一次性出具142宗1304.16公顷的工业用地地块规划条件，用于国土部门办理2015年度工业用地土地报批和出让手续，为园区工业项目减少了程序、节省了时间。

整合工作力量，加强乡镇村庄规划管理。在实行“大城管”综合执法的背景下，针对市区范围内乡镇村庄规划管理力量薄弱的情况，合并原有各区规划分局和规划监察大队，实行“一套人马，两块牌子”的管理和工作机制，在机构合并、人员增加、力量增强的基础上，进一步加大市区范围内乡镇村庄规划管理力度，确保规划实施和管理到位。（李　礼）

规划设计

【概况】 株洲市规划设计院，行政归口株洲市规划局管理，资产受株洲市国资委监管，下设规划分院、道桥分院、排水分院、建筑分院、景观分院、测绘分院、勘察分院、重庆分院、规划基础数据信息中心、城市发展交通研究中心、城市设计研究中心、BIM及绿建研究中心、建筑工程总承包及项目管理部（咨询公司）等机构。拥有城乡规划编制、建筑行业（建筑工程）、市政行业（道路工程）、工程勘察、工程测绘、地理信息、工程咨询（规划、道路）7个甲级资质，风景园林工程专项、市政行业（桥梁工程）、市政行业（给水工程、排水工程）、土地规划机构、工程咨询（建筑）6个乙级资质。拥有博士1人，研究生112人，高级工程师75人，中级职称143人，一级注册建筑师6人，二级注册建筑师5人，一级注册结构工程师8人，二级注册结构工程师4人，注册岩土工程师5人，注册城市规划师26人，注册测绘师10人，注册造价工程师4人，注册咨询师20人，注册公用设备工程师8人等。各类专业配套合理，技术装备齐全，设计手段先进，具有较强的综合实力，年生产能力超过1亿元。

2015年，株洲市规划设计院以“两型、绿色、低碳、节能”等设计理念积极参与株洲市重大城市建设工作，服务好一轴一带等规划设计和河东风光带、十大新城建设等工程项目。完成市内重点项目：1.规划项目有株洲市域城镇布局战略规划、天易科技城概念规划、株洲市村庄规划、18个片区规划、株洲市城市住房建设规划、市政廊道控制、株洲市地下空间利用规划等；2.市政项目有荷塘大道、金塘大道、金城路、浏阳319国道、云霞大道、田心大道、渌枫大道、千亿大道、湘芸路、创业大道、响泉路、栗塘路、乐山大道等；3.景观项目有湘江东岸、霞湾港及万丰湖景观工程、炎帝陵盆景园、神农城大剧院、艺术中心、醴陵绿江风光带、滨江广场、浏阳康宁路、张家界道路提质等；4.测绘项目主要完成竣工测量91项，定位测量64项，市政道路测量26项。积极参与外省市项目投标，主要参与山西大同、重庆、湖南郴州、岳阳、浏阳等地项目的投标。与美的地产签订战略合作协议，每年可承接美的建筑项目设计业务450万元。全年共签订合同709份，合同总金额1.75亿元，上缴各类税金1425万元，实现营业收入1.26亿元。年内被评为“湖南省文明窗口单位”。（刘新华）

【人才队伍和资质建设】 人才引进与培养。引进硕士研究生10人；选派50名员工赴上海同济大学参加“株洲市新型城镇化建设专题培训班”学习10天；选派两批次14人赴清华短期学习；在云龙科研基地开设“规划大讲堂”，开展内部学习技术交流。设计人员职称申报通过高级工程师5人、工程师15人、助理工程师5人。资质建设方面，获得了国家测绘地理信息局的“地理信息系统工程”“不动产测绘”甲级资质。“市政行业（桥梁工程、排水工程）”乙级资质延续换证按时完成。完成了“工程勘察劳务资质（凿井、钻探）”的申报工作。完成了“工程勘察专业（岩土工程、工程测量）”甲级资质按新资质标准的换证工作。（刘新华）

【严控产品质量】 积极开展项目设计创优、评先和参与论文竞赛活动。2015年论文竞赛获奖37篇，参加湖南省城乡规划论文竞赛，共有26篇论文获奖，其中一等奖1篇，二等奖7篇，三等奖9篇，表扬奖9篇；参加湖南省村镇建设论文竞赛，共有11篇论文获奖，其中一等奖3篇，二等奖3篇，三等奖5篇。2015年项目设计创优获奖44项。1.国家级获奖2项，即：参加中国地理信息产业优秀工程奖评选，获银奖1项，中国测绘学会优秀测绘工程奖评选，获铜奖1项；2.省级获奖15项，即：参加湖南省优秀城乡规划设计奖评选，获一等奖1项、二等奖2项、三等奖4项；参加湖南省优秀工程勘察设计项目评选，获优秀工程勘察奖3项（二等奖2项、三等奖1项），优秀工程设计奖5项（二等奖2项、三等奖3项）。3.市级获奖27项，其中一等奖13项，二等奖9项，三等奖5项。（刘新华）

城市管理

【概况】 2015年，市城管局创新方式方法，提升管理水平。高水平通过全国文明城市复检，株洲关于改善环卫工人待遇的经验做法被中央、省里采纳并发文推广，株洲城市管理与体制创新荣获“中国人居环境范例奖”，并入选“湖南省首批生态文明改革创新示范案例”。

加强城市基础建设。加强株洲市城市生活垃圾焚烧发电厂运营监管，妥善处理渗滤液事件，全面提质改造到位，有力保障规范高效运行。焚烧和填埋处理生活垃圾35.6万吨，月发电量1100万千瓦时。全部环保指标达到或低于国家控制标准，渗漏液处理达到一级A标，二噁英控制在每立方0.03纳克，只有国家控制标准的三分之一。启动餐厨废弃物处理项目，成功入选全国第五批餐厨废弃物资源化利用和无害化处理试点城市。完成土地调规、土地报批和安评环评等工作，进行初步设计的预评审，争取国家专项资金1536万元、省级“两供两治”资金200万元。启动南郊垃圾场封场及备用场建设，稳步推进南郊垃圾场周边500米范围内搬迁相关工作。做好备用场的选址工作，编制老场封场和备用场的项目建议书。启动建筑垃圾综合利用项目，做好前期工作。启动路灯绿色照明节能改造项目，完成试点。启动数字城管系统升级改造项目，完成环卫车载监控系统的更新，开发企业管理考评系统，修改了考评系统，新增网格化考评功能，为实施网格化管理考评奠定基础。

加大城市管理执法力度。加强日常管理。健全环卫工人档案，完善垃圾收集运输体系。落实社保政策，符合条件的2133名合同制环卫工人全部购买五险，参险率100%。改善环卫工人居住条件，安排第一批符合条件的175名无房环卫工人入住廉租房。完善环卫设施设备，新建10座移动环保公厕，购置垃圾清运车辆22台。规范市容秩序，开展车辆违停整治，取缔私划停车线4490米，拆除私设地锁、停车墩等设施718处。组织城市各区开展牌匾专项整治，拆除行道绿化带上各类违规设置牌匾835块、破损违规牌匾4294块、垂直牌匾1231块。开展湘江风光带集中整治，清理河道违规菜地40处，拆除临时棚屋30余处，清运建筑垃圾和生活垃圾50余处。扎实推进户外广告提质减量，发布公益广告78723.08平方米。提高数字化管理水平。2015年，系统上报案卷715189条，立案676936条，处置672791条，处置率99.81%，同比提高0.24%，案卷数量稳步提升；案卷积分105498.8分，月均积分9791.56分，同比增长14.68%，案卷质量大幅提升；系统结案数672771条，结案率99.87%，同比上升0.3%。加强公共自行车租赁系统监管考评，市民满意率90%以上，加大灯饰设施管养力度，全年共维修路灯15571火，处理亮化终端故障262起、路灯表箱、箱变终端故障245起，线路故障307起，补换电缆3062米，处理亮化楼栋故障300多起，确保设施完好、正常运转。提升执法水平。积极开展城管立法相关工作，起草《株洲市城市管理条例》（征求意见稿）。坚持“日考评、周反馈、月通报”，加强对全市城管队伍队容风纪等情况考评。加大日常执法处罚力度，共查处毁绿占绿、违规破占道及违规设置户外广告等各类违规案件160余起，拆除违法广告牌7000余平方米。加大队伍教育培训力度，举办了第二期城管执法骨干培训班，对全市60余名执法骨干进行了封闭式集中培训，城管队伍业务素质和执法水平逐步提高，在执法办案过程中未出现行政诉讼案件。组织第二届“十佳城管”评选活动，进一步改善了队伍形象。强化考评监管。进一步完善考评办法，拟订《株洲市市直相关部门城市管理工作考核评比办法》和《株洲市城市管理信息化系统市直相关部门城市管理工作考评标准》，下发《株洲市城市管理信息化系统信息采集员积分奖励办法》。创新考评方式，积极探索城市网格化管理新模式，实施城市管理工作微信动态考评，将城市管理工作纳入绩效考核指标。

构建城市管理常态长效机制。积极争取出台《关于推动城市管理转型升级的意见》（株政发〔2015〕11号），充实调整市城管委及办公室，建立健全工作联席会议制度。同时，进一步明确区级政府、街道、社区以及相关市直部门、企事业单位在城市管理中的主要职责，完善决策、执行、监督、参与四个层面的大城管工作格局。进一步完善机制。按照“政府主导、市场运作”的原则，不断健全市场化运作机制，积极培育市场主体，强化行业监管，促进优胜劣汰。按照“条块结合、以块为主”的原则，不断完善工作协同机制，加强市区之间、市直部门之间以及城区之间的协调配合，针对涉及多部门的城市管理重点、难点问题，实行部门执法联动，不断提高执法工作效能。同时，还进一步完善了项目竣工移交、考核奖惩、群众参与等机制。

推进城市管理改革。推动城市管理向城市治理、单一城管执法向大综合行政执法的转型，扎实推进改革：深化城市管理市场化改革。推广环卫作业市场化运作的成功经验和有效做法，逐步扩大市场化运作范围，不断完善在渣土运输、“牛皮癣”治理、园林绿化管养、市政灯饰维护等领域的市场化管理模式。同时，大力培育市场主体，扶持企业发展，实现多方共赢。湖南仁仁洁保洁公司，原是株洲一家小企业，已发展为业务范围覆盖16个省、58个地级市的行业龙头企业。积极探索大行政综合执法新模式。大行政综合执法是城市管理未来发展的大势所趋，也是全面提高城市管理效能和水平的必由之路。积极的探索借鉴三亚、北京石景山等地的先进经验，推动株洲市行政综合执法改革。深入推进环卫、市容、渣土、户外广告等管理方式改革。推行标准化、精细化管理方式，出台《株洲市户外广告管理办法》，建立固定公益广告宣传阵地，制定全市户外广告统一规划，起草《株洲市户外广告设置规范》，完善《株洲市建筑垃圾运输管理办法》，推动环保智能渣土管理转型升级。扎实推进行政审批制度改革，清理合并行政许可项目，优化审批流程，不断提高行政审批效能。

深入推进城乡同治。坚持以城带乡、以点带面，突出重点，统筹城乡，深入推进城乡同治，将城区城市管理的好经验、好做法推向全域株洲，确保城市管理水平同步提升、共同提高。加大对县（市）城市管理工作指导力度，定期组织对5县（市）的市容、环卫、市政、执法等工作进行检查考核。各县城主次干道市容环境卫生干净整洁，公共厕所、垃圾中转站等环卫设施管理到位，文明执法、规范执法水平显著提升，市政设施管养情况不断提高，城市管理监督指挥平台建设稳步推进。同时，督促各县（市）净化、绿化、亮化、美化县城环境，并将城市管理触角延伸到中心镇、深入到村组，努力改善农村环境，打造干净整洁美丽乡村。（唐 璨 邝艳辉）

市政管理

【概况】 2015年，株洲市政工程维护处全面推行专业化全方位精细管养，努力打造“五好”市政（即道路平整通行好、管网排水功能好、桥梁运行状态好、路政管理服务好、维修养护质量好）。全年精细化完成人行道维修12931平方米，沥青砼路面维修27363平方米，沥青灌缝19781米，下水管道疏通236701米，清理排水沟3740米，掏挖检查井43210座次，掏挖泄水井51430座次。年内，单位先后获2014—2015年度扁鹊杯全国城镇市政养护示范设施（已连续4届当选）、2015年湖南省文明示范窗口单位等多项荣誉称号。（马怡娜）

【市政设施养护】 推行“专业化全方位精细养护”模式，提升市政设施养护标准，提高市政设施的养护水平。全面摸排设施运行状况，科学制定年度、月度养护作业计划，日常养护计划与道路、排水、桥梁中修、专项整体计划有机结合，按计划控制进度节点，合理安排施工任务，同时大胆推广新技术、新工艺、新设备、新材料，提高养护技能和效率。计划养护与动态整改相结合，24小时动态巡查，以微信群图文并茂反馈巡查情况，并第一时间进行整改。主干道市政设施完好率达98%，次干道市政设施完好率达95%，实现养护无死角，夯实市政设施基础。2015年，完成东环线、红旗路、响田路等6条道路中修，完成大坪路、华南路、贺家土路等8条道路检查井更换；完成麻园社区排水渠等三项清淤工程；聘请专业机构对辖区内48座桥梁进行常规检测，完成响田一桥、王家坪立交、京渌立交、湘江路桥等7座桥梁的维修和南环线5座桥梁中央分隔带盖板处理工程。

（马怡娜）

【路政管理】　不断强化市政设施管理，对市政设施进行24小时不停巡查并建立巡查台账，实施全方位动态管理。依法有序管理各类占破道工地，尤其是重点大型的工地，督促其文明施工，发现问题及时整改；着力解决民生诉求，特别是与市民工作生活息息相关的问题，主动与服务对象联系，反馈情况。2015年共处理市长热线（信箱）485起，其中属于该处133起已经核实，其余已经转派；数字城管共处理438卷次，另转外单位379卷次。对水、电、气、通信等管线单位的产权井病害主动进行巡查监管，并协助产权方共同搞好井盖平整度维修和安全达标。同时，主动与排水管网接入方联系，防止发生私接乱挖对市政设施造成的次生灾害。加强围挡日常管理，勤巡查勤监督抓落实，确保围档规范管理。（马怡娜）

【应急处置】　结合往年城市道路防汛和株洲低温气候情况，制定冰雪、暴雨应急预案和系列治理积水方案。安全、及时、高效地做好年初低温冰雪应急处置，保证市民的安全出行。对市区道路排水管网开展“拉网式”清淤，对易出现排水管道堵塞的路段，进行冲洗、掏挖，保障市区雨水排放畅通。统计城区易积水路段，并按计划对这些路段进行改造，保证排水顺畅。“28220110”应急专线24小时接听，做好各项反映问题的办理、落实、回复，全年受理有效投诉处警电话800次，回复和处理率100%。优化市政微博、市政网站、市政应急专线平台，畅通市民举报、投诉、反映市政问题和突发事件的渠道，各类信息及时互动，确保市政设施良好运行。市政应急处置已成为全市应急工作的品牌。

（马怡娜）

【事企改革“提速”】　为贯彻落实国家、省、市委、市政府和主管局关于全面深化改革“政事分开、事企分开和管办分离”精神，市政处积极推进事业单位分类改革工作，全力以赴推动市政管理和养护工作转型升级。2015年8月24日，圆满完成了事企分离改革。改革过程没有一个干部职工上访，是目前株洲市同类事业单位改革成功的先例。（马怡娜）

园林绿化管理

【概况】　2015年，株洲市园林绿化局以建设生态文明城市为目标，开展“百园”建设，强化绿化考评，全面提升城市园林景观效果。截至年底，全市建成区绿地率39.23%，绿化覆盖率41.36%，人均公共绿地面积11.59平方米。

各项园林绿化工程先后竣工。5月1日，河东湘江风光带南段一标段开园；7月15日秋瑾故居绿化景观工程开馆，景观面积3.4万平方米；7月21日，石峰公园沿江北路危岩边坡治理竣工；滨江广场提质改造、株洲大道与君山路交叉口立体绿化等工程相继完工。全年完成建设工程竣工联合验收（园林绿化）项目17个。

规范绿化配套审核。全年办理各类城市绿化行政许可事项59件，其中：38个申报园林报建的新、改、扩建设项目（含住宅类项目19个、公益项目5个、仓储类项目1个、安置类项目6个、棚改项目1个、办公楼类项目1个、商业类项目3个、“5115”工程1个、园区项目1个）；现状绿地项目21个，核定项目绿地面积4019.28平方米。

规范园林企业资质。截至年底，全市有2家二级资质企业延续，新批三级资质企业9家，完成7家企业变更。

（文志明）

【城市绿荫三年行动】　2015年，市政府下发《株洲市城市绿荫三年行动计划》。该行动计划明确了株洲市未来三年（2016—2018年）城市园林绿化建设的目标是将株洲建设成为“一江清水、两岸绿荫、三环滴翠、四季花香”的山水宜居城市，真正让广大市民享受“推窗见绿、出门赏景、起步闻香、湘水鹭影”的生活。（文志明）

【小游园建设】　2015年，株洲市投资3000万元完成100个小游园建设，提质改造绿化面积13.42万平方米，安装健身器材224组、休闲座椅394套、廊亭24座、垃圾箱196个。

（文志明）

【绿化养护考评】　年内，市财政投入500万元用于城市绿化养护考评。株洲市园林绿化局通过对城区园林绿地、道路绿化进行明检和暗检，进行全市通报，奖惩兑现的方式，形成园林绿化养护监督考核体系，提高全市园林绿化管养水平。（文志明）

【开展义务植树】　3月12—18日，组织市民1.1万人次，在河东湘江风光带、栗雨高科园万丰湖、云龙区华强路、荷塘区石子湖公园等区域开展全民义务植树周活动，种植玉兰、樟树、柳树、桃树等1.3万余株。（文志明）

【推行绿色文化】 10月始，株洲市园林绿化局推出“种绿护绿、有你有我”“文明游园、你我同行”“万盆鲜花进万家”“园林科普、文明城市”为主题的大型宣传绿色文化活动，并联合株洲在线推出“种绿护绿，我们在行动”线上宣传活动，倾心打造文化园林阵地，广泛传播绿色文化。同时，城市各公园相继推出露天电影、书法等亲民文化广场活动。 （文志明）

灯饰管理

【概况】 2015年，株洲市灯饰管理处努力践行“三严三实”，认真兑现对外承诺，坚持普通路灯故障维修在24小时内完成，设备线路故障处理在48小时内完成，坚持全天候、全方位不间断巡查和维护。全年共维修路灯16995火，处理亮化终端故障282起、路灯表箱、箱变终端故障265起，线路故障341起，补换路灯电缆3193米，处理亮化楼栋故障300多起。尤其是在创文迎检期间，集中力量完成全市路灯设施大中修改造，确保全市500多台路灯箱变、140余台路灯专用变压器、40000余火路灯、900多栋建筑物亮化良好运行，确保路灯亮灯率达99%以上，全市亮化楼栋亮化率达到95%以上。年内，株洲市灯饰管理处代表湖南参加中国照明学会城市照明建设奖，被评为“中照学会城市照明建设奖一等单位”，成为全省第一个也是迄今为止唯一一个获此殊荣的单位。 （刘琴红）

【设施管养改革创新】 2015年，灯饰管理处通过精细化管理，提高维护工作效率，并一举推出两项改革创新举措：一是路灯养护推行劳务分包。按照工作重心下移、提高维护效率、提升服务水平的原则，将全市4万多盏路灯分片区由养护中心职工以组队的形式进行承包维护。各片区实行所长负责制，处里负责考评监督各片区的路灯设施完好情况、设备安全运行状况以及路灯亮灯率等维护工作。二是亮化维护推行劳务外包。根据突出抓好核心区域和重点区域亮化维护的原则，将亮化楼宇按路段划分为核心区域、重点区域和一般区域等三个区域四个维护标段，通过公开招投标，确定维护队伍，处里负责对承包队伍进行考核监督和管理。 （刘琴红）

城市户外广告资源管理

【概况】 2015年，株洲市城市户外广告资源管理继续积极展开户外广告牌的提质减量工作，严格规范广告牌的审批设置；加强安全责任管理，坚持定期巡查与监督，排除户外广告设施的安全隐患；加大公益广告宣传力度。

广告牌的整治提质。一是审批核准新建中石油所属加油站内（做指示牌用）高立柱16个3456平方米；公共自行车广告宣传棚15处约1100平方米；平面广告改三面翻4处约860平方米。二是拆除违规过期广告牌4处786平方米。具体位置：天易路130平方米、荷塘区331入口围挡380平方米、荷塘区331入口墙面60平方米、天元区长江路与庐山路交汇处高立柱216平方米。

公益广告的宣传发布。截至2015年11月底已发布的公益广告宣传主题16个，面积达78723平方米，其中“创文明城市”主题宣传达30555平方米；“社会主义核心价值观”“梦娃公众动漫”“防灾减灾”“禁毒宣传”“保护和治理湘江”“普法宣传”“党风廉政”“环卫节”“双拥工作”“反腐倡廉”“十佳城管评选”“人口调查”“学雷锋”“人大、政协”“新年、春节”等主题宣传达48168平方米。

规范安全管理。按照“安全第一，防范为主”原则，坚持对户外广告牌进行日常巡查和督促整改到位。年初组织召开所有广告位经营单位负责人参加的安全工作会议并签订安全责任状。同时，将广告牌的安全检测报告列为设置的首要条件。对使用时间较长且存在安全隐患的12个高立柱收回经营权，逐一进行全面维护，全年未出现安全事故。 （胡紫云）

城市管理行政执法

【概况】 株洲市城市管理行政执法支队组建于2006年10月，为参照公务员管理的副处级事业单位，人员定编47人，内部机构设一大队、二大队、三大队、四大队、督查处罚科、综合科、财务科等7个部门。

2015年，执法支队始终坚持以日常执法为中心，加大行政处罚力度。全年查处各类行政处罚案件160余起，其中园林绿化案件22起、市政案件20起、户外广告案件118起，罚款25万余元。定期开展联合执法行动，先后联合广告处开展3次户外广告整治行动，拆除违法广告11000余平方米。

（张水玲）

【巩固渣土管理成效】 坚持落实24小时无隙缝巡查监管机制，年内及时处置渣土污染1020起（上报市考评办428起），城区渣土运输和渣土污染得到有效防控，管理成果不断深化和发展，先后有河南、江西等省的20余个城市到支队学习考察。进一步修改完善《株洲市渣土运输企业考核办法》，细化考评内容，改进考评方式。重点规范卸土区的管理，解决了卸土区保洁设施不完备、保洁人员不到位等问题。另外，按照市治超办有关要求，督促19家渣土企业开展超限超载整治，并将有关情况纳入渣土企业考评范围。 （张水玲）

【投身文明城市创建工作】 高标准完成创文国检。1月上旬，全力迎战创文国检，对路面渣土污染实施全天候监管，组织协调各区全力维护市容秩序，圆满完成迎检工作任务。从9月下旬开始，联合有关部门开展创文复审专项整治。联合市交警支队、市城市管理监督指挥中心等单位，开展为期15天的“车窗垃圾”专项整治行动，整治向车窗外乱扔乱吐行为316起；在《株洲日报》《株洲晚报》上刊登致市民朋友一封信，在株洲新闻网开辟整治行动专栏，在《株洲日报》设立违章车辆曝光台，曝光违章车辆130余台。联合交警、交通、公安等部门，开展为期两周的交通秩序联合整治行动，劝离乱停乱放车辆1690余次，暂扣或现场锁车1250台次，纠章劝导乱穿马路3265人次，登记保存违章经营物品2954处，清理城市“牛皮癣”14700余条，清除破损广告牌及临时广告布163处。（张水玲）

【推进湘江市容环境综合整治】 开展河东风光带市容整治。7月下旬，组织协调交警支队、芦淞区和石峰区，对河东风光带沿线出店经营、店外堆物、车辆乱停等违章行为逐店逐处进行整治，共清理出店经营76处，清运生活垃圾16处，现场处罚违停车辆138台，拆除临时性喷绘广告及破损招牌店65处。组织协调湘江综合整治行动。11月，组织协调芦淞、天元、石峰3个城区参加湘江干流综合整治，坚持每天沿线巡查，发现问题及时督促整改，3个区共清理违规菜地41处约5.33余公顷，临时棚屋30余处，建筑垃圾和生活垃圾60余处共计2000余吨，拆除违规广告牌75块，有力推动了整治进度，按时完成了整治任务，受到了毛腾飞市长的充分肯定。（张水玲）

城镇建设

【概况】 株洲市住房和城乡建设局，将市房产管理局承担的行政职能划入市住房和城乡建设局；将市城市管理和行政执法局承担的市政工程管理、园林绿化管理有关行政管理职责整合划入市住房和城乡建设局；将市园林绿化局、市政工程管理处承担的行政职能划入市住房和城乡建设局；将原市招标、投标管理局的建设工程，招标投标监督管理职责划入市住房和城乡建设局；将市民政局的农村危房改造有关职责划入市住房和城乡建设局，为株洲市人民政府工作部门。根据株政发〔2015〕71号新的三定方案，局机关行政编制63名，下设办公室、计划财务审计科、人事教育科、政策法规科（研究室）、行政审批科、住房政策管理科、建筑业管理科、执法稽查科、城市建设管理科、质量安全管理科、勘察设计管理科、公用事业管理科、建筑节能与科技科、村镇建设管理科、招标投标管理科等15个职能科室，下辖25个直属单位，其中市园林局、市质安处、市城建档案馆、市政工程维护处为副县级单位，市劳保办、市造价站、市燃气办、市用水办、市排水办、市装饰办、市信息办、市预拌混凝土办、市墙改办、市污水管理处（市排水公司）、市散装水泥办、市建设工程质量检测中心、市政重点办、市神农公园管理处、市天鹅湖公园管理处、市流芳公园管理处、市石峰公园、市园林科学研究与技术指导中心、市苗圃、市玉兰山庄等为正科级事业单位。

2015年，全市住建系统深入推进建设项目行政审批制度改革，大力提升工作效率。完成初步设计联合审查项目122个、合并验收项目61个，促进了企业减负和效能提升，得到广泛认可和好评，《中国建设报》《湖南日报》等媒体进行大篇幅报道和重点推介。全年全市建筑业顶住经济下行的巨大压力，完成总产值553.29亿元，同比增加17.1%。

基础设施建设加快。全年135个市政基础设施建设项目完成投资63.55亿元。长株潭城际干线株洲段三条干线公路建成通车，创造了道路建设的株洲速度。芦淞路铁路涵洞完成拓改，城区往南通道更加畅通。东城大道开工建设，城际铁路株洲段、湘江大道等项目进展顺利。霞湾、龙泉一二期、董家塅等污水处理厂提标改造工程全部完工，完成市污泥处置中心建设。新建供水管网82.28公里，改造27.2公里；新建改造市政燃气管网138.08公里、新增城镇管输天然气用户41762户。市本级污水处理率达92%以上，全市污水处理率达89%以上。

新型城镇化加速推进。组织召开全市推进新型城镇化工作会议，出台《株洲市国家新型城镇化综合试点工作实施方案》。株洲市、攸县、醴陵市白兔潭镇分别被确定为湖南省新型城镇化试点市、试点县和试点镇，试点工作全面铺开。完成农村危房改造9300户，启动50个试点村庄整村推进工作，“官庄模式”受到充分肯定和广泛推广。

工程质量治理成效显著。“高科·总部壹号”项目获得“鲁班奖”，这是继2013年“仁达大楼”首次获奖之后株洲市再次问鼎全国建筑行业最高荣誉。株洲市成功获批中欧低碳生态城市合作项目绿色建筑、绿色交通试点城市；惠天然·城市公园二期被动式节能房获批住建部和省级示范项目；云龙示范区入选国家绿色生态示范城区试点。在第六届中国智慧城市大会上，授予株洲市为“‘十二五’智慧生态领军城市”，株洲市住房和城乡建设局被评为“‘十二五’智慧城市贡献单位”。全面落实质量终身责任制，补签授权书、委托书工程723项，在全省率先完成。414个项目购置安责险，参保率达98.2%，排在全省首位。住宅质量治理工作向纵深推进，成功创建了湘水湾二期、金色荷塘、美的城二期等省级观摩示范工地，推广铝合金模板工程项目5个，应用建筑面积达80多万平方米。株洲市顺利通过“工程质量治理两年行动”国检，全省现场会在株洲市召开，并得到部、厅充分肯定，2015年质量安全工作在全省考核中排名第一。

（罗贝　曾辉）

【小城镇建设】 2015年，株洲市完成9300户农村危房改造，启动50个试点村庄整村推进工作。实现危改农户网上信息录入率达100%。株洲市危房改造工作突出住建部门工作特色，充分发挥住建系统政策、行业和技术优势，创新工作方法，形成以醴陵官庄乡、天元区三门镇南江村为代表的危房改造工作株洲特色经验。建制镇污水处理设施建设稳步推进，株洲县淦田镇、攸县网岭镇、新市镇、大同桥镇，茶陵县界首镇，炎陵县鹿原镇、三河镇、水口镇、沔渡镇、十渡镇等镇的12个污水处理厂已建成。株洲市、攸县、醴陵市白兔潭镇分别被确定为湖南省新型城镇化试点市、试点县和试点镇，试点工作全面铺开。芦淞区白关镇、天元区三门镇、株洲县朱亭镇、醴陵市白兔潭镇、攸县皇图岭镇、黄丰桥镇、网岭镇、茶陵腰陂镇、炎陵三河镇等9个镇获批全国重点镇称号。（胡屹威）

【造价管理】 2015年，株洲市建设工程造价管理站简化办事程序，降低门槛，推行限时办结、绿色通道、容缺受理等便捷措施，努力构建“阳光造价”管理体系。合同备案、上限值审查在规定时限内提速50%，提高服务质量，尽可能为企业提供绿色服务通道。全年共完成132个项目施工合同备案工作，合同备案金额93亿元，其中国有投资项目施工合同备案率达100%，纠正合同签订当中的违规现象，为维护建设市场秩序和抑制工程结算纠纷起到较大的作用。全年共审核95个项目安全文明施工措施费，核增1500万元，全年办理竣工结算备案项目60个。造价咨询行业企业和专业人员队伍不断壮大，业务范围逐步从工程预结算编审向工程建设全过程造价控制领域拓展。2015年全市工程造价咨询企业和外地驻株分支机构达50家，其中甲级35家，乙级15家，造价执（从）业人员数量和造价咨询企业等级保持良好发展态势。（万 军）

【施工图审查】 2015年，完成各类施工图审查备案项目167项，备案建筑面积为600万平方米。全市有施工图审查机构2家。全年从业人数达2011人，营业收入达5.6亿元。株洲市有一级注册建筑工程师20人，一级注册结构工程师31人，二级注册建筑工程师38人，二级注册结构工程师19人，注册岩土工程师14人，注册设备工程师26人。（朱文茂）

【勘察设计】 截至2015年底，全市共有工程勘察设计单位29家，其中勘察单位4家，设计单位25家，综合资质8家，具有甲级资质单位6家，乙级资质单位14家，丙级资质单位8家。

加强勘察设计质量检查，对勘察设计单位资质和注册人员实行动态管理，强化勘察设计市场监管，积极组织开展技术人员注册继续教育及有关业务知识的培训学习。认真办好《株洲市勘察设计》会刊，勘察设计信息全部录入《湖南省建设工程监督管理信息平台》。（朱文茂）

重点项目建设

【概况】 2015年，株洲市重点项目254个，完成投资538.25亿元。其中，重点新开工项目101个（打捆分计），完成投资271.84亿元；重点续建项目101个（打捆分计），完成投资241.88亿元；重点前期推进项目28个，完成投资24.53亿元。

超前谋划储项目。围绕对接国家“十三五”规划和各领域专项规划，寻找重点、挖掘线索，相应谋划储备一批重点项目进入省、市“十三五”规划笼子。积极对接国家发布的七大工程包，做好项目谋划，特别是对应国家稳增长专项政策，策划400多个项目，衔接对接成功106个项目，争取国家专项债48亿元和企业债59.9亿元。光伏林光地面电站、通用机场、清水塘工业区重金属污染土壤综合治理工程等项目已开工建设。招商引资争项目。紧紧抓住“一带一路”、长江经济带建设的发展新机遇，加大开放合作力度。依托“港恰周、株洲（深圳）投资推介会、中韩经贸文化活动周、第七届湘商大会”等重大招商活动平台，充分展示株洲发展成就，成功签约重大项目37个，合同总金额达308.6亿元。通过建立签约项目履约推进责任制，明确分工，责任到人，全力推进120个重点招商项目履约，全年完成103个项目履约，项目履约率达85.8%，超前完成项目履约率70%的工作目标。其中，67个项目已开工，项目开工率达55.8%。全力以赴建项目。全力以赴推进项目开工落地和竣工投产，拉动有效投资增长。北汽二工厂、轨道交通科技城和株洲航电枢纽二线船闸等115个重点项目开工建设（含跨区开工项目和重点前期项目），超额完成年初确定的促进89个重点项目开工建设的目标任务。向阳南路、茶陵黄牛产业化、旗滨玻璃生产扩能、中央时代广场、沪昆高铁站（醴陵）连接线等65个重点项目实现竣工投产，超额完成年初确定的确保23个重点续建项目竣工投产的目标任务。其中，洞株路株洲段、万丰湖生态水系景观工程、奥维高分子膜材料产业化基地等14个重点项目实现当年开工，当年竣工投产见效。（项致远）

建设工程质量安全监督

【概况】 2015年，株洲市建设工程质量安全监督管理处按照“保质量、保安全、争一流”的要求，全面落实质量终身责任制，新开工工程签署授权书、承诺书169项，全部签订到位；新办理竣工验收备案的工程122项，均设立了永久性标牌。加大宣贯力度，先后两次组织400余人进行专项学习，累计发放培训资料800余套。加大排查力度，对全市在建项目进行多轮次监督执法检查，累计2411项次，检查工程6195项，下发检查整改单2739份，发工作函16份，呈报专题报告17份，向市住建局呈报记录不良行为企业21家、行政处罚企业48家。共纠正违反施工发包、分包管理规定的行为116起，对6家施工企业实施差别化管理，对23个违反施工许可规定的违法项目进行了全市通报，将1家施工企业清除施工现场，集中约谈企业21家，经媒体曝光9起"未报先建""三包一挂"等违法违规行为，有效打击了违法违规行为，规范了建筑市场秩序。年内，株洲市代表湖南省迎接"国检"取得好的成绩，交上满意答卷。

2015年，株洲市建设工程质量安全监督管理处扎实推进住宅工程质量常见问题专项治理工作。先后组织40余人到兄弟省、市学习取经，两次组织600余人进行质量治理示范样板观摩学习，并在本市主要报刊上先后公示两批省级和市级示范样板项目，发挥了样板引导作用。建立健全政府监管、企业自主、社会参与、市场调节、齐抓共管的质量共同治理信用体系。年内全市共培育省级住宅工程质量常见问题专项治理示范样板项目12个、省级工程质量标准化项目78个（占项目比率24.1%，占面积比率31.6%）、市级住宅工程质量常见问题专项治理示范样板项目19个，质量投诉率同比下降46.3%，各项指数排在全省前列。大力推广绿色建筑，推进建筑产业现代化。全市5个项目、80万平方米以上的工程应用了新铝合金模板，全市共创建"鲁班奖"项目1个、省优质工程18项、芙蓉奖5项、市神农奖45个。（杨　骆）

建筑设计

【概况】 株洲市建筑设计院有限公司是株洲市规模较大、技术力量较强的建筑设计公司，具有甲级建筑设计资质、乙级市政道路及工程建设咨询资质，同时可从事相应的建设工程总承包业务及项目管理和相关的技术与管理服务。

公司有员工67人，具有中、高级职称40余人，其中国家一级注册建筑师3人，二级注册建筑师2人，国家一级注册结构师9人，国家注册设备师3人，注册咨询工程师5人。

杰出、实用和经济，是公司的设计原则；设计上的创新和技术更新是公司的设计宗旨。雄厚的技术资源和广泛、丰富的经验，使公司能够承担多种规模、各种类型的规划设计和各类建筑设计，为客户提供涵盖规划、建筑、结构、机电、景观等全方位的设计和方案、扩初、施工图及施工配合等全程服务。公司坚持秉承"精心设计创精品为用户着想，优质服务讲信誉使顾客满意，科学管理求发展保持续改进"的质量方针，视质量为"企业生命线"，于2001年通过了ISO 9001·2000标准质量管理体系认证。近十余年，完成各类建筑设计、市政道路设计、工程咨询1500多项，有多项成果荣获湖南省优秀设计奖及株洲市优秀设计奖，为株洲奉献了一座座标志性建筑。

2015年，株洲市建筑设计院有限公司设计的"天元学校—中学部"项目荣获2015年度株洲市优秀工程勘察设计一等奖，并推荐至湖南省参评，荣获湖南省优秀工程勘察设计二等奖；"市二医院门诊大楼"荣获株洲市优秀工程勘察设计二等奖。特别是"高科·总部壹号"项目荣获鲁班奖。这是中国最高施工质量奖。（邱　维）

城市公用事业

供　电

【概况】 国网株洲供电公司担负着城区及所辖5县（市）的供电任务，供电区域面积11262平方公里，供电区域人口392.5万（自供区供电人数约3.3万）。公司有在册员工1821人，农电员工1700人；下设株洲县、醴陵市、攸县、茶陵县、炎陵县5个县级供电公司（炎陵县电力公司于2015年11月13日实现国有产权整体无偿上划）。株洲地区共拥有35千伏及以上变电站116座，变电容量6649.65兆伏安，35千伏及以上输电线路270条，总长3195.42公里，资产总额80.65亿元。

受国家宏观经济及清水塘工业区搬迁、产业结构调整影响，2015年，公司完成售电量88.99亿千瓦时，同比减少7.68亿千瓦时，降幅7.94%，售电总量排名全省第三，位列长沙、衡阳之后，增幅排全省末位。销售收入65.43亿元，同比减少4.58亿元，降幅6.54%。贡献税收2.68亿元，与2014年基本持平。

优质服务深入推进。进一步优化电力工程建设内部流程，缩短用户接电报装时间，确保金山工业园、航空服饰城等园区及项目提前投产送电。深入推进"三供一业"供电分离改造，可研编审、工程设计及框架协议签订10家，施工协议签订5家，首家改造企业四三零项目已接近尾声。在2015年度株洲市环境优化年活动绩效考核、监督测评中，公司以98.79分（百分制）在22个垂直管理单位和部分服务单位中排名第二。（程　钺）

【安全生产持续稳定】 公司深入贯彻新的《中华人民共和国安全生产法》，严格实施生产计划管控、生产现场管控和人身、电网及设备隐患风险管控，确保良好的安全生产秩序。构建"政府主导、单位配合、企业实施、群防群治"的防外破长效机制，输电线路下违章种树问题整治取得初步成效。扎实做好迎峰度夏、防冻融冰、防雷防汛防山火工作，积极应对强降雨等恶劣天气，保证电力安全可靠供应。圆满完成春节、两会等重大节假日的保电任务。截至2015年12月31日，公司实现人身安全6359天，电网安全5620天，设备安全4218天，创历史最好成绩，获省电力公司安全生产先进单位。（程　钺）

【电网建设】 全年电网建设完成投资5.39亿元，新改扩建35千伏及以上变电站5座、新增容量26.56万千伏安、线路36.74公里。贯彻落实“两型”社会建设要求，国家电网公司最新一代智能变电站220千伏杉树变和110千伏君山变顺利投产送电，株洲南部电网网架进一步增强，智能化水平进一步提升。高质高效完成芦淞核心区配电自动化建设，以及123个行政村电网改造，解决1.93万户“低电压”问题，城农网供电可靠性进一步加强。深入开展“十二五”电网规划后评估及“十三五”电网规划编制，细化1704个行政村的村网规划，将194个扶贫村纳入村网改造计划，将云龙新城、金山新城、航空服饰城等园区电网规划纳入城市控规之中，为株洲经济社会发展奠定了良好基础。

（程　钺）

供　水

【概况】 2015年，株洲市自来水有限责任公司运营稳中有进，为城市经济发展提供要素保障。全年完成售水量1.36亿立方米，实现销售收入2.94亿元，同比增加26.7%；上缴税费1623.96万元，财政代收费用（污水处理费、垃圾处理费等）1.23亿元，同比增长14.52%；合并报表实现利润1585.26万元。公司荣获“全国设备管理优秀单位”“‘十二五’企业文化建设优秀单位”“省模范劳动关系和谐企业”“市创建全国文明城市先进单位”“市政务公开工作优秀企事业单位”等多项荣誉。

安全供水强保障。公司始终坚持把安全生产放在首位。落实安全责任体系。实施领导干部带队检查安全生产工作、安全隐患自查自纠月报等制度，日常检查和隐患整改常态化。聚焦水厂重点。配合市重点工程河东湘江风光带建设，加大一水厂安保力度，确保重点项目建设与水厂安全生产两不误；四水厂自动控制系统改造工程顺利竣工，掌握自主程序修改能力，水厂控制系统平台更先进；启动三水厂工艺调整，二水厂、三水厂泵房改造，水厂安全可靠性全面加强。优化管网运营。完成公园路铁桥段、白石港DN800阀门群更换，搭建水厂、管网联合调度预案库，全年DN300以上管网爆管率11.24%，同比降低24.3%，实现管网压力均衡、高效运营。提升应急保障。加大技术攻关、课题研究，开展实战性应急演练，妥善处理石油类污染、氨氮超标等11起原水水质异常事件，并成功应对几十年罕见的二水厂、三水厂停电停产、全市大面积停水事件。全年综合水质合格率99.98%，管网水压合格率99.89%、抢修及时率100%，未发生一例大面积停水事件和安全责任事故，筑牢供水安全屏障。

优质服务惠民生。夯实服务基础。规范水表安装，推行抄收计件薪酬，完善更新客户信息收集30余万户，开展水表普查并处理问题水表25459块，攻克老旧城区、长期欠费小区户表改造11417户，保障民众利益。优化服务品质。打造“十分钟缴费圈”，新增天元服务厅，进驻7个社区开展供水服务活动，点对点上门服务20余次，为特困、低保等8000余户减免水费近244万元。提升服务形象。开展“中国水周邀您去看水”等大型水厂参观体验活动20余次，在全省形成具有影响力的品牌活动，微博、微信等新媒体服务平台，扩大社会影响。彰显服务效率。启动营销客户综合管理平台改造升级，构建智能化、数字化供水服务平台，24小时服务热线与市长热线、市长信箱、110高效、快捷联动。全年市长热线交办事项办结率100%，长期位列公共服务企业排名A类，客户满意度94.69分，真正做到让用户满意、政府放心。

改革创新促发展。丰源水务改革颇有成效。转体制、活机制，全面搭建“人、财、物、业务”四统一管理模式，实现市场化运作；筹建技术创新中心，成立地源热泵和设计事业部，组建二次供水公司、供水设备公司，延伸供水服务产业链，构建多元发展新生态；全年丰源水务实现销售收入2.29亿元，与公司主业各占“半壁江山”。

（胡　敏　徐昌龙）

【打造全市供水管网新格局】 2015年，围绕株洲市城市发展战略，紧跟道路建设步伐，共计投资9301.31万元，敷设供水管网36.11公里。完成时代大道、枫溪大道等重点管线建设，有效打通田心、云龙新区、航空服饰城等重点园区供水“瓶颈”，全力打造全市“北水南调，东水西输，西水南送”的供水新格局。

（胡　敏　徐昌龙）

【积极推动“三供一业”水改】 主动服务民生，积极配合实施央企、省属国有企业“三供一业”分离水改工作，大唐华银、冶炼厂、株洲硬质合金厂等6家企业完成供水改造，中盐化工等5家企业签订供水移交协议，中车集团株洲电力机车厂、火电公司已进场施工，进度超过株洲市目标17%，株洲市的供水移交工作走在全省前列。

（胡　敏　徐昌龙）

【致力促进水务集团组建】 根据中央及省市推进国有企业改革的精神，在市委、市政府的统一部署下，公司积极配合参与水务集团组建工作。2015年12月3日，《株洲市水务投资集团有限公司组建方案》经市政府第六十三次常务会议审议通过。同期，公司积极协调，在株洲县自来水整体并入方面达成资产、模式等六大原则的共识。这标志着株洲市水务集团组建已经迈入实质性阶段，有望实现全市供水“一盘棋”的目标。

（胡　敏　徐昌龙）

供　气

【概况】 2015年，株洲新奥燃气有限公司向全市供应天然气共计2.16亿立方米，日最大供应气量115.6万立方米，全面保障全市各类用户的用气需求。5月份完成二门站的置换送气，全市供气保障能力得到提升。成功取得云龙示范区临时特许经营权，顺利接管株洲中石油昆仑燃气有限公司在云龙示范区的中压燃气管道和新市场开发业务。

2015年，发展天然气民用户36663户，工商户85376立方米/日，车用燃气车辆改装554台。神农城能源站新增供能面积约4万平方米，总供能面积增至15万平方米；职教城能源站新增供能面积2.5万平方米，总供能面积增至5万平方米。完成谭家塅加气站的建设，醴陵门站顺利开工建设。

加强安全管理。2015年公司聚焦隐患治理，全年投入1594万元用于安全生产工作；实施“工程可视化”“远传表”“减震管”等技术创新项目；巡视检测管网13万公里，完成大小抢修1745次；更换隐患调压器234台；推广波纹管5.7万余户；改造老旧管网1000米，更换庭院管1030米，配合政府完成南岳岭拆房断管83处。实施安全网格化管理，通过定区域、定人员、定责任，建立公司、部门、班组多级安全生产管理体系，做到“时时、事事、处处”有人管，确保安全生产监管工作无遗漏、全覆盖，进一步提升安全生产“零事故”的保障能力。

提升服务。2015年公司组织召开社会服务形象监督员座谈会，参加“3·15”直通车活动，接听“12345”用户电话，听取广大市民意见，改进服务措施；每月定期对用户来电来访，“95158”信息流转以及外部“12345”“12315”等反馈的信息进行分析归纳，及时协调解决问题，不断改进服务方式；实行网格化管理，缩短维修响应时间，提升维修一次解决率；在加气站增设自助缴费系统，方便用户充值加气。通过多种措施，公司服务能力和水平得到提升，其中小型工商户送气时间较2014年提前7天，维修上门一次性解决率较2014年提升6.29%。（易佳星）

【谭家塅加气站建成运营】 位于芦淞区太子路的谭家塅加气站于2012年启动建设，为CNG和LNG混合站，设计日供气量为2万立方米，每天可供2000台次车辆加气。该加气站的投运，将缓解双燃料车主高峰期加气排队难题，也为株洲县渌口镇双燃料车主加气带来便利。（易佳星）

【国家发改委领导视察神农城能源站】 3月25日，国家发改委经济体制综合改革司司长徐善长在株洲市副市长蒋涤非等市领导陪同下，视察株洲神农城能源站。徐司长指出，分布式能源站作为一种新型能源系统模式，在节能环保方面发挥着重要作用，希望分布式能源站能更多地进入大众视野，为建设两型社会搭桥铺路。（易佳星）

【第二门站投产供气】 5月28日，位于株洲荷塘区茶园村的株洲天然气第二门站正式往外输送天然气，出站管道压力由原中压B成功升至中压A，实现第二门站通过戴家岭撬装与黄茅冲门站来气联通，实现双气源向市区供气，改变了株洲市城区天然气供应单向供气的局面，为株洲市区的稳定供气又添一道防护网。第二门站于2011年7月15日开工建设，12月底主体工程完工并与株洲市市政中压燃气管线贯通，一期工程设计年输气能力为2.0亿立方米，后续工程建成后年输气规模可达6.0亿立方米。（易佳星）

【神农城泛能站二期发电项目并网测试成功】 6月28日，株洲新奥神农城泛能站二期发电项目1号发电机组顺利完成发电并网，这意味着神农城泛能站成为了真正意义上的多联供系统能站。（易佳星）

【成功向云龙示范区供气】 10月21日，株洲新奥燃气管道接通株洲中石油昆仑燃气管道，成功向云龙示范区供气，标志着株洲新奥燃气正式托管株洲中石油昆仑燃气有限公司经营范围内的安全生产、中压管道管理及运营。（易佳星）

【调整非居民天然气价格】 国家发改委发出通知，决定自2015年11月20日起降低非居民用天然气门站价格，每千立方米降低700元，即每立方米降低0.7元。公司严格落实省市发改委文件精神，从11月20日起非居民用气价格调整为3.1元/立方米，车用天然气调整为4.22元/立方米。大型企业将成为此次降价的最大受益方。出租车的运营成本可降低14%左右。（易佳星）

公共交通

【概况】 株洲市公共交通有限责任公司下辖株洲公交巴士有限责任公司、株洲公交发展股份有限公司2家控股公交运营企业，株洲国投健宁发展有限公司（城市公共自行车租赁服务运营企业）、公交广告、公交物资供应、公交房地产、公交站场管理5个辅营单位，湖南北汽银建巴士汽车服务有限公司、普天新能源（株洲）有限公司2家参股企业及1个非独立核算的公交票务结算中心。

截至2015年12月，公司在册员工2718人，运营线路69条，运营车辆1137台，折合1427标台，城区公交车电动化率达100%，居全国第一。2015年完成营业收入2.25亿元，完成客运量2.15亿人次，行驶里程6530万公里。（罗　艳）

【提升公交服务水平】 公交线网更趋优化。2015年，公司新开通71路、72路、73路等3条新线路，新增公交站点36个，解决田心工业园、高科慧谷阳光等城区的交通出行问题；调整优化T17、T21、T30、T32、T35、T63

路等6条线路，调整线路走向，延长营运时间，开通定制公交以及园区、景区直通车等，改进服务方式，丰富公交品种。至2015年年底定制公交线路达133条。全年完成租车收入1200万元，为市民畅通出行提供了有力保障。服务品质不断提升。推行绩效管理、完善星级管理制度，开展“安康杯”“创最美企业、树最美形象”等优质服务竞赛，进一步提升服务管理水平。新建一批仿古式公交站亭、灯箱式站牌，对100多座站亭进行灯光改造，改善群众候车条件。健全乘客沟通机制，与《株洲晚报》联合聘请公交文明义务监督员，促进公交服务水平提升。全年回复人大建议和政协提案29份，办理市长热线838起，接听乘客热线咨询、投诉、建议、表扬共计10925起，群众满意率达98%以上。（罗　艳）

【智能公交升级】 2015年3月，公交智能化应用示范工程全面建成，并通过交通运输部及省市专家评审。4月，公司GPS调度中心实现整体搬迁，全新的GPS智能调度系统与全部公交车构建成的3G视频监控系统有机结合，从根本上改变传统的调度方式，大大提高了公交应急指挥能力。4月9日，公司正式发布“无线城市掌上公交My Bus”客户端，在使用过程中进一步优化，强化线路模糊查询功能，提高换乘精确性，用户通过手机，就可以精准查询到城区公交车线路以及乘坐的公交车的实时位置、实时到站、离站等信息，有效增加了公交出行的吸引力。截至2015年12月底，“掌上公交”总注册用户数达178939人，每日独立用户数为1.1万，每日访问量达2.2万。株洲成为省内首个开通“掌上公交”且覆盖面最广的城市。12月30日，公交IC卡系统升级改造完成，为2016年1月1日试运行，以及长沙、株洲、湘潭联合发行支持互通的公交IC卡可在异地乘车，长株潭三市公交实现“一卡通”奠定了基础。（罗　艳）

【推广应用新能源汽车】 继2014年新增增程插电式纯电驱动公交车100辆后，2015年，公司再次购置110台插电式新能源车和120台纯电动新能源车投入运营，圆满完成株洲市2015年“民生100”工程及能源汽车推广任务。10月30日，公司与北汽银建公司合资组建湖南北汽银建巴士汽车服务有限责任公司，12月24日，200台全新纯电动出租车正式投入营运。株洲成为全省首个批量投用纯电动出租车的城市。（罗　艳）

【公交站场建设】 2015年，栗雨公交基地和神农城首末站先后建成并投入使用，金山公交基地主体竣工封顶，中心医院公交枢纽进入拆迁程序，职教城公交综合枢纽和栗塘公交枢纽已正式启动。公司营运亟须的三桥匝道西综合车场和汇通金港首末站已着手开展项目前期工作。按照公交都市创建要求，金山、滨江、职教城、湘水湾、芦淞5个综合枢纽建设项目均通过省市交通部门审批，各项基建项目稳步推进。（罗　艳）

【改革重组】 2015年，根据市委、市政府《株洲市政府投资公司改革重组实施方案》（株办发〔2015〕9号）文件精神，公司制定国企改革重组方案，对企业功能、资源配置与主营业务重新定位，并制定了新的公司章程，改制改革前期工作准备就绪。10月30日，公司与北汽银建公司合资组建湖南北汽银建巴士汽车服务有限责任公司，株洲市首个新能源出租车公司成立并正式运营。11月19日，株洲国投健宁发展有限公司及公共自行车租赁系统整体划归市公交公司管辖，公共交通格局迈向立体化。12月16日，市公交公司投资参股组建普天新能源（株洲）有限公司，芦淞大桥及体育中心160个充电桩开工建设，建成后可基本满足现有公交车和出租车充电需求。（罗　艳）

建筑企业选介

湖南省第五工程有限公司

【概况】 湖南省第五工程有限公司创建于1953年，是国家房屋建筑工程施工总承包一级企业，隶属于湖南建工集团。公司有员工6998人，各类专业技术人员2000余人，其中高级职称200余人，中级职称1000余人，一级建造师150余人，二级建造师200余人。公司拥有资产10亿元，各类大、中型施工设备1280台（套），年施工生产能力150亿元以上；具有房屋建筑工程施工总承包、机电安装工程施工总承包、市政公用工程施工总承包、高耸构筑物工程专业承包、建筑装修装饰工程专业承包、土石方工程专业承包、钢结构工程专业承包、地基与基础专业承包、消防设施工程专业承包、建筑智能化工程专业承包、附着升降脚手架工程专业承包、劳务专业承包等十余项一级资质和公路工程施工总承包、水利水电工程施工总承包、起重设备安装、环保工程、园林古建筑等多项二级资质。拥有湖南天禹设备安装有限公司、湖南艺光装潢有限责任公司等8家具有独立法人资格的控股子公司；施工足迹遍及北京、广东、浙江、江苏、福建、江西、湖北、四川、陕西等20多个省市。单位工程一次验收合格率100%，顾客满意度85%以上；全年安全生产形势平稳。

公司贯彻落实“创新、转型、升级”的发展战略，稳规模、控风险、增效益、促和谐，推进企业改革发展，提升企业发展质量。2015年，公司承接施工业务总量101.85亿元；完成企业总产值71.74亿元；公司全年上交国家税费2.2亿元。公司获评全国建筑业AAA级信用企业、全国工程建设QC小组活动优秀企业、全国企业党建工作先进单位、湖南省“守合同、重信用”单位、湖南省诚信企业、湖南省纳税信用A级单位、湖南省2011—2013年度内部审计先进集体、株洲市文明单位、株洲市“守合同、重信用”单位、湖南建工集团“安康杯”竞赛活动先进单位等多项荣誉。（颜 渊）

【品牌建设】 建立健全质安标准化体系。全年获评全国AAA级安全文明标准化工地2个、全国市政金杯示范工程1项、中国建筑工程装饰奖1项、湖南省建筑工程芙蓉奖6项、湖南省优质工程11项、贵州省“黄果树杯”优质施工工程1项、湖南省安全质量标准化示范工程39项、湖南省质量安全标准化示范工地68个、创建质量常见问题专项治理示范观摩工程2项；单位工程一次验收合格率100%，顾客满意度92.3%。（颜 渊）

【科技创新】 充分发挥企业技术中心的引领作用，加大专利研发、工法提炼、国家标准编制，形成一批科技创新成果。公司获得国家发明专利3项、省级工法9项、全国建筑业绿色施工示范工程3项、湖南省建筑业新技术应用示范工程3项；获评全国工程建设优秀QC成果三等奖1项、湖南省工程建设优秀QC成果3项。公司加快推行应用BIM技术，逐步构建BIM管理工作体系，建立企业参数化族库。（颜 渊）

湖南中天建设集团有限公司

【概况】 湖南中天建设集团有限公司系工程施工总承包一级企业。公司总部坐落在株洲市，在长沙、岳阳、常德、怀化、厦门、海口、宁波、武汉、东莞等地设有分公司。公司注册资金1.19亿元，具有房屋建筑工程施工总承包、市政公用工程施工总承包、钢结构工程专业承包、建筑装饰装修工程专业承包、地基与基础工程专业承包等五项一级资质，同时具备机电安装工程、水利水电、公路、幕墙、环保工程施工等资质，兼具对外经营资格。公司产业涉及建筑施工、起重设备安装、周转材租赁、工程劳务、工程造价咨询等。

2015年，国内经济下行压力加大，房地产投资持续下滑，建筑业务工程减少，行业竞争更趋激烈。中天建设稳步开拓市场、狠抓生产安全，实施管理升级，全年完成施工产值11.09亿，创建省优工程3项、省级安全质量标准化示范工地8项、省级示范工程7项。公司完成产值、项目创优稳居市属建筑企业第一位。公司先后荣获“中国建设银行总行AAA级信用企业”“湖南省守合同重信用企业”“纳税A级单位”“株洲市建筑业AAA诚信企业”“株洲市十佳建筑业企业”等称号。

稳健开展业务承接。2015年建筑行业竞争日趋激烈，公司积极稳健地开拓市场。新成立怀化分公司，逐步退出郴州、佛山、新疆市场，大力扶持海南市场。2015年中标海南东方市新安家园保障性住房项目，造价7.29亿元，为公司成立至今承接的造价最大的省外项目。同时，公司逐步介入PPP项目运作，以联营方式承接湘阴第二污水厂项目。

着力推进项目生产。2015年，公司坚持推行安全质量标准化全面达标，并着手开展质量常见问题专项治理、样板示范工程创建，通过样板引路，提升项目施工质量水平。亿都·铂金时代等15个项目获评“省安全质量标准化示范工地”；汇美国际等7个项目获评省级安全质量标准化示范工程。炎陵电力调度楼及附属工程、建宁国际实验学校（高中部）体育馆、艺术馆、图书馆以及海南琼海“万泉源居”二期18—20号栋获评“湖南省优质工程”。

深度优化企业管理。公司大力推进项目可视化、信息化，以“互联网+”创新项目管理。2015年引进中南大学博士团队，开展项目管理流程创新研究，并形成初步框架。为激励员工干事创业激情，2015年公司推出《增资扩股方案》，以低价面向骨干员工定向增资，让员工持股，引导员工与公司共同进退共谋发展。公司进一步深化企业改革，朝着股权清晰、主业突出、成长性和竞争优势明显的现代型工程施工总承包企业迈进。（谭文军）

湖南省工业设备安装有限公司

【概况】 湖南省工业设备安装有限公司前身为湖南省工业设备安装公司，创建于1958年，国有独资公司，注册资本3.06亿元，是国有大型综合施工企业，隶属于湖南省建筑工程集团总公司。公司具有机电安装工程、房屋建筑工程、市政公用工程、化工石油工程四项施工总承包一级资质；电力工程施工总承包二级资质；机电设备安装工程、冶炼机电设备安装工程、消防设施工程、管道工程、钢结构工程施工5项施工专业承包一级资质；同时具有GA1级+GB类+GC1级压力管道安装资质；锅炉安装维修一级资质（压力≤14Mpa）；B级起重机械安装维修资质。公司下辖20家分支机构，分布于湖南省内、上海、苏州、深圳、广州、石家庄、厦门等地；公司拥有6家控股（参股）子公司：湖南省第一工程有限公司、株洲市中旺置业有限责任公司、株洲市湘建房地产开发有限责任公司、株洲市湘安物业管理有限责任公司等，涉及房地产开发、压力容器制作及安装、物业管理、检测调试等多个相关行业。

2015年，公司承接任务79.49亿元，完成产值60.56亿元，回收工程款53.76亿元，实现可支配收入2.95亿元。年内，荣获中国建设工程鲁班奖1项；湖南省优质工程3项、芙蓉奖3项；获省级安全质量标准化工地3项，省级安全质量标准化工程3项；被国家工商总局评为守合同、重信用企业；获得国家级专利1项，省级工法2项。“两转一拓”经营战略持续收效。国内业务持续向新兴行业、中西部区域市场转型，全年在光伏发电、垃圾焚烧发电等新兴行业承接业务约30亿元；在中西部市场承接业务40.53亿元。海外市场拓展继续建功，承接到蒙古额尔登特35兆瓦电厂EPC项目。积极探索，推进发展模式创新。通过与战略伙伴合资设立新能源应用投资有限公司、轨道交通技术有限公司，加大新能源、轨道交通市场业务拓展力度，积极探索发展混合所有制经济，同时通过加大PPP项目的学习与关注力度，积极跟进与攻关PPP项目。改革发展持续深化。公司根据改革发展工作总体部署，分步实施“三供一业”分离移交，其中株洲各生活区已签订供电分离改造框架协议，供电改造方案基本确定，公司其余各地市分公司的水电改造工作也正在积极推进中。（邹　丽）

住宅与房地产业

住房保障与房产管理

【概况】 2015年，市房产局围绕稳定房地产业发展这一中心，全力抓好"株十五条"的贯彻落实，突出棚户区改造和国有土地上房屋征收两项重点，促进房地产市场的趋稳向好发展，各项工作取得长足进展。

全年，实现商品房销售面积658.64万平方米，增长22.6%；强势实施国有土地上房屋征收的"攻坚战"，全年全市完成房屋征收面积62.07万平方米，增长70%，其中市本级完成50.83万平方米；完成棚户区改造专项贷款46亿元，全年开工棚户区18664户，开工率100%，基本建成22930户，为年度计划的127%；完成筹集建设公租房任务10536套、发放住房困难租赁补贴9945户，基本建成9182套，分配入住5021户，购买100套商品房用作公租房率先在全省形成经验；圆满解决房屋发证历史遗留问题10384户；南大门市场连续5年实现商位招租率、租金收缴率"两个100%"，国有资产实现增值保值；物业管理在规范行业管理、提高群众满意度、服务全国文明城市创建方面取得新成效；房屋交易登记窗口荣获住建系统"全国青年文明号"称号；房屋安全管理在实施"排危拆除"配合房屋征收中做出新尝试，走在全省前列；大张旗鼓地开展清缴追缴房屋维修资金专项行动，有效地保护了老百姓的切身利益。（陈　琪）

住房保障

【保障安居工程建设】 2015年，株洲市保障性安居工程工作目标任务为29200套。截至年底，全市保障性安居工程总开工29200套、开工率100%，基本建成32342套、竣工16041套。其中公共租赁住房10536套、开工率100%，基本建成9182套、竣工5158套；城市棚户区改造18464户、开工率100%，基本建成22930户、竣工10883户；国有工矿棚户区改造200户、开工率100%。（李汉平）

【通过购置和长期租赁方式筹集公租房房源】 会同市财政局出台《购置商品住房用作公共租赁住房实施办法》（株房〔2015〕27号）和《租赁存量住房用作公共租赁住房实施办法》（株房〔2015〕26号），在《株洲日报》和政府门户网站公开登载"关于筹集（购买）商品住房用作公共租赁住房的通告"，收购100套房源作为公共租赁住房；租赁存量住房用作公共租赁住房，通过长期租赁方式保障符合条件的175户环卫工人家庭。

（张　薇）

【建立月进度排名公示制度】 为督促项目尽快开工，以市保障性安居工程建设领导小组棚户区改造和公租房建设管理办公室名义，将市辖区和5县市的保障性安居工程建设按开工率进行排名，在《株洲日报》显眼位置进行公示，主动接受社会监督。

（张　薇）

【住房保障信息系统和住房保障对象准入和分配信息系统监督平台正式运行】 城市各区街道办事处设立住房保障资格申请专窗，窗口实现"统一收件、统一受理、内部流转、统一出件"的运行方式。全年通过监督平台系统共受理住房保障资格申请1500多宗，有效地实现住房保障对象户籍、车辆、公积金、社保等信息的动态监管。

（张　薇）

【提高租赁补贴发放标准】 调整市本级城市低收入住房困难家庭住房租赁补贴标准，城区住房租赁补贴由原来的55元/人·月提高到300元/户·月。下达了《关于按月或按季核发低收入住房困难家庭住房租赁补贴的通知》（株房函〔2015〕19号），对各县市租赁补贴发放工作进行规范。

（张　薇）

【廉租住房实物配租轮候排序公开摇号】 1月15日，在芦淞区人民政府报告厅对市城区截至2014年11月30日取得住房保障资格的1719户申请家庭的实物配租轮候排序进行了公开摇号。（张　薇）

【专项审计】 3月20—23日，财政部驻湘专员办对株洲市中央财政城镇保障性安居工程专项资金进行专项审计。（张　薇）

【戴柏华到株洲调研】 5月20日，财政部部长助理、党组成员戴柏华一行调研株洲市上半年经济形势和保障性安居工程工作。（张　薇）

【审计署长沙特派办到株洲督查工作】 6月9—12日，审计署长沙特派办申博文、姜湘玲一行到株洲对“稳增长、调结构、惠民生”工作落实情况进行督查，审计了2015年保障性安居工程项目开工情况。（张 薇）

房地产开发管理

【出台政策促房地产市场稳定发展】 围绕“去库存、促消费、优环境”目标，积极开展一系列调研活动，起草《株洲市工业地产开发建设情况调研报告》《株洲市住宅小区地下停车位销售情况调研报告》《关于株洲市单位团购商品房情况的调查报告》等一系列调研报告；对华晨国际商业中心、提香蓝岸等19个拟开工的项目，开展一系列促开工活动。3月5日，在全省率先以政府名义出台《株洲市人民政府办公室关于进一步保持房地产业持续健康发展的通知》（株政办〔2015〕6号），促进房地产市场稳定健康发展。（李银芳）

【强化资质监管】 将资质年检工作作为严格资质管理的主要抓手和措施。对2014年全市445家房地产开发企业进行资质年检，年检合格企业333家，其中初审降级的二级企业2家，初审警示的二级企业1家，提出降级的三级企业11家，警示的三级企业33家，警示的四级企业4家，提出警示的暂定资质企业14家，限制开发新项目的企业13家，注销资质的企业34家。（李银芳）

【2015株洲房地产交易展示会在市体育中心开幕】 10月29日，2015株洲房地产交易展示会在市体育中心隆重开幕。房交会以“稳增长、惠民生、促发展”为主题，安排开幕式、合唱节及“崛起中部 大美株洲”系列宣传3大主题活动。参展企业43家、参展楼盘57个、参展楼盘面积近600万平方米。房交会累计完成商品房网签15.63万平方米，1297套，金额7.09亿元。（马 林）

房地产权属与交易管理

【概况】 2015年，共办理各类产权登记98846宗；登簿（一审）业务75126宗，登簿（二审）业务22918宗；完成实测房屋1042栋，测量面积743万平方米；预测房屋390栋，面积373万平方米；修补测面积180.6万平方米；完成调查4203宗；完成分户成果报告6960户；办理担保代理业务15443宗；办理二手房交易资金监管业务3896宗；办理房屋租赁备案手续3965宗，房屋面积111047平方米。（郭牡丹）

【服务提档升级成效显著】 为全市改制企业、“5115”重点工程提供优质高效服务。坚持对全市重点项目建设、“5115”重点工程项目等实行预约代理制，窗口指定专人负责，并提供一站式上门引导服务，全程专人考核督查。共接待重点项目8家，受理并办结资料455宗；接待改制企业12家，受理并办结改制资料961宗。推进全市解决房屋发证历史遗留问题的工作步伐。全市房屋发证历史遗留问题工作共完成房产办证10384户，工作开展两年以来已为全市23057户业主实现“房产梦”。积极服务省市重点工程项目征拆工作。共完成重点征拆项目涉及产权登记疑难问题核档20宗，召开疑难问题处理会议7次，处理产权疑难问题25宗，出台业务操作规则1份。完成房屋测量468栋，测量面积79290.58平方米。（郭牡丹）

【践行为群众提供“贵宾式”服务的承诺】 房屋交易登记窗口荣获住建系统“全国青年文明号”称号；搭建的株洲市房地产权属与交易管理工作微信平台被湖南省住建厅作为全省“青年文明号创新创效创优”活动优秀成果推荐至住建部和团中央。（郭牡丹）

物业管理

【概况】 全年新增物业项目29个，面积443.85万平方米，新建物业项目前期招投标率100%。截至2015年年底，全市共有物业企业301家，其中一级资质14家，二级资质30家，三级及暂定资质257家，共有物业项目973个，面积5962万平方米，物业覆盖率82.2%。组织全市物业企业申报省优项目，经考核评定，获省五星物业服务项目称号4个，省四星物业服务项目称号6个，省三星物业服务项目称号7个。（胡 佳）

【服务全国文明城市创建工作】 对物业小区文明创建工作常抓不懈，多次召开部门工作会议、物业联席会议和物业协会会议等布置文明创建工作；对照文明城市复检要求制作创文模板在内部QQ群发布，并建立区域负责制。区域负责人组织各区物业管理部门、文明创建小组对各物业管理小区进行不定期巡检，发现问题立即通知整改。对管理不严的小区进行通报批评，并对信用等级给予扣分处分。经严格规定和不懈监管，做到小区创文工作的“五有五项标准”，确保创文复检工作的顺利通过。（胡 佳）

房屋征收

【概况】 2015年，全年共发布征求意见公告16个，征收决定15个，下达补偿决定45份，依法申请强制执行3户，5个清零项目全部完成。全年全市完成房屋征收面积62.07万平方米，其中市本级完成50.83万平方米，超额完成市委、市政府下达的30万平方米的征收任务，为2014年的2倍。（张 红）

【实施房屋征收“清零行动”和“攻坚行动”】 南岳岭上月塘片区棚改征收项目，仅用时4个月超额完成20

万平方米、2000户的工作目标，其“三创新、四公示”的房屋征收工作经验，在10月份的住建部工作会议作典型发言，产生积极反响。（张　红）

【**推进房屋“阳光征收”**】湘江株洲城区河东段综合治理工程房屋征收从摸底调查开始，对征收政策、征求意见、评估机构选定、评估结果、补偿方案、住户补偿计算明细、补偿协议等全部在征收现场公示，接受社会各界及被征收人全方位监督。（张　红）

住房公积金管理

【**概况**】株洲市住房公积金管理中心承担株洲行政区域内住房公积金的归集、使用和核算，内设办公室等8个科室，下辖天元、石峰、荷塘3个城区管理部和株洲县、醴陵市、攸县、茶陵县、炎陵县5个县（市）管理部。截至2015年年底，在编人员79人。

2015年，株洲市住房公积金管理中心克服经济下行、建制压力增大等诸多不利因素，各项业务指标实现高位增长，获评全省住房公积金业务管理优秀单位。

2015年，全市归集住房公积金首次突破30亿元，达31.05亿元，同比增长11%，成为除省会长沙外首个年归集额突破30亿元的市州。全市新增缴存职工1.94万人，完成民生“100”工程任务的129.3%，其中非公企业新增缴存职工9648人，首次达到新增缴存职工总数的50%。全年，住房公积金全市提取资金21.2亿元，同比增长33.4%，其中住房消费类提取占82%；发放个人住房贷款20.43亿元，同比增长16.6%，占同期全市个人住房贷款总量近30%。全年投入房地产市场37.8亿元，拉动GDP120亿元。全年实现增值收益2.5亿元，同比增长44.5%；全市累计实现增值收益10.2亿元，累计提供廉租房建设补充资金7.1亿元。

截至2015年年底，全市共有4325家单位，33.51万职工完成公积金建制，制度覆盖率为87%；全市归集总额183.15亿元，归集余额92.51亿元；贷款总额130.34亿元，贷款余额77.72亿元；提取总额90.64亿元。通过住房贷款和购建房提取，株洲住房公积金累计直接投入房地产市场资金近200亿元，带动相关产业实现GDP650亿元，中心综合业务规模和资金效益继续位居全省第二，为推动房地产市场平稳健康发展做出了积极贡献。（戴　枞）

【**推动非公企业建制**】全年针对“四上”非公企业、拟上市企业、新就业员工、劳务派遣制员工等定向开展上门建制宣传活动，月均走访企业30家；通过新闻媒体发布宣传住房公积金政策及政务事项相关稿件37篇、“十二五”专版宣传1次。2015年，全市新增建制非公企业130家，占197家新增缴存单位总数的66.3%；新增非公企业缴存职工9648人，占到新增缴存职工总数的50.0%。（戴　枞）

【**提贷公积金优惠政策**】提取方面：放宽租房提取，无房户凭无房证明可提取公积金支付房租；允许职工购建房后两次提取住房公积金，并将提取时限由预售备案后1年延长至3年。截至2015年年底，株洲市住房公积金资金使用率达91.9%。贷款方面：继续执行认贷不认房的贷款政策，将住房公积金一贷二贷最低首付款比例统一降为20%，将个人住房贷款的最高额度由40万元提高至50万元。截至2015年年底，全市住房公积金个贷率达84.01%，是全省最接近黄金个贷率85%的市州。2015年，中心向58户低收入、因病因灾致困家庭发放住房公积金贷款贴息38.1万元。（戴　枞）

【**服务质量全面提升**】扩宽利民渠道。2015年1月，“12329”服务热线正式运行，全年接受群众咨询40431次，话务量为全省各市州第二，客户满意率达99%；门户网站全年网上解答职工各类咨询2423条；短信系统全年发送住房公积金业务信息152408条。推广便民举措。服务大型企业，设置住房公积金中车服务点，每周一次到缴存职工集中厂矿提供上门服务。服务弱势群体，为南方房产新华仁家、田心山庄棚改安置小区以及市床单厂破产改制企业职工上门办理贷款和提取业务。服务缴存单位和缴存职工，结合惠民政策集中出台的特点，组织对前台工作人员、大型企业和开发企业专管员进行9次业务培训，提高政策知晓率和业务办理各环节工作人员服务群众的能力。（戴　枞）

国土·环保

国土管理

【概况】 2015年，株洲市耕地208995.71公顷；园地7594.16公顷；林地686259.47公顷；草地27445.15公顷；城镇村及工矿用地91472.72公顷；交通运输用地20559.4公顷；水域及水利设施用地59425.89公顷；其他土地23002.97公顷。全市连续16年实现耕地占补平衡；共批回用地1226.67公顷（市本级726.67公顷）；办理划拨供地25宗，面积68公顷；完成征地拆迁项目289个，面积2853.33公顷；全年实现成交土地88宗，成交面积440公顷，同比增长91.68%，成交价款66.01亿元，同比增长104.81%，上缴财政土地出让收入39.69亿元，为全市经济平稳较快发展提供了高效的资源保障与服务。

年内，株洲市国土资源局在“十一五”获评的基础上，蝉联人社部、国土资源部授予的“全国国土资源管理系统先进集体”荣誉称号，同时荣获全国国土资源依法行政工作先进集体。市土地登记发证中心第二次获批国家级“青年文明号”。（陈　岱）

【保障发展】 2015年，株洲市国土资源局发挥国土资源在“稳增长”中的作用，服务项目建设，全市批回用地1226.67公顷，实行“有保有压”的差别化用地政策，保障了产业、基础设施、民生工程等重点项目的用地需求。对933.33公顷项目用地进行涉嫌闲置清查，强力推进征地拆迁，交地2853.33公顷，创造了历史最高水平。面对土地市场低迷的困境，通过安排出让土地规模和供地时序，规范出让管理，加大土地招商力度，市本级土地成交66.01亿元，实现逆势增长，全面完成土地收入目标，并提升了土地价值，综合楼面地价达到1217元/平方米，位居全省第二。

（陈　岱）

【耕地保护】 全年完成农村土地整治7266.67公顷，储备耕地补充指标1000公顷，连续16年实现耕地占补平衡。按照“占水田补水田”政策要求，完成攸县两个水田开发试点项目验收，为全市成规模水田开发积累了经验，形成了标准。年内新增水田开发项目133.33公顷。扎实开展永久基本农田划定核实举证工作，共核实调查4268个图斑，面积4435.27公顷。

（陈　岱）

【矿政管理】 资源储量管理进一步规范，矿山储量检测工作走向深入。年内全市新设两权价款项目4个，争取省级财政拨款1200多万元。年内开展第11轮矿山储量动态检测，核查比率同比提高30%。对17个商业性探矿权进行现场检查，检查项目遍及5个县市，完成26个煤矿整合重组，关闭非煤矿山20个，提高了矿产资源开采利用效率。（陈　岱）

【测绘管理】 积极推进地理信息公共服务平台的应用，组织开展“株洲市城镇土地使用税地理信息系统”建设工作，已完成平台建设和数据处理。同时完成“天地图·株洲”市级节点建设，并成功接入国家主节点。测绘院新增摄影测量与遥感专业乙级测绘资质、不动产测绘专业房产测绘乙级测绘资质。“一张图”建设及应用逐步深化，完成株洲市本级800平方公里最新1∶500地形图、市区500平方千米1∶2000地形图、全市域0.2米分辨率1∶2000航空影像图，以及市本级基础地理空间框架数据和地理国情普查数据建库。测绘院承担的市辖区1:500地形图未覆盖区测绘项目获省优秀测绘地理信息工程奖一等奖。

（陈　岱）

【执法监察】 2015年国土资源部下发株洲市土地卫片监测图斑5298宗，面积1933.33公顷，全市违法用地398宗（面积183.47公顷），立案319宗；下发矿产卫片违法图斑21个，全部整治到位。全市违法占用耕地面积占新增建设用地占用耕地面积的比例为8.78%，相比2014年下降了6.06个百分点。对214宗用地项目，面积904.47公顷闲置土地进行全面清查，促进全市各项建设依法依规用地。

（陈　岱）

【依法行政】 年内，出台《加强市区土地资产经营管理工作意见》《提高土地利用效益若干意见》等规范性文件13个，向上级部门请示报告144件。建立局务会学法制度，组织全体中层干部集体学法。制定《行政应诉工作制度》，提高行政应诉水平，促使行政行为依法依规依程序。认真梳理并公布“责任清单”“权力清单”，强化权力运行制约监督。在炎陵县开展基层国土资源管理共同责任机制试点，取得预期效果。拟订《株洲市出让年限届满续期出让管理暂行办法》，修订《株洲市集体土地上房屋拆迁补偿安置办法》，建立国土资源执法联席会议制度，各项工作坚持依法行政，着力提高资源管理水平。（陈 岱）

【推进改革】 成立改革办，统筹协调全市各项改革工作。龙母河片区开发、改革完善农村宅基地制度等10项改革阶段性任务已完成。试行集体经营建设用地有偿使用，选定一宗0.46公顷废弃用地作为株洲市首宗案例。推进增减挂钩，作为新型城镇化建设土地管理改革创新的重点。以株洲县淦田镇为试点，将城乡建设用地增减挂钩项目与宅基地复垦相结合，取得了初步成效。开展天元、石峰、云龙三个区的房地一体调查工作，成立不动产登记科，出台《株洲市不动产统一登记工作实施方案》，不动产统一登记工作稳步推进。（陈 岱）

【服务民生】 推进全市行政审批联动，主动配合市政务中心、市规划局办理审批业务62宗；主动联系市发改委、市经信委办理28个市重点项目的国土业务；完善电子政务系统，做到审批结果、相关数据及时与“一张图”相联。全市已开始实际应用电子政务办理村民建房、宅基地发证等业务的中心（乡镇）所数量已达到55个，应用率达95%，办理业务总数8268笔；优化下放至分局的8项市级审批权，压缩办理时间；持续开展“两下三进”（干部下基层、党员下矿井、审批进乡镇、服务进社区、调研进村组）活动；全年窗口受理业务1.6万件以上，核发土地证书2.9万本，提供档案查询利用服务1.9万次；对39个地质灾害隐患点进行了重点检查，总巡查里程达3500公里，全年未发生一起重大矿山和地质环境安全事故；续建安置房5760套实现封顶或交付使用，新开工建设安置房2442套；完成房屋土地发证遗留问题5292户，超额完成“民生100”工作任务。（陈 岱）

环境保护

【概况】 2015年，株洲市环境空气质量良好以上天数为281天，较上年增加47天，优良率为77.0%。PM2.5浓度较2014年同期下降25.0%。湘江株洲段水质年均值达到Ⅲ类，市区集中式饮用水源水质达标率（单因子评价）为100%；未发生重大环境污染事故，环境安全得到保障。

不断加大环境监管执法力度。积极贯彻新《中华人民共和国环境保护法》，深化环境执法体制改革，丰富执法方式和执法手段，始终保持高压严管态势。深入实施2015年全市环境行政执法检查工作计划和网格化管理，打造“全覆盖”的环境执法网络。坚持日常检查与突击检查相结合，加强联合检查、交叉检查、部门联合执法，开展为期一年的环境保护大检查、清理违规建设项目、“整治违法排污企业保障群众健康”等多项专项执法行动。全市查处环境违法行为立案55起，行政罚款90.8万元，责令停产24家，责令限期改正4家；移送公安部门5起。

全力保障群众环境权益。严格环境准入。市本级审批建设项目环评文件253个，做好全市高尔夫球场的清理整顿工作，组织开展环保违规建设项目清理清查工作，及时纠正一批擅自违法建设等环境违法行为。积极服务株洲市洗水企业集中整治、奥维高分子膜材料产业化基地、中盐株化建材基地等重点项目建设，提出20条具体措施，大力减少审批事项，缩短审批流程，加强事中、事后监管。积极处理群众关心的油烟污染、噪声污染、异味扰民等环境污染问题。“12369”共处理各类环境污染投诉5800余起，网络投诉120余件；办理信访件52件，接待群众来访26批300余人次，有效推进了全市维稳工作和切实维护了群众的环境权益。

扎实推进主要污染物减排工作。围绕全面完成“十二五”主要污染物减排和省减排目标责任书确定的目标任务，毫不松懈地抓好结构减排、工程减排、管理减排等各项减排措施的落实。制订实施年度减排工作计划，落实2015年气型减排项目29个，水型减排项目52个。综合运用督查督办、定期通报、以奖代补等措施，促进减排项目建设运行。目前，全市氮氧化物已提前两年完成“十二五”减排目标，化学需氧量、氨氮、二氧化硫三项主要污染物也全面完成“十二五”减排目标任务。

全面落实湘江保护与治理“第一个三年行动计划”。制定了年度实施方案，分解落实责任，明确责任单位和部门。2015年，完成重金属污染治理、工业企业污染治理、饮用水水源保护等湘江保护与治理类项目87个。积极推进湘江流域重金属污染治理，争取国家重金属专项资金1600万元。完成清水塘工业区历史遗留废渣治理等7个项目。切实开展农村环境综合整治。株洲县、茶陵县、炎陵县获得2015年农村环境综合整治整县推进项目，争取上级资金6800万元。完成全市生态绿心地区农村环境综合整治工作。

不断深化大气污染防治工作。认真落实大气污染防治行动计划，下达了年度治理任务，完成清洁能源推广、水泥行业粉尘治理、燃煤锅炉除尘脱硫、挥发性有机物治理等项目45个。加快淘汰黄标车，淘汰黄标车7745辆。完成5县市PM2.5监测站建设，进一步提高了监测能力，健全了监测体系。（彭 芸）

环境质量

【地表水环境质量】 湘江株洲段朱亭、枫溪、白石、霞湾以及渌江和洣水辖区内各监测断面水质年均值达到Ⅲ类水质标准要求，水质良好。市区集中式饮用水源水质达标率（单因子评价）为100%。（胡 卉）

【饮用水源质量状况】 株洲市区饮用水源水质满足饮用水水质要求。全年市区饮用水水源地监测12次，市四水厂、一水厂、二水厂、三水厂4个饮用水水源地2015年取水总量为17701.18万吨，水质年均值和月均值均达到《地表水环境质量标准》（GB3838 - 2002）Ⅲ类水质标准，市区城市饮用水水源达标率100%。饮用水经自来水厂净化处理后，能满足饮用水水质要求。（胡 卉）

【城市环境空气质量】2015年，市区环境空气质量按AQI评价：共监测365天，其中优良天数为281天，比2014年度优良天数增加47天；环境空气质量优良好率77.0%，优良率较2014一年提高了12.9%。按《环境空气质量标准》GB3095-2012评价，市区二氧化硫和二氧化氮年均值均优于国家二级标准，可吸入颗粒物和细颗粒物年均值超过国家二级标准。与2014年比较，2015年市区环境空气中六项主要污染物浓度均出现下降，其中二氧化硫和PM2.5年均浓度下降幅度较大，环境空气质量污染极端恶劣天气减少，城市环境空气质量持续改善。（胡 卉）

【酸雨】 全年市区降水P H值在3.91 ~ 5.51之间，年均值为4.45，酸雨频率100%，酸雨污染仍较严重。（胡 卉）

【声环境】 市区环境噪声平均等效声级昼间为54.8分贝，优于国家标准5.2分贝，交通干线噪声加权平均等效声级昼间为65.1分贝，优于国家标准4.9分贝，声环境质量良好。（胡 卉）

【县城环境空气质量自动监测站建设】2015年，株洲市严格按照国家《环境空气质量自动监测技术规范》设计、选址、布点，全力推进县级环境空气质量自动监测站建设工作。建成6套环境空气质量自动监测站（其中醴陵市2套），实现了县级环境空气质量自动监测站全覆盖。各站点均采用先进的全套自动监测设备，具备环境空气质量标准中PM_{10}、$PM_{2.5}$、SO_2、NO_2、CO、O_3六项指标监测能力。可实时监测风速、风向、温度、湿度、大气压等气象参数，并与省环境监测中心站联网，每日发布空气质量。（刘会庆 汤 炼）

环境管理

【清洁生产审核与验收】 2015年，株洲市继续推进清洁生产审核和验收工作。对2014年已安排任务的61家企业下达限期启动通知，召开清洁生产审核工作会议，研究解决清洁生产审核工作中存在的问题，定期调度，落实工作进度。全年完成35家企业审核和验收，企业清洁生产水平稳步提高。（刘清岸 颜子森）

【开展企业环境行为信用评价】 完成226家企业环境行为信用评价工作，其中省级145家，市级81家。评价结果为：环境诚信企业9家，环境合格企业200家，环境风险企业14家，环境不良企业3家。督促环境风险和不良企业对存在的问题进行整改，并及时申请调整升级。（刘清岸 杨慧仪 颜子森）

【环境信息化建设】 株洲市“数字环保”工程建设收尾工作顺利完成。通过公开招标，工程委托第三方运维管理。进一步推进县域环境信息化建设工作，醴陵环保局建成含大屏监控系统、视频监控、视频会议室、业务机房等环境监控体系；攸县环保局建成含综合显示大屏、视频会议系统、移动执法系统重点企业污染源自动监测数据、环境质量监测数据的数字环保工程。（樊 睿 贺 磊）

【排污权交易】 完成82家工业企业补充、追加分配初始排污权指标工作。完成309家企业初始排污权有偿使用费329.9万元和30家市级新增项目排污权有偿收入139万元的征缴。政府无偿储备20吨化学需氧量、12.5吨氨氮、597吨二氧化硫和56吨氮氧化物减排指标。全年共组织完成41笔新增项目排污权交易，交易金额231万元。其中13笔为企业之间发生的点对点交易。（包晓凤 陈建平）

污染治理与环境建设

【大气污染防治】 认真落实《湖南省大气污染防治2015年度实施方案》、《株洲市人民政府关于落实〈大气污染防治行动计划〉实施方案》等指导性文件，制定下发大气污染防治工作的年度任务和考核要求。2015年完成燃煤锅炉改清洁能源、挥发性有机气体治理、中航南方公司燃煤锅炉除尘升级改造、华新水泥除尘治理、815油库和县城加油站油气回收改造、淘汰炎陵县铁合金企业等大气污染防治项目45个。开展大气污染源调查，完成大气污染源动态管理平台建设。落实长株潭大气污染防治特护期工作保障措施，制定《株洲市大气污染防治特护期工作方案》，并向社会公开。（刘清岸 颜子森）

【湘江流域重金属污染防治】 全年启动16个重金属污染治理项目，其中清水塘工业区含重金属废渣综合治理工程等8个重金属污染治理项目验收。完成5家冶炼、化工类企业含铊废水处理设施改造，进一步减少湘江铊污染排放，确保下游饮水安全。关闭经仕集团粗铅生产线。（刘清岸 彭 芸）

【湘江保护和治理“第一个三年行动计划”】 2015年是湘江保护和治理第一个“三年行动计划”收官之年，全市共完成年度环境治理项目96个。3年里，全市完成第一个“三年行动计划”规划的重点项目497个以及自我加压的项目398个。其中关闭退出涉重金属污染企业130家，湘江沿岸1公里范围内养殖场477个，新增城镇生活污水处理能力18万吨/日，新建生活垃圾发电站1座，实施重点企业水污染防治项目81个。与三年前相比，全市重金属排放总量减少近40%。湘江株洲段、渌水、渌江稳定达到《地表水环境质量标准》Ⅲ类水质标准。全市集中式饮用水源长期稳定达标，饮用水源安全得到切实保障。“一江四港”综合整治取得突破性进展，湘江保护和治理工作取得阶段性成效。

（刘清岸 彭 芸）

【规范危险废物转移审批】 加强对危险废物转移的有效监督，防止危险废物转移过程中的环境污染，对危险废物的审批、转移、贮存、处置情况进行严格管理，对非法转移和处置危险废物的3家单位进行立案处罚并对相关责任人行政拘留。全年审批危险废物转移149批次，共81998吨，其中市内转移4881吨，跨市转移79217吨。

（廖伟庚 李 兰）

【医疗废物处置】 2015年，全市共处置医疗废物2300余吨。

（廖伟庚 李 兰）

【严格监管废弃电器电子产品拆解企业】 制定2015年全市电器电子拆解监管方案，做好现场检查和视频检查工作，每季度组织对废弃电器电子产品拆解处理情况进行审核，并写出审核报告。全年共拆解677933台/套废弃电器电子产品，其中电视机465288台，电脑164252套，电冰箱23157台，洗衣机24999台，空调237台。

（廖伟庚 李 兰）

【加强辐射安全和防护监管】 全面落实辐射安全许可证制度，切实加强辐射安全与防护监管。2015年，全市辖区内辐射工作单位按时上报年度评估报告；延续换证101家，注销13家。处理移动、电信、联通基站建设及变电站建设电磁辐射污染投诉80余次。

（廖伟庚 李 兰）

农村环保

【农村环境综合整治】 根据省财政厅、省环保厅《关于报送市、县全县域农村环境综合整治工作方案及重点整治任务实施方案的通知》（湘财建便函〔2015〕27号）要求，组织株洲县、茶陵县、炎陵县成功申报整县推进农村环境综合整治项目，分别争取整治资金2000万元、3000万元、1800万元，涉及总投资近5亿元。

（胡湘许 曾姗姗）

【生态乡镇创建】 按照省生态乡镇考核指标的要求，积极开展生态乡镇创建工作。2015年攸县网岭镇、石羊塘镇、鸭塘铺乡、湖南坳乡、丫江桥镇、星联街道、春联街道7个乡镇被授予“省级生态乡镇”称号。

（胡湘许 曾姗姗）

总量减排

【完成总量减排任务】 2015年，全面完成主要污染物“十二五”减排目标和项目。二氧化硫排放量41017吨，比上年下降8.6%；氮氧化物排放36372吨，比上年下降0.21%；化学需氧量排放量61087吨，比上年下降7.76%；氨氮排放量8430吨，比上年下降11.47%。完成的重点减排项目：株洲电厂3号、4号机组脱硝，华新水泥、远大水泥脱硝，株冶4#、5#挥发窑脱硫改造；龙泉污水处理厂（三期）、醴陵市污水处理厂（二期）、攸县污水处理厂（二期）建成投运；攸县海达化工厂全厂关闭等。

（刘会庆 汤 炼）

【机动车环保管理】 建设升级机动车环保监管信息系统，实现机动车环保检测全过程视频监控。有效遏制了篡改检测数据、降低检验标准、车辆代检等问题发生，提升了机动车环保检测监督管理工作实效。湖南湘海机动车环保检测有限公司（天元站、攸县网岭站）、湖南恒凯环保科技投资有限公司（云峰站、茶陵站、醴陵站、醴陵鑫发站、醴陵顺达站）、株洲县环检站通过省环保厅授权委托认证工作。

（袁理帅武）

环境监察

【环境执法】 开展水污染防治、湘江综合整治、工业园区专项整治等17次环保专项行动，饮用水源保护10次专项行动，共出动各级环保监察人员5180人次，检查企业1523家次。5家重点医疗机构下达限期整改。责令城区内800余家餐饮门店安装油烟净化设施、建设污水处理设施、使用清洁能源。对辖区内近10个工业园区存在问题责令限时整改。取缔关闭荷塘区内8个禽畜养殖场所。对52家企业进行“三同时”专项检查。组织对9个县市区环保部门开展综合稽查。会同醴陵市、攸县、茶陵县环保局对18家造纸企业逐一开展环境专项检查，下达《造纸行业环境监察稽查意见书》。开展保护湘江母亲河专项行动，会同海事、渔政、公安等7个职能部门联合执法。湘江株洲段城区水域10条涉嫌水上餐饮和无证渔船按市政府统一规定签订切割拆解合同，并由专业拆解公司负责拆解。针对省人大执法检查发现的8个环境问题，督促各单位限期整改。

（梁 军）

【环境隐患大排查】 全市共排查企业2642家，责令整改存在隐患企业219家；立案处罚45起，其中移送公安机关5起（4起刑拘已结案；1起环境污染案已移送公安，检察机关已提起公诉）、查封扣押1起，处罚金额72万元；完成整改企业197家，其他企业目前正在加紧整改中。（梁 军）

【行政执法】 市环保局和市公安局工作联络室于2015年7月下旬挂牌成立，环保、公安部门联合查办环境违法行为成为新常态。全年查处环境违法案件24家，对6家进行司法移送，其中有5家均是未批先建的项目，有效打击了建设项目的环境违法行为，扭转了企业“守法成本高、违法成本低”的现象。（梁 军）

【排污费征收】 市本级完成排污收费2400万元，其中建筑施工噪声排污收费140余万元。超任务200万元，圆满完成年度收费任务。

（梁 军）

环境宣传

【绿色卫士行动】 组织湘江绿色卫士株洲大队开展各种环保活动100多次，对全市22个守望点进行日常巡查，发现并举报污染问题80多起，在省或株洲QQ群、网络论坛发微博达200多条。12月，绿色卫士株洲大队被评为全省唯一的“省绿色卫士优秀大队”，大队长肖力杨被评为“省最美志愿者”，队员周文沛、赵光辉被评为“省绿色卫士之星”。

（文红武 陈 乘）

【环保宣教活动】 2015年，刊发环保宣传稿件1000余条（篇），其中新华社1篇、《人民日报》1篇、《中国环境报》8篇、《湖南日报》10篇、省市其他报刊合计285篇、省市电视媒体68条。国家、省级、市级网站刊发稿件420余篇（条）。环保宣传报道水平进一步提升，真正形成了电视有图像、电台有声音、报纸有文章、网络有信息的宣传氛围。

（文红武 陈 乘）

环境科研

【环境监测科研】 市环境监测中心站拓展仪器分析能力，重点提升土壤监测能力。开展重金属多元素的同步分析，提升速度和准确度。利用萃取仪等多种土壤样品前处理仪器，完善土壤中重金属、有机物的分析能力。完成流动注射仪的修复，开展氨氮、总氮、总磷和阴离子等项目分析，实现不同元素分析中多种分析方法的灵活运用。全年在国家级和省部级刊物上发表论文6篇。专注土壤重金属污染调查和修复技术的研究，打造重金属污染治理基地。协助湖南师范大学，做好“十二五”国家技术支撑计划《基于污染空间监测与更新利用的长株潭空间规划调控技术研究》的部分前期调查和图件绘制工作。在株洲市开展消耗臭氧层物质（ODS）调查。（胡 卉）

科学技术

科技工作

【概况】 2015年，株洲获国家科技进步特等奖1项、国家技术发明二等奖2项，“中国专利优秀奖”7项，省科技奖励15项；产于株洲市的国内首列中低速磁浮列车启动试运行，国内首列“永磁高铁”成功生产应用；石峰区获批为国家可持续发展实验区，省级农业科技园区获批2家，实现零的突破，全市科技工作迈上了一个新台阶。

创新能力显著增强。大功率交流传动系统集成、新型功率半导体器件2家企业实验室成功晋级为国家重点实验室，新增省级技术研发平台7家。全市技术创新平台达155家，其中国家级24家、省级78家，居全省第二。引进两院院士桂卫华、方岱宁、王浩、谭铁牛等领衔的科技创新团队，建立院士工作站。推荐15名专家进入国家科技专家库。评选2015年株洲市领军人才20名。

科技专项实施增效。全年共争取部省科技计划项目123项、资金3.36亿元。安排市科技计划项目100项、市企业技术创新项目63项，其中12个项目获得100万元以上的支持。每年安排2000万元专项资金，支持重大科技成果转化、重点关键技术攻关、创新与研发能力突破、建设中小企业服务平台等。全社会R&D投入达44.62亿元，占GDP比重达1.91%。

高新产业发展增速。新认定国家高新技术企业20家，全市高新技术企业达179家。高新产业产值达1605.3亿元，同比增长16.1%。高新产业增加值完成525.9亿元，同比增长17.9%，占GDP的比重达22.3%。轨道交通装备产业实现了千亿目标，产值突破100亿元的企业3家。

长株潭自主创新示范区建设启动。出台示范区建设《行动方案》《若干意见》等政策文件，提出“国家高新区核心引领，省级园区辐射带动，市域范围全面覆盖”的三层次建设思路，明确了工作目标，启动实施了“6+4”优惠政策，示范区建设迈出了坚实步伐。

国家知识产权示范城市创建工作稳步推进。全市专利申请量6034件，授权量4016件，每万人口发明专利拥有量超过6件，同比增长39%以上。获得全国知识产权运营试点项目，获得中央财政采取以股权投资方式支持资金。7个项目获得中国专利优秀奖，6家单位获得省专利转化项目支持，株洲市首次获得湖南专利奖的特别奖，共有10个项目获奖，居各地州之首。

科技服务机制增优。推进“1+N”众创空间建设，首批布局了炎帝创客中心、云龙零创空间等8家“众创空间”。设立株洲市技术转移中心，组建株洲市智慧专利运营公司、株洲市科创基金管理公司，成功募集资金1.25亿元，设立株洲市首支科技创新创业投资基金，全面推动全市大众创业、万众创新掀起热潮。

科技惠民力度加大。强化科技兴农。积极落实农业科技计划，共推荐上报65个农产品信息和23个农业经营主体。组织开展科技特派员年度考核，加强科技特派员与驻点单位的联系互动，发挥科技特派员作用。启动新一轮三区人才选派，向省科技厅报送茶陵、炎陵革命老区共58个三区人才选派需求，为推动三区发展提供人才保障。

防震减灾稳步开展。着力推进株洲地震台改造扩建工程。加强震情值班和震情会商制度，编写震情月报，创建防震减灾科普学校18所，完成抗震设防确认审批项目15项。组建株洲市地震应急志愿者队伍，编制修订《株洲市地震应急预案》，全面完成2014年突发事件应对评估和2015年突发事件趋势分析。（黄　谷）

【中国首列“永磁高铁”完成轨道运行】 2015年1月，由中国中车株洲所研制的永磁同步牵引系统在青岛四方成功完成首次轨道运行，并顺利通过中国铁路总公司评审，即将开始整车型式试验与运行考核。预计到2016年，经过30万公里运行考核后，列车将实现载客运营。这是中国首列“永磁高铁”的“首秀”，标志着中国成为世界上少数几个掌握高铁永磁牵引系统技术的国家之一。（黄　谷）

【中车株机等研发项目获国家科技进步二等奖】 1月9日举行的国家科学技术奖励大会上，由中车株洲电力机车有限公司牵头、株洲中车时代电气股份有限公司和中车株洲电机有限公司参与的“基于自主技术平台的系列化大功率交流传动电力机车研发及应用”项目荣获2014年度国家科学技术进步奖二等奖。（黄　谷）

【株洲市“硬质合金国家重点实验室”建设项目顺利通过国家科技部验收】 3月20日，受科技部基础司委托，科技部基础研究管理中心组织对依托于株洲硬质合金集团有限公司建设的“硬质合金国家重点实验室”进行验收。专家组审查验收资料、现场考察实验室，听取实验室总结报告、依托单位报告，经质询和讨论，专家组认为实验室全面完成建设计划任务书规定任务，实现了建设目标，同意通过验收。（黄 谷）

【中国中车株洲所获“国字号创新团队”荣誉】 3月份，以中国中车株洲所公司副总经理冯江华为负责人的“列车网络控制与信息系统创新团队”被中国科协、发改委、科技部、国资委和全国总工会五部委联合授予全国“讲理想、比贡献”创新团队光荣称号。（黄 谷）

【省委书记、省人大常委会主任徐守盛到株洲调研科技创新工作】 4月2日，省委书记、省人大常委会主任徐守盛到株洲，围绕科技创新主题，深入企业调研，并召开座谈会征求意见。徐守盛指出，株洲市抓科技创新思想重视、措施有力、成效显著，取得了很多令湖南骄傲和自豪的成果。徐守盛强调，要适应新常态，引领新常态，根本出路在创新驱动。希望全省广大企业加大科技创新力度，发挥好科技创新主体作用，为实施创新驱动发展战略，加快建设创新型湖南做出新的更大贡献。（黄 谷）

【中车电机核心技术瞩目国内外】 3月26—28日，作为中国石油、永磁、防爆三大核心技术代表产品，中车株洲电机有限公司研制开发的“YSP42315-6石油电机”“1140V矿用隔爆兼本安型变频调速一体机”“TQ-600永磁同步电机”，在北京举行的“Cippe2015第十五届中国国际石油石化技术装备展览会”亮相，获得国内外众多客户青睐。此次展会吸引超过65个国家和地区近1800家知名企业参展，专业观众多达65000人。（黄 谷）

【中车时代电气收购世界知名海工企业SMD】 4月15日，在英国纽卡斯尔，中国中车旗下子公司株洲中车时代电气股份有限公司（简称“中车时代电气”）斥资约1.3亿英镑（约合12亿元人民币）正式收购世界知名海工企业Specialist Machine Developments Limited（简称SMD）100%的股权，收购完成后，中国中车打造陆海两栖产业集群的新格局凸显。（黄 谷）

【株洲地震台扩建项目开工建设】 4月15日，株洲地震台扩建项目经过前期立项、征地、预算、报批等一系列筹备工作，正式开工建设。株洲地震台扩建项目在原台基础上占地面积扩大0.67公顷，总共1公顷。总投资约180万元。扩建后将增上钻孔应变等地震前兆观测手段，将建设成为集测震、形变、流体等多学科的综合观测台站。（黄 谷）

【株洲高新区创业服务中心入选湖南省首批众创空间试点单位】 众创空间，是大众创业、万众创新的加速器。在5月16日举行的2015年湖南省科技活动周开幕式上，省科技厅公布全省首批8家众创空间试点单位名单，株洲高新区创业服务中心名列其中。（黄 谷）

【中国中车主型风电叶片首获国际权威认证】 2015年5月，中国南方最大的风电叶片制造商中车时代新材公司研制的王牌产品TMT2.5-53.8型风电叶片正式通过TüV南德意志集团A级认证。（黄 谷）

【2015年株洲市领军人才计划正式启动】 6月16日，市委人才办联合市科技局召开2015年株洲市领军人才工作会议，部署2015年市领军人才申报工作，来自市委人才办、市科技局、9个县市区和云龙示范区组织和科技部门，以及卫生、教育、文体广新、湖南工大的人事部门负责人参加会议。（黄 谷）

【株洲市成功组织开展首次科技成果评价】 9月25日，由市生产力促进中心组织的“水性聚氨酯超薄避孕套的研发”科技成果评价会在中国化工株洲橡胶研究设计院有限公司召开，这是株洲市在省科技厅进行科技成果评价改革后首次成功组织开展科技成果评价。（黄 谷）

【株洲市7项发明专利获“中国专利优秀奖”】 12月16日，第17届中国专利奖颁奖大会上，湖南省25项专利获奖，其中株洲市有7项发明专利获中国专利优秀奖，是历届获奖专利最多的一次。7项获奖专利分别是：湖南华联瓷业股份有限公司的“一种制备芝麻点陶瓷的釉料及其制作方法”、湖南千金湘江药业股份有限公司的“拉米夫定非对映选择合成方法”、株洲天桥起重机股份有限公司的“龙门车电气控制同步与纠偏方法及装置”、中车株洲电力机车有限公司的“高黏着重载货运机车Co转向架”、株洲中车时代电气股份有限公司的“一种模块化功率柜”、株洲时代装备技术有限责任公司的“一种能馈型牵引供电装置及其控制方法”、株洲钻石切削刀具股份有限公司的“含周期性涂层的复合涂层刀具及其制备方法”。此次获奖的7项专利，均是发明专利。中国专利奖是中国在专利领域的最高政府奖，由国家知识产权局和世界知识产权组织联合授予。（黄 谷）

【科技成果丰硕】 2015年，株洲市获国家级科技奖励3项。其中中车电力机车研究所参与项目获得国家科技进步特等奖，时代电气牵头、株硬集团参与项目分别获得国家技术发明二等奖。全市获得省级奖励15项，其中省技术发明和科技进步一等奖3项，中车株机公司和中车株洲所各牵头完成1项；二等奖6项，全部是株洲市企事业单位独立或牵头完成；三等奖6项。

（黄　谷）

株洲市获2015年度国家级科技奖项目

表12

等级	类别	项目名称	完成单位	获奖人
特等奖	进步奖	京沪高速铁路工程	中车电力机车研究所参与	
二等	发明奖	高速重载列车牵引控制关键技术及应用	株洲南车时代电气股份有限公司	冯江华　丁荣军　刘可安　李　蔚　周桂法　刘　军
二等	发明奖	高性能钨基复合材料及其应用	中南大学 株洲硬质合金集团有限公司	范景莲　张忠健　刘　涛　田家敏　傅崇伟　吴湘伟

（黄　谷）

株洲市获2015年度省级科技奖项目

表13

等级	类别	项目名称	完成单位	获奖人
一	发明奖	大功率永磁同步电传动系统关键技术研究	南车株洲电力机车研究所有限公司	冯江华　许峻峰　李益丰　何思源　文宇良　何亚屏
一	进步奖	120km/h速度等级米轨城际动车组	南车株洲电力机车有限公司	索建国　陈喜红　杨　颖　林文君　李冠军　周安德　谢红兵　李耘茏　丁长权　苏永章　陈爱军　阳　靖
一	进步奖	中低速磁浮列车悬浮控制技术及应用	中国人民解放军国防科学技术大学 江苏捷诚车载电子信息工程有限公司湖南分公司 中国航空动力机械研究所	李　杰　吴　峻　刘耀宗　崔　鹏　周丹峰　张　锟　刘少克　周文武　赵志苏　陈贵荣　窦峰山　龙志强
二	进步奖	多维信息感知关键技术研究及应用	湖南工业大学 湖南嘉杰信息技术有限公司 广州飞瑞敖电子科技有限公司	李长云　文　鸿　王志兵　何频捷　梅仲豪　张怀滨　刘健峰　文志华　罗学明
二	进步奖	内燃机车电传动系统关键技术研究与应用	湖南工业大学 株洲南车时代电气股份有限公司	张昌凡　荣智林　龙永红　何　良　易吉良　杨文昭　贺正芸　罗国永　赵凯辉
二	进步奖	高速动车组自主化电传动系统研究与开发	株洲南车时代电气股份有限公司	刘可安　忻　力　谢湘剑　邹档兵　张志学　翁星方　李　铭　周　坚　李　华
二	进步奖	中高压大功率脉冲电源系统核心技术开发及应用	株洲变流技术国家工程研究中心	吴　强　张　敏　陈洁莲　赵道德　丁洪发　许　赟　陶洪亮　郭　民　曹　洋
二	进步奖	基于双电机直联式混合动力城市客车研制	湖南南车时代电动汽车股份	郭淑英　刘　凌　席力克　蒋时军　汪　伟　李广汉　吕永宾　黎书萍　王文明
二	进步奖	大尺寸蓝宝石单晶炉高温钨钼热场系统制备关键技术与产业化	株洲硬质合金集团有限公司	张忠健　傅崇伟　徐　涛　魏修宇　廖彬彬　田　伟　王　军　张外平　杨　吉
三	发明奖	地下建筑空调排风热回收用间接蒸发冷却器关键技术	长沙理工大学 株洲时代金属制造有限公司 重庆大学	何叶从　陈传国　夏侯国伟　刘　勇　谭　敏　崔岳红
三	进步奖	80km/h轻轨车辆ZLA080型铰接式转向架	南车株洲电力机车有限公司	陶功安　颜志军　晋军辉　李茂春　曾艳梅　刘晖霞　孙永鹏

续表 13

等级	类别	项目名称	完成单位	获奖人
三	进步奖	2MWD110 低风速大叶片风电机组研制项目	南车株洲电力机车研究所有限公司	晏红文　李晓光　欧阳华　王　靛　郭　锐　宋建秀　颜志伟
三	进步奖	精轧机用 YJPQ450–4 变频调速电动机关键技术研究	南车株洲电机有限公司	周黎民　谭亲目　晏才松　李威杨　周秋红　王长江　于　冰
三	进步奖	氧化锌酸性浸出液直接萃取提铟新工艺研究	株洲冶炼集团股份有限公司	刘一宁　林文军　廖贻鹏　周正华　王荣辉　窦传龙　黄　兴
三	进步奖	智能化网络控制系统的关键技术及应用	湖南工程学院 株洲科瑞变流电气有限公司	梁开健　周　鹏　梁九妹　欧阳波　旷永红

（黄　谷）

科学普及

【概况】 株洲市科学技术协会下设办公室、科普部、学会部、组宣部 4 个部门，下属市科技活动指导中心、市企业科技创新指导中心、市老年科技工作者协会办公室 3 个事业单位，有在职人员 24 人。至 2015 年年底，全市拥有县（市）区科协 9 个，市级学（协、研究）会 53 个，企业、高校科协 21 个，基本形成了纵通横联、覆盖城乡的科学普及、学术交流、科技咨询服务等为一体的组织网络。2015 年，株洲市科协团结带领全市广大科技工作者，开拓创新，务实进取，为服务创新驱动发展战略和全市经济社会发展做出积极贡献。获省级荣誉 91 个，全国荣誉 21 个，其中：先进个人 6 人，先进集体 21 个。（陈刘传）

【科普工作】 扎实推进《科学素质纲要》实施。充分发挥株洲市全民科学素质领导小组办公室的组织协调作用，进一步强化全民科学素质工作共建机制。不断巩固全国文明城市创建成果，指导扶助城区乡镇、街道及社区建立和完善了一批科普活动室，对相关资料进行了完善。不断加强科普志愿者队伍建设，广泛开展科普知识“进农村、进社区、进学校、进机关、进企业”活动。充分利用网络、电视、广播、科普橱窗等载体开展科普宣传。株洲市广播电台的“科普知识一点通”等受到观众喜爱。大力推广“科普网络书屋”，全市发展子书屋达 1200 多个，传播科普和科技知识，取得了很好的效果。强化科普创建，炎陵县桃源洞自然保护区和株洲方特欢乐世界成功获得 2015—2019 年度全国科普教育基地称号。深入实施“基层科普行动计划”。2015 年，株洲市共获得国家项目 7 个、省级项目 8 个，奖补资金 200 万元，为历年之最。广泛开展科技培训，全年株洲市县两级科协组织共投入培训费 200 余万元，其中市级科协下拨 60 万元。先后组织开展生态养殖、茶叶和黄桃技术等培训，培训科技人员 4000 多名。广泛开展主题科普活动。组织开展“三下乡”“防灾减灾日”“全国科普日”等系列科普宣传活动，发放科普资料、技术手册 30 多万份，展出各类科普展板 60 多块，受益群众达 200 万人次。扎实推进科普信息化。2015 年，首次引进 11 台全媒体网络科普阅览屏，为推动全市科普信息化工作迈出了重要一步。（陈刘传）

【学术交流】 成功举办株洲市高级专家协会第二次代表大会暨金属材料产业发展科技论坛，中国工程院院士刘友梅、省科协副巡视员邓益平等领导和专家出席会议并讲话，中国工程院院士黄伯云出任协会顾问，刘友梅、尹泽勇、丁荣军三位院士当选为会长。五矿钨事业部副总监张忠健等四位专家，分别围绕《经济新常态下株洲硬质合金产业发展展望》等主题，与各位专家进行广泛、深入的探讨交流，积极为株洲市金属材料产业的技术创新贡献智慧。指导所属学会开展“中药临床药学研究新进展”研讨班、“物理学会年会及教师专业发展学术报告会”，以及市气象学会、市生态学会学术年会等高水平学术活动 50 多场次，为促进株洲市学术繁荣、人才成长和科技进步做出了积极贡献。强化学会服务能力提升，积极探索和提升学会参与社会公共事务管理的能力。市医学会完成各方委托的医疗事故技术鉴定 30 例；市气象学会承接“施放气球作业人员资格证和防雷专业技术人员资格证管理”职能等等，均获得了社会各界的认可和好评。（陈刘传）

【科技创新服务】 深入实施创新驱动发展战略，积极投身长株潭国家自主创新示范区建设。不断加强“院士专家工作站”的建设与管理，新建天桥起重、联诚集团、南方阀门 3 家院士专家工作站，截至 2015 年底，株洲市已建立中车株所、高新区、608 所、天桥起重、联诚集团、南方阀门、株洲科能新材料等 7 家“院士专家工作站”，共有8名院士和100多名专家进站工作，吸引2000多名科技人员参与科技创新活动，帮助企业解决技术难题。组织创建高新区“海智计划”工作基地，着力凝聚海外人才资源、创新资源，进入株洲创新创业。市老年科协深入实施《科技服务民营企业三年行动方案》，帮助民企引进新技术、开展专利申请、技术创新，产生良好的社会效益和经济效益。（陈刘传）

【青少年科技创新教育】 成功举办第35届株洲市青少年科技创新大赛。大赛以“体验、创新、成长”为主题，共收到各个县市区选送的作品463件，经专家层层评审，评出优秀项目102项；优秀实践活动奖33项；科学幻想绘画作品奖137幅；优秀科技论文奖6个，优秀科技教师6名，优秀组织奖单位5个。积极选送优秀作品参加全省、全国的青少年科技创新大赛，荣获省级奖项46个、全国奖项4个，市科协荣获基层赛事优秀组织单位。联合市教育局共同举办株洲市第二届机器人大赛，来自全市16所学校的79支代表队，156名选手参加竞赛。通过展示、现场竞赛等程序，共决出一等奖9个、二等奖16个、三等奖32个，评选出优秀指导老师4名、优秀组织奖8个。组织参加第七届湖南省中小学机器人竞赛，获得奖项30个。此外，组织开展中国科协“大手拉小手——科普报告希望行”、全国青少年高校科学营、株洲市首届青少年公益科技体验等系列活动，激发青少年朋友的创新思维，培养动手能力。

（陈刘传）

【服务科技工作者】 密切联系服务科技工作者。充分发挥党委政府联系广大科技工作者的桥梁和纽带作用，广泛开展建家交友活动，组织开展院士专家节日慰问、“企科联”趣味运动会，以及各类学习交流活动。大力表彰举荐宣传优秀科技工作者。面向基层，评选表彰一批农村科普示范基地、农村专业技术协会和农村科普带头人，发挥示范带动作用。积极开展“创新力量——优秀企业基层科技工作者”推荐活动，推荐1名基层科技工作者到中国科协、2名到省科协宣传。2015年7月26日，CCTV—7军事农业频道《食尚大转盘》栏目，对醴陵市德福青蛙蔬菜种养协会负责人文德福，特别是其养殖的生态青蛙进行宣传报道，在全市营造“尊重知识、尊重人才、尊重劳动、尊重创造”的良好氛围。（陈刘传）

科研院所选介

中车株洲电力机车研究所有限公司

【概况】 中车株洲电力机车研究所有限公司（简称株洲所）拥有“电气传动与自动化、高分子复合材料应用、新能源装备、电力电子（基础）器件”四大产业板块、十大业务主体，旗下拥有3家上市公司、8个国家级科技创新平台、2个企业博士后科研工作站，在美国、英国、澳大利亚设有5个海外技术研发中心，有员工17800多人，其中境外员工4500余名；博士160余名，硕士1800余名。2015年，株洲所实现营业收入296亿元，比上年增长32%。（吴昌云）

【科技创新】 前沿科技项目成果丰硕。世界首辆轨迹跟随无轨列车成功下线，基于大数据的列车智能化控制原型平台创新搭建，集成一体化高功率密度变流器抢占行业技术制高点，沟槽栅IGBT完成工艺考核与型式试验，深海采矿机器人填补全球技术空白。高铁永磁牵引系统考核顺利，株洲所永磁技术在高铁、地铁和电动汽车领域实现应用全覆盖。中国标准动车组、CRH6城际动车组、8轴客运电力机车和低地板车项目顺利推进。自主信号系统样机成功开发，长沙磁浮线投入试运行，核心技术应用再添标志性工程。8月12日，株洲所主导制定的轨道交通国际标准——IEC 62845《轨道交通 货运牵引车辆无限重联系统》正式发布。聚酰亚胺薄膜中试线带料试车，产品耐老化性能达世界一流水平；芳纶树脂合成和造纸中试技术取得突破，9款新型风电叶片通过CCS认证。新型2兆瓦风电机组完成产品定型，高海拔与低风速领域的风电行业标准起草发布。电动汽车产品型谱不断丰富，6—12米纯电动客车相继面世；亚洲扭矩最大、钻孔最深的旋挖钻机研制成功，船舶、矿卡、空调、光伏和军工领域多个重点项目开花结果，成为株洲所同心多元化产业布局和突破的新亮点。7月5日，装载株洲所电力推进系统的146米特种大件运输船在浙江舟山成功下水；10月19日，株洲所承建的浙江最大光伏农业科技项目实现并网发电。仿真、软件测试、物料寿命研究等公共技术能力快速提升，“新型功率半导体器件”国家重点实验室获准建设。8月，依托株洲所旗下时代电气的“新型功率半导体国家重点实验室”正式立项，标志着公司功率半导体器件技术研发平台进入“国家队”。年内，时代电气和时代电动获得首批“湖南省智能制造示范企业”称号。

（吴昌云）

【市场开拓】 国铁实现销售收入87亿元；地铁订单33亿元。轨道工程机械和通信信号产业成长迅速，销售规模较上年增长15%；CMD系统批量装车2000余套。高分子材料板块放量突破，汽车橡塑产品获得6.3亿欧元单笔订单，风电叶片营收超过27亿元。电动汽车产业规模突破20亿元。风电整机新签订单30亿元，额尔格图等13个风场成功出质保，运维市场崭露头角。大力开拓工程机械租赁和再制造业务，盘活呆滞存货，拓宽盈利渠道。10月22日，中车襄阳工业园正式投产。电动汽车电机襄阳量产，交付超过2000台。空调变频市场创历史新高，9月11日，装载株洲所空调变频器的永磁同步变频离心机在人民大会堂正式投入使用；5万吨半潜船首秀获业界高度评价。特种装备公司通过军工“四证”认证，签订多个项目开发协议。（吴昌云）

【跨国经营】 SMD项目正式完成交割。4月15日，时代电气正式并购英国SMD公司，进军深海高端装备领域，实现陆地交通与深海装备的跨界经营。BOGE反向整合与全球扩能建设有序实施，销售和经营利润创历史新高。海外业务大幅增长。株洲所全年实现海外销售收入76.7亿元。展开全球研发和产业布局，与多家知名科研院所开展前沿技术合作，推进海外产业并购与合资合作，加速企业国际化发展。内培外引建设跨国精英团队，推进IT国际化项目，强化跨国协同，外汇资金集中管理，株洲所跨国经营能力稳步提升；开展文化之旅，加速并购企业融合。积极参加海外展会宣传，提升品牌国际影响力。10月26日，2015年时代电气拉美论坛开幕，7个洋专家组团“取经”中国高铁。（吴昌云）

中国航空动力机械研究所

【概况】 2015年，中国航空动力机械研究所科研生产硕果累累，发展势头稳健强劲，各项工作取得较好成绩。营业总收入、利润、科研经费到款、非航销售收入分别较2010年增长83%、55%、184%、36%，实现“十二五”圆满收官。

加强型号研制。全年科研生产计划完成率为98%，完成“1机鉴定”、“2机首飞”“2机达标”“5个项目立项”“5机定型/鉴定准备”“9个课题验收”。全年申请专利98项，获省部级以上科学技术进步奖13项，其中“某发动机工程”获国家科学技术进步二等奖；研究所获中航工业阅兵保障先进单位、发动机公司2015年度航空报国动力先锋奖先进单位荣誉称号；10余个团队受到上级表彰。

完成技术改造。全年军工固定资产投资财政预算执行率95%，完成“1个项目立项批复”“1个项目国家竣工验收”“10个试车台建设或改造”等。

拓展非航产业。全年非航产业实现收入1亿多元。中低速磁悬浮列车悬浮传感器交付130余套，并在国内首条中低速磁浮列车线路上顺利完成试跑，取得研究所航空产品优势技术向轨道交通等高精尖民品领域转化的重要突破；新开发超温超转控制器实现小批量投产；对接研究所科研、技改衍生技术，非标产品新签合同5600余万元。（石东要）

中国化工株洲橡胶研究设计院有限公司

【概况】 中国化工株洲橡胶研究设计院有限公司隶属于中国化工集团公司，前身为化工部乳胶工业研究所。1964年创建于广州，1965年迁建于云南省晋宁县，1988年整体搬迁至湖南省株洲市，2014年5月改制为国有独资公司。

公司主要从事以气象气球为主的乳胶制品、特种橡胶制品、高分子合成材料的研制、开发、生产与检测。拥有中高级专业技术人员100多人，其中享受政府特殊津贴人员和教授级高工20多人。迄今，共完成各类科研项目300多项，获国家级及省部级奖的项目有60多项，拥有授权专利30多件，为国家乳胶工业、气象事业的发展和国防建设做出了突出贡献。

2015年，公司坚持“稳中求进”的总基调，集中力量实施“三年倍增计划”，完成了全年生产经营任务，公司经济呈现稳中有增、增中见好的发展态势。总收入7225万元，比上年增长1.8%，利润总额680万元，比上年增长5.1%；资产负债率5%，比上年下降7.94个百分点。年内，公司获得“中国企业形象管理典范单位”和“中国石油和化学工业企业文化建设先进单位”荣誉称号，并成为全国企业文化合作组织成员单位。（罗碧霞）

【科技成果产出明显】 2015年，公司以项目申报为重点，以课题研究为载体。全年共组织开展“平流层气象探空观测系统研制及试验”等11项科研课题，获得“双气球充气平衡嘴”等5项专利授权。项目获评湖南省国防科学技术进步奖三等奖；发明的一种气象气球及其生产方法（1600克）获得中国化工发明专利优秀奖；一种乳胶制品的浸胶方法及浸胶装置获得株洲市专利三等奖；乳胶气象气球及其制作方法发明专利获得中国化工专利优秀奖；“平流层气象探空观测系统研制及试验”“气象气球系列产品专利产业化”等项目分别获得中国气象局、国防科工局、荷塘区科技局资金支持。公司获得中国化工专利工作先进企业奖、中国橡胶工业协会成立30周年“企业创新发展奖”，并被认定为湖南省2015年第一批高新技术企业和株洲市首批出口退（免）税管理一类企业。（罗碧霞）

【安全生产管理上台阶】 2015年，公司落实“党政同责、一岗双责、齐抓共管”的安全责任体系要求，重点开展SHE体系要素建设工作，组织全员安全生产培训和应急救援演练，及时跟进重大技改项目，加强承包商管理，安全隐患整改完成率100%。以开展新环保法知识学习为契机，从源头上管理和防范，确保达标排放。安全生产工作连续9年获评区先进，职业健康工作荣获“全市职业卫生工作目标管理先进单位”称号。（罗碧霞）

教　　育

综　述

【概况】 2015年，株洲市共有各级各类学校1529所，全市在校学生数537486人，在职教职工数41717人。2015年，株洲教育系统围绕全面建成教育强市的总目标，坚持改革创新、提质增效、改善民生，教育事业呈现良好发展态势。全市9个县（市、区）全部顺利通过省教育强县（市、区）评估验收，株洲市在全省率先获得“教育强市”申报资格。在全国职业教育规范管理推进会上，株洲市作为全国唯一地市代表作典型发言。（芦述进）

【2015年教育工作会议召开】 2015年1月30日，株洲市教育工作会议召开，会议的主要任务是总结2014年教育工作、部署2015年教育工作。副市长毛朝晖出席会议并作重要讲话，强调要把发展教育事业摆在更加突出的位置，着力提高教育管理水平，特别是要做好校园安全工作，坚决避免校园重大安全事故发生；要大力营造教育改革发展良好氛围，形成推动教育改革发展的强大合力。（芦述进）

【教育阳光服务工作获省市表彰】 株洲市教育局充分发挥教育阳光服务平台作用，畅通群众诉求渠道。2015年共受理市民反映有效事项1024件，办结率为100%；市教育局教育阳光服务中心先后获评全省教育阳光服务优秀单位和株洲市文明窗口单位。

（芦述进）

【开展县域内中小学校长教师交流试点】 为推动县（市、区）域内校长教师交流轮岗，引导优秀校长和骨干教师向农村学校、薄弱学校流动，株洲市教育局制定《株洲市县域内中小学校长教师交流试点工作方案》，并积极向省教育厅争取将天元区列入省试点县。天元区完成教师交流300人次；校长交流实现全区中小学全覆盖，交流轮岗40人次。（芦述进）

【开展“百优”“十佳”评选表彰活动】 为推介表彰先进教师和教育工作者的事迹，营造尊师重教氛围，教师节前夕，株洲市隆重表彰刘慧等100名“株洲市优秀教师”、陈嵩等10名“株洲市十佳先进教育工作者”。（芦述进）

【开展“名优教师送培到县”活动】 2015年10月23日，株洲市教师培训中心2015年“名优教师送培到县”系列活动在革命老区炎陵正式启动，活动旨在促进校际之间的交流和联系，充分利用市内优质的教育资源，发挥优秀教师的示范辐射作用，达到城乡互动，资源共享。（芦述进）

【推进实施“生态德育”工作】 2015年，株洲市教育局采取“课题引领，项目承办，典型引路”的工作方式，以省规划课题“株洲市中小学生态德育的理论构架与实践探索”为引领，将法治教育、职业规划教育、心理健康教育、“六礼三仪”教育等19个德育项目交由57所学校承办，全市德育工作水平整体提升。100名学科教师取得国家认可的心理咨询师资格，87名学科教师接受“轻松教与学”培训；市一中被评为全国心理健康教育特色学校。举办5次“培育和践行社会主义核心价值观”主题活动，顺利通过全国文明城市未成年人思想道德建设复检。“六礼三仪”文明礼仪养成教育在近100所中小学实施，被评为教育部培育和践行社会主义核心价值观优秀案例。评选出100个德育创新案例，其中9个评为全省优秀德育主题活动。家庭教育全面推进，“家庭—学校—社会”三结合教育在25所学校实施。天元小学家长俱乐部模式在全省推广。（芦述进）

【推广校园足球】 制定足球联赛管理办法和竞赛规程。组织全市中小学足球教练员（足球骨干教师）培训。举办株洲市第一届中小学“市长杯”足球联赛。组织全市小学足球代表队参加2015年全国青少年校园足球“冠军杯”（南部赛区）比赛，以小组第二的成绩进入全国16强，晋级总决赛；株洲市代表队的主教练谭杰荣获“优秀教练”称号，小队员龙廷威、刘晋成、荣子扬、夏锴荣获“希望之星”称号；龙庭威、荣子扬入选小学队最佳阵容。

（芦述进）

【举办株洲市中小学生演唱演奏比赛】 2015年12月1日，2015年株洲市中小学生演唱演奏比赛决赛在市二中艺术馆隆重举行。来自全市49所中小学校的1500余名中小学生参加教学班演奏、校合唱队、校乐队、演唱组合、演奏组合等5个组别的角逐，九方中学的合唱《雨后彩虹》等22个节目荣获金奖，戴家岭小学二年级152班的班级打击乐唱表演《郊游》等27个节目荣获银奖，株洲市二中等8所学校获评优秀组织奖。（芦述进）

【株洲教育信息化建设】2013—2015年，株洲市教育信息化经费总投入2.28亿元，"三通工程"任务全面完成，县市区建成教育城域网8个，宽带接入率100%，优质资源"班班通"88%，100%的教师和73.2%以上的初中学生开通实名制网络学习空间。自主研发43065条教育资源。教师利用空间和资源进行教学教研达到80%。建设69个"数字校园"和"教育信息化"国家和省市示范项目。（芦述进）

【《中国教育报》推介株洲教育信息化经验】2015年11月5日，《中国教育报》以《湖南株洲校校通信息化"高速"》为题，报道株洲茶陵县和天元区教育信息化工作。茶陵县花小钱办均衡教育，以3000元打造的"专递课堂"不仅实现了优质课程资源的共享，更着力推进了中心校教师和教学点教师之间的学情、教情、班情共享。天元区将移动互联网更好地应用在学校的管理、教学中，打造活力四射的课堂。（芦述进）

【株洲教育国际交流合作不断拓展】2015年，株洲市教育局以深化教育改革、扩大教育对外开放为主线，积极开展全方位、多角度、宽领域、高层次的教育国际交流与合作。成功申请中英"校际连线"种子基金项目，10所学校与英国中小学结对；开展"外教送教下乡、下区校"活动，参与的外籍教师200多人次；与英国驻广州领事馆教育处联合组织第一期直属高中英语教师培训，50人参训；举办"株洲市首届模拟联合国大会"。（芦述进）

【株洲市首届直属高中生模拟联合国大会召开】2015年12月26日，株洲市首届直属高中生模拟联合国大会在南方中学举行，10所高中学校的67名学生代表参会。大会通过三次分组会议，让学生以参会国外交官的身份，就"全球气候变化"和"叙利亚战争导致的难民问题以及欧洲应对策略"两个议题进行观点阐述、政策辩论、投票表决和文件写作，以使其熟悉联合国的运作方式，进一步理解国际法制，提高国际交往能力，增强对当前国际热点问题的理解。（芦述进）

【教育部中小学素质教育督导评估研讨会在株洲召开】2015年3月11—13日，教育部督导办—联合国儿基会"学校教育督导项目"——中小学素质教育督导评估研讨会在株洲市召开。教育部督导办副主任周坚、学校督导处处长崔立双，省教育厅副主任督学唐亚武、督导处处长雷桂平等领导出席会议。来自上海、福建、湖南、重庆、广西等五省教育督导部门负责人，以及重庆、福州、柳州、株洲和上海浦东新区五个试点地区的项目负责人参加研讨。株洲市教育局局长钟燕致辞欢迎。与会领导及专家就国家中小学素质教育督导评估指标体系进行深入讨论，实地考察了天元区银海学校、天元学校这两所株洲市首批"素质教育先进学校"。（芦述进）

【株洲市9个县市区全部通过教育强县评估验收】2015年9月8日，株洲市县级教育工作两项督导评估考核意见反馈会召开。督导评估考核认定醴陵市、炎陵县、株洲县第三轮"两项督导评估考核"达到优秀等次，石峰区、攸县、茶陵县达到合格等次。同时，6县（市、区）"教育强县（市、区）"评估验收全部合格，认定为全省第二批教育强县（市、区）。加之2014年荷塘区、芦淞区、天元区通过该项评估考核，株洲市9个县市区已经全部顺利通过教育强县（市、区）评估验收。（芦述进）

【资助贫困生】2015年，株洲市共资助贫困学生82170人次。其中，资助普高贫困生18060人次，金额1520.6万元；落实中职免学费35146人次，金额4229.56万元；发放中职助学金8240人次，金额815.41万元；开展金秋助学活动，资助890人次，金额451.7万元；资助贫困幼儿19962人次，金额998.1万元。义务教育免教科书519063人次，金额3205.7万元；免学费496588人次，金额14247万元。（芦述进）

学前教育

【概况】2015年，全市有幼儿园973所，在园幼儿140245人，教职工13230人，专任教师6553人。全市学前三年教育毛入园率为80%，达到省定标准。全市新建7所乡镇公办中心幼儿园，在全省提前一年完成每个乡镇（街道）建设1所以上公办幼儿园的任务。普惠性民办幼儿园建设步入良性循环，全市普惠性民办幼儿园430所，提供园位62461个。公益普惠性幼儿园达到各级各类幼儿园总数的55.6%，在园幼儿占全市在园幼儿总数的63.1%。（芦述进）

【全省建设《幼儿园学习活动体系》现场会在株洲市召开】2015年4月19—20日，建设与实施园本《学习活动体系》现场会暨湖南省学前教育学会年会会议在株洲市举行，来自全省各地400余名幼儿园园长参加会议。湖南省教育厅党组成员、省委教育工委委员王建华发表讲话，强调要按照教育部的要求开展贯彻《指南》实验，把《指南》的基本理念转化为幼儿园的保教实践，促进幼儿园保教质量的提高。有关专家、教授和幼教工作者在会上讲话或介绍经验。与会人员还观摩株洲市幼儿园总园、芦淞教育幼稚园、石峰区幼稚园、株洲县砖桥中心幼儿园等幼儿园。（芦述进）

【举办株洲市第二届“幼儿园教育能手竞赛”】 2015年7月5—8日，株洲市教育局组织举办第二届“幼儿园教育能手竞赛”。通过综合素质考查、专业理论考试、基本技能考核、现场教学与说课反思和答辩，共评选出株洲市第二届“幼儿园教育能手”15名，“优胜奖”6名，最佳才艺奖3名，最佳答辩奖3名。株洲市幼儿园等5家单位获“优秀组织奖”。（芦述进）

【中国教师报推介株洲学前教育经验】 2015年12月23日中国教师报以《湖南株洲：给孩子最美的童年》为题，推介株洲市学前教育经验。一是扶持“普惠园”，变管理为治理。株洲市通过制度和方法创新，规范民办园的发展，确保学前教育的普惠性。二是公办园全覆盖，“鲶鱼效应”初显。全市每个乡镇街道，至少建成一所公办幼儿园。三是引入观察员，不重奖杯重口碑。创新学前教育管理方式，聘请社会观察员，作为教育第三方对幼儿园进行社会评价和监督。四是遏制“小学化”，送教下乡有新招。株洲市开发“我有好习惯”幼儿养成教育地方特色课程，送教团队通过教师讲座、专题研讨、进园指导，让乡村的教师掌握在集体教学、游戏、日常生活中如何落实习惯培养。（芦述进）

义务教育

【概况】 2015年，株洲市有小学327所，教学点293个，在校学生237748人，教职工11176人，专任教师10720人；社会力量办小学3所，在校学生14174人；全市小学学校占地面积5114735平方米，校舍建筑面积1778072平方米。全市初中155所，其中九年一贯制学校52所；在校学生104796人；社会力量办初中学校10所，在校学生21811人；全市初中教职工11413人，专任教师8511人；全市初中学校占地面积5046116平方米，校舍建筑面积1655552平方米。

（芦述进）

【义务教育合格学校建设】 2015年，株洲义务教育合格学校建设任务只有茶陵县的4所，分别是茶陵县的枣市镇洒水小学、桃坑乡东江小学、火田镇贝水教学点、下东乡黄堂小学。项目建设进展顺利，截至12月底，已完成全部投资723.8万元，39个工程项目工程完成100%。至此，全市所有义务教育阶段学校包括农村教学点在内全部建成合格学校，进度全省领先。

（芦述进）

【启动义务教育学校标准化建设工作】 2015年，株洲市启动标准化学校建设的试点工作。出台《株洲市开展义务教育学校标准化建设的实施方案》。推荐天元区作为株洲义务教育学校标准化试点区。天元区教育局出台《天元区教育局关于义务教育学校标准化建设规划》，并在栗雨小学、群丰中学两所学校开展试点，先后投入420万元用于两校的改造。（芦述进）

【2015年中小学考试招生政策新闻发布会召开】 2015年3月26日，株洲市召开2015年中小学考试招生政策新闻发布会，发布2015年义务教育阶段招生与中考、中招系列方案。2015年高中招生不再招收择校生，指标生首次单独设立指标生录取批次，对口直升生增加初高中衔接教育对口学校直升生的类别；中考更加注重“综合素质”，增加语文口语交际能力和英语口语表达能力的考查。（芦述进）

【株洲市举办第三届中小学生创新与实践技能大赛】 2015年11月28—29日，由株洲市教育局主办、株洲市示范性综合实践基地承办的株洲市第三届中小学生创新与实践技能大赛在建宁中学体育馆举行，412支队伍、700多名中小学生参加14个项目的竞技。大赛共展示来自株洲4区5县的100多件优秀作品，涉及国医小创作、国医场馆概念设计模型、国医教学成果展板、社区活动展板4个方面的内容。（芦述进）

普通高中教育

【概况】 2015年，全市有高中学校37所，其中，完全中学8所，十二年一贯制7所。在校学生54306人，教职工5785人，专任教师4303人；其中社会力量办高中10所，在校学生8238人。全市高中学校占地面积2796149平方米，校舍建筑面积1444457平方米。（芦述进）

【推进普通高中转型提质】 出台《应对高考改革推进普通高中转型提质实施方案》，重点做好深化基础教育课程改革，对2014年评审通过的中小学20个课程基地的建设进度、建设保障、建设管理、建设经费使用情况、建设效果等进行中期评估，对2015年申报的29个课程基地进行资格认定；提升校长教师课程能力，组织35名县市教育局局长、校长、中层管理干部赴北京学校学习，开展学习分享交流活动；加快信息技术应用，开展“一师一优课、一课一名师”活动，全市中小学生在网上晒课19645堂课，上报优课749堂。

（芦述进）

【深化培养模式改革】 2015年，株洲市教育局继续开展普通高中创新型人才培养试点工作。指导株洲市二中、株洲市八中、南方中学、醴陵一中、攸县一中、株洲市十八中等6所学校开展创新拔尖人才和特色人才培养试点工作。南方中学1名学生获得全国数学竞赛一等奖；株洲市八中舞蹈、篮球、桥牌已成品牌；株洲市十八中高考美术生基本涵盖全国各大美院；株洲市二中1名学生获得全国生物竞

赛一等奖、全省科技创新大赛3个一等奖。（芦述进）

【开展初高中衔接协调发展教育实践研究】 2015年5月15日，株洲市初高中衔接协调发展教育实验项目启动仪式在市二中举行。参与初高中衔接协同项目试点学校是天元区片区的市二中与建宁实验中学；芦淞片区的南方中学与株洲市七中，市八中与体育路中学，荷塘片区的市四中与市十九中，市十三中与市五中，市十八中与市十五中；石峰片区的市九方中学与田心中学，市三中与枫叶中学。重点开展初高中阶段学生的生理、心理、思维发展变化，初高中在课程、课堂、教材、教学、教研等方面的衔接，初高中衔接教育工作中高考的有效对接，教师的专业发展，学校的管理方式等8个方面的实践研究。（芦述进）

【学考高考成绩继续在全省领先】 2015年，株洲市学考合格率97.49%，获得全省第一。高考总上线率99.16%，实现“五连增”；全市二本以上上线率49.84%，增长1.83%；总平均分连续5年位居全省第三；文科、理科总平均分均保持全省前三名。（芦述进）

职业教育

【概况】 2015年，全市有中职教育机构22个，在校学生43548人，教职工2195人，专任教师1652人。全市中职学校产权建筑面积623820平方米，新增8904平方米。（芦述进）

【株洲市职业教育工作会议召开】 3月31日，株洲市职教工作会议召开。市委书记贺安杰发表书面讲话，市委副书记、市长毛腾飞出席会议并讲话。会议下发市委、市政府《关于加快发展现代职业教育的决定》《株洲市职业教育发展三年攻坚计划（2015—2017年）》《株洲市现代职业教育发展规划（2015—2020年）》3个文件。根据规划，株洲市将着力构建以湖南（株洲）职教科技园为引领、与现代产业体系相匹配、专业特色鲜明、中职高职有机衔接、职教普教立交互通、学历教育和职业培训并举、学校企业社会相互融合、体现终身教育理念的现代职业教育体系。到2020年，职业院校在校生达到15万人，培训技术技能人才15万人次；株洲职业教育进入全省领先、全国先进行列。（芦述进）

【实施职教三年行动计划】 围绕落实《株洲市职业教育发展三年攻坚计划（2015—2017年）》，2015年，株洲市开展系列职业教育年度重点项目建设。通过专家评审，全市立项建设2所卓越中职学校、2个示范性特色专业群、2个校企合作生产性实习实训基地、3个职教名师工作室，开展2个中高职衔接人才培养试点项目、2个现代学徒制试点项目、3个职教信息化特色试点项目、3个基于现代职教体系下的高技术技能人才培养改革试点项目。（芦述进）

【推进中职招生改革】 株洲市在2014年开展以城区和株洲县、炎陵县中职招生改革试点的基础上，2015年将招生改革的范围扩展到全市所有县市区，并与市人社局就职业教育招生进行合作协调，使中职招生秩序进一步得到整顿，普职进一步协调发展。（芦述进）

【“株洲职教经验”获教育部推介】 11月29—30日，全国职业教育规范管理推进会在山东青岛召开。株洲市教育局局长钟燕作为地市教育局唯一代表作“以政府统筹为抓手，推动区域职业教育优质协调发展”为题的典型发言。为推进高中阶段教育协调发展，株洲市普通高中由43所缩减为33所，职业院校由41所调整到36所。在全省率先实现职业学校网上志愿录取，职业院校间无序竞争抢夺生源现象得到有效遏制。70多亿元的湖南（株洲）职教科技园已有5所院校入园办学，按照“各校相对独立，教育资源共享”的建设理念，打破园区和院校围墙界限，对园区内公共实训中心、就业创业中心、运动场所以及公共信息平台等资源实行共享，体现“两型社会”建设新理念。（芦述进）

【职业教育科技园管理】 2015年，按照市委、市政府的部署，株洲职业教育科技园管理办公室（以下简称“管理办”）于8月起与株洲市教投集团正式分离，实行“建管分离”体制。管理办为正处级公益一类事业单位，专司管理之职，负责园区内的规划和管理、园区共享设施与公共配套设施的管理与维护、各类职业技能培训的协调和服务，园区内的招商开发、校企合作、人才交流、成果推介、信息交流等活动统筹协调等工作。年内，管理办积极探索园区职教改革与发展。会同园区10所院校以及各相关单位筹备成立株洲（园区）职业教育园区发展促进会，搭建政府、院校和企业平台，研究商讨职教改革各项工作；探索校企合作新路径，组建院校、国资、民企参股的混合所有制公司；牵头提出园区共建共享方案，探索公共设施运营管理新模式；协助引进长会、新程等民办教育机构，大力支持民办职业教育发展。加强对就业创业指导中心的管理。积极推进与湖南省人社厅的合作，厅市共建项目——湖南（株洲）就业创业指导中心，成功争取挂牌“中国焊接协会机器人焊接培训基地”“中国切割焊接培训基地”“全国总工会技能比武基地”。人才交流中心投入运营，信息中心完成方案论证，创客基地·零创空间业务稳步开展。截至2015年年底，园区累计完成投资70亿元，学生规模超过3万人。已有工贸技师、有色职院、铁科职院、商业技师、化工职院5所院校搬迁入

园办学，另有铁道职院、中医药高专、汽车职院、工业学校和幼师学校5所院校在建或待建。（张丽华）

【省赛】 7月11—15日，由湖南省总工会、省人力资源和社会保障厅、省科学技术厅、省经济和信息化委员会联合主办，株洲市总工会和株洲职业教育科技园管理办公室承办的湖南省第五届职工职业技能大赛于在湖南（株洲）职业教育科技园举行。此次大赛首次将全部项目集中在同一地州市竞赛。共有全省14个地州市，以及省直工会共计15支代表团290人参赛，扩大了职工的参与面。经过激烈角逐，最终株洲代表团获取焊工第一名、第二名、第三名、第四名，数控装调维修工第一名、第二名、第四名，计算机程序设计员第二名，动画绘制员第五名、第七名和团体第一名的优异成绩。（张丽华）

【国赛】 11月1日，由中华全国总工会、科学技术部、人力资源和社会保障部、工业和信息化部主办，中国职工技术协会承办，中国职工焊接技术协会、湖南省总工会、株洲市总工会协办，株洲职业教育科技园管理办公室承办的“2015年中国技能大赛第五届全国职工职业技能大赛中国·株洲动力谷杯焊工决赛”在湖南（株洲）职业教育科技园落幕。湖南代表队的4名选手有3人分获第四、第六、第十名，成功进入全国十强，湖南代表队夺得团体第一名，实现株洲乃至湖南历史性的突破。株洲市创新创业指导中心被授予“中国职工焊接技术协会株洲焊接培训基地”。（张丽华）

特殊教育

【概况】 2015年，全市特殊教育学校4所，教学班36个，在校学生391人。教职工113人，专任教师90人。全市特殊教育学校占地面积49491平方米，校舍建筑面积23107平方米。（芦述进）

【株洲特殊教育资源不断扩大】 2015年，株洲市启动市特校整体搬迁扩建工程。加强残疾儿童少年随班就读点建设，在全省率先制定义务教育阶段学校随班就读点资源教室标准，并在城区建设7个试点学校；每个县市区至少建设1所资源教室。加强义务教育阶段随班就读点师资培训，组织全市80多名随班就读点的教师到市特殊教育学校跟班学习；每季度组织城区义务教育阶段随班教学点开展一次交流活动。全市有学习能力的残疾儿童少年义务教育入学率、巩固率达95%以上。（芦述进）

【举办第二届特殊教育高效课堂竞赛】 12月24—25日，株洲市教育局举办二届特殊教育高效课堂教学竞赛，来自株洲地区4所特殊教育学校和湘中、湘南地区特殊教育学校的70名教师参赛。竞赛活动的主题是“欢乐的节日”。株洲市特殊教育学校罗依娜、茶陵特殊教育学校彭李芬、醴陵市特殊教育学校杨维、攸县特殊教育学校易利平、株洲市特殊教育学校何小兵等8位参赛老师执教的精彩课堂得到与会者高度评价。（芦述进）

【株洲市特校入选“中国特殊教育在职教师培训基地学校”】 2015年，株洲市特殊教育学校等7所特殊教育学校被中国教育学会特殊教育分会选定为“中国特教在职教师培训基地学校”并授牌。5月18—22日，第一期江西省特殊学校骨干教师的实地培训在学校进行。（芦述进）

民办教育

【概况】 2015年，全市有民办中小学20所，民办幼儿园900所，民办培训机构240多所。在校中小学、中职学生5.2万人，占全市在校学生的10%；民办幼儿园在园幼儿11万多人，占全市在园幼儿的86%；民办培训机构年培训13万人次，占全市常规培训人数的90%以上。全市各级各类民办学校固定资产投入33.02亿元。（芦述进）

【推进管办评分离】 株洲市教育局委托株洲在线向社会公开招聘民办培训机构观察员20名，社会监督员10名，对城区民办培训机构的办学行为、收费情况、师资来源、教学管理等情况进行进行监督、评价。将观察员、社会监督员探校观察情况和整体评价向社会公开，纳入民办培训机构年检等级评定的重要内容。发动和鼓励全社会举报无证办学机构和中小学在职教师参与举办民办培训机构、组织要求学生参加民办培训机构补课培训的行为，并将调查情况和处理结果通过网络向社会公开。2015年，共查处民办培训机构10多所，进一步促进了民办培训市场秩序的好转。（芦述进）

【株洲市民办教育优质资源建设项目校确定】 9月15日，株洲市教育局下发《关于2015年度民办教育优质资源建设项目立项的通知》，确定株洲市景弘中学、株洲健坤外国语学校、株洲世纪星学校等3所普通中小学和天元区尚学堂幼儿园、芦淞区蓓蕾幼儿园、石峰区幸福泉动力幼儿园、炎陵县东山幼儿园等4所民办幼儿园立项为2015年度株洲市民办教育优质资源建设项目校。（芦述进）

【株洲市民办教育协会第五届理事大会召开】 3月12日，株洲市民办教育协会第五届理事大会召开，来自全市近百名理事参会。大会推选19名常务理事、被推8名副会长，北京师范大学株洲附属学校理事长余年初选为新一届会长。副市长毛朝晖出席会议

并讲话，强调要进一步完善促进民办教育发展的扶持政策，推进民办教育健康持续的发展。 （芦述进）

学校选介

湖南工业大学

【概况】 湖南工业大学有两个校区，占地面积225.87公顷。图书馆新馆面积35948平方米，馆藏图书260余万册，其中纸质图书240余万册，电子图书10500GB；教学科研仪器设备总值24653万元；教学计算机7731台，多媒体教室和语音室座位27439个。

学校有20个教学院（部）和1个独立学院，拥有湖南省博士后科研流动站协作中心、中国科学院院士工作站和“服务国家特殊需求博士人才培养项目”博士学位授权点；拥有11个硕士学位授权一级学科，涵盖50个二级学科硕士学位点，11个硕士研究生专业学位的授权领域，68个本科专业、15个专科专业。拥有国家级特色专业4个、省级特色专业12个，省级重点专业8个、国家级精品课程3门、省级精品课程17门、国家级实验教学示范中心1个，国家级教学团队1个，省级基础课示范实验室6个，省级优秀实习教学基地16个。学校面向全国27个省（市、自治区）招生。拥有教职员工2380人，专任教师1832人，其中正高279人，副高645人，博士321人，博士生导师19人，硕士生导师410人，享受国务院特殊津贴的专家9人，全国优秀教师4人，湖南省教学名师、湖南省优秀教师、湖南省优秀青年骨干教师等共69人，进入湖南省“121人才工程”和“百人工程”的教师20人，湖南省学科带头人9人，聘有两院院士6人。

学校坚持开放办学，加强与国内外高校和大中型企业的交流与合作。与美国密执根州立大学、德国斯图加特应用科技大学、法国兰斯大学、韩国延世大学、香港城市大学、香港理工大学等国内外知名大学建立了广泛的科研合作和学术交流关系；与中南大学、中国地质大学等5所国内高校联合培养博士生；与英国伍斯特大学签署的4个中外合作办学项目获得教育部备案，每年可招收学生600余人；与上海理光图像技术有限公司、鹤山雅图仕印刷有限公司、株洲南车时代集团等数十家全球或国内500强企业建立了长期合作关系。 （王友良）

【教学水平与人才培养】 教学建设不断规范化。新增“投资学”等3个本科专业，学校本科专业达到68个。对68个本科专业人才培养方案进行全面修订。以院部教学工作评价为主线的内部质量监控体系进一步强化，编撰了《湖南工业大学2014年度本科教学质量报告》。各级各类竞赛活动成绩斐然。樊力源同学的两项设计作品喜获德国红点设计大奖，彭若煜同学带领的移动互联网“家家社群”项目荣获第二届“创青春”中国青年创新创业大赛银奖，研究生创新创业团队参加湖南省第十一届“挑战杯”大学生课外学术科技作品竞赛，获得2个一等奖、5个三等奖的优秀成绩。扩大国际交流与合作。获批省教育厅“海外名师项目”2项，与爱尔兰阿斯隆理工学院、美国阿尔弗莱德大学和英国斯旺西大学签署校际交流合作的《谅解备忘录》。来自美国、英国等国外高校的代表8批次18人次来校访问交流，扩大了与建立校际合作与交流关系高校的来往与沟通

改革人才培养模式。自动化专业和产品设计专业通过省普通高校“十二五”专业综合改革试点专业验收，产品设计专业建设改革经验在全省推广交流。素质提升教育力度进一步加大，2015年，有26项大学生研究性学习与创新性实验计划项目被立为省级以上项目，其中8项为国家级项目。东莞包装学院人才培养改革取得丰硕成果，《中国教育报》在头版头条以“‘钻’进企业办大学”为题进行专题报道，省教育厅在东莞包装学院召开“湖南省普通高校深化校企合作人才培养改革交流研讨会”，推介学校的成功经验。提高研究生培养水平。加强研究生实践教学，“包装机械设计与控制研究生培养与创新基地”获批湖南省研究生培养创新基地。与广东顺德工业设计研究院合作，共建省外研究生创新实践联合培养基地。

引导学生就业创业。学校荣获湖南省大学生就业创业示范校。2015年，大学生创业孵化园新增入驻项目22个，取得了良好的经济效益和社会效益；毕业生初次就业率88.86%，较上年提高4.76%。 （王友良）

【学科建设】 加快高水平学科建设。专业学位点艺术硕士（MFA）新增音乐和舞蹈两个新的领域，学校专业硕士领域达到14个。有1个硕士一级点、3个硕士专业类别9个领域顺利通过教育部组织的学位授权点专项评估。绿色包装与安全博士点项目全面实施。调整博士人才培养项目实施指导委员会组成人员，开展博士生导师遴选工作，新增博士生导师6名。博士后工作站实现“零”的突破。包装材料与技术工程实验室挂牌湖南省博士后科研流动站协作研发中心，与中南大学联合招收首届博士后2名。加大高层次人才培养和引进力度。2015年引进博士研究生24人，聘请客座教授3人、名誉教授1人、兼职教授1人、顾问教授1人，4人获批省青年骨干教师培养对象。 （王友良）

【科技创新】 坚持以服务地方经济社会发展为导向，科技项目创新、科技平台建设、科研成果奖励和申报取得较大进步。2015年，共立项各类纵向自科科研项目119项。其中：国家自然科学基金项目15项；国家科技支撑计划项目1项；省部级项目38项。三大检索论文224篇，较上年同期增

长14.3%。在社会科学方面，全年共立项省部级以上项目45项，3项成果获得省第十二届哲学社会科学优秀成果奖。

积极服务社会经济发展。全年签订横向合作合同72项。申请发明专利177项，较上年提高近300%。与茶陵县人民政府签订“校地战略合作协议”，与东莞市政府联合设立东莞市环保包装产业协同创新平台；与中国中车电力机车研究所合作成立交通工程学院；与中印文化发展集团等12家大型企业签订了战略合作协议；承担《中国包装工业发展规划（2016—2020年）》和《关于加快我国包装产业转型发展的指导意见》的编制任务，编写组被中国包装联合会评为“2015年度中国包装行业先进集体”；编制完成《中国包装教育发展规划》。

平台申报和建设取得显著成绩。新增“智能信息感知与处理技术”省级重点实验室。新增“先进包装材料与技术湖南省高校2011协同创新中心”（培育），“轨道交通自动化技术与装备湖南省高校2011协同创新中心”获得认定，使学校的“湖南省高校2011协同创新中心”增加到3个。中国科学院副院长、院士谭铁牛与学校合作建设“智能感知与信息处理”院士工作站落户计算机与通信学院；与北京千人智库科技有限责任公司签订战略合作框架协议。（王友良）

湖南铁道职业技术学院

【概况】 2015年，湖南铁道职业技术学院设有铁道牵引与动力学院、铁道供电与电气学院、铁道车辆与机械学院、铁道通信与信号学院、铁道运营与管理学院5个二级学院；开办高职专业（方向）41个，其中轨道交通类专业占比达70%；全日制高职在校生10380人；年培训规模7000人次。学院占地19.07公顷，由南院、东院和校办产业（天一公司）组成。学院拥有轨道牵引实训中心等八大实训中心共146间实训车间（室），其中国家级42间、省级42间。学院拥有国家教学资源库1个，国家精品专业1个，国家教改试点专业2个，湖南省精品专业7个，湖南省示范性特色专业3个，湖南省示范性特色专业群1个，湖南省特色专业2个，湖南省教改试点专业6个，湖南省生产性实习实训（教师认证培训）基地2个；国家精品课程12门，省级精品课程23门；国家级资源共享课12门。学院拥有国家级教学团队2个、省级教学团队5个；国家级和省级专家或名师42人。学院实训基地是中南五省唯一的国家高职高专先进制造技术学生实训（师资培训）基地，是首批国家高技能人才培训基地，全国重点建设师资培养培训基地；是“中国中车三高人才培养基地”、行业企业的“技能人才输送基地”和“员工培训基地”“湖南示范性省轨道交通装备制造职业教育集团”牵头单位。学院与全国各铁路局、各地铁公司、中国南方机车车辆工业集团公司及下属企业、中国北方机车车辆工业集团公司、北汽集团、格力集团、深圳华为、三一重工等320余家单位建立长期人才供需关系，开展广泛的校企合作。2015年，学校荣获湖南省文明标兵单位、立项省首批卓越职业院校建设单位。（杨文治）

【学院立项省首批卓越职业院校建设单位】 8月13日，湖南省教育厅印发《关于公布2015年度湖南省卓越院校立项建设单位名单的通知》（湘教通〔2015〕371号），学院成功入围全省首批8所卓越高等职业技术学院立项建设单位。10月20日，由湖南省教育厅职成处处长郭荣学、湖南省教科院职成所所长刘显泽等组成的专家组到学院，对学院的省卓越校建设方案进行现场论证。（杨文治）

【技能竞赛取得新成果】 2015年，在各项竞赛中，学院获国家、省、市级奖项共46项，其中包括：国家级一等奖3个，国家级二等奖3个，国家级三等奖8个，省级一等奖8个，省级二等奖14个，省级三等奖9个，市级二等奖1个。其中，7月4日闭幕的2015全国职业院校技能大赛上，学院汪涛、石宗耀两位同学荣获现代电气控制系统安装与调试项目二等奖；11月9日闭幕的2015年“凤凰创壹杯”全国职业院校信息化教学大赛上，学校陶艳、龚娟两位老师分别荣获高职组信息化课堂教学项目与信息化教学设计项目二等奖。（杨文治）

【校企合作取得新成效】 3月30日，与中兴通讯股份有限公司校企合作ICT行业创新基地启动仪式在学院第三会议室举行，中兴通讯教育中心总经理张勇、学院院长姚和芳等出席启动仪式。9月24日，学院在职教城腾龙大酒店组织召开湖南省示范性轨道交通装备制造职教集团研讨会。中国中车株洲电力机车有限公司、中国中车株洲电力机车研究所有限公司、广铁集团长沙车站、广铁集团职教处等兄弟院校的领导专家和校内相关领导专家出席会议。与会人员围绕湖南省轨道交通装备制造职教集团的信息共享平台建设、依托职教集团校企深度合作开展双向人才服务、资源信息服务和技术服务进行讨论并提出诸多建设性的意见，为职教集团的发展提供指导。10月21日，学院与Altera国际有限公司合作成立EDA/SOPC联合实验室签约暨揭牌仪式举行，学院成为Altera公司2015年与湖南高职开展建设联合实验室项目的首家合作院校，并获Altera公司赠送价值630万美元的软硬件设备，促进了学院EDA/SOPC技术教育和科研工作。

（杨文治）

【国际化办学取得新进展】 4月15日，俄罗斯圣彼得堡国立亚历山大一世皇帝交通大学全权代表、外事副校长、阿凡娜西椰娃·叶琳娜、外事局长力维克多丽娅、圣彼得堡国立亚历山大一世皇帝交通大学驻华全权代表、欧亚国际协会会长冯耀武3人到学院，与党委书记钟建宁、院长姚和芳、机械设计与制造、电气化铁道技术、城市轨道交通控制等3个合作办学专业的领导及专业负责人一起接受湖南省教育厅组织的5名专家、2名观察员对中外合作办学机构进行实地评审。经专家组充分讨论、认真评议，一致认为在合作双方进一步修改办学协议、合作章程、完善合作机制的基础上，建议湖南省教育厅给予合作办学批复。“湖南铁道职业技术学院圣彼得堡学院”正在报教育部备案。（杨文冶）

湖南铁路科技职业技术学院

【概况】 2015年，湖南铁路科技职业技术学院设有铁道机车车辆和铁道交通运营管理两个二级学院，信息技术系、电子电气系2个专业系，基础课部、体育课部、思想政治课部3个教学部，开设22个专业，在校生11000人；有3个校区，总计占地73.89公顷，其中位于云龙新城在建新校区占地40.67公顷，总投资8.5亿元，建筑面积23万多平方米。学院是全国铁路高技能人才培养基地、原铁道部高技能人才培养基地和广州铁路（集团）公司株洲人才培养基地，设有国家级技能鉴定站和铁路特有工种技能鉴定站，年均技能鉴定人数5000余人，并与轨道交通、装备制造和信息与现代服务三大产业群的150余家企业开展校企合作，建立校外实习实训基地118个。学院是湖南省示范（骨干）性高职建设院校、教育部信息化建设试点院校、南方铁路运输职业教育集团牵头院校和株洲市人民政府与广州铁路集团公司共建学校。2015年，学院成功申报湖南省教育厅2015年度信息化试点项目，成功入选湖南省教育信息化创新应用示范校，成为全国首批“职业院校数字校园建设实验校”。（刘宝磊）

【新校区建设基本完工】 新校区建设工作一直是学院工作的重中之重，事关学院发展的百年大计。在时间紧、任务重、资金匮乏的情况下，学院本着节约建校的原则，倾全院之力，多方筹措，克服万难，历时6年，投入资金8.5亿多元，完成新校区建设任务23.8万平方米。同时，新校区各类教学仪器设备得到更新和完善，校园绿化基本完工。（刘宝磊）

【国际化办学】 在国家“一带一路”和“高铁走出去”战略背景下，学院积极参与铁路领域的国际交流与合作，拓宽国际视野，拓展国际市场，开展国际合作。2015年6月，学院获邀加入欧亚交通高校国际联合会，与来自俄罗斯、韩国、哈萨克斯坦、乌兹别克斯坦、乌克兰、蒙古、澳大利亚等国家的20余名院校长共同发表《“服务欧亚交通走廊建设，合作培养国际化人才”南京共识》。2015年9月，由来自巴西、古巴、哥伦比亚、巴基斯坦等10个国家的26名铁路领域高级官员组成的“发展中国家铁路高级官员研修班”到院考察学习。此次活动由商务部主办，目的是向有关发展中国家展现中国轨道交通人才的培训能力，为下一步引进相关国际培训打下基础。2015年12月，学院应邀加入“中俄交通大学校长联盟——中国轨道交通应用技术人才培养联盟”成为该联盟的发起院校之一。

（刘宝磊）

【校企合作】 5月，学院牵头成立“学院与区域中小企业战略联盟”，该联盟包括近100家中小企业。学院与株洲市经信委、株洲市中小微企业成长服务有限公司、株洲市民企人才网等3家单位签署校企合作协议，成立“中小企业专家服务队”，加强与区域中小企业之间在人才培养、员工培训、技术服务、科研开发、管理咨询等领域的合作。8月，学院与微软合作设立“微软IT学院”、“微软创客空间”，带动相关专业发展。（刘宝磊）

【招生就业】 学院面向22个省市招生，2015年实际招生3004人，新生报到率95.03%。2015届毕业生共3053人，订单培养率81.63%，综合就业率97%以上，位于全省同类学校前列。毕业生就业质量显著提高，用人单位对学院就业工作满意度达91.5%，毕业生的工作与专业相关度为82%，毕业生就业现状满意度为78%（比全国高职院校59%高19个百分点），专业对口率92.38%。（刘宝磊）

【技能竞赛】 学院积极组织广大师生参加各类竞赛活动，把参加竞赛作为提升学生技能和教师教学水平的平台。2015年，学院获得全国铁路职业院校供电专业学生接触网技能竞赛团体一等奖和团体二等奖、高铁信号控制系统安装、调试与维护团体一等奖；获得全国职业院校机电类专业教师教学能力大赛“（高职组）工业传动与控制技术赛项”一等奖和二等奖各1项，数控机床装调、维修与升级改造赛项三等奖；获得湖南省职业院校信息化教学大赛竞赛获二等奖2项；获得湖南省职业院校技能竞赛高职英语口语项目(非英语专业组)三等奖1项；获得株洲市“技能天下”职业技能电视大赛团体二等奖（第二名）；获得“全国机械职业院校实践教学能手”2人等奖项。（刘宝磊）

湖南工贸技师学院

【概况】 湖南工贸技师学院是一所以培养高技能人才为主要目标的高等职业院校，是国家综合职业培训基地、国家职业教育改革发展示范学校、国家首批示范职业技能鉴定所、全国农民工培训示范基地、全国高技能人才培训基地、全国职工职业（工种）技能实训基地、湖南省技师培训鉴定点、湖南省高技能人才培训基地和湖南省创业培训基地。学院占地20.13公顷，建筑面积161200平方米，可同时满足全日制在校生8000人和每年短期培训

15000 人次的需求。

2015 年，学院积极推进各项工作，全面谋划新的发展，被确定为湖南省重点产业技能人才培训基地、株洲市数控专业生产性实训基地，圆满完成全国语文课程“创新杯”教师信息化教学设计和说课大赛、湖南省技工院校职业技能竞赛、湖南省第五届职工职业技能大赛、株洲市第二届“技能天下”职业技能电视大赛和株洲市职业院校学生技能竞赛等重点工作。陈洪星院长应邀参加全国人大职业教育调研座谈、中韩职业教育合作论坛、全省技能人才培养校企合作对接等重大活动，两次作为湖南技工院校唯一代表发言，获得良好反响。学院还先后承办或参与全国职业教育宣传周、株洲市第五届全民健身运动会广播体操比赛、株洲市首届高校文化艺术节、防空减灾应急疏散演练等多项重要社会活动。（黄智勇）

【教学工作展现新态势】 创新办学体制机制，深化教学改革。增设经贸物流系、电气工程系，对已有专业进行调整优化，新设工业机器人应用技术、3D 打印技术、激光技术应用、电子商务、企业现代物流等新兴专业，并从 2015 年秋季学期开始办学招生。扎实推进项目建设，夯实专业发展基础。先后完成模具特色示范专业、数控特色专业、机电特色专业、省级示范校等湖南省“十二五”重点建设项目验收审报等工作，完成机电省级特色专业项目验收。省重点产业技能人才培训基地、市数控专业生产性实训基地两个项目已开始发挥作用。

（黄智勇）

【技能比武再创新佳绩】 积极承办和参加各级各类技能竞赛，不断提升影响力和知名度。先后承办全国语文课程“创新杯”教师信息化教学设计和说课大赛、湖南省技工院校职业技能大赛、湖南省第五届职工职业技能大赛、株洲市第二届“技能天下”职业技能电视大赛、株洲市职业院校学生技能竞赛等综合性赛事。在圆满完成组织任务的同时，学院师生发挥出色。在全国“创新杯”说课大赛获 2 个一等奖，3 个二等奖、1 个三等奖，1 人获国培说课课件一等奖；全市说课竞赛获 4 个一等奖、1 个二等奖、4 个三等奖；全市名师工作室微课比赛获 1 个一等奖、1 个二等奖；3 人获“湖南省技术能手”称号、1 人获“株洲市技术能手”称号、1 人获“株洲市青年岗位能手”称号。在湖南省技工院校职业技能竞赛中获得 4 个第一名、3 个第二名、1 个第三名，同时获得团体一等奖和“优秀教学组织奖”，以学院师生为主体组队的株洲代表队获市州团体第一名。在株洲市第二届“技能天下”职业技能电视大赛中，学院师生参加可编程序控制系统设计师、数控铣工、冷作钣金工 3 个工种比赛，获 3 个第一名、2 个第二名、1 个第三名和 1 个第四名，夺得团体冠军。在株洲市职业院校学生技能竞赛中包揽车加工、数控车加工、装备钳工、工业产品 CAD 等四个项目前三名，蝉联团体冠军。此外，学院在全省职业院校技能大赛中获 2 个一等奖、4 个三等奖。（黄智勇）

【办学空间得到新拓展】 2015 年，学院招收全日制新生 1802 人。与格力电器、上汽大众、铁建重工、北汽集团、鸿准精密模具 5 家知名企业以及“创业 90”电商孵化基地、美的万豪九鼎签订合作协议，就业渠道进一步拓展。

全年承接各类社会考试近 15000 人次，完成培训鉴定近 9000 人次，其中“蓝领精英人才”技师 / 高级技师等政策性培训 1460 人、企业员工培训鉴定 3000 人次、特种（设备）作业人员培训考证 1732 人次。（黄智勇）

湖南中医药高等专科学校

【概况】 2015 年学校招收新生 3032 人，其中三年制大专新生报到 2304 人，到校率达 89.3%；招收五年制高职新生 600 人；招收农村医生本土化中专新生 128 人。在校全日制学生总数 9000 余人，创历史新高。学校 2015 届毕业生初次就业率达 91.84%，高于全省高职高专 89.93% 的平均水平，比 2014 年提高 5.45%。

云龙校区建设已拆除新校区征地范围内房屋 20 栋，基本完成 198 公顷土地的征收，第二轮拆迁已完成 116 栋房屋调查；完成学生宿舍和教学楼的初步设计评审、施工图设计、预算编制；2 栋学生宿舍已基本完工，2 栋学生宿舍正在开工建设，新校区建设已投入资金 1.5 亿元。（管　弦）

【教学工作提质增量】 专业建设有序推进。2015 年，药学、医学影像技术 2 个新开专业顺利通过办学水平评估申报工作。根据就业情况，开设公共卫生管理、食品药品监督与管理专业并招生。为优化护理专业人才培养，继续成建制开设“涉外护理日语方向” 1 个班和“中医护理方向” 4 个班。课程建设扎实推进。完成全校 14 个专科专业 400 余门课程的课程标准制定与修订工作，以及《大学生新生入学教育教程》编写工作和配套教学视频。资源库建设初建成效。学校的《生理学》《经络腧穴学》《针灸推拿技术》《中药学》等 4 门课程作为首批资源建设课程参与项目申报。无纸化考试和教考分离稳步推行，61 门课程的题库建设工作基本完成。校企合作不断深化。2015 年，新增湖南中医药大学附属二医院、解放军 169 医院、株洲市食品药品监督管理局、株洲市疾控中心、浙江海正药业股份有限公司等一批优质院企为学校的实习基地 。同时，“1+2”合作办学规模从 2014 年的 7 个班增加到 11 个班，培养学生的人数由 2014 年的 360 人增加到 550 人。校企合作订单班规模扩大，2015 年新签订校企合作订单班 8 个（中药类专业、美容专业），合作院企共 9 家。

（管　弦）

【教研质量稳步提升】 2015年，学校获得省级教学质量工程项目立项1项，省级教研教改项目立项15项。护士资格考试仍保持98%以上的通过率。在全国康复治疗技术学生技能竞赛中，学校荣获团体一等奖。全国中医药职业教育中医护理、中药传统技能大赛，均荣获团体二等奖。立项结题论文著作成果丰硕。2015年，学校申报立项各级各类课题42项，其中省级课题9项、市厅级课题33项（包括湖南省中医管理局重点项目2项），获得国家、省市各项科技成果5项，其中全国中医药职业教育重点项目成果奖一、二等奖各1项。全年课题结题26项，教职工公开发表论文共163篇，其中核心论文20篇；主编教材27部，副主编教材22部，参编教材34部。 （管 弦）

【教育培训继续开展】 2015年，学校完成省中管局中医类别全科医师转岗培训2014—2015年度100人的后期培训工作；2014级50人的转岗培训和50名师资培训完成理论教学，进入临床轮训和基层实践轮训工作。完成省卫生计生委乡村医师本土化项目2013级、2014级和2015级农医班全年33门课程共1874学时的教学管理工作，被评为“湖南省乡村医生本土化人才培养优秀教学单位”。学校被全国保健服务标准化技术委员会授予“中医药保健服务国家标准研发及专业人才培训”基地。 （管 弦）

湖南汽车工程职业学院

【概况】 湖南汽车工程职业学院是湖南省首批卓越高职院校建设单位、湖南省首批与本科大学联合培养高职本科生的试点院校、全国职业教育先进单位。学院位于株洲市云龙示范区，占地52.27公顷，建有7个实训中心、89个实训室和102个校外实训基地，固定资产3.6亿元。学院全日制在校学生突破1万人，在职教职工650人，专任教师400余人，副高以上职称教师达40%，硕士以上学历（学位）教师达50%。学院下设8个系（院）：汽车运用系、汽车商务系、汽车电子系、机电工程系、信息工程系、经济贸易学院、基础教育学院和继续教育学院，另有1个机动车驾驶员培训中心。学院开办汽车运用与维修、汽车电子技术、汽车技术服务与营销、机电一体化技术、会计电算化、移动互联应用技术等24个专业。学院是中央财政支持的职业教育实训基地、国家技能型紧缺人才示范性培养培训基地、湖南省示范性（骨干）高职院校、湖南省汽车制造业高技能人才培养培训基地、湖南汽车职业教育集团牵头院校、国家级汽车专业教师顶岗实习培训基地、湖南省汽车运用技术专业教师技能水平认证培训基地以及德国宝马BEST项目、德国保时捷PEAP项目、上海通用ASEP项目、北汽集团BSEP项目、上海大众ACEP项目、长安福特STWP项目、博世汽车技术等项目教学中心和汽车人才培养基地。 （王伟力）

【学院入围全省首批卓越高职院校建设单位】 2015年8月，学院入围全省首批8所卓越高等职业院校立项建设单位，这标志着学院正式迈入全省高职院校第一方阵。此前，省教育厅批准学院与湖南农业大学按照“2+2”模式联合培养本科层次高职生，成为全省首批6所试点本科层次公费定向培养高职生的高职院校之一。7月，学院主持的《职业教育汽车技术服务与营销专业教学资源库》正式获得教育部立项，成为“十二五”全省仅有的3所主持建设国家级专业教学资源库的高职院校之一。2015年，学院成功立项湖南省高技能人才培训基础能力建设项目、中高职衔接省级试点项目、省职业教育名师空间课堂、省大学生思想道德素质提升工程项目等十余个省部级职业教育重点建设项目。 （王伟力）

【各类竞赛取得骄人成绩】 2015年6月，在全国职业院校技能大赛上，学院学生荣获2个一等奖（云计算技术与应用赛项高职组团体一等奖、汽车电气系统检修赛项高职组团体一等奖）、2个二等奖（汽车故障诊断、中职组汽车维修基本技能两个赛项）、3个三等奖。全年在全省职业院校技能竞赛和其他省级学生技能竞赛中，共荣获特等奖1个、一等奖5个、二等奖12个、三等奖25个。在全省高职院校学生专业技能抽查考试中，学院汽车制造与装配专业合格率90.9%，排名全省第二。在省教育厅和行业协会组织的专业教师技能竞赛中，学院教师荣获一等奖2个、二等奖7个、三等奖6个。此外，在全省第四届高校辅导员职业能力大赛中，学院获得团体第五名、优秀组织奖；个人获得二等奖1个、三等奖2个。 （王伟力）

【科研工作和师资水平进一步提升】 全年学院获得省级以上科研课题立项37个，其中全国院校共青团研究课题1个，省哲学社会科学基金课题2个，省教育科学规划课题8个，省级高校科学研究课题6个，省级高校思政课题2个，省情与决策咨询研究课题6个，省职成学会科研规划课题12个。教师科技发明获国家专利30余项，公开发表论文350篇，3种教材入选“十二五”职业教育国家规划教材。学院全国教学名师、二级教授尹万建副院长入选为株洲市领军人才。邓志革、尹万建等10人入选全国机械职业教育教学指导委员会或相关专业教学指导高职委员会成员。 （王伟力）

湖南省商业技师学院

【概况】 湖南省商业技师学院（原湖南省商业技术学院）创建于1975年，是一所以培养现代服务业高素质技能人才为主要目标的国有公办性质的重点技术院校。学院位于株洲市云龙示范区职教大学城。占地面积14.64公顷，建筑面积7万余平方米，拥有教学楼、实训楼、图书馆、综合楼、多媒体报告厅、专用机房、语音室等现代化教学实训场地和设施。学院有教职员工264人。2015年，招收全日制新生1243人，全日制在校生5458人。下设烹饪、旅游财经、机电工程、公共课程4个系，开设中餐烹饪与营养膳食、高星级饭店运营与管理、旅游管理等15个专业。有实训中心5个，实训室100余个。校内设有国家级职业技能鉴定所，具备烹饪、酒店管理、计算机应用、电子电工、会计、电子商务、机械制造等15个专业28个相关工种的鉴定资格。除开设全日制学历教育外，学院还积极拓展社会培训，是省、市高技能人才培训基地、省扶贫技能培训基地、市农民工技能培训基地。全年短期培训1982人次，技能鉴定2090人次。

2015年学院成功举办建校40周年庆典，成功承办湖南湘菜产业促进会教育与培训分会（筹）交流研讨会暨湖南株洲湘菜产业职业教育集团年会活动；切实抓好队伍建设，提升学院管理水平；创新创业培训稳步推进。年内，学院获得3项国家级荣誉：正式成为第二批国家中等职业教育改革发展示范学校、国家公共机构节能示范单位、国家一星级绿色建筑；2项省级荣誉：湖南省旅游服务职业技能竞赛参赛团体一等奖、湖南省“新道杯”中职沙盘模拟经营大赛一等奖。有7个在建省级科研课题、1个市级课题、2个市级项目。师生踊跃参加校外竞赛，共获得176个奖项，其中国家级竞赛获得1个一等奖，2个二等奖；省级竞赛获得27个一等奖、17个二等奖、14个三等奖；市级竞赛获得26个一等奖、43个二等奖、46个三等奖。在中国湘菜博览会“家乐杯”烹饪大赛中，学院获得“五金六银”的骄人成绩；在湖南省职业技能竞赛中学院获得2个团体一等奖。（刘佳明）

【校企合作深化】 学院依托湖南湘菜产业职业教育集团，积极开展集团内深度校企合作：与57度湘餐饮有限公司共建“湘菜研发中心”和“烹饪实训中心”；与株洲华天大酒店共建“华天实训中心”；与北京松子料理开设兴趣班，共建“日式服务实训室”和“日本料理实训室”并正式投入使用；与宁波技嘉科技公司共建电子专业SMT生产实训室。企业提供生产实训设备，学院提供实训场地和部分师资，通过定向培养、师资互派，将企业生产场景搬进课堂，建成集理论指导与学生自主学习为一体的教学场所。在机械制造专业正式启动“现代学徒制”试点工作，安排机械专业2013级学生在北京汽车株洲分公司或博世汽车公司见习，学校与企业搭建互利平台，深化产教融合，进一步完善了校企合作育人机制，把提高职业技能和培养职业精神高度有机融合，提高了学生的社会责任感、创新精神和实践能力，实现学校、企业、学生三方共赢。12月23日，学院成功承办湘菜产业促进会教育与培训分会（筹）交流研讨暨湖南株洲湘菜产业职业教育集团年会，促进了湘菜产业发展，深化了湘菜产业人才培养培训机制，推动了校企深度合作。（刘佳明）

株洲市职工大学（工业学校）

【概况】 株洲市职工大学（工业学校）是首批国家重点职业学校，首批国家中等职业教育改革发展示范性职业学校。学校占地面积8公顷多，建筑面积71036.9平方米。有教职工198人，其中专任教师163人，副高以上职称53人，讲师78人，“双师型”教师115人，省、市级学科带头人26人；在校学生5000人。（余利霞）

【首批湖南省卓越职业院校成功申报】 为顺利实现从“示范校”到“卓越校”的提升，学校组织相关部门认真学习，专门研究，把握文件精神，探讨发展定位。邀请专家对全校教职工进行卓越校建设专题培训，召开专题会议研讨特色专业群建设、教师队伍建设、治理能力建设、智慧校园建设，对照卓越校建设要求，经过反复修改，卓越校建设实施方案和任务书通过审核，学校顺利成为湖南省首批十三所卓越中职学校之一，再次实现了学校的跨越发展。韩国骊州大学、广东工业贸易学校、省商业技师学院等十多所兄弟学校到校交流学习。（余利霞）

【中高职衔接迅速扩张】 在与湖南铁道职院实施中高职衔接的基础上，学校积极沟通交流，努力开拓，与湖南铁路科技职业技术学院、长沙航空职业技术学院、湖南艺术职业学院、湖南工艺美术职业技术学院等开展中高职衔接，合作专业扩展到5个，在校中高职衔接班级扩展到10个。2015年株洲市中职教学管理与改革研讨会在学校召开，学校就中高职衔接人才培养改革试点作典型发言。在湖南省内涵建设推进会上，学校作为中职学校中高职衔接的典型代表，以《深化合作，强化衔接，协同开展技术技能人才培养》为题介绍、推广中高职衔接成功经验。（余利霞）

【推进创新创业教育】 学校积极响应“大众创业，万众创新”的时代主题，成功申报株洲市“基于电子商务的学生创新创业实验基地”建设项目，并通过中期评估验收。学校组织学生创新创业团队12个，举行学校2015年学生创新创业团队展示赛；组织开展为期7天的2015年株洲市学生创新创业团队负责人SYB培训；精心承办株洲市大中专学生创新创业实验基地建设推进会。学校在湖南省2015年黄炎培创业大赛中，荣获2个三等奖；在株洲市2015年大中专学生创业大赛中获得1个三等奖、1个优胜奖；在株洲市大中专学生创新创业参赛项目展示赛中荣获1个一等奖、1个二等奖。（余利霞）

【技能竞赛再创辉煌】 2015年，学校作为湖南省服装设计与制作项目的领队学校参加全国技能竞赛，荣获1个二等奖。智能家居安装维护项目取得突破，荣获三等奖。学校连续四年承办省技能竞赛服装设计与制作项目比赛，赛事组织工作获得省教育厅和参赛学校好评。学校14位同学参加了该赛事6个项目的比赛，获得一等奖2个，二等奖4个，三等奖5个。2015年株洲市职业院校学生技能竞赛，学校14名选手参加4个项目的比赛，全都获奖。学校学生参加省社会能力考试，英语通过率全市排名第一，高出市平均通过率10个百分点。学校教师参加2015年中国服装立体裁剪创意设计大赛，荣获2个银奖、1个铜奖，1个优秀奖；参加2015年株洲市中职“创新杯”教师信息化教学设计和说课比赛中，荣获1个一等奖、2个二等奖、1个三等奖。年内，3位教师分别获得市百优教师、教坛新秀、教师之星荣誉称号。 （余利霞）

【就业培训再创佳绩】 加强实习指导、就业跟踪，学生实习稳定。2015年，学校多次邀请合作企业领导和讲师来校进行职业指导、开展创新创业讲座。

年内，与人本集团、爱沐电影新建校企合作关系，校企共建“热风体验店”“爱沐摄影工作室”、电子商务专业“热风班”。

顺利完成项目培训高技能人才培训基地、园区企业职工培训基地招投标工作，在众多参与学校中，两个项目均以第一名的优异成绩顺利中标。同时，在校开展1100余人的创业意识培训，完成鉴定人数1265人，培训工作年度创收209万元。 （余利霞）

株洲广播电视大学

【概况】 株洲广播电视大学是株洲地区唯一一所采用计算机网络、卫星电视等现代传媒技术，运用文字教材、音像教材、多媒体课件、网络课程等多种媒体开展远程开放教育的成人高等学校。由市政府主办，业务上接受中央电大、湖南电大的指导。学校共有电大工作站、教学点8个，其中在5个县（市）设有电大工作站5个，市区教育点3个，形成以校本部为中心、5县（市）、教学点为依托，覆盖全市城乡的较完整的现代远程开放教育办学系统。举办远程开放教育（含“农民大学生工程”）、网络教育等形式的学历教育，开设的专业齐全，涵盖经济学、法学、教育学、管理学、文学、理学、工学、农学、医学9个学科17个本科专业和45个专科专业。

学历教育工作。2015年，学校主动适应新常态，开拓招生宣传方式，建立生源资源库，利用株洲电大招生微信公众服务平台，建立为学校师生及社会各界提供及时的校园新闻播报、实用信息推送服务工作，全年招收新生3947人，在全省电大排名第四。

终身教育工作。至2015年年底，社区教育的覆盖率达街道（乡镇）总数的90%，形成包括1所社区大学、9所社区学院、142所社区学校和533个社区学习中心在内的社区教育服务体系，基本形成具有特色的学习型社会框架，成为推进社区教育的基本做法。

干部在线教育。全市共有10个县市区108个市直单位近9300人注册参加在线学习，全年平台新注册账号1083人；新增设学习单位5家，平台学员异动及信息更新处理全年约2000人次；组织1779名学员参加“法制湖南建设专题培训班”；组织来自全市100多个单位的干部教育培训工作者参加干教在线学习联络员培训会。株洲市教育系统业余党校在学校挂牌成立，并召开第一期“教育系统基层党组书记培训班”，约150人参加此次培训。

非学历继续教育。开展幼儿园园长培训班；初中教师适岗培训、建筑领域的九大员、保险领域的保监员考试等四个项目的非学历教育工作，培训（考试）共8078人次。

教学科研工作。开展《农民大学生培养方略的研究》等省级课题共8个，参与人数大约占教职工人数的一半。其中《干部网络教育研究》课题报告获得省委组织部一等奖。

（彭任任）

湖南有色金属职业技术学院

【概况】 湖南有色金属职业技术学院是经湖南省人民政府批准、教育部备案、湖南省有色金属管理局主管的全日制普通高等学校，是全国有色金属行业第一所政府公办高职院校和“中国有色金属工业高技能人才培养基地”，是中国有色金属工业协会与湖南省人民政府共建的高等院校。学院为中国有色金属工业高技能人才培养基地，全国职工职业技能实训基地，全国有色金属行业职工继续教育基地，中南有色金属职业教育集团牵头单位，湖南省文明高等学校，湖南省高技能人才培养基地，湖南省专业技术人员继续教育培训基地和湖南省教育科学职业教育行业办学研究基地。

学院新校区位于长株潭融城核心区湖南（株洲）职业教育大学城，占地40余公顷，总投资6亿元，总建筑面积17万多平方米。学院开办专业（专业方向）20余个，设有资源环境系、冶金材料系、机电工程系、建工管理系、基础课部、继续教育部和国家职业技能鉴定站，具有50多个工种的职业技能等级鉴定资质。开设的金属矿开采、地质、测量、选矿、冶金、金属材料与热处理技术等专业，在全国高职院校中独树一帜；是全国首个开设稀土工程技术专业的高职院校。2015年，学院获评2013—2015年有色金属行业职工教育先进单位荣誉称号，被列为首批“全国有色金属行业职工继续教育基地”。参加2015年省教育厅组织的毕业设计抽查，取得毕业设计成果合格率93.3%，综合得分90.58分的好成绩。学院工程造价专业参加省级技能抽查，取得并列第五的成绩。积极组织学生参加国家、省级、行业协会组织的技能比赛，获得国家二等奖1项、省级二等奖4项、省级三等奖14项的成绩。组织应届毕业生参加专升本考试，成功送出19名学生到本科学校学习深造。学院积极实施走出去战略，与省内3所本科院校进行“专升本无缝对接”，与德国、韩国相关大学及企业建立合作关系，为学生提供了良好的发展平台。2015年，学院在校生6800余人，教职工400余名。

（文 媛）

【完善专业实践教学条件】 根据专业建设需要，制定材料、冶金、稀土等6个专业校内实践教学条件建设方案，积极建设材料工程和矿业工程两大省级示范性特色专业群，形成制造专业群、土建专业群、服务类专业群稳步发展的专业格局。不断拓宽校外实习就业基地，与20多家大中型企业建立了良好的合作关系。 （文 媛）

【开展行业职工继续教育培训】 学院适应行业人才需要，积极承担有色金属行业专业技术人员继续教育培训工作。2015年8—12月，学院为四川九龙县雅砻江矿业有限责任公司108名员工组织为期4个月的培训。针对培训员工人数较多、学员来自不同民族、年龄跨度大、学习层次不平衡等情况，分别制定培训方案，合理编排培训计划，并针对性地开展校外项目拓展、深入企业实训学习、邀请行业专家讲学等内容。受到雅砻江矿业公司的高度认可。

（文 媛）

【科研及项目建设】 科研能力和项目建设继续推进。2015年，成功申报省人社厅重点产业技能人才培训实训基地等8个项目，组织申报国家职业教育专业教学资源库、湖南省特色专业群、国家级专业技术人员继续教育培训基地、国家级高技能人才培养培训基地等重点建设项目7个。全年教师公开发表论文46篇，其中中文核心期刊一篇，获省优秀教育成果二等奖等奖项11项，获批省科技厅等教科研项目13项、项目结题6项。（文 媛）

【承办2015年湖南省青少年校园足球联赛初中总决赛】 经自主申报、实地考察并获省教育厅批复同意，12月1—8日，2015年湖南省青少年校园足球联赛初中总决赛在学院举行。来自全省14个地州市共男女28支队伍进行了基本技能测试和8人制足球比赛。学院有序的组织、优质的志愿者服务赢得了全体参赛队员、教练、领队和家长们的一致认可。中国教育电视台、红网、华声在线等多家媒体进行报道。 （文 媛）

株洲市第二中学

【概况】 株洲市第二中学有高中教学班62个，3113名学生，在编在职教职工263名。高中在岗专任教师213人，其中特级教师6人，正高级教师1人，高级教师102人，硕士研究生37人，株洲市学术带头人、市级学科带头人及城区骨干教师63人。

2015年，学校推进教育教学改革抓质量建设，规范程序，学校教育、教学、教研等方面取得突出的成绩。学校荣获全国青少年校园足球特色学校、湖南省示范性普通高中督导评估年度奖、湖南省优秀体育传统项目学校、市直属高中教育质量建设先进单位、市直属高中学业水平考试先进单位等20余项省市级荣誉。 （梁 梁）

【教育教学质量再创新高】 2015年，学校高考一本上线率62.6%，二本上线率92.2%，地区文理科前三十名，学校占21人，600分以上人数达81人，钟嘉睿、夏姚林分获地区文理双状元。各科平均分继续保持全市第一。学校被市教育局评为“高中教育质量建设先进单位”。311人获数理化生信息奥赛省级以上奖励，其中，3人获全国信息学奥赛一等奖，83人获数理化生信息奥赛全国二等奖。7项学生发明获全国大奖。无论是获奖等级还是数量上均位居全省中学前列。学业水平考试学校继续保持合格率100%，并以优秀率21.54%的佳绩，荣获“高中学业水平考试先进单位”。学校足球队荣获省第一届中学生运动会第四名，并以“八战八胜”的战绩问斩“市长杯”冠军。田径、乒乓球、篮球、跳绳等项目在省市各类体育比赛中获奖数十项。学校荣获全国青少年校园足球特色学校、湖南省优秀体育传统项目学校等称号。 （梁 梁）

【推进国际交流与合作】 学校选派14名优秀高中生参加由教育部国际合作与交流司主办的2015年中日青少年交流计划中国第六批高中生访日活动，开拓了国际视野。引进国际优质教育资源，开设跨文化课程—英美文化系列讲座，举办国际游学推介会，继续加强与美国姊妹校等多所国际友好学校的校际交流。 （梁 梁）

【新课程建设】 开展新课程研究，继续在高一地理学科实行“选课走班”的教学组织形式，深入推进学校文化课程走班教学管理实验，这一经验成果成功入选株洲市教育局“中小学校本课程建设（校本教材）优秀成果评选及课程基地建设成果材料汇编”活动。地理组荣获株洲市2015年优秀高中课程基地称号。以“一个学生一条发展路径，一个学生一套成长方案”学生发展策略为导向，为创新型人才培养设计4大领域15分类35小项的选修课程，让每一位学生都可以选择适合自己的课程。 （梁 梁）

株洲市南方中学

【概况】 株洲市南方中学是湖南省首批示范性高级中学，占地面积13.47公顷，绿化面积61340平方米，是省级“园林式单位”。有教职员工242人，其中特级教师2人,全国优秀教师3名,全国中小学外国语教师名师4名,株洲市百优教师8名,国家、省级骨干培训教师8名,市级学科带头人25人。

（申玉箫　刘　娟）

【学考再续辉煌】 7月20日,湖南省2015年高中学业水平考试成绩揭晓。南方中学再次实现100%的一次性全科通过率,连续第7年夺得全省第一。受到省教育厅通报嘉奖,并获株洲市“2015年高中学业水平考试先进单位”称号。（申玉箫　刘　娟）

【李扬名喜获全国奥数金牌】 12月,全国奥林匹克竞赛结果相继出炉,南方中学李扬名同学荣获全国数学奥林匹克竞赛一等奖,成为株洲历史上的第4块全国奥数金牌获得者,也是2015年株洲地区唯一一位全国奥数一等奖的获得者。（申玉箫　刘　娟）

【国际化办学再谱新章】 2015年年初,南方中学成功入选中美千校携手项目。年内,学校相继承办第二次中俄文化交流家庭体验活动、株洲市首届中学生模联大会和株洲市外教联欢会等大型活动。积极开展师生交流互访活动,2月,南方中学10名骨干教师和10名南中学子赴美交流;3月,奥尼尔学校校长爱尔姆先生、数学部主任劳拉女士、语言及国际部主任琳恩一行3人专程访问学校,两校就教育教学活动及校园文化进行深度交流,并为2016年奥尼尔师生赴南方中学的交流制定有效的活动方案;7月,来自俄罗斯喀山孔子学院的22名学生寄住在南中学生家中,一起生活、学习,体验中国文化;12月,12名南中学子赴日交流访问;与英国爱撒普生文法学校开展校际连线活动,实现了教师互访;“歌德课堂”成果显著,向雨恒、张锐、彭碧婷获得了德语夏令营全额奖学金。留学项目处处开花,4名学生通过赴美国交换生考试,3名学生赴美国纽约大学留学,6人赴美国交换学习1年。为学生的成长成才提供了多元路径和广阔平台。

（申玉箫　刘　娟）

株洲市九方中学

【概况】 2015年,株洲市九方中学在校学生1340人,教职工131人。其中:专任教师115人,湖南省特级教师4人,历届市级学科带头人15人,市级骨干教师13人,国家二级心理咨询师10人;教师中19人具有博士、硕士学位,师资力量雄厚。学校继续与株洲市民政局福彩中心合作承办“福彩·宏志班”,规模达350人。年内,学校被湖南省教育厅授予省示范性普通高中督导评估2015年度奖、荣获“2015年省示范性普通高中网络督导评估优秀学校”,被株洲市教育局评为“2015年高中学业水平考试先进单位”“2015年度直属学校发展目标达程度考核一等奖、学生满意奖、教职工满意奖”“2015年度安全生产工作先进单位”等荣誉称号。（肖　奇）

【教学质量稳步提升】 2015年九方中学289名学生参加高考,在招生生源（2A3B以上人数是136人）排全市第五的情况下,二本一次性上线189人,上线率为65.4%（不含外省艺术院校上线情况）,其中一本上线65人,上线率为22.49%;超600分人数有5人,自主招生通过人数为5人,稳居株洲第三。2015年学校学业水平考试合格率达100%,优秀率在市区9所直属高中中排名第三,被市教育局评为“2015年高中学业水平考试先进单位”。继续保持在奥赛上领先优势。在2015年数学、物理、化学、生物奥赛中,九方中学3人获全国二等奖,1人获全国三等奖,2人获省一等奖,3人荣获省二等奖,5人获省三等奖,20人获市一、二、三等奖。刘曼婷、潘港美、谭菱萱等15位同学获国家专利局颁发的实用新型发明专利证书。

（肖　奇）

【素质教育异彩纷呈】 在“株洲市第三届中小学生创新与实践技能大赛”活动中,九方中学4人获三等奖。在株洲市建宁书院第五届中学生现场作文大赛中,九方中学有8名同学获市一等奖,18名同学获市二等奖,19名同学获市三等奖;在2015年度株洲市中小学生“墨香书法展示”活动中,九方中学有2名同学获特等奖,3名同学获一等奖,3名同学获二等奖,5名同学获三等奖;在2015年株洲市中小学美术、书法（篆刻）、摄影作品展中,九方中学有17名同学获奖,其中3名同学获一等奖;在2015年由中国计算机协会主办的全国青少年信息学奥林匹克分区联赛（NOIP2015）湖南株洲赛区竞赛中,九方中学学生获得3个二等奖,7个三等奖等;在2015年株洲地区“三好杯”田径运动会上,九方中学田径队名列市区第二;在2015年株洲市中小学生演唱演奏比赛中,九方中学再次折桂,7年蝉联株洲市高中组演唱演奏比赛第一名。

（肖　奇）

【课题带动以研促教】 加强教研组建设,以学科基地研训为核心、以集体备课为抓手、以课题研究为途径,促进教研组的建设和发展,形成良好的教研氛围。通过学科基地研训班活动,历史、数学学科基地建设,生物课程基地的影响辐射到全市学科研究。在湖南省“一师一优课、一课一名师”活动中,谢学宁、张欣桐等6名老师获市一等奖,肖奇、王佼佼等3名老师获市二等奖,段志梅、王幼俊等6名老师获市三等奖。其中,宋平老师的《图形图像素材的制作》与张欣桐老师的《细胞的基本结构》被评为省级优课并获得省一等奖,最终被评为教育部部级优课;赵亮老师代表湖南省参加全国音乐教师教学比武获得二等奖;罗赛花“语法填空”题型的授课在株洲市英语高考新题型专题复习教学比武大赛中获一等奖。在省教育科学院组织的教育教学改革成果论文评审中刘玲玲获得省一等奖，庄晋、肖奇获得省二等奖，段志梅、赵新艳获得省三等奖；学校立项的十二五省教育学会五个课题通过课题中期检查；2015年九方中学教师在CN刊物上交流或发表论文超过10篇。 （肖 奇）

【特色办学稳步推进】 充分利用学校地域优势及各种资源，初步构建“校企（所）合作”和“国际化”办学特色。争取中车株机公司援建资金，完成了130余万元学校塑胶跑道改造及艺体楼负一层的楼梯新建项目；继续争取市民政局福彩中心的公益金及华联高科有限公司的助学金70多万元，将九方中学宏志生的培养打造成全省的品牌。2015年学校国际交流在继与新加坡、美国、英国等建立国际化办学合作项目之后，又开辟与法国达诗科高中的国际交流。5月，法国达诗科中学的25名师生到访九方中学，开启中法校园文化、炎帝始祖文化之旅，株洲电视台对法国达诗科师生进行4次跟踪报道。6月，九方中学选派12名师生赴法国达诗科中学交流，进行更深度地双边互动，九方学子寄宿在法国师生家里，在达诗科学校开展系列校园活动，并欣赏法国的艺术、感悟其文化。九方学子登上法国报纸“北方之音”，标题“12个中国高中生征服我们的Darchicoutr”。 （肖 奇）

株洲市第八中学

【概况】 株洲市八中系湖南省首批示范性高级中学，创办于1969年。学校占地4.67公顷，总建筑面积达56000平方米。

2015年，学校有教学班38个，在校学生1400余人。在职教职工194人，其中专任教师154人，省特级教师3人，高级职称教师63人，市学科带头人3人，市级骨干教师17人。

2015年，学校积极践行“梦在四方，八中引航”的核心文化精神，深化“为学生的未来发展奠基，为社会的文明进步育人”的办学理念，以“优质发展，优势发展，传承文化，光大特色，突出创新，努力建设创新型人才培养实验强校，打造优质品牌高中”为2015年度的学校发展目标，各项工作成绩斐然。年内，学校获全国特色建设先进学校、湖南省学校史志研究会常务理事单位、中国民航大学篮球后备人才基地、市高中教育质量建设先进单位、高中学业水平考试先进单位、市教育局直属学校学生满意奖、教职工满意奖等荣誉。 （王玉彤）

【教学质量攀高峰】 2015年，市八中高考再攀高峰：全校427名学生参加高考，一本录取136人，升学率达31.9%，二本升学率达80.56%，连续四年排名全市第五、城区第三，稳居城区高中第一方阵。55名学生被录入中国科技大学、哈尔滨工业大学、华中科技大学等“985”“211”工程大学和专业类顶尖院校。2015年学考，学校九科一次性合格率、人均优秀率为100%，列全省第一。在2015年数、理、化、生全国联赛中，2人获全国二等奖，2人获全国三等奖，3人获省一等奖，7人获省二等奖，15人获省三等奖。在全国创新英语大赛和创新作文大赛中，24人夺得全国大奖。2人入选青少年高校科学营，1人入选中学生地球科学夏令营。学校连续6年获评“高中教育质量建设先进单位”和“高中学业水平考试先进单位”。年内，学校与湘潭县一中、市二中等六校结成湖南省东部地区优质高中联盟，打造名校发展共同体，共享优质资源，推进教育质量稳步提升。 （王玉彤）

【艺体教育】 6月29日，学校成功举办第七届梦航音乐会，市委书记贺安杰等领导亲临学校观看演出。7月，学校舞蹈《拓》《吉祥鸟》斩获第三届“荷花·少年”全国（中学）校园舞蹈展演金奖和特别贡献奖，学校已二度获此殊荣。9月，梦航艺术团接到“2016欧洲中国艺术节”组委会邀请代表湖南省参加欧洲中国艺术节。10月，舞蹈《小草》获“湖南省第五届中小学生艺术展演”金奖，并参加由教育部举办的“全国第五届中小学生艺术展演”。1月，市八中梦航男篮实现省中学生篮球赛、省运会青少年篮球赛、省青少年篮球锦标赛三大顶级赛事的“大满贯”。8月，梦航男篮队员陈小龙、刘伟受邀赴巴塞罗那俱乐部试训，有望为欧洲职业俱乐部效力。12月，梦航男篮获得第六届全国重点单位高中男子篮球锦标赛暨CAAU 2015—2016全国精英赛全国第六名。 （王玉彤）

【全面推进教育国际化】 4月，应美国友好姊妹学校The School for Creative Studies邀请，市八中14名优秀师生赴美进行为期11天的交流访问，参观哈佛、麻省理工、杜克等世界一流大学校园，走进美国中学音乐、美术、西班牙语、汉语等课堂，深入体验美国家庭生活。交流活动得到美国北卡罗莱纳州中美交流协会高度赞扬并被美国主流媒体报道。10月，美国北卡罗莱纳州The School for Creative studies 9名师生回访市八中，为今后进一步加强两校友好往来、密切教育交流合作奠定了坚实的基础。 （王玉彤）

北京师范大学株洲附属学校

【概况】 北京师范大学株洲附属学校占地15.47公顷，建筑面积14.5万平方米，有教学班151个，在校学生6421人，教职工615人，专任教师475人。其中教授3人，博士2人，硕士39人，特级教师3人，高级教师92人。2015年，学校教师在各级各类学术活动中大显身手：在各级各类教学竞赛活动中共有211人次获奖，其中国家级奖项5人次，省级奖项102人次；在国家、省市级刊物上发表论文82篇，另有12篇论文在各级评比中获奖，其中4人荣获国家级奖项。全年学校先后荣获“中国民办十大知名品牌学校”“北京师范大学基础教育合作办学平台教师研修基地”“北京师范大学基础教育合作办学平台校园足球基地”“湖南省两型示范基地”“株洲市高中教育质量建设先进单位”等光荣称号。（张　滔）

【“三考”成绩再创新高】 2015年，学校高考一本上线人数216人，二本上线人数533人，比上年提高8.1%，一本和二本上线人数增长率全市第一。海豹班正取生一本上线率达到98%。林苏芳等28名同学被“985”工程名校录取，王妤婷等43名同学被“211”工程名校录取，王泽屹等8名同学分别被美国密歇州立大学、纽约州立大学、田纳西大学、加拿大多伦多大学等国际知名大学录取。首届对接班高二学生郭雅婷参加高考取得624分的优异成绩，位居株洲市“少年班”考生第一名。学考一次性合格率达98.5%，学生思想品德评价合格率100%，按《国家学生体质健康标准》进行学生体检，合格率达到99%；中考共有300余名学生达到省示范高中的录取标准。（张　滔）

【各类竞赛摘金夺银】 2015年，全年学校学生累计获奖2757人次，其中国家级奖项393人次，省级奖项1889人次；在全国、省、市等各级科技竞赛活动中共有442人次获奖，其中学校优秀组织奖3个，优秀教师指导奖14人次，学生获国际奖项10人次，国家级奖项25人次；各级各类体艺活动获奖共计1671人次。小学部海豹足球队在全国青少年校园足球总决赛中获得全国第九名，创造了株洲市小学男子足球赛历史纪录；小学部快乐篮球队参加全国“苗苗杯”小篮球赛，以九胜一负的战绩荣获全国一等奖。（张　滔）

【特色教育不断创新】 学校的“智情意美，全人发展，幸福成长”课程，在功能、结构、内容、实施方式和评价上独具特色。为进一步强化特色优势，2015年，学校升级开发“未来领袖班”的卓越课程。该课程拥有三级目标，四大体系，即“珍惜生命、热爱生活、成就人生”的目标，通过人文学科、科学学科、创意学科和情商学科的学习来实现。课程、教材的内容的深度、广度、趣味性、知识性均较成长课程大大增加，完全着眼于未来国际化高端人才的培养，成为区域内教育行业发展的新风向标。（张　滔）

株洲市天元区建宁实验中学

【概况】 株洲市天元区建宁实验中学是2014年7月新成立的一所市区共建、与株洲市二中合作办学的公办初中。学校位于株洲市炎帝广场，占地面积7.33公顷，建筑面积5.9万平方米。有在岗教职员工189人，其中高级教师37名，市、县区级学科带头人20名，市百优教师、市优秀班主任6名，研究生学历教师15名。

学校以“建本明智，追求卓越”为办学理念，致力于提供适合每位学生个性化成长的理想教育，着力培养具有“公民素养、精英气质、创新意识、国际视野”的学生，将学校建成师资力量雄厚、文化内涵丰富、办学特色鲜明的集品牌、特色、卓越为一体的新型学校。（办公室）

株洲市特殊教育学校

【概况】 株洲市特殊教育学校创建于1985年，是一所集聋学前康复教育、义务教育、高中阶段教育、中等职业教育和启智义务教育于一体的市级特殊教育中心学校。2015年，学校有20个教学班、205名学生、91个在编教职工。（张慧玲）

【教学质量稳步提升】 教师参加各级各类教学比赛，获得1个全国二等奖、3个全国三等奖、1个省级一等奖、1个省级二等奖、1个市级一等奖、1个市级二等奖。聋康部毕业12名学生，康复有效率100%，显效率90%。聋教部6名学生考上大学，升学率100%。（张慧玲）

【艺体教育特色明显】在株洲市“至美杯”中小幼美术、书法、摄影比赛中，获得6个一等奖，13个二等奖，27个三等奖。在全市第十届中小学生艺术展演系列活动中，舞蹈《超越梦想》获二等奖，学生所写的3篇征文与教师所写的4篇论文均获奖。剪纸作品代表株洲市参加了省举办的“梦飞扬”残疾青少年才艺展演活动获铜奖。在省残联、省教育厅开展的“交通银行特教学校盲生技能奖和聋生书画奖”评选活动中，获得1个二等奖，4个三等奖。在湖南省特殊学生艺术节中，启智部自编自导情景剧《未来·梦想》获得省二等奖。在株洲市的“三爱”和“三节”中小幼美术、书法（篆刻）、摄影作品展活动中，学校获1个一等奖、2个二等奖，7个三等奖。（张慧玲）

文化·体育

文 化

【概况】 至2015年年底，有文化企事业单位1700余家，个体经营户11800多个，从业人员12万人。2015年文化产业增加值165.79亿元，占全市GDP的7.11 %，增长9.13%，居全省第2位，比上年增长0.07%，连续多年高于同期GDP增速，文化产业逐渐成为株洲经济重要组成部分和新的增长极。

2015年，株洲市文化工作以创建国家公共文化服务体系示范区为抓手，强基础、抓重点、求创新，取得新的进展。抓创建，基础设施建设有序推进。7月份株洲市成功获得国家公共文化服务体系示范区创建资格，成为第三批全省唯一一个入选城市。攸县的“乡村大舞台”被列为2013—2015国家公共文化服务体系示范项目，在全市布点100多个，在此基础上城区推出“社区大舞台”，呈现出“天天有活动，月月有赛事，村村有特色”的繁荣景象。炎陵县成功申报省级公共文化服务体系示范县创建。市级“四馆一中心”建设有序推进，已进入场馆设计阶段。市群艺馆按照国家一级馆标准，初步制定改扩建方案；新博物馆、美术馆展陈方案已通过专家评审；投资6亿多元的神农大剧院建设进入收尾阶段。大力推动文化与科技融合，利用PPP模式在全省率先打造“韵动株洲”手机APP、微信、微博、网站四位一体的公共文体服务平台，8月全面上线，用户达5万多人。设立“文化株洲”微信公众号，做到文化热点实时发布，文化资讯每天更新，成为全市人民了解文化、参与文化的主渠道。编印《株洲文化》季刊，扎根文化沃土，打造文化名片。县市区文化设施建设也有新突破，天元区文化馆正式投入使用，荷塘区孝文化主题园建设正式启动。

促交流，文艺创作出精品。坚持专业创作和群文创作并驾齐驱。精心打造原创音乐剧《天使合唱团》成功入选国家艺术基金资助项目，获田汉大奖。参加第五届省艺术节，收获10金5银2铜，是历年来全市获奖项目最多，质量水平最高的一次。组织“欢乐潇湘·欢乐株洲”群众美术书法摄影作品展，通过乡镇、街道海选，各县市区比赛、展览，市级专家专业评审，从全市普通百姓的2万余幅作品中精选出400余幅作品进行集中展示，参加全省“欢乐潇湘”群众美术书法摄影大赛，获得4金9银9铜。选送群星合唱团，代表全省参加文化部举办的“永远的辉煌·第十七届中国老年合唱节”全国总决赛。组织醴陵五彩艺术团的原创排舞《思情鬼歌》参加在巴黎举行的2015年UCWDC世界排舞联赛，夺得一等奖。选送炎陵县编排的《神农颂》，参加乙未年神农大帝祖庙圣驾台湾巡境赐福活动，在台湾11个县市、36个乡镇交流演出，得到省台办、对台交流促进会的高度肯定。

树品牌，文化活动惠民生。持续做好“送戏下乡·演艺惠民”活动，演出742场；“周末剧场”坚持每周一场，演出51场，惠及群众过万；神农大讲坛、国学大讲坛、道德讲坛等公益讲座86场，广受社会好评。升级发酵“我们的节日”主题活动、株洲读书月、“你读书·我买单”公益活动、神农湖水秀、高雅艺术五进等品牌活动。在全省率先开展网上购书、图书馆买单——“e线送书”活动，深受群众欢迎。强化一县一品文化特色，茶陵的文化大赶集、炎陵的罗霄放歌、株洲县的文化月月乐·体育月月赛、天元区的火炬梦想·和谐新区综合会演、芦淞区的新芦淞·最强音歌唱赛事等品牌活动，广覆盖，效果好，成为群众茶余饭后不可或缺的文化大餐，受到社会各界的一致赞誉。

强维护重传承，开展遗产保护。注重抢救性考古发掘和文物维修工程，茶陵县秩堂乡晓塘村战国古城抢救性考古发掘项目获得“十二五”期间省重大考古发现奖、省优秀考古工地奖。陈明仁故居的维修工程获评省级优秀维修工程。开展抗战遗存调查，启动株洲市抗日阵亡将士墓群维修。秋瑾故居正式开馆，每月接待游客1万多人。开展非遗的数字化记录保护工作，初步建立非遗保护数字库，其中醴陵星子灯被列入首批省级数字记录保护试点项目。选送10个项目赴韶山参加省非遗展演，20多个非遗项目在市区和攸县集中展演，构筑了多方位非物质文化遗产保护展示体系。

推项目，加快文化产业发展。方特欢乐世界二期工程“方特梦幻王国”主体建设全部完工，醴陵·世界陶瓷艺术城一期工程已经完工，陶瓷博物馆对外开放，二期工程——瓷器口文化街正式动工，茶祖文化产业园一期工程茶祖文化公园已于12月26日开园。积极争取文化产业引导资金1855万员，其国家和省到位资金达1655万元。推荐天机巧瓷艺有限公司作为艺术陶瓷企业代表参加在台湾举办的2015年海峡两岸文化创意产业展。

重监管求规范，文化市场健康有序。提高服务质量，简政放权，下放多项行政许可。落实“先照后证”管理，调整审批项目和审批流程。推进全国文化市场技术监管与服务平台应用工作，确保市、县两级平台上线率、存量数据采集率、经营单位激活率均达90%以上。提高执法效果，检查各类经营场所、网站500余个，收缴和删除各类非法出版物、淫秽色情视频1万余册（盘）。查处系列案件，立案查处非法经营单位50余家（个）。市文化市场综合执法局被评为全国文化市场综合行政执法先进集体。

（周潭清）

株洲市第一至第六批市级非物质文化遗产名录

表14

项目类别	项目名称	申报地区或单位	批次
民间音乐	思情鬼歌	醴陵市	第一批
民间音乐	苏区歌谣	茶陵县	第一批
民间舞蹈	大同桥火龙灯	攸县	第一批
手工技艺	南阳桥乡刘双喜漆画	株洲县	第一批
手工技艺	朱亭镇邹桂文雕刻（木雕）	株洲县	第一批
手工技艺	堂市乡谭建制鼓	株洲县	第一批
手工技艺	剪纸	株洲县	第一批
手工技艺	鞭炮制作	醴陵市	第一批
手工技艺	大蒜加工工艺	茶陵县	第一批
手工技艺	腐乳加工工艺	茶陵县	第一批
手工技艺	冬酒酿造	茶陵县	第一批
手工技艺	蓝印花印染工艺	茶陵县	第一批
手工技艺	“补锅”手工技艺	茶陵县	第一批
手工技艺	皇图岭豆腐制作	攸县	第一批
民间风俗	阳升关庙会	攸县	第一批
民间曲艺	春锣	醴陵市	第一批
民间曲艺	赞土地	醴陵市	第一批
民间戏剧	皮影戏	株洲县	第一批
民间文学	状元洲的传说	醴陵市	第二批
民间音乐	唱插话	攸县	第二批
民间舞蹈	挎竹舞	攸县	第二批
手工技艺	曾剑鎏金贴金	天元区	第二批
民间风俗	烧架香	茶陵市	第二批
民间信仰	花炮祖师李畋祭典	醴陵市	第二批
民间戏剧	醴陵皮影戏	醴陵市	第二批
传统体育	渌江龙舟赛	株洲县	第二批
传统体育	龙渣瑶拳	炎陵县	第二批
传统体育	醴陵巫家拳	醴陵市	第二批
民间音乐	醴陵婚嫁歌谣	醴陵市	第三批
手工技艺	百井剪刻纸艺术	芦淞区	第三批
手工技艺	醴陵焙肉制作方法	醴陵市	第三批

续表 14

项目类别	项目名称	申报地区或单位	批次
手工技艺	醴陵红薯脆片制作	醴陵市	第三批
民间民俗	仙庾岭庙会	荷塘区	第三批
民间民俗	六团三境龙王爷祭典	醴陵市	第三批
民间民俗	客家山歌	茶陵县	第五批
民间民俗	客家酿豆腐	茶陵县	第五批
传统技艺	严塘草席	茶陵县	第五批
传统技艺	茶三宝制作工艺	株洲县	第五批
传统技艺	石刻工艺	株洲县	第五批
传统舞蹈	花棍舞	茶陵县	第五批
民间工艺	床雕工艺	株洲县	第五批
民间习俗	元宵龙灯	炎陵县	第五批
传统音乐	瑶歌	炎陵县	第五批
生产商贸	舞牙祭	攸县	第五批
民间信仰	烧架香	攸县	第五批
岁时节令	探灯	攸县	第五批
手工技艺	伏鱼手工制作技艺	醴陵市	第五批
手工技艺	沩山豆腐制作技艺	醴陵市	第六批
手工技艺	醴陵毛笔制作技艺	醴陵市	第六批
民间舞蹈	轮灯（珠灯）	攸县	第六批
民间文学	燕花歌	攸县	第六批
民间杂技	龙泉狮灯（双人灯）	攸县	第六批
手工技艺	洪氏一刀剪	攸县	第六批
消费习俗	炎洣神米粉	攸县	第六批
消费习俗	攸女坛子菜	攸县	第六批
民间习俗	祖庵家菜	茶陵县	第六批
民间习俗	出傩神	株洲县	第六批
手工技艺	正红蜡烛制作技艺	天元区	第六批
手工技艺	青山大筒制作技艺	芦淞区	第六批
传统体育	藤牌舞	炎陵县	第六批

（周潭清）

株洲市入选国家级非物质文化遗产名录

表 15

项目类别	项目名称	申报地区或单位	级别
民间信仰	炎帝陵祭典	炎陵县	国家级
手工技艺	釉下五彩瓷炼制技艺	醴陵市	国家级

（周潭清）

株洲市入选省级非物质文化遗产名录

表 16

项目类别	项目名称	申报地区或单位	级别
民间舞蹈	三人龙	炎陵县	省级
民间音乐	苏区歌谣	炎陵县	省级
民间音乐	客家山歌	炎陵县	省级
民间文学	炎帝传说	炎陵县	省级
民间舞蹈	客家火龙	茶陵县	省级
民间戏剧	茶陵湘剧	茶陵县	省级
民间民俗	云阳山南岳宫庙会	茶陵县	省级
传统戏剧	槚山皮影	攸县	省级
手工技艺	打铁水	攸县	省级
民间舞蹈	星子灯	醴陵市	省级
民间戏剧	长沙花鼓戏湘东路子	株洲市	省级

（周潭清）

株洲市市级非物质文化遗产项目代表性传承人名单

表 17

姓　名	所在地区或单位	项目名称
李家仁	醴陵市仁泽园	星 子 灯
肖维奇	醴陵市文化馆	思情鬼歌
张　辉	醴陵市白兔潭田心村	星 子 灯
张昌荣	醴陵市建安大厦一栋 203 室	思情鬼歌
程金祥	醴陵市官庄乡大坝村	皮 影 戏
温学付	醴陵市王仙镇香水村	皮 影 戏
黎隆波	醴陵市官庄乡大坝村	花炮始祖 李畋祭典
谢传明	醴陵市富里镇塘坊村	花炮始祖 李畋祭典
钟铁军	醴陵风凰烟花制造厂	醴陵花炮 制作手工艺
肖湘杰	醴陵花炮研究所	醴陵花炮 制作手工艺
屈良球	醴陵市文化馆	状元洲的传说
曾庆华	醴陵市巫家武术学校	巫家拳
黄永平	醴陵市文化馆	釉下五彩瓷烧制技艺
黄　龙	醴陵市文化馆	釉下五彩瓷烧制技艺
尹秉华	炎陵县文体局（退休）	客家山歌
李晓敏	炎陵县文化馆	客家山歌
安春发	炎陵县文体局	三 人 龙
罗炳生	炎陵县文联	炎帝传说
尹秉华	炎陵县文体局（退休）	苏区歌谣

续表 17

姓　名	所在地区或单位	项目名称
胡年平	茶陵县洋岭花园	大蒜加工
刘启明	茶陵县正德坛菜厂	豆腐乳加工
蒋忠生	茶陵下东乡四联村	蓝印花印染
盘松岳	炎陵县文化馆	传统体育
文凯元	攸县莲塘阳升观村	阳升观庙会
潭　磊	攸县大同桥罗潭村	大同桥火龙灯
姚新志	攸县皇图岭镇丹塘路	皇图岭豆腐
尹福明	茶陵县潞水镇白坊村	补　锅
邹桂文	株洲县朱亭镇黄龙村	雕刻（木雕）
谭龙生	茶陵县虎踞镇居委会	烧架香
颜牛明	茶陵县城关镇农林村	冬酒酿造
黄小燕	茶陵县湘剧院	茶陵湘剧剧种
谭建国	茶陵县湘剧院	茶陵湘剧剧种
曾　剑	株洲市天元区滨江一村 401	鎏金帖金
张广军	株洲市传承中心	传统戏剧
陈正武	株洲市传承中心	传统戏剧
刘双喜	株洲县南阳桥乡村	油漆画
张平辉	株洲县文化馆	传统体育渌江龙舟赛
阳科云	株洲县文化馆	太湖唐升习皮影戏

（周潭清）

文化市场管理

【概况】 2015年，株洲市文化市场综合执法局加强市场监管，出动执法人员23000余人次，检查文化市场单位9100余家次，立案查处案件162件，无一例行政投诉、行政复议和行政诉讼案件。5月，被国家版权局评为“全国查处侵权盗版案件有功单位”。2015年12月，被文化部评为“全国文化市场综合行政执法先进集体”，是湖南省唯一获此荣誉的单位。

加强网吧市场管理。形成机制，加强巡查。构建“局领导带头，各区执法大队主导，综合科室配合”的巡查机制，确保每个稽查科室每天都有人在市场上巡查，提高了巡查密度和巡查效果。突破难点，严惩违规。加强重点街道、重点部位和重点场所的监管，通过专人负责、交叉检查和专项督察相结合，发现违规行为及时查处。先后开展接纳未成年人上网、校园周边、高考保驾护航等专项整治行动，全年共查处违规经营网吧119家次，网吧市场秩序逐步规范，市民满意度明显提高。

开展“扫黄打非”斗争。全力规范印刷市场秩序。召开全市印刷行业管理工作会议，以落实“五项承印制度”为重点，每季度全市所有印刷厂必检一次，促进全市印刷市场平稳有序发展。深入开展专项整治行动。先后开展出版发行市场专项检查行动、净网行动，联合公安部门查处一起政治性非法出版物出版案件，收缴政治性非法图书2000余册。在北师大附中查获一起盗版图书展销案，涉案金额近30万元，得到国家版权局的关注和肯定。

完善娱乐市场监管长效机制。召开全市娱乐市场和演出市场经营业主法规培训工作会议，与经营业主签订责任状，提高娱乐市场经营业主的守法经营和文明经营意识。建立演出市场监管联动机制。充分发挥社区、居委会和文化市场义务监督员点多面广的优势，建立演出市场监管信息网，形成群防群治监管工作局面。开展演出、游艺市场专项整治行动。加大无证经营行为打击力度，关停无证经营娱乐场所5家；联合工商、公安等部门开展“远离毒品、健康娱乐”活动，全面推动禁毒预防宣传；开展违禁网络歌曲清查行动，净化音乐市场环境；对全市电子游戏场所进行专项集中整治，责令整改24家场所，取缔45家非法经营场所，严厉打击了游艺场所的赌博行为。开展消防安全工作专项检查。对文化市场经营单位逐户逐项排查登记，发现消防隐患及时要求整改；印发《致全市文化市场经营业主的一封信》等安全生产宣传资料，提高了经营业主的安全生产意识。

确保广播电影电视安全播出。开展“黑电台”专项清查行动。联合有关部门查处了2起“黑电台”案件。开展“家庭小影院”专项整治工作。查处2家违规播放侵权电影、电视作品的“小影院”；与消防、公安等部门联合举办“小影院”经营业主法律法规培训班。加强农村小片网监管。通过定期开展专项整治行动，确保县乡有线、无线电视转播站和卫星电视地面接收设施安全播出。

拓展执法领域。加强互联网文化监管，从执法队伍中抽调计算机专业人士组成互联网文化市场专案小组，加强互联网文化市场日常巡查力度，发现问题重点突破。先后成功查处全市首例未经批准擅自从事手机版网络游戏案件和株洲龙脉网络科技有限公司擅自从事网络游戏案件。

提升执法水平。采取执法培训、岗位练兵比武、专题研讨、科室自学等形式，全面提升执法人员依法行政、市场掌控、应急处置、工作创新等方面的能力。完善执法办案制度，规范执法办案程序，提高执法人员依法行政意识，确保每一个案件办理程序合法。举办网络案件执法、文化产品识别和案卷整理归档专题培训，在全省文化执法系统案卷评查活动中，案卷分别被评为“十佳案卷”和“优秀案卷”。通过各种途径公布“12318”文化市场举报热线，进一步完善举报办理制度，规范举报办理工作。（杨小红）

【探索网吧管理新模式】 针对全市网吧点多面广、情况复杂的实际问题，市文化执法局在全省率先探索网吧管理新模式，在天元区67家城区网吧中试行分级管理制度，将网吧分为A、B、C三个等级，对等级越低的巡查次数越多监管力度越大，对屡次违规的实施“黑名单”制度重点监管。

（杨小红）

【加强信息安全保护】 全面落实信息安全保护措施，督促网吧安装“网乐潇湘”监管软件，对网吧营业情况和上网内容实施终端监控，有效防范了有害信息在网吧传播。（杨小红）

文物工作

【概况】 2015年，株洲市文物工作重点抓项目申报，力促文物保护持续发展。年内，由株洲市文物局组织各文博单位开展项目申报工作，向国家文物局争取文物保护经费2300万元。其中，炎帝陵维修工程、消防、安防、白蚁防治项目向国家文物局争取1900万元经费；炎陵县洣泉书院维修方案项目争取编制经费33万元；茶陵古城墙修缮工程（一期）项目争取编制经费90万元；渌江书院维修工程补助经费70万元；醴陵窑保护规划立项经费200万元。此外，渌江书院、渌江桥、李立三故居的保护规划立项报告得到国家文物局审批，对渌江桥环境监测立项进行申报，编制了醴陵窑地面建筑保护修缮一期立项报告等。

以抗战70周年为契机，全面修缮城区抗战文物。2015年是抗日战争胜利70周年，市文物局围绕抗战文物开展系列工作。组织全市开展抗战类遗址调查。通过调查确定株洲市现有抗日战争文物资源20余处。全面完成城区抗日阵亡将士墓的维修。年初，市文物局向财政申请专项经费100万元用于抗战文物保护。通过几个月的努力，高质量地完成城区抗日阵亡将士墓的维修任务，还在3处纪念墓现场制作现场抗战文化展示。举办简朴隆重的开园仪式。9月2日，在龙头铺抗日阵亡将士墓现场，市文物局组织简朴隆重的开园仪式，邀请各界代表、社区居民等参加开园仪式，共同回忆株洲抗战的历史，缅怀先烈。

完善文物保护基础工作。全面完成新增7处国保单位的“四有”档案编制工作，已报国家文物局备案。建立全国重点文物保护单位信息管理平台，组织全市8处全国重点文物保护单位完成信息登录与核对工作，完成对株洲市国保单位的动态管理。株洲市区、株洲县、茶陵县完成新增市保的标志牌的树立工作。为加强传统村落的保护，文物局通过全面调查，将醴陵的沩山村、攸县的泉坪村、茶陵是乔下村等申报国家级传统村落。

指导做好文物保护单位维修利用工作。渌江书院投入资金1800万元，启动渌江书院文物本体的维修及消防工程。开展荷塘区老莱子墓及孝文化博物馆的规划及设计工作和石峰区秋瑾故居的保护利用工作。完成株洲县关王庙、攸县阳升观、茶陵县茶陵古城墙防洪堤、曹氏宗祠的维修工程，启动茶陵晓塘战国古墓的现场保护，委托湖南省文物考古研究所编制保护展示方案。

文物行政审批迎新规，考古发掘工作成果累累。2015年，配合基本建设在多处建设工地发现古墓古遗址，文物局积极组织开展了抢救性考古发掘工作。攸县网岭城镇建设中，新发现东周两汉时期古墓150多座，至今，勘探工作还在继续进行；茶陵县城关镇人民医院内的建筑工地上，开展抢救性考古发掘工作，发掘明代古墓15座，出土编号器物400多件；茶陵县思聪、秩堂等地，发掘两座东汉时期的砖室墓，出土一批重要文物；建设S330武广高铁株洲站湘潭联络线工程清理完3座明清时期墓葬和一处明清时期的房基。全年，配合基建发现古墓葬近200座，出土文物近500件。

推进全市博物馆建设。1月17日，投资2700余万元反映中国自古以来就有渔樵耕读的攸县石山书院陈列馆正式对外开放。3月28日，市“十二五”文化发展规划重点工程——投资1个亿的醴陵陶瓷博物馆盛大开馆。7月15日，总投资7000万元的秋瑾故居及秋瑾生平业绩陈列馆正式开放。10月1日，投资3000万元的攸县文昌阁陈列也向全体市民开放。至此，株洲市以政府为主渠道并动员社会力量参与博物馆（纪念馆）建设的经费投入已超过10个亿。在场馆建设的同时，加强文化展陈工作。全年株洲市举办基本陈列48个，利用各类文物资源举办临时展览20个，开展各类社会教育82余次。与湖南省博物馆在深圳举办《稽古维新——湖南宋元明铜器、金银器展》。博物馆、纪念馆越来越成为对市民尤其是青少年进行历史传统教育、爱国主义教育、革命传统教育的重要阵地。全市博物馆、纪念馆坚持对社会免费开放，开放天数达到314天，接待社会观众300万余人。全市博物馆、纪念馆多渠道筹集资金，完善场馆设施设备，投入免费开放的资金超过2000万元。开展文物征集，全市文物藏品迅速增加。市博物馆投入160万元，征集各类文物4000余件。醴陵陶瓷博物馆配合新馆基本陈列举办投入资金1000万元征集了从民国至现代醴陵窑民间作品1000多件。杨得志故居陈列馆征集杨得志的文物近百余件。

全市“一普”工作稳步推进。扎实推进国有单位摸底及收藏情况调查。市普查办组织工作人员对市区所辖国有单位及企业进行摸底调查。对市区的22个街道办、10个乡镇、2个管委会，244个社区进行专门的宣传和业务培训。对全市6358家单位进行调查，反馈有文物（疑似文物）收藏的单位23家，其中文博系统外21家，反馈文物（疑似文物）数量共6000余件/套。全面完成国有文物收藏单位文物数据信息采集工作。全市共有文物收藏单位11家，开展“一普”之前，文物藏品总数量为23063件套，全部建立藏品总登记帐。开展“一普”之后，进行全面清库，全市藏品总数量上升为39953件套，除了攸县和株洲市博物馆的信息采集任务较重，其他的所有收藏单位均完成清库建账工作，做到账物相符。截至2015年12月29日止，全市完成文物信息采集37064件套，实际采集数量45192件。对上报的文物数据进行逐条审核，完成审核36264件套。市级数据审核完成97.9%。

加强文物监察巡查力度，保障文物安全。2015年初，联合公安部门完成茶陵晓塘古城出土文物的押运工作，将77件文物安全移送到市博物馆。对茶陵县思聪街道办事处大兴村信号塔工程过失损坏汉晋古墓进行协调处理。

（马　翔）

【株洲市抗日阵亡将士墓群维修】 2015年是抗日战争胜利70周年，市财政下拨专项经费100万元，完成城区4处抗日阵亡将士墓的维修。4月委托湖南大学设计研究院有限公司编制《株洲市抗日阵亡将士墓群维修工程方案》。7月通过政府采购由湖南瑞谦建设工程有限公司承担。对龙头铺、大观塘、石砚、东流4个烈士墓进行维修，修建纪念建筑的同时，对其周边进行整修，在3处纪念墓现场制作现场展示。

（马　翔）

【株洲秋瑾生平事迹陈列对外开放】 7月15日，是中国近代著名民主革命家秋瑾英勇就义108周年纪念日，株洲秋瑾故居秋瑾生平事迹陈列正式对外开放。秋瑾故居位于石峰区清水塘街道大冲村，1896—1903年，秋瑾曾与丈夫、儿女居住于此。为纪念秋瑾，2012年，株洲市启动秋瑾故居修复工程，历经3年工程竣工。该工程总用地面积3.48公顷，投资7000万元。主体工程完成后，启动故居内部陈列，设有秋瑾生平事迹陈列、复原陈列，生平事迹展：分为“秋家有女初长成”“身在槐庭忧天下”“只身东海挟春雷”“闺装愿尔换吴钩”“拼将十万头颅血”和“千秋万代铸侠名”六个部分。共陈列1000余幅老照片和数十件实物，展现秋瑾短暂而光辉灿烂的一生。

（马　翔）

图书馆工作

【概况】 株洲市图书馆是一所公益性公共图书馆，免费向市民开放。至2015年年底，馆内有馆藏文献60多万册，电子图书30万种，数字资源3TB，现有注册读者62739人，2015年新增注册读者25281人，日最高接待读者近5000人次，每年接待读者80多万人次，外借书籍40多万册次。株洲市图书馆常年坚持“读者第一，服务至上”的原则，充分了解读者需求，结合图书馆实际，不断创新服务模式，积极推广“全民阅读”。2015年，株洲市图书馆坚持“传承文明、服务读者、服务社会”的宗旨，强内涵，促发展，树特色，充分发挥图书馆在全民阅读和市民“第三空间”的作用，打造全国门槛最低的公共图书馆，有力地推进了全市公共图书馆事业的发展。

加大投入，积极拓展图书馆的服务空间。建设“工地书屋”和“城市书吧”。1月份，湖南省首个工地书屋在株洲枫溪大桥建设工地的工棚中落户。“工地书屋”是株洲市图书馆首次尝试在工地建设的书屋，为的是能让尘土飞扬的建筑工地同样也弥漫着阵阵书香，使建设者们能享受到图书馆的贴心服务。书屋由工地建设者自主管理，自主借阅。工地书屋的建立，帮助和方便了更多职工、农民工走进“图书馆”，也更好地发挥公共图书馆这一全民素质教育重要基地的作用。3月份，为倡导全民阅读，提升全民素质，让更多的市民享受阅读的快乐，株洲市图书馆与株洲翡翠咖啡馆共同创建不设门槛的“城市书吧”，市民可随意在书吧内挑选自己喜爱的书籍或杂志阅览，看完后自行放置原处即可。特设捐书箱，鼓励市民将自己闲置的藏书捐放在“城市书吧”或市图书馆，让全民共享阅读。推进24小时智能书屋的建设。按照“总体部署，分步实施”的原则，积极推进24小时智能书屋的建设。全年完成601、清石广场、云龙职教城3家24小时智能书屋的建设并投入使用。同时，智能书屋的“智能化”进一步提高。对书屋内设备实行远程智能监控，增加对讲系统，实现实时与读者交流，对不文明行为可以及时制止，更好地方便了读者，对室温进行实时调控、对部分故障进行实时处理。进一步将图书馆服务延伸到社区、公园、企业、广场等公共场所，逐步形成布点合理、方便快捷的智能书屋网。建设省内首家诗词馆。为提升城市文化品位，传承、弘扬传统诗词文化，让诗词成为市民的一种精神食粮，创建"中华诗词之市"，8月22日，株洲市诗词馆在市图书馆建成并挂牌。这是省内首家诗词馆。诗词馆建成后成为株洲诗词爱好者学习、交流、研讨、创作的重要场所。

创新思路，引领图书馆的服务发展。实行"全公益、零门槛"身份证借阅。从2015年5月1日起，株洲市图书馆在全省率先使用身份证借阅，取消保证金的方式。持身份证的市民可在市图书馆及其分馆、24小时智能书屋、街区自助图书馆，"刷"二代身份证借还图书，并由原来的每次借还3本增加到5本。"全公益、零门槛"身份证借阅成为湖南省首创。自开放身份证借阅后，图书馆新增注册读者25281人，达63000余人，极大地激发了市民的阅读热情。"E线送书"活动。市图书馆按照"互联网＋图书馆"的服务理念，从2015年11月11日起，推出"E线送书"网上购书图书馆买单服务的方式，这是继线下开展"你读书我买单"后，把服务拓展到线上的读书活动。"你读书，我买单"常态化。从2010年起，市图书馆在全国率先开展"你读书，我买单"活动，引起强烈反响。为了延续好这一品牌活动，从2015年5月份开始，图书馆已将"你读书，我买单"活动常态化。市民只要凭一张身份证，无需缴纳保证金，就可以长期在市新华书店将自己喜欢的书借回家，由市图书馆来"买单"。这种服务方式增加了市民自主选择与阅读的空间，真正把采购新书的权利交给读者，极大地方便了读者。

与时俱进，稳步推进图书馆数字化建设。开通手机移动图书馆。2015年，株洲市图书馆开通手机移动图书馆服务。读者可在任何地方、任何时候、方便利用图书馆的资源和服务，包括个人借阅信息查询、图书续借、在线各种资源信息查阅、电子书阅读、图书馆最新消息等。建设微信图书馆 。年内建设微信图书馆。后期陆续开通在借续借、每日签到、附近网点、馆藏搜索、云阅读、微刊、移动图书馆、公开课、热门图书馆等10多项功能。全年图书馆微信公众平台共发展用户达万余人，推送微信微博400多次，近1000条信息。建设数字图书馆。为了顺应当前数字阅读的发展趋势，株洲市馆加大数字资源设备采购力度。2015年采购安装馆内数字资源设备新东方少儿学习一体机1台、库客留声机2台、云屏数字借阅机3台、歌德电子书借阅机2台。首次将云屏数字借阅机安装进市委、市政府、市人大、市政协及多家机关阅览室，为民众免费提供便捷的数字阅读服务。同时，数字资源所占的比例不断增大。购买超星、博看等数字资源，开通试用数据资源，如：维普、宝宝智库、百科视频、时夕乐听、书香株洲、博看期刊APP等。

提升服务，不断加强阵地建设。读者人气历年最高。市图书馆根据读者不同需求，积极转变服务观念，创新服务方式，提升服务能力，想方设法吸引更多读者走进图书馆，2015年，株洲市图书馆共购入图书60536册，使馆藏图书达653610册，征订报纸120余种，杂志550种；接待各类读者741233人次，其中阅览读者452820人次，图书借还418127册次。全年举办各类活动130多场次，受众近3万人。采编工作服务上升。年初，在综合外借处和少儿室、各分馆及24小时智能书屋等处，发放征求读者意见表500份，以求采购的书籍能够尽可能地满足读者需求。根据读者需要和活动的要求，不定期到长沙及市新华书店现采图书。全年加工图书48233种，67576册，修补不能外借的图书1035册。完成了政府信息采集加工17300条。地方文献建设初具规模。全方位、多渠道收集地方文献资料242种，718册。对现有的地方文献进行登记造册，并实现目录数字化，共登记地方文献242种，加工地方文献688册。

打造特色，创新开展读者活动。神农大讲坛常办常新。全年开展神农大讲坛讲座活动35场。内容涉及文学、医学、艺术、军事等各个方面。采取"走出去"的模式，走进学校、军营、厂矿，延伸图书馆的服务。利用名人提升名气，奶妈奶爸"男神"崔玉涛的讲座"认识和提高儿童免疫功能"，受到读者的热捧。株洲市道德讲堂总堂。在市委宣传部和市文明办的大力支持具体指导下市道德讲堂总堂（设在市图书馆二楼）各项活动如期开展。在2015年的创建全国文明城市工作中，获得了核查组的高度评价，为株洲的创建全国文明城市工作做出应有贡献。市图书馆在道德讲堂总堂的工作中，较好地发挥了示范和带动的积极作用。全年，市图书馆开展道德讲堂总堂的示范和培训课近30期，参与人数达4000人次。株洲市"少儿故事大王"大奖赛规模宏大。举办的第二届"少儿故事大王"大奖赛，历经海选、初赛、复赛、决赛四个阶段，无论是从参赛人数、媒体支持力度还是社会关注度，都超过往年，品牌活动效应明显。"小豌豆"少儿系列活动影响凸显。少儿部探索活动新路子，拓展服务新功能。以"小豌豆"系列为代表的少儿活动，影响力不断扩大，品牌效应逐渐形成。截至2015年年底，共组织少儿活动80多场，约15000人次参加，30多场活动被新闻媒体报道。年内，市图书馆"小豌豆"活动营正式开营。同时，"小豌豆"系列活动还走进社区、走进幼儿园，深受广大家长、学校和少儿的欢迎。寒暑假系列读书活动。寒暑假系列读书活动共有七大系列：分别是儿童影院、亲子手工秀、绘本剧场、小米姐姐教跳舞、绘本故事会、童心贺新春大联欢、亲子家庭志愿行动。全年，共开展活动70多场，参与人数近6000人。世界读书日活动。开展以“爱地球、爱阅读，看我的”为主题的青少年互动活动。“图书馆宣传服务周”系列活动。系列活动内容有：“图书馆精彩瞬间”征集及展示、阅读推广志愿者招募、儿童跳蚤市场、庆“六一”钢琴欣赏会、微信在线阅读、续借、咨询——市图书馆微信推广等。开展传统节日活动。元宵节猜灯谜活动，为株洲市民在元宵佳节打造出一场具有浓郁节日氛围的华美盛宴；端午诗词吟诵会，欣赏了优美的国学经典；中秋节的故事会，向小读者们讲解了中秋节的起源、习俗、饮食、诗词等等。市图书馆立足于自身的文化优势，通过特色活动，使“我们的节日”成为弘扬历史和人文精神的有效载体。

形式多样，积极打造宣传推介平台。创新服务工作得到各大媒体的广泛关注和认可。2015年，市图书馆创新服务工作的做法和经验在《株洲日报》《株洲晚报》《长株潭报》见报92篇，电视媒体15次，网络媒体30次，湖南经视、湖南卫视、湖南公共频道宣传共8次，《中国文化报》和《湖南日报》各1篇，扩大了社会影响力。创新宣传形式，多渠道建立宣传推介平台。全年，图书馆在加强馆网建设的同时，还大力推广微博、微信、QQ群。其中，微信共发展用户10852人，推送微信微博400多次，微信阅读人数为10多万人次。通过宣传，让更多的人走进图书馆、利用图书馆、享受图书馆的各种服务。（张　伟）

【全国首创“E线送书”】 为进一步落实《习总书记在文艺座谈会上讲话》精神，结合全市经济、社会、文化发展的实际需要，充分利用“互联网+”的服务模式，从2015年11月11日起，株洲市图书馆在全国率先开展“e线送书”服务活动。活动以前实体店采购升级为“实体采购+网店采购”，市民可在家中上当当网“借书”，把想要看的书及相关信息通过邮件发给图书馆，经图书馆审核通过后将为该书“买单”，并由当当网直接将书寄到读者手中，看完后归还到图书馆进行简单的加工入库，让读者不出门就能收到自己想看的书，享受图书馆的服务。“E线送书”受到广大市民的热烈欢迎，这种全新的服务模式为全国图书馆界首创，引起了新闻媒体的极大关注。中国文化报及省内多家媒体均大篇幅进行大篇幅的报道。（张　伟）

【率先实行“法人治理结构改革”】 根据事业单位分类改革以及事业单位法人治理结构工作的精神，市委、市政府将株洲市图书馆定为事业单位法人治理结构试点单位，先行先试，积累经验。为了破解事业单位普遍存在的政事不分的体制障碍，助力公共图书馆的内部改革，积极吸纳社会力量参与，2015年11月份，市图书馆通过《株洲日报》《株洲晚报》同时公开刊登“株洲市图书馆理事会理事招募”，让热心于公共图书馆事业，并在其行业内享有高知名度的各界代表自愿报名参加。半个月共有300多人报名，经过层层考察筛选，选取20名候选人报筹备领导小组审核，最终确定9名理事会成员。市图书馆首届理事会选任的9位成员将代表广大读者、各界群众履行决策、监督、管理职能，进一步推动市图书馆持续改善服务内容和方式，鼓励广大读者及社会人士，参与图书馆建设及管理工作。理事会的成员将主动适应文化强市建设的新要求，全面深化改革，大胆探索实践，尽快建立和完善科学有效的内部管理制度，形成规范的运行机制，着力构建独立运作、自我发展、自我约束、自我管理的公共图书馆法人治理结构模式，结合争创国家级公共文化服务体系示范区，广泛吸引民间资本和社会力量参与图书馆建设与运营，率先探索出一条政府、图书馆、社会合作办馆的新途径。（张　伟）

图书发行

【概况】 株洲市新华书店2015年实现营业收入30023万元，上缴利税2900万元，

稳定教材教辅发行业务。按照国家政策和教学大纲的要求，教材供应确保“课前到书、人手一册”，为全市37万中小学生提供优质高效服务，满足教学和师生的个性需求。

发挥一般图书发行优势，特色经营。围绕“株洲读书月”品牌作文章，依靠株洲浓厚的读书氛围，开展新颖独特、主题鲜明的营销活动，倡导全民阅读。以QQ、微信为媒介，以“新华读者沙龙”为平台，打造“讲座+阅读+促销”三位一体模式，为读者营造良好的读书交流和文化体验环境。全年举办王一梅、管家琪、梅子涵儿童文学阅读与写作，“诗和远方”——诗歌分享会，纪念抗战胜利70周年暨左权将军诞辰110周年座谈会，纪念胡耀邦诞辰100周年暨陈利明《从红小鬼到总书记胡耀邦》签售发行，“庆祝株洲晚报创刊15周年暨株洲市非遗文化展会”精选书籍展销等活动，为市民呈现丰富的文化大餐，发挥新华书店对社会阅读的导向作用。

注重社会效益，拓展服务领域。充分发挥自身资源优势，为了解即将到来的新高考政策调整，力邀高考语文主编、北京市语文特级教师王大绩进市二中、八中、攸县一中等学校讲座，丰富名家进校园主题活动，加强店校合作。为普及文化、推广阅读，11月份高效地完成1560个书屋网点的书籍配送。（何　淳）

炎帝文化

【炎帝陵神农园一期建设完工】 2015年，湖南省炎帝陵基金会办公室按照

"以盆景为主题，凸显炎帝文化，展现湖湘特色，全省最好，全国一流"的要求，高质量建设，科学运作神农园项目。神农园项目于2014年6月开工建设，投资9600多万元，完成基础土方、水利、路桥、管线、绿化景观、园建小品、田园和维管用房、玻璃温室、护栏、大门、停车坪等设施建设。园区占地9.33公顷，蓄水面积近3万平方米，铺设绿地面积近6万平方米，种植绿化类乔灌木近3000株，其中珍贵景观树近70棵，各类大小盆景近千盆，制作安装代表湖湘特色的7座巨型树石盆景和凸显炎帝文化的4组大型石雕。2015年11月2日正式对外开放。（殷自玲）

【多方筹集炎帝陵建设资金】 2015年，湖南省炎帝陵基金会办公室争取并落实省、市两级神农园项目建设专项资金，共筹集到账资金2070万元。其中争取省国土资源厅、林业厅各500万元，市财政1000万元，落实市州捐赠资金到账70万元，有力地保障了神农园建设及顺利开园。（殷自玲）

【炎帝文化宣传与研究】 2015年，湖南省炎帝陵基金会办公室创新宣传模式，加强对炎帝文化研究。继续开展"炎帝文化进校园"活动，依托校园载体传播始祖文明，在市委党校中青班、科干班讲授《解读神农炎帝——兼论祖先文化崇拜现象》，与湖南工业大学积极沟通，在学校商学院开展炎帝文化的专题辅导；出版发行刊物《根》第六期、第七期，该刊物在2015年度全省社科类组织期刊检查评估中被评为"优秀会刊"；撰写论文参加学术研讨活动，组织专家学者撰写学术论文9篇参加株洲市第十二届哲学社会科学优秀成果评奖，撰写10篇论文参加河南省 "第三届中部六省炎黄文化论坛"；加大媒体宣传力度，在株洲电视台、《株洲日报》《株洲晚报》和《长株潭报》等新闻媒体宣传炎帝文化；及时更新"炎帝陵"网站内容，上传稿件90余篇，全年点击率达10余万次。（殷自玲）

文艺创作

【概况】 株洲市文学艺术界联合会是中共株洲市委领导下的人民团体。截至2015年，全市成立了株洲县文联、醴陵市文联、攸县文联、茶陵县文联、炎陵县文联和天元区文联、石峰区文联、荷塘区文联等8个县市区文联，以及市作家协会、音乐家协会、美术家协会、书法家协会、舞蹈家协会、摄影家协会、曲艺家协会、民间文艺家协会、文艺评论家协会、戏剧家协会、设计艺术家协会、少年文艺指导协会、楹联艺术家协会、诗词艺术家协会、硬笔书法家协会、花鸟画家协会、电视艺术家协会和株洲文艺家知行讲习会等18个市属文艺家协会。有国家级文艺家会员245人，省级文艺家会员1270人；有市级刊物《文艺窗》、县级刊物《渌湘》《攸县印象》《铁牛潭》等十余种。

2015年，株洲市文联积极扶持重点文艺作品的创作，涌现一批精品力作；深入开展文艺惠民工作，继续优化全省领先的文艺志愿服务品牌；组织开展各种形式多样的文艺活动，丰富群众文化生活，使株洲的文艺事业呈现繁荣发展的良好势头，不断提升了株洲文艺的影响力和美誉度。

（李登攀）

【文艺创作成果丰硕】 2015年，株洲市文联完成株洲市第五届"炎帝文艺奖"的评奖工作。评选出特等奖1件、一等奖3件，二等奖18件、三等奖49件。唯一的特等奖获奖者是90后诗人罗玉珍。扶持重点作品创作出版。完成《颜元叔传》的采写创作工作；完成株洲当代文艺名家精品丛书之《夏劲风词作精选》,《株洲作家作品选》(三卷），《株洲文明史略》等书目的编辑出版工作；资助扶持易军长篇小说《空村》，以及陈小平抗战题材小说《回水滩》三卷的出版。资助扶持市舞协编创少儿舞蹈《太阳笑了》。参加省艺术节，荣获"三湘蒲公英奖"，"小荷风采"金奖。即将向全国舞台推介表演。2015年，在由省文化厅，省文联共同举办的"难以忘却"——湖南省纪念抗日战争胜利暨世界反法西斯战争胜利70周年美术、书法、摄影作品展上，株洲文艺家入展作品29件，特邀作品4件，入展数位列全省第一。在省委宣传部、省文化厅、省文联举办的湖南省"欢乐潇湘"群众美术、书法、摄影活动上，株洲市选送的作品获奖数位居全省第一。在省艺术节活动中，株洲市有2人获首届"齐白石艺术奖"（书法类）。在全国第11届书法篆刻作品展览上，株洲书法家选送的4件作品入展，数量在全省名列第三。（李登攀）

【文艺活动形式多样】 2015年，株洲市文联组织开展一系列深受群众好评的文艺活动。1月21日，市文联炎帝文艺创作中心、市少年文艺指导协会在市规划展览馆举办"亲亲祖国杯"暨庆祝新中国成立65周年株洲市青少年儿童美术书法作品大赛优秀作品选展，展出80多幅优秀作品，展示了全市青少年儿童美术书法学习成果。5月14—30日，纪念抗日战争胜利暨世界反法西斯战争胜利70周年摄影作品展览在省文艺惠民基地——株洲摄影艺术长廊开展。为办好此次展览，市文联、市摄影家协会广泛动员，专门组织10多名重点作者前往常德、怀化等地进行为期一周的主题创作采风。5月26日，由株洲市文联和书法报社共同主办的"潇湘画韵·株洲代表画家作品展"在武汉书法报艺术馆拉开帷幕。此次展览共展出周伟钊、汪田明、施杰荣、张澄光、周素莲、周建德、彭慧、彭毅、李漠中等9位株洲知名画家54幅国画和油画作品。此次展览，是湘鄂画家一次有益的探索与交流，对增进书画艺术沟通与研究，推介株洲名家名作，有着重要意义。6月13日，市文联从4000余件作品中评选出的70位小书法家、小画家走进流芳公园，在人民英雄纪念碑前，集体创作百米书画长卷，为纪念抗日战争胜利暨世界反法西斯战争胜利70周年主题美术书法活动画上了圆满的句号。9月29日，株洲市第三届“梦回故乡”株洲美术作品回顾展暨贺安成水彩画展在规划展览馆开展，展览展出了著名画家贺安成先生精心自选的数十幅作品，包括他在株洲工作期间创作的部分业内熟知的经典作品。11月5日，市文联与市花鸟画协会联合兄弟市州举办的“花开幸福，鸟唱和平——纪念抗战胜利70周年”长沙、株洲、湘潭、衡阳、常德五市花鸟画精品巡展在株洲开展，株洲市25幅作品参展。12月，株洲市文联在株洲市规划展览馆举办“株洲，你好！”大型摄影展。摄影展以“城市蝶变”“江南枢纽”“宜居家园”“乐游株洲”四个板块，从市民的视角，通过100余幅摄影作品，反映了株洲焕然一新的城市面貌。（李登攀）

【文艺惠民扎实推进】 2015年，市文联、株洲市文艺家知行讲习会继续扎实推进文艺惠民、文艺支教活动的开展。2月13—14日，市文联、市文艺家知行讲习会组织60多位摄影家、书法家、曲艺家“深入生活，扎根人民”走进炎陵县龙渣瑶族乡龙渣村、龙凤村开展文艺惠民志愿服务活动，送春联、书写家训格言、为村民拍摄全家福照片、文艺表演等丰富多彩的文艺活动，为瑶家山寨增添浓浓年味，更温暖了瑶乡人民的心。4月25日，由株洲文艺家知行讲习会、株洲市舞蹈家协会牵头组织，在天元区滨江社区举行中国街舞第一品牌——嘻哈帮街舞株洲嘉年华免费公益惠民活动。随后，舞蹈文艺志愿者陆续分赴株洲天元、芦淞、荷塘、石峰等4区20余个社区免费辅导教授嘻哈街舞，同时对15个社区业余群众舞蹈队进行免费辅导，参与的市民近万人。此项惠民活动从4月开始，持续到9月。在“5·23”中国文艺志愿者服务日当天，市文联、株洲文艺家知行讲习会开展慰问文艺支教志愿者活动，向童心飞扬艺术学校白关分校的志愿者和白关小学、团山小学、双排小学参加免费学习书画的63名困难家庭学生及留守儿童送去学习用品和慰问金。2015年，市文联以协会摄影创作团为建制，通过湘江风光带“摄影艺术长廊”，组织10余场次的主题摄影展。同时不定期引进外地优秀作品参展。包括“株洲农民工摄影展”等贴近生活，具有时代内涵，反映时代精神的摄影展览深受摄影爱好者及广大市民的喜爱，产生了良好的社会反响。（李登攀）

党史工作

【概况】 中共株洲市委党史工作办公室是财政全额拨款的正处级市委工作机构，有3个科室，在职人员11人，退休人员5人。

党史征编可圈可点。全市党史正本编撰工作快速推进。株洲市党史三卷的编撰工作顺利推动，已征集资料30万字，完成20余万字的初稿编写工作，召开评审会。加强对城市4区党史正本编写的业务指导，荷塘区、石峰区、芦淞区的进展顺利，天元区党史正本已公开出版。

《党和国家领导人视察株洲纪实》印刷出版。5月初，市委办下发《党和国家领导人视察株洲纪实》的编撰方案，市委党史办编纂人员翻阅大量党史资料，资料时间跨度从20世纪50年代到2015年，收录并修改大量珍贵资料和照片，征集相关资料50万余字、图片200余张，进行6次修改，于9月份印刷出版。

《株洲党委工作纪事》2015卷顺利完成。2015年4月中旬以市委办名义起草、下发《关于做好〈株洲党委工作纪事〉2015年卷有关工作的通知》，召开征编工作会议，安排部署了相关工作，完成了在市委有关部门的组稿及日常征编工作的管理、协调和全书的编辑工作。全书共50万字，已于11月份印刷出版。

《中国共产党株洲文献》第二辑编辑出版。年初，启动《中国共产党株洲文献》第二辑的征编工作，已完成了《中国共产党株洲文献》第二辑（1949.10—1965.5）编辑出版，全书共38万字。

《株洲鉴往》第六辑（纪念抗战胜利70周年专辑）印刷出版。为纪念抗战胜利70周年，根据中央党史研究室和省委党史研究室的工作安排，征编《株洲鉴往》（纪念抗战胜利70周年专辑），分综述篇、日寇暴行篇、抗日救亡篇、抗日群英篇等4个栏目，收录文稿51篇，共16万字，8月份已出书。

党史论文课题取得丰硕成果。为纪念蔡和森诞辰120周年，撰写论文《蔡和森、新民学会与长沙中共早期组织的创建》入选中央党史研究室第一研究部、省委党史研究室于2015年3月在娄底双峰举办的“纪念蔡和森同志诞辰120周年学术研讨会”；论文《论新民学会与长沙中共早期组织的创建》入选中央党史研究室第一研究部、广东省委党史研究室等5单位2015年7月在广东举办的“中国共产党早期组织创建史”学术研讨会；论文《发挥红色文化资源在以史铸魂、资政育人中的重要作用探析》入选省委党史研究室2015年7月在桂东举办的红色文化研讨会；论文《挖掘利用红色文化资源，加速推进株洲科学发展》入选2015年11月市历史文化研讨会。

联络宣传有声有色。开展党史主题活动。以深入开展党的“三严三实”教育实践活动为契机，与相关市直单位联动，开展党史主题教育活动，全市党史人员深入基层单位、社区、学校、企业讲党史课。各县市区党史部门也开展各类党史主题活动：攸县编辑《攸县红色记忆》，利用党史的原始资料开展党史教育，取得较好的效果；茶陵县和党史联络组联动，开展各类党史主题教育活动；炎陵县在地方电视台举办多期党史讲座；醴陵市开展党史进党校活动，安排专门的党史专家进行授课。

强化党史联络。2015年年初，召开全市党史联络组座谈会，总结2014年党史联络工作，广泛听取联络组意见，安排部署2015年党史联络工作。11月，省党史联络组和省委党史研究室老干部在茶陵召开经验交流会，充分肯定了株洲市党史联络工作所取得的经验和成绩。

加强党史宣教。为宣传地方党史，弘扬红色文化，市委党史办以抗战胜利70周年为契机，主动与株洲电视台、株洲日报、长株潭报等媒体联系，发表数篇党史纪念相关文章，进行党史宣传教育。年内编撰的《党和国家领导人视察株洲纪实》《株洲鉴往》第六辑和近两年编撰的《株洲红色印记》《中国共产党株洲历史》等书赠送到市直有关单位和县市区相关部门、大型企事业单位、部分学校等，并在市规划展览馆、图书馆、新华书店的书柜和展台上展出，供广大市民朋友翻阅。（谭泽鑫）

档案工作

【概况】 2015年，株洲市档案部门围绕中心、服务大局，着力开展法制建设年、资源建设年、业务建设年活动，株洲档案事业取得新发展，年内，株洲市档案局获得2015年“档案与你相伴”全国征文活动组织奖、全国档案法律法规知识普及宣传组织奖等荣誉。

夯实档案工作发展基础。档案事业发展环境日益改善。党委政府和社会各界更加重视、关心和支持档案事业发展。2015年，市政府第54次常务会议专题研究档案工作，以市两办名义下发《关于加强和改进新形势下档案工作的实施意见》；市十四届人大常委会专题研究档案工作，出台会议决定，市人大副主任鲁立彬率队开展《档案法》执行情况专项检查；分管副市长多次现场调研或听取档案工作情况汇报，协调解决档案工作面临的困难和问题。株洲县将信息化建设工作纳入了县“十三五”发展规划。荷塘区人大常委会主任会议视察档案工作开展情况；云龙示范区把档案工作列入年度考核。经费保障有力。各级政府对档案工作的资金投入力度加大。据统计，五年来市政府共投入资金706万元用于档案事业发展，全市档案部门共投入资金3151万元（其中争取中央项目资金2081万元）用于新馆建设。各县（市、区）档案馆的业务经费每年也均有较大增长，石峰区档案事业经费近三年以10%的增长比例递增。馆库设施完善。“市档案馆二期工程项目”列入市政府本级投资计划，投入资金350万元，工程已竣工。攸县已建成全省一流的新档案馆。炎陵县投资总额1200万元的新馆已建成。天元区财政投入经费128万元用于档案馆库建设，档案馆面积由原来的600平方米增加到1400平方米。茶陵县新馆正在建设之中，醴陵市新馆已经在渌江新城区选址，株洲县正在着手项目建设前期工作。全市各级国家综合档案馆档案保管保护条件得到进一步改善。

加快档案法治建设步伐。加大档案法制宣传力度。举办“档案与人生”主题展览，共接待观展团队30批500余人次；利用电视、报纸等传统媒体，开辟“株洲记忆”专栏，开展株洲特色档案公开征集活动，积极宣传档案法制知识；利用档案网站、微博、微信等新媒体传播平台，开辟法制档案、“株洲历史上的今天”“株洲百姓家规”“走进档案征文”“株洲记忆”等专栏，转载中国档案杂志、历史档案解密等公众平台一些档案行业前沿、文史博览方面的文章。2015年，株洲档案新浪微博发布微博333条（开通至今共769条），微博阅读量222070次，株洲档案微信2月2日起发布信息457条，微信阅读量38958次，向今日头条发送信息57条，阅读量169407次。订购档案知识有奖竞赛试卷1.7万份，并组织档案法律法规知识竞赛活动，提高干部群众对档案工作的认知度和关注度，提升全社会的档案法治意识。各县市区档案部门围绕“档案——与你相伴”主题，开展丰富多彩的“6·9〉国际档案日”宣传活动。攸县将40幅“档案——与你相伴”公益宣传广告“搬”上公交车巡回宣传，收到很好的宣传效果。

加大档案执法检查力度。积极配合市人大副主任鲁立彬一行开展《档案法》执行情况专项检查，实地考察40余家单位的档案馆（室）建设、资源建设情况，了解《档案法》贯彻落实情况。同时，对10个县市区档案部门及所有市直单位开展档案工作行政执法检查和档案安全督查，共检查161个市直单位；实行档案管理违法行为责任追究，下发整改通知书17份。茶陵县档案史志局与该县人大内司委、县政府法制办等单位组成联合档案执法检查组，重点对全县机构改革单位和2014年需整改落实的单位进行执法检查，对2家县直单位下发责令限期整改通知书。加大档案中介管理力度。严格贯彻落实《湖南省规范档案中介服务规定》，制发《关于认真开展档案中介服务机构备案登记工作的通知》，召开档案媒介机构负责人座谈会，加强对档案中介服务机构的监督和管理，规范档案服务行为，确保档案中介服务质量。

拓展档案资源领域。公务档案规范整理。市档案局建立市级领导干部公务档案接收机制，实行“现场采集制”和“对口联系制”，组织人员到市委、市政府、市人大、市政协机关和市委组织部收集领导公务档案，共收到市委书记、市长2013年、2014年文稿12本，编印市委书记、市长2013年、2014年的重要公务活动照片档案。完成原国家工商总局局长周伯华在株洲期间主要文稿汇编，编辑上下两册。茶陵县将1993—2014年的茶陵新闻联播和电视专题片刻成光盘901块，并移交进馆。炎陵县基本收齐副县级以上实职领导的公务活动档案资料；完成该县县委书记、县长2014年以前的公务活动档案的收集、整理和编辑工作。芦淞区档案部门开展登门征集公务礼品档案工作，共接收全区近年组织的重大活动纪念品和对外交流活动中接收捐赠的集体礼品11件。服务改革档案处置。做好改制企业档案的接收工作。全年，共整理改制企业档案1100卷（盒）3万余件，第一批改革企业61户、第二批改革企业30户等档案960盒（卷）已移交市馆。为市企业改革办、市交通局、市住房公积金中心等部门解决信访问题提供了有力服务。做好机构改革单位档案的处置工作。19家涉改单位的档案已全部接收进馆，其中接收省级以上荣誉的奖牌（奖杯、证书）等实物档案236件，接收文书档案2907卷（盒），会计档案（决算报表）174卷，业务档案59卷，照片档案326张。同时，市局接收原建工局1990—2000年档案305卷，2001—2003年归档文件37盒。各县市区的档案部门召开专门会议，制定档案管理和处置工作方案。全年，市馆共接待查档600余人次，调卷2500余卷次。“三重一特”档案多点开花。全年，采集整理市委理论学习中心组2015年学习的文字、声像资料，其中纸质资料2套，照片351张。参与市人大会议、市政协会议等市重要活动声像采集工作。开展有影响的民间珍贵档案、特色档案资源征集活动，加强民生档案的接收进馆工作，进一步丰富馆藏，扩大影响。炎陵县严格做到项目初期介入、项目过程督查、项目完成验收三到位，确保“三重一特”档案收好、整好、管好、用好。茶陵县对中华茶祖文化产业园、龙华农牧扩建等7个市重点建设项目进行档案管理登记，县内最大的水利工程项目洮水水库大坝主体工程档案已移交进馆。株洲县对建县五十周年等重大活动档案进行跟踪指导，并接收一批族谱、山土房屋契约、名人字画进馆。民生档案扎实推进。全市档案部门主动服务、上门服务，促进涉民部门档案的规范化整理。株洲县共接收民生档案80136卷进馆，林权改革发证档案已基本整理完毕，2014年以前的婚姻档案整理已全部完成并移交进馆。天元区开展民生档案调研，摸清全区民生档案的分类、分布和开放利用情况。芦淞区在全市四区率先建立婚姻档案数据库。乡村档案有序铺开。加强对农村土地承包经营权确权登记颁证档案、乡镇区划调整档案工作的指导、收集和整理力度，农业农村档案工作取得新进展。茶陵县档案史志局与县经管局联合开展对严塘镇各试点村秘书进行农村土地承包经营权确权登记颁证档案业务培训。株洲县渌口镇、南阳桥乡、仙井乡、堂市乡开展乡村建档试点示范，并完成历年来的档案整理任务。天元区在全市率先启动了乡村档案的试点、示范工作。

（陈　华）

修志编鉴

【概况】　2015年事业单位分类改革中，株洲市地方志编纂委员会办公室定为公益一类事业单位。内设综合科、市志科、年鉴科和地方文献研究室（加挂市方志馆牌子）4个科室，在职干部12人。

2015年，株洲市志办以国务院《地方志工作条例》为指导，认真落实“一纳入、八到位”要求，坚持依法修志，创新发展，突出抓主业、抓规划、抓基础，努力推进全市地方志事业健康有序发展。

有序推进志书编鉴工作。修志方面：历经十五载，《株洲市志》评审稿形成，共计460余万字，内容上限自事物发端，下限至2000年，全面、系统地记述了株洲行政区域内自然、政治、经济、文化、社会的历史和现状。《茶陵县志（1993—2010）》经过省、市终审验收后已公开出版，《炎陵县志》《高新区、天元区志》进入初稿编撰阶段。《湖南省志·炎帝陵志》列入湖南省特色志系列，也纳入了《株洲市地方志事业“十三五”发展规划》。全面启动《湖南乡镇简志·株洲卷》的编纂工作。开展《中国名镇志》株洲部分编纂工作。炎陵县的鹿原镇，醴陵市的浦口镇、船湾镇、嘉树乡进入第一轮中国名镇志名单。编鉴方面：《株洲年鉴（2015）》10月由方志出版社公开出版发行。株洲县、醴陵市、攸县如期一年一鉴，天元区年鉴从2015年起由五年一鉴变为一年一鉴，炎陵县、茶陵县两年一鉴。

科学编制株洲市地方志事业十三五发展规划。一是认真学习全国地方志事业发展规划纲要。2015年8月，国务院办公厅发布《全国地方志事业发展规划纲要（2015—2020）》。紧密结合工作实际，开展了一系列的学习宣传活动：汇编了地方志法规资料和规划纲要作为宣传资料；分别召开县市区档案史志局局长和市直有关部门负责人座谈会学习宣传《规划纲要》，研究株洲市贯彻落实意见，推动地方志事业全面健康发展。二是结合全市经济社会发展“十三五”规划，主动对接，提前谋划，启动《株洲市地方志事业“十三五”发展规划》的编制工作。2015年年底形成规划草案，这是株洲市地方志工作的第一个规划性文件，也是指导今后一段时期全市地方志事业发展的指导性文件。

稳步推动地方志事业基础性工作。一是坚持和完善“党委领导、政府主持、修志机构组织实施、社会各界参与”的地方志工作体制。调整了株洲市地方志编纂委员会组成人员。市委书记任名誉主任，市长任主任，市委副书记、常务副市长和市人大、市政府、市政协分管领导担任副主任。二是建设地方志文献资料室。结合工作实际和现有办公条件，调剂3间办公室进行改造，建成了一个集馆藏、查阅、研究和服务等功能于一体的地方志文献资料室。三是强化宣传应用。撰写领导署名文章宣传推介株洲，及时更新维护市志办网页，开展志鉴成果进机关、学校、社区活动，应答株洲市情咨询，提高服务社会的能力。四是加强方志队伍建设。召开县市区和市直部门地方志工作座谈会，开展业务培训，加强地方志系统上下联系，横向交流，提高地方志系统整体工作水平。

（郑德丽）

【《株洲市志》评审稿省级评审会召开】 12月9—11日，《株洲市志》评审稿省级评审会在延年酒店召开。湖南省地方志编纂委员会党组书记、副主任易介南，株洲市委副书记、市长毛腾飞等出席会议并讲话。会议由省地方志编委会党组成员、副主任邓建平主持。副市长毛朝晖致辞，市志办主任李一平作市志编纂情况介绍。来自全省各市州和友邻江西省萍乡市等地的方志专家、学者，市部分老领导、有关部门负责人、市各县市区领导和志办负责人140余人参加。

2000年，株洲市启动第二轮地方志书编修工作。2015年7月，形成了《株洲市志》评审稿；8月，在市级范围内进行《株洲市志》稿内审；9月，将《株洲市志》评审稿打印百余套分送省志委、江西萍乡以及省13个地州市等地诚邀有关修志专家全面审读。历时15年，形成30篇、171章、693节，另加综述、大事记、人物、附录等，460余万字的《株洲市志》评审稿，志稿内容上限自事物发端，下限至2000年，全面、系统地记述株洲行政区域内自然、政治、经济、文化、社会的历史和现状。

会上，毛腾飞指出，地方志是传承中华文明、发掘历史智慧、凝聚发展能量的重要载体，对于存史、育人、资政都具有十分重要的作用，要求市志编纂工作者要用心修改，努力打造精品佳志；加快工作进度，力争2017年正式出版《株洲市志》，确保2018年全面完成全市第二轮志书编纂工作。

易介南对《株洲市志》评审稿给予了高度评价，称《株洲市志》是株洲文化建设史上的一块里程碑。他特别强调了志书质量问题，要求“精心组织，众手成志，一人总成，贯穿始终”。

此次评审会按先分组再综合评议的方式进行。与会领导和专家对志稿进行了认真地讨论和评议，并给予《株洲市志》评审稿充分肯定，同时也提出了修改完善的意见和建议。市人民政府副市长毛朝晖表示，市委市政府将一如既往地支持方志事业，并要求全体修志人员发扬连续作战的精神，集中梳理各位专家、学者的意见和建议，以科学严谨的治学态度，做好《株洲市志》的修改完善工作，争取如期保质完成出版发行任务。 （郑德丽）

【《株洲年鉴》首次向社会免费发放】 10月，由株洲市人民政府主办、株洲市地方志编纂委员会办公室组织编辑的综合性、史实性大型年刊《株洲年鉴（2015）》由方志出版社公开出版。该部年刊为创刊以来的第27部，全书共设38个部类，近100万字。它全面、系统、真实地记录了2014年度株洲市政治、经济、文化和社会生活等方面取得的成就，多层面、多视角、多方位地展示了株洲市全面深化改革、加快产业转型升级的奋斗历程。本部年鉴文风朴实，彩版设计大气、清新、自然，信息密集，装帧精美，是具有很高的存史价值和实用价值的大型资料性工具书。为充分发挥年鉴“资政、存史、育人”的功能，《株洲年鉴》首次实现免费向全市市直机关、各县市区等单位机构场所发放，取得了良好的社会效果。 （郑德丽）

【调整株洲市地方志编纂委员会组成人员】 12月4日，中共株洲市委办公室、株洲市人民政府办公室《关于调整株洲市地方志编纂委员会组成人员的通知》（株办〔2015〕51号）下发，决定对株洲市地方志编纂委员会组成员人员进行调整。市委书记贺安杰任名誉主任；市委副书记、市长毛腾飞任主任；市委副书记阳卫国，市委常委、常务副市长赵文彬，市人大常委会副主任鲁立彬，市政府副市长毛朝晖，市政协副主席张国浩任副主任。

（郑德丽）

体　育

【概况】 2015年，株洲市加快发展体育产业、扎实备战省十三运会。全民健身工作有新成效。

加大投入，体育设施建设有序推进。市财政每年拨付100万元作为全民健身事业专项经费。2015年，在省体育局的大力支持下，株洲市投入1200万元发放安装农民健身工程320套、全民健身路径46套，超出株洲市政府“民生100”工程目标任务的一倍。此外为全市200余个不具备农民健身工程安装条件、但又确实缺乏健身设施的行政村配置简易全民健身路径250套。截至2015年年底，全市拥有社区全民健身路径364套，社区覆盖率102.2%；行政村农民健身工程1330套，行政村覆盖率为85.2%。人均体育场地面积为1.36平方米。拥有市级全民健身中心2处（河东体育馆、占地2565平方米；河西体育中心，占地360000平方米），县市区级全民健身中心2处（茶陵县体育馆，占地1111平方米；炎陵县文体中心，占地14243平方米）。

精心组织，群众体育活动精彩纷呈。成功举办市第五届大众体育运动会。运动会呈现出总体规模大、创新水平高、竞赛秩序好的特点，有力提升了全民健身意识，全面展示了全民健身新成就。成功举办省第六届“智美杯”全民健身节。创新举办模式，通过政府购买服务的方式，所有比赛由协会具体承办，调动了协会参与的积极性。本届省全民健身节参与人数超过10万人次。开幕式全民健身节目展演精彩纷呈，得到各级领导和现场观众的一致好评。成功举办株洲第二届全民健身节。以8月8日全国第七个“全民健身日”为核心，开展株洲市第二届全民健身节系列活动，举办排舞、航模、徒步、围棋、荧光跑等20多个项目的赛事活动，参与人数超过10万人，广泛调动广大市民的体育锻炼积极性。同时依托协会开展丰富多彩的全民健身活动。据统计，2015年全市单项协会活动总数突破100次，吸引社会资本赞助赛事金额超过600万元。其中有影响、有特色的活动包括省第二届风筝文化节、省第三届武术大赛暨湖南省武术传统门派拳种精英赛、2015年省气排球比赛、2015湖南杰克斯奇摩托艇表演赛、株洲市首届“爱模客”模型运动文化节、中国·株洲第四届“炎帝神农杯”中老年门球比赛。

规范建设，全民健身组织日趋完善。健全全民健身组织网络。2013年开始，株洲市已建成由市体育局、各县市区文体局，各街道、乡镇体育专干，各社区、行政村体育专干组成的4级全民健身管理结构，并建立了市体育总会、县市区体协、社区晨晚练点构成的3级全民健身组织网络。全市经常参加体育锻炼人口的比例为38%；全市社会体育指导员人数为5587人。平均每千人拥有社会体育指导员1.4人。成功承办全省运动健身科学指导系列活动。为倡导健康生活，2015年11月28—29日，株洲市体育部门在体育中心举办“科学健身、快乐同行”全省运动健身科学指导系列活动，大力推广“科学和谐、健康运动”理念，提高了市民科学体育健身意识。加快发展体育单项协会。2015年，新审批民族舞协会、保龄球协会、马拉松协会、航空协会、泰拳协会、户外运动协会、长跑协会、射箭协会、社会体育指导员协会等9个协会，市级体育协会数量达59个，新审批山河特技飞行俱乐部、景锅户外俱乐部等7个体育俱乐部，市级体育俱乐部数量已达26个，株洲市本级体育社团（俱乐部）会员超过20万人，体育社团数量位居全省前茅。加强社会体育指导员培训和免费公益培训。2015年，免费开办社会体育指导员培训班10个，培训社会体育指导员400余人次，其中新晋二级社会体育指导员200人。多次组织优秀社会体育指导员参加国家和省级社会体育指导员培训班，首次面向普通市民开展免费体育技能培训，开设培训班179班次，涉及羽毛球、太极拳、乒乓球、排舞、足球、攀岩、瑜伽等40个深受群众欢迎的体育项目，培训总人数超过1万人次。

争取资金、扩大开放，公共体育场馆免费或低收费开放广受好评。全面推进公共体育场馆免费低收费开放。市体育部门借助全国推行大型体育场馆免费或低收费开放的东风，积极争取国家的专项补贴，整合市本级的公共体育场馆，全面推进公共体育场馆免费或低收费向社会开放。据统计，免费或低收费开放一年来，受益人数超过40万人次，广受市民好评和点赞。同时，还免费为3000余名市民提供了体质监测服务。市体育中心因免费低收费开放工作出色，获得国家体育总局、财政部的50万元专项奖励。提高体育场馆使用率和使用效能。据统计，除各级公共体育场馆全部向市民分时段免费及低收费开放外，全市企事业单位体育场馆对外开放率达100%，学校体育场馆对外开放率达80%。全市无变卖及占用公共体育场地设施情况。创新打造公共体育服务平台。通过PPP模式，推动“互联网+”体育平台建设，8月全面上线了韵动株洲APP、网站、微信、微博四位一体的公共体育服务平台，并以该平台为载体，实现了场馆预订、查询、体育活动等便民功能，目前用户人数超过5万人。

以备战省十三运会为中心，提升竞技体育水平。健全业余训练网络。株洲市本级有3个训练单位，分别是市体校、市少儿体校和市学训中心，训练项目涵盖了除定向越野和排球以外的所有省运会项目，受训人员达700人，教练员队伍健全，年龄结构合理，有初、中、高级教练队伍，三个训练单位经费投入达1000万元。县级业余训练方面，主要是茶陵县举重项目有2个教练、40多人的训练队伍。另外，株洲市皮划艇、赛艇项目布局在攸县三中。2015年，醴陵市新建体育中心，其传统游泳项目预计在明年初开始恢复训练。其他县的体校编制还在，但形同虚设，未能从事业余训练。城市各区，基本上没有体校编制，也从未从事业余训练。市体育部门请求省体育局给予支持，尽快在各县市区形成一到两个有特色的业余训练项目，打造“一县一品”。加强体教结合。体教结合是株洲市长期坚持的一种业余训练基本模式，此种模式节约了训练成本，符合当代社会的需求。与教育部门一起打造校园体育。2015年，举办涵盖小学、初中、高中学生的“市长杯”足球联赛、足球夏令营、校园足球裁判员培训班；组队参加省青少年足球比赛，甲乙组均打入全省前六名、选派多名校领导和体育教师参加各级培训。举办武术进校园教师培训班、校园武术“段位拳”考试、“三好杯”武术比赛等。合理布局训练项目。株洲市拥有市体育运动学校和市少年儿童体育学校两个国家体育后备人才基地。合理布局训练项目，重点打造皮划艇、赛艇、摔跤、柔道、体操、蹦床、田径、武术、射击、花游等优势竞技体育项目，这些项目的整体水平位居全省前列。尤其是体操、蹦床项目，株洲市输送的优秀体育后备人才占据省体操中心在训队员的半壁江山。加强教练员队伍建设。全市有在训、在编教练员 37 人，其中，高级教练员 10 人，年龄结构老中青皆有，涵盖了除足球、水球外的所有项目；聘任教练数人，对业余训练有了充分的补充。提升竞技体育水平。夏赛成绩优异。2015 年，株洲市参加省青少年比赛，取得了团体总分和金牌总数第二的优异成绩。皮划艇、赛艇项目摘得 14 枚金牌、摔跤项目斩获 8 枚金牌，花样游泳项目摘得 3 枚金牌，这些项目的金牌总数和团体总分均列全省第一。柔道、蹦床、武术项目分别摘得 4 金，团体总分均位居全省第二。市八中男篮代表株洲市夺得冠军，实现省运会、省青少年比赛、省中学生比赛的大满贯。乒乓球项目勇夺 6 块金牌，金牌总数与常德并列全省第一，创历史最好成绩。羽毛球夺得男子丁组双打金牌，实现近年来青少年羽毛球项目的重大突破。田径项目斩获 12 枚金牌、体操项目斩获 7 枚金牌、游泳项目斩获 6 枚金牌。射击项目夺得 4 枚金牌，网球项目夺得 1 枚金牌，跆拳道项目夺得 1 枚金牌。大赛捷报频传。包宜鑫作为中国羽毛球球队队员夺得苏迪曼杯，并斩获 2015 全英羽毛球公开赛女双冠军、瑞士羽毛球公开赛女双冠军、羽毛球世锦赛混双亚军。在 2015 年伦敦世锦赛上，谭佳薪代表中国体操队征战，获得女子团体第三。在福州举行的第一届青运会上，杨家兴获得自由操和跳马两枚单项金牌，林傲雪夺得女子铁饼第三名。株洲市在全国青少年校园足球杯赛上获得第九名。

以转型升级为契机，体育产业发展有新突破。产业发展中心加快成长。2014 年 5 月，恢复市体育产业中心的职能。2015 年，产业中心创收达 357.46 万元，经营收入实现成倍增长。整合场馆资源。发挥市体育中心场地优势，全年承接 22 家单位的车展、会议、房交会等活动，创收达 146.92 万元，同比增长 63.77%。拓展主营业务。全年承接 17 场趣味运动会，创收达 74.06 万元。扩大培训市场。开展 2 期游泳救生员培训工作，参与人数达 80 人，并为株洲市湘江义务救援队队员提供了免费培训，促进了公益事业的发展。举办为期 10 天、社会反响较好的少儿夏令营活动。提升办赛水平。以“市场运作、各体育协会协办、社会参与”的模式，成功承办全国中等城市青少年儿童乒乓球赛株洲地区选拔赛、全国中等城市青少年儿童乒乓球赛、湖南省气排球比赛、省科学健身指导系列活动四场大型群体活动，创收达 96 万元。体育销售额稳步增长。2015 年，株洲市实现体彩销售总额 2.06 亿元。健全体彩队伍网络。全市体彩分中心下辖 11 个片区，包括市区 6 个片区，5 个县市体彩管理站，共有员工 15 人。加大宣传工作力度。2015 年，在《株洲晚报》开设体彩专版，每天公布体彩开奖信息，全面介绍体彩的各类信息。在大乐透派奖、赛车改版等营销活动期间，在中心广场的地下通道，公交车上集中发布活动广告和信息，并在中心广场和长江广场发布了体彩形象宣传视频广告，取得较好的宣传效果。（周潭清）

【2015 湖南省第六届“智美杯”全民健身节在株洲开幕】 2015 年 10 月 1 日，由湖南省体育局、株洲市人民政府主办，湖南省社会体育指导服务中心、株洲市文体广电新闻出版局承办，湖南芙蓉体育舞蹈网、株洲市健身广场舞协会协办的“2015 湖南省第六届‘智美杯’全民健身节”，在株洲市体育中心羽毛球馆举行开幕式，中共株洲市委副书记、市长毛腾飞出席开幕式并致辞，省体育局局长李舜宣布全民健身节开幕。随即进行舞龙舞狮、武术、排舞、体育舞蹈、健身球操、跆拳道、混编舞等多个全民健身项目的展演，受到广大观众的欢迎。

（周潭清）

大众传媒

新闻出版

【概况】 2015年，株洲市广电新闻出版系统抓好惠民工程、办好惠民实事、加强行业监管，各项工作迈向新的台阶。

扎实推进惠民工程。扎实推进"村村响""户户通"、无线覆盖提质和数字影院全覆盖等四项公共文化服务工程，市政府召集各县市区政府分管领导召开专题会议、签订责任状。"村村响"工程方面，茶陵县提前完成全面村村响工程建设任务，正与县统计局进行数据评估认定工作；醴陵市已完成村村响建设政府招标采购工作，炎陵县已完成技术方案制订并上报省局；株洲县政府常务会议已通过，正在制定技术方案；攸县已上报县政府，正在制定技术方案。"户户通"工程方面，工作任务分配到各县市区，明确责任单位、责任人、划片区域，将召开全市户户通工程培训会。无线覆盖提质工程方面，各任务台站大部分完成工程建设前期准备工作，工程建设技术方案审核确认，茶陵县广播电视发射塔台址已正式确定，正在制定铁塔设计方案。数字影院全覆盖工程方面，炎陵星鑫数字影院和株洲县数字影院先后建成开业，实现了各县市区数字影院全覆盖目标。

农家书屋更新有序推进。全面完成1561农家书屋补充更新工作任务，所有更新图书于11月9日全部到位。

创新开展惠民活动。图书借阅更为便捷。全面取消"图书借阅证"，市民凭身份证即可借阅图书。常态化开展"你读书·我买单"等活动；11月11日起，全面升级为"实体采购+网店采购"，在全国、全省率先开展"网上购书、图书馆买单"——"e线送书"活动。全民阅读长年不断。4月策划举办"世界读书日"系列读书活动，线上与线下组织开展微博、微信"2015·我的阅读时光"的话题讨论、"寻找最美读书故事"征文大赛、开辟"精彩阅读瞬间"照片墙活动、"走进图书馆"等10项活动，营造浓郁的读书气氛。11月举办全国"我与阅读"超微视频大赛、株洲市第二届"少儿故事大王"大奖赛、"书香株洲"数字阅读推广活动、小豌豆"故事吧进社区等活动。全年举办神农大讲坛、国学大讲坛、道德讲坛等文化类公益讲座86场，惠及群众2.1万人次。公益电影全面升级。设立17个数字公益电影固定放映点，推行"你点播·我放映"的菜单模式，实现了老百姓从"看到电影"向"看好电影"的升级。9月策划举办"全民电影、影动株洲"第二届公益电影展映月活动，以"万张影券赠市民、千场影片惠城乡"为主题，联合城区12家商业影院送出免费观影券13600余张，奉献了2500余场经典影片。同时开展"送勤劳""送爱心""送关心""送希望"系列活动。截至11月10日，株洲地区已放映城市广场免费公益电影500场次，放映农村免费公益电影18800场，总观影人次达240万余人。

着力加强行业监管。加强出版行业监管。对印刷企业和出版物发行企业开展年检。全市202家印刷企业暂缓发证20家，360家出版物发行单位暂缓发证11家。举办印刷企业法律法规培训班，全市印刷企业主要负责人、技术骨干参加培训并完成换证考试。针对盗版教辅资料开展专项清查行动，查缴盗版教辅资料3700余册。扶持实体书店发展。推荐攸县三友文化城申报2015年度中央文化产业发展专项资金，成功获批100万元扶持资金。加快推进软件正版化。召开软件正版化工作整改工作会议，要求市直机关和县市区政府机关限期完成整改补购任务。截至2015年10月，株洲市30个市直机关单位全部完成整改补购工作，共补购正版操作系统1050套，完成采购金额178.8万元。开展正版软件换装、更新台账和管理制度等扫尾工作。加强广电行业监管。开展违规设置频道频率清理整治工作。对各县市广播电视台违规设置频道频率情况进行清理整治。市广播电视台于10月中旬停止2套违规频道的运行，茶陵县于9月关停2个违规频道，株洲县关停1个违规频道，攸县和醴陵市在年底前关停违规频道，炎陵县没有违规频道。加强广播电视广告播放管理力度。开展打击假违法广告专项整治行动，组织召开专项整治工作动员大会，开展督察巡查；同时加强公益广告的播出力度，取得良好的社会效益。加强卫星电视接收及卫星电视地面接收设施的管理。定期或不定期对境外卫星电视接收单位进行巡查，发现问题，及时进行整改。联合市工商、国安、公安等单位，对卫星电视地面接收设施销售市场开展3次大型执法行动。着力抓好安全播出工作。围绕全市播出机构和传输机构的设备安全、安播保障机制、安全播出预案，组织专项检查，督促存在问题的单位整改落实。同时，结合节目传送业务年检换证工作，对各播出机构和传输机构进行安全播出检查，要求树立安全播出意识。严格执行领导带班制度、零报告制度，确保日常播出和春节、两会、“9·3”重保期、“国庆”特护期安全播出零事故、零差错。加强对新闻媒体及从业人员的监管。清理整顿驻地新闻机构。对全市6家省直新闻单位驻株机构和市直新闻单位驻县市机构进行全面清理整顿，《长株潭报》记者站、《株洲日报》株洲县记者站等各机构对存在问题进行了整改，长株潭报社已划归于湖南日报报业集团有限公司管理，不再单独设立。统计备案相关数据。对2015年度市县两级广播电视地面主频道、频率，栏目、节目相关情况进行统计和备案。全市主频道（市台5家，各县市各1家）有栏目55档，市台25档，县市30档。推进从业人员持证上岗。完成全市第一批新闻采编人员443人新证核发工作（其中报刊128人）；对第二批新闻采编人员进行新证申请审核，除株洲县台、茶陵台外其余各市县台已审核完毕。对全市主持人、编辑记者持证上岗情况进行摸底、统计，严格执行主持人执证上岗和执业注册制度，特别是新闻、评论和访谈类节目坚持不允许无证上岗。组织株洲地区2015年度广播电视编辑记者、播音员主持人资格考试报名工作。加强电影行业监管。加强日常管理。对各影院的票务系统和电影放映质量等方面进行督促、检查，整顿治理各种违法违规行为、放映质量等问题，确保株洲电影经营的制度化、规范化、秩序化运行。提升服务质量。以创建全国文明城市为契机，对市区影院无障碍设施、标识、文明劝导、文明观影等进行全面检查，提升影院的服务，为市民创造更加舒适的观影环境。市场强劲上升。2015年，株洲新增4家商业影院，使株洲市（县）数字商业影院达18家，荧幕106块。截止到2015年9月底，株洲地区观影263万人次，票房收入7801万元，同比增长32.08%，电影市场呈现出强劲的上升势头。加强扫黄打非工作。开展专项行动。两节、两会期间开展“扫黄打非”集中整治行动。组织开展“春雷”“护考”“护苗”“净网”和“清源”等多个专项行动，检查各类经营场所、网站500余个，收缴和删除各类非法出版物、淫秽色情视频1万余册（盘）。全年，关停非法网站3个，立案查处非法经营单位50余家（个）。重点查处浩扬电子书城、大杂烩网站传播淫秽色情信息案。会同公安、文化执法、国安等部门及时核处郭某某境外出版发行有害出版物的事件，收缴追回书稿2496册，加强对郭某某的监控。炎陵县鹿原镇新坪村、芦淞区枫溪街道办事处七斗冲社区完成创建工作并通过省里验收。市“扫黄打非”与文化市场管理工作领导小组办公室连续6年获得全国或全省“扫黄打非”先进集体称号。经省局、省扫黄办推荐，株洲市文化市场综合执法局获评全国查处侵权盗版案件有功单位二等奖。

（周潭清）

报　刊

株洲日报社

【概况】　2015年，株洲日报社积极应对纸媒转型的新常态，谋求基础更实、质量更高的新发展，取得显著成效。

布局全媒体平台。新媒体建设进入快速发展期，PC端、移动端领先全市，株洲发布实现微博、微信、头条号三个平台传播，株洲晚报公众号粉丝超过10万，报社评论部的公众号影响面很广，《株洲日报》、副刊编辑部、株洲新闻网、株洲网、株洲晚报编辑中心、株洲晚报民生部等公众号，小记者微信群积极拓展，株洲日报社所辖媒体形态完备，平台齐备。

着力提升传播效果。主动策划、增强综述。突出深度报道，对社会热点、难点、冷点深度剖析，精心做好市委市政府的重要决策、重大部署、重点工作的宣传，为转型升级造势壮威。日报、晚报、新闻网、i株洲实行版式改革，改版后的版面、网页更加大气、时尚、清新，内容更悦读；成立评论部，开设评论专版，加强新闻评论，亮明立场观点、引导深度思考，提升报纸品质。致力办好副刊。以“株洲人写、写株洲”的理念办副刊，目的是提升媒体的品位，巩固最具黏性的读者群。省委宣传部《新闻阅评》，刊载对《株洲日报》“‘十二五’成就的系列报道”高度评价的文章。版式新颖，赏心悦目。省委宣传部的《新闻阅评》专门表扬地市媒体，难得一见，是全体报人的光荣。

活泼经营思路。广告、发行、印刷老三驾马车依然坚挺。广告方面，严防死守巩固核心业务，深挖薄弱领域，策划“株洲家博会”“株洲房交会”等经营活动，在相当严峻的形势下保住市场份额，广告经营保持持续稳定健康发展的态势。《株洲日报》在2014至2015年中国广告投放价值排行榜中，获评“全国最具创新活力报社十强”荣誉。发行方面，围绕“保量调结构”的工作目标，奋力拼搏，在发行量连年递增创历史新高的高位平台上，两报发行量再创历史新高。株洲日报社再次被评为全国自办发行先进集体，这是报社连续8年获此殊荣。产业方面，坚持“退出、盘活、拓展”的工作思路，打造新的经济增长点。户外、金融、租赁三个新业务，效益初步显现，健坤公司户外广告棚形成规模，资源价值逐渐崭露，基本具备了盈利能力。与上海凯璞庭资本合作，承销荷塘之星政府投资基金，走出迈向资本市场的第一步。印刷外委业务增加，成本降低，质量稳定。旅行社获得4星级牌子，具备了独立开展境外旅游业务的资质。（袁毅明）

《株洲日报》2014 年度湖南新闻奖获奖作品

表 18

序 号	作 品 标 题	体 载	作 者	编 辑
1	潘尧生用 10 年兑现还债承诺	消 息	王 军	王罗群
2	中国电能“芯”打破国际垄	消 息	叶新福 沈全华	谢中良
3	株洲民企争当“标准领袖”	消 息	易 蓉	黄亚陵 钟联明
4	“常回家看看”首案被告“履约”正常	消 息	胡文洁	陈飞雄
5	“赤脚医生”，山路奔波 45 年	通 讯	黎世伟	谢中良
6	72 次跨越湘赣边界的握手	通 讯	钟联明 胡文洁	
7	民企“参军”记	通 讯	易 蓉	黄亚陵 钟联明
8	爱心岂可被消费?	评 论	高晓燕	叶新福
9	“十问株洲”系列报道	系列连续组合	颜青春 叶新福 张玉成	
10	杉木桥村委会截取村民补助金	消 息	王 振	谢中良
11	我市撤销 305 个“领导小组”	消 息	李 淼	叶新福 钟联明
12	我市两起涉征收拆迁案成最高法推荐典型	消 息	胡文洁	谢中良
13	“送灯”老李们集体“失业”	通 讯	廖 明	王罗群 钟联明
14	感悟文明传递的温暖	评 论	叶新福	钟联明
15	我市成国内百合种球进口“终结者”	消 息	钟联明	
16	湘江爱心团淘宝“售”公益	消 息	任 远	王罗群 罗 佳
17	老人创办村级老年大学 服务 15 年	通 讯	刘 芳	赵云超 钟联明
18	株洲职业教育发展系列报道	系列连续组合	夏 科	赵云超
19	三江快评	专 栏	谢中良 钟联明	
20	有“泪人儿”，有“笑容妹”，有“淡定哥” 你看你看幼儿入园的脸	标 题	陈飞雄	
21	血型稀有，爱不稀缺 熊猫血库存空空 志愿者爱心满满消息	标 题	胡文洁	
22	离繁华很近，离盈利很远 株洲步行街真的“不行”吗?	标 题	李 翔	

（袁毅明）

2014 年度湖南省市州报新闻摄影获奖作品

表 19

序 号	作 品 标 题	等 级	体 载	作 者
1	24 小时自助书屋	金 奖	摄 影	刘 震
2	出租汽车服务管理信息系统年度前	银 奖	摄 影	谭清云
3	创文抢答	铜 奖	摄 影	谭浩瀚
4	手	铜 奖	摄 影	易 翔

（袁毅明）

2014 年度湖南好新闻美术、版面分会获奖作品

表 20

序号	作品标题	等级	体载	作者
1	8 月 6 日 A4 版	银奖	版面	刘珠昱
2	4 月 17 日 B1 版	铜奖	漫画	左骏
3	3 月 11 日 B1 版	铜奖	版面	王玺

（袁毅明）

2014 年湖南省新闻工作者协会副刊分会获奖作品

表 21

序号	作品标题	等级	作者	编辑
1	在考文垂，拾掇一些传奇	金奖	曾湘文	尹习勤
2	三峡移民的株洲家园	金奖	尹习勤	
3	知退才是大智慧	银奖	余意明	

（袁毅明）

《株洲晚报》2014 年度湖南省好新闻奖报纸副刊作品好作品暨报纸副刊作品年赛获奖作品

表 22

序号	标题	等级	作者	编辑
1	生活中的国学	副刊铜奖	谭鹏	谭昕吾
2	作为主角的辣椒	副刊银奖	郭亮	

（袁毅明）

《株洲晚报》2014 年度湖南市州好新闻获奖作品

表 23

序号	作品标题	体载	作者	编辑
1	摊主报警称遭城管殴打　妻子作证：是丈夫打人	消息	伍靖雯	沈勇跃
2	茶陵县食药监局被指“以罚代管”多年	通讯	温琳	蒋胜金
3	湘江大救援　株洲真勇士	通讯	邓石华	蒋胜金
4	央视寻“正能量小朋友”株 11 岁“程序员”当选	通讯	何春林	李毅哲
5	致敬唐迪生，致敬平凡而坚定的一切	评论	匡志毅	郭亮
6	公交司机唐迪生用生命作出选择	连续报道	集体	高玲　李毅哲
7	“鸟类大熊猫”约会湘江？	消息	邓石华	沈勇跃
8	挂历上的亲情浓得化不开	通讯	旷昆红	蒋胜金
9	攸县网岭镇一口气配 20 辆“公车”	通讯	戴凛	蒋胜金
10	在株打工的益阳男子遇车祸昏迷 株洲网友凌晨咬牙在手术单上签字	通讯	刘娟	高玲
11	全球 31 位网友录视频帮他求婚	通讯	肖蓉	高玲
12	“法学院录了个 60 岁的研究生”	通讯	旷昆红	李毅哲

续表 23

序号	作品标题	体裁	作者	编辑
13	旗帜鲜明地反对南方集中供暖	评论	郭亮	郭亮
14	陪妈妈透析	连续报道	胡琼兰　汪成	李毅哲　胡婉玲
15	爱在黄昏时·一位 76 岁老人的来信	组合报道	陈驰　旷昆红	高玲　邹家虎
16	带着小台灯照亮妈妈透析路	图片	汪成	
17	英雄远去 情怀永驻	图片	张媛	
18	株洲好老板星哥 我们赞一个你的宽容	通讯	李卉	李毅哲
19	失联飞机上，有位株洲女子	通讯	李卉	蒋胜金
20	株洲"状元情侣"相知多年 结为夫妻	通讯	王娜	胡婉玲
21	茶陵惊现战国古墓群 或将改写株洲历史	通讯	李军	高玲
22	湘江渔民·肖湘江：与湘江越来越远的人生	组合报道	赵露	谭昕吾
23	鱼儿们在这里"开会"	图片	谢慧	
24	一辆无牌保险三轮摩托车与宝马 X6 撞了 三轮车主得知自己负全责面临 8 万赔偿 傻了 宝马车主得知对方母亲中风家境贫穷说 算了	标题	杨龙	
25	上联：混吃混喝混出线 下联：谢天谢地谢泰国 横批：萨瓦迪卡	标题	邹家虎	
26	1 人遇险，2 人遇险，3 人遇险，5 人遇险，险！； 1 人相救，2 人相救，4 人相救，众人相救，赞！	标题	蒋胜金	
27	新股民"开锅炒" 老股民"回锅炒" 僵尸户也复活， 都是闻到"牛肉香"了吗?	标题	胡婉玲	
28	高仓健——当年拍追捕，闯的是险地；这回走单骑， 去的是天堂	标题	王鸿	

（袁毅明）

《株洲晚报》2014 年度省新闻工作者协会美术版面分会评选获奖作品

表 24

序号	版次	日期	等级	作者	编辑
1	A21 版	12 月 19 日	内版铜奖	胡兴鑫	邹家虎
2	A16	1 月 8 日	内版银奖	吴琦	邹家虎
3	封面	7 月 1 日	封面铜奖	胡兴鑫	匡志毅
4	A12 版	10 月 3 日	漫画铜奖	吴琦	

（袁毅明）

2014 年度赵超构新闻奖评选获奖作品

表 25

序号	标题	等级	作者	编辑
1	在急救的黄金 10 分钟里，他停稳公交车 扶着车门强忍病痛， 疏导乘客下车换乘	二等奖	何春林 高玲等	廖喜张
2	央视全国寻找"正能量小朋友" 株洲 11 岁程序员黄骏国当选	二等奖	何春林	李毅哲
3	致敬唐迪生，致敬平凡而坚定的一切	三等奖	匡志毅	郭亮

（袁毅明）

《株洲晚报》2014 年度晚协摄影学会全国晚报优秀新闻照片评选获奖作品

表 26

序　号	标　题	等　级	作者	编辑
1	回家的“城里人”	铜　奖	谢　慧	李毅哲

（袁毅明）

广播电视

【概况】 2015 年，株洲市广播电视台本部在职职工 463 人。全台下辖 6 个广播电视频道，分别为：广播新闻频道、交通频道、电视新闻综合频道、公共频道、法制频道、株洲传媒网（中国网络电视台长株潭台）。台属媒体自办节目主要有：广播新闻频道的《观点》；广播交通频道的《马路新闻》《下班万岁》；电视新闻综合频道的《株洲新闻联播》《直播株洲》《午间道》；电视公共频道的《第一现场》《和事佬》；电视法制频道的《24 小时》《株洲人物》等。台机关部门有 12 个：办公室、总编室、节目部、人事教育部、资产财务部、广告管理部、行政保卫部、策划中心、纪检监察室、机关党委、技术部、播出部。台直属事业单位 2 个：市广播电视服务中心、市广播电视网络中心，均为正科级自收自支事业单位。台辖 3 个企业：一是湖南株洲广播电视产业集团有限公司，为台全资国有公司，现有控股或参股子公司 10 个，主要经营数字电视、影视剧、文化传播、房产、旅游等业务；二是湖南世纪天睿传媒文化有限责任公司，为台国有控股公司，主要经营和发展新媒体文化产业；三是株洲汇智方略创意营销有限公司，与台广告中心合署办公，主要经营电视媒体的广告与活动。2015 年，全台经济总量为 1.42 亿元。

着力新闻宣传，坚守主旋律。台属各媒体牢牢把握正确舆论导向，紧扣“转型升级”总战略、“四大攻坚战”主战场等市委、市政府工作重点，集中优势力量，策划实施“项目攻坚”“扶贫开发”“三严三实”“青春创客”“文明创建”“美丽说两型”等宣传战役，播出各类策划报道 600 余篇（组），为全市经济社会发展呈现稳中有进、进中见好的良好态势提供了强大舆论支持。创新外宣形式，讲好株洲故事，提高对外传播能力，全年在中央台、省台发稿近 200 条。对接中央媒体，展示株洲风貌，交通频道与中央广播电台并机直播一小时专题节目《城市新跨越：神农福地、魅力株洲》。市县通联工作加强，全年共刊播县市台稿件 300 余条。

着力节目生产，取得新突破。加强节目策划，突出整合创新，集中力量办好节目。停办 3 档收视率不高、影响力不大的节目，推出新闻脱口秀节目《午间道》、民生调解类节目《和事佬》以及季播类节目《黄乡民居——田园乐翻天》新的节目形态，节目生产竞争机制进一步完善。节目讲评实现月评常态化，全年共组织 8 场讲评，出刊《监听监看信息》30 期。节目创优在全省地州市名列前茅，获评省创优组织奖。26 件作品获湖南广播电视奖，其中一等奖 9 件。10 件作品获湖南新闻奖，其中一等奖 3 件。

着力广告经营，合力攻难关。面对宏观形势偏紧、广告政策调整等严峻考验，创新经营。在继续推进春晚、爱心送考、快乐童声、技能天下等传统活动的基础上，开发汽车团购、马路特拍员、两型生活随手拍、黄乡民居——田园乐翻天等十余个新的文化项目，服务株洲经济社会发展。首次将房车融合，举办 2015 春秋两季车博会和房交会。承接炎陵房交会，实现操盘南四县房交会大满贯。整合营销和传播，举办广电红木节、海宁皮草节等活动。

着力开拓产业，多元促发展。产业集团强化经营和风险管理，积极开展新项目调研，较好实现稳中有进。利用现有品牌优势，拓展无线数字电视产业。以较低价成功增持长广户户通电视网络公司 16.5% 优良股权资产，产业发展后劲增强。拓展文化市场，承接国家水利部公益宣传片的策划制作并在央视播出。传统媒体与新兴媒体融合积极推进，新媒体项目稳步发展。天睿传媒实行项目团队制，重点打造润成教育和 DIG 等项目。润成天睿教育信息化项目加快推进，总用户达 3.8 万人，1.6 万名学生实现学杂费电子托收，与石峰等四区签订包括校车监控等多项服务合作协议，互联网 + 广电 + 教育模式初步形成。

着力理顺机制，构建新格局。面对传媒行业深刻变革大形势，结合台里实际，因势而谋，从 2014 年 7 月份起，反复调研论证，制定实施电视频道节目整合、电视经营模式调整等系列方案。按照新方案，广播基本不作调整，电视新闻综合频道节目大体不动，公共和法制频道的节目整合。公共频道不自办节目。关闭了生活、资讯频道，将长期亏损、影响力弱的《新城市报》整体并入《株洲日报》。

着力争取支持，力求解难题。积极争取市委、市政府的支持，加强与有关部门协调，妥善解决了 2011 年文化体制改革后的有关遗留问题。原广电局参公人员的身份得到了保证。广电网络中心由文体广新局调整为广播

电视台管理。广电服务中心执行新的职工管理办法，确保了队伍稳定。积极争取市财政经费投入，实现重大突破。 （黄 滔）

【开办“先锋颂”专栏】 4月23日，株洲市广播电视台与市委组织部联合开办的电视专栏《先锋颂》在电视新闻综合频道正式开播。该栏目主要着眼党建宣传，重点围绕全市基层先进党员、优秀党组织开展宣传报道。栏目于每周四播出。 （黄 滔）

【推介株洲】 8月22日，由株洲电视台新闻综合频道执行承办的“黄乡民居田园乐翻天”大型户外娱乐竞技挑战活动在耿飚将军故里——醴陵黄獭嘴镇耿传公祠前启动。活动持续两个月时间，共举办12场。集中展示了醴陵独特的民俗文化和风土人情，进一步激发了醴陵旅游活力，推进了旅游文化产业发展。9月10日下午4—5点，在株洲人民广播电台交通频道直播间，中央人民广播电台华夏之声、香港之声两套频率与交通频道并机直播一小时专题节目《城市新跨越：神农福地、动力株洲》。节目中，中共株洲市委副书记、市长毛腾飞就港澳及海外工商界人士最关心的城市投资环境、发展目标和发展观念等问题作详细解答和推介。 （黄 滔）

【服务经济】 4月17日，2015株洲春季汽车博览会暨“2015春季房地产交易展示会”在株洲市体育中心开幕。活动由株洲市广播电视台广告中心、株洲市汽车行业协会执行承办，有60多个汽车品牌200多种车型、近20家房地产楼盘、50余个家装建材品牌现场展出，总成交金额2.2亿余元。

（黄 滔）

株洲市荣获2015年湖南广播电视奖作品

表27

序号	项目	参评单位	标题	主创人员	获奖等级
1	系列报道	株洲市广播电视台广播新闻频道	“智造”——株洲新名片	张 谦 李 佳 周 萃 宋 宇	一等奖
2	系列报道	株洲市广播电视台广播交通频道	探访“千年鸟道”——罗霄山脉候鸟通道生态修复采访日志	陈 庆 杨 智 唐飞勇 王 颉	一等奖
3	长消息	株洲市广播电视台电视新闻综合频道	株洲县铜锣村：创新养老模式 困难老人互助养老	曹 艳 何 璐 吴文念	一等奖
4	系列报道	株洲市广播电视台电视新闻综合频道	迈向“智造”新时代	张 谦 曹理微 林一翔 孙 岱	一等奖
5	新闻专题	株洲市广播电视台	阳光的力量	李 萍 李 罡 贺鸽平 邢子钰	一等奖
6	公益广告	株洲市广播电视台	水美中国 呵护未来	高一歌 彭发荣	一等奖
7	系列报道	株洲市广播电视台《生活周刊》	纪念抗战胜利70周年“向抗战老兵敬礼”系列报道	魏 朋 唐飞勇	一等奖
8	述评	株洲市广播电视台广播新闻频道	从“过客”到“家人”，农民工需要“归属感”	倪 伟 李 佳 胡杰锋 罗华娇	二等奖
9	新闻专题	株洲市广播电视台广播交通频道	“夕阳红”产业迎来朝阳——株洲养老模式之破茧成蝶	唐飞勇 王 颉	二等奖
10	长消息	株洲市广播电视台电视新闻综合频道	株洲探索“互联网+预防接种”服务模式	樊 菁 陈 思	二等奖
11	新闻访谈	株洲市广播电视台	开微博的抗战老兵	游盟长 曾 倩 彭夏琳 陈 怡	二等奖
12	信息节目	炎陵县广播电视台	我就是炎陵黄桃	刘 钦 谢 婕	二等奖
13	短消息	株洲市广播电视台广播新闻频道	株洲县推行“民生医疗”门（急）诊挂号费及诊查费，全免	彭 璐 黎婕妤 宋 宇	三等奖
14	长消息	株洲市广播电视台广播新闻频道	村支书用微信公众号聚民心 “上访村”有了新变化	周 萃 刘 琛 曾丽云	三等奖
15	短消息	株洲县广播电视台	小节关大事 株洲县出台“十二分制”规范干部日常行为	郭 璋 田婧杨 陈安娜	三等奖

续27表

序号	项目	参评单位	标题	主创人员	获奖等级
16	长消息	株洲县广播电视台	空巢老人忙养殖 朱亭掀起创业潮	肖　竞　王　龙　曹　雷	三等奖
17	系列报道	株洲市广播电视台电视公共频道	株洲创新启示录	彭　敏　叶爱平　刘润川　刘　智	三等奖
18	社教专题	炎陵县广播电视台	张爱平 何仁秀：爱在高山养路间	谭林芳　刘如荣　唐　伟	三等奖
19	文艺专题	株洲市广播电视台大型活动中心	家国梦·千秋吟——家庭·家教·家风主题吟诵	高一歌　曹龙武　殷　强　李羽辰　付湘英	三等奖
20	信息节目	株洲市广播电视台新闻综合频道	化妆师终极 PK 赛	陈旭东　徐天龙　欧阳思思　谢　喆	三等奖
21	评论	株洲市广播电视《生活周刊》	善亦有道	杨岳鹏	三等奖
22	通讯	株洲市广播电视《生活周刊》	“520”被假红包狠狠“咬”了一口——有些“微信红包”抢不得	魏　朋	三等奖
23	电视播音	株洲市广播电视台	株洲新闻联播	赵　莉	三等奖

（黄　滔）

医疗卫生

卫生

【概况】 2015年，全市卫生工作围绕“提高人民健康水平”目标，攻坚克难，务实创新，各项工作任务全面完成。截至2015年年底，全市有医疗卫生机构2986个，其中医院78所，三级综合医院（含中医院）7个（三级甲等医院3个），二级综合医院（含中医院）19个；基层医疗卫生机构2760个，其中社区卫生服务中心25个，乡镇卫生院113个；医务室和诊所801个，村卫生室1821个。有卫生人员28422人，其中卫生技术人员22318人，包括执业（助理）医师8664人、注册护士9470人、药师（士）1355人、技师（士）1193人；每千人口卫生技术人员5.63人，每千人口执业（助理）医师2.18人，每千人注册护士2.39人，医护比为1∶1.09。有医疗机构病床22060张，每千人口床位5.56张，其中医院15711张，每千人口医院床位数为3.96张，基层医疗卫生机构5540张，千人口基层医疗卫生机构床位1.39张。

公立医院改革深入推进。进一步完善改革方案。制定《城市公立医院综合改革试点重点工作任务(2015—2017年)》《关于推进县级公立医院综合改革的指导意见》《实施进一步改善医疗服务行动计划工作方案》和《关于促进社会办医加快发展实施办法》等改革文件，着重以推进分级诊疗、社会办医和信息化建设等为改革重点，促进公立医院健康持续发展。进一步巩固改革成效。加大对公立医院改革的指导督查力度，进一步巩固公立医院取消“以药补医”、药品集中招标配送等改革成效。进一步稳妥推进社会办医。出台《关于促进社会办医加快发展实施办法》，在市二医院探索启动引入社会资本参与公立医院股份制改革试点。进一步探索实施分级诊疗。制定《关于开展基层医疗机构首诊制及双向转诊工作的意见》，城区所有社区卫生服务中心实行全科医师团队签约服务。

公共卫生服务得到加强。开展居民健康疾病谱调查研究工作，组织完成抽样县区1万余人的问卷调查，收集20万份住院病人信息资源，为科学制定健康干预措施奠定基础。抓好基本公共卫生服务项目。全市城乡居民建档率为75.55%，7岁以下儿童健康管理率为88.51%，65岁及以上老年人健康管理率达73.85%。落实重大疾病防控措施。做好重大疾病的应急处置准备工作；儿童免疫规划接种率保持在95%以上；麻疹、手足口病反弹现象得到有效遏制，血吸虫防治达传播阻断标准。加强妇幼卫生管理。2015年，孕产妇死亡率为7.54/10万，5岁以下儿童死亡率5.51‰，均创历史新低。做好应急救援工作。圆满处置突发事件40余起；全年完成日常接警5万多例，实际派车2万多例。

医疗服务能力全面提升。加强卫生人才队伍建设。2015年，考试招录和引进人才177名；评选第二批卫生人才培养对象97名；入选株洲市科技领军人才1名。至此，全市39名市级科技领军人才中，卫生系统有2名专家入选。深化重点专科建设。财政重点扶持的5个专科2015年共收治20099人次，上转115人次，市外转诊率为0.57%；肝胆胰中心、肿瘤专科开展30余例新技术项目，部分项目达国内先进水平。同时，设立全省地市州首家“湘雅名医舒畅教授工作室”，市中心医院挂牌“中南大学湘雅医学院附属株洲医院”。提升科研创新能力。申请省级成果鉴定的10个项目中，1个项目达到国际先进水平，6个项目达到国内领先水平。同时，2015年全系统有4项科研成果获市科技成果二等奖，6项获三等奖。推动中医药事业发展。基层中医药综合服务区项目建设合格率达88.5%，列全省第4位；市中医伤科医院、茶陵县中医院顺利通过省中医药管理局组织复评巡查。

行政执法监督明显加强。建立健全制度。制定《株洲市卫生局行政应诉（复议）工作规定》《株洲市卫生局重大行政许可审批事项合议制度》等试行制度。同时，实施简政放权，被评为2015年度窗口工作先进单位。实施听证服务。成功组织株洲百草园中医脊椎医院迁址事项听证会，在法律框架内协调解决百草园医院迁址事项争议，得到国家、省卫计委的高度认可和社会普遍认同。加强执法监督。加大执法力度，取缔非法医疗机构21家，查处各类医疗违法案件102件，查处非卫技人员42人。（文　魁）

【三家医院分别跻身中国三大排名百强】 3月28日，在广州举行的“2015中国医院竞争力论坛”上，香港艾力彼医院管理研究中心发布“2014中国分层医院竞争力排行榜”榜单。株洲市3家医院分别跻身三大排名百强。即在“中国地级城市医院·竞争力100强”排行榜中，株洲市中心医院以324.95的分数，排名第76位；在“中国县级医院·竞争力100强”榜单中，湖南师范大学附属湘东医院以289.23分，排在第98位；在“中国中医医院·竞争力100强”榜单中，湖南省直中医医院以174.25分，排在第69位。香港艾力彼排行榜测量指标体系从医院规模、医疗技术、医院运行、品牌诚信四个方面着手，涉及医院床位数、年门诊量、平均住院日、床位使用率、年住院手术量、员工人数、重点专科、品牌影响度等指标。通过一系列定量分析，最终得出各个医院的综合分值排名。 （文 魁）

【启动疾病谱调查工作】 为掌握全市主要健康危害因素和主要疾病分布排列情况，株洲市于3月份开始启动疾病谱调查工作。5月4日，作为疾病谱调查工作的主要内容，现场调查工作也正式启动实施。

开展居民疾病谱调查是研究疾病流行规律和探索疾病病因的基础，有利于掌握人群健康状况、疾病负担水平、卫生服务效果、健康危险因素特点等反映社会卫生状况的基本资料，对科学制定卫生发展规划、合理制定疾病预防保健对策及措施具有重要意义。本次疾病谱调查以ICD-10国际疾病分类标准为依据，以居民2周患病率、2周就诊率、年住院率、主要慢性病患病率、年死亡率、传染病总发病率和发病构成等主要指标为内容，参照国家卫生服务总调查和国家慢病及危险因素调查方案，采取回顾性调查和现场调查相结合的方式，成立20个现场调查小组，按照多阶段分层整群抽样的方法，通过收集城镇职工和居民医保系统、新型农村合作医疗系统、中国疾病监测报告信息系统、死因监测信息报告和管理系统、医院HIS系统等系统信息，对患病、住院、传染病、死亡等相关指标进行描述性分析。同时，聘请中南大学公共卫生学院流行病学和卫生统计学教授为专家顾问，从调查方案设计、现场调查质量控制、数据的统计分析等各个环节全程参与和把关。 （文 魁）

【首个小儿推拿科室成立】 7月6日，株洲荷塘区月塘街道社区卫生服务中心小儿推拿室正式开诊，这也是全市首个专门针对小儿常见病及保健的推拿科室。此次小儿推拿室的投入使用，将进一步丰富全市儿童保健服务内容，为提升全市儿童医疗服务能力提供经验。 （文 魁）

【全市首个“医疗联合体”成立】 8月31日，株洲市中心医院、株洲市三医院医疗联合体签约仪式举行，标志着株洲市首家医疗联合体正式成立。此举将促进优质医疗服务重心下移，引导患者分层次就医，降低患者医药负担。“医疗联合体”是指由一所三级医院，联合若干所二级医院或社区卫生服务中心组成，发挥三级医院专业技术优势及带头作用，加强二级医院和基层卫生机构能力建设，构建分级医疗、急慢分治、双向转诊的诊疗模式。市中心医院与市三医院医疗联合体项目，主要通过专家坐诊、病房带班、互派管理人员等方式开展合作。期间，市中心医院将派出专家，主要对内科、外科等临床科室进行业务指导，外科专家还要负责指导手术医生手术，遇到大手术则要亲自主刀。 （文 魁）

【株洲市卫生和计划生育委员会正式挂牌】 11月20日，株洲市卫生和计划生育委员会揭牌仪式在市卫生计生委大楼前坪举行。省卫生计生委党组书记詹鸣，市委副书记、市长毛腾飞出席并为市卫生计生委揭牌。

按照市委统一安排部署和转变政府职能，推进简政放权，优化机构设置的要求，原市卫生局、市人口和计划生育委员会合并为市卫生和计划生育委员会，同时将原爱卫办的职能划入新组建的卫生计生委。 （文 魁）

【株洲市中心医院成为中南大学湘雅附属株洲医院】 12月25日，中南大学与株洲市人民政府合作签约暨中南大学湘雅医学院附属株洲医院揭牌仪式举行。中南大学校长、中国工程院院士张尧学，市委书记贺安杰，市委副书记、市长毛腾飞出席仪式并揭牌。仪式上，中南大学与市政府、湘雅医学院与市中心医院签署合作协议。根据协议，株洲市与中南大学合作，将市中心医院建设成湘雅医学院附属株洲医院，共同支持市中心医院加入并共享中南大学医学大数据平台，并开展临床医学高层次高素质创新型人才培养，全面提高医院的医疗、教学和科研水平，将市中心医院打造成长株潭区域医疗中心、全国一流的地市级医院。 （文 魁）

计生工作

【概况】 2015年，株洲市人口和计划生育工作紧紧围绕“创优进位”目标，自我加压，求真务实，各项指标均圆满完成了年度计划。截至2015年9月底，全市总人口410.97万人，人口自然增长率6.58‰，符合政策生育率85.13%，出生人口性别比108.99。市本级获评全省计划生育工作优秀单位。荷塘区、天元区、醴陵市、株洲县、茶陵县和炎陵县等6个县市区获评全省计划生育优秀单位。

保障服务更实。领导重视到位。市委常委会、市政府常务会、市计生领导小组会多次听取人口计生工作情况汇报，做到有事必议、有困必解。市委书记、市长、分管副市长多次带队到基层调研指导计生工作。市委督查室、市政府督查室分别组织计生工作专项督查。制度保障到位。市委继续保持对县市区和市直部门的人口计生工作政绩考核权重为5%。市委中心组组织学习人口理论和计划生育改革的有关政策，市委党校安排人口计生法律知识理论课程。财政投入到位。2015年,市财政预算资金3220.06万元,按上级考核要求确保了计生事业经费。

惠民力度更大。株洲市连续两年将计生特困家庭扶助提标工作纳入“民生100”工程。目前，计划生育特殊家庭（含手术并发症）的扶助标准不分农村城镇统一为400元/月，均高于国家、省定标准。2015年，全市农村部分计划生育家庭奖励扶助对象21096人，共发放资金2025.3万元；计划生育独生子女伤残、死亡家庭特别扶助对象2241人，发放资金912.7万元；城镇独生子女父母奖励对象103456人，发放奖励金1.42亿元。

综治合力更强。进一步加大“两非”整治力度，查处“两非”典型案件38例，获省“两非”典型案件查处工作先进单位。进一步加大社会抚养费征收、管理、使用力度，2015年，全市社会抚养费征收录入到位率98.77%，立案及时率91.96%。进一步加大流动人口监管力度，流动人口信息反馈及时率、重点信息反馈率、网格化协作信息接收反馈率三项主要指标分别达99.99%、100%、99.93%。

工作机制更优。创新工作推进方法。市卫生计生委建立项目化销号管理制度，对所有考核指标进行任务分解，采取周调度、月通报制度，全面实行限时销号，确保各项工作保质保量到位。建立协同合作机制。成立整治“两非”领导小组，实行联席会议制度，建立协同办案机制，开展打击代孕专项行动，实施出生缺陷防控等，取得较好的成效。充分依靠群众自治。鼓励各地调动群众参与计生工作的积极性，2015年，全市基层计生群众自治合格率达80%，全市23个社区（村）成为全国计生基层群众自治示范村(居)，58个社区（村）为省级示范村(居)。（文　魁）

【流动人口管理服务上新台阶】 株洲市作为湖南省流动人口大市，至2015年底，有流动人口120万人，超过全市的1/4人口，其中流出人口85万人，流入人口近35万人，流入已婚育龄妇女近5.5万人，并呈现出“流量大、流出多、流向广、流动快”四大特点。2015年，株洲始终坚持“四个一”，积极探索实践“服务均等化、管理科学化”，有力推动了流动人口计生服务工作再上新台阶。“四个一”主要指:一、用好“一张票”，实现均等化服务。即把流动人口管理服务作为各级各部门人口计生管理服务“一票否决”的重要内容，进一步推动党政主要领导负总责的责任落实。二、织好“一张网”，实现联动式服务。即整合资源、建设计生社区网格化服务平台，形成上下协作、条块联动的流动人口管理服务工作格局。全市各乡镇街道共有流管员157人，聘请社区流管员1476人、市场信息员138人，并落实了待遇和报酬。三、下好“一盘棋”，实现全方位服务。即强化区域协作，与多省市签订“一盘棋”的城际协作协议，形成了齐抓共管、相互支持的大格局。四、管好“一本账”，实现信息化服务。即以国家PADIS系统和湖南省全员人口信息系统为依托，不断完善和优化流动人口工作流程，提高工作效率、加强服务创新，实现流动人口管理服务便民高效。（文　魁）

【“四个着力”推进计生工作】 2015年，株洲市以“四个着力”全面推进计生工作,努力开创计生工作新局面。一是着力完善考核办法。进一步健全分阶段、分类别的考核机制，用阶段考核促进计生工作有序开展，让先进地区有压力、后进地区有动力，确保计划生育综治部门上水平、提质量。二是着力创新宣教方式。既有效发挥计划生育阵地建设的作用，又积极探索新的宣教模式,以实用、实在为原则，着重政策法规、优生优育、人口早教、科学知识、优惠政策等方面的宣传。三是着力加强队伍建设。积极引导计生系统干部职工积极开展督促指导，坚持分类指导、以点促面的原则，对工作滞后的进行跟踪管理，确保计生工作可持续发展。四是着力提升服务水平。大力实施国家免费孕前优生健康检查项目和计划生育爱心助孕特别行动工程，推行“跟踪服务、贴心服务、全程服务”模式，让更多的计划怀孕夫妇享受国家免费政策，让不孕不育对象真正感受党和政府的温暖。（文　魁）

【《株洲市人口和计划生育志》编纂发行】 在株洲市人口和计划生育委员会机构即将调整之际，市人口计生委组织编写《株洲市人口和计划生育志》一书，记录了株洲市人口计生工作开展以来，特别是近30年来的发展历程。该志体例完备、内容丰富、资料翔实、记述客观，融时代性、资料性、可读性于一体，是一部政策法规与历史资料汇编成册的专业志书。4月3日，株洲市人口计生委举行《株洲市人口和计划生育志》首发仪式，市人口计生委全体干部职工、离退休老干部代表、各县市区人口计生局长、计生志编写组成员参加活动。（文　魁）

【举行“5·29”计生协会纪念日活动】 5月20日，株洲市第17个“5·29”全国计生协会会员集中活动日在攸县石山书院隆重举行。省卫计委党组成员、省计生协常务副会长张斌出席活动并向株洲市生育关怀先进单位颁奖。市计生协会会长赵湘珍，攸县县委书记胡湘之，县委副书记、县长龚红果，县委常委、宣传部部长汤小红出席活动。（文　魁）

公立医院管理

【概况】 株洲市公立医院管理处是隶属株洲市卫生和计划生育委员会领导和管理的副处级全额拨款事业单位。在编9人，内设综合科、业务管理科、规划财务科等3个职能科室。

2015年，株洲市公立医院管理处

按照市委、市政府的决策部署和上级有关深化改革的要求，进一步科学设计公立医院综合改革方案，逐步完善取消以药补医改革政策，稳妥推进社会办医，不断强化公立医院监管，持续加强自身能力建设，为建设健康株洲做出积极贡献。改革工作得到上级部门和领导的充分肯定与高度认可，先后多次在国家不同层面的会议上作经验介绍和典型发言。（谭小艳）

【稳妥推进社会办医】 把社会办医工作列为2015年公立医院改革工作重点，在结合市情的基础上，制定下发《关于促进社会办医加快发展的实施办法》。并选择几家市直公立医院探索股份制改革与合作，目前正在积极筹备相关工作。（谭小艳）

【开展取消"以药补医"改革监测】 年内，公立医院管理处不定期到全市各级公立医院开展取消"以药补医"改革监测工作，详细掌握改革核心政策的落实情况。从监测结果分析，各家医院政策落实均到位，运行总体平稳。2015年，7家市直公立医院的药占比、门诊次均药费、住院次均药费分别为30.56%、100元、2765元，与2014年同期相比，分别下降2.5%、2.32%、2.2%。（谭小艳）

【不断提升医院内涵】 继续实施株洲市卫生人才"135"工程和心血管、脑血管、肝胆胰病、肿瘤科、妇产科等5个临床医学重点专科建设，促进全市医技水平得到较快提升，市外转诊人数明显下降。通过努力，市中心医院也正式成为中南大学湘雅医学院附属医院，并于2015年12月25日在市中心医院举行了合作签约暨揭牌仪式。（谭小艳）

【加强公立医院绩效考核】 加强对公立医院的监管和精细化管理。全年开展了两次以落实公益性和重点任务为重点的绩效考核工作。考核结果表明，市直7家公立医院的病历质量稳步提升，临床医疗护理质量与安全水平显著提高，医疗纠纷数量与发生恶性医闹事件的次数逐渐下降，患者满意度进一步提升。（谭小艳）

【大力改善医疗服务】 贯彻落实国家卫生计生委下发的《进一步改善医疗服务行动计划》（国卫医发〔2015〕2号）。在科学、安全的前提下，启动市内同级公立医院检验检查结果互认工作，促进医院间资源共享，减少公立医院的重复检查；在全市二级以上医院通过电话、网络、微信、健康龙卡等形式实施诊疗预约，减少患者排队等候时间。市中心医院开展分时段预约、自助机挂号缴费一体化服务，反响很好。（谭小艳）

【协助处置医疗纠纷】 加强对公立医院医疗质量安全的指导，促使医院不断提高医疗服务水平和医疗质量安全意识。2015年，接待市直公立医院医疗纠纷投诉188批次，参与市直公立医院医疗纠纷现场处置10余起。（谭小艳）

【制定《株洲城市公立医院综合改革试点重点工作任务（2015—2017年）》】 为深入推进株洲市城市公立医院综合改革工作，市公立医院管理处起草制定《株洲市城市公立医院综合改革试点重点工作任务（2015—2017年）》。9月28日经市政府常务会议审议通过，11月22日由市政府办公室正式下发。《重点工作任务》分5个部分，共5大任务、18项子任务。主要目标是：到2017年年底，城市三级医院普通门诊就诊人次占医疗卫生机构总诊疗人次的比重降低10%，医药费用不合理增长得到有效控制。主要任务包括：完善体系建设，优化资源配置；推进综合改革，促进医院健康持续发展；加强内涵建设，提升服务能力；推动建立分级诊疗制度；加强医院监管，规范医院运行等。（谭小艳）

【制定《关于推进县级公立医院综合改革的实施意见》】 为深入推进株洲市县级公立医院综合改革工作，市公立医院管理处起草制定《关于推进县级公立医院综合改革的实施意见》，于11月18日由市政府办公室正式下发。《实施意见》分11个部分，共35条。主要目标是：到2017年年底，县域医疗卫生服务体系进一步规范和完善，县级公立医院看大病、解难症水平明显提升，基本实现90%大病不出县。主要内容包括：优化县域医疗资源配置、改革管理体制、建立县级公立医院运行新机制、完善药品供应保障制度、改革医保制度、建立符合行业特点的人事薪酬制度等。（谭小艳）

【制定《关于促进社会办医加快发展的实施办法》】 为加快建立运行规范、竞争有序的多元化办医格局，满足人民群众多层次、多元化的医疗服务需求，市公立医院管理处起草制定《关于促进社会办医加快发展的实施办法》，于12月2日由市政府办公室正式下发。《实施办法》分八个部分，主要目标是：力争到2020年，社会力量举办的医疗机构床位配置达到每千人口1.5张以上。社会办医模式包括社会资本全资新建医疗机构、公立医院整体改制、公立医院股份制改制重组、公立医院股份制合作等4种社会办医模式。《实施办法》包含做好设置规划，减少审批限制，建立法人治理结构，加强医疗质量安全管理，建立风险管控机制，制定改制公立医院人才队伍建设和职工安置办法，准确核算改制公立医院国有资产并明晰界定产权，完善土地、税收和价格、医保、财政投入等13项政策措施。（谭小艳）

红十字会工作

【概况】 株洲市红十字会是从事人道主义工作的社会救助团体，成立于1957年。2004年株洲市红十字会机构体制理顺，确定为由市政府直接联系的独立正处级单位，内设办公室、赈济服务部、救护培训部、事业发展部，备灾救护培训中心，至2015年年底，有工作人员18人。全市共有9个县级红十字会。2015年，株洲市红十字会依法开展救灾、救护、救济工作。全年，发放救助款物价值521472元，救灾款物价值101000元。年内，红十字心理援助志愿队组织的“关爱生命大学堂”公益项目被中国“关爱生命协会”评为全国十大优秀志愿服务项目。

（刘　静）

【人道救助】 及时救灾。2015年7月份，攸县遭遇40年一遇的洪灾，株洲市红十字会在第一时间向省红会报灾，实地勘察灾情。8月11日，市红十字会在攸县黄丰桥镇举行救灾物资发放仪式，为遭受此次洪灾的60个困难家庭发放棉被、家庭包及饮水消毒剂等救灾物资。关注弱小。8月，市红十字会筹资10万元，开展“关爱贫困留守儿童救助工程”项目，对炎陵县90名贫困留守儿童发放救助金和书包文具。关爱病患。连续21年慰问炎陵县龙景山的30位麻风病患者。帮助株洲市盛康托养中心、株洲市康复医院、株洲市三湘福星园老年公寓等三家养老机构争取到中央彩票公益金支持失能老人养老服务项目，每家养老机构获得价值20万元的设备和物资。积极推动艾滋病防治和宣传，入户慰问13名因病致贫的艾滋病患者。全年共救助大病患者49人，向5县4区红十字博爱送万家活动发放资金9.5万元，两节慰问190户贫困家庭。

（刘　静）

【广泛开展应急救护知识培训】 全年，举行33场“急救知识进校园”培训活动、26场医疗机构参观体验活动、5场户外拓展训练、2次“爱心‘救’在身边”主题征文活动、1场“应急自救”大型公开培训课。举办全市中小学校“应急自救”知识竞赛和“红十字形象小天使”“红十字志愿服务小天使”选拔赛。举办7000名校园小记者参加的“株洲市首届普及应急自救知识嘉年华活动”，培养青少年的防灾减灾意识、社会奉献精神，提升青少年的自救互救和逃生避险技能，弘扬社会主义核心价值观。2015年争取到中国红十字会总会生命健康安全教育项目，完成了1215人的救护员培训、1700人的亲子讲座、4200人的群众性应急演练、两个学校的安全教育与体验，以及两个主题宣传活动任务。培养青少年的防灾减灾意识和社会奉献精神，提升青少年的自救互救及逃生避险技能。

（刘　静）

【开展“三献”工作宣传】 结合世界红十字日、献血者日，开展主题宣传活动，向市民推广红十字救护知识、无偿献血、造血干细胞、器官捐献知识，发放宣传单28500份。至2015年底，造血干细胞捐献市民认同率均在90%以上。全市遗体器官捐献申请登记219人，实现捐献遗体13例、捐献器官31例、捐献组织14例。2015年9月，25岁小伙子张世文赴长沙捐献造血干细胞，这是株洲市成功捐献造血干细胞第四例。

（刘　静）

【援建项目惠及百姓】 市红十字会积极争取援建项目，改善山区农村卫生、生存条件，全年共计争取项目资金80万元。实施中国红十字会总会博爱家园项目1个（35万元），在醴陵市均楚镇老湾村实施修建逃生路、逃生桥和基础卫生设施，极大改善村里的防洪设施和卫生服务水平。争取红基会对攸县新市镇福寿湾村“博爱卫生院”建设项目资金10万元。茶陵洣江渡里村卫生站标准化建设项目资金10万元；引进项目资金10万元，帮助茶陵县大坪村修建道路。争取省红十字会为茶陵县瓜坪村提供改水项目15万元，改变50户村民肩挑手提山泉水的现状，实现水源进村入户。

（刘　静）

【规范志愿服务】 市红十字会主动把志愿服务工作纳入全市文明办志愿服务工作整体规划和创建文明城市考核体系，按照专业化储备、规范化培训、品牌化培育、项目化使用、信息化支撑、社会化动作的红十字志愿服务模式，建立了蓝天救援、心理援助、医疗救护、无偿献血4支志愿服务队，发展注册志愿者678人，全年开展志愿服务活动161次。

（刘　静）

无偿献血工作

【概况】 2015年，株洲市中心血站招募无偿献血者34611人次，采集血液总量58320.71单位（11.66吨），同比增长11.8%。临床供应红细胞类产品55432.5单位，血浆类产品60653单位，浓缩血小板5672单位，单采血小板1965.5治疗量。全年，为937位无偿献血者或其父母、配偶、子女提供免费用血报销服务，报销金额达657376.4元。全市街头自愿献血率为74.39%，位居全省第一。已连续17年实现医疗临床用血100%来自无偿献血，连续7届荣获“全国无偿献血先进城市”光荣称号。2015年，株洲市中心血站及时、安全、有效地保证了全市医疗临床用血供应。

（刘　娟）

【荣膺全国无偿献血先进城市】 6月11日，2012—2013年度全国无偿献血表彰大会在北京召开，株洲市无偿献血者李文春作为全国5位个人获奖代表之一参加北京主会场的表彰。在本次表彰中，株洲市第七次荣膺“全国无偿献血先进城市”称号；江山置业总经理刘晓武荣获无偿献血促进奖；604人荣获无偿献血奉献奖，其中金奖115人，银奖141人，铜奖348人；原二汽运职工李森虎获得无偿献血志愿服务终身荣誉奖；王海燕等38位志愿者荣获无偿献血志愿服务星级奖。

（刘　娟）

【完善献血网络】 2015年，株洲市中心血站相继在株洲县向阳广场建成爱心献血屋，在云龙职教城建成献血房车。至此，株洲市有7座“爱心献血屋”、3台“献血房车”、4台“流动采血车”，已建成覆盖各县市区的献血网络，极大方便了市民就近参与无偿献血。（刘　娟）

【“血站公众开放日”活动】 株洲市中心血站为向大众普及无偿献血相关知识，定期举办“血站公众开放日”活动，并根据不同的群体设计不同的活动方案。2015年，共开展13期“血站公众开放日”活动，接纳参观者291人。在专职讲解员的带领下，前来参观者零距离了解血液采集、检测、分离制备、储存发放等环节，见证了一袋血液从采集到发往医院的全部“旅程”。通过“血站公众开放日”活动，增加无偿献血的透明度，使更多市民了解无偿献血，走出献血误区，使株洲的医疗临床用血多了一份保障。（刘　娟）

【组织开展世界献血日活动】 为庆祝“6·14”世界献血者日，株洲市中心血站举办系列宣传活动。“您的三分钟，换我一生——感谢您挽救我的生命”大型公益晚会紧紧围绕“受血者的感恩、献血者的荣耀、献血知识普及”三大主题，分别在市区长江广场、株洲县、攸县及茶陵县进行宣传。市直8家公立医院（含省直中医院）首次联动开展“世界献血者日”宣传活动，利用义诊和各单位的网站、微信订阅号宣传无偿献血，以多种形式强化、渲染无偿献血公益活动浓烈氛围。（刘　娟）

【“我为祖国献热血”活动】 9月28日晚，第七季“我为祖国献热血”系列活动拉开序幕。株洲市中心血站在炎帝广场隆重举行“铭记英雄，守护生命”大型公益晚会，市人大副主任鲁立彬、副市长毛朝晖、政协副主席张国浩等市领导出席活动，434位市民在现场参与献血。中国文明网、中国网、人民网等网站竞相报道，《株洲日报》整版报道了该次活动的盛况，树立了无偿献血良好公益形象，拓展了宣传范围，提升了宣传效果。（刘　娟）

【全面推进核酸检测工作】 2015年，株洲市中心血站完成核酸实验室评审验收工作。全年完成核酸检测33844人次，其中，核酸检测混样阳性POOL84个，拆分阳性62份，拆分率73.8%，阳性率1.83‰。全年报告传染病疫情616例，报告艾滋病反应性标本70例，确认12例。核酸检测工作的开展，进一步降低了输血风险，是血液安全史上一个全新的里程碑。（刘　娟）

卫生执法监督

【概况】 2015年，株洲市卫生执法监督处深入开展医疗服务市场整治。扩大宣传，借助《株洲日报》、《株洲晚报》等报刊和湖南省卫生监督局网站、株洲网、株洲在线等网络平台发布新闻稿件，配合“都市一时间”“中山说事”“今日看法”等省级、市级电视品牌媒体对医疗机构违规行为进行曝光。开展培训。全年全市各级卫生行政部门和卫生监督部门共举办临床用血骨干培训、母婴保健技术服务人员和打击“两非”整治培训等各类学习班共13期，培训医务人员近2000人，开展宣传活动7次，发放各类宣传资料共计5229份。联合整治。卫生执法监督处联合食药监、公安、计生、街道等部门联合执法，对医疗违法行为开展专项整治行动。全年共出动卫生监督员11700人次，对全市3480家医疗机构进行监督检查，共查处各类案件72件，罚款35.6万元。其中依法取缔未取得“医疗机构执业许可证”擅自开展诊疗活动的“黑诊所”21家；办理“两非”案件9起；查处非卫生技术人员72人，对40家使用非卫生技术人员的医疗机构予以立案处罚。

依法开展各类专项检查。“两法三规”专项检查。年内，对33家临床用血的医疗机构，5家具备接受精神病患者的医疗机构进行检查。33家机构临床用血均来自株洲市中心血站，无自采血液的现象。但市民营医院均未设立输血科和临床用血管理委员会，少数医疗机构未按规定对储存血样的冰箱消毒和空气培养。人类辅助生殖技术检查。卫生执法监督处通过对互联网、电视广播、各类新闻报刊等进行监测，明查和暗访各类医疗机构，重点对68家开展妇产科、泌尿外科、不孕症诊疗科目的综合医院和专科医院进行督查，杜绝人类辅助生殖技术的违法行为。医疗广告和互联网医疗保健信息专项行动。对各医疗机构在新闻媒体、户外、公交车站等处发布的医疗广告进行清理、规范和整顿。全年，共监测到25家医疗机构发布违规医疗广告219条次，下达20份卫生监督意见书，对8家医疗机构下达行政处罚决定书10份，移送市工商行政管理局1件。精麻药品专项检查。10月初对全市30家医疗机构的第一类精神药品和麻醉药品进行专项执法检查，执法人员对检查中发现的空安瓿和过期的精神药品和麻醉药品进行监督销毁。

加强传染病防治监督。2015年卫生执法监督处以消毒隔离和实验室生物安全为重点专项工作，对全市医疗机构的传染病防治工作进行全面整治，发现存在违法行为的医疗卫生机构66家，其中警告58家、立案8家。消毒隔离专项整治。共检查三级医院9家，二级医院28家，一级医院35家其他医疗机构279家。检查以血液净化诊疗、口腔诊疗、注射室工作等为重点，同时监督抽检株洲市开展血液透析工作的医院共计20家透析水的细菌总数和5件口腔诊疗牙科车针灭菌效果。实验室生物安全。对全市9家三级综合医院、28家二级医院、22家民营医院、2家采供血机构、10家疾病预防控制中心等71家单位73个实验室的生物安全管理工作进行监督检查。备案病原微生物实验室47家医疗卫生单位，50个实验室。检查发现有部分实验室没有生物安全事件应急预案和演练记录以及实验室生物危害评估制度和评估报告，大部分疾控机构特别是县区疾控机构没有医疗废水处理设施。少数医疗卫生单位BSL—Ⅱ实验室设施和环境条件差、布局流程不合理，达不到备案要求。对不符要求的实验室进行督促整改。

推动学校卫生工作发展。2015年3月初，执法处即开展全市学校传染病和学生饮用水专项整治行动。共计检查各级各类学校610所，其中小学427所，中学172所，大中专院校11所。截至年底，全市学校共计设置卫生室（校医院）49个，按要求配备专职卫生技术人员的学校有11个，设置保健室184个，按要求配备专职保健老师的学校23个，222所学校建立晨检记录和学生因病缺勤记录，114所小学建立新生入学接种卡、证查验记录及预防接种证或漏种学生补证、补漏种记录。全年联合各级疾控中心开展饮用水监测，共计抽检水样474份，合格377份，合格率为79.54%。对90所学校卫生开展综合监督评价工作，其中优秀35所、合格54所、不合格1所。2015年，全市共立案处罚12起，行政处罚5起。

全力服务“国家文明城市”年度复查任务。创文专项督查。共检查112家公共场所单位，发现12家无卫生许可证，145人不能出示或持无效健康证等。针对存在问题，及时发出通报，切实整治，限期落实，责任到人。公共场所无证专项整治。检查公共场所3638家，监督覆盖率100%，抽检公共用品用具513份，合格率100%。查处各类公共场所无证经营单位188家，对45家单位进行行政处罚。公共场所卫生监督量化分级管理。全年，完成3638家的卫生监督量化分级评审，覆盖率100%。其中A级145家，B级765家，C级2322家。完成国家、省重点抽检。对市公共场所抽检，共抽检51家住宿业，37家游泳池，7家商场，49家美容美发，13家沐浴场所。

确保饮水卫生安全。联合市水务局、市疾控中心，开展2次联合专项行动，对全市千吨万人以上农村饮水安全工程进行检查督导。检查千吨万人以上农村饮水安全工程57家次。其中，株洲县8家次，醴陵市17家次，攸县15家次，茶陵县13家次，炎陵县4家次。培训饮水工程单位相关卫生管理人员87人，完成实验室改造项目13个，新办理卫生许可证单位7家。

积极开展各项卫生督查。职业卫生。年内，展开职业卫生监督摸底。目前，株洲市仅市本级设职业卫生监督科，监督员3名。登记在册职业卫生技术服务机构11个，职业病诊断机构1家，职业健康检查机构10家。株洲市职业病诊断鉴定委员会办公室设在株洲市卫生执法监督处职业卫生监督科。全年共调解5家单位12人职业病诊断异议。放射卫生。年内，对50家市直管放射诊疗单位放射诊疗工作进行专项检查，对违反“放射诊疗管理规定”的3家单位进行行政处罚。5县有109家放射诊疗单位，其中办理《放射诊疗许可证》85家。消毒卫生。全市有餐饮具集中消毒服务机构15家，其中市区2家，株洲县1家，醴陵市5家，攸县2家，茶陵县3家，炎陵县2家。2015年，市卫生执法处组织5县开展对餐饮具集中消毒单位进行专项监督检查，抽检餐饮具53套，合格率96.3%。对不合格的2家单位进行行政处罚。同时，开展卫生用品生产企业专项整治，责令3家单位进行整改。完成株洲高科集团万豪酒店等9个单位的预防性卫生审查和卫生许可证发放前审查，对株洲市大汉房地产开发有限公司希尔顿酒店、星鑫国际影城、湖南腾龙大酒店有限公司腾龙大酒店新改扩建项目进行施工现场监督、整改指导。

开展卫生监督稽查。卫生监督协管。2015年，全市共有105个卫生院和25个社区卫生服务中心，聘用的卫生监督协管员261名，信息员838名。年内，组织开展卫生监督协管工作督查27次，组织卫生监督协管员培训9次。投诉举报。全年，共受理各类群众上门举报34件，接投诉电话135次，均及时妥善处理。卫生监督专项稽查。10月，对辖区内的卫生监督机构和监督员专项稽查，抽查监督员风纪风貌89人次；抽查各县区各类管理单位21家，纠正督促整改6家次；抽查各类执法文书25份。完善《卫生行政处罚案件办理控制程序》和各科室案件登记审查程序。全年，市本级立案33件，调查终结31件，合议31件（不包含二次合议），行政审批31件。结案31件。

（唐卉瑜）

疾病预防控制

【概况】 株洲市疾病预防控制中心承担着全市疾病预防与控制、突发公共卫生事件应急处置、疫情及健康相关因素信息管理、健康危害因素监测与控制、实验室检测分析与评价、健康教育与健康促进、技术指导与应用、食品安全风险监测及评估等职能。设4个职能科室和14个业务科室，在编人员122人。

2015年，中心以传染病防控为根本，信息化系统建设为推手，大力完善疾控体系建设。免疫规划信息化系统建设阔步推进，疫苗管理更趋规范，突发公共卫生事件处置及时有力，霍乱、鼠疫、流感、伤寒等急性传染病及埃博拉出血热、中东呼吸综合征等新发传染病防控工作成效显著，艾滋病、结核病、血吸虫等重大传染病防控有力，慢性非传染性疾病、健康教育等工作有较大提升。实验室检验检测技术不断提升，购置液相色谱—质谱联用仪、ICP-MS等水质检测设备，实验室水质检测能力达到国家检测标准102项，水质检测能力得到质的飞跃，使该中心成为全省继长沙市之后第二家具备三大质谱设备的实验室。2015年中心荣获“湖南省文明建设先进单位”“中国全球基金结核病控制项目先进单位”“湖南省‘十二五’重点传染病监测先进集体”“湖南省生物制品管理质量奖”“湖南省生物制品管理效能奖”“湖南省生物制品综合管理工作先进集体”、“株洲市统计学会工作先进单位”等光荣称号。（张　峻）

【高效处置突发公共卫生事件】 健全应急工作相关制度，更新和补充卫生应急物资的储备，组建突发公共卫生事件应急机动队，坚持24小时应急值班制度。2015年成功处置“恺德医院流感暴发”“攸县上云桥镇中心幼儿园和童星幼儿园细菌性痢疾暴发疫情”等5起突发公共卫生事件，5起事件共计发病266人，无死亡病例，波及人群5812人。所有事件处置及时有力，未产生不良社会影响。（张　峻）

【株洲市启动湖南省“互联网+预防接种服务”小豆苗APP试点工作】 5月29日，湖南省“互联网+预防接种服务”试点工作在株洲市4个区预防接种门诊正式启动。此次试点的预防接种互联网系统（小豆苗）为一款手机APP，包括家长手机端口（APP）和接种单位管理端口（PC），同时可接入湖南省免疫规划综合信息平台。主要功能包括：疫苗和健康科普、根据免疫程序制定接种计划等。家长通过手机免费下载安装“小豆苗”，可很方便地在手机上查询接种记录，学习防病知识，实时了解疫苗接种信息。“小豆苗”的使用，将为疾控、儿童家长、接种单位三者之间架设一座信息桥梁，形成实时多向的互动纽带，为儿童家长和接种单位提供智能化信息服务，实现对儿童家长的贴心服务以及接种事项的有效管理。（张　峻）

【湖南省数字化预防接种门诊建设启动会议在株洲市召开】 5月6日，湖南省卫计委、湖南省疾控中心在株洲市召开全省数字化预防接种门诊建设启动会议。各市州疾控中心分管主任、免疫规划科科长、各试点单位县区疾控中心主任、试点单位负责人约100余人参加会议。湖南省卫生计生委疾控处陈焱处长到会讲话，株洲市疾控中心龙术国主任作数字化接种门诊试点建设工作经验发言。（张　峻）

【首次开展株洲市疾病谱调查工作】 3月份株洲市正式启动疾病谱调查工作。历时4个多月，疾病谱调查工作取得圆满成功。调查收集城镇居民医疗保险、农村合作医疗保险、职工医疗保险信息和传染病、慢性病监测、死因监测系统数据，现场调查攸县、荷塘区10个乡镇（街道），20个村（社区）共10000人。主要产出有：株洲市居民主要慢性病患病率、疾病顺位、死因顺位、两周患病率、主要疾病负担等。这是株洲市首次开展的全面居民健康状况调查，发现慢性病为全市主要的公共卫生问题，为全市制定“十三五”区域卫生发展规划，合理分配卫生资源提供了有力的数据。（张　峻）

【国家卫计委调研株洲市重点传染病防控工作】 3月11日，国家卫计委疾控局雷正龙副局长一行赴株洲县就重点传染病防控工作开展专题调研。省疾控中心李俊华主任、原市卫生局张纯良局长、刘建军副局长、市疾控中心龙术国主任等陪同调研。调研座谈会上，刘建军就株洲市人感染H7N9禽流感、麻疹、流感等重点传染病防控工作及株洲市在创建国家卫生城市中的一些做法、体会作了详细的汇报。（张　峻）

【中国疾病预防控制中心王健到株洲调研数字化接种门诊试点工作】 9月13日，中国疾病预防控制中心党委副书记暨纪委书记王健、中国疾病预防控制中心信息中心主任马家奇、中国疾病预防控制中心尹遵栋一行3人，在湖南省疾病预防控制中心纪委书记汤清波等陪同下，到株洲调研数字化接种门诊试点工作。调研组赴醴陵白兔潭卫生院数字化接种门诊进行实地考察，并听取工作汇报。王健书记在现场考察后，高度评价醴陵白兔潭卫生院数字化接种门诊试点建设取得的成效，认为株洲市数字化接种门诊建设有实践、有效果。（张　峻）

【株洲市开展中东呼吸综合征防控应急演练】 6月26日，株洲市疾控中心组织中心和城市4区疾控中心应急队伍在市疾控中心开展中东呼吸综合征防控专项应急演练。演练通过7个步骤来锻炼全市疾控机构应对MERS疫情的能力：应急响应、个人防护装备穿戴、疫点消毒、现场流行病学调查、密切接触者的判定与管理、样本采集、检测和调查报告撰写。（张　峻）

【株洲市新增一个国家慢性病综合防控示范区】 2015年，在天元区疾控中心的努力下，天元区顺利通过第三批国家慢性病综合防控示范区审核验收，成功创建成继芦淞区后株洲市第二个国家级慢性病综合防控示范区。“国家慢性病综合防控示范区”为2011年国家卫生部为加强心脑血管疾病、癌症、呼吸系统疾病、糖尿病等慢性非传染性疾病预防控制工作，决定在全国范围内以县（区）级为单位开展的示范创建工作。其评估指标包括知识知晓率、健康行为形成率、慢性病早期发现率、慢性病管理率及控制率等多个方面。（张　峻）

【国艾办到株洲督导《中国遏制与防治艾滋病“十二五”行动计划》终期评估工作】 2015年12月14—15日，由民政部社会福利和慈善事业促进司副司长徐建中为组长的国家评估组到株洲市开展《中国遏制与防治艾滋病

"十二五"行动计划》终期评估督导。株洲市人民政府副市长、市艾防领导小组组长毛朝晖就株洲市"十二五"行动计划期间，艾滋病防控工作的组织领导机构、工作目标、实施方法、效果评估、工作成果几个方面进行汇报。市卫计委、市民政局、市妇联等艾防成员单位领导陪同检查。评估组对株洲市的艾滋病综合防治工作给予肯定，认为株洲市艾滋病防治工作政府高度重视、部门密切合作、"十二五"期间各项工作落实到位，并对株洲市"十三五"期间艾滋病防治工作提出意见和建议。（张　峻）

医院选介

株洲市中心医院

【概况】 2015年，株洲市中心医院坚持以公立医院改革统领全局，集中力量打造"发展高效型、技术先进型、管理精细型、服务优质型、数字智能型"医院，全年各项业务指标增长稳定，医疗安全质量保障有力。年内，医院挂牌成为中南大学湘雅附属医院，并蝉联"三甲综合医院"殊荣。

综合实力稳步提升。2015年，医院业务收入13.79亿元，同比增长11.57%，其中本部实现业务收入12.76亿元，同比增长12.44%，田心院区实现业务收入1.03亿元，同比增长2.11%。（李　萌）

【成为中南大学湘雅医学院附属医院】 历经一年时间的沟通对接，2015年12月25日，市中心医院正式成为中南大学湘雅医学院附属医院。这标志着该院与中南大学湘雅医学院的全方位合作正式启动，株洲老百姓将足不出市享受到湘雅的优质医疗资源，市中心医院的综合实力得到质的飞跃。2015年，医院跻身全国地市级医院百强。（李　萌）

【"三甲"攻坚成果丰硕】 通过一年多时间，市中心医院"三甲"复审工作取得丰硕成果。经过严格复查审核，2015年4月，省卫计委确认医院为"三级甲等综合医院"。这是自1997年医院成功创评为"三级甲等综合医院"后蝉联该殊荣。（李　萌）

【公立医院改革创新】 为积极推行二级、三级医院之间双向转诊，2015年8月，与株洲市三医院构建全市首个医联体，积极探索扩大市域医疗中心辐射能力。9月，与武警株洲市支队签订警地医疗保障支援、定点共建的协议，为武警支队开辟绿色应急医疗通道。（李　萌）

【学科建设】 2015年，全市首个外聘教授工作室——"湘雅名医舒畅教授工作室"在医院成立。1月，医院获评为第一批"国家级大学生校外实践教育基地——中南大学湘雅医学院临床教学基地"。9月，医院生殖中心通过评审，体外受精——胚胎移植及其衍生技术项目试运行。"十二五"期间制定的临床重点专科建设项目计划已全部完成。年内，医院心血管内科、骨科、普外科、神经外科、感染内科5个学科获评省级临床重点专科建设项目。神经内科、泌尿外科、妇科、儿科、医学影像科、护理6个学科获评市州级医院临床重点专科建设项目。肝胆胰中心与相关科室联合成立肥胖减重与糖尿病微创治疗多学科协作中心、肝癌多学科联合治疗中心；心脏中心与英国牛津大学、美国相关医疗机构开展临床科研项目合作，并参与国家级课题"第三项心脏保护研究"。2015年GCP机构办公室共接收28个药物临床试验申请，其中6个项目已开展。全年登记发表核心论文38篇，其中发表SCI文章1篇。（李　萌）

【完善惠民便民服务体系】 预约门诊量提高快，有效缓解了百姓挂号难、看病难问题。2015年，医院门诊预约率37.66%，专家门诊预约率53.44%。11月增设床位预约中心。实现预约住院服务，协调统筹安排住院患者，科室的床位交由床位预约站统一管理。预约中心运行两个月来共为2500余名患者预约床位、指导入院。成功完成株洲市近500余名核心专家的体检接待工作。在"六一"国际儿童节"开展系列爱心活动，为全院住院患儿送上节日礼物，同日启动儿科微影院。启动"大型中小学生夏令营急救知识培训活动"，110余名学生参与培训。开展"全市公共场所服务人员急救技能培训"项目，走进株洲高铁西站、株洲市公交公司进行全员急救知识培训。在"世界心脏日"举办中心医院"第一届跑出心活力"大型公益活动。全年共筹备、组织、开讲公益型健康知识讲座90堂，听课者达9000余人。爱心书角为40余人提供免费借阅；为130余人提供手机充电服务；开设"24小时爱心服务电话"，接听各种咨询电话7500余次。对株洲县人民医院开展糖尿病诊疗专业及神经内科专业方面的帮扶工作，向醴陵市中医院实施烧伤整形专业及血液专业对口支援。（李　萌）

湖南中医药高等专科学校附属第一医院（湖南省直中医医院）

【概况】 湖南中医药高等专科学校附属第一医院（湖南省直中医医院）占地2.5万平方米。2015年，医院编制床位1200张，临床及医技科室48个，专科门诊55个。医院职工1615人。其中医生484人，护士838人，药剂103人，博士4人，硕士206人，高级职称204人，中级职称265人，初级职称560人。引进学科带头人2人。医院有国家临床重点专科1个，国家局级重点中医专科5个，省级重点中医专科1个。全年门诊诊疗人次87万人次（不含体检人次），出院病人4.2万人，手术15000例。获批省中医药学会中医糖尿病专业委员会、中医肺系病专业委员会、中医健康管理专业委员会、中医放射专业委员会主委单位。医院成为中南大学湘雅口腔医院定点指导医院。

年内，中华全国妇女联合委员会授予体检中心“全国巾帼文明岗”及“株洲市青年文明号”。产科、心内科荣获省级“芙蓉标兵岗”。共青团中央授予钟快乐“全国优秀共青团员”。湖南省中医药管理局评选晏建立、谭兰香为第三批湖南省名中医。侯冬青、张铁燕、蒋维被授予省级女职工“芙蓉百岗明星”荣誉称号。芍药苷对胃癌肿瘤干细胞5-Fu耐药性影响的实验研究获得株洲市科学技术进步二等奖。在湖北武汉举办的大中华地区腔镜疝修补手术视频大赛湖南、湖北赛区决赛中，尹晖明荣获一等奖。张伶俐参加第二届“V-Loc”杯中青年医师妇科手术镜英汇赛，是湖南地区唯一进入全国大赛的医师。 （张　霞）

【科研教学】　举办省市级学术会议15次。全院在研课题26项，院内青年基金课题36项。2015年各级课题立项8项，包括省卫生计生委2项，省中医药管理局4项，省教育厅2项。全院公开发表论文220篇。与香港玛丽皇后医院合作IVF-ET辅助生殖技术。承担湖南中医药高专3个大专护理、2个影像班和2个中医班380人的后期临床教学任务。与省内6所高等院校签订带教协议。全年接收医、护、药、技实习生500余人，见习指导1万多人次，中医全科医生规范化培训24人，全科医生转岗临床培训86人，接收七年制硕士生跟导学生21人，接收进修学员62人。 （张　霞）

【新技术新项目】　肝胆外科开展扩大肝门部胆管癌根治联合门静脉切除修补+高位胆管空肠双吻合术；并开展胰管切开取石+胆道镜胰管取石+胰管空肠Roux-Y吻合+胰管引流+T管引流+腹腔引流术；开展首例腹腔镜经胆囊管胆囊探查取石术；在全市率先开展三镜联合微创治疗胆管结石术；开展株洲市首例完全腹腔镜右肝后叶切除术；开展扩大右半肝Ⅳ型肝门胆管癌根治术。呼吸科成功开展医院首例“气管支架植入”。骨一科开展医院首例双膝关节置换术。乳腺外科开展亚甲蓝染色前哨淋巴结检测在早期乳腺癌保腋手术中的应用。心胸外科开展省内首例经颈内静脉穿刺食道超声引导下房间隔缺损封堵术。8月，护理部召开首届品管圈成果发表会。 （张　霞）

株洲市三三一医院

【概况】　2015年，株洲市三三一医正式在职职工824人，其中卫计人员749人，株洲市核心专家2人，株洲市卫生系统“135”人才工程学科带头人2人、“135”人才工程学科骨干7人，正高职称22人，副高职称87人，编制床位610张。医院本部全年总收入2.14亿元，出院人次17314人次，门急诊人次228436人次，总诊疗人次324058人次。眼科分院全年总收入6663万元，出院人次2851人次，门急诊人次94175人次。医院总资产2.57亿元。 （文子千）

【组建医疗合作联盟】　2015年，医院和芦淞区委、区政府及区卫生局紧密协作，组建以医院为龙头，区域内所有乡镇卫生院及社区卫生服务中心共同参与的医疗合作联盟。医疗合作联盟组建后，医院充分利用现有技术优势和基础条件，组建区域消毒供应中心、医学影像中心和医学检验中心，为部分医疗机构提供集中消毒供应服务及大型设备利益共享。已与市妇幼保健院、白关镇中心卫生院、姚家坝乡卫生院等医院签订服务协议书，整体运行情况良好。与株洲县中医院、株洲县第二人民医院、炎陵县霞阳卫生院签订技术指导帮扶协议，从医疗技术、医疗管理、人员培训等各方面进行帮扶。与株洲市公安局第一看守所签订医疗合作协议，开设杨柳冲门诊部，为拓展医疗市场奠定基础。 （文子千）

【学科建设】　2015年新开设康复医学科病区。颈胸外科的科研项目获株洲市科学技术进步奖三等奖；脊柱外科、护理部各完成株洲市科技成果鉴定1项并申报株洲市科学技术进步奖；放射科完成省卫计委科研基金课题立项1项；普外科、呼吸内科、骨科、皮肤科、肛肠外科各完成长沙医学院院级科研课题立项1项；肛肠外科的吴阶平项目已签订合同，并争取到第一期科研经费；内分泌科申报省卫计委科研基金课题1项；心内科申报株洲市市级科技成果指导性计划立项1项；全院开展院级新技术新项目29项；在公开发行的杂志上发表论文71篇。 （文子千）

株洲市妇幼保健院

【概况】　株洲市妇幼保健院始建于1953年，1984年由所改院，是一所集医疗、保健、科研、教学及计划生育技术指导为一体的三级专科医院，2007年7月升格为正处级单位，整体搬迁后的株洲市妇幼保健院实行一套人马挂三块牌子，即株洲市妇幼保健院、株洲市儿童医院、株洲市妇产医院。有在职职工658人，年门诊量30万人次，年住院1.6万余人次。2015年，急危重症抢救成功率99.8%，出入院诊断符合率98.9%，手术前后诊断符合率100%，处方合格率99.4%，甲级病案率100%，未发生重大医疗差错事故。基础护理合格率99.63%，特一级护理合格率99.67%，院感发生率0.6%。南华大学临床教学医院、湖南中医药高等专科学校临床教学医院、省级校企合作助产人才培育示范基地，成功通过全国爱婴医院省级复评，被全国妇联、中国妇女发展基金会授予“PAC优质服务医院”称号，产科VIP病房被评为全市优质护理示范病房，妇科被省卫计委确定为市州级临床重点专科，妇幼保健工作成效显著，孕产妇死亡率有效控制创历史新低，各项妇幼保健工作指标省内领先。 （赵战良）

【医院搬迁扩建项目有序推进】 2015年3月，医院整体搬迁改扩建项目一期工程正式启动施工，对住院楼、生殖楼、办公楼、门诊楼、体检中心、口腔科、皮肤科等房屋进行改造装修，完成相关辅助设施建设，项目采取政府代建方式建设。至年底，项目一期工程已完成整体工作量的45%。第二住院大楼装饰装修工程即将竣工投入使用，2016年医院将实现整体搬迁。

（赵战良）

【专科建设稳步发展】 加大特色专科的建设和扶持力度，进一步细化学科分支、扩展服务内涵。产科成功抢救产后大出血、凝血功能障碍、凶险性前置胎盘、HELLP综合征等危重病例；开展复杂双胎临床科研，提高双胎诊疗水平；妇科成功实施多例腹腔镜下宫颈癌根治术+盆腔淋巴结清扫术，为81岁高龄子宫脱垂合并冠心病、糖尿病患者成功实施阴道半封闭手术，夫精人工授精技术校验顺利通过并获专家好评，盆底功能障碍防治项目通过省级验收；妇产科门诊增设宫颈疾病、月经病门诊、双胎门诊、二胎门诊等多个亚专科；新生儿科危重低孕周小早产儿病人数明显增加，抢救成功率增加，新生儿NICU综合实力较前明显加强；小儿外科为多例新生儿高位肛门闭锁患儿成功实施手术，成功救治2岁先天性膈疝突发胸腔脏器移位危象患儿；乳腺外科成功实施多例乳腺癌根治术；综合内科加强神经内科康复、心脑血管疾病诊治及保健亚专科建设；妇保科开设再生育门诊、盆底康复门诊，成立盆底康复工作室；儿保科加强基层三级网络高危儿转诊管理，高危儿建立专科病历，实行专案管理，弱视、斜视治疗仪推广应用；超声科对胎盘植入的诊断准确率明显提高，2015年无一例漏诊，成功诊断罕见异常“无心畸胎序列征”“颈胸融合联体双胎”“不完全性肺静脉异位引流”、19岁“颗粒细胞瘤”患者，为临床诊断提供有价值的信息；麻醉手术科新开展喉罩静吸全麻项目、动静脉有创数字化监测，引进可视化气管插管软镜，使病人减少损伤、减轻痛苦、降低并发症发生；急诊科新开展静脉显影仪使用；实验室新开展地中海贫血筛查、过敏源检测等新的服务项目。

（赵战良）

【提升妇幼保健水平】 2015年，医院着力于妇幼保健技术培训、督导、考核，完成全市爱婴医院、出生医学证明、儿童重大公卫项目督查、妇幼卫生年度考核等工作，市本级开展出生缺陷综合防控、儿保门诊规范化建设督导等工作。全年各项妇幼工作完成良好，妇幼卫生管理能力明显提升，孕产妇和儿童死亡控制成效显著，出生缺陷干预措施逐步规范，各项妇幼保健工作指标保持省内领先水平。

（赵战良）

【科研教学成效显著】 2015年院内科研立项7项，成功申报市级科研项目5项，获市级科研经费4万元，院级新技术、新项目立项2项。市级科研项目《间苯三酚不同剂量及给药途径对围生结局的影响》被认定为国内先进水平、《包皮脱套阴茎根部固定治疗小儿隐匿阴茎的临床应用》《经鼻同步间歇正压通气与经鼻持续正压通气治疗早产儿呼吸窘迫综合征临床研究》获得株洲市科技成果三等奖。成功举办新生儿急救管理、促进自然分娩、妇科微创腔镜3期省级继教班；成功申报周春慧、陈小林、陈湘红、廖积仁、杨玉皎、彭杨六位主任医师为湖南省科研课题评审专家。进一步加大院校合作，通过评审成为省级校企合作助产人才培育示范基地、市级妇产科技术示范基地；经省卫计生委批准，挂牌湖南中医药高等专科学校临床教学医院。

（赵战良）

株洲市三医院

【概况】 株洲市三医院是一所以精神卫生专科为主的市属非营利性二级综合性医疗机构，担负着全市精神病防治及医疗保健任务。位于株洲市荷塘区向阳广场，占地面积37036.01平方米。在职职工375人，其中：专业技术人员313人，中高级专业技术人员139人。编制床位580张，其中精神科500张，综合科80张。设有精神卫生专科、内一科、内二科、外科等25个临床及医技科室。其中精神卫生专科是医院的品牌科室，为湖南省地州市级医院临床重点专科和株洲市医疗特色专科之一，是株洲地区精神疾病预防、治疗、康复中心的权威。科研项目《住院精神病人开放式治疗》《颈椎盘加压注射治疗椎间盘突出症》《现症血吸虫病人症状自评量表（SCL-90）评定对照研究》获株洲市科技进步奖；医院拥有进口高档螺旋CT机、DR、全自动生化分析仪、四维彩超、胃肠镜等先进专业检测和治疗设备。

2015年，医院总收入7952.9万元，同比增长10.5%；完成门诊诊疗84084人次，同比增长3.2%；收入院病人5755人次。

（郭　蓉）

【承办“2015年湖南省精神病学专业委员会第一季度学术会”】 为搭建高规格学术交流平台，提升医院基层医生的诊断水平，推动株洲市精神医学的进一步发展，3月份三医院承办“2015年湖南省精神病学专业委员会第一季度学术会”，来自全省各地州市200多位专家和业务骨干参加会议。会议邀请国内及省内知名专家就精神障碍相关临床最新研究及治疗经验等进行专题讲座与学术交流。（郭　蓉）

【与中心医院成立首家医疗联合体】 8月28日，在三医院精神科住院部多媒体会议室，医院与株洲市中心医院隆重举行医疗联合体签约仪式。市卫计委主任张纯良、市医管处处长龙国锋、市中心医院院长蔡安烈、副院长何毅及相关职能部门负责人出席签约仪式。此次签约，标志着株洲市首家医疗联合体正式成立。此举将构建分级医疗急慢分治、双向转诊的诊疗模式，促进优质医疗服务重心下移，引导患者分层次就医，降低患者医药负担。今后，在三医院就诊的患者和荷塘区的市民“足不跨区”，在家门口便可享受到市中心医院的诊疗技术和服务，危重病人可转至市中心医院相应科室住院治疗。医疗联合体项目主要通过专家坐诊、病房带班、互派管理人员等方式开展合作。（郭　蓉）

【举办2015年度株洲市医学会精神病专业委员会学术年会】 11月10日，为提高株洲市精神医学诊疗水平，营造浓厚的学术氛围，在院多媒体会议室举行2015年度株洲市医学会精神病专业委员会学术年会，分别有市医学会精神医学分会委员、全市5县5区的精神卫生骨干和医务人员近百人参会。会议特邀湘雅附二医院精神卫生研究所所长李凌江教授作题为《抑郁症治疗与中国抑郁障碍防治指南》的学术讲座；邀请湘雅附二医院精神卫生研究所罗学荣教授，组织一场疑难病例的现场教学查房，通过经治医生介绍病情，现场对患者及家属询问病史、与会人员讨论、专家提问答疑等环节，同参会者进行充分的互动交流和探讨。（郭　蓉）

县 市 区

天 元 区

中共天元区委书记 谢高进
副书记 李 智 董 巍 谈志明
区委常委、区纪委书记 周小毛
区委常委、组织部部长、统战部部长 刘铁华
区委常委、宣传部部长 谢维红
区委常委、常务副区长 罗克俭
区委常委、区委办公室主任 杨 宇
区委常委、政法委书记 李征兵
区委常委、区人武部部长 文忠于
区人大常委会主任、党组书记 马光辉
副主任 唐仁奇 王太培 黄白玉 谭红德 李海泉
天元区人民政府区长 董 巍
副区长 张 意 黄 芳 何登科 文树忠 刘建南 蒋 智
天元区政协主席、党组书记 程 燕
副主席 曾天青 郭 飞 李 铭 彭 炯 谈培蕾
区人民法院院长 黄伟波
区人民检察院检察长 刘新文

【概述】 株洲天元区总面积328平方公里，辖群丰、雷打石、三门等3镇，嵩山、泰山和栗雨3个街道办事处，45个行政村，68个居委会。全区年末常住人口户数8.8万户，常住人口29.25万人。人口自然增长率6.28‰。

2015年，全区实现地区生产总值（GDP）268.4亿元，按可比价格计算，同比增长10.0%，快于全市、全省、全国平均水平0.5个、1.4个、3.1个百分点。其中，第一产业增加值9.9亿元，增长3.8%；第二产业增加值132.3亿元，增长7.8%；第三产业增加值126.2亿元，增长13.4%。公共财政预算总收入60.1亿元、固定资产投资393.2亿元，分别增长15.5%、18.7%；城镇居民人均可支配收入达到41480元，增长8.5%。

以建设“中国动力谷”为引领，提升产业实力。创新驱动实施有力。中国动力谷自主创新园顺利开园，12个创新型项目签约入驻，聘请8位院士为创新创业导师，与14所高校签订战略合作协议。成立清华大学中国动力谷自动化技术研究中心成果转化基地，引进湖南省轨道交通协同创新中心。组织申报各类科技计划50项，新认定高新技术企业8家，申请专利1400件。正式运营“新动力咖啡”和“新动力众创空间”。新认定瞪羚企业10家，30家瞪羚企业获得扶持资金3700万元。动力产业持续增长。完成规模工业总产值329亿元，增长9.1%，增幅全市第一。轨道交通、汽车产业产值均突破100亿元。新能源汽车产值超过12亿元，北汽第50万辆整车生产下线。培育出麦格米特、炎帝生物等一批高成长性企业。产业支撑明显增强。引进长城电脑、北京亚太等亿元以上项目10个、5亿以上项目5个，实际到位外资2.9亿美元、内资53亿元。“146”工程建成标准厂房67万平方米，总量占据全市半壁江山。支持引导企业进入资本市场，7家企业在新三板、新四板挂牌，3家企业在区域股权交易市场挂牌。科技银行扩展到6家，并新成立农村科技银行，财政风险补偿资金扩充到7000万元，为116家中小企业累计授信4.7亿元。高科集团融资到位62亿元，总资产达到318亿元；天易集团融资到位61.6亿元，总资产达到231亿元。建立民间资本引入机制，天易科技城自主创业园等PPP项目试点进行。

以六大百亿工程为核心，项目建设全面推进。重点项目强势推进。动力谷自主创新园展示中心、会议中心、公共管理中心基本完成主体，研发中心、众创空间、加速器竣工并投入使用。新马EBD完成投资8亿元，万丰湖生态水系景观工程一期基本成型。汽车博览园完成土地开发47.33公顷，汽车交易中心启动建设，3家4S店试营业，6家开工建设。月塘生态新城湘芸路、响合路等“三纵两横”路网基本形成，10个房地产项目140万平方米楼体全面开建。产业项目建设掀起高潮。大汉惠普软件信息产业园、宏大高功能塑料工业园等12个工业项目开工，麦格米特、天瑞钣金等7个项目竣工，北汽二工厂30万辆新能源汽车项目全面启动，长城电脑株洲基地入驻天易科技城自主创业园建设。完成神农大剧院外装饰和神农艺术中心主体工程，神农文化休闲街建设全面完成，神农城商圈实施整体招租。高科集团总部壹号、美的万豪酒店等一批城市地标性商业综合体投入使用。加快月塘生态新城、武广新城等片区道路建设，珠江北路三四街区、栗雨

东路、衡山路等一批连贯工业园区与城市片区道路建成通车，使园区、城区功能完善提升。完成滨江广场提质改造，建成长江南支路等一批小街小巷。湘水湾、美的城等高品质大楼盘基本建成。推进土地报批和征拆清零行动，完成土地报批257.87公顷，征拆交地591.13公顷，拆除违法建设16.2万平方米。完成投资3.5亿元，开工建设1527套安置房，安置房办证2529本。2552套棚户区改造开工建设，1198套公共租赁住房有序推进。

以统筹发展为抓手，改善城乡面貌。以巩固提升全国文明城市建设成果为契机，实施老旧小区物业全覆盖三年计划，对25个老旧小区基础设施进行改造，新建和改造绿化街心小游园20个。提质改造城区市政设施，严重的内涝积水现象基本消除。数字城管实现城区全覆盖，城市管理考评继续保持全市领先。农村设施不断完善。完成51公里村道建设，三潭线全线改造完工，15个行政村完成“点亮天元”工程建设。总投资2276万元的三门镇水厂建成。完成14个村小农水重点县建设任务，四座小Ⅱ型水库除险加固、192处以奖代补小型水利工程和五小水利项目竣工。启动农村土地确权登记颁证工作，加快以响水、布塘等五个村为试点的美丽乡村建设。生态环境逐步优化。着力整治绿心区域违法违规行为，成功创建以神农城为核心的省级两型综合示范片区。加大涉重金属污染企业整治力度，关停6家灯饰玻璃企业，淘汰一批落后产能企业。组织实施农村环境治理项目，加强畜禽养殖业污染治理。强力推进湘江一号重点工程，关停湘江城区段砂石场45家，强制拆除8家非法洗砂场。

增强人民福祉。社会保障深入推进。率先实施特困人员特殊救助、农村幸福院联建、社区居家养老服务试点等三项新政。建设8个农村幸福院，泰山办事处牛形山长者照护之家正式运营。设立1100万元特困救助专项资金，个人最高可获得20万元的救助。累计为9.2万人次城乡低保、五保、优抚、特困对象发放各类保障救助金3060万元。民生事业均衡发展。总投资2.3亿元、2700个学位的新马学校奠基开工，建成108套教师公转房，逐步推进信息技术与教育教学深度融合。开展中医药治疗慢性病，在城区中小学推广有国医特色的生命健康教育，并以此为基础开展青少年近视预防的课题研究。提高新农合医疗保障水平，住院平均补偿率由18%提高到56%。大力开展文体活动，区文化馆被评为国家二级馆并免费开放，成功举办第七届大众运动会。人口和计生工作连续19年保持“全省人口和计划生育工作模范单位”，连续8年获得“全国人口和计生优质服务先进区”。社会大局和谐稳定。信访积案逐步化解，进京非访下降61%。开展“打击盗骗毒”百日会战，社会治安防控能力不断增强。深入推进“平安天元”“法治天元”建设，妥善调处各类矛盾纠纷935件。完成食品药品监管体制改革，保障了人民群众饮食、用药安全。高度重视安全生产，全年无重大安全事故发生。连续7年保持全省平安区称号。

（田　光）

【高新区、天元区首部党史出版发行】 2015年6月，《中国共产党株洲高新技术产业开发区、株洲市天元区历史（1992—2012）》出版发行，填补了新区没有党史正本的空白。该书共3编14章53节，总计35万字，详尽叙述新区人民在高新区党（工）委（组）、历届天元区委的领导下，在经济建设、政治建设、社会建设、文化建设、生态文明建设等方面取得的辉煌成就。

（田　光）

【天元区文化馆正式开馆】 2015年7月30日，天元区文化馆正式开馆。该馆位于神农城天易公司大楼，馆内设有合唱室、书法室、美术室、多媒体室、电子阅览室、舞蹈排练厅和艺术展示厅等12间文化活动厅室。辖区市民和群众文艺团队可通过预约免费使用馆内活动场地和设施设备，每年可为6万人次免费提供文化服务。

（田　光）

芦淞区

中共芦淞区委书记	冯建湘
区委副书记	王建勇
区委常委、纪委书记	王亚男
区委常委、常务副区长	杨晓江
区委常委、政法委书记	尹自力
区委常委、组织部部长、统战部部长	陈丰华
区委常委、宣传部部长	文广平
区委常委、副区长	喻华军
区委常委、人武部政委	翟田炳
区委常委	陈湘伟
区人大常委会主任	陈友元
副主任	张　伶　陈　刚　文　健（兼）　陈小平　余四丰
区人民政府区长	王建勇
副区长	杨晓江　程铁辉　文定国　王　冬　林　坚　曹运社
区政协主席	姚智辉
副主席	葛惠琪　赵　兵（兼）　汤福金　罗　晖（兼）　王　波（兼）
区人民法院院长	高建明
区人民检察院检察长	李云开

【概况】 2015年，芦淞区辖贺家土、建设、建宁、董家塅、龙泉、庆云、枫溪7个街道办事处，白关1个镇，拥有株洲国家高新区董家塅高科技工业园1个，省级经济开发区建宁开发区1个，大京风景区管理委员会1个，共55个行政村，48个社区居委会，总面积216.8平方公里，耕地面积3314公顷，年末总人口29.91万，

其中城镇人口25.06万人。

全年完成GDP309.4亿元，增长10.2%；完成公共财政预算收入12.4亿元、地方收入7.7亿元，分别增长12.1%、12%；完成固定资产投资294.4亿元，增长18.6%；完成规模工业增加值51.4亿元，增长7.2%；实现社会消费品零售总额266.2亿元，增长11.5%；城镇居民人均可支配收入37361元，增长8.4%；农村居民人均可支配收入21555元，增长9%。GDP增幅排名全市第一，农村居民收入增幅排名城区第一，公共财政预算收入和城镇居民收入增幅排名城区第二。

产业发展逆势前行。首次组团参展服博会，与中国服装协会签订关于打造千亿服饰产业战略合作协议，获评国家纺织产业集群创新发展示范地区；挂牌成立创新创业园区服务中心，白关玉城服饰产业园获评湖南省中小微企业创业创新基地。组建株洲通用航空发展有限公司；成功争取省战略性新兴产业专项引导资金和军民融合产业发展专项资金；举办首届“爱模客”模型运动文化节和酷杰飞行者大会，参展张家界国际航空旅游节。大汉·希尔顿城市综合体建成营业，成为全市首席CBD地标；阿里巴巴·株洲产业带上线商户达2000家，年销售收入突破20亿元，综合排名保持全国前十。

项目建设强势推进。深入开展“项目攻坚年”活动。全年实现项目开工18个、竣工8个，完成投资56亿元，项目攻坚考评排名全市第三。路网建设取得实质性突破，机场大道一期、服瑞大道一期、外环路一期建成通车，服饰大道一期、服瑞大道二期、江渌路二期、千亿大道、铁东路、迎新路、果园路全面开工，株洲通用机场快速推进。

民生民利大幅改善。扎实开展“访民情、解民忧、促和谐”活动，全区各级干部深入村组（社区）入户走访84048户，收集整理群众反映问题1455条，解决答复问题541条，推动了民生实事由“政府配菜”向“群众点菜”的转变。深入实施“民生100”工程，涉及芦淞区的56项指标全面或超额完成，教育、文化、卫生、就业、社保等公共服务体系不断完善，人口计生工作连续11年保持“国优”。大力实施保障性安居工程，开工建设公租房（廉租房）1032套，实施棚户区改造2216户，协调解决771户城区居民房屋登记办证历史遗留问题。坚决落实矛盾纠纷“防范、化解、稳控”责任制，严厉打击违法犯罪行为，扎实做好“三安”和食药安全工作，连续9年保持“全省社会治安综合治理平安县(市)区”称号。

存在的困难和问题：一是服饰产业核心竞争力不够强，品牌建设任重道远；通用航空产业仍处于打基础、增投入阶段，低空空域还未完全开放；房地产市场尚未走出低谷，稳增长压力仍然较大。二是少数征拆项目推进缓慢，影响项目落地，一定程度上制约投资作用发挥。三是基础路网建设还未取得实质性突破，承载能力有限，给企业生产和项目引进带来一定的影响。四是安全生产形势不容乐观，化解信访维稳难题还有大量工作要做。五是少数干部思想观念、能力素质、工作状态与新常态还有不相适宜的地方，政府自身建设需要进一步加强。

（李 青）

【国内首支通航产业创投基金获批】 由新芦淞集团发起成立的“湖南乾瑞航空产业创业投资基金”2015年获国家发改委正式批准，该基金为国内首支获批成立的通航产业投资基金。产业投资基金是一种对未上市企业进行股权投资，并提供相应经营管理服务的投资制度，与债务融资相比，其主要优势在于获得投资的企业无需承担任何债务利息。湖南乾瑞航空产业创业投资基金由湖南乾瑞航空产业投资管理有限公司负责管理，参股人包括“中船电子科技”“北京国投汇成创业”等7家公司，基金总规模为2.63亿元。该基金设立后，将主要用于通用航空、应急救援技术与装备、机场及信息化等相关业务。

（李 青）

【芦淞区服饰电子商务产业园跻身全省电商示范体系】 6月，芦淞区服饰电子商务产业园被认定为“2015年度湖南省电子商务示范基地”，全省仅两家。湖南省电子商务示范基地有效期为3年，每年根据运行情况，最高可获得100万元扶持。近年，芦淞区采取“政府引导、政策支持、市场运作”的模式，助推服饰电子商务发展。以芦淞服饰城为基础建设芦淞服饰电商产业园，电子商务的办公面积超过2.5万平方米，截至2015年12月，已入驻的电子商务企业103家，实现交易额约50亿元。

（李 青）

【芦淞服饰城通过“纺织产业转移试点园区”复评】 11月，芦淞区服饰城产业园顺利通过“纺织产业转移试点园区”复评。全国纺织产业转移试点园区是指在沿海城市产业结构调整、中西部地区投资环境改善的背景下，中纺企协旨在整合资源优势，引导纺织产业有序转移，实现地区产业结构调整和升级建立的园区。继2012年芦淞区服饰城产业园获评“全国纺织产业转移试点园区”以来，芦淞区以打造中南地区品牌服装制造中心和商贸中心为目标，积极对接外地转移企业，根据《服饰产业振兴行动计划》《服饰产业整体规划》，积极搭建金融、设计、电商等公共平台，形成集研发、设计、生产加工、仓储物流、展示销售、电子商务于一体的服饰全产业链，芦淞市场群、新芦淞服饰国际博览交易中心、白关国际服饰产业园等服饰产业新城正在加快开发。

（李 青）

【“小巨蛋”项目一期竣工】 6月，总投资7亿元的株洲“小巨蛋”项目一期竣工，被中国服装协会指定为“中国服饰品牌发布中心”。株洲“小巨蛋”项目占地面积6.67公顷，总建筑面积23万平方米，一期工程主要包括9.6万平方米的品牌展贸中心和2.4万平方米的“服饰主题酒店”，项目二期主要包括6万平方米的“专业服饰及设计师办公大楼”和3万平方米的“旗舰店服装大街”，项目整体建成后，将成为国际一流的服装秀专业场地，可引进500家以上的国际国内知名服饰品牌企业在此落户其总部和品牌形象店。（李　青）

【株洲通用机场正式启动建设】 9月21日，株洲通用机场正式启动建设。项目位于芦淞区五里墩乡罗塘村、百井村境内，占地约55公顷，2010年12月取得准入证。项目一期按2B等级进行建设，跑道长800米，宽30米，航站楼2500平方米，总投资4.5亿元，其中建设投资1.53亿元；中期按2C等级标准建设，规划1200米跑道；远期按3C等级标准建设，规划1800米跑道，根据规划定位，株洲通用机场可以起降各型公务机和中型客机。通用机场建成后，将为株洲及周边地区开展紧急救援、通航作业、公务飞行和旅游观光提供极大便利。（李　青）

荷塘区

中共荷塘区委书记 顾　峰
副书记 邬凌云　何恒仁　谭跃飞（兼）
区委常委、政法委书记 尹念群
区委常委、宣传部部长 崔家盛
区委常委、常务副区长 刘　伟
区委常委、组织部部长、统战部部长 张赐华
区委常委、纪委书记 赖晓智
区委常委、副区长 刘国梁
区委常委、人武部政委 欧阳权
区委常委、区委办主任 方　靖
区人大常委会主任 胡开元
副主任 程富饶　喻秋良　陈映山　郭　莉　王小苏
区人民政府区长 邬凌云
副区长 刘　伟　刘国梁　张辉兵　冯湘玲　陈三龙　成良池　李细平
政协荷塘区委员会主席 肖支前
副主席 朱兴来　廖　山（兼）　肖宏琳（兼）　冯　晓（兼）　方　芳
区人民法院院长 贺武夷
区人民检察院检察长 彭物明

【概况】 荷塘区位于市区东部，是工业新兴区、商贸新盛区、生态宜居区、文化休闲区和交通便捷区。全区总面积143平方公里。2015年进行乡镇区划调整，原仙庾镇、原明照乡成建制合并设立仙庾镇，全区现辖1镇1个管委会、1个管理办公室、5个街道办事处和1个省级工业集中区。共有34个社区居委会、39个行政村，总人口305429人，流动人口92037人，常住人口213392人。其中城镇人口144628人，农业人口68764人，出生率11.8‰，自然增长率5.77‰。

全年实现地区生产总值203.08亿元，增长9.5%；其中，第一产业增加值3.84亿元，第二产业增加值113.67亿元，第三产业增加值85.57亿元，分别增长3.6%、6.9%和14.5%，三次产业结构比为1.89 ∶ 55.97 ∶ 42.14。公共财政预算总收入10.26亿元，增长11.3%，地方公共财政收入7.29亿元，增长20.4%；全社会固定资产投资171.19亿元，增长18.8%；社会消费品零售总额57.32亿元，增长12.4%；城乡居民人均可支配收入达35083元，增长8.3%。

2015年，荷塘区坚持创业升级总战略，扎实开展“园区突破年”“旧城改造年”活动，突出抓好产业发展、改革创新、项目推进、城乡建设、民生事业，荣获“全国人民调解宣传工作先进单位”“全省计划生育工作优秀单位”“株洲市项目攻坚先进单位”等国家、省、市级荣誉。

产业发展不断壮大。全年完成规模工业增加值77.72亿元，增长7%。大力实施科技创新。新认定高新技术企业2家，通过复审5家，重新认定4家，高新技术企业群体不断壮大。全区高新技术产业产值达到154.8亿元，同比增长16％，保持较快发展速度。成功获批湖南省水性及高固体份环保涂料工程研究中心等省级创新平台2家，荣获国家技术发明奖二等奖1项、湖南省国防科技进步奖2项，获评株洲市科技领军人才2名。全区申请专利598件，荣获中国专利优秀奖1项、湖南省专利一等奖2项、湖南省专利二等奖1项。组织实施“高端发光与显示用金属氧化物粉体材料的关键制备技术及产业化”等一批部、省、市科技项目，全市首个民营企业科能公司院士工作站正式运行。全力扶持园区建设。建成标准厂房14.1万平方米，新引进朗润、宏达电子、格斯特等入园产业项目19个，其中投资过亿元企业10个，企业入驻率达80%以上，全年园区完成技工贸收入171.4亿元，同比增长9%。积极培育新商圈。大力发展城市综合体，东方时代广场一期、二期竣工，大润发开业，三期公寓楼和四期写字楼全面开工；银泰财富广场招商顺利，引进五星级大地国际影城；成功举办2015秋季购房节暨汽车团购会，展会期间销售汽车超500台，成交房产近百套。推进农业、旅游业联动发展。启动荷塘月色景区乡村观光旅游建设，创立农业休闲旅游新品牌；加强农产品质量体系建设，“三品一标”品牌农产品达10个；依托樟桥蔬菜、香草等6个农产品标准化生产基地，稳步推行“公司＋农户”模式。

改革创新逐步深化。大力开展“一门式”行政审批制度改革。成功引进“互联网”和“大数据”，“一门式”公共服务综合信息平台投入使用，提

高行政审批效率，开启“互联网+政务”的行政审批新模式。加快投融资体制改革。通过捆绑发行企业债、私募债、争取政策性银行贷款等模式，新增到位融资15.8亿元，做大、做优平台公司资产，提高公司信用评级。切实推进财税体制改革。完善全口径财政预算体系，加大预、决算公开力度，完善专项资金管理制度，所有预算单位执行国库集中支付，从源头上遏制了违反财经纪律、法规的行为。大力推进政府职能转变。政府机构改革和乡镇区划调整全面完成，建立并公示“权力清单”和“责任清单”，征地拆迁机制形成荷塘品牌，国有企业、社会管理体制、两型社会建设综合配套等其他各项改革有序推进。

项目推进卓有成效。深入开展项目攻坚年活动，强势推进重点项目建设，24个市级重点项目中，徐家塘远东实业有限公司一期标厂等8个项目竣工，城铁株洲站城市综合体、轨道交通装备制造配套、明照安置房等16个项目顺利推进，项目建设继续保持在全市先进行列。争取棚改、水利、卫生、养老、基础设施、技改等各类项目到位中央资金5.35亿元，连续几年成为全市获得央资最多的县市区。市级重点项目完成投资78亿元（含跨区）。大力开展“环境优化年”活动，解决项目建设要素需求类问题100多个，积极向上争取用地指标，批回土地60公顷，加大征拆力度，完成国有土地征收27.3万平方米，交付集体土地167.07公顷。在南岳岭、上月塘片区棚户区改造征收中，创下国有土地上房屋征收进度的株洲速度。引进南华生物干细胞与组织工程技术产业化等19个项目，其中亿元以上9个，合同引资67亿元。

城乡建设统筹发展。推进城乡路网建设。实施道路工程22项，铁东路核心段、轨道交通城路网开工，向阳北路、新塘路三期、向阳南路一期、金龙东路等14条道路建成通车，东环北路二期、新桂花路延伸段、白云路等7条道路抓紧建设。建成农村公路30公里，客运招呼站3个。道路建设总投资约20.7亿元，通车里程20.5公里。推进“两棚两房、两供两治”。投资7700万元，完成铁路医院、新华一村、市政公司等6个社区4819户基础设施改造，建设公租房、改造农村危房100户，提质改造中南蔬菜批发市场和邮电小区等5个老旧小区。推进城乡环境治理。实施交通秩序、违章经营、农贸市场等“十大专项”整治，拆除违法建设251处，面积26万平方米，稳步推进城市管理“1145”，打造特色小街小巷10条，建设小游园30个，大力实施湘江保护与治理“一号重点工程”，整治非法畜禽养殖户6家，查处排污不合格洗水企业5家。启动霞山村、樟桥村绿心农环整治，新增绿地15.3万平方米，绿化覆盖率达到42%，城乡秩序和城乡面貌更加优化。

民生事业协同推进，社会和谐不断推进。大力实施“民生100”工程。建成建区以来第一所高标准公办文化路小学。新增学位1080个。校园足球发展迅速，成功申报市级校园足球示范区，3所足球布点校成为国家足球示范校。建成水竹公办幼儿园，新增普惠性民办幼儿园园位730个，建成区域校车监控平台并投入使用。“未来教育家教师成长工程”、学前教育“捆绑式服务、组团式发展”项目均获评株洲市第四届教育工作创新奖。资助贫困学生814人。建设和完善标准化社区卫生服务中心5个、乡镇卫生院2个、村卫生室39个，新农合参合率达99%以上，卫计事业获4家省级以上媒体高度肯定。完成14个就业创业保障平台建设，新增城镇就业11115人。核实确定贫困人口472户，1568人，帮助472户贫困户初步脱贫。积极推进社会综合治理。推动信访积案领导包案化解、安全生产一岗双责、严打专项整治等社会管理措施，公众安全感和满意度稳步上升。

存在的主要问题及困难：一是经济下行压力增大，工业增速趋缓，新的增长点亟待培植壮大；二是产业结构不优，质量不高，转变发展方式的力度还需加大；三是基础设施和城乡功能配套不够健全，仍需不断完善。

（周　涛）

【棚改征收创“株洲速度”】 株洲市南岳岭、上月塘片区棚改项目是建市以来最大的棚改项目，包括长株潭城际铁路株洲枢纽站、火车站东广场、铁东路建设和周边棚户区改造四大部分。项目一期、二期占地32.67公顷，涉征房屋总面积42万平方米，产权住户2506户，人口1.2万，单位35家（涉铁单位20家）。项目一期、二期自2015年5月启动签约，荷塘区坚持市场评估、阳光征收和货币安置，推进征收工作，30天签约600户，50天签约1300户，6个月基本完成征收任务，最高单日签约109户。截至2015年12月31日，居民户累计签约2478户，签约率达99%，单位签约25家；腾房2382户，腾房率达95.1%；拆除20.5万平方米；安置购房1804套，创造国有土地上房屋征收的“荷塘模式”“株洲速度”。

（周　涛）

【招商引资成效显著】 积极参与“港洽周”等省、市招商活动，引进中美医院、南华生物干细胞等项目19个，其中亿元以上项目9个，合同引资67亿元。立足荷塘产业发展实际，参与策划城际铁路株洲站城市综合体、嘉德工业园等大项目、好项目。全年实际引进内资39.62亿元，同比增长15.09%，实际利用外资1.13亿美元，同比增长14.45%。

（周　涛）

石峰区

中共石峰区委书记 罗　伟
副书记 龙志华　邓元连
区委常委、政法委书记 李　斌

区委常委、组织部部长		邹展晖
区委常委、纪委书记		颜曼文
区委常委、宣传部部长		邹建平
区委常委、区委办主任		李立新
区委常委、常务副区长		兰　军
区委常委、副区长		刘湘林
区委常委、人武部部长		杨建平
区人大常委会主任		王立平
副 主任	刘业余	潘一帆
	翁领先	阳　健
	黄永庭	
区人民政府区长		龙志华
副区长	兰　军	刘湘林
	余群明	欧阳政
	樊　伟	钟水根
	杨喜兰	江洪治
	刘振球	陈国林
	乐　翔	
政协石峰区委员会主席		屈邵阳
副主席	王湘琳	杜三元
	郭　岚	曾　嵘
	娄　健	
区人民法院院长		刘仕明
区人民检察院检察长		杨瑞斌

【概况】石峰区位于株洲市北部，地处长株潭城市群的核心区域，北接长沙，西连湘潭，辖5个街道，13个行政村，36个社区居委会，土地总面积91.3平方公里。2015年年末全区常住人口为26.42万人，比上年末增加0.26万人。其中城镇人口25.84万人。人口出生率10.44‰，人口自然增长率5.24‰。

全年实现地区生产总值（GDP）326.1亿元，比上年增长7.2%。其中，第一产业增加值1.8亿元，增长3.6%；第二产业增加值274.9亿元，增长6.8%；第三产业增加值49.3亿元，增长9.8%。三次产业结构比为0.6∶84.3∶15.1。全年完成公共财政预算收入18.7亿元，比上年增长11.8%。全年完成全社会固定资产投资总额175.5亿元，比上年增长18.4%。全年实现社会消费品零售总额46.2亿元，比上年增长12%。全年城镇居民人均可支配性收入36243元，比上年增长8.3%；农村居民人均纯收入17895元，比上年增长8.7%。

全区实现农林牧渔业总产值2.3亿元，比2014年增长3.6%。实现农林牧渔业增加值1.8亿元，比2014年增长3.6%。全区农作物播种面积1.58千公顷；粮食播种面积0.84千公顷；蔬菜种植面积0.36千公顷。出栏生猪3.33万头。

全年实现工业增加值266.8亿元，比上年增长6.8%，其中规模以上工业增加值247.4亿元，增长7%，增速较上年下降4.5个百分点。奋力推进轨道交通装备千亿产业集群战略，实现增加值200.7亿元，占规模工业的81.1%。中车株机不锈钢城轨车辆生产线、联诚轨道牵引部件基地等11个项目竣工投产。轨道交通城143.87公顷征地征收全面完成，25万平方米工业地产正式启动；轨道智谷一期标准厂房投入使用。中车株机与南非成功签署21亿美元机车订单，成为我国机车史上最大出口订单。中车株所成功收购英国SMD公司，一举夺得全球深海机器人第二大供应商的所有权。

全年23家大中型工业企业实现增加值237.5亿元，增长7.9%。规模以上工业企业实现主营业务收入743.1亿元，比上年增长5.8%。主要行业中，轨道交通行业实现利润56.2亿元，增长19.7%。园区规模工业增加值230亿元，增长9.6%，占规模以上工业增加值的比重为93%，比上年提高2.7个百分点。规模工业新产品产值455.8亿元，增长19%。万元规模工业增加值能耗比上年下降32.5%。高新技术产业实现总产值742.2亿元，实现增加值238.4亿元，比上年增长13.5%（现价），占规模以上工业增加值比重达到96.4%。

推进城市基础建设，城市品位大幅提升。铜霞路三期全线拉通并对接湘潭，田林路二期（石峰段）、时代大道北辅道顺利实现通车，启动中车大道和田心大道建设，维修改造城区道路26公里。扎实推进湘江保护与治理工程，关闭取缔搬迁污染企业14家，拆除砂场22家。加大棚户区改造和老旧小区改造工作力度，清水塘棚户区改造项目获得国家资金支持，建成桥梁厂二生活区等3个棚户区；提质改造云峰阁有机生活区、响石四村等10个老旧小区。继续开展爱国卫生运动，成立全市首家城市管理志愿者协会，市容市貌得到很大改观。

全年完成进出口总额（口径调整后）4445万美元，增长7.3%。成功引进轴类产品热处理、机械零部件加工基地等9个过亿元项目，全年内联引资31.7亿元，同比增长17.1%，实际到位外资1.05亿美元，同比增长26.9%，连续六年获得省内联引资先进。推进融资多元化。全年融资35.6亿元，到位资金30.6亿元，14亿元公司债券、世界银行1.5亿美元贷款顺利推进。

全年全区实现旅游产业收入16.65亿元。接待入境旅游者2.5万人次；旅游外汇收入695.93万美元；接待国内旅游者230.76万人次；国内旅游收入16.2亿元。

全年研究与试验发展（R&D）经费支出（规模工业）13.4亿元，比2014年增长24.1%。年末共有国家及省级企业重点实验室7个，国家及省级工程（技术）研究中心21个。承担国家各类科技计划项目12项。专利申请量与授权量分别为1437件和981件，分别增长13.9%和17.8%，其中发明专利申请量与授权量分别为760件和341件，增长25.4%和105.4%。

全年工业废水排放量1073.92万吨，工业废气排放量378.5亿立方米。工业固体废物综合利用率94.8%。工业废水重复利用率92.8%。生活垃圾无害化处理率为100%。城区新增绿地面积68万平方米，绿化覆盖率52%。

省、市、区各项民生实事全面完成。切实开展扶贫攻坚行动，着力实施精准扶贫，辖区143户316名贫困人口全面脱贫。全面落实基本养老服务补贴制度，城乡覆盖率达到100%。新型农村合作医疗参合率达到97.7%。中小学教育信息化和数字校园建设工程顺利推进，枫叶中学等22个校园改造升级项目完工。井龙一期安置小区顺利交房，九郎山A、新明B、霞湾一期安置小区基本建成。 （章小菁）

株 洲 县

中共株洲县委书记	谭润洪
副 书 记、县 长	刘克胤
副 书 记	朱 江 刘智勇
县人大常委会主任	罗禧瑰
政协株洲县委员会主席	陈光国
县委常委、常务副县长	粮水云
县委常委、组织部部长、县委办主任、统战部部长	王顺安
县委常委、宣传部部长	刘美和
县委常委、纪 委 书 记	谭伟生
县委常委、副 县 长	刘奇伟
县委常委、政法委书记	张德云
县委常委、人武部部长	易运华
县人大常委会副主任	郭兴龙 何 沙（兼） 李桂香 曾永中 张国雄
县人民政府副县长	粮水云 刘奇伟 段可文 黄团结 吴宏亮 晏永辉
县政协副主席	于大平 李文亮 瞿 梅（兼） 陈代陆（兼） 唐志伟
县人民法院院长	黄玉丰
县人民检察院检察长	陈毅清

【概况】 2015年，株洲县镇区划调整、政府职能转变和机构改革全面完成，全县乡镇合并为8个，政府工作部门调整为24个。另设1个场。共有18个居民委员会、248个村民委员会，3189个村民小组。土地总面积1053.6平方公里，其中耕地面积24590公顷。年末全县户籍总人口34.88万人，常住人口29.24万人，城镇化率40.1%。全县出生人口4528人，出生率为12.9‰；死亡人口5135人，死亡率14.7‰，人口自然增长率-1.8‰。

全县实现地区生产总值115.6亿元，增长10.1%。三次产业结构由2014年的17.9 ：53.8 ：28.3调整为16.8 ：53.7 ：29.5。完成公共财政预算总收入11.8亿元，比2014年增长17.3%。地方收入8.5亿元，增长19.8%。全县完成公共财政预算支出20.8亿元，增长26.0%。全县全体居民人均可支配收入17868元，比2014年增长8.9%。年末全县金融机构本外币各项存款余额120.2亿元，增长22.1%。本外币各项贷款余额53.0亿元，增长20.6%。

全县实现农业总产值27.4亿元，比2014年增长3.9%。粮食种植面积3.51万公顷，增长1.7%，粮食总产量23.4万吨，增长1.7%。蔬菜种植面积8733公顷，增长1.6%，蔬菜产量24万吨，增长1.9%；水产品产量1.1万吨，增长1.9%；禽蛋产量0.6万吨，增长4.6%。全年出栏肉猪54.4万头，下降1.9%。全年成功创建1个国家级现代农业示范区、3个国家级蔬菜标准园、8个省级优质稻示范基地。启动国家木材战略储备林基地建设，新造、改培林地400公顷。全县规模以上农产品加工企业产值达14.5亿元，增长30%。完成农村通畅工程160公里，升级改造农村公路50公里，改造危桥7座，建设道路安保工程150公里。兴修“五小”水利工程732处，整修山塘412座，新建水渠402公里。改造农村电网228公里。投入1000万元，打造了太田、茅塘等6个“美丽乡村”，完成渌口新农村建设示范片和20个村的人居环境整治。完成农村危旧土坯房改造1800户，淦田镇农村危房改造省级示范镇项目顺利实施，株亭新镇项目正式启动。全县新建农村公路5.3公里，建成农村客运招呼站12个。

全县实现社会消费品零售额36.9亿元，比2014年增长12.4%。全年进出口总额（海关口径）755万美元，比2014年下降19.4%。全县引进内资项目83个，合同引进县外资金152.2亿元，实际到位县外资金33.8亿元，同比增长10.4%。实施重点项目45个，其中新开工项目14个，竣工项目7个。广源家居、湘融服饰等一批重点项目先后启动，渌鸿风电二期投产达效，三期快速推进，驾考中心、渌湘大厦等项目已建成。全年接待国内外游客65.3万人次，比2014年增长16.5%；实现旅游总收入3.1亿元，增长15.5%。

全县完成固定资产投资96.9亿元，比2014年增长18.9%。全年施工项目224个，其中新开工项目160个。全年全部工业增加值36.6亿元，比2014年增长9.2%。规模以上工业增加值36.2亿元，比2014年增长9.3%。完成技工贸总收入114亿元，增长29.8%，完成工业增加值31亿元，增长22%。南洲大道附属工程、S313提质改造全面完工，渌湘大道基本竣工，和谐大道、滨水大道如期开工，新区“两纵四横”骨干路网初步成形。新建南岸自来水加压泵站，启动建设园区污水处理厂。标准厂房开工面积23.7万平方米，建成29.1万平方米，厂区宿舍、餐厅、超市、娱乐场所等配套服务设施加快推进。引建一批亿元项目，环保装备产业园签约落地，西海岸鞋业、亿杰科技等履约筹建，时代新材亚胺薄膜、兆能电磁线等开工建设。时代绝缘成功挂牌省级企业技术中心，奇宏散热等4家企业获省级“专精特新企业”认证，鸿远阀门为株洲县首个全国驰名商标。青龙湾城乡一体化、紫涵湖温泉度假区强势推进，黄金地标、瑞和广场即将建成，大美服饰物流中心、中央时代广场建成营业。完成梅子湖、朱亭镇、淦田镇控制性详规及27个村庄规划。投入6台电动公交车，成为全省首个使用纯电动公交车的县级城市。全年交通投资达8亿元，创历史新高。渌湘大桥顺利开工，渌江风光带二期、航电枢纽二线船闸、渌枫大道等项目有序推进，和谐大桥完成形象进度的50%。

全县实现邮电业务收入5.1亿元，比上年增长13.6%。年末拥有固定电话用户1.62万户，移动电话用户27.3万户，互联网宽带接入用户3.1万户。

全县实现高新技术产业总产值43.8亿元，增长41.0%；实现高新技术产业增加值13.7亿元，增长46.7%。承担重大开发（及转化）项目12项，全年完成专利申请160件，增长12.0%，其中发明专利38件。授权专利106件，其中发明专利20件。全县有基础教育校（园）111个，其中幼儿园65所，小学23所（不含：教学点22个），初中学校19所，高中4所。全县基础教育共有在校学生31766人。其中：学前教育8542人，小学教育13108人，初中教育5712人，高中教育4386人。初中入学率、巩固率均为100%；小学学龄人口入学率、巩固率均为100%；小学毕业升初中比例达100%。年末全县共有文化馆1个，公共图书馆1个，广播台1座，电视台1座，有线电视用户数1.7万户，比上年增加6500户。大力实施文化惠民工程，举办3期"欢乐潇湘、幸福渌湘"等文体活动，完成电影下乡3000场。出版株洲县非遗专刊《渌湘民间艺术·艺人》。全县体育设施总体达到475个，较上年增加123个。新建农民体育健身工程的行政村45个，各类体育场地475个，体育设施总面积53.1万平方米，同比增长27.7%。圆满承办"株洲市第三届组工杯羽毛球乒乓球赛"。参加株洲市第五届大众运动会并圆满承办自行车赛事，获团体总分第三、"道德风尚奖"。参加株洲市"三好杯"中小学生田径运动会获4块金牌、5块银牌、2块铜牌，并打破小学女子组400米最高纪录，小学女子组团体总分第一名。

全县现有医疗卫生单位21个，其中县直医疗卫生单位7个、乡镇卫生院14个，有村卫生室233个。有医疗卫生人员1100人。实施精准扶贫，实现脱贫3000余人。养老保险、城乡低保、医疗保险持续提标，城市居民最低生活保障提至420元，城乡低保月人均补差分别达到285元以上、106元以上，环卫工人月工资提高至1465元。新建和改扩建农村敬老院2所，新增养老服务床位130张，县社会福利养老中心开院营业。参加新型农村合作医疗人数272414人，参合率95.3%。MC影城投入使用，结束株洲县没有数字影院的历史。在全省率先推行县乡两级医院门（急）诊挂号费、诊查费全免政策。县一医院新院落成，搬迁营业。

全年空气质量达标率93.4%，地表水质达标率100%，农村垃圾集中处理率86.3%，城镇污水处理率为84.8%。全县森林覆盖率达52.01%，提高0.24个百分点；森林资源蓄积量增长率达4.2%，提高1.2个百分点；城镇建成区绿化覆盖率达30.5%，提高0.2个百分点。（文　汇）

【渌湘大桥（渌水二桥）开工建设】 2015年12月31日，株洲县渌湘大桥（渌水二桥）在南洲镇南岸村举行开工仪式。渌湘大桥（渌水二桥）位于南洲新区北部，起点位于南洲新区已建渌湘大道，终点与渌口镇南江南路相连，是株洲县跨越渌江连接南洲新区和渌口镇的重要构造物。桥梁全长651.96米，主桥长280米、宽26米，引桥长371.96米、宽21米，为双向四车道。项目总用地面积3.94.公顷，总投资约2.4亿元。建设业主为株洲县交通发展建设有限公司，设计单位为湖南省公路设计公司，施工单位为湖南省第五工程有限公司，监理单位为株洲南方项目管理有限公司。项目建设工期2年，预计2017年底完工。（张恺鹏）

【撤乡并镇】 2015年，株洲县全面启动撤乡建镇工作，截至11月30日，全县由原有的15个乡镇场合并为8个镇（朱亭镇、龙潭镇、龙门镇、淦田镇、南洲镇、渌口镇、龙船镇、古岳峰镇），1个场（凤凰山林场）。（张恺鹏）

【株洲县一医院整体搬迁】 2015年12月30日，株洲县一医院举行整体搬迁启动仪式。新院按照二甲医院标准设计建成，位于南洲新区大坝桥村，于2013年3月开工建设。总投资3.4亿元，总用地面积53295平方米，总建筑面积62237.9平方米，有门诊楼3层、医技楼4层、住院楼6层、传染病楼4层、行政办公楼5层、地下三等医疗救护工程、地下停车场等辅助设施。新医院拥有全县最先进的CT、核磁共振、四维彩超、X光机、腹腔镜等高端设备；住院床位达600张；门诊每日可接待800人。（张恺鹏）

【城区开通公交1路和2路纯电动车】 为响应国家"两型社会"建设要求，确保《株洲市创建绿色交通城市实施方案》重点支撑项目的顺利实施，促进株洲交通运输节能减排工作迈上新台阶，2015年9月29日，株洲县城区1路和2路纯电动公交车正式开通运营，每条线路上各投入运力3台，成为全省首个使用纯电动公交车的县级城市。1路线起讫站为汽车站至伏波广场（单程4千米），2路线起讫站为上景·领秀时代至伏波广场（单程6千米）。纯电动车环保节能、无噪音、零排放，能源消耗理论参数是同类燃油车的40%～50%。（张恺鹏）

【承办株洲市第五届大众运动会自行车赛】 2015年11月5日，由株洲县承办的株洲市第五届大众运动会自行车赛在株洲县松西子社区举行。竞赛项目分为男子组山地车个人赛和女子组山地车个人赛，全程19.5公里，200余名运动员参赛。整个赛事公平有序、安全、节俭、热闹。为确保赛事顺利进行，还特别设立7个工作小组，有交警、巡特警、医务人员、志愿者等共150名工作人员。

（张恺鹏）

醴陵市

中共醴陵市委书记	周晓理
市委副书记、市长	康月林
市委副书记	刘海宾
市委常委、常务副市长	邹志超
市委常委、副市长	廖宏力
市委常委、政法委书记	黎 平
市委常委、纪委书记	易文星
市委常委、市人武部部长	李云星
市委常委、宣传部部长	曾毅鹏
市委常委、市委办公室主任	贺小玲
市委常委、组织部部长、统战部部长	刘华章
醴陵市人大常委会主任	李 理
副主任	刘跃峰 李亿平 乔德良（兼） 翁菊清 汤乐田
醴陵市人民政府市长	康月林
副市长	邹志超 廖宏力 李忆湘 李荣佳 颜文明 廖胜云 王志强
政协醴陵市委员会主席	杨 龙
副主席	陈建军 易 磊 唐青柏（兼） 钟富强（兼）
醴陵市人民法院院长	刘望鸣
醴陵市人民检察院检察长	王友武

【概况】 2015年末，醴陵市辖湖南醴陵经济开发区1个，城区管理委员会1个，长庆示范区1个，渌江新区1个，街道4个、镇19个，设56个居委会、343个村委会，653个居民小组、6425个村民小组；土地总面积2156.5平方公里。全市户籍人口106万人，其中农业人口90.9万人，非农业人口15.1万人。常住人口97.89万人，其中城镇人口53.03万人，农村人口44.86万人。按常住人口比例计算，城市化率达54.2%。全市年平均气温18.6℃，高于常年平均值1.1℃；年降水量1704.9毫米，较常年偏多226.5毫米；日照时数为1316.3小时，较历年偏少251.6小时，年内平均气温高、光照少、降水多，属于正常偏暖年。气温全年平均气温18.6℃，较常年偏高1.1℃，较上年偏低0.4℃。

2015年，醴陵市县域经济竞争力在全国百强中上升到第82位，工业经济实力居全国第93位。全年实现生产总值531.6亿元，按可比价计算，比上年增长10.1%。分产业看：第一产业实现增加值48.4亿元，增长4%；第二产业实现增加值340.4亿元，增长9.2%，其中工业增加值317.6亿元，增长9.2%；第三产业实现增加值142.8亿元，增长14.4%。三次产业结构由上年的9.1∶65.6∶25.3调整为9.1∶64∶26.9。三次产业对经济增长的贡献率依次为9.3%、46.4%和44.3%，分别拉动经济增长0.4个百分点、5.9个百分点和3.8个百分点。按常住人口计算，人均地区生产总值54301元。全市完成公共财政预算收入45亿元，增长17.2%。其中上划收入10.6亿元，增长8.5%；地方一般预算收入34.4亿元，增长20.1%。完成税收23亿元，占财政总收入比重为51.1%。公共财政预算支出59.6亿元，增长20.2%，其中教育、文化体育与传媒、社会保障和就业、医疗卫生、农林水事务、住房保障等事务支出为7.7亿、1.1亿、7.6亿、5.5亿、6亿、1.7亿，分别增长15.9%、113.2%、32.1%、5.4%、31.1%和114.6%。

全市金融机构各项存款余额262.3亿元，比年初增加45亿元，增长20.7%，其中城乡居民储蓄余额194亿元，比年初增加22.9亿元，增长13,4%；各项贷款余额131.4亿元，比年初增加9亿元，增长7.4%。

全年实现农林牧渔业总产值68.9亿元，按可比价计算增长4.1%。其中农业产值34.1亿元，增长4.4%；林业产值3.3亿元，增长2.1%；牧业产值26.1亿元，增长2.3%；渔业产值3亿元，下降1.7%；农林牧渔服务业产值2.4亿元，增长8%。全市农作物播种面积为104.9千公顷，增长3.6%，其中：粮食作物种植72.3千公顷，增长0.5%。粮食总产量达51.7万吨，其中稻谷49.1万吨。蔬菜产量70.5万吨，增长8%；水果产量8.1万吨，增长18.6%。全市种粮大户、规模经营组织达2560个，流转耕地1.85万公顷，占耕地总量的52.4%。肉类总产量11.5万吨，增长0.4%；水产品产量2.1万吨，增长5.1%。出栏肉猪113万头，增加2.6万头；出栏羊36.5万头，增加1.5万头；出笼家禽796.7万羽，同比增加100.1万羽。全市拥有农机总动力90.7万千瓦，增长7.8%。全面机插面积1.88万公顷，水稻生产综合机械化水平达到73.5%。全年完成农村公路建设81.5公里，新建改造危桥20座，启动滩下渡改桥建设，建成农村客运招呼站15个。完成重点水库除险加固11座，新建集中供水工程16处，解决8万人饮水安全问题。完成工业总产值1012.3亿元，增长13.2%，实现工业增加值317.6亿元，增长9.2%。其中：规模以上工业企业515家，完成产值886.3亿元，增长13.3 %，实现增加值313.3亿元，增长9.4%。工业经济拉动GDP增长5.6个百分点，对经济增长贡献率达41.9%。工业增加值占地区生产总值比重为59.7%，下降1.6个百分点；工业企业实缴税金10.6亿元，增长18.7%；规模工业企业全部资产利税率为22.7%；园区规模工业增加值占全部规模工业增加值比重为56%；万元规模工业增加值能耗降低4.3 %；高新技术产品增加值占工业增加值比重为12.9 %；工业固定资产投资总额294亿元，增长23.6%。建筑业实现增加值23.1亿元，增长8.7%。具有资质等级的总承包和专业承包建筑企业27家、劳务分包企业14家，完成产值57.5亿元，增长23.4%；建筑房屋施工面积302.6万平方米，增长22.2 %，房屋竣工面积222.9万平方米，增长8.9%。拥有房地产开发企业44家，完成房地产开发投资15.7亿元，下降26.5%；商品房施工面积182.7万平方米，下降8.8%；竣工面积25.9万平方米，下降48.3%；销售面积55.3万平方米，增长10.3%；实现销售额20.8亿元，增长2.5%，其中住宅销售额18.8亿元，增长14.4%。

全市完成固定资产投资360亿元，增长18.7%。分产业来看，第一、二、三产业分别完成投资1.4亿元、294.1亿元、64.5亿元，一产业下降50.8%，二、三产业分别增长23.4%、4%。从投资方向来看，完成工业投资294亿元，增长23.6%，其中技术改造投资264亿元，增长19.9%；完成基础设施投资45.6亿元，增长34.6%，完成民生投资4.7亿元，增长101.5%。完成社会消费品零售总额163.4亿元，增长12.6%。分地域看，城镇实现消费品零售额147.2亿元，增长12.5%；农村实现消费品零售额16.2亿元，增长13.6%。分行业看，批发和零售业实现零售额145.5亿元，增长13.0%；住宿和餐饮业实现零售额17.9亿元，增长9.1%。

全市新批进出口企业15家，年末拥有自营进出口权的企业245家。全年完成货物进出口额3.33亿美元，同比下降2.5%。组织企业使用“中国醴陵·瓷彩天下”的统一标识抱团参展春秋两季广交会，成交11309万美元，同比增长11.4%。进出口贸易总体上保持稳定增长，2015年货物进出口总额比2010年增长48.1%，“十二五”期间，年均增长10.3%。全市实现旅游总收入25.6亿元，增长23%，旅游总人数366万人次，增长23.3%。全年实际到位外资1.65亿美元，增长14.5%；内联引资36.75亿元，增长15.3%。

全年交通运输、仓储和邮政业实现增加值13.9亿元，增长1%。客运量2807.5万人次，增长2.8%，货运量1776.3万吨，增长0.7%，客运周转量11.7亿人公里，增长2.5%；货运周转量20.6亿吨公里，增长0.7%。完成邮电业务总量8.36亿元，增长19.4%。年末固定电话用户13.5万户，下降9.4%。移动电话用户75.4万户，增长10.7%，互联网用户10.7万户，增长13.1%。

全年全市单位GDP能耗为0.665吨标准煤/万元，下降4.2%，万元规模工业增加值能耗下降4.3%。全市化学需氧量、氨氮削减率分别为0.1%、0.2%；工业“三废”处理率100%；全年空气质量优良天数327天，优良率达92.4%。发生各类安全生产事故85起，死亡5人，受伤144人，直接经济损失29.8万。其中：烟花爆竹企业发生伤亡事故1起，死亡1人。道路交通事故发生84起，死亡4人，受伤144人。

全年共申请专利1068件，其中发明申请51件。授权661件，其中发明授权33件。科技计划项目申请35项，科技计划项目立项20项，科学技术经费本级支出2008万元。年末拥有高新技术企业44家，完成高新技术产品产值117.7亿元，增长22.7%。全市共有各级各类中、小学校266所，其中小学212所（含94个教学点），初中31所，十二年一贯制学校1所，九年一贯制学校11所，完全中学1所，高中5所，特殊教育学校1所，职业学校4所；共有幼儿园287所。在校学生、在园幼儿142914人，其中：中学生（含中职学生）43454人，小学生60398人。全市小学入学率为100%，辍学率为0，升入本市初中学校升学率为97.29%；初中入学率为100%，辍学率为0.4%，升学率为96.68%。全市广播电视有线数字用户8.96万户，全市广播综合覆盖率为100%，电视综合覆盖率为100%。广播电视台主办《醴陵新闻》300期、《零距离播报》（已停播）、出版《今日醴陵》报101期；完成制作播出《瓷城环线》《法治视点》《安全在线》《瓷城房产》等专题节目190期；完成自采新闻稿件近4000条。举办大型文化体育活动131场次，送戏下乡136场，送电影下乡4092场；结合乡镇综合文化站建设开展“一周一乐、半月一赛”系列活动72场次；市文化馆、图书馆、博物馆、纪念馆和乡镇综合文化站已经全部实现免费开放。全市拥有各级各类医疗卫生机构714个，其中，驻醴医疗卫生单位2个、市直医疗卫生单位7个、民营医疗卫生机构6个、乡镇卫生院19个、卫生院分院14个、街道社区卫生服务中心4个、村卫生室571个、诊所73个、厂矿和企事业单位医务室18个。有执业（助理）医师2090人，执业护士1919人，每千人口拥有医生1.9人、护士1.8人；有全科医生42人，村卫生室人员602人，基层公卫专（兼）职专干255人，其中妇幼专干62人、防疫专干37人。有编制床位4450张，每千人口拥有4.2张。全市新型农村参合农民78.8万人，参合率96.57%；累计补助27.67万人次，补助金额3.6亿元，统筹地区政策范围内补偿率75.13%。

全市城乡居民人均可支配收入25976元，其中城镇居民人均可支配收入31093元，同比增加2457元，增长8.6%；农民人均可支配收入20732元，增加1640元，增长8.6%。城镇居民人均生活消费性支出19995元，其中食品支出5686元；农民人均生活消费性支出13855元，其中食品支出为3756元。全年民生领域支出41.97亿元，占公共财政支出的70.7%。全市新增城镇就业8386人，新增农村劳动力转移就业4630人，城镇人口登记失业率控制在3.5%以内。“五大保险”参保人数达94万人次，支付各种待遇10亿余元。新改扩建农村敬老院3所，农村五保户分散供养标准达3360元/年。完成农村危房改造1300户，开工建设公共租赁住房（含廉租住房）1410套，发放住房困难租赁补贴1200户，解决近2万人住房困难问题。实施精准扶贫，开展“一进二访”活动，完成36758名贫困人口的建档立卡工作，派出20个工作队到贫困村开展驻村帮扶，5835名贫困人口“摘帽脱贫”。

（陈　灏）

【中国陶瓷艺术大展暨首届湖南(醴陵)陶瓷博览会】 2015年是醴陵釉下五彩瓷扁豆双禽瓷瓶获“巴拿马太平洋万国博览会”金奖100周年。为扩大对外交流与合作，推进陶瓷产业转型升级，经湖南省人民政府批准，中国陶瓷艺术大展暨首届湖南(醴陵)陶瓷博览会(以下简称“瓷博会”)于3月26日—4月6日在醴陵世界陶瓷艺术城成功举办。展会由中国轻工业联合会、中国陶瓷工业协会、湖南省商务厅、株洲市人民政府主办，醴陵市人民政府承办，湖南省陶瓷行业协会、华泽集团醴陵世界陶瓷艺术城协办。醴陵世界陶瓷艺术城，是由世界著名的意大利阿克雅建筑师事务所设计师马尔科·卡萨蒙帝主持设计。总占地面积43.33公顷，总建筑面积100万平方米，总投资人民币近30亿元。整体设计以陶瓷器皿作为建筑外观，外观颜色与外墙装饰大量运用中国传统围棋的棋盘与棋子元素，是当今中国陶瓷行业体量最大的异型建筑群。

本届瓷博会以“中国醴陵·瓷彩天下”为主题，以“弘扬陶瓷文化、发展陶瓷产业，打造绿色瓷城、文化瓷城、商贸瓷城”为目的，展会共设立16个展区，总面积18900多平方米，有636个展位。展品包括日用陶瓷、艺术陶瓷、电瓷、陶瓷酒瓶、花纸色釉、陶瓷装备等品种共11600多件(套)，陶瓷博物馆陈列陶瓷精品548件(套)。参展企业达436家，日本柴田陶瓷、山东华光陶瓷、长沙望城铜官陶瓷积极参展布展。日本、新加坡、瑞士等国家和中国香港、台湾地区，全国陶瓷主产区党政领导、陶瓷协会专家、签约代表、参展商、客商代表等6500余人参加。

展会组织策划了中国陶瓷艺术大展第十届全国陶瓷艺术创新评比大赛、陶瓷新产品和新材料展销等16项主体活动。其中中国陶瓷艺术大展第十届全国陶瓷艺术与设计创新评比由中国轻工业联合会与中国陶瓷工业协会共同主办，是国内陶瓷界规模最大最具影响力的评比活动。联合国教科文组织陶艺学会主席、瑞士日内瓦巍巍工艺学院陶艺系主任杰克·考夫曼教授出席展会并任评委，同时云集国内外颇具影响力的评委专家、国家级陶瓷艺术大师、各院校专业教授、收藏家、参评选手及各媒体记者5000余人，参评作品3100件(套)，其中醴陵市500余件。经评选，湖南省陶瓷艺术作品共获金奖16个、银奖16个、铜奖45个、优秀奖24个，其中醴陵市陶瓷作品获金奖14个、银奖14个、铜奖40个、优秀奖20个。

展会期间，本地企业纷纷为瓷博会捐资献计，共收到企业捐款近400万元，收到大师捐赠作品60多件。接待参观人数38.6万人次，签订招商项目和企业合作项目各16个，合同资金41.76亿元。华联、陶润以及新世纪等企业销售火旺，现场成交8760万元，协议成交5.77亿元。展会带动旅游、商贸等相关行业的发展。据统计，瓷博会期间共实现旅游收入1.78亿元，快乐购销售626万元；美食节七天内营业额累计达132万元；各景点共接待游客约3.8万人次。

新华社、人民日报、中央电视台、湖南日报、湖南卫视、株洲日报等60多家新闻媒体对此次展会筹备情况和参展情况进行跟踪宣传报道。

(陈　灏)

【醴陵市启动渌江书院修缮整治工程】 2015年3月醴陵市启动渌江书院修缮整治工程，计划于2016年7月完成。渌江书院始建于宋淳熙二年(1175年)，清乾隆十八年(1753年)正式命名为渌江书院。1904年，渌江书院改为高等小学堂，1950年又改为县立中学。1986年被列为省级文物保护单位。2013年，渌江书院被正式公布为国家级文物保护单位。渌江书院位于醴陵市城区，背靠西山，前临渌水，周边还有靖兴寺、宋名臣祠和千年古樟等人文、自然景点。南宋文豪朱熹曾在渌江书院讲学，晚清名臣、湘军领袖左宗棠曾在此执教，中国近代历史名人李立三、程潜、陈明仁、左权等人曾经在此求学。渌江书院为振兴文教、培植英才作出了巨大贡献，是醴陵千年书院文化的核心载体。

(陈　灏)

【“数字醴陵”正式开通】 2015年4月17日，“数字醴陵”一期系统正式开通。该系统总预算投资4100万元，包括“平安城市”“智能交通”“数字城管”3个子项目，563只“电子眼”遍布醴陵大街小巷，为瓷城醴陵织就一张平安建设“天网”。

(陈　灏)

【醴陵五彩艺术团法国获奖】 2015年7月5日，在法国巴黎举办的2015年UCWDC世界排舞联赛中，有来自法国、英国、美国、中国等国家的150余名选手参赛，醴陵五彩艺术团作为代表中国的唯一参赛团队，用原创排舞《思情鬼歌》、串烧舞曲《舞动瓷城》和展演舞曲《舞动中国》参赛，凭借完美规范的动作，独特的创编，夺得团体串烧节目第一名，团体原创节目第一名，团体展演节目第一名。

(陈　灏)

【醴陵市通过“湖南省卫生城市”复审】 根据《湖南省卫生城市考核命名和监督管理办法》规定，2015年7月8—10日，湖南省爱卫专家组通过查阅资料、现场检查以及走访群众等方式，对醴陵市巩固提升省级卫生城市工作进行全面检查，总体评价是：醴陵市委、市政府着力改善民生，深入推进“两改六化”，按照“以水为源、以绿为美、以文为魂、以人为本”的要求，着力打造了醴陵省级卫生城市升级版，省级卫生城市管理工作得到较好的保持，城乡环境卫生面貌再上新台阶，符合省级卫生城市标准要求，建议继续保留“湖南省卫生城市”称号。

(陈　灏)

【醴陵白兔潭镇被纳入省新型城镇化试点】 2015年7月，经湖南省委、省人民政府同意，《湖南省新型城镇化试点工作总体实施方案》正式印发。醴陵市白兔潭镇已被纳入湖南省新型城镇化28个试点镇之一。白兔潭镇位于醴陵东北部，是湘赣两省三县市(醴陵、浏阳、上栗)结合部，面积48平方公里，管理人口近5万，距醴陵城区25公里，与沪昆高速、沪昆高铁站相距不到17公里，新106国道穿境而过，湘江支流澄潭江贯穿南北，具有优越的交通优势和区位条件。

2014年8月白兔潭镇获批“全国小城镇建设重点镇”。根据《实施方案》，此次试点地区将获得资金重点倾斜，并将享受不少先行先试政策。面对政策机遇，该镇党委书记赖洪表示，白兔潭镇将乘势而上，全力打造湘赣边界独具地方特色、商贸物流繁荣、人居环境优美、文化氛围深厚的新型中心城镇。（陈 灏）

【渌江新区】 2015年8月，为统筹整个新区开发，加速推进新区整体建设，醴陵市决定成立渌江新区建设管委会，统筹渌江新区建设。管委会下设综合管理部、发展规划部、征地拆迁协调部、招商合作部、投融资部和社会事务部等6个工作部。渌江新区是按照醴陵市“一城三片区”的顶层设计、“溯江而上，向东发展”的发展思路和打造推动城市转型升级的综合服务中心，汇聚多样功能的产城融合示范平台，展现山水文化特质的魅力宜居新城的要求启动的新城建设。规划范围包括长庆示范区、来龙门街道、国瓷街道的部分区域，规划面积23平方公里。（陈 灏）

【醴陵举办“黄乡民居·田园乐翻天”活动】 2015年8月22日在耿飚将军故里——醴陵黄獭嘴镇耿传公祠前，为期1个多月的大型户外娱乐竞技挑战节目“黄乡民居·田园乐翻天”活动开幕，同时也标志着首届湖南醴陵大湘东民俗文化节正式启动。近年来，在醴陵市委市政府的科学规划和重点投入下，一个融休闲、娱乐、美食和文化艺术于一体‘醴北人家’的旅游经济带已经初具规模。（陈 灏）

【央视著名节目主持人董浩将工作室落户醴陵】 2015年10月10日，中央电视台著名节目主持人、艺术家董浩，在醴陵创办的“东豪瓷社”开门纳客。董浩将充分利用东豪瓷社这一平台，引荐更多各界名人考察、研究和制作醴陵釉下五彩陶瓷，为醴陵瓷代好言。醴陵市将与东豪瓷社在陶瓷文化保护传承、陶瓷文化创意、人才培养和产业发展等领域开展广泛合作。（陈 灏）

【醴陵市完成乡镇区划调整改革工作】 2015年，湖南省启动乡镇区划调整改革工作，醴陵市按照“五个原则”（先并后调、先撤后改、先人后物、先乡后村、先优后劣）和“三个有利于”（有利于做大做强城市，提高城市首位度；有利于片区统筹组团发展，增强城乡互动能力；有利于行政施效服务群众，强化社会治理能力）的工作要求，对全市各乡镇自然条件、资源禀赋、历史沿革、群众意愿等情况进行深入调查。在反复调研、多次论证的基础上，于10月上旬初步拟定区划调整改革预案，并多次提交市政府常务会、市委常委会讨论研究。11月上旬，区划调整改革领导小组先后组织涉改乡镇、领导小组成员单位、人大代表、政协委员、老干部代表等召开多层次座谈会，全方位、多层次征求意见和建议，集思广益，求同存异；对个别有争议的拟合并乡镇多次组织现场勘查，确保改革方案符合大多数人的意愿。11月底，醴陵市乡镇区划调整改革合并乡镇方案获得湖南省民政厅批复通过。

调整前，全市有18个镇和8个乡、4个街道。调整改革后，全市共减少7个乡镇，并作其他相应调整。具体调整情况如下：富里镇与南桥镇合并，命名为李畋镇，镇人民政府驻地设南桥村（原南桥镇人民政府驻地）。同时，将富里镇的荷田村、柏大村、长庆村和南桥镇的星湖村划入白兔潭镇。王坊镇北部的联盟村、荷花垅村、王坊村、泮川村、石山村和桥头、三角坪2个居委会并入浦口镇，同时将王坊镇南部的温泉村、渌石村、杨林村、大屏山村、灌冲村并入王仙镇。清水江乡与船湾镇合并为船湾镇，镇人民政府驻地设金子坪村（原船湾镇人民政府驻地）。贺家桥镇与大障镇合并，命名为明月镇，镇人民政府驻地设大障居委会(原大障镇人民政府驻地)。神福港镇与栗山坝镇合并，命名为茶山镇，镇人民政府驻地设茶山居委会（原栗山坝镇人民政府驻地）。新阳乡与仙霞镇合并，命名为左权镇，镇人民政府驻地设莫家嘴居委会（原仙霞镇人民政府驻地）。枫林市乡与黄獭嘴镇合并，命名为枫林镇，镇人民政府驻地设台州村（原黄獭嘴镇人民政府驻地）。原王仙镇的清潭村、庄埠村、双江村；原东堡乡的山峰村、钟鼓村；原阳三石街道的黄沙村并入来龙门街道。黄泥坳街道更名为国瓷街道，将板杉乡南部的古城村、土株岭村和东堡乡的竹湖村、樟塅村并入国瓷街道。东富镇的荆潭村、潭湾村、石里浦村、伏龙村、立新村并入阳三石街道。西山街道更名为仙岳山街道。嘉树乡、板杉乡、官庄乡、东堡乡、孙家湾乡全部撤乡设镇，其中东堡乡更名为沩山镇。

全市这次乡镇区划调整后，共有19个镇、4个街道，分别是：李畋镇、白兔潭镇、浦口镇、王仙镇、沩山镇、东富镇、孙家湾镇、泗汾镇、沈潭镇、船湾镇、明月镇、嘉树镇、茶山镇、石亭镇、均楚镇、板杉镇、左权镇、枫林镇、官庄镇、来龙门街道、阳三石街道、仙岳山街道、国瓷街道。（陈 灏）

【醴陵同时获得安全生产、计划生育、综合治理工作先进县(市)】 2015年，醴陵一举斩获安全生产、计生和综治工作三面“红旗”，创醴陵历年来最好成绩，成为全省唯一同时获得安全生产、计划生育、综合治理工作先进的县（市）。

安全生产方面，醴陵市大力开展“安全保障年”活动，进一步健全安全生产责任体系，深入开展打非治违和重点行业领域专项整治，推动安全生产形势持续稳定向好。在全省2015年度安全生产工作考核中，醴陵夺得“安全生产工作先进单位”称号。

计生工作方面，醴陵市围绕“稳定低生育水平、提高出生人口素质、统筹解决人口问题”的目标，夯实基础，优化服务，推进了人口计生工作稳中向好发展。醴陵从全省县（市、区、管理区）中脱颖而出，获评“全省计划生育工作优秀单位”。

综治工作方面，醴陵市着力推进立体化社会治安防控体系建设，全面深化平安建设，保持社会政治大局持续稳定，群众的安全感和满意度进一步增强。在2015年度全省综治工作考核评估中，醴陵被评为“综治工作先进县（市、区、管理区）”。

（陈　灏）

【醴陵市财政局获评全国先进】 2015年12月28日，全国财政系统先进集体和先进工作者表彰大会在北京举行，醴陵市财政局被人社部、财政部联合授予全国财政系统先进集体荣誉称号。此次，全国有74个先进集体和65名先进个人受表彰，醴陵市财政局为株洲唯一获奖的先进集体。全国财政系统先进集体和先进工作者评选活动由人社部和财政部联合主办，每5年一次。近年来，醴陵市财政局紧紧围绕该市“新创业、新醴陵”的战略目标，以“兴一方财政，富一方百姓”为己任，激情创业，勇争一流，坚持改革与发展并行、开源与节流并重、管理与监督并举，着力提升服务、深化改革，打造阳光财政，树立了廉洁、高效、文明的财政形象。2015年度，完成财政收入45.03亿元，增长17.2%。公共财政预算支出57.8亿元，民生支出占比为70.3%。

（陈　灏）

攸　县

中共攸县县委书记　胡湘之
副书记　龚红果　唐卫湘
县委常委、纪委书记　刘秀云
县委常委、组织部部长　唐卫湘
县委常委、常务副县长　李子善
县委常委、宣传部部长　汤小红
县委常委、县委办主任　吴爱清
县委常委、政法委书记　陈可勇
县委常委、副县长　陈运发
县委常委、武装部部长　曾富勇
攸县人大常委会主任　毛春良
副主任　罗正初　颜学勤（兼）　黄清秀　宾玉良　谭小宁
县人民政府县长　龚红果
副县长　李子善　陈运发　周文安　何忠明　初立辉　罗　曼
政协攸县委员会主席　尹诺昂
副主席　彭新立　张建良　罗志勇（兼）　肖顺昌（兼）　刘燕舞（兼）
县人民法院院长　帅团结
县人民检察院检察长　冯雅文

【概况】 攸县辖15个乡级建制镇，即：鸾山镇、黄丰桥镇、柏市镇、酒埠江镇、网岭镇、皇图岭镇、丫江桥镇、新市镇、大同桥镇、上云桥镇、菜花坪镇、渌田镇、石羊塘镇、桃水镇、莲塘坳镇；4个乡，即：湖南坳乡、坪阳庙乡、槚山乡、鸭塘铺乡；4个街道办事处，即：江桥街道办事处、联星街道办事处、春联街道办事处和谭桥街道办事处。2015年11月26日，攸县乡镇区划调整方案获省人民政府批复，同意攸县撤销6个乡镇，乡镇个数由19个减少为13个，保留4个街道办事处建制。其中，柏市镇与黄丰桥镇成建制合并设立黄丰桥镇。大同桥镇与新市镇成建制合并设立新市镇。槚山乡与网岭镇成建制合并设立网岭镇。坪阳庙乡与湖南坳乡（析出大瑞1个建制村）成建制合并设立宁家坪镇。撤销上云桥镇，将其行政区域划归联星街道管辖。撤销鸭塘铺乡，将其行政区域划归江桥街道管辖。将莲塘坳镇的盘龙、春塘龙、巨洲3个建制村划归春联街道管辖。菜花坪镇的万美、马址陂、大和、苏洲、苏江等5个建制村划归谭桥街道管辖。

年末，全县户籍在册总人口81.98万人，比2014年增加0.87万人；出生14624人，迁出2019人，迁入8066人，死亡5060人。

全县土地总面积为2648平方公里；耕地总面积为55828公顷，基本农田面积为46966公顷。年降水量1805.7毫米，比历年平均值偏多55.3毫米；年平均气温18.9℃，较历年平均值偏高0.8℃，极端最高气温37.8℃，极端最低气温0.5℃。境内有大小河流102条。林地面积16.77万公顷，森林蓄积量为393.04万立方米，森林覆盖率为57.72%。境内煤炭资源丰富，是全国100个重点产煤县和商品煤基地县之一，含煤面积约173.6平方公里，探明煤炭地质总储量4.7亿吨。

2015年，全县实现地区生产总值(GDP)341.1亿元，比上年增长9.8%。其中，第一产业增加值48.12亿元，比上年增长3.9%；第二产业增加值180.56亿元，增长8.7%；第三产业增加值112.34亿元，增长14.1%。三次产业结构比由上年的14.5∶55∶30.5调整为14.1∶52.9∶33。第一产业占比较上年下降0.4个百分点；第二产业占比较上年下降2.1个百分点；第三产业占比较上年上升2.5个百分点。全县人均生产总值（GDP）49046元，增长24.4%；实现地方财政总收入

26.52 亿元，增长 5.03%。

农业（农、林、牧、渔及其服务业）总产值 76.13 亿元，比上年增长 7.42%。农作物种植面积 10.10 万公顷，其中粮食播种面积 68880 公顷；油菜播种面积 1.12 万公顷，蔬菜播种面积 1.98 万公顷，果用瓜播种面积 1993 公顷。主要农产品产量为：粮食 47.89 万吨，油料 1.55 万吨，蔬菜 99.2 万吨，果用瓜 5.88 万吨。完成人工造林 3640 公顷，封山育林 1.27 万公顷。出栏生猪 130.23 万头、栏牛 2.28 万头、羊 5.68 万只，肉类总产量 9.66 万吨，出笼家禽 713.02 万羽，禽蛋产量 1.62 万吨。有各类农民专业合作组织 362 家，入社成员 11886 人，带动农户 3.68 万户，实现生产经营收入 2.2 亿元，合作社成员户均增收 2000 元；家庭农场 439 家。耕地流转面积 16800 公顷。全县拥有大型水库 1 座，中型水库 2 座，小Ⅰ型水库 19 座，小Ⅱ型水库 279 座，山塘 22662 口，陂坝 978 处，大中型灌区 6 个，干支渠道 1939 千米，大小河流 102 条。全县形成以酒埠江、皮佳如、三星坝、老虎岩、凉江、苏洲坝、张家冲 7 个骨干灌区为主，其他小型水利设施为辅的农田灌溉体系，有效灌溉面积为 4.31 万公顷。年内全县完成小型水利项目 141 个。农业机械 94939 台，总动力 92.98 万千瓦；完成机耕面积 6.72 万公顷，机插面积 2.05 万公顷，机收面积 5.97 万公顷；水稻生产耕整收综合机械化水平 78.34%。培育了桑草猪、云田花卉、鸿华麻鸭等龙头企业，农业产业化进程进一步加快。

实现全部工业增加值 168.43 亿元，比上年增长 4.6%，GDP 占比 49.4，对经济贡献率 44.7%，拉动经济增长 4.4 个百分点。产品销售率 98.64%，比上年下降 0.34 个百分点。全县共有规模以上企业 236 家，年内新增 28 家；规模以上工业总产值 483.94 亿元，比上年增长 8.4%；规模工业增加值 163.7 亿元，比上年增长 8.3%，其中轻工业 55.81 亿元，重工业 107.86 亿元。产原煤 490.83 万吨，比上年下降 6.14%；产水泥 51.7 万吨，比上年下降 67.8%；发电量 56634 万千瓦时，比上年增长 22.43%。工业园区入园企业 76 家，其中规模以上企业 46 家，投资规模上亿的企业有 20 家，税收过 500 万元的企业 8 家；园区规模工业增加值 50.95 亿元。全县高新技术企业总产值为 92.63 亿元，比上年增长 39.9%；高新技术产品总产值为 81.02 亿元，比上年增长 22.4%。全年完成工业技改投资 180.1 亿元。全县建筑业实现总产值 12.64 亿元，比上年增长 9.2%，对经济增长的贡献率为 3.4%，拉动经济增长 0.3 个百分点。全县商品房在建项目 34 个，在建面积 165.03 万平方米，其中房地产新开工项目 6 个，新开工面积 44.06 万平方米；商品房销售面积 53 万平方米，比上年增长 15.06%，销售额为 18 亿元，比上年增长 14.56%。

全年完成固定资产投资 277.49 亿元，比上年增长 18.7%；其中城镇固定资产投资完成 257.24 亿元，比上年增长 16.7%；房地产投资完成 20.26 亿元，比上年增长 37.1%。市重点项目 29 个，完成投资额 57.80 亿元。从构成看，城镇固定资产投资中建筑工程投资 103.13 亿元，比上年增长 24.9%；安装工程投资 49.84 亿元，比上年增长 23.8%；设备工器具购置投资 84.21 亿元，比上年下降 8.3%；其他投资 20.05 亿元，比上年增长 1.3%。分行业看：第一产业投资 12.39 亿元，比上年增长 0.8%；第二产业投资 213.26 亿元，比上年增长 18.9%；第三产业投资 31.59 亿元，比上年增长 9.6%。全县确定 133 个项目为重点项目，上报列入省、市重点项目共计 31 个，总投资 186.4 亿元，经市里认定并开工的重点项目 19 个，已完成投资 38.2 亿元；县重点项目 37 个，全年共完成投资 53 亿元，占年度计划的 78.4%，已开工建设项目 33 个。湘东汽贸城二期工程、望云国际广场建成开业；启动了义乌国际商贸城建设；文化园二期工程、文昌阁建成开放，东城新区路网建设顺利推进。实施“两房两棚”“两供两给”工程，建成公租房 1963 套；完成污水处理二期工程，铺设城镇供水管道 21 公里，新建设燃气管网 21 公里，华新公司生活垃圾预处理项目投入运营。S206、S339 提质改造进展顺利，建成农村道路 149 公里；启动实施 3 条河流和 12 条支流河道整治工程，完成 19 座水库除险加固。各建制镇共完成基础设施建设投入 1 亿余元。

全县公路总里程 7990 公里，公路桥梁 520 座。其中，国道 62.39 公里、省道 495.46 公里、县道 492.08 公里、乡道 571.12 公里。一级公路 18.77 公里，二级公路 248.04 公里，三级公路 22.65 公里。衡炎高速公路攸县境内长 13.2 公里，醴茶高速公路境内长 54.3 公里。省道 S340、S339、S209、S345、S206、S205、S210、S204、S337 过境攸县。吉衡铁路通过攸县，并建有攸县火车南站。道路客运班线 108 条、公交线路 7 条；实有公交车 74 台、客运班车 439 台、货运车辆 6345 台、出租车 260 台、渡船 20 艘；设有民间义渡渡口 17 处，客运站 4 个、农村客运站场 20 个、农村客运招呼站 200 个（新建 38 个）；行政村客运班线通达率 98%。全年改造危桥 13 座，建设通畅公路 12.5 公里，完成普通公路安保设施建设 139 公里。全年公路客运量及旅客周转量分别为 1213.05 万人、117.97 亿人公里，货运量及货物周转量分别为 1680.83 万吨、13.97 亿吨公里，水路客运量及旅客周转量分别为 78.73 万人、1665.3 万人公里，城市公交、出租车客运量分别为 676.09 万人次、696.64 万人次。邮政、电信业务总收入 26.52 亿元，比上年增长 6.6%，其中邮政业务 4898 万元，比上年增长 20.5%；移动公司移动电话用户 28.7 万户，业务收入 1.81 亿元；互联网用户 4.4 户，ITV（宽带视听业务）用户 1.5 万户；联通通信用户 13 万户。

社会消费品零售总额 111.28 亿

元，比上年增长12.5%；城镇消费品零售总额99.17亿元，增长12.4%；乡村消费品零售总额12.11亿元，增长13.1%。商品批发业实现销售收入10.52亿元，增长11.2%；商品零售业销售收入85.57亿元，增长12.9%；餐饮业收入12.57亿元，增长10.8%；住宿业收入2.62亿元，增长9.7%。全县有国家AAAA级旅游景区1个——酒仙湖景区，国家级地质（森林、湿地）公园1家，国家AAA景区1个——白龙洞景区；实有各类旅行社13家、旅游星级宾馆4家；全年共接待购票游客24万人次，增长20 %；实现旅游门票收入1510万元、综合收入16.33亿元。全年引进内联资金36.20亿元，比上年增长16.24%；引进外资7610.55万美元，比上年增长20.16%；完成外贸进出口总额97万美元。签约引商项目19个，其中投资额度在亿元以上的项目15个，合同引资额63.69亿元；高分子膜项目、酒仙湖拓展培训项目、旅游区五星级酒店及文化旅游产业项目、现代脐橙产业示范园项目、光伏电站项目、风力发电项目和节能复合板生产项目等7个项目已动工。

全年完成公共财政预算总收入26.52亿元，比上年增长5%；其中税费收入10.63亿元，比上年下降5.48%；非税收入15.89亿元，比上年增长13.47%。地方财政公共收入完成21.74亿元，比上年增长11.58%；其中税收收入5.84亿元，比上年下降6.76%。完成国税收入4.61亿元，比上年下降15.96%；完成地税收入6.27亿元，比上年下降4.49%。地方公共财政支出43.88亿元，比上年增长15.22%；其中一般公共服务支出3.23亿元，比上年下降45.8%。加大教育投入力度，发放贫困学生生活补助及中职农村学生助学金，支持城区中街小学改扩建、中职学校扩建等项目建设；实施“新农保”政策性配套，启动矽肺病专科医院建设，重点保障企业人员离退休费、城乡低保、“五保户”和优抚对象生活补助发放；着力推进“两房两棚”建设改造；落实“一卡通”惠农补贴发放，推进农村环境连片整治、农村安全饮水、中小河流治理、病险水库、封山育林等专项建设；兑现煤矿关退、房屋交易、淘汰落后产能等奖补资金；整合财政和融资资金6.76亿元，支持G106、S339、城区污水管网、园区标厂、文化园二期、城南片区等重点项目改造和建设。县内10家金融机构年末各项存款余额191.32亿元，增长15.4%，其中城乡居民储蓄存款余额138.70亿元，增长13.2%；各项贷款余额92.93亿元，增长1.3%。全县各类保险机构18家，实现各类保费收入3.58亿元；各类保险赔付款总额1.31亿元。

全县居民人均可支配收入25547元，增长8.5%；城镇居民人均可支配收入30540元，增长8.3%；农村居民人均纯收入20539元，增长8.8%。全县居民人均消费支出15172元。人均住房面积83.9平方米，恩格尔系数为25.8%；汽车保有量41252台，比上年增长10.23%。

全县共有公立教育机构154所，其中小学(教学点)117所，初中24所，县属普通高中4所，职业中等专业学校1所，幼儿园7所，特殊学校1所；在职在编教职工5121人。共有民办教育机构160所，其中12年一贯制学校3所、小学1所、初中1所、幼儿园132所，中等职业学校2所、非学历教育培训类学校20所；共有从业人员3000人，总资产4.5亿元。全县中小学在校学生77922人。适龄儿童入学率100%,三类残儿入学率100%。

县本级科技经费4313万元。完成专利申请239件，专利授权132件。有高新技术企业22家，民营科技企业和国家高新技术企业转化科技成果50余项，实现产值23亿元。实现高新技术产品总产值81.02亿元，实现高新技术产业增加值27.63亿元。

全县有文化场、馆8个，其中文化馆1个，公共图书馆1个，博物馆1个，影剧院2所，青少年活动中心1所，书院1所，综合档案馆1个，馆藏档案20万卷（册）；有乡镇文化站23个，农家书屋315处。各类文化惠民送戏下乡公益演出活动252场，放映公益电影3084场；举办各类大型文化活动5场。全县共有单项体育协会15个、体育指导站（点）29个、体育健身会所3个，新增室外健身路径3条、农民健身工程60个，农民健身工程网点的覆盖率40%，公共体育设施面积86.6万平方米。启动2015—2017全民健身三年行动计划，开展全民健身运动，营造全民健身氛围；举办羽毛球赛、乒乓球赛、篮球赛、门球赛、健步行等全民“快乐健身”系列活动；组团203人参加株洲市第五届大众体育运动会，荣获金牌11枚、银牌9枚、铜牌10枚，以团体总分425分获县市区团体总分第一名，并获最佳赛区、体育道德风尚奖。全县有县级广播电台1座，国内广播节目1套，广播人口综合覆盖率100%；有县级电视台1座，电视发射台1座，电视人口综合覆盖率100%；有线电视用户13.3万户，数字电视用户14万户。

全县共有各类医疗卫生机构567个，其中县直医疗卫生机构6家（县卫生监督所、疾病预防控制中心、新农合办），乡镇卫生院25所，村卫生室304个、社区卫生服务中心2家，民营医院9家，厂矿职工医院2家，个体诊所49个、学校医务室9家，院办医疗点卫生所37所、村卫生所104家；共开设病床床位3533张。全卫生系统在编在职人员2044人；其中中级以上技术人员740人，高级职称技术人员128人。全年共下发各类常规疫苗16.48万人份，适龄儿童查漏补种率99.62%，五苗全程合格接种率82.38%。建立居民电子健康档案67.69万份，建档率86%。5岁以下儿童死亡率为5.33‰，孕产妇死亡率为0.09‰。新型农村合作医疗参合人员67.50万人，参合率96.18%；基金总量3.15亿元，全年共补偿133.32万人次，补偿金额3.09亿元；统筹地区政策范围补偿率 75.7%。年末实有总人口 84.56 万人；男性 42.95 万人，女性 41.92 万人；年内人口出生率 12.98‰，出生婴儿性别比为 108.14；计划生育率 88%，人口自然增长率 7.77‰；死亡 5060 人，死亡率 5.21‰。

全年社保各项险种参保 78.39 万人次，基金收入 9.06 亿元，基金支出 8.44 亿元。职工养老保险参保 5.91 万人，其中机关事业单位养老保险参保缴费人员 1.67 万人，基金收入 1.15 亿元；企业职工养老保险参保 4.24 万人，基金收入 3.67 亿元。城乡居民养老保险参保 46.9 万人，基金收入 0.37 亿元。城镇职工医疗保险参保 4.35 万人，基金收入 9229 万元；住院报销 1.03 万人次，基金支出 8772 万元。城镇居民医疗保险参保 8.33 万人，基金收入 4569 万元，基金支出 1963 万元。生育保险参保 2.27 万人，基金收入 503 万元，基金支出 324 万元。工伤保险参保 6.29 万人，基金征缴 6010 万元，支出 6808 万元。失业保险参保 2.1 万人，征缴失业保险金 717.9 万元，发放失业保险金 377 万元。实施农村危房改造 991 户；建成公租房 2394 套（含续建项目），建成廉租房 398 套，完成城中村棚户改造 410 户。发放各类社会救助资金 1.16 亿元。城镇低保救助 7705 人，城镇低保最低生活保障线为 380 元 / 月，累计救助 9.32 万人次，发放救助金 2632.2 万元。农村低保救助 29532 人；发放救助金 4130.21 万元，农村低保保障标准为 2160 元 / 年。全年医疗救助 5.6 万人次，发放医疗救助金 1600 万元。下拨灾害救助款和突发性特困救助款 595 万元。共有“五保”对象 4569 人，其中集中供养 1100 人；救助孤儿和特困儿童 760 人，发放生活保障、救助金 497.8 万元。资助义务教育、高中及大一新生贫困学生 19478 人，资助金额 1363 万元。全年募集慈善资金 721.12 万元，共发放慈善救助款 503.18 万元；全年共发行福利彩票总额 3100 万元。

全面完成年度主要污染物减排任务；完成 COD（化学需氧量）减排 530.29 吨，完成削减率为 3.77%；氨氮减排 156.8 吨，完成削减率为 7.01%；二氧化硫减排 888 吨，完成削减率为 26.9%；氮氧化物减排 356 吨，完成削减率 33.6%。城市污水处理率 75.4%，改造农村 220 多个饮用水井；工业废水、废气排放达标率均为 100%，固体废物综合利用率 98%。在全县 19 个农村乡镇 120 多处建成 4000 多个农户生活污水处理示范样本，农村垃圾无害化处理率 100%，整治农村养殖场污染 60 家；关闭退出 4 家活性氧化锌企业和 10 家小冶炼铁厂。完成造林面积 3640 公顷，封山育林 1.27 万公顷，森林覆盖率 57.72%。建有国级生态示范园 1 个，自然保护区 5 个。人均公园绿化面积 10.2 平方米，城区绿化面积 1074.5 公顷，城区绿化率 32.5%，城区绿化覆盖率 36.23%。城市空气环境质量达到Ⅱ级标准，酒埠江水库和洣水灵龟峰断面水质符合国家地表水Ⅱ类水质标准。全年共发生各类安全生产事故 210 起，比上年下降 1.4%，死亡 7 人，与上年持平；造成经济损失 241.84 万元．比上年下降 53.47%；全县安全生产形势总体平稳可控，全年没有发生较大及以上安全生产事故，连续保持 5 年没有发生较大及以上安全事故；年末获评省委、省政府，市委、市政府“安全生产工作先进单位”。

全年接处警 35737 起，比上年上升 14.19%；共立刑事案件 2148 起，比上年上升 5.1%；现行刑事发案 1800 起，比上年下降 5.31%；共侦破刑事案件 1018 起，摧毁恶势力团伙 2 个。全年共审结刑事案件 265 起，民商事案件 3858 起；调处各类矛盾纠纷 5725 起。全年发生道路交通事故 5630 起，比上年下降 1.5%；事故死亡 88 人。群众信访 651 批 3547 件次；其中到市上访 12 批 39 人次，赴省上访 9 批 27 人次，进京非正常上访 9 人次。全县社会治安形势持续好转，大局和谐稳定，未发生群体性事件和影响社会稳定的重大案（事）件；获评全省综合治理工作先进县，继续保持“全省平安县”称号。

2015 年，攸县承办的省市“民生 100”工程共八大类，67 个项目指标（省任务 16 项，市任务 51 项），均全面完成或超额完成。完成新增城镇就业 5347 人，新增农村劳动力转移就业 3720 人，城镇登记失业率控制在 4%。义务教育均衡发展工作顺利通过国家评估验收，启动职业中专建设，高考万人上线率连续十年居全市第一。成功创建省级慢性病综合防控示范区。新建改造乡镇敬老院 3 所，启动社会福利中心建设。实施全民健身三年行动计划，在全市首届大众运动会上获得总分第一。实施城区中小学提质升级三年行动计划，完成中街小学升级改造，增加学位 600 个。城乡社会养老保险并轨运行，12 万 60 岁以上老人按月领取养老金，新农保参保率保持 100%，新农合覆盖率超过 96%。实施扶贫攻坚三年行动计划，开展“一进二访”活动，完成建档立卡 11086 户，落实扶贫资金 3500 余万元，减少贫困人口 5700 人。完成攸县消防应急救援指挥中心建设，开展煤矿、烟花、交通、校车、食品等领域安全生产大检查活动和“九打九治”专项整治，实现较大及以上事故零发生目标，被评为全省煤炭安全监管先进县和安全生产先进县。启动视频监控系统建设，推行网格化管理试点，开展专项严打整治行动，全县各类刑事发案继续下降，公众安全感进一步提升。

存在的主要困难和问题：稳定增长任务艰巨，经济下行压力加大，重大项目支撑乏力，企业生产经营困难；转型升级任重道远，经济结构还比较单一，产业层次还比较低端，支柱产业发展受阻，新兴产业尚在培育；风险隐患增多，财政收支矛盾、政府债务、金融风险等风险隐患亟需防范化解；影响社会和谐稳定的不确定性因素仍然较多，安全维稳压力较大；法治政府建设还需加强，管理服务水平与群众要求还有一定差距。（焦润泉）

【乡镇区划调整全面完成】 2015年11月，经湖南省人民政府批准，攸县乡镇区划作如下调整：

柏市镇与黄丰桥镇成建制合并设立黄丰桥镇，新设立的黄丰桥镇辖21个建制村、2个居委会。大同桥镇与新市镇成建制合并设立新市镇，新设立的新市镇辖26个建制村、2个居委会。槚山乡、网岭镇1乡1镇成建制合并设立网岭镇，新设立的网岭镇辖21个建制村（含原湖南坳乡析出的大瑞1个建制村）、3个居委会。坪阳庙乡与湖南坳乡（析出大瑞1个建制村）成建制合并设立宁家坪镇，新设立的宁家坪镇辖双松、龙旺、坪双、笔武、坪塘、龙泉、坪台、黄公、联和、双凡、排山、田心、杜口、龙田、大祥、大兴、双田、金水、下湾、自力20个建制村，宁家坪1个居委会。撤销上云桥镇，其行政区域划归联星街道管辖，调整后的联星街道辖10个建制村，13个居委会。撤销鸭塘铺乡，其行政区域划归江桥街道管辖，调整后的江桥街道辖10个建制村、6个居委会。莲塘坳镇的盘龙、春塘龙、巨洲3个建制村划归春联街道管辖；调整后的莲塘坳镇辖幽居、先锋、中江、下洞、新华、新朝、盘联、阳升观、沿龙、下田、廖公、巨田、枧头、星和、南水、山田16个建制村，高楼、凉江、同联、银坑4个居委会；调整后的春联街道辖盘龙、春塘龙、巨洲3个建制村，柘合、双丰、山背、春联、春风5个居委会。菜花坪镇的万美、马址陂、大和、苏洲、苏江等5个建制村划归谭桥街道管辖；调整后的菜花坪镇辖大旺、高塘、菜塘、芷陂、高联、流塘、联龙、苏塘西、菜垅、潘塘、菜坪、菜花12个建制村，高和居委会；调整后的谭桥街道辖万美、马址陂、大和、苏洲、苏江5个建制村，东塔、谭桥、谭洲、竹丰、流和、东联6个居委会。鸾山、皇图岭、丫江桥、酒埠江、渌田、石羊塘、桃水7个镇的行政区域和镇人民政府驻地不作调整。全县区划调整后比调整前减少6个乡镇，辖13个乡级建制镇（街道办），即：鸾山、皇图岭、丫江桥、酒埠江、渌田、石羊塘、桃水、黄丰桥、网岭、新市、莲塘坳、菜花坪、宁家坪，江桥、联星、谭桥、春联4个街道。县人民政府驻春联街道。（李友芳）

【政府机构改革】 2015年10月，攸县出台《关于攸县人民政府工作部门设置的通知》，明确机构改革后，保留政府工作部门24个，撤并整合正科级机构21个（含2个挂牌机构实体运作和1个高配正科级），整合组建或新设正科级机构8个，正科级降格为副科级机构6个，撤并整合副科级机构14个（含1个高配副科级），组建或新设6个副科级机构。改革后内设机构167个，净减少46个；内设机构挂牌数42个，净减少11个；事业单位546个，净减少42个。（李友芳）

【“三张清单”在全市率先公布】 2015年6月，攸县的政府工作部门权力清单、责任清单、涉企收费清单等“三张清单”在攸县公众信息网进行公示，标志着攸县成为株洲市第一个公布“三清单”的县级政府。此次公布的权力清单共1775项，其中行政许可133项，行政处罚1143项，行政强制75项，行政征收29项，行政给付16项，行政确认43项，行政奖励14项，行政检查72项，行政监督93项，其他行政权力157项，共清理减少254项；责任清单共848项，其中部门主要职责296项，与相关部门的职责边界192项，事中事后监管制度206项，公共服务154项，减少46项；涉企收费清单共97项，其中行政事业性收费项目53项，政府性基金项目11项，服务性收费项目33项，非行政审批前置条件的服务性收费26项，减少30项。“三张清单”的公布实施，进一步规范了政府权力运行和涉企收费行为，切实减轻了企业负担，将进一步加快政府职能转变，推进政府部门依法全面履职。（李友芳）

【酒埠江全球走钢丝挑战赛成功举办】 2015年5月29—31日，攸县和湖南都市频道合作，在酒仙湖景区成功举办“雄心壮志—全球走钢丝大挑战”大型竞赛活动。这是攸县举办国内首档走钢丝极限挑战直播真人秀，活动邀请了国内外7名优秀选手，在一根长900米左右的钢丝上展开比拼竞技。比赛分“直走竞速、倒走竞速、蒙眼倒走竞速”三轮进行。经过激烈竞争，最终瑞士选手诺克在第三轮“蒙眼倒走竞速”总决赛中以11分40秒的成绩夺得冠军。大赛吸引了国内多家知名媒体的高度关注，北京卫视、江西卫视、青海卫视等多家媒体全程直播，极大提升了景区知名度，有力促进了旅游产业发展。据不完全统计，3天里酒仙湖景区的游客数量超过6万人，有效带动了当地旅游消费和经济发展。（李友芳）

【酒埠江生态新镇启动建设】 2015年11月，攸县和市城发集团正式签订了《攸县酒埠江生态新镇建设项目政府和社会资本合作合同》，12月湖南酒仙湖生态旅游开发有限公司完成注册。项目签约后，各项建设工作有序推进。酒埠江生态新镇综合开发项目采用PPP模式，计划两年时间完成投资20余亿元。项目建设主要包括：安置区（旅游商贸城）、旅客服务中心、景观大道、污水处理厂及其管网、环湖游道、游道隧道和桥梁、土地开发整理、旅游景点经营权回购、酒埠江镇区基础设施改造、滨湖酒店、宝宁寺宗教文化修缮、温泉度假山庄、八福垅片区综合开发等。（李友芳）

【全省首届生态文明论坛在攸县召开】 2015年12月28—29日，“湖南省首届生态文明论坛攸县年会”在攸县召开。会议以“学习贯彻十八届五中全会精神，加快推进湖南生态文明建设”为主题，围绕生态文明建设中的重大理论、制度机制和实践创新等问题进行深入探讨，部分与会代表介绍了各自实践中的好经验好做法，提出了很多具有创新性和前瞻性的观点。会上，湖南生态文明研究与促进会向全社会发出《生态文明·攸县倡议》。论坛由湖南省社科联党组书记、湖南省生态文明研究与促进会会长周发源主持，中国生态文明研究与促进会常务副会长祝光耀同志出席会议并讲话。省内相关部门领导和专家、生态文明建设典型单位代表、湖南省生态文明研究与促进会代表、部分优秀论文作者等共计100多人参加会议。（李友芳）

【深入实施扶贫攻坚三年行动计划】 为贯彻落实习近平总书记和中央、省、市有关扶贫开发工作精神，2015年8月20日，攸县召开全县扶贫开发攻坚工作动员会。县委、县人民政府下发了《攸县2015—2017年扶贫开发攻坚工作三年行动计划》，确立了到2017年基本消除农村绝对贫困现象，全县28390个贫困人口实现“两不愁，三保障”，15个省级贫困村全部脱贫的总体目标。各乡镇、各驻村帮扶工作队按照全县统一部署，采取产业发展和劳务输出、危房改造和易地搬迁、救助、助学、兜底和生态补偿等帮扶措施，对每一个贫困村和贫困户实施精准帮扶。2015年全县5700人实现脱贫，新市镇排楼村、石羊塘镇贺家坪村、皇图岭镇芳田村、湖南坳乡双田村、谭桥街道竹丰村等5个省级贫困村成功脱贫摘帽。（李友芳）

【乡镇（街道）便民服务中心全面建成】 按照全市统一部署，攸县高标准推进乡镇(街道)便民服务中心建设，制定出台《攸县乡镇（街道）便民服务中心建设实施方案》，探索推行安排一笔资金、下放一批项目、推行一个系统、拓展一批业务、完善一套制度“五个一”建设模式，并在全省作为经验推介。工作推进中，将乡镇（街道）便民服务中心建设工作纳入县“民生100”工程考核内容，实行密集调度，强力推进，做到一月一调度，一月一通报，确保全县所有乡镇（街道）如期完成便民服务中心建设任务，实现办公场所从无到有，办事条件明显改善，管理服务日益规范，形成以县政务中心为核心、乡镇便民服务中心为支撑的城乡一体化便民服务网络建设。（李友芳）

【文化园二期建成开放】 攸县县城文化园二期于2015年5月3日正式建成向市民开放。该项目占地规模约30万平方米，总投资约6千万元，水面面积约9.5万平方米，绿化面积约17万平米，休闲平台及广场约2.5万平方米，进一步提升了文化园整体的生态、休闲、娱乐综合性功能。项目延续文化园一期的主题文化思想，坚持“以人为本、以水为源、以山为依、以绿为美”的建设原则，园区景观围绕水面形成一个大的整体，细分为礼仪文化区、湿地游赏区、规划控制区、发展穿越区、山林保育区、农耕体验区、革命教育区、山林恢复区和水上活动区9大主题区域，营造出了“清溪翠树红花，芦雪孤鹜农家”的开放性自然生态公园景观，为全县市民休闲游憩、精神文明传播、宣传教育建设等活动提供了重要场所，对改善城市人居环境和提高城市品质具有重大意义。（李友芳）

【成功入选全省新型城镇化试点县】 2015年7月20日，湖南省正式印发《湖南省新型城镇化试点工作总体实施方案》，攸县成为了全省15个新型城镇化试点县市区之一。成功入选全省新型城镇化试点县，将给全县加快基础设施和公共服务设施建设，提高城镇综合承载能力，推进城乡发展一体化发展带来重要机遇。为加快全县新型城镇化建设，2015年12月制定了《攸县推进新型城镇化试点工作方案》，明确全县新型城镇化建设要按照“以人为本，城乡统筹；优化布局，集约高效；市场主导，政府引导”的基本原则，紧紧围绕“城镇化水平和质量稳步提升、城镇化格局更加优化、城市发展模式科学合理、城市生活和谐宜人、城镇化体制机制不断完善”的总体目标，重点实施好“制定均衡发展的产城融合战略”等6项试点综合建设任务和“推进农业转移人口市民化”等6项试点改革创新任务，加快把攸县建设成湘东南商贸物流基地、煤电能源基地、旅游休闲基地和长株潭区域中心城市，为全省、全市推进新型城镇化提供可复制、可推广的试点经验。（李友芳）

【评为全省全面小康“经济强县”】 2015年，攸县继续实施“小康攸县三年冲刺计划”，大力推进全面建成小康工作。根据湖南省全面小康监测指标体系测算，攸县全面小康实现程度达到84.9%，比上年增长5.1%，位列二类县第27名，被评为全省全面小康“经济强县”。

攸县全面小康推进工作按照县委统一部署，由县政协、县委办牵头协调，县小康办设在县政协办。2015年度，县小康办加强调研，找准差距明思路。加强小康指标数据的分析监测，征对存在的薄弱环节、短板指标进行细致研究和分析，并专程到资兴市、桂阳县进行了小康工作专题调研，有针对性地改进工作，形成小康工作专题调研报告，提出相关建议对策。加强调度，把握节奏促进度。全年召开不同范围的工作调度会9次。通过现场专题办公、集中汇报工作进度、进行工作任务责任交办等多种形式，确保工作成效。加大投入，提升指标强保障。对与小康工作息息相关的个改企、高新技术企业申报、统计网络建设等等，设立专项资金予以推动工作落实；对与小康工作直接相关的基本养老服务补贴、文体设施建设、农村安全饮水等事项，做到资金优先保障。强化责任，严格奖惩重落实。以县委办、县政府办的的名义，对23个指标责任单位制定下发《攸县2015年度全面小康监测指标任务交办责任书》，明确年度工作目标和任务。研究制发《攸县全面建成小康社会统计指标监测考核奖励办法（试行）》，根据年度指标完成情况进行奖惩，调动各责任单位的积极性，着力推动全面小康建设。2015年度，攸县全面小康监测指标中，经济发展类实现程度为72.5%，比上年增长3.8%；人民生活类实现程度为92%，比上年增长6.6%；社会发展类实现程度为98.1%，比上年增加4.5%；民主法治类实现程度为99.8%，比上年增长3.4%；生态文明类实现程度为92.1%，比上年增长11.5%。其中：有19个指标实现程度达到100%，10个指标实现程度在70%以上，5项指标实现程度在70%以下。（张　勇）

茶陵县

中共茶陵县委书记		彭新军
县委副书记	江小忠	谢志军
县委常委、组织部部长		谢志军（兼）
县委常委、常务副县长、统战部部长		李鹏程
县委常委、政法委书记		王友文
县委常委、宣传部部长		周　萍
县委常委、县委办主任		胡松田
县委常委、人武部部长		唐国生
县委常委、纪委书记		郑志富
人大常委会主任		谭红日
副主任	刘池生	谭小华
	肖　雄	尹胜喜
		陈小花
县人民政府县长		江小忠
副县长	李鹏程	陈艳娟
	张伟文	何文龙
		刘继承
		黄　瑜（挂　职）
政协茶陵县委员会主席		姜衡湘
副主席	费必明	陈普辉
	谭外生	李甜甜
县人民法院院长		黄晓军
县人民检察院检察长		周育平

【概况】 茶陵下辖12个乡镇、4个街道、2个办事处，总面积2500平方公里，耕地总面积3.99万公顷。2015年末总人口63.1万人。人口出生率16.5‰，人口自然增长率7.88‰。全年平均气温18.8℃，较常年偏高0.6℃，其中1月异常偏高2.7℃。年最高37.4℃，出现在6月28日；最低0.4℃，出现在1月30日。初霜出现在12月13日，无霜期326天。年日照时数1320.4小时，较常年偏少318.8小时。年降水总量1886.0毫米，较常年偏多424.1毫米。

经济实力持续增强。2015年，全县实现地区生产总值158.2亿元，比上年增长9.5%；完成财政收入12.1亿元，比上年增长8%；实现规模工业增加值51.9亿元，同比增长8.5%；完成固定资产投资128.1亿元，比上年增长18.8%；实现社会消费品零售总额58.4亿元，比上年增长12.6%；城镇居民人均可支配收入和农村居民人均可支配收入分别提高到26343元、7294元，比上年增长8.5%、9.5%；产业结构不断优化，三次产业结构由2014年的21.3∶41.5∶37.2调整到2015年的20.4∶40.5∶39.1。

项目建设成果丰硕。充分发挥项目引领、投资带动的作用，大力实施项目攻坚“347”工程，用项目拉动经济发展。共签约引进步步高、东锦商城等21个重大项目，合同引资近50.1亿元；向上申报项目216个，总投资达300亿元；市重点项目开工率达70.5%，县重点建设项目开工率达65.6%。中华茶祖文化产业园、强强陶瓷、春程门业等一批重点项目加快推进。中华茶祖文化产业园正式开园，工农兵政府旧址被授予国家国防教育示范基地，洣水沿江风光带建设加快。

城乡建设明显提质。围绕“湘赣边界中心县”的发展定位，扎实做好城市总规第五次修编工作，完成古城保护、南站新区、河东新区、城南商圈和“四横一纵一环”道路规划，城市发展空间不断拓展。东环线、紫阳街、步云街等道路基本建成；湘赣财富中心、湘赣汽贸城、城南商圈、洣江大道等项目稳步实施，城市品位持续提升；城西农贸市场、污水处理厂二期、管道燃气等工程齐头并进；投资3200万元，启动城区电网改造，城区供电能力得到加强。全国平安畅通县创建工作通过省专家组考核验收，正在申报国家部委复评；省级园林城市创建有序实施；完成征地117.93公顷，房屋征收22492平方米，依法拆除违法建筑57户9100平方米。腰潞、高陇、界首等重点镇建设步伐加快，镇区综合承载能力不断增强；“美丽乡村”建设有力推进，成功创建高径、横屋等四个省级美丽乡村，卧龙村获评中国最美休闲乡村。

民生事业明显改善。民生支出占公共财政预算支出的比重由2014年的72.6%增加至2015年的77.8%。新农保参保率达96%以上，新农合参合率达99%以上。新增城镇就业2952人，农村劳动力转移就业3194人。新建成廉租房293套；“幸福安居工程”安置群众1200户。城乡低保人均补差分别提高到266.2、111.2元。人口计生工作获评全省计生优秀。“三湘红”茶叶荣获“百年世博中国名茶金骆驼奖”；绿康脐橙种植专业合作社获评国家级示范社；成功创建“省级农业科技园区”。社会治理有新举措，完成社区矫正中心建设；全面打响禁毒人民战争，毒情形势明显好转。深化“平安茶陵”“法治茶陵”创建，安全生产形势平稳，全县大局平安稳定。

小康建设大力推进。强化宣传引导、分析研判、跟踪监测三大机制，经济发展、人民生活、社会保障、民主法治、生态文明5大项33小项考核指标得到全面落实，2015年全面小康总实现程度为89.9%，较上年提高4.6个百分点，有19项指标达到或超过目标值，全面小康推进工作在全省48个三类县市区中排名第五。扎实开展扶贫开发工作，重点围绕80个贫困村和7.59万贫困人口，实施精准帮扶，全县贫困人口年均增收1050元，贫困发生率同比减少5.9个百分点，有效解决15个贫困村和全县2.33万人的脱贫。

改革开放取得实效。深入开展“改革创新年”活动，抢抓省直管县经济体制改革试点机遇，重点推进“四大改革”：深化行政审批制度改革，积极探索行政审批权限、公共服务事项下放乡镇，乡镇（街道）便民服务中心实现全覆盖。深化财税金融改革，持续发力推进农村信用社不良贷款清收工作，金融环境明显改善，农村信用社改制顺利完成。政府机构改革和乡镇区划调整改革基本完成。深化农村综合改革，加快农村土地流转，严塘镇农村土地承包经营权确权登记颁证试点工作高效完成，全面完成集体林权制度主体改革与配套改革任务。公立医院综合改革试点成效显著，破除“以药补医”，呈现“三降两升”良好态势。

行政效能不断提升。深入开展党的群众路线教育实践活动和“三严三实”专题教育工作，坚持问题导向，聚焦“四风”突出问题，深入推进正风肃纪专项行动，严格落实党风廉政建设主体责任和监督责任。自觉接受人大和政协监督，认真落实人大及其常委会的决议决定，办理人大代表建议662件、政协委员提案446件。高度重视社情民意，建立县长每周轮流接访机制，畅通群众诉求渠道，解决了一批信访积案问题。

（段晚连　伍志华）

【全面封山育林】 为加强森林资源保护和生态文明建设，2015年2月6日，茶陵县第十六届人民代表大会第五次会议作出了全面实施封山育林、建设生态茶陵的决定。成立由县委彭新军书记任政委、县长任组长的封山育林工作领导小组，下设办公室在林业局，全面负责封山育林日常工作，同时下发9个封山育林专门性文件。以“全面封山育林、建设生态茶陵”为主题，落实“封山育林、大力造林、严格护林”三大措施，加快对宜林荒山的绿化步伐，提高对林木作业设计的的准入标准。通过出动宣传车辆100余次，张贴宣传标语5000余条，发放《致全县人民封山育林的一封信》18万份，宣传手册1万本，封山育林通告8000余张，制作电视动漫专题宣传片，在重要地段制作宣传牌1000余块等方式，营造全民动员、全民参与封山育林的良好氛围。实行公益林护林员、封山育林护林员、森林防火护林员“三员合一”，重新聘请420名护林员，制定《茶陵县村级护林员暂行管理办法》，明确护林员主要职责，强化对护林员的督查考核，实现护林队伍常态化、规范化的管理。（周　宁）

【省直管县试点】 2015年5月，茶陵县被省委、省政府正式确定为全省13个省直管县经济体制改革试点县之一。一年来，茶陵县紧紧围绕《省直管县经济体制改革试点2015年工作要点》中所明确的改革试点任务，结合实际，积极探索有效改革方式，有力推动改革试点工作的顺利开展。强力推进高标准农田建设综合改革试点。以土地整治项目为主导，整合发改、财政、农业、水利、扶贫等部门涉田项目，通过采取有效工作机制，有序推进全县高标准农田建设。编制全县高标准农田建设总体实施方案，完成第一片区4个乡镇82个村的外业、内业工作，整合涉田资金1.5亿元。有序推进投融资平台转型发展试点、“产城融合”发展试点。目前正在结合茶陵实际制定试点方案；聘请有资质的项目咨询公司编制了《茶陵县产城融合建设总体方案》，初步通过省专家评审组的评审。简政放权示范项目茶陵县“一站式审批”政府服务中心改建工程开工，预计2016年9月竣工。

（谭米文）

【连续三年被评为“省安全生产先进单位”】 2013—2015年，茶陵县持续推进“打非治违”，加强安全隐患整治力度，共组织“打非治违”专项整治行动1947次，检查生产经营单位5184次，排查发现安全隐患10110处，整改到位10024处；开展暗访暗查107次，督办打非行动94起，排查取缔非法生产经营建设单位382家，制止非法生产经营行为410起，捣毁非法采矿机械设备125余台（套），抓捕涉嫌犯罪人员54人，其中刑事拘留25人。从2013年起，全县没有发生一起较大以上安全生产事故，并连续三年被评为“省安全生产先进单位”。

（谭米文）

【中华茶祖文化园茶陵开园】 2015年12月26日，中华茶祖文化园开园暨茶祖神农雕像圣成活动在湖南省株洲市茶陵县中华茶祖文化园谒祖广场隆重举行。全国政协原副主席罗豪才，全国政协文史和学习委员会副主任、浙江省政协原主席、中国国际茶文化研究会会长周国富，全国茶文化和茶行业各级各地领导、知名专家教授、茶企企业家，湖南省、株洲市、茶陵县各级领导共800余人出席活动。

千年国饮，始于茶陵。茶陵因茶得名，是中国唯一以茶命名的行政县。史籍记载：“神农尝百草，日遇七十二毒，得茶而解之”。这充分证明了“茶祖在茶陵”，茶陵是中华茶文化的发源地之一。2011年7月，茶陵县人民政府与茶祖印象茶业有限公司签订《中华茶祖文化产业园项目建设投资协议》。项目总占地面积853.33公顷，主要由中国规模最大、内涵最丰富的茶文化主题公园——中华茶祖文化园；中国品位最高、品牌最全的名茶展示交易中心——中华茶祖·名茶汇；中国第一个茶文化品位最高、规模最大的主题酒店——茶祖文化酒店等几个部分组成。项目计划投资20亿元，已投入资金12.39亿。目前，中华茶祖文化公园已建成，建筑面积为9万平方的茶叶交易市场已竣工，创建“茶祖”、“三湘红”等3个茶叶精品，种植生态优质茶叶基地面积666.67公顷。

中华茶祖文化园总占地面积为30.07公顷，主要展示千年茶史，弘扬茶祖文化，打造“天下名茶大观园、天下茶人寻根地、世界茶人精神家园”。园区主要包含谒祖圣道、茶陵茶史苑、中华茗品苑、中华茶史苑、中华茶技苑、茶祖印象广场、茶人广场、茶圣广场、谒祖广场、茶祖纪念馆、天琴湖湖滨景观区等。（周　宁）

【禁毒工作获省先进】 2015年，茶陵县坚持“预防为主，综合治理，禁种、禁制、禁贩、禁吸并举”的方针，把禁毒工作纳入法治茶陵、平安茶陵、和谐茶陵建设的重要内容，禁毒工作取得良好实效，荣获“湖南省2015年度禁毒工作先进县”称号。年内，投资80万元建设县禁毒教育基地，开展禁毒拒毒、识毒防毒宣传活动，严打涉毒犯罪。全年共逮捕涉毒犯罪嫌疑人78人，公诉73人，缴获各类毒品4500余克，行政拘留吸毒人员776人，强制隔离戒毒104人，查处党员干部吸毒14例，强制戒毒与吸毒人员查处分别超额完成94.34%和90%。于2015年8月破获“2015—879”号部督案件，获得国家禁毒委和公安部的高度肯定和通令嘉奖，共抓获贩毒分子18名，缴获毒品4200余克，斩断了横跨三省的贩毒通道。（谭小武）

【茶陵思源实验学校投入使用】 茶陵思源实验学校是茶陵县委、县政府为解决城区义务教育“大班额”问题，满足茶陵人民对优质义务教育资源的迫切需求而筹建的一所标准化九年一贯制全日制寄宿公办学校，于2015年9月正式招生入学。该学校位于国家AAAA级景区云阳山国家森林公园脚下，占地面积11.58公顷，预计投入建设资金1.6亿元（其中，香港言爱基金捐赠1000万元），计划办学规模为54个教学班级，可提供2700个义务教育阶段学位，重点保证农民工子弟、边缘农村子弟进城读书，缓解城区就学压力。截至2015年年底，实际完成投资1.2亿元，完成小学部教学楼、图书阅览室、多功能报告厅、学生宿舍、学生食堂等主体工程，以及排水、文化广场、环校路路面硬化、田径运动场硬化排水等附属工程。风雨操场、教师公租房正在建设中。2015年9月，首届招生955名，共18个班，一、二、七三个教学年级各6个班，配备教职工55名。学校全面瞄准“成就学生，提升教师，发展学校，引领社会”的办学目标，真正践行“在学习中享受快乐，在快乐中收获成长”的办学理念，求真务实，锐意创新，朝着创建省、市、县品牌学校的目标昂首迈进。（谭小武）

【第四届祖庵美食文化节】 12月3日，茶陵县第四届“祖庵菜，飨天下”美食文化节在犀城广场开幕，此届美食文化节突出“祖庵菜，飨天下”的主题，分成开幕仪式、“祖庵家菜特色店”特色表演、“呼啦王”评比、特色农产品展、美食DIY、“祖庵家菜”文化展等6个部分进行。广大游客和市民从味觉、视觉和听觉等方面全方位地感受“祖庵家菜”的博大精深。祖庵家菜以精巧的做工，精致的外形，精美的口感享誉四方，被誉为“湘菜之源”。举办“祖庵家菜美食节”，旨在深入挖掘祖庵家菜的深刻内涵，传承祖庵家菜文化，提升茶陵的整体旅游文化水平。本届美食文化节所展示的“祖庵家菜”特色菜有钢管鸡、一品香辣虾、绝味长寿草、明炉山药蒸土鸡、秘制条子鱼、黄焖羊肉、富贵满园等，令来宾与观众大开眼界、大饱口福。（周　宁）

炎陵县

中共炎陵县委书记 黄诗燕
县委副书记 文专文　彭小中
县委常委、纪委书记 文　斌
县委常委、常务副县长 饶祥明
县委常委、副县长 黄建中
县委常委、政法委书记 谭新林
县委常委、宣传部部长 肖锦霞
县委常委、组织部部长 李　军
县委常委、县委办主任 谷早君
县委常委、人武部部长 吴文静
县人大常委会主任 戴诗平
副主任 范洪奇　谢协农　廖子强　张金华（兼）

县人民政府副县长（主持全面工作） 文专文
常务副县长 饶祥明
副县长 黄建中　彭　志　盘晓文　蒋芷境　谭　艳　姚　成（挂职）
副县长 陈黎明（候）
政协炎陵县委员会主席 欧阳鹏志
副主席 黄建林　罗光杰　谭芳林　刘留燕（兼）
县人民法院院长 皮亮钦
县人民检察院检察长 刘永初

【概况】 2015年，炎陵县辖6个镇9个乡1个乡级农场1个九龙社会事务管理局，211个村（居）民委员会；2015年12月通过乡镇区划调整，撤并乡镇5个，辖5个镇5个乡，211个村（居）民委员会。土地总面积2030平方公里，耕地面积16080公顷。年末常住人口20.22万人，其中城镇人口4.52万人。人口出生率12.09‰，人口自然增长率2.33‰。年平均气温17.9℃，年内气温最高37.2℃，最低-2.0℃；年日照时数1395.7小时，年降水量1724.6毫米。

2015年，炎陵县继续夺取全省“全面小康推进工作前十位县”，继续稳居全省全面小康水平同类县第一名。全年实现GDP61.43亿元，增长9.7%。其中第一产业增加值8.0亿元，增长3.5%；第二产业增加值31.66亿元，增长8.2%；第三产业增加值21.77亿元，增长14.0%。三次产业结构比为13.0∶51.5∶35.5。完成一般公共预算收入9.06亿元，增长10.03%，占GDP的比重为14.74%。完成固定资产投资114.35亿元，增长18%。实现社会消费品零售总额18.05亿元，增长12.3%。城乡居民人均可支配收入分别达到22753元、6720元，分别增长8.3%、9.2%。各金融机构存款余额（含茶陵农发行）72.98亿元，增长13.4%；贷款余额50.15亿元，增长24.5%。房地产开发投资9.29亿元，比上年增长7.2%。建筑业增加值3.50亿元，增长8.0%。邮电业务总量0.95亿元，增长2.4%。

项目建设增速。新签约招商引资项目38个，合同引资50亿元；参加湖南深圳（株洲）招商推介会，成功引进易普达数码电子科技产业园等项目。年初确定的62个县重点项目开工37个、竣工16个，完成投资16.5亿元。神农谷旅游服务中心、欧科亿硬质合金、维可达数控机床及精密件加工、外环线、茅坪至中村公路等项目开工建设，神农古镇旅游综合开发、诺忒高效节能量子灯等项目加快推进，新材料产业园、九龙总部经济科技孵化园、华苑商贸广场、天杰商业城市广场、东风新城等项目进展顺利。投资1.2亿元的全市首家县级文体中心建成使用，炎帝陵游客服务中心投入使用，神农园开园，玖琪电子投产，西九龙大道、聚福路、红星二桥竣工通车，S347石潮至垄下公路改造基本完工。

产业发展提质。园区攻坚有新成效，实现规模工业增加值27.35亿元，增长8.3%；“一区两园”完成技工贸总收入95亿元，增长18%；高新技术产业增加值占GDP比重达12.6%；实施创新创业园区“146”工程，建成标准厂房5.2万平方米；炎陵工业集中区进入全省园区综合排名20强，成为株洲三大先进硬质材料产业集聚发展区之一。旅游产业有新亮点，2015年，炎陵县游客人数和门票收入分别增长41.38%、31.06%。炎帝陵创国家AAAAA级旅游景区、省文化旅游特色产业重点县建设加快推进。完成音乐电影《我根是炎黄》拍摄制作。成功举办乙未年神农大帝祖庙圣驾台湾巡境赐福、“薪火相传·再创辉煌”长征精神红色旅游火炬传递等影响广泛的重大活动。炎帝陵获评“中国最美农耕文化旅游胜地”，神农谷获评“中国森林氧吧”。特色农业新气象，全年实现农林牧渔业增加值8.0亿元，增长3.7%。其中粮食总产量达9.28万吨，实现“十二连丰”；新扩特色水果300.50公顷，水果总产量19310.7吨，其中黄桃产量3645吨；新开发蔬菜基地13.33公顷，蔬菜播种面积2800公顷；新增茶叶基地34.44公顷，茶叶总产量230.8吨；新造油茶113.33公顷；实施笋竹林低改0.13万公顷；发展白鹅122.31万羽，生猪出栏14.88万头，家禽出笼111.2万羽，水产品产量1130吨。龟龙窝茶叶基地成功创建省级茶叶标准园，星光蔬菜基地跻身国家级蔬菜标准园。黄桃储藏保鲜气调库建成启用。入选“全国电子商务进农村综合示范县”，“互联网+特色水果”电商模式获全省推广。

城市建设稳步推进，完成县城第六次总体规划修编，编制村庄规划146个；县城主干道污水管网改造开工建设，路灯节能升级改造、东城区给水管网工程全面竣工；完成县城老垃圾场封场转场；清扫保洁提质扩面，清扫面积达109.6万平方米；拆违控违不断加强，全年拆违面积0.94万平方米，控违3.61万平方米；举办首届“房交会”，商品房销售面积、销售额分别增长129.49%、156.99%。美丽乡村建设扎实推进，投入2932.54万元，除险加固病险水库11座，建设水保工程1处、农村饮水安全项目14个，新解决11091农村人口饮水安全问题，治理水土流失面积841公顷；小农水重点县三河片区项目、炎帝陵景区堤防续建项目完工；天平村获评“省级新农村建设示范村”。生态环境质量持续改善，完成造林绿化2666.67公顷，实施炎帝陵景区绿化提质工程。

改革工作明显增效。九大类63项改革有序推进。政府机构改革和乡镇区划调整顺利完成，减少政府工作部门及副科级以上事业单位21个，撤并乡镇5个。政府职能加快转变，全面推行“三清单一目录”制度，取消行政许可项目68项，核准投资项目目录权限13项，建立动态调整和监管机制。代管县电力管理体制改革全面完成，县电力公司上划国网省电力公司管理，实现“发、供、用”多赢局面。国有林场改革顺利通过省级验收。农村综合改革进展顺利，获评全省农村土地承包经营权确权登记颁证工作先进县。投融资体制改革加快推进。财税体制、事业单位改革取得新成效。对外开放合作不断扩大，成立全省首个县级海关工作站。完成外贸进出口总额2467万美元，增长86.9%，增幅居全市第一。

人民生活明显改善。精准扶贫扎实推进，复核建档立卡贫困人口23122人；开展“一进二访”活动，全县184个单位驻村帮扶202个行政村，3300名干部与4680户贫困户结对帮扶；实施脱贫项目145个；全年减贫6017人，贫困发生率下降到8%。民生实事持续推进，“民生100”工程和省市为民办实事任务全面完成。社会事业繁荣发展，完成薄弱学校改造项目28个，高中学业水平考试合格率全省第一，省教育强县评估验收居同类县第一；新农合参合率保持在98%以上，县内住院补助率达75%以上，大病二次补助达150万元，有效缓解因病返贫问题；首家民营医院九龙民康医院建成；首家数字影院星鑫国际影城投入使用；入选全省首批现代公共文化服务体系示范区创建基地；龙渣瑶族乡建乡30周年庆典成功举办。社会保障不断加强，新增城镇就业1710人、农村劳动力转移就业1800人，城镇登记失业率控制在1.2%；城市、农村低保月人均补差标准分别达273元、112元；新农保与城居保合并实施，被征地农民基本生活保障政策全面推行；新建公租房168套，改造城市棚户区424户、农村危旧土坯房1700户；老年社会福利中心开工建设。社会大局和谐稳定，安全生产形势平稳可控，重大食品药品安全事件保持“零记录”，社会管理综合治理民意调查排名全市第一，获评“全国人民调解宣传工作先进集体”，连续10年获评“省社会管理综合治理先进县”，连续11年获评“省平安县”。（周丽艳）

【“神农大帝祖庙圣驾台湾巡境赐福”起驾仪式在炎陵举行】 2015年6月6日，“乙未年神农大帝祖庙圣驾台湾巡境赐福”起驾仪式在中华民族始祖炎帝神农氏陵寝地——炎帝陵举行。中央台办、国务院台办原副主任、海峡两岸关系协会副会长叶克冬；省委常委、统战部部长，省海联会会长、海促会名誉会长李微微；省台办主任、省海促会会长冯波；市委书记贺安杰；市委副书记阳卫国；市委常委、组织部部长、统战部部长彭爱华；炎陵县委书记黄诗燕；炎陵县委副书记、副县长文专文，以及东莞台商子弟学校董事长叶宏灯等海峡两岸社会各界千余人共赴盛典。2013年，炎帝陵被国务院台办正式批准确定为“海峡两岸交流基地”。为切实发挥炎帝陵在海峡两岸交流合作中的平台作用，凝聚民族情感，弘扬中华传统文化，加强湘台两地文化交流，遂在两岸民间传统的炎帝神农始祖千秋圣诞日（农历四月廿六）前后，举办“乙未年神农大帝祖庙圣驾台湾巡境赐福”活动。神农圣驾移驾后，在台湾历时11天，行程2000多公里，巡境11个县市36个乡镇41家宫庙，全台100多万神农信众参加活动，全球华人媒体高度关注，被誉为“开台以来最大的神农文化盛事”。6月16日，神农圣驾回銮安陛，在炎帝陵举行“乙未年神农大帝祖庙圣驾台湾巡境赐福”回銮安陛仪式，恭请圣驾安座于陵寝大殿神案。（周丽艳）

【S205炎陵旅游环线建成通车】 2015年12月，S205炎陵县沔渡至船形旅游环线公路全线建成通车。该旅游环线公路是炎陵县国省道公路网中的重要组成部分，总投资6.34亿元，全长103公里，于2013年7月开工建设，起于沔渡镇北端（与S321相接），经十都、大院、策源、水口、中村，止于船形，惠及全县35%的人口。全线按二级公路标准修建，设计时速为40公里，路基宽9米，行车道宽7米。建成后的旅游环线贯穿整个炎陵，将炎陵境内的神农谷、大院、梨树洲、酃峰等主要景点景区串联在一起，提高景区的可进入性，为炎陵建设生态旅游强县奠定了基础，同时也将进一步促进湘东南旅游交通圈的形成。（周丽艳）

【炎帝陵获评“中国最美农耕文化旅游胜地”】 2015年7月，在中国新旅游时代——2015品牌推介暨旅游项目投融资大会上，炎陵县炎帝陵景区以其独具特色的中华农耕文明发祥胜地景观价值，荣获“中国最美农耕文化旅游胜地”旅游品牌称号，是本次会议上湖南唯一获此荣誉的旅游景区。炎帝陵位于湖南省株洲市炎陵县，是中华民族始祖炎帝神农氏的寝陵圣地。被誉为“神州第一陵”，为全国重点文物保护单位、全国爱国主义教育示范基地、中华归国华侨爱国主义教育基地、国家AAAA级景区。炎帝陵是中华农耕文明发祥胜地，蕴含丰富的农耕文化。2015年新开园的炎帝陵神农园中的精品展示区展示的炎帝持耒、神农尝百草等故事群雕是以农耕文化为核心设计建设的，游客们可在其中充分体验、感受底蕴深厚的农耕文化。（周丽艳）

【炎陵成为首批省级现代公共文化服务体系示范区创建基地】 2015年6月，炎陵县等14个县（市区）成为湖南首批省级现代公共文化服务体系示范区创建基地。近年来，炎陵县着力构建现代公共文化服务体系，全力打造文化精品设施，先后建成博物馆、图书馆、文化馆、纪念馆和文体中心等一批重要的公共文化设施。同时，注重把公共文化设施向乡镇、村级延伸，实现乡镇综合文化站、村级农家书屋和文化信息资源共享工程“三个全覆盖”，建成县、乡、村三级公共文化服务体系。全县文体设施面积达37.3万平方米，人均拥有面积达1.8平方米。炎帝陵祭典被列入国家首批非物质文化遗产，“海峡两岸炎帝神农文化祭”活动影响广泛。组建300支业余民间文艺团队、1000余人的文化志愿者队伍。积极组织开展盘王节、客家民俗文化节、畲族文化节、桃花节、杜鹃花节等特色群众文化活动，丰富了人民群众的精神文化生活。（周丽艳）

【炎陵列入“生物多样性国际项目示范县”】 2015年5月，炎陵县被中国环科院与挪威环境局联合列入“生物多样性国际项目示范县”，成为湖南省唯一被列入的县。此次中国仅有5个县（旗）被列入。炎陵县生态环境优良，县内保存着华南地区面积最大（6666.67公顷）的原始森林，森林覆盖率达83.55%，居全省第一。优良的生态环境孕育了极其丰富的植物、动物和微生物物种。其中，桃源洞国家级自然保护区内保存着万亩原始次生林及完整的生态系统；有维管束植物215科、896属、2019种；有陆生脊椎动物212种，包括国家重点保护野生动物29种，被誉为“天然动植物物种基因库”。（周丽艳）

【神农谷国家森林公园获评“中国森林氧吧”】 2015年10月，炎陵县神农谷国家森林公园在武汉举办的中国森林旅游节论坛上，获评“中国森林氧吧”，成为全省唯一获此殊荣的单位。炎陵县神农谷为国家森林公园、国家AAAA级景区，总面积1万公顷，森林覆盖率高达98.75%。境内有华南、华中、华东交汇区系仅存的6666.67公顷原始森林，有维管束植物2019种、陆生脊椎动物212种。境内珠帘瀑布区域的空气负氧离子瞬间峰值达22.8万个/立方厘米，是亚洲负氧离子含量最高的地方。神农谷因此被赋予“养生天堂”的美誉。（周丽艳）

【炎陵县红星二桥建成通车】 2015年9月25日，历时1年半的炎陵县红星二桥建设工程顺利完工，正式通车。红星桥位于炎陵县中村瑶族乡境内的牛岗排，北距炎陵县城55公里，南至桂东县城36公里，西达资兴市兴宁镇50公里，扼炎郴线之咽喉，为连接106和107国道之纽带。红星桥老桥修建于1974年，是亚洲跨度最大的单拱拱桥。因超负荷使用，红星桥于2011年被认定为四类危桥，成为株洲与湘南地区的一道“交通瓶颈”。红星二桥位于红星老桥北面30米处，于2014年3月启动建设，为薄壁空心墩加桩柱式桥墩的支架结构桥梁，总投资1400余万元，全长181.04米，全桥桩基础17根，规模最大的桥墩直径2.2米，高55米。该桥设计最大承重80吨，比老桥提高近40吨，通行能力大为提升，为株洲与郴州地区人员流通、物资集散提供有力支撑。随着红星二桥的建成通车，红星桥老桥已封闭，被留作景观桥使用。

（周丽艳）

【炎陵县入选“国家电子商务进农村综合示范县”】 2015年7月14日，财政部和商务部公布第二批国家电子商务进农村综合示范县名单，炎陵县名列其中，获得1000万元扶持基金。2015年，炎陵县以“成功入选国家电子商务进农村综合示范县”为契机，坚持企业主导与政府推动、合理布局与分类指导、培育龙头与推广应用、促进发展与规范管理四个结合，以电子商务产业园、县域共同配送物流平台、农村淘宝为工作重点，同时着力加强各类培训，大力发展农村电子商务，取得明显成效。2015年炎陵县“互联网+特色水果”电商模式让炎陵黄桃在网上“爆销”。全县黄桃种植面积达1013.33公顷，其中挂果面积109.47公顷，总产量3650吨，20天全部销售一空，电商网店、微店卖出黄桃近2500吨，后期价格涨到了每千克36元。被省商务厅作为网络销售成功典型在全省进行推广学习。

（周丽艳）

【炎陵县为村民小组长发报酬开省内先河】 2015年6月，炎陵县就进一步完善村级组织运转经费保障机制有关问题下发专门通知，明确村民小组长报酬按500元/年标准发放，这一做法在全省尚属首例。长期以来，村民小组长的报酬靠村、组集体经济自筹自支，在一定程度上影响了农村工作的正常开展。至2015年年底，炎陵县有202个行政村、1441个村民小组，每年县级财政用于1441名村民小组长报酬的资金达72.05万元。村民小组长报酬制度的实施促进了村民小组长工作积极性，有效推动农村工作健康发展。（周丽艳）

示　范　区

株洲云龙示范区

党工委书记	蔡周良
党工委副书记、管委会主任	付访华
党工委副书记、管委会副主任	谭跃飞
党工委委员、管委会副主任	许剑鸣　黄继军
党工委委员、纪工委书记	欧阳真云
党工委委员、管委会副主任	刘曙红　章定良
管委会副主任	柳怀德
党工委委员	罗春风
党务工作部部长	文　毅
国土建设部部长	陈文元
招商合作部部长	李　浩
社会事业部部长	王海明
财政金融部部长	刘一卫
综合管理部部长	刘政凯

【概况】　株洲云龙示范区是国务院批复的长株潭城市群“两型”社会建设综合配套改革试验区五大示范区之一，管辖面积97.9平方公里，辖1镇（云田）1街道（学林）、23个社区，总人口8.2万人。云龙示范区党工委、管委会成立于2009年，作为株洲市委、市政府派出机构，对辖区进行统一管理。下设综合管理、党务工作、发展规划、国土建设、招商合作、社会事业、财政金融7个职能部门，承担一级政府全部职能。另组建株洲市云龙发展投资控股集团有限公司，与株洲云龙土地储备中心、投融资管理中心合署办公。管委会机关有工作人员443人，其中事业编制人员104人、聘用人员339人。

2015年，云龙示范区强力破解征地拆迁、项目推进、资金筹集、工作协调等诸多发展难题，经济社会呈现良好发展态势。全年实现GDP21.2亿元，增长7.9%，其中第三产业增长12.8%；完成固定资产投资168.1亿元，增长18.5%；完成公共财政预算总收入8.18亿元，增长11.3%，税收比重达76%，位居全市第三；征拆交地403.33公顷。

项目建设明显提速。坚持“工作围绕项目转，部门围绕企业转”，全年铺开各类项目75个，全力以赴强势推进项目建设。竣工投产方面：云龙大道二期建成通车，与长沙对接又添新干道；湖南微软创新中心、展示中心、创客中心，株洲首家众创空间“零创空间”建成开放；云龙水上乐园开园营业，累计接待游客25万人次，实现营业收入3700万元，玉龙路一期、太平洋仓储物流中心、云田中学一期、职教城分布式能源站等项目全面竣工；云峰湖国际旅游度假区成功创建为湖南省首批省级旅游度假区之一。项目推进方面：中特物流中心、盘龙路、云峰大道二期、城铁云龙站场配套工程、学府华庭、规划七路、中车大道、田心大道、学林路等16个项目实现新开工；北欧小镇二期、碧桂园、总部经济园、化院二期、中医药专科学校、工贸技师学院、铁路科技职业技术学院等44个续建项目稳步推进；轨道科技城正在抓紧推进征地拆迁；龙母河片区综合开发完成业态分析、项目布局对接等工作。招商储备方面：紧扣商贸物流、电子信息、旅游休闲等产业开展精准招商，全年与投资客商洽谈百余批次，云龙商贸物流城等项目招商进展顺利，职教科技园成功与中科院云计算中心达成合作，中国移动数据中心落户并将启动建设。

要素保障明显提效。实施项目攻坚“三大行动”，有效破解了项目建设的要素瓶颈。土地保障方面，实行“日调度、周汇总、月考核”工作机制，统一政策标准，坚持“阳光拆迁”，强化司法保障，扭转了征地拆迁的被动局面。全年铺开征地拆迁项目68个，签订房屋拆迁协议415户，实现交地403.33公顷。在土地指标紧缩的情况下，批回土地151.2公顷，出让土地11宗56.8公顷。资金保障方面，积极探索多元化的投融资模式，支持云发、教投、城乡等平台公司通过贷款、信托等多渠道进行融资。云发集团、教投集团、城乡建设公司均超额完成年度融资任务。安置保障方面，实行安置工作“三年行动计划”，着力理顺安置房建设管理机制，拓宽安置资金渠道，着力解决原征拆项目未安置的遗留问题26个，安置191户、441人，续建新建安置房21万平方米，新安置230户、900人，有效缓解了安置滞后的突出难题。

发展形象明显提升。坚持多管齐下，强化综合治理，加大对外宣传力度，辖区群众与社会各界对示范区的认同度不断提升。首先，全面整治建设环境。坚持宣传教育、打击处理并重，重点整治以“非法阻工”为主的建设环境问题。依法处理非法阻工等妨碍建设环境案件16件、23人，从9月份起实现了项目建设“零阻工”，工程建设“零延误”，得到了投资业主的普遍认可。其次，全面推进治违拆违。建立有奖举报制度，搭建与群众沟通平台，区域内形成了共同治违、强力拆违的良好态势，对违法建设发现一处拆除一处，违法建设势头得到全面控制，实现了新增违法建设“零增长”，全年拆除违法建设190多处，面积4.6万平方米。第三，全面加强对外宣传。营造积极向上的舆论氛围，广泛宣传弘扬正能量，在主流媒体、市级重要报刊发表宣传稿件150多篇，发展的口碑、发展的势头得到社会各界广泛认可，塑造了良好的发展形象，增强了投资客商的信心。

群众生活明显提质。突出民生民利改善，将66%以上的公共财政预算支出用于发展民生事业，省、市45项民生实事指标任务全面完成。一是社会事业加快发展。按照湘江保护和治理第一个“三年行动计划”的统一部署，加快淘汰落后产能，强化污水处理等环境保护措施，湘江保护和治理工作取得明显成效；投入6000多万元，完成云田中学一期工程建设；学林街道公办幼儿园、云田花卉产业园、云峰湖消防站等项目相继建成投入使用；血防阻断标准通过国家达标验收；蛟龙、鸡嘴山社区美丽乡村示范点加快建设；自来水管网延伸工程全面完工，解决了4920人安全饮水问题。二是社会保障不断完善。全区12763名被征地农民纳入养老 和基本生活费特惠政策范畴，其中1460人实现新参保，发放基本生活费11197人（次）共541万元，确保了被征地农民“即征即保”；城镇职工养老保险新增参保1842人，失业保险参保扩面1100人，累计参保1607人；新增农村劳动力转移就业500人，建设就业创业保障平台5个，实现“零就业家庭”动态援助100%。三是社会大局和谐稳定。全年接待群众来访140余批次，包案化解信访积案重点人员14人，重点问题17个，协调处理各类突发事件20余起。加强食品药品安全监管，全年共出动执法人员1000余人次，确保了食品药品安全。突出抓好群防群治，实现了重大刑事案件、严重暴力恐怖事件、重大群体性事件、赴省进京群体上访事件、重大安全事故五个“零发生”的目标。

亟待解决的困难和问题主要有：其一，实现经济平稳增长的任务艰巨。投资大、能带来集聚效应的龙头项目较少；成长性好、能迅速带来经济效益的产业项目不多。其二，基础设施还有薄弱环节。已建成主次干道较少，水电气讯管网、公共服务设施配套不完善，开发建设承载力有待提高。其三，融资难有待进一步破解。受体制机制影响，融资手段缺乏、渠道单一，可用抵押资源不足，融资筹资难度加大。

（何　帆）

【云龙水上世界建成开园】 6月8日，云龙水上世界建成开园。项目由云龙城乡建设公司出资兴建，总投资2亿元，占地7.07公顷，是目前中南地区设施最为齐备的水上主题乐园。截至10月31日项目闭馆歇业，累计接待游客25万人次，实现旅游收入3700万元。云龙水上世界的建成开园丰富了云龙示范区的旅游产业链条，加快推动了云龙旅游产业提质升级。

（何　帆）

【项目攻坚“三大行动”强力开展】 9月12日，云龙示范区召开项目攻坚“三大行动”动员大会，全面吹响项目攻坚冲锋号。在3个月的攻坚行动中，实现征拆交地366.67公顷，拆除各类违法建筑近4万平方米，处置项目阻工等各类影响发展建设事件70余次，“征拆安置、治违拆违、环境优化”等工作走上规范化、常态化轨道，有效破解了制约项目建设的要素瓶颈，推动了区域内项目复工或开工。

（何　帆）

【株洲首家众创空间“零创空间”开放营业】 10月28日，株洲首家众创空间“零创空间”开放营业。项目位于株洲市就业创业指导中心，面积2000平方米，由云龙国资经营管理公司、株洲就业创业资产经营公司以及株洲市技术转移促进中心共同出资建设，致力于为小微创新企业提供低成本、便利化、全要素的开放式综合服务。截至12月底，创业沙龙已培训青年创业者500余名，吸引斯凯通航等12家企业入驻，成功举办省内首次无人机比赛。

（何　帆）

【湖南微软MIC建成营业】 12月15日，湖南微软MIC建成营业。湖南微软MIC于2014年9月在湘商大会上落户云龙，是微软总部直接授权建设的MIC，也是全国第三、中部地区唯一的微软创新中心。项目主要包括“二中心一学院一空间”，即微软创新中心、展示中心、微软IT学院、电子信息创客空间，将面向社会提供职业教育、研发测试、大数据、自用软件、市场推广等高端服务，帮助从事软件开发和互联网服务的新创企业快速发展，加快助推传统产业转型升级。（何　帆）

【轨道交通城路网工程开工建设】 12月17日，轨道交通城路网工程开工仪式在云龙示范区举行。轨道交通城项目总用地面积约36.6平方公里，按照“产城融合”的建设思路，计划用5年时间建成一座以轨道交通产业为主导，集相关配套产业、现代服务业、高端住宅于一体的现代产业新城。先期开工建设的路网工程主要包括中车大道、田心大道、云霞大道等道路，总投资20亿元，计划于2017年年底前建成通车。

（何　帆）

【云峰湖国际旅游度假区成功创建为全省首批省级旅游度假区】 12月29日，湖南省旅游景区质量等级评定委员会发布省级旅游度假区名单公示，云峰湖国际旅游度假区成功创建为首批省级旅游度假区。云峰湖旅游度假区位于云龙示范区北部，地处于长株潭绿心区，总规划面积21平方公里，是云龙示范区开发建设核心板块，涵盖了文化旅游、健康养生、商贸会展、总部商务等高端业态，以及华强文科基地、体育公园、水上乐园、冰雪世界、北欧小镇、总部行政园、商贸城、会展中心等一批重点项目，未来将建设成为长株潭地区的世界级会客厅及中部地区的休闲旅游天堂。省级旅游度假区的获批，将有助于吸引省内外优势资源参与该区域的开发建设，为云龙示范区的招商引资、项目建设注入新的活力。（何 帆）

人　　物

新当选的市级领导

周晓理　男，汉族，湖南茶陵人，1967年9月出生，1989年8月参加工作，1997年6月加入中国共产党，研究生学历。现任中共株洲市委常委、市委秘书长。

1989年8月—1995年3月，大学毕业参加工作，任株洲市农机局助理工程师；1995年3月—1997年1月，株洲市人民检察院工作，任办公室副主任；1997年1月—1998年6月，湖南省人民检察院工作；1998年6月—2001年3月，株洲市人民检察院工作，任办公室副主任、民事行政检察科副科长（其间：2000年4月—2002年4月中国政法大学经济法专业研究生班学习）；2001年3月—2002年1月，株洲县人民检察院副检察长、正科级检察员；2002年1月—2003年11月，株洲市委办公室综调室副主任（正科）；2003年11月—2004年3月，株洲市委办公室信息科科长；2004年3月—2005年8月，株洲市委办公室综调室主任；2005年8月—2006年12月，株洲市委办公室副主任；2006年12月—2008年8月，中共株洲市委副秘书长；2008年8月—2008年12月，中共株洲市芦淞区委副书记；2008年12月—2009年1月，中共株洲市荷塘区委副书记；2009年1月—2009年2月，中共株洲市荷塘区委副书记，区人民政府党组书记、代区长；2009年2月—2011年5月，中共株洲市荷塘区委副书记，区人民政府党组书记、区长（2010年12月起，兼任株洲市云龙示范区党工委副书记）；2011年5月—2013年7月，株洲市荷塘区委书记；2013年7月，中共醴陵市委书记；2015年12月至今，株洲市委常委、市委秘书长。

王继恩　男，汉族，湖南攸县人，1958年11月生，1980年8月参加工作，1985年3月加入中国共产党，大学文化，现任株洲市人大常委会副主任。

1977年12月—1980年8月，湘潭地区农校农学专业中专学习；1980年8月—1987年12月，攸县农业局槚山农技站站长，县土壤普查办、县农业局、县农业委员会干部；1987年12月—1989年11月，攸县槚山乡党委副书记；1989年11月—1990年4月，攸县坪阳庙乡党委书记（其间：1986年4月—1989年4月，湘潭大学党政干部基础科专业自考大专学习）；1990年4月—1991年3月，攸县坪阳庙乡党委书记、乡人大主席团主席；1991年3月—1992年12月，攸县坪阳庙乡党委书记（其间：1992年2月—1992年12月，株洲市委党校中青班学习）；1992年12月—1995年10月，攸县皇图岭镇党委书记；

1995年10月—1997年11月，炎陵县人民政府副县长（其间：1995年8月—1997年12月，中央党校函授学院经济管理专业函授本科学习）；1997年11月—1998年12月，炎陵县委常委、政法委书记；1998年12月—2000年12月，炎陵县委常委、组织部部长（其间：1999年9月—2001年7月，湖南农业大学农业经济管理专业研究生课程班学习）；2000年12月—2002年10月，炎陵县委常委、县人民政府副县长；2002年10月—2003年5月，炎陵县委副书记；2003年5月—2004年2月，炎陵县委副书记、县人民政府代县长；2004年2月—2005年10月，炎陵县委副书记、县人民政府县长（其间：2005年8月起，主持县委全面工作）；2005年10月—2008年12月，炎陵县委书记（其间：2006年2月—2006年7月，省委党校中青班学习）；2008年12月—2009年11月，株洲市委副秘书长（排第一）；2009年11月—2013年11月，株洲市总工会党组书记；2013年11月—2014年12月，株洲市委统战部常务副部长；2014年12月—2015年1月，株洲市人大常委会副主任提名人选；2015年1月至今，株洲市人大常委会副主任。

李晓葵　男，汉族，湖南岳阳县人，1962年9月生，1983年7月参加工作，1986年7月加入中国共产党，本科学历。现任株洲市人民政府副市长、市政府党组成员。

1979年9月—1983年7月，湖南

师范大学化学系学生；1983年7月—1992年8月，湖南省人民警察学校教育训练部教员；1992年8月—1994年7月，湖南省人民警察学校教育训练部副主任；1994年7月—1995年10月，湖南省人民警察学校培训部副主任；1995年10月—1997年3月，湖南省人民警察学校培训部主任；1997年3月—1997年12月，湖南省公安厅交警总队办公室正科级侦察员；1997年12月—1998年5月，湖南省公安厅交警总队行政财务处副处长；1998年5月—2002年7月，湖南省公安厅交警总队行政财务处处长；2002年7月～2006年5月，湖南省公安厅经侦总队总队长；2006年5月—2007年2月，湖南省公安厅装备财务处处长；2007年2月—2007年11月，湖南省公安厅副厅级干部、后勤装备部主任；2007年11月—2007年12月，湖南省邵阳市人民政府党组成员、市公安局党委书记，兼任市委政法委员会委员、副书记；2007年12月—2013年1月，湖南省邵阳市人民政府党组成员、市公安局党委书记、局长，兼任市委政法委员会委员、副书记；2013年1月—2015年8月，湖南省邵阳市人民政府副市长、市公安局党委书记、局长，兼任市委政法委员会委员、副书记；2015年8月至今，株洲市人民政府副市长，市政府党组成员。

杨胜跃　男，土家族，1969年7月生，湖南省凤凰县人，2005年3月加入中国民主同盟，1991年7月参加工作，博士研究生学历。现任株洲市人民政府副市长。

1987年9月—1991年7月，湖南师大物理专业学生；1991年7月—1994年8月，湖南省凤凰县一中教师；1994年8月—1997年9月，湖南省泸溪县职业技术学校教师；1997年9月—2000年6月，长沙铁道学院信息工程学院硕士研究生学习；2000年6月—2007年7月，中南大学信息学院教师（其间：2001年9月—2004年11月，中南大学信息科学与工程学院控制理论与控制工程专业博士研究生学习）；2007年7月—2010年6月，湖南省株洲市天元区人民政府副区长（其间：2009年10月—2010年1月在山东威海市环翠区挂职）；2010年6月—2013年1月，株洲市工商联（总商会）主席（会长）；2013年1月—2014年12月，株洲市政协副主席、市工商联（总商会）主席（会长），第十一届湖南省政协委员；2014年12月，甘肃省临夏回族自治州人民政府副州长（挂职）；2015年12月至今，株洲市人民政府副市长。

周　恕　男，汉族，1964年7月出生，湖南茶陵人，1986年7月参加工作，1989年12月加入中国农工民主党，大学学历、医学学士学位，主任医师。湖南省第九届、十届政协委员，第十一届政协委员、常委，株洲市第七届、八届政协委员、常委。

1981年9月—1986年7月，湖南医学院医学系医学专业学习，医学学士；1986年7月—1989年11月，株洲市一医院普外科医师；1989年11月—1998年4月，株洲市一医院心胸外科医师、主治医师；1998年4月—2002年4月，株洲市一医院心胸外科副主任，2001年6月任农工党株洲市委副主任委员（其间：1998年5月—1998年6月，市委党校中青专家班学习）；2002年4月—2003年9月，株洲市一医院心胸外科主任，农工党株洲市委副主任委员；2003年9月—2011年12月，株洲市一医院副院长，农工党株洲市委副主任委员（其间：2004年10月—2004年12月，省社会主义学院党外中青班学习）；2011年12月—2012年10月，株洲市一医院副院长，农工党株洲市委主任委员；2012年10月—2015年1月，株洲市二医院院长，农工党株洲市委主任委员；2015年1月至今，株洲市政协副主席员。

谢一明　男，汉族，1957年6月出生，湖南株洲县人，1975年10月参加工作，1990年7月加入中国民主促进会，1995年6月加入中国共产党，大学学历、工学学士学位，副教授。湖南省第十届政协委员，第十一届政协委员、常委，株洲市第六届政协委员，第八届政协委员、常委。

1975年10月—1978年3月，株洲县均坝公社子规大队知青队长；1975年10月—1982年1月，湖南农学院农机系农机设计与制造专业学习，工学学士；1975年10月—1987年12月，株洲市机械工业研究所助理工程师；1975年10月—1988年11月，株洲大学机电工程系讲师；1975年10月—1994年1月，株洲工学院机电工程系办公室副主任；1975年10月—1996年6月，株洲工学院机械系制图教研室主任、机械设计教研室主任、副教授；1996年6月—2001年4月，攸县人民政府副县长（其间：1997年3月—1997年4月，市委党校县干班学习）；2001年4月—2007年11月，株洲市监察局副局长（其间：2001年9月—2001年11月，市委党校县干班学习；2003年4月，省纪检监察干部反腐败抓源头培训班学习）；2007年11月—2011年12月，株洲市监察局副局长、正处级监察员（其间：2009年2月—2014年2月，兼任株洲市优化办主任、效能办公室主任；2010年9月，省社会主义学院民主党派骨干培训班学习）；2011年12月—2015年1月，株洲市监察局副局长、正处级监察员，民进株洲市委主任委员（其间：2012年2月—2012年3月，省社会主义学院民主党派中青年代表人士培训班学习）。2015年1月，株洲市政协副主席、株洲市监察局副局长、正处级监察员，民进株洲市委主任委员。

全国劳动模范

陈喜红 男，46岁，中共党员，研究生，教授级高级工程师，南车株洲电力机车有限公司副总工程师、技术中心副总监、转向架开发部部长。

陈喜红从事轨道交通机车车辆转向架科研工作20年，先后主持中国第一代200—250千米/小时速度级高速电力机车轻量化车体的设计和流线型头型的设计，中国交流传动120千米/小时速度级25吨轴重货运电力机车转向架的研制和型谱化，中国交流传动200—250千米/小时速度级高速客运电力机车转向架的研制。他主持140千米/小时速度级出口马来西亚窄轨动车组的研制，开启了中国窄轨高速动车组技术和转向架技术‘零’的突破；主持出口土耳其铰接式轻轨转向架的研制，开启了中国铰接式轻轨转向架技术‘零’的突破。为中国开始国际市场，争取南非22亿美元的大订单作出重大贡献。

他先后获得铁道部青年科技拔尖人才、全国五一劳动奖章、湖南省劳动模范、全国劳动模范等荣誉。

易　冉 女，32岁，中共党员，本科，电焊高级技师、国际焊接技师，南车长江车辆有限公司株洲分公司组装车间班长。

易冉参加工作14年来，扎根艰苦的生产一线，苦练电焊技能，练就了一手焊接“绝活”，成为一名高级电焊技师。她多次代表工厂参加行业内技术大赛，取得骄人战绩，并在工厂多项新产品试制焊接工作中发挥顶梁作用。她在专业技能上不断求新求变，担任车间女电焊技师技能攻关队副队长，带领28名女技师解决了多项国内国外车型的的焊接难题。她不断探索焊接新技能，成功摸索出多项复杂焊接位置的焊接技巧，并将自己的焊接操作方法毫无保留地传授给同行。

她先后获得株洲分公司十佳模范共产党员、南车长江车辆有限公司先进生产工作者标兵、中国南车技能拔尖人才、中央企业技术能手、湖南省技能大师、南车劳动模范、株洲市劳动模范，铁总火车头奖章、湖南省三八红旗手、湖南省劳动模范、全国五一劳动奖章、全国最美十佳职工、全国劳动模范等荣誉。

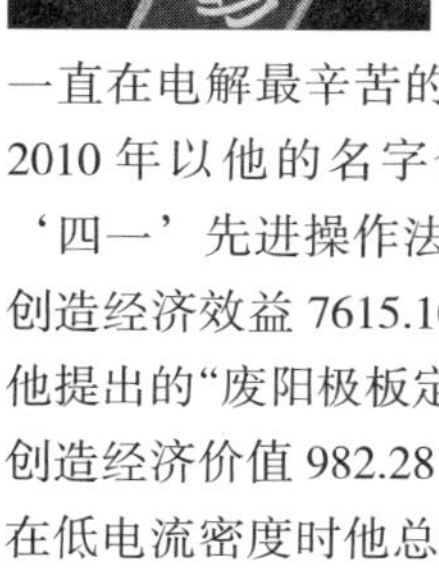

柳祥国 男，40岁，中共党员，大专，高级技师，株洲冶炼集团股份有限公司锌电解厂副工段长。

柳祥国参加工作19年来，一直在电解最辛苦的一线操作岗位。2010年以他的名字命名的“柳祥国‘四一’先进操作法”，每年为公司创造经济效益7615.104万元；2011年他提出的“废阳极板定位”建议实施后，创造经济价值982.28万元。2012年，在低电流密度时他总结归纳的“五步操作方法”实施6个月后，比兄弟班组多产析出锌126吨，平均每月多产析出锌20吨。2013年4月柳祥国的“阴阳极操作方法”获公司命名的先进操作法，此法推广到全厂，每年节约阴极22045片，节约阳极7200片，创效益1970万元。2013年底他被认命为株冶锌电解厂二工段副工段长，负责技术管理工作。在他的管理下，当年该工段直流电单耗下降44度，共计145.2万度，节约90余万元。2014年年初由柳祥国牵头的，分别由湖南省人事厅及株洲市总工会命名的柳祥国劳模工作室成立，专题研究株冶锌电解厂电耗最高的五、六、七工段降电耗问题，到年底，这三个工段分别降电耗120万度、156万度、160万度，共节约266.6万元。

他先后获得株洲市劳动模范、株洲市十大优秀青年、全国五一劳动奖章、湖南省劳动模范、全国劳动模范等荣誉。

袁健松 男，44岁，中共党员，大专，技师，中国南方航空工业（集团）有限公司航轴加工中心精益现场管理主管。

他负责中航工业集团精益工程师、精益班组长培训课程。他主讲精益思想、标准化作业、VSM、连续流、均衡化、自働化、错误预防、根源问题查询等课程。他担任南方公司兼职教师，主讲精益生产、技术创新、高效团队建设、六型班组创建、沟通与双赢。他将GEMBAWALLK的原理提炼为适合军工企业运营的现场脉动管理方式，在深圳、西安、株洲等集团企业推广运用。他将平时工作经验提炼撰写现场培训教材近20多万字，培训现场人员6400余人。

他先后获得湖南省劳动模范、株洲市劳动模范、中航工业集团优秀党员、航空报国三等功勋章、中航工业航空之星、全国劳动模范等荣誉。

肖勇民　男，58岁，中共党员，研究生学历，高级政工师，株洲联诚集团有限责任公司董事长、总经理。

2002年，肖勇民带领领导班子大刀阔斧，转型改革，组建成立了“株洲联诚集团有限责任公司”，成为全国铁路系统第一家成功改制的劳服企业。13年来，肖勇民高瞻远瞩，精准决策，推动企业持续高速发展。企业先后通过ISO 9001、ISO 14001和OHSAS 18001认证，欧洲标准的EN1 5085焊接体系认证，IRIS国际铁路工业标准认证，形成铁路机车、高速动车组和城轨地铁车辆三大轨道交通领域全面进入的新格局，“联诚”已经成为中国轨道交通装备领域的领跑者。集团产品已远销至北美、欧洲、中亚以及中东等国家和地区，与西门子、阿尔斯通、庞巴迪、法国FBO公司、美国GW公司等一批国际顶尖企业在轨道交通及其延伸产业领域成为战略合作伙伴。

他先后获得中国最具社会责任感企业家、湖南省优秀非公有制经济企业家、湖南省百位诚信人物、湖南省关爱员工优秀民营企业家、株洲市优秀企业家、株洲市劳动模范、湖南省劳动模范、全国劳动模范等荣誉。

叶志钢　男，54岁，高中文化，中共党员，孙家湾村党支部书记，株洲市人大代表。

叶志钢高中毕业后进部队当兵，1983年复员回乡后，在醴陵市铸管总厂当经营厂长。通过几年的努力，将铸管总厂打造成年销售收入过亿元的企业，该厂被评为“湖南省明星企业”，他个人被株洲市政府授予“乡镇企业明星厂长”称号。2001年，叶志钢被父老乡亲请回老家孙家弯村当村支部书记。为改变家乡一穷二白的落后面貌，他秉承“和谐、团结、共进、向上”的兴村理念，提出“党群一条心，黄土变成金；权责一根针，服务为人民；村企一家亲，富而共思进；贪廉一念间，清白村风新”的治村原则，迅速开创了村级组织建设、思想建设、作风建设与经济建设大好局面，“工业兴村、产业富民”取得明显成效。2005年，3个村合并成立新的孙家湾村，叶志钢高票当选为村党支部书记。在他的带领下，孙家湾村实现了跨越式发展。到2014年年底，村内规模工业企业达26家，工业产值达6亿元，村内劳动力全部实现就业，并安排外来务工人员3000多人，村民人均可支配收入突破3万元，该村获得“中国酒容器之乡”美誉。

他先后获得湖南省劳动模范、醴陵市乡村最美共产党员、十佳村支部书记、全国劳动模范等荣誉。

肖义华　女，50岁，中共党员，大学本科，经济师，中国工商银行株洲新华路支行行长。

肖义华1985年到工行参加工作，给客户以满意和感动，以赤子之心传递工行大爱。她服务过的企业领导和财务人员都因其敬业精神和真诚服务而感动，为工行赢得了市场、创造了效益。她工作积极向上，不断进步，成为业务营销能手和优质文明服务标兵。2013年初她担任新华路支行行长，将工行企业文化以“家”的形式融入到员工的工作环境中，建立让员工幸福指数飙升的“五室一堂”和“三个一”为主体的幸福家园。2013年她所在的支行在市分行行长经营绩效考核中位列第三名、2014年在市分行行长经营绩效考核中位列第二名。人均利润、人均中间业务收入、新增贷款等指标均列市分行前列，连续多年未出现事故和案件。肖义华在丈夫身患严重肾病两次手术失败导致尿毒症的情况下，以羸弱的双肩挑起家庭的重担，悉心照料使丈夫成功换肾重获新生。

她先后获得株洲市劳动模范、全国金融五一劳动奖章、工总行感动工行员工、全国五一劳动奖章等荣誉。

全国先进工作者

唐才喜　男，51岁，大学文化，中共党员，主任医师，株洲市中心医院大外科主任。

从医26年，唐喜才主持开展了20多项科研课题，撰写论文30余篇，其中5项获得省市科技进步二、三等奖，1项获得国家恩德思医学科技技术奖的内镜与微创成就奖，多项新技术、新成果填补了省市肝胆胰脾外科治疗的技术空白，部分技术经鉴定为国内领先水平。以劳模工作室为依托，他培养10多名医疗骨干，有的已成为独当一面的青年专家。他成功实施了株洲市首例肝移植手术。他担任肝胆外科主任13年，科室由当年的病床20张，专科医生6名，发展成集科技创新、复杂危重病诊治、高层次人才培养为一体、株洲地区最大的肝胆胰外科中心，并被株洲市政府确定为重点发展专科。

他先后获得株洲市最佳医生、株洲市中心医院建院五十年最佳医生、株洲市政府和湖南省政府先进工作者、株洲市科技领军人才、全国先进工作者等荣誉。

颜金仲 男，58岁，中共党员，大学文化，株洲市民政局副局长。

颜金仲牢记“为国分忧、为民解愁”的民政工作宗旨，他分管救灾工作，总是哪里灾情最重、就往哪里去，他常说：“我们早一点到达灾区，群众就会早一点得到温暖和帮助”，默默地用实际行动诠释了一名共产党的高尚情操。2010年，芦淞区姚家坝乡遭遇龙卷风，近40户居民房屋受损，8棵大树被连根拔起，事发在凌晨2点半，他于3点接到消息后，立即和同事赶赴灾区，挨家挨户走访，安抚受灾群众。2013年，荷塘区仙庾镇双泉村农田大面积缺水，农作物眼看就要绝收，他赶到村里，走访受灾农户，及时制订方案，争取资金，解了农田之渴、群众之难。2014年5月下旬，炎陵县连降暴雨，部分群众受灾严重。5月26日，他和同事到达炎陵县，赶往灾情最重的策源乡下坪村查看灾情，不料途中遭遇山体滑坡，被碎石砸中头部和肩部，当场昏迷，炎陵县人民医院检查后下达病危通知，随后转往市中心医院接受治疗，经过在重症监护室的几个月治疗与康复，他开始平稳恢复。在住院的日子里，他一心记挂着工作，记挂着受苦、受灾的群众。

他先后获得全国民政系统抗灾救灾模范个人、二等功一次、株洲市优秀党务工作者、全国纪检监察系统先进工作者、全国先进工作者等荣誉。

（朱　鉴）

文 件 选 登

湖南省民政局关于同意天元区乡镇区划调整方案的批复

湘明行发〔2015〕90 号

株洲市人民政府：

关于你市呈报的《关于天元区乡镇行政区划调整的请示》（株政〔2015〕50 号）收悉，按照国务院《关于行政区划管理的规定》第五条、第七条和第八条的规定，经研究并报省人民政府批准，现批复如下；

1 、同意株洲市天元区乡镇区划调整方案。

2、同意马家河镇、栗雨街道成建制合并设立栗雨街道。新设立的栗雨街道辖 18 个居委会，总面积 65.97 平方千米，总人口 4.86 万人，办事处驻王家坪（原栗雨街道办事处驻地）。

3、同意群丰、雷打石、三门 3 个行政区划和泰山路、嵩山路 2 个街道的管辖范围和镇人民政府或街道办事处驻地不作调整。

本轮乡镇行政区划调整后，天元区减少 1 个乡级建制，现辖群丰、雷打石、三门 3 个镇，泰山路、嵩山路、栗雨 3 个街道，总面积 328 平方千米，总人口 30.27 万人。区人民政府驻地不变（栗雨街道）。

湖南省民政厅办公室

2015 年 11 月 26 日

湖南省民政局关于同意芦淞区乡镇区划调整方案的批复

湘明行发〔2015〕88 号

株洲市人民政府：

关于你市呈报的《关于芦淞区乡镇行政区划调整的请示》（株政〔2015〕48 号）收悉，按照国务院《关于行政区划管理的规定》第五条、第七条和第八条的规定，经研究并报省人民政府批准，现批复如下；

1 、同意株洲市芦淞区乡镇区划调整方案。

2、同意白关镇与姚家坝乡成建制合并设立白关镇。新设的白关镇辖 36 个建制村，1 个社区居委会，总面积 148 平方千米，总人口 5.26 万人，镇人民政府驻白关居委会（原白关镇人民政府驻地）；

3、同意五里墩乡与董家塅街道成建制合并设立董家塅街道。新设的董家塅街道辖 7 个建制村，10 个社区居委会，总面积 25 平方千米，总人口 5.43 万人，办事处驻劳动社区（原董家塅街道办事处驻地）；

4、同意贺家土、建设、建宁、庆云、枫溪、龙泉 6 个镇的管辖范围和办事驻地不作调整。

本轮乡镇行政区划调整后，芦淞区减少 2 个乡级建制，现辖白关镇，贺家土、建设、建宁、庆云、枫溪、龙泉、董家塅 7 个街道，总面积 220 平方千米，总人口 29 万人。区人民政府驻地不变（太子路 668 号）

湖南省民政厅办公室

2015 年 11 月 26 日

湖南省民政局关于同意荷塘区乡镇区划调整方案的批复

湘明行发〔2015〕56 号

株洲市人民政府：

你市呈报的《关于荷塘区乡镇行政区划调整的请示》（株政〔2015〕41 号）收悉，按照国务院《关于行政区划管理的规划》第五条、第七条和第八条的规定，经研究并报省人民政府批准，现批复如下：

1 、同意株洲市荷塘区乡镇行政区划调整方案。

2、同意仙庾镇、照明乡成建制合并设立仙庾镇。新设立的仙庾镇辖 30 个建制村，1 个社区，总面积 105.88 平方千米，总人口 4.13 万人，镇人民政府驻夏家塅（原仙庾镇人民政府驻地）。

3、同意保持月塘、茨菇塘、宋家桥、金山、桂花 5 个街道管辖范围和办事处驻地不变。

上述行政区划调整后，株洲市荷塘区共减少 1 个乡级建制，现辖仙庾镇、月塘、茨菇塘、宋家桥、金山、桂花5个街道，总面积152.2平方千米，总人口31.72万人，区人民政府驻地不变（桂花街道）

湖南省民政厅办公室

2015年11月20日

湖南省民政局关于同意石峰区乡镇区划调整方案的批复

湘明行发〔2015〕89号

株洲市人民政府：

关于你市呈报的《关于石峰区乡镇行政区划调整的请示》（株政〔2015〕49号）收悉，按照国务院《关于行政区划管理的规定》第五条、第七条和第八条的规定，经研究并报省人民政府批准，现批复如下；

1、同意株洲市石峰区乡镇区划调整方案。

2、同意龙头铺镇、学林街道成建制合并设立学林街道。新设立的学林街道辖14个居委会，总面积46.7平方千米，总人口6.12万人，办事处驻叫鸡岭（原学林街道办事处驻地）。

3、同意云田镇的行政区划和田心、响石岭、清水塘、井龙、铜塘湾5个街道的管辖范围及乡镇人民政府或街道办事处驻地不作调整。

本轮乡镇行政区划调整后，石峰区减少1个乡级建制，现辖云田镇，田心、响石岭、清水塘、井龙、铜塘湾、学林6个街道，总面积191平方千米，总人口32.35万人。区人民政府驻地不变（响石东路268号）。

湖南省民政厅办公室

2015年11月26日

湖南省民政厅关于同意株洲县乡镇区划调整方案的批复

湘明行发〔2015〕86号

株洲人民政府：

你市呈报的《关于株洲县乡镇行政区划调整的请示》（株政〔2015〕46号）收悉，按照国务院《关于行政区划管理的规定》第五条、第七条和第八条的规定，经研究并报省人民政府批准，现批复如下：

1、同意株洲县乡镇行政区规划调整方案。

2、同意渌口镇与仙井乡成建制合并设立渌口镇。新设立的的渌口镇辖40个建制村，8个居委会，一个社区，总面积138.56平方千米，总人口9.81万人，镇人民政府驻接龙桥（原禄口镇人民政府驻地）；

同意南阳桥乡与洲坪乡成建制合并设立南洲镇。新设立的南洲镇辖37个建制村，1个居委会，总面积136.62平方千米，总人口5.08万人，镇人民政府驻建佐湾（原南阳桥乡人民政府驻地）；

同意 淦田镇与平山乡成建制合并设立淦田镇。新设立的的淦田镇辖24个建制村，总面积130.65平方千米，总人口2.17万人，镇人民政府驻庙湾（原砖桥乡人民政府驻地）；

同意朱亭镇与龙凤乡成建制合并设立朱亭镇。新设立的朱亭镇辖35个建制村，3个居委会，总面积146.29平方千米，总人口4.13万人，镇人民政府驻新街；

同意王十万乡与堂市乡成建制合并设立龙船镇。新设立的龙船镇辖37个建制村，1个居委会，总面积160.82平方千米，总人口5.68万人，镇人民政府驻花石（原王十万乡人民政府驻地）。

3、同意撤销太湖乡建制，设立龙门镇。以原太湖乡的行政区域为龙门镇的行政区域。龙门镇辖22个建制村，总面积126.36平方千米，总人口2.2万人，镇人民政府驻九狮（原太湖乡人民政府驻地）。

4、同意古岳峰镇的行政区域和镇人民政府驻地不作调整。

本轮乡行政区划调整后，株洲县共减少6个乡级建制，现辖渌口、南洲、淦田、龙潭、朱亭、龙船、古岳峰8个镇，总面积1053.62平方千米，总人口35.19万人。县人民政府驻地不变（禄口镇）。

湖南省民政厅办公室

2015年11月26日

湖南省民政局关于同意茶陵县乡镇区划调整方案的批复

湘明行发〔2015〕61号

株洲市人民政府：

你市呈报的《关于茶陵县乡镇行政区划调整的请示》（株政〔2015〕42号）收悉，按照国务院《关于行政区划管理的规划》第五条、第七条和第八条的规定，经研究并报省人民政府批准，现批复如下：

1、同意茶陵县乡镇行政区划调整方案。

2、同意撤销潞水、腰陂2个镇，设立腰潞镇；调整思聪、洣江2个街道的管辖范围。

将原潞水镇大台、农元、首团、田土、下坊、元王、大元、双关、碣石9个建制村，原腰陂镇的腰陂、木冲、石联、东南、东山、龙陂、石陂、布庄、马加、长义、珍武、云盘、大南、军塘、巨石、芙冲、涧洲、枧田、月岭、建民、左江、双溪、麦源、横屋24个建制村及腰陂社区居委会合并设立腰潞镇。新设的腰潞镇辖33个建制村，1个社区居委会，总面积282.09平方千米，总人口6.46万人，镇人民政府驻腰陂（原腰陂人民政府驻地）。

将原潞水镇的龙溪、庙市、庙坪、和平、深塘、华隆、华星、华丰、左垅、联星、茶冲、烈星、大兴、思聪、辉山、红桥、下清17个建制村，利民辉山、利民清水2个居委会，总面积71平方千米，总人口4.33万人，办事处驻地不变（和平）。

将原腰陂镇的土沙、仙源、竹塘3个建制村规划洣江街道管辖。调整后的洣江街道管辖土沙、仙源、竹塘、下瑶、中瑶、胡家、新河、大洲、渡里、湖塘、雅环、欧江、五垅坪、桃源、石良、荣华、拱塘、樟树、立新、诸睦、星桥、沙溪22个建制村，总面积57.84平方千米，总人口3.9万人，办事处驻地不变（下瑶）。

3、同意八团乡与火田镇成建制合并设立火田镇。火田镇辖28个建制村、一个居委会，总面积259.07平凡千米，人口3.8万人。镇人民政府驻五门（原火田镇人民政府驻地）。

同意浣溪镇与湖口镇成建制合并设立湖口镇。湖口镇辖39个建制村、2个居委会，总面积299.12平方千米，人口4.5万人。镇人民政府驻湖口（原湖口镇人民政府驻地）。

同意平水镇与虎踞镇成建制合并设立虎踞镇。新设立的虎踞镇辖34个建制村，2个居委会，总面积230.3平方千米，人口5.9万人，镇人民政府驻黄沙铺（原平水镇人民政府驻地）。

4、同意舲舫、桃坑2个乡，秩堂、高陇、马江、枣市、界首、严塘6个镇的行政区划云阳、下东2个街道的管辖范围及乡镇人民政府（街道办事处）驻地不作调整。

本轮乡镇行政区划调整后，茶陵县共撤销4个乡镇建制，现辖舲舫、桃坑2个乡，秩堂、高陇、火田、腰潞、虎踞、马江、枣市、界首、严塘10个镇，云阳、下东、洣江、思聪4个街道总面积2500平方千米，总人口62万人，县人民政府驻地名称不变（云阳街道）。

湖南省民政厅办公室

2015年11月20日

湖南省民政局关于同意醴陵市乡镇区划调整方案的批复

湘明行发〔2015〕85号

株洲市人民政府：

关于你市呈报的《关于醴陵市乡镇行政区划调整的请示》（株政〔2015〕48号）收悉，按照国务院《关于行政区划管理的规定》第五条、第七条和第八条的规定，经研究并报省人民政府批准，现批复如下：

1、同意醴陵市乡镇区划调整方案。

2、同意清水江乡与船湾镇成建制合并设立船湾镇。新设立的船湾镇辖17个建制村，2个居委会，总面积120.57平方千米，总人口5.34万人，镇人民政府驻金子坪（原船湾镇人民政府驻地）；

贺家桥镇与大障镇成建制合并设立明月镇。新设立的明月镇辖25个建制村，6个居委会，总面积169.1平方千米，总人口7.24万人，镇人民政府驻大障（原大障镇人民政府驻地）；

神福港镇与栗山坝镇成建制合并设立茶山镇。新设立的茶山镇辖21个建制村，5个居委会，总面积166.82平方千米，总人口6.61万人，镇人民政府驻茶山（原栗山坝镇人民政府驻地）；

新阳乡与仙霞镇成建制合并设立左权镇。新设立的左权镇辖19个建制村，1个居委会，总面积122.96平方千米，总人口4.81万人，镇人民政府驻莫家嘴（原仙霞镇人民政府驻地）；

枫林市乡与黄獭嘴镇成建制合并设立枫林镇。新设立的枫林镇辖19个建制村，2个居委会，总面积100.52平方千米，总人口4.29万人，镇人民政府驻台洲（原黄獭嘴镇人民政府驻地）；

3、撤销富里、南桥2个镇，设立李畋镇；调整白兔潭镇的部分行政区域。

将原富里镇的华埠、塘坊、车上、利群、富里、麻石、双江7个建制村及海棠居委会，原南桥镇的东塘、星火、潼塘、将塘、新树、清水、大平、南桥、凤形、裕民、明兰、石溪、洪源、花麦14个建制村及南园居委会合并设立李畋镇。新设立的李畋镇辖21个建制村，2个居委会，总面积122.59平方千米，总人口6.28万人，镇人民政府驻南桥（原南桥镇人民政府驻地）；

将原富里镇的荷田、柏大、长庆3个建制村和原南桥镇的星湖村规划白兔潭镇。调整后的白兔潭镇辖田心、佘溪、洙塘、湖下、黄甲、栎塘、泉沅、峤岭、蛇青、山水、荷田、柏大、长庆、星湖14个建制村，白市、金牛2个居委会，总面积72.03平方千米，总人口6.97万人，镇人民政府驻地不变（湖下）。

4、同意撤销王坊镇；调整浦口、王仙、东富3个镇，东堡、板杉2个乡的部分行政区域和黄泥坳、来仙门、阳三石3个街道部分管辖范围，并将板杉乡改设为板杉镇，东堡乡改设为沩山镇，黄泥坳街道改设为国瓷街道。将原王坊镇的5个建制村和2个社区居委会划归浦口镇；将原王坊镇的5个建制村划归王仙镇；将王仙镇的3个建制村，东堡乡的2个建制村和阳三石街道的1个建制村划归来龙门街道管辖；将东堡乡的2个建制村，将板杉乡的2个建制村划归黄泥坳街道管辖；将东富镇的5个建制村划归阳三石街道管辖。

行政区划条调整后，浦口镇辖李洲、保丰、三铺、天符、荣坪、河泉、山塘、花椒、冷水坑、碧泉、贯古、茅坪、仙石、合水、东方、联盟、荷花垅、王坊、泮川、石山20个建制村，官山、大桥、桥头、三角坪4个居委会，总面积79.13平方千米，总人口5.96万人，镇人民政府驻地不变（天符）；

王仙镇辖司徒、香水、石燕、三师、李山、马桥、书堂、观口、王仙、温泉、渌石、杨林、大屏山、灌冲14个建制村，中心、新民、瓷泥矿3个居委会，总面积86.87平方千米，总人口4.87万人，镇人民政府驻地不变（王仙）；

东富镇辖建新、横烟、黄土坝、狮湾、莲石塘、森冲、东富、芷泉、小洞塘、石坝上、北冲、新莲、花木、龙源冲、楚东桥、西林、凤仪塘、包冲、桐桥19个建制村和四杨居委会，总面积80.38平方千米，总人口4万人，镇人民政府驻四杨（原东富镇人民政府驻地）

沩山镇辖东堡、土埠桥、新庵、大塘坳、望仙桥、沩山、漏水坪、大林、老鸦山、赤竹、东坑、泉源、12个建制村，总面积86.03平方千米，总人口2.4万，镇人民政府驻东堡（原东堡乡人民政府驻地）；

板杉镇辖长坡口、大屋垅、枫树桥、黄塘、杨家湾、大石桥、上坪、竹花山、夏坪桥、红光、流碧桥、东冲铺、唐家冲、擂鼓桥、耿境、八步桥、寨下17个建制村，总面积89.94平方千米，总人口4.11万人，镇人民政府驻长坡口（原板杉乡人民政府驻地）；

来龙门街道辖上洲、东岸、清塘、庄埠、双江、山峰、钟鼓、黄沙、珊田、马脑、10个建制村，文庙、北门、胜利、四塘、马放塘、狮子坡、丁家坊7个居委会，总面积26.15平方千米，总人口8.25万，办事处驻地不变（四塘）；

国瓷街道辖老龙井、华塘、石子岭、姜村、横店、石塅、古城、土株岭、竹湖、樟锻10个建制村，八里庵、姜湾、国光、车顿桥、五里牌5个居委会，总面积49.15平方千米，总人口5.58万人，办事处驻地不变（龙凤路3号）；

阳三石街道辖泉湖、立三、阳东、企石、东门塘、玉屏山、荆潭、潭湾、石里浦、伏龙、立新11建制村，阳三石、向阳、渌江3个居委会，总面积37.23平方千米，总人口5.22万人，办事处驻地不变（泉湖）；

4、同意撤销嘉树乡设立嘉树镇。嘉树镇的行政区域为原嘉树乡的行政区域，辖12个建制村，总面积63.11平方千米，总人口2.5万人，镇人民政府驻嘉树（原嘉树乡人民政府驻地）；

同意撤销孙家湾乡设立孙家湾镇。孙家湾镇的行政区域为原孙家湾乡的行政区域，辖6个建制村，总面积52.78平方千米，总人口2.27万人，镇人民政府驻龙湖湾（原孙家湾乡人民政府驻地）；

同意撤销官庄乡设立官庄镇。官庄镇的行政区域为原官庄乡的行政区域，辖14个建制村，总面积184.92平方千米，总人口1.83万人，镇人民政府驻大坝村。

同意西山街道更名为仙岳山街道，其管辖范围及办事处驻地不变。

5、同意石亭、均楚、泗汾、沈潭4个镇的行政区域和镇人民政府驻地不作调整。

本轮乡镇行政区划调整后，醴陵市减少7个乡级建制，现辖李畋、白兔潭、浦口、王仙、沩山、东富、孙家湾、泗汾、沈潭、船湾、明月、嘉树、茶山、石亭、均楚、板杉、左权、枫林、官庄19个镇，来龙门、阳三石、仙岳山、国瓷4个街道，总面积2156.46平方千米，总人口106.56万人。市人民政府驻地不变（仙岳山街道书院社区）

湖南省民政厅办公室
2015年11月26日

湖南省民政厅关于同意攸县乡镇区划调整方案的批复

湘民行发〔2015〕87号

株洲市人民政府：

你市呈报的《关于攸县乡镇行政区规划调整的请示》（株政〔2015〕47号）收悉，按照国务院《关于行政区划管理规定》第五条、第七条和第八条的规定，经研究并报省人民政府批准，现批复如下：

1、同意攸县乡镇行政区划调整方案。

2、同意柏市镇与黄丰桥镇成建制合并设立黄丰桥镇。新设立的黄丰桥镇辖21个建制村、2个居委会。总面积351.20平方千米，总人口3.57万人，镇人民政府驻阁前（原黄丰桥镇人民政府驻地）；

同意大同桥镇与新市镇成建制合并设立。新设立的新市镇辖26个建制村、2个居委会，总面积185.39平方千米，总人口7.55万人，镇人民政府驻南北街社区（原新市镇人民政府驻地）。

3、同意槚山乡。网岭镇1乡1镇城建制合并设立网岭镇。新设立的网岭镇辖21个建制村（含原湖南坳乡析出的大瑞1个建制村）、3个居委会，总面积215.82平方千米，总人口6.79万人，镇人民政府驻洞井（原网岭镇人民政府驻地）。

4、同意坪阳庙乡与湖南坳乡（析出大瑞一个建制村）成建制合并设立宁家坪镇。新设立的宁家坪镇辖双松、龙旺、坪双、笔武、坪塘、龙泉、坪台、黄公、联合、双凡、排山、田心。社口、龙田、大祥、大兴、双田、金水、下湾、自力20个建制村，宁家坪1个居委，总面积201.20平方千米，总人口4.82万人，镇人民政府驻宁家坪。

5、同意撤销上云桥镇，将其行政区域划归联星街道管辖。调整后的江桥街道辖10个建制村，13个居委会，总面积90.08平方千米，总人口12.04万人，办事处驻地不变（文化社区）；

同意撤销鸭谭铺乡，将其行政区域规划江桥街道管辖。调整后的江桥街道辖10个建制村、6个居委会，总面积98.59平方千米，总人口5.14万人，办事处驻地不变（江桥社区）。

6、同意将莲塘坳镇的盘龙、春塘龙、巨州3个建制村划归春联街道管辖。调整后的莲塘坳镇辖幽居、先锋、中江、下洞、新华、新朝、盘联、阳升观、沿龙、廖公、巨田、枧头、星和、南水、山田16个建制村，高楼、凉江、同联、银坑4个居委会，总面积269.83平方千米，总人口4.74万人，镇人民政府驻盘联村；调整后的春联街道辖盘龙、春塘龙、巨洲3个建制村，栢合、双丰、山背、春联、春风5个居委会，总面积33.74平方千米，总人口1.62万人，办事处驻地不变（春联社区）。

7、同意将菜花坪镇的万美。马址坡、大和、苏洲、苏江等5个建制村划归谭桥街道管辖。调整后的菜花坪镇辖大旺、高塘、菜塘、芷坡、高联、流塘、联龙、苏塘西、菜垅、潘塘、菜坪、菜花12个建制村，高和居委会。总面积105.7平方千米，总人口3.21万人。镇人民政府驻菜花村；调整后的谭桥街道辖万美、马芷坡、大和、苏洲、苏江5个建制村，东塔、塘桥、谭洲、竹丰、流和、东联6个居委会，总面积53.39平方千米，总人口2.96万人，办事处驻地不变（谭桥社区）。

8、同意鸾山、皇图岭。丫江桥、酒埠江、禄田、石羊塘、桃水7个镇的行政区域和镇人民政府驻地不作调整。

本轮乡镇行政区划调整后，攸县共减6个乡级建制，现辖鸾山、皇图岭、丫江桥、酒埠江、禄田、石羊塘、桃水、黄丰桥、网岭、新市、莲塘坳、菜花坪、宁家坪13个镇，江桥、联星、谭桥、春联4个街道。总面积2649平方千米，总人口80.4万人。县人民政府驻春联街道。

湖南省民政厅办公室

2015年11月26日

湖南省民政厅关于同意炎陵县乡镇区划调整方案的批复

湘民行发〔2015〕57号

株洲市人民政府：

你市呈报的《关于炎陵县乡镇行政区划调整的请示》（株政〔2015〕43号）收悉，按照国务院《关于行政区划管理的规定》第五条、第七条和第八条的规定，经研究并报省人民政府批准，现批复如下：

1、同意炎陵县乡镇区划调整方案。

2、同意霞阳镇、三河镇城建制合并设立霞阳镇。新设立的霞阳镇辖33个建制村，5个居委会，总面积231平方千米，总人口6.89万人，镇人民政府驻马道（原霞阳镇人民政府驻地）。

同意鹿原镇、东风乡成建制合并设立鹿原镇。新设立的鹿原镇辖35个建制村，1个居委会，总面积196.5平方千米，总人口3.66万人，镇人民政府驻王家渡（原鹿原镇人民政府驻地）。

同意中村乡、龙渣瑶族乡、平乐乡成建制合并设立中村瑶族乡。新设立的中村瑶族乡辖22个建制村，总面积281平方千米，总人口1.34万人，乡人民政府驻中村圩（原中村乡人民政府驻地）。

同意撤销沔渡镇、石洲乡，设立新的沔渡分镇；调整十都镇部分行政区划。将原沔渡镇全部行政区域与原石洲乡（不含大院农场代管区域）的行政区域合并设立新的沔渡镇；将原石洲乡的大院农场代管区域划归十都镇管辖。新设立的沔渡镇辖沔渡圩居委会，小里、三关、花园、洋坑、夏馆、仓背、瑞口、上老、晓阳、长江、狮头、龙巷。苏州、洞里、石桥、大江、青石、狮坝、安坑、双江、太源、马坳、高车23个建制村，总面积214.74平方千米，总人口2.05万人，镇人民政府驻沔渡圩（原沔渡镇人民政府驻地）；调整后的十都镇辖西正街居委会，良田、车溪、晓东、红南、洋岐、南流、皮坑、密花、青石岗、深垅、小江、龙口、梅冲、麻莱、黄峰寨、低垅、黄上、太坪、上井、瓜寮20合格建制村及大院农场代管区域，总面积296.86平方千米，总人口1.37万人，镇人民政府驻地不变（设十都圩）。

3、同意保持水口镇、垄溪、策源。下村、船形4个乡的行政区划和乡镇人民政府驻地不作调整。

本轮乡镇行政区规划调整后，炎陵县共减少5个乡级建制，现辖霞阳。沔渡。十都。水口、鹿原5个镇，垄溪、策源、下村、船型4个乡及中村瑶族乡，总面积2030平方千米，总人口20.22万人，县人民政府驻地不变（霞阳镇）。

湖南省民政厅办公室

2015年11月20日

市党、政、军及各部门、单位负责人

中共株洲市委及其工作部门负责人

中共株洲市委

书　　记	贺安杰
副书记	毛腾飞　阳卫国
常　　委	刘光跃　张　雄
	赵文彬　蔡　溪
	彭爱华　胡鹏飞
	杨玉芳　周晓理
秘书长	周晓理
副秘书长	罗绍昀　尹光良
	彭建国　向　平
副秘书长、西藏扎囊县委常务副书记	彭良平
副秘书长	周伟任

中共株洲市纪委（监察局）

书　　记	刘光跃
副书记、市监察局局长、市预防腐败局局长	朱胜辉
副书记	黄亮文　金　勇
常　　委	邹建雄　蒋羽翔
常委、秘书长	蒋　峰
常委、市监察局副局长	罗显明　言罗根
市监察局副局长	谢一明　黄青松
市预防腐败局副局长	罗伏林
办公室主任	罗　超
组织部部长	周　平
宣传部部长	陆　文
调研法规室主任	任吉钊
党风政风监督室主任	汪金庚
信访室主任	冯　杰
案件监督管理室主任	陈跃平
第一纪检监察室主任	邓　峰
第五纪检监察室主任	王　斌
案件审理室主任	曾治平
纪检监察干部监督室主任	粟　顺
预防腐败室主任	全林海

市委办公室

主　　任	罗绍昀
副主任	苏立群
纪检组长	刘文星
副处实职干部	王自然

市委机要局

副局长	邹田彪　黄文涛

市委督查室

主　　任	陈中志

市国家保密局

局　　长	苏立群
副局长	凌　冰

市委组织部

部　　长	彭爱华
常务副部长	邓尚文
副部长	周雪辉　朱志强
	周　琪
	吴晓光（兼）
	欧阳瑞丰（兼）
纪检组长	田　伟

市委宣传部

部　　长	张　雄

常务副部长 颜 峻
副部长 邓天日 汤建平 张 莉 赵先辉
部务委员、外宣办主任 乔英镭
部务委员 李建平

市文明办
主任 欧阳元初

市委统战部
部长 彭爱华
常务副部长 段晓茅
副部长 杨志华 蔡 平
纪检组长 苏静年
工会主席 张南惠

市委政法委员会（综治办）
政法委书记 蔡 溪
常务副书记 何建红
副书记 曹跃良
委员、维稳办主任 陈国连
委员 李 大 刘鹏飞
委员、政治部主任 何冬祥
委员 谭红波
综治办副主任 倪正泉

市委政策研究室（市委全面深化改革领导小组办公室）
主任、市委改革办常务副主任 易湘东
副主任 颜三元
市委改革办副主任 徐江琪
副处级纪检员 潘 庆
市委改革办副主任 付书地

市直机关工委
书记 颜国庆
副书记 李 辉 曾广新 赵大喜
纪工委书记 袁章孝
委员 胡铁男 庞 慧

市机构编制委员会办公室
党组书记、主任 欧阳瑞丰
党组成员、纪检组长 李 彦
党组成员、副主任 寻 锋
工会主席 王晓灿

市委老干部局
局长 吴晓光
副局长 邓跃武 蒋 丹 王政文
工会主席 颜 宇
纪检组长 李志君

市委台湾工作办公室
主任 蔡 平
副主任 禹雄根

市信访局
党组书记、局长 刘会才
党组成员、纪检组长 贺亚兵
党组成员、副局长 谭 辉 唐 杰 谭云祥 段和明

市委市政府接待处
党组书记、处长 李晓彤
党组成员、副处长 冯 辉
党组成员、纪检组长 胡迪华
党组成员、副处长 黄 勇

市委讲师团
主任 许志汉
副主任 丁建平

市委党史办
主任 段谭云
副主任 吴志平 肖思寒

市委党校、行政学院
校（院）长 阳卫国
常务副校（院）长 聂方红
副校（院）长 赖建明 周康波
教育长 黄夏先
工会主席 宋定奇

株洲市十四届人大常委会、市人大专门委员会、常委会工作机构负责人

市人大常委会

党组书记、主任	刘力量
党组副书记、副主任	杨宋虎
副主任	鲁立彬　王建敏 王建之　刘柏生 汤少云　王继恩
副厅级干部	曾侃融
秘书长	宾兴林
副秘书长	王龙才　易笑平 尹　舜

市人大常委会办公室

副主任	曾建佳

市人大内务司法委员会

主任	夏昌武
副主任委员	张胜全　刘　览

市人大财政经济委员会

主任委员	唐亚明
副主任委员	傅依全　喻正仁 刘利忠

市人大教育科学文化卫生（民族侨务外事）委员会

主任委员	李向军（提名）
副主任委员	李向军　张艾萍

市人大城乡建设环境资源保护委员会

主任委员	崔玉新
副主任委员	文中东　王　隽

市人大农业与农村委员会

主任委员	曾　仡
副主任委员	肖和贵　周　刚

市人大常委会选举任免代表联络工作委员会

主任	刘畅儿

市人大常委会研究室

副主任	杨　慧

市人大常委会预算工作委员会

主任	傅依全
副主任	郭俭平

市人大常委会法制工作委员会

主任	李文波
副主任	赵卫民

市人大常委会机关

党委书记	钟学群
副书记	王文南
副处级纪检员	王　斌

株洲市人民政府及工作部门负责人

市人民政府

市长	毛腾飞
常务副市长	赵文彬
副市长	杨玉芳　何剑波 李晓葵　毛朝晖 杨胜跃　谭可敏
秘书长	陈　旌
党组成员	朱胜辉
副秘书长	王事兴　董小平 周南洋　郑　剑 龙松林　李必农 潘才良　李余粮

市人民政府办公室

副主任	盘淑芳　罗光明 尹亚平　夏胜利
纪检组长	谭韶峰
应急办主任	欧阳辉东

市人民政府创建工作领导小组办公室

主任	郑　剑
副主任	胡　旭　曾湘华 黄　萍

市政务服务中心

主　　任　郝建东
党组书记　江　林

市发展和改革委员会

党组书记、主任　周建光
党组副书记、副主任　徐业伟　张　文
党组成员、副主任　张　勇　梁国荣　宋　宇　资儆吏
党组成员、纪检组长　胡德宝
党组成员、总经济师　周述勇
党组成员　刘和球
委　　员　陈朝阳

市经济和信息化委员会

党组书记、主任　何朝晖
党组副书记、副主任　刘日炎
副主任　周文军　张熠云　万　晖
党组成员、总经济师　邹　毅
纪检组长　张　华
委　　员　尹冬林

市教育局

党委书记、局长　钟　燕
党委副书记、副局长　毛大训
党委委员　谢再荣
副局长　李建国　吴春雪　徐晓芳
纪委书记　唐海国
主任督学　夏立威
副主任督学　吴金辉　赵湘兵　洪　伟

市科技局

党组书记、局长　肖建平
党组成员、副局长　龙凡平　杨　洁　李建荣
党组成员、纪检组长　邓冬明
党组成员、副局长　朱　亿　龚道富
地震局局长　万义民

市公安局

局长、督察长　李晓葵
副书记、副局长　李明放　黄进革　彭冬明
副局长　周祥会　高　军　凌　娅　贺建初
副局长、政治部主任　阴福安
副局长　肖国斌
纪委书记　傅晓峰
副局长　李爽民
工会主席　徐远明

市交通警察支队

支队长　黄耀斌
政　委　宴猛条

市民政局

党组书记、局长　马民杰
党组副书记、副局长　习志芳
党组成员、副局长　汤爱军　曾文飞　童举纲　卢仲良
工会主席　刘志红
党组成员、纪检组长　周艳玲
市民间组织管理处主任　黄童华
市慈善总会办公室主任　巫金桂

市司法局

党组书记、局长　张格林
党组副书记、副局长　段桃庚
副局长　夏　剑
党组成员、副局长　刘文清　周运斌
党组成员、政治部主任　程建梓
党组成员、纪检组长　李桃阳

市财政局

党组书记、局长　李能斌
党组副书记、副局长　吴春泉
党组成员、副局长　邓小荣　杨光昊　肖建忠
党组成员、总会计师　陈方照
党组成员、纪检组长　朱建军
工会主席　刘桃珍

党　组　成　员　周湘滨
市政府采购办公室主任　王庆玲
市国库集中支付核算中心主任　李拥军
市财政投资评审中心主任　叶　晖

市人力资源和社会保障局
党组书记、局长　蒋湘晖
党组副书记、副局长　刘遂弦
党组成员、副局长　柏国顺　廖文辉
党组成员、副局长、市医疗保险处处长　陈志鸿
党组成员、副局长、市社会劳动保险事业处处长　田智思
党组成员、总会计师　周　峰
党组成员、纪检组长　莫旭亮
市干部考试培训中心主任　熊超群
市劳动人事争议仲裁院院长　陈　勇
市劳动保障监察支队支队长　王　玉

市国土资源局
党组书记、局长　何安国
党组副书记、副局长　谢洪富
党组成员、纪检组长　钟福林
党组成员、副局长　丁桂云　黄晓军　何若愚
党组成员、总工程师　熊永生
党组成员、总规划师　巫智敏
党组成员、执法监察支队支队长　王承才
党组成员、副局长　宣　勇
土地储备中心主任　蔡　勇
土地征用安置处处长　刘小斌
执法监察支队政委　刘天波

市住房和城乡建设局
党组书记、局长　蒋开建
党组成员、副局长　罗兵和　毛承义
党组成员、纪检组长　刘　翡
党组成员、总工程师　谭家利
党组成员、副局长　陈华仁　屈　纲　刘骏清

市园林局
党委书记、局长　彭　岚
副　局　长　王志坚

市建设工程质量安全监督管理处
处　长　曾　靖
书　记　骆文玲

市城建档案馆处、市建设信息中心
馆长、书记　颜春成

市政工程维护处
处　长　傅晓红
书　记　陶文辉

市交通运输局
党组书记、局长　刘正平
党组成员、副局长　江余生　朱文龙　崔旭艳　王永忠
党组成员、总工程师　胡志明
党组成员、纪检组长　邓序招

市道路运输管理处
处　长　赵智星

市地方海事局
局　长　刘家文
党委书记　谢跃飞

市交通行政执法监督处（市交通建设质量安全监督处）
处　长　朱卫全

市水务局
党组书记、局长　尹朝晖
党组成员、副局长　钟勇军　范柏春　谭建根
党组成员、纪检组长　汤水平
党组成员、副局长　罗海林
党组成员、总工程师　廖嫦娥
防汛抗旱指挥部办公室主任　饶　应
水库移民开发管理局局长　肖立光
酒埠江灌区管理局局长　邱铁勇
酒埠江灌区管理局党委书记　张秋良
官庄水库管理局书记　王四海

市农业委员会（市委农村工作办公室）

党组书记、主任　费水牛
党组副书记、副主任　刘新宇
党组成员、副主任　陈汉林　王佑云
党组成员、总农艺师　罗细明
党组成员、副主任　胡湘生　肖学慧
党组成员、纪检组长　刘永东
党组成员、副主任　张智敏

市农业科学研究所（市蔬菜科学研究所）

党委书记、所长　漆本蛟
党委副书记、副所长　凌文彬
党委委员、副所长　吴龙云　罗智勇
总农艺师　龚建华
党委委员、工会主席　樊韶平
党委委员、纪委书记　王敏敬
党委委员、副所长　邹新建

市林业局

党组书记、局长　陈　诚
党组成员、副局长　言新明　沈建平　陈显军
党组成员、总工程师　苏　勇
党组成员、纪检组长　凌春华
总会计师　于　波

市商务和粮食局

党组书记、局长　袁生华
党组成员、副局长　张国民　杨夏鸣　黄克琦　李　迅　胡习军
党组成员、纪检组长　罗　云

市供销合作联合社

党组书记、理事会主任　郭敏祥
党组成员、监事会主任　贺定文
党组成员、理事会副主任　章湘玲
党组成员、纪检组长　苏泽建

市文体广电新闻出版局

党组书记、局长　杨小幼
党组副书记、副局长　邓斌贵
党组副书记、副局长　马建平
党组成员、副局长　王建志　陈建新　龙庆云
党组成员、纪检组长　董　琦
党组成员、副局长、总工程师　谢春利
党组成员、副局长　彭喜雨
党组成员、文物局局长　席道合

市卫生和计划生育委员会

党组书记、主任　张纯良
党组成员、医管处处长　龙国锋
党组成员、副主任　刘续跃　邓跃东
党组成员、纪检组长　朱鹏程
党组成员、副主任　刘　飞　杜志强　姚智辉　李晓兵　刘世文　刘建军
党组成员　郭裕新
计生服务中心主任　刘亚南

市审计局

党组书记、局长　刘　方
党组副书记、副局长　唐哲文
党组成员、副局长　邓海林　戴　勇　王小琴
副局长　颜梦香
党组成员、市领导干部经责审计领导小组办公室副主任　刘运华
党组成员、总审计师　龚军军
党组成员、纪检组长　王　翔

市工商行政管理局

党组书记、局长　吉振君
党组副书记、副局长　刘奔汉
党组成员、副局长　吴申华　李　俊　陈文力　李学明
党组成员、纪检组长　姚　晓

市质量技术监督局

党组书记、局长　王艳雁
党组成员、副局长　汤岳庆　谭勇征　肖阳伟　李德胜
党组成员、纪检组长　朱悦先
党组成员、总工程师　潘文虎

市环境保护局
党组书记、局长 章文才
党组副书记、副局长 胡方林
党组成员、副局长 何 冰 刘倩生 何长顺 毛亚文
党组成员、纪检组长 王定升

市环境监测中心站
站　　长 钟学才
党委书记 黄卫军

市环境监察支队
副支队长 颜少龙

市环境保护研究院
院　　长 李小江
党委书记 刘国胜

市统计局
党组书记、局长 陈玉明
党组成员、副局长 信长华 姚应龙 谭祖德 刘慧龙
党组成员、纪检组长 杨陵安
党组成员、总统计师 庄云庭
工会主席 彭再强
调查中心主任 杨连平

市城市管理和行政执法局
党组书记、局长 苏 涛
党组副书记、副局长 张正佳
党组成员、副局长 夏荣明
党组成员、纪检组长 陈 波
党组成员、副局长 丁奇志 刘 坚

市灯饰管理处
处　　长 肖极夫

市城市管理行政执法支队
党委书记、支队长 晏东方

市安全生产监督管理局
党组书记、局长 殷顺堂
党组副书记、副局长 周建新
党组成员、工会主席 刘 元
党组成员、纪检组长 王海宁
党组成员、副局长 刘映雷 刘 永 董冬林 王中凡

市规划局
局　　长 边 宁
副局长 黄升阳 王亚军
工会主席 邱克俭
副局长 郭 敏
总规划师 曹 阳
纪检组长 黄 光

市食品药品监督管理局
党组书记、局长、食药安委办主任 晏首先
党组成员、食品药品检验所所长 唐小鹏
党组成员、副局长 张 波 胡泽文 陈成钢
党组成员、副局长、食药安委办副主任 彭爱云
党组成员、纪检组长 李 红
党组成员、副局长 陈 凯 尹楚平

市人民防空办公室
党组书记、主任 朱剑波
党组成员、副主任 刘国瑞 罗立新 朱新萸
党组成员、纪检组长 谭焕藻
党组成员、副主任 唐 俊
工会主席 周孔明

市“两型”社会建设综合配套改革领导小组办公室
党组书记、主任 谭智勇
副主任 付深根
党组成员、副主任 刘湘元 彭朝辉 欧 雷

市行业办公室
党委书记、主 任 朱继明
党委委员、副主任 冷大潮 彭广焰 谭学扬
党委委员、纪委书记 刘 艳

市人民政府国有资产监督管理委员会

党委书记、主任　吴佳辉
党委副书记、副主任　李　葵
党委委员、副主任　欧阳光　刘建荣
党委委员、总经济师　付永东
党委委员、副主任　罗贵斌
党委委员、纪委书记　李　庆

市人民政府法制办公室

党组书记、主任　龙松林
党组成员、副主任　刘海英　马小勇
工会主席　周　慧
党组成员、副主任　彭文骅
党组成员、纪检组长　李金华
党组成员、副主任　肖力钧

市档案局

党组书记、局长　莫大德
党组成员、副局长　田承文
党组成员、纪检组长　宁平花

市畜牧兽医水产局

党组书记、局长　丁石春
党组成员、副局长　吴飞鹏　董艳德
总工程师　刘正坤
党组成员、纪检组长　张　芳
市动物卫生监督所所长　李飞跃

市房产管理局

党委书记、局长　刘希山
党委副书记、副局长　杨晓斌
党委委员、副局长　游贵祥
总工程师　李跃纲
党委委员、纪委书记　傅铁桥
党委委员、副局长　刘　波　左　皓

市房地产经营管理处

党委书记　覃志东

市住房保障处

处长　李　圣

市房地产权属与交易管理处

处长　罗旭光
党委书记　李　灿

市旅游外事侨务局

党组书记、局长　黄上峰
党组副书记、副局长　马建辉
党组成员、副局长　成小兵　熊芳明　汪正祥　刘玉光
党组成员、纪检组长　喻丽珍

市农业机械化管理局

党组书记、局长　褚彭明
党组成员、副局长　周　平
总工程师　杨志辉
党组成员、副局长　胡　念

市地方志编纂委员会办公室

党组书记、主任　李一平
党组成员、副主任　金祖远　陈北宏
党组成员、纪检组长　吴　娜

市公路管理局

党委书记、局长　邓锡华
党委委员、副局长　欧阳华
党委委员、总工程师　叶光华
党委委员、纪委书记　刘展科
党委委员、总会计师　刘晓贞
党委委员、副局长　易树松　刘文元
党委委员、路政处处长　马意军

市住房公积金管理中心

主任、党组副书记　徐冬生
党组书记　唐耀辉
党组成员、副主任　吴维申　唐建平　吴桂云
党组成员、纪检组长　王民钢
总稽核师　戴韶湘

市人民政府经济研究和金融工作办公室

党组书记　张建勇
主任　唐　琪

党组成员、副主任　万正春　崔静波　曹贤仁

市文化市场综合执法局

局　长　周煦惠
党组书记　彭　雁
党组成员、副局长　刘吉余　胡　炯　郑国桢

市广播电视台

党委书记、台长、总编辑　吴安浩
党委副书记、副台长　张耀刚
党委委员、副台长　向小陶　宁光辉
党委委员、总工程师　谢刚祥
党委委员、副总编辑　欧　斌　李跃社
党委委员、纪委书记　陈永春
党委委员、副台长　唐旻粲
总会计师　王　频
副总编辑　袁　鹏
委　员　唐声强

湖南省炎帝陵基金办公室

党组成员、副主任　黄　毅
党组成员、纪检组长　张卓勇
党组成员、副主任　宋慧玲

政协株洲市八届委员会及机关负责人

主　席　黄曙光
副主席　贺夏盛　张国浩　余明刚　朱庸靖　余群明　周　恕　谢一明
秘书长　朱振湘
副秘书长　封向东　陈思龙　刘海龙

办公室

副主任　孙　丹

提案委员会

主　任　王岂然
副主任　刘　昕

经济和科技委员会

主　任　江　华
副主任　易正佳
专职委员　闫春杰（援藏）

人口和资源环境委员会

主　任　彭剑文

文教卫体委员会

主　任　石慧彬
副主任　胡家湘

社会法制和民族宗教委员会

主　任　王国安

港澳台侨外事和文史学习委员会

主　任　王　扬
副主任　蔡业海

研究室

副主任　何全明

机关纪检

副处级纪检员　李小冬

株洲市人民法院、人民检察院负责人

市中级人民法院

党组书记、院长　何　剑
党组副书记、副院长　吴秋林　刘君瑜
党组成员、副院长　蔡　怡　黄　文
党组成员、纪检组长　贺观连
副院长　戴晓辉
党组成员、工会主席　陈铁军
党组成员、政治部主任　马　丽
党组成员、审委会专职委员　欧阳曦
党组成员、执行局局长　颜会明
党组成员、审委会专职委员　邓国平
审委会专职委员　肖青松

市人民检察院

党组书记、检察长　胡　波
党组副书记、副检察长　湛晓丹
党组成员、副检察长　陈自力
副检察长　袁满玖
党组成员、副检察长　陈　忠
党组成员、政治部主任　丁子明
党组成员、反贪局长　张　展
党组成员、纪检组长　龙年喜
党组成员、工会主席　唐秉成
党组成员　刘玮晴
检委会专职委员　谭益平

各民主党派、群众团体负责人

中国国民党革命委员会株洲市委员会

主任委员　刘春生
副主任委员　汪迎伟
褚洪波（兼）
李忆湘（兼）

中国民主同盟株洲市委员会

主任委员　鲁立彬
副主任委员　尹剑锋
刘亚云（兼）
易　龙（兼）
何　沙（兼）
柳怀德（兼）

中国民主建国会株洲市委员会

主任委员　周熙惠
副主任委员　李　昱
唐　琪（兼）
李跃纲（兼）
周石旺（兼）

中国民主促进会株洲市委员会

主委　谢一明
副主委　刘朝晖
郝建东（兼）
胡丽霞（兼）
邹艳君（兼）

中国农工民主党株洲市委员会

主委　周　恕
副主委　肖长海
蔡安烈（兼）
袁仕炜（兼）
李秋平（兼）

中国致公党株洲市委员会

主任委员　余群明
副主任委员　罗立宇
罗朝阳（兼）
吴春雪（兼）
林小红（兼）

九三学社株洲市委员会

主任委员　张国浩
副主任委员　肖运平
邓　群（兼）
路向阳（兼）
李文亮（兼）

市工商业联合会（总商会）

主席　杨胜跃
党组书记　王　坚
党组成员、副主席　石　强
党组成员、直属会员单位党委副书记　王云娥
党组成员、副主席　周道平
党组成员、纪检组长、秘书长　唐海明
党组成员　申泽映

市总工会

主席　王建之
党组书记、副主席　谭鑫华
党组副书记、副主席　杨正文
党组成员、副主席　胡建明
副主席　周建明
党组成员、经费审查委员会主任　刘金伟
党组成员、副主席　袁建武
党组成员、女职工委员会主任　詹秀玲

共青团株洲市委员会

党组书记、书记 梁天琛
党组成员、副书记 袁 媛
党组成员、纪检组长 龚 珍
党组成员 杨 琼
党组成员、副书记 汤 立

市妇女联合会

党组书记、主席 杨爱云
党组成员、纪检组长 刘建湘
党组成员、副主席 黄 慧 罗玉珍

市科学技术协会

党组书记、主 席 周志辉
党组成员、副主席 张瑞林 申光伟
党组成员、纪检组长 管 葵

市文学艺术界联合会

党组副书记、主席 黄 勇
党组成员、纪检组长 余章新
副主席 娄 雷
副处级干部 罗树慧

市残疾人联合会

党组书记、理事长 徐红宇
党组成员、副理事长 戴碧蓉 邓彬华 彭红宇 李克武
党组成员、纪检组长 张琳君
工会主席 曾 杰

市社会科学界联合会（市社会科学院）

党组书记、主席（院长） 周文杰
党组成员、副主席 郭 燕

株洲市保险行业协会

会长 李仁松
副会长 刘玉青

株洲驻军、武警部队负责人

株洲军分区

司令员 雷 鸣
政治委员 胡鹏飞
副司令员 蒋贵祥
参谋长 张龙慧
政治部主任 梅先清
后勤部部长 廖景福

中国人民武装警察部队株洲市支队

支队长 张 忠
第一政治委员 李晓葵
政治委员 谢交军
副支队长 葛怀栋 雷 光
副政治委员 陶 红
参谋长 陈邦俊
政治处主任 李汉忠
后勤处处长 赵红春

市公安消防支队

支队长 刘 钧
政治委员 陈建强
副支队长 谷臣凯 龙义坤
副政治委员 严路明
司令部参谋长 邹联盟
政治处主任 蔡宏伟
后勤处处长 王 彪
防火处处长 银卫华

湖南陆军预备役步兵师炮兵团

团长 詹 睿
政治委员 扈志刚
参谋长 谭 伟
政治处主任 李昊翔
后装处长 彭昌吉

中央、省驻株洲机构负责人

市国税局

党组书记、局长 傅淼河
党组副书记、副局长 陈跃平
党组成员、副局长 杨红叶 张一波 李文科
党组成员、纪检组长 颜建民
党组成员、总经济师 陈 陵

市地方税务局

党组书记、局长　陈友谊
党组副书记、副局长　邱旭辉
党组成员、副局长　汪明毅　杨小兰
党组成员、纪检组长　刘晋湘
党组成员、总经济师　董　锋
党组成员、总会计师　陈正跃
系统工会主任　程　燕

株洲海关

关　　长　王晓晖
副 关 长　秦长林　颜资桥

市气象局

党组书记、局　长　周细海
党组成员、副 局 长　董小强
党组成员、纪检组长　张克非
党组成员、副 局 长　刘行军

国网株洲供电公司

总经理、党委副书记　蒋晏如
党委书记、副总经理　张　民
纪委书记、工会主席　曹小军
副 总 经 理　李国雄　侯继辉　白又兵
总 工 程 师　凌志勇
总 会 计 师　周智勇

国家统计局株洲调查队

党组书记、队长　马光泉
党组成员、副队长　倪志华　楚　锂
党组成员、纪检组长　谭耀文

湖南省轻工盐业集团有限公司株洲分公司（株洲市盐务管理局）、湖南盐业股份有限公司株洲市分公司

总经理、党委书记、局长　宋　海
副总经理、副局长　刘志立　丁朝晖

市烟草专卖局（公司）

党组书记、局长、经理　高志强
党组成员、副经理　肖跃华　张红兵
党组成员、副局长、纪检组长　何江平
党组成员、副经理　齐刚毅

株洲出入境检验检疫局

局　长、党组书记　洪　辉
党组成员、纪检组长、副局长　刘建成
党组成员、副局长　陈弼飞

中国电信株洲分公司

总经理、党委书记　彭　轫
纪委书记、工会主席　赵小明
副 总 经 理　刘鸿峰　易　葱　黎　明

中国移动通信集团湖南有限公司株洲分公司

总经理、党委书记　杨群林
副 总 经 理　唐　勇　李长林　胡芬献

中国邮政集团公司株洲市分公司

党委书记、总经理　黄青荣
副总经理　姜正科
副总经理、纪委书记、工会主席　周时兴

中国石化销售有限公司湖南株洲石油分公司

经　　理　王　毅
党 委 书 记　李小平
副　经　理　龙　虎　高劲松

湖南省茶陵监狱

党委书记、监狱长　唐　建
党委副书记、政委　许碧炎
党委委员、副监狱长　刘向东　罗佚民
党委委员、政治处主任　李　春
党委委员、工会主席　刘荣华

市新华书店

总　经　理　朱桂生
党 委 书 记　梁　虹

园区负责人

株洲高新区

工委书记　谢高进
工委副书记、管委会主任　李　智
工委委员、管委会副主任　董　巍　马立恒　陈远瑞　姚永告　周小毛　谈志明
工　委　委　员　谢维红　罗克俭　李征兵　刘铁华　杨　宇
创业服务中心主任　谭　茗
招商合作局局长　聂敏林
产业发展局局长　周玉智
开发建设局局长　刘卫军
劳动人事局局长　齐艳辉
财 政 局 局 长　陈文君

株洲金山科技工业园

管委会主任　陈柏文

湖南醴陵经济开发区

党工委书记　江曙明
党工委副书记、管委会主任　谢圣才
党工委委员、管委会副主任　林志祥　李启福　胡应建
党工委委员、纪工委书记　程曙光

攸县工业集中区

党工委书记　唐晓明
主　　任　李良俊

湖南茶陵经济开发区

党工委书记　刘晓伟
管委会主任　郭渐雄

炎陵工业集中区

党工委书记　何美存
管委会主任　吴先德

株洲市属事业单位负责人

株洲日报社

党组书记、社长　赵先辉
党组副书记、副社长、总编辑　颜青春
党组成员、副社长　刘白杨
党组成员、社委、副总编辑　于　波　张绿林　翁少平
党组成员、社委、纪检组长　陈润儿
党组成员、副总编辑　谭秋茂
编　　委　陈汉秋　万　宁　刘珍龙

市规划设计院

院　　长　李　良
书　　记　黄革平

市建筑设计院有限公司

院　　长　邹　毅
副　院　长　宋建敏
总 工 程 师　汤逢清
副　院　长　宋建敏　邓建珠　施海峰

市公共交通有限责任公司

党委书记、总经理　肖长江
党 委 副 书 记　谭剑平
纪　委　书　记　周红兵
常务副总经理　袁迎春
副　总　经　理　宋太松
总　会　计　师　刘杰军
副　总　经　理　易　莹　谢　星
工　会　主　席　彭　蒙

市公立医院管理处

处　　长　龙国锋
副　处　长　王自华　李卫杨

市疾病预防控制中心

党委副书记、主任　龙术国

市卫生执法监督处

处　　长　　谭新宇

市红十字会

会　　长　　毛朝晖
党组书记、常务副会长　　顾晓芳
党组副书记、副会长　　谭剑新
党组成员、副会长　　田　璐
党组成员、纪检组长　　高　兰

市中心血站

站　　长　　刘昕晨

株洲职业教育科技园管理办公室

党组书记、主任　　罗春风
党组成员、副主任　　钟立军　龚守仁
工　会　主　席　　肖应国

株洲市地产发展中心

主　　任　　谢洪富
副　主　任　　王勇明　何应平
蔡　勇　刘细兰
杨大明　姚　艺

中国国际贸易促进委员会株洲市支会（中国国际商会株洲商会）

党组成员、副会长　　陈其云
党　组　成　员　　高文明

株洲金融、保险机构各单位负责人

中国人民银行株洲市中心支行

行　　长　　宋利亚
副　行　长　　胡坚强　郑桂华
王　霞
纪　委　书　记　　朱　论
工　会　主　席　　刘文革

国家外汇管理局株洲市中心支局

局　　长　　宋利亚
副　局　长　　王　霞

中国银行业监督管理委员会株洲监管分局

党委书记、局长　　徐建国
党委委员、纪委书记　　刘伟良
党委委员、副局长　　尹　立　张龙保

中国农业发展银行股份有限公司株洲市分行

党委书记、行长　　张卫国
党委副书记、副行长　　谷鸽飞
党委委员、纪委书记、副行长　　殷　睿
党委委员、副行长　　熊　征

中国工商银行株洲分行

党委书记、行长　　郑振华
党委委员、副行长　　黄小鹏　李志高
范兴辉　黄平伟
党委委员、纪委书记　　刘益群

中国农业银行股份有限公司株洲分行

党委书记、行长　　李凤云
党委副书记、副行长　　刘让金
纪委书记、副行长　　陈　炎
党委委员、副行长　　王岁松
党　委　委　员　　罗　谓

中国银行股份有限公司株洲分行

党委书记、行　长　　彭旭华
党委委员、副行长　　谭文明　刘高汉
谢朝晖　曾　毅
纪　委　书　记　　刘高汉

华融湘江银行株洲支行

党委书记、行长　　易查忠
副　行　长　　郭海滨　肖见为
管端安　周　燕
邱苏明　何瑞颖

湖南省农村信用社联合社株洲办事处

党组书记、主任　　朱韶光
党组成员、副主任、纪检组长　　谭　勇
党组成员、副主任　　郭月平

兴业银行股份有限公司株洲分行

行　　长　胡　海
副 行 长　谭　伟

中国人民财产保险股份有限公司株洲分公司

党委书记、总经理　李先良
纪委书记、副总经理　刘剑锋
党委委员、副总经理　曹依乐　周维贵

中国人寿保险股份有限公司株洲分公司

党委书记、总经理　李仁松
纪委书记、副总经理、工会主席　张志存
党委委员、副总经理　易桂香
党 委 委 员　肖　峰

中国平安人寿保险服务有限公司株洲中心支公司

总 经 理　何国海

企业负责人

中车株洲电力机车有限公司

执行董事、总经理　周清和
副 总 经 理　傅成骏（兼）
马克湘　罗崇甫
索建国　何恩广
廖洪涛　张力强
张旻宇　单　勇
陈　成
财 务 总 监　张力强（兼）
总 工 程 师　索建国（兼）
株机厂厂长　李铁生
党 委 书 记　傅成骏
党委副书记　周清和（兼）
刘志平
纪委书记、工会主席　刘志平（兼）

中车株洲电力机车研究所有限公司

董事长、党委副书记　丁荣军
党委书记 、副董事长　邓恢金
总经理、党委副书记　李东林
副 总 经 理　刘连根　冯江华
曾鸿平　范宝林
江　奕　熊锐华
财 务 总 监　熊锐华（兼）
总 工 程 师　冯江华（兼）
党委副书记　丁荣军（兼）
李东林（兼）
杨首一
纪 委 书 记　杨首一（兼）
工 会 主 席　杨首一（兼）

中车株洲电机有限公司

董事长 、党委副书记　周军军
副董事长、党委书记　李　瑾
总 经 理　肖安华
副 总 经 理　江有名　王小方
李敏良　胡雄辉
聂自强　余　乐
晋　军
总 工 程 师　江有名（兼）
财 务 总 监　李敏良（兼）
肖安华　余　斌
纪 委 书 记　余　斌
工 会 主 席　余　斌

株洲硬质合金集团有限公司

董 事 长　杨伯华
总 经 理　吴国根
党委书记、副总经理　王辉平
副总经理、董事　李　屏
副 总 经 理　蔡家发　胡启明
党委副书记、纪委书记、工会主席　王利波
副 总 经 理　毛善文

株洲冶炼集团股份有限公司

董 事 长　曹修运
总经理、党委书记　黄忠民
副 总 经 理　王　辉
副总经理、总工程师　刘文德
副 总 经 理　李雄姿　刘朗明
党委副书记、纪委书记　刘伟清
工 会 主 席　何　茹
财 务 总 监　何献忠

株洲天桥起重机股份有限公司

董　事　长　成固平
总　经　理　邓乐安
副总经理、总工程师　郑正国
董秘、副总经理　范洪泉
副总经理　楚星群
监事会主席　谭竹青
财务总监　范文生

湖南中天建设集团有限公司

董　事　长　杨中杰
总　经　理　刘小红
党委书记　罗小毛
监　事　长　杨海军
副总经理　谭学文　闵世雄
总工程师　陈培润
总会计师　沈　强

湖南省第五工程有限公司

董事长、党委副书记　熊用机
副董事长、党委书记　罗贵生
董事、总经理、党委委员　叶有泉
董事、工会主席、纪委书记、党委委员　李金玉
董事、总经济师、副总经理、党委委员　刘育奇
总工程师、副总经理、党委委员　郭秋菊
总会计师、党委委员　陈雪梅
副总经理、党委委员　周松树　王文革　龙　兴　董范君　张晚生
党委委员　陈光林

中国航空动力机械研究所

第一所长　刘廷毅
党委书记　蔡三定
所长、党委副书记　吴施志
副　所　长　李概奇　艾克波
党委副书记、纪委书记、工会主席　吴　静
副所长、总会计师　严建华
副　所　长　高　洁　李荣华　陈国智　黄学怀　温　泉

大唐华银株洲发电有限公司

总　经　理　吴晓斌
党委书记　田海军
副总经理　陈泽彦　张　宇
纪委书记　曾嘉湘
工会主席　王　飞
总工程师　刘应山
总会计师　邹柳云

湖南省工业设备安装有限公司

董　事　长　周　慧
总　经　理　杜运辉
党委书记　梁细华
常务副总经理　付江华
工会主席、纪委书记　尹帮军
副总经理　曾乐樵
党委副书记　周春林
总会计师　彭少林
总工程师　毛文祥
副总经理　苏东方　彭麒麟

中材株洲虹波有限公司

执行董事、总经理　周明智
党委书记　周继承
副总经理　谷丽娜　赵智勇　粟　群

中国化工株洲橡胶研究设计院有限公司

院长、党委书记　孙建华
副院长、党委副书记　谢引玉
纪委书记、工会主席、党委委员　姚冬文
副院长、党委委员　符剑喜
院长助理、党委委员　梁　勇

株洲中铁电气物资有限公司

执行董事、党委书记　姜文斌
总　经　理　李云辉
党委副书记、工会主席、纪委书记　张跃陵
总会计师　王　晖
副总经理　周素承

市自来水有限责任公司

总经理	谢锦辉
党委书记、纪委书记	王洪安
副总经理	李民
副总经理、工会主席	胡恢利
总工程师	贺海生
总会计师	刘国宜
总经济师	陈趁
副总经理	罗武　汤峥嵘　於晓明

湖南千金湘江药业股份有限公司

董事长	王琼瑶
总经理、党委书记	刘若辉
副总经理	袁秀菊
生产总监	尹玉斌
行政总监	朱大明
研发总监	姚亮元
营销总监	孟东山
财务总监	彭意花
质量总监	朱平凤

湖南太子奶集团生物科技有限责任公司

总经理	王毅
常务副总经理	杨博奥
总技术顾问	刘树英

株洲醴陵旗滨玻璃集团股份有限公司

总经理	刘力武
财务总监	戴利娟
副总经理	唐树森　杨斌　沈木彬

株洲新奥燃气有限公司

董事长	欧阳肃
总经理	张发龙
副总经理	尹勇
党委书记、工会主席	陈富初
副总经理、总工程师	肖雄兵
副总经理	彭志伟　罗毅
总会计师	程雅礼

湘运集团有限责任公司

董事长、总经理、党委副书记	朱远东
党委副书记	袁罗先
工会主席、纪委书记	黄余芳
常务副总经理	刘洪波
副总经理	胡卫国　姚钟达　刘平
监事会主席	刘金石

湖南华联瓷业股份有限公司

董事长	许君奇
总裁	丁学文

株洲高科集团有限公司

党委书记、董事长	巢亮
党委副书记、总经理	王洪宇
党委委员、副总经理	刘倩
党委委员、纪委书记	罗红群
党委委员、副总经理	段新宇　何胜华

市国有资产投资控股集团有限公司

党委副书记、董事长	杨尚荣
党委书记	罗勇
党委委员、总经理	龙九文
党委委员、监事会主席	刘金鹏
党委委员、纪委书记	王志红
党委委员、财务总监	周富强
党委委员、副总经理	王洪平　罗太平　钟海飚　张文澍
党委委员、工会主席	陈小玲

市城市建设发展集团有限公司

董事长、党委副书记	廖晖
党委委员、总经理	李柏坚
党委委员、工会主席	邓树松
党委委员、副总经理	肖才胜　袁斌
党委委员、财务总监	黄元政
党委委员、总工程师	李云华
党委委员、副总经理	谢锦辉
党委委员	文三忠　肖和政

湖南天易集团有限公司

董事长、党委书记	陈大雄

总　经　理　吴　兵
党委副书记、副总经理　贺文辉
党委委员、副总经理　肖　波　张水平
党委委员、纪委书记　赵　凯

市湘江建设发展集团有限公司
董事长、党委副书记　沈　平
党委书记　贾先才
党委委员、总经理　谭育喜
监事会主席　樊　圣
党委委员、副总经理　杨正明　何　武　毛　烽

市云龙发展投资控股集团有限公司
党委书记、董事长　谭跃飞
党委委员、董事、总经理　罗　广
党委委员、副总经理　苏晓青　郭若波
党委委员、工会主席　周国平

株洲新芦淞产业发展集团有限公司
党委书记、董事长　肖立志

株洲市教育投资集团有限公司
董事长　柳怀德
党委书记　张建兵
党委委员、总经理　王宏杰
党委委员、副总经理　曹道忠

医院、学校负责人

市中心医院
院长　蔡安烈
党委书记　郭晓丹
党委副书记、副院长　蒋会平
副院长　李　璨　包正军　何　毅
纪委书记　陈典照
工会主席　黄小云

湖南中医药高等专科学校附属第一医院（湖南省直中医医院）
院长、党委副书记　徐伟辉
党委书记　陈建龙
工会主席　罗　琼
纪委书记　林　萍
副院长　夏建成　全　韩　侯启龙　伍世奎　李永仪（挂职）
党委委员　袁通立

市三三一医院
院长、党委副书记　张志勇
党委书记　李康华
党委委员、副院长　彭怀德
纪委书记　何鹏云
党委委员、副院长　胡　良
党委委员、工会主席　卢玉霞
党委委员、总会计师　裴　艳
党委委员、副院长　彭俊敏

市妇幼保健院
院长　周春慧
党委书记　朱忠彪
副院长　文朝晖
纪检书记　李秋良
副院长　宋兵文　王季青

市三医院
党委书记、院长　邹祖俱

湖南工业大学
党委书记　唐未兵
党委副书记、校长　谭益民
党委副书记　彭希林
党委委员、副校长　张昌凡　罗定提　谷正气
副校长　金继承
党委委员、副校长　曹　兴
党委委员、纪委书记　陈邵桂
党委委员、副校长　刘宇文　唐　萍
正校级督导员　范进军
工会主席　刘建国

湖南工贸技师学院
党委书记　唐武生

院　　长　陈洪星
副院长　肖　翔　唐　懿　皮步安　易幸育
纪委书记　余祖斌

湖南铁道职业技术学院
党委书记　钟建宁
院长、党委副书记　姚和芳
党委副书记　杨利军
党委委员、副院长　方全民　胡应平　肖耀南
党委委员、纪委书记　彭新宇
党委委员、副院长　首　珩　方明忠
工会主席　林克励

湖南铁路科技职业技术学院
党委书记　刘剑飞
院长、党委副书记　万友根
党委副书记、副院长　韩先满
党委委员、副院长　戴联华　陈　彬
党委委员、工会主席　梁　伟
党委委员、纪委书记　袁清武
党委委员、副院长　刘　蓉
副院长　石纪虎

湖南汽车工程职业学院
党委书记　颜莉芝
院　　长　邓志革

湖南中医药高等专科学校
党委书记　邓建中
校长、党委副书记　郭争鸣
党委副书记　潘　斌
副校长　刘　杰
党委委员、副校长　陈卫平　刘庆林
党委委员、纪委书记　刘光喜
党委委员、工会主席　黎敬章

湖南省商业技师学院
院　　长　陈建文
党委书记　罗　莹
正处级督导员、纪委书记、工会主席　谷金星

副院长　孙学玲　刘晓帆　吴　罡

市职工大学（工业学校）
校　　长　严建国
书　　记　陈进生
党委副书记、纪检书记　唐红敏
副校长　周京平　龙建安
工会主席　肖声忠

湖南有色金属职业技术学院
党委书记　阳望平
党委副书记、纪委书记　何子明
党委委员、副院长　谷远志　谢光彩
党委委员、副院长、工会主席　谢剑龙
副院长　王小全　陈志勋
党委委员　席安明　林　靓

株洲广播电视大学
党委书记、校长　罗立林
党委委员、副校长　钟牛平　汤　毅
党委委员、纪委书记　张　敏
党委委员、副校长　张光明　向开文

市第二中学
校　　长　曾湘漳
党委书记　张　辉
党委委员、纪委书记　黄国雄
党委委员、副校长　陈捍东
党委委员、工会主席　唐曦之
党委委员、副校长　李学红　赵振翔

市南方中学
校　　长　米仁金
党委书记　吴刘光明
副校长　陈其北　叶　欣　谭志忠
纪委书记　周亚娟
工会主席　曾四喜

市九方中学
校　　长　谢学宁
党委书记　林喜元

副　校　长　李久森　李平军　谭万新
纪委书记　邹学知

市八中
校　　长　贺葱茂
党委书记　谭志红

北京师范大学株洲附属学校
理　事　长　余年初
校　　长　田宝军
秘　书　长　杨昭瑞
总　校　监　刘显钢
总　督　学　许晞初
执行校长　谢学政
工会主席　肖　玲

株洲铁路地区各单位负责人

株洲车站
站　　长　汪恒明
党委书记　金凌龙
纪委书记　凌建华
副　站　长　吴建华　王湘琼　杨　晖　刘勃恩
工会主席　罗心阳

株洲北站
站　　长　徐一平
党委书记　林建伟
党委副书记、纪委书记　彭武生
副　站　长　段克修　符益群　卢建平　汤　勇
工会主席　孟　梁
总工程师　陶玉石

株洲机务段
党委书记、副段长　李德贵
段长、党委副书记　陈　恺
党委副书记、纪委书记　涂学革
工会主席　姜正斌
副　段　长　陈积俊　汤武平　王　健
总工程师　吴　杰
总会计师　李庆山

索　　引

说明：

一、本索引把年鉴的专稿、条目（特载，大事记，市党、政、军及部门、单位负责人，资产经营选介，工业企业选介，园区选介，银行选介，保险企业选介，运输企业选介，建筑企业选介，科研院所选介，学校选介，医院选介，县市区，示范区，表格除外）用主题分析的方法，按汉语拼音字母顺序排列。

二、类目、专稿标题和地名用黑体字标明。

三、索引名称后的阿拉伯数字标示内容所在的页码，英文字母（a、b、c）表示栏别（从左至右分 1、2、3 栏）。

D

E

F

G

H

J

K

L

M

N

T